さあ、保険の新次元へ。
T&D 保険グループ

かけがえのない物語を支えたい。

社員全員が家族や友人のように、支えあい、
力をあわせて、一生懸命働いている。
実は、日本の会社の99％はそのような中小企業です。
そうした会社に生まれる情熱、信頼、希望、喜び、誇り…
つまり、それはいくつものかけがえのない物語。
大同生命は経営者向け保険のパイオニアとして。
そして、半世紀にわたり、さまざまな中小企業とともに
歩んできたパートナーとして。
中小企業の経営に、事業承継に、万が一のときの存続に。
これからも寄り添い、ともに歩んでいきたいと思います。
大きな変化を迎えているこの時代に、会社を守り、
みんなで進んでいこうとしているお客さまのためにできることを、
私たちは全力で取り組んでいきます。

その安心で、企業とともに未来をつくる。

DAIDO 大同生命保険株式会社

新卒採用情報は
こちら

J:COM株式会社

https://recruit.jcom.co.jp/

〒100-0005　東京都千代田区丸の内1-8-1　丸の内トラストタワーN館
問い合わせ：jcom-26@saiyo.to-entry.jp

webページを見る

「あたらしいを、あたりまえに」
お客さまの生活をより豊かに

　"日本最大のケーブルテレビ企業"である当社は、テレビ、インターネット、電話、モバイル、電力、ガス、ホームIoTの7サービスを柱とした多彩な魅力あるサービスを強みである「総合力」として提供しています。

　また、"生活に欠かせないインフラを提供する企業"として、独自のネットワーク設備を有し、365日24時間の体制でお客さまのライフラインを見守るとともに先進的な技術を取り入れた技術開発を通して、J:COMのサービスを支えています。

　さらに、"多チャンネル市場をリードするメディア企業"として、映画・映像作品の企画・製作、劇場配給、ビデオオンデマンドサービスでのコンテンツ配信、専門チャンネルの運営など、多角的に運営しています。

POINT
通信・放送・インフラでお客さまの暮らしを支える

　当社は1995年の設立以来、お客さまや地域社会との絆を大切に培い、通信・放送サービスを中心に成長を続けてきました。現在では、電力事業、通販事業など通信・放送という枠にとらわれず、お客さまの暮ら

しを多角的に支えています。今後もお客さまへの提供価値を高め、より良い社会、未来を創っていくことを目指し、あらゆる可能性を追求します。また、事業領域を拡大し続けているJ:COMには、様々な業務を通して成長できる環境があります。

J:COMが大切にしていること

　J:COMの企業理念は、「もっと、心に響かせよう。もっと、暮らしを支えよう。明日を未来を拓いていこう。」です。この企業理念を実現するために、「あたらしいを、あたりまえに」というブランドメッセージを掲げ、私たちJ:COMは、先進的な技術や映像を核とするエンタテインメント体験をもっと身近に使いやすいサービスとしてご提供することで、お客さまの暮らしに寄り添い、安心・楽しさ・便利・快適をお届けする存在になれるよう努力し続けます。

充実の教育研修制度

　J:COMでは2017年度に企業内大学「J:COM UNIVERSITY」を立ち上げ、多様な体系から学ぶことができる教育・研修制度を設けています。

　キャリアステップ・経験値に合わせた「階層別研修」、誰でも参加できる「公開型研修」、役職や特定の人を対象とした知識やスキルを身につけることを目的とした「選抜型研修」、社内だけでなく、会社を離れても自宅のパソコンやスマートフォンで学習可能な「eラーニング」等、多数の研修を開催しています。

コーポレートDATA（実績）

業種…通信・放送業
設立…1995年1月18日
資本金…376億円
売上高…8,288億円（連結）（2022年度）※国際会計基準（IFRS）
従業員数…16,305名（2023年3月末）
代表者…岩木 陽一
事業所…本社（東京）、北海道（札幌）、東北（仙台）、関東、関西、九州（福岡、北九州、下関、熊本、大分）
採用人数…180〜190名程度（25年卒予定）
募集職種…総合職
　　　　　(1) セールス・マーケティングコース
　　　　　(2) エンジニア（サービスインフラ）コース
　　　　　(3) エンジニア（情報システム）コース
　　　　　(4) データサイエンスコース
　　　　　(5) コーポレートコース
　　　　　(6) コンテンツビジネス・制作コース
　　　　　(7) オープンコース

初任給…大学院卒：月給23万3400円
　　　　大学卒：月給22万0000円
　　　　高専卒（専攻科）：月給22万0000円
　　　　高専卒（本科）：月給19万9800円
昇給・賞与…昇給年1回・賞与年2回
勤務時間…9:30〜17:45
　　　　　（職種によって異なる場合あり）
休日・休暇…完全週休2日制（曜日は職種によって異なる）・祝日・年末年始休暇・慶弔休暇・有給休暇
福利厚生…各種社会保険、確定拠出年金制度、財形貯蓄制度、慶弔見舞金制度、借り上げ社宅制度、福利厚生倶楽部（リロクラブ）、社員モニター制度
教育制度…新卒社員育成プログラムとして、入社時研修、及びフォローアップ研修を実施
　　　　　企業内大学にて多様なナレッジを共有

株式会社あおぞら銀行

https://www.aozorabank.co.jp/

〒102-8660　東京都千代田区麹町6-1-1
問い合わせ：人事部　採用グループ　AZBK006_2@aozorabank.co.jp

webページを見る

メガバンクでもない、地域金融機関でもない、あおぞら銀行というユニークな存在

あおぞら銀行は、国内の本支店数20店舗、従業員数約2,000名とコンパクトな規模で、全国展開している銀行です。

私たちは、あらゆるお客さまをターゲットにあらゆる銀行業務を展開するのではなく、明確にターゲットを設定し、特定の層のお客さまに対してユニークで専門性の高い金融サービスを提供しています。

コンパクトな規模であることの優位性を活かし、どの銀行よりもよく考え、迅速に行動し、真似のできないソリューションを提供していくことが、同業他社との競合において私たちが徹底してきた事業戦略なのです。

あおぞら銀行グループ全体では、デットからエクイティに至る投融資を通じて長期的な関与を行っていくことにより、お客さまの新しい挑戦をお手伝いする取り組みとして「あおぞら型投資銀行ビジネス」を推進しています。メガバンクでも地域金融機関でもないユニークな存在として、社会・経済の持続的な成長・発展に貢献していきます。

▶ POINT
「すくない」が強みです

かねてから従業員数も国内の本支店数も少ない銀行ですが、2018年8月には自行ATMも廃止し、ゆうちょ銀行ATMやセブン銀行ATMと提携するなど、あおぞら銀行は経営資源の振り向け方にメリハリをつける効率

的な経営を行ってきました。

ユニークな金融サービスの提供と専門性の一層の発揮

店舗における個人営業では、主にシニア層のお客さまをターゲットとした資産運用に加え、事業承継や財産承継に関する総合コンサルティング、事業法人営業では企業の経営課題に対する付加価値の高い金融ソリューションの提供にそれぞれ注力しています。また、金融法人営業では地域金融機関との協働を通じて地域経済の活性化に貢献するとともに、不動産ファイナンスをはじめとするストラクチャードファイナンス、北米・欧州・アジア地域等でのインターナショナルビジネスなど、銀行として注力する分野を明確にしています。

働きやすさの向上と働きがいの追求

在宅勤務をはじめとするテレワーク制度や、コアタイムを設定しないフレックスタイム制度の利用拡大により、在宅勤務と出社をハイブリッドに活用した働き方が定着しています。また、男性育児休暇取得義務化や介護休暇制度の充実など、さまざまな職場環境改革を実施しています。

従業員一人ひとりが「働きがい」を実感し、その能力を最大限に発揮することで、新たな創意工夫やお客さまの利益につながる高付加価値ビジネスを創出する好循環を生み出しています。

▶ コーポレートDATA（実績）

業種…銀行
設立…1957年4月1日
資本金…1,000億円
売上高…1,833億円（連結経常収益/2023年3月）
従業員数…1,980人（2023年3月）
代表者…代表取締役社長　大見 秀人
事業所…国内20本支店、海外3駐在員事務所、3現地法人
　　　　本店/東京（四ツ谷、府中別館）
　　　　支店/札幌、仙台、日本橋、池袋、上野、渋谷、新宿、横浜、千葉、金沢、名古屋、関西、大阪、梅田、京都、広島、高松、福岡、BANK支店
　　　　海外駐在員事務所/ニューヨーク、上海、シンガポール
　　　　現地法人/香港、ロンドン、ニューヨーク
採用人数…50名程度（2025年卒予定）
募集職種…全国総合職・地域総合職・IT職
※こちらは2025年卒の募集職種になります。2026年卒の募集職種に

ついては、2025年3月以降、当行マイページにてご案内致します。
初任給…院了：285,000円/学部卒：265,000円（2024年4月実績）
昇給・賞与…昇給年1回・賞与年2回
休日・休暇…完全週休2日制（土・日）、祝日、年末年始（4日）有給休暇、連続休暇制度、各種特別休暇
福利厚生…制度/育児・介護休暇制度、家賃補助制度、医療共済制度、療養休暇制度、従業員持株会制度、各種福利厚生施設利用補助、奨学金返済支援制度
　　　　　他保険/雇用保険、労災保険、健康保険、厚生年金保険
教育制度…新入行員研修、階層別研修、実務研修、PCスキル研修、研修・セミナープラットフォーム、自己啓発支援制度（資格取得奨励制度、チャレンジ補助制度）、英語力向上支援、国内大学院留学制度、社会人向け大学院派遣制度（科目単位）、海外派遣トレーニー、不動産鑑定士育成　他

アルフレッサ株式会社

https://www.alfresa.co.jp/index.html

〒101-8512　東京都千代田区神田美土代町7番地　住友不動産神田ビル13階
問い合わせ：人事部 人材採用グループ TEL：03-3292-3831　メールアドレス：saiyou@alfresa.co.jp

webページを見る

「医療総合商社」として地域をつなぐ役割を目指し、誰もがいきいきとした人生を送れる社会を支えます

私たちの企業理念として「すべての人に、いきいきとした生活を創造しお届けする」を掲げ、その実現のために、健やかな生活に必要となる生命関連商品の安定供給、ニーズに合わせた情報提供、時代の変化に即した地域医療に貢献することで誰もがいきいきとした人生を送れる社会を支えています。具体的には医療機関様へ医薬品をお届けするだけでなく、最新の医療情報の提供についてもクイックレスポンスを実現するための体制を充実させています。また、当社独自の情報ツールの開発や経営に関するコンサルティングを行うために、「医療経営士」の資格取得の推進などを行っております。これからのアルフレッサは、医療の進化へ対応した「高度なロジスティクス」の確立と、地域医療の良きパートナーとして、医薬品だけでなく、医療情報、地域情報までお届けできる「医療総合商社」を目指していきます。その時代を生きる人に「いきいきとした生活」を届けるために、他業種の企業様とも手を取って明日を作り、様々な技術を積極的に取り入れながら地域のニーズに合わせた柔軟な対応を行うことで、患者様、医療機関様に頼られるアルフレッサを目指していきます。

「物流、情報、地域をつなぐ活動」

【物流】大規模な物流センター9拠点を中心に全国171支店（2024年3月31日現在）の物流ネットワークを通じ、時代の要請に応えた体制を整備しています。関東エリアにおける医薬品物流の更なる高度化と効率化を図るため2024年5月より茨城県つくば市に当グループ最大のつくば物流センターが稼働しました。

【情報】日々更新される膨大な医薬品の最新情報を、常に把握していなければなりません。そのためアルフレッサは様々なシステムやサポートコンテンツを医療機関に提供しています。【地域】幅広い医療の現場に関わる卸の立場を活かし、地域一体となった健康づくりを進めています。

「将来を見据えた取り組み」

★医療ニーズの変化に対応すべく地域の医療をリードする「医療経営士」の充実を図り、地域の課題に対してより具体的な解決策を提案するソリューション型の営業を目指しています。新しいアイデアや手法、商品など、形にこだわらず医療や社会に対し様々な価値を提供していきます。

★医療の進歩に伴い、個別化医療、再生医療流通への取り組みが行われています。医薬品卸として次世代の『高度なロジスティクス』をテーマに医療機関へ安心してお届けできる体制を整えています。

「多彩な研修で全社員をフォロー」

常にモチベーション高く働ける企業であるために、社員の成長の機会を設け、知識・経験・スキルアップの支援に取り組んでいます。新入社員に対しては社会人としてのマナー習得、医療関連商品を取り扱う上での基礎知識を学んでいただきます。その後は職種ごとに業務に対応した

部署から継続した研修を実施し知識をつけていきます。また階層別の研修、優秀な社員に対する表彰式、グループ会社間での研修などを通して社員のレベルアップを図ります。

コーポレートDATA（実績）

事業…商社（医薬品）
設立…1949年8月10日
資本金…40億円
売上高…2兆1,899億円（2023年3月）
従業員数…5,862人（2023年3月現在）
代表者…代表取締役社長　福神 雄介
事業所…東京、神奈川、千葉、埼玉、茨城、栃木、群馬、山梨、長野、新潟、愛知、静岡、滋賀、三重、和歌山、岐阜、奈良、京都、大阪、兵庫、福岡、大分、長崎、熊本、宮崎、鹿児島、北海道
採用人数…営業職 80名程度（2025年卒予定者）
　　　　　薬剤師職 15名程度（2025年卒予定者）
募集職種…営業職（学部学科不問）
　　　　　薬剤師職（要薬剤師免許取得予定者）
初任給…営業職：基本給220,000円
　　　　　月給例（大卒・残業20時間の場合）：256,667円
　　　　薬剤師職：基本給240,000円
　　　　　月給例：265,000円（薬剤師手当20,000円・5月より支給、

役割手当5,000円含む）
一般事務職：基本給220,000円
　　　　　月給例：220,000円
昇給・賞与…昇給年1回・賞与年2回
勤務時間…営業職：フレックスタイム制
　　　　　（標準労働時間）7時間30分、（備考）月残業平均20時間程度
　　　　薬剤師職：固定時間制・標準労働時間制
　　　　　（勤務時間）8:30～17:00（休憩：1時間）
休日・休暇…完全週休2日制（土日）、祝日、夏季休暇、年末年始休暇、特別休暇、有給休暇、リフレッシュ休暇
福利厚生…各種保険完備、確定給付年金、退職金制度、借上社宅制度、保養所、交通費支給、通信教育補助、ベネフィットステーション
教育制度…新人研修、フォロー研修、1年目研修、2年目研修、3年目研修、5年目研修、OJT指導員研修、マネジメント研修、ビジネススタンス研修、薬剤師研修、コンプライアンス研修、病院営業研修、女性営業職研修等

伊藤忠エネクス株式会社

https://www.itcenex.com/

〒100-6028　東京都千代田区霞が関３丁目２番５号　霞が関ビルディング27～29階
問い合わせ：人事総務部 人事課　recruit@itcenex.com

webページを見る

地域のくらし・産業を支えるエネルギーの専門商社
～事業ポートフォリオを多様化させ、更なる飛躍へ～

　1961年の設立以来、「社会とくらしのパートナー」として、石油・ガス・電力を中心とした生活に欠かせないエネルギーやサービスを広く供給してきました。

　石油業界の再編、ガス・電力業界の自由化、世界的な環境意識の高まり等、エネルギー業界は急激な変化を迎えています。このような著しい変化に加え、新型コロナウイルスの流行やロシアのウクライナ侵攻など、昨今のエネルギー業界を取り巻く環境は決して安定的なものではありませんでした。そのような外部環境においても堅調に成長し続けられたのは、設立当初より続く石油・ガスはもちろん、電力小売自由化に伴いスタートさせた電力事業など、エネルギーのコア事業により築き上げてきた強固な顧客基盤をもとに事業を拡大・深化させ続けたためです。

　今後は、2023年度より新たに策定した中期経営計画「ENEX2030」のもと、コア事業における基盤により安定的に収益を積み上げながら、新たなビジネス創出に向けた投資推進体制を整えます。新たな価値創造を国内外において挑み続けることで、常に変化を伴う社会・地域を強固に支えるエネルギーの専門商社として飛躍していきます。

エネルギービジネスでは、再生可能エネルギー由来の電源開発や電力の販売、GTL燃料やリニューアブルディーゼル等の低炭素・脱炭素商材の販路拡大、水素やアンモニア船用燃料のサプライチェーン構築等を推進しており、今後更なる事業拡大を目指しています。

ENEX EARLY BIRD

　新中期経営計画「ENEX2030」"くらしの原動力を創る"を掲げ、まず2023～2024年度の２年間において、現場力と収益基盤の強化に取り組み、成長戦略実現への体制を構築していきます。

人材の多様化による価値創造と次世代人材の育成

　2016年より働き方改革「ENEX EARLY BIRD」を開始し、長時間労働の防止、健康増進、仕事の質向上の３本柱を軸に抜本的な改革を実施しており、ワークライフバランスを重視した経営に取り組んでいます。

　制度としては部門間ローテーションや、部門横断型のクロスファンクション研修により、多様な視点や感性、知性、キャリア、価値観、行動力を持つ人材が活躍できる環境を整えています。また、2018年度から海外事業の開発・運営ができる人材の育成に注力すべく海外就労研修制度を設けており、これまでに８か国へ派遣、計20名が選抜されて研修に参加しました。

伊藤忠エネクスの採用活動について

　当社の仕事において「絶対の正解」というものは存在しません。そのため当社の求める人材についても決まった答えはなく、ぜひ学生のみなさまには自分のありのままを、自分の言葉で自信をもって発信していただきたいです。私たちは固定概念に捉われず、みなさまと真摯に向き合い、対話する事を重視しています。お会いできる日を楽しみにしています。

POINT

新中期経営計画「ENEX2030」
"くらしの原動力を創る"

　事業環境の変化の中、当社はコア事業を活かし新たな価値創造に挑み続けています。その１つである環境・

コーポレートDATA（実績）

業種…専門商社
設立…1961年1月28日
資本金…198億7,767万円
売上高…1兆120億1800万円（2023年3月期／連結）
従業員数…642人（2023年3月31日時点／単体）
代表者…吉田 朋史
事業所…（支店）札幌、仙台、東京、名古屋、大阪、広島、福岡　その他国内外に拠点を有しています。
採用人数…17人（2024年4月入社実績）
募集職種…ゼネラル職（総合職）
初任給…大学卒：月給260,000円
　　　　大学院卒：月給269,000円（2024年度）
昇給・賞与…昇給：年一回（4月）、賞与：年二回（6月、12月）
勤務時間…9：00～17：30（休憩時間12：00～13：00）
休日・休暇…休日：土日祝　完全週休二日制
　　　　　　休暇：有給休暇（年間20日）・年末年始休暇・慶弔休暇など

福利厚生…社会保険完備・確定拠出年金・社員持株会・社内融資制度・子女育英資金制度・見舞金制度・共済保険・積立貯蓄・財形貯蓄・JTBベネフィット（会員制福利厚生サービス）など。対象者には社宅制度あり

教育制度…（2023年度実績例）
①新入社員研修：年3回の集合教育
②階層別研修：各役割等級別研修、管理職研修、その他部門別研修多数
③社会人大学院制度：MBA取得、会計ファイナンスプログラムなどの履修を通して、社員のより高度なキャリアアップを目指すことを目的に、大学院へ派遣（2年間／実績：中央大学、早稲田大学、神戸大学など）
④資格取得一時金：会社の指定する公的資格・免許を取得した場合は一時金を支給
⑤英語学習支援制度：国内で英語を学ぼうとする社員を経済面からサポート

住友商事株式会社

https://www.sumitomocorp.com/ja/jp/

〒100-8601　東京都千代田区大手町二丁目3番2号 大手町プレイス イーストタワー

問い合わせ：03-6285-5000

webページを見る

商品・サービスの販売、国内外における事業投資など、多角的な事業活動を展開

　住友商事グループは6つの事業部門、1つのイニシアチブと国内・海外の地域組織が連携し、グローバルに幅広い産業分野で事業活動を展開しています。

　強固なビジネス基盤と多様で高度な機能を戦略的・有機的に統合することで、変化を先取りし、既存の枠組みを超えて社会課題を解決し、新たな価値を創造していきます。

　住友商事グループの「経営理念」は、住友400年の歴史に培われた「住友の事業精神」をベースに、今日的かつグローバルな視点を加えて、平易かつ体系的に整理されています。

　住友商事グループの社会的使命は、健全な事業活動を通じて、株主、取引先、地域社会の人々、そして社員も含め、世界中の人々の経済的・精神的な豊かさと夢を実現することであると考えています。また、個々人の人格を尊重し、「住友の事業精神」の真髄である「信用を重んじ確実を旨とする」という経営姿勢を貫き、一人一人の主体性、創造性が発揮され、改革と革新が不断に生み出されるような企業文化を大切にしています。

POINT

世界各地で安心・安全な水資源の提供を

　住友商事は現在2,000万人以上の人々に対して、上下水に関わるサービスを提供しています。

　中国では下水処理事業を手掛けています。経済成長による生活水準の向上とそれに伴う環境保護意識の高まりを背景に、今後さらなる事業拡大を目指していきます。

　住友商事は、これまでの事業で培ったノウハウを生かし、さらなる水インフラ環境向上のため、さまざまな機能を提供していきます。

アジアの人々の健康や食を支え

安全で快適な生活に寄与するリテイル事業

　スーパーマーケットチェーン「サミット」、ドラッグストア「トモズ」、この2社は当社100パーセント子会社であり、現在の住友商事の小売事業を代表する2大ブランドです。

これらを中核として、住友商事は消費者向けビジネスに継続的に取り組み、消費者との接点をつくり続けてきました。

　国内事業のサミットやトモズの経営で蓄積したノウハウを駆使して、小売り事業市場全体のバリューアップを実現するのが当社の役割です。

ミャンマーのお客さまにとって

最も身近なプラットフォーマーへ

　2014年9月より住友商事は、海外での事業経験を生かし、KDDIと共に、ミャンマー国営郵便電気通信事業体（以下、MPT）の通信事業運営をサポートしています。

　14年時点で10パーセント程度の携帯電話普及率は、現在100パーセントを超えるまでに急成長しており、若者がスマートフォンを持つ姿も日本と変わりません。

通信事業を通じ、情報化社会の実現によるミャンマー国民の豊かさと各種産業の発展に寄与していきたいと考えています。

コーポレートDATA（実績）

業種…総合商社

設立…1919年12月24日

資本金…2,204億円（2023年9月）

売上総利益…12,348億円（2022年度）

従業員数…5,196*人（連結ベース79,513人）
　　　　※海外支店・事務所が雇用する従業員135人を含みます。

代表者…代表取締役 社長執行役員 CEO：上野 真吾

事業所…東京、大阪、名古屋など　国内および海外

採用人数…100名（2026年予定）

募集職種…プロフェッショナル職

初任給…初任給 学卒：305,000円　院了：340,000円
　　　　※2024年度

昇給・賞与…年2回（6月、12月）

勤務時間…スーパーフレックスタイム制度導入
　　　　総所定勤務時間（7時間15分×清算期間の営業日数）
　　　　※清算期間は毎月1日から同月末日までの1カ月間。

勤務時間が6時間を超える場合は、休憩1時間。

休日・休暇…完全週休2日制（土・日）、祝祭日、年末年始
　　　　年次有給休暇、その他各種有給休暇制度有り

福利厚生…終身年金制度、従業員持株会制度、選択型福利厚生制度（カフェテリアプラン）、産前産後欠勤（産前6週間、産後8週間）、育児休職制度、介護休職制度、高度医療費見舞金制度など
　　　　社員一人ひとりの、仕事を含めた生活全体の充実に資するようなワークライフマネジメント施策を推進しています。

教育制度…住友商事ビジネスカレッジ（SBC）
　　　　経営人材育成 長期・選抜プログラム
　　　　選択式プログラム
　　　　グローバル人材育成プログラム
　　　　階層別プログラム
　　　　国内・海外グループ会社独自プログラム

太陽生命保険株式会社

https://www.taiyo-seimei.co.jp/

〒103-6031　東京都中央区日本橋2丁目7番1号
問い合わせ：人事部人事課　jinji-ka@taiyo-seimei.co.jp

webページを見る

多くのお客様の元気・長生きを支える会社

太陽生命は創業131年の歴史ある会社です。太陽生命の前身となる名古屋生命保険株式会社が誕生したのは、1893年。その15年後に本店を東京に移し、太陽生命保険株式会社に商号を変更。1948年に太陽生命保険相互会社として再発足。その後も、時代の変化を先取りする太陽生命には、変化を恐れずに挑戦する独自の個性が育っていきました。さらに、家庭マーケットに強い太陽生命と、中小企業マーケットに強い大同生命が業務提携を行い、「Ｔ＆Ｄ保険グループ」が誕生したのが、1999年です。2003年に相互会社から株式会社へ組織変更を行い、東京証券取引所市場第一部に株式を上場しました。

2004年4月には、当社、大同生命およびＴ＆Ｄフィナンシャル生命が共同で、株式移転により生命保険業を中核事業とする保険持株会社として「Ｔ＆Ｄホールディングス」を設立しました。

また現在、太陽生命は従来の営業職員チャネルのみでなく、法人営業チャネルや金融機関代理店チャネルなど幅広く展開しています。さらに、インターネットで申込みが完結する「スマ保険」と呼ばれるインターネットチャネルも展開しており、常にお客様に最優の商品をお届け出来るように進化を続けています。

POINT
時代の変化を先取りした商品・サービスを提供

変化を恐れず新しいことに挑戦し続けるのが太陽生命の個性です。時代の変化やお客様のニーズの変化にいち早く対応した、商品・サービスの提供に取り組んでいます。

お客様の元気・長生きをサポートする予防保険シリーズ、出産・育児を応援するための「出産保険」などを提供し、非常にご好評いただいています。

また、予防保険シリーズでは認知症やがん、重大疾病などの「早期予防」「早期発見」につながる仕組みやサービスを提供し、お客様の元気・長生きをサポートしています。

太陽の元気プロジェクト

太陽生命では「健康寿命の延伸」すなわち"健康で長生きする"という社会的課題に応えるために、2016年より「従業員」「お客様」「社会」のすべてを元気にする取組み、「太陽の元気プロジェクト」を推進しています。従業員がいきいきと働くことができる元気な職場づくりや、お客様・社会の元気に向けた商品・サービスの提供などに取り組んでいます。この取組みは外部からも評価され、経済産業省が運営する「健康経営優良法人（ホワイト500）」に8年連続で認定されています。

少数精鋭

太陽生命の特徴は、少数精鋭。全国各地に140以上ある営業拠点では、総合職の場合、入社2年目には大半の従業員が係長という役割を持ち、最短で6年目には業務・教育課長という管理職に登用されます。さらに8年目には支社次長、10年目には支社長に登用される従業員もいます。また30部署ある本社においても、若手のうちからリーダー業務を任せ、メンバーの個性や能力を引き出す力を磨き、影響ある人材への成長を後押ししています。

コーポレートDATA（実績）

事業…生命保険業
設立…1948年2月1日
資本金…625億円（2023年3月末）
売上高…6,433億円（2022年度）
従業員数…11,353名（2023年3月末）
代表者…代表取締役社長　副島 直樹
事業所…支社
　　　　143支社・6営業所（2023年8月時点）
採用人数…100名程度（2025年卒予定）
募集職種…○総合職
　　　　　○一般職
　　　　　○担当職（法人営業担当）
初任給…総合職：280,000円
　　　　一般職：203,500円（首都圏）
　　　　担当職：233,140円（首都圏）
　　　　※一般職・担当職は地域によって異なります。

昇給・賞与…昇給：年1回（4月）
　　　　　　賞与：年2回（6月・12月）
勤務時間…9:00～17:00（休憩1時間）
休日・休暇…完全週休2日制、祝日、年末年始
　　　　　　年次有給休暇20日（初年度15日）
　　　　　　特別休暇（慶弔休暇、育児休暇、リフレッシュ休暇など）
　　　　　　通院休暇、看護休暇および介護休暇　など
福利厚生…独身寮・社宅制度、退職一時金制度
　　　　　確定給付企業年金制度、住宅資金融資制度
　　　　　従業員持株会制度、厚生寮など
教育制度…新入社員導入研修、年次別研修、職種別研修
　　　　　管理職候補者研修、新任管理職研修
　　　　　ビジネススクール派遣、海外留学、社外留学　など

大和証券グループ

https://www.daiwa-grp.jp/recruit/

〒100-6752　東京都千代田区丸の内1-9-1　グラントウキョウノースタワー
問い合わせ：recruit@daiwa.co.jp

webページを見る

サステナブルで豊かな社会の実現へ

　大和証券グループは、ウェルスマネジメント部門（旧リテール部門）、グローバル・マーケッツ＆インベストメント・バンキング部門（旧ホールセール部門）、およびアセット・マネジメント部門を中核に据え、日本全国の店舗網による強力な国内基盤と、日本・アジア・欧州・米州の4極体制のグローバルネットワークを有する総合証券グループです。

　当社グループは企業と投資家を資本市場へとつなぐ重要な役割を担っており、投資家の運用ニーズに対しては最適な商品・サービスを、企業の事業拡大ニーズに対してはファイナンスやM＆Aを提供するなど、お客様が抱える課題に対してベストなソリューションを提供しています。企業の経済活動を資本の面からサポートし、企業価値の向上による豊かなリターンを投資家に還元すること、経済の成長と投資家の資産形成の側面から支援することが、当社グループの務めです。そして、伝統的な証券ビジネスを核に、外部ネットワークや周辺ビジネスの拡大・強化によるハイブリッド戦略では、次世代金融サービスの開発や再生可能エネルギーへの投資など、新たな価値を提供しています。

　世界的に働き方改革やデジタル化の進展が加速し、社会全体が変貌を遂げようとしている中で、「クオリティNo.1」「ハイブリッド戦略」「デジタル戦略」を基本方針に、サステナブルで豊かな社会を実現すべく、新たな資金循環の仕組みづくりに取り組んでいきます。

クオリティNo.1に向けた5年間の若手研修

　新入社員の入社後2年間を基礎教育期間と位置づけ、「ダイワベーシックプログラム」において、金融のプロとして必要とされる知識を習得。

　さらに入社3～5年目の社員に対して、教育プログラム「Q-Road」を実施。ナレッジ・テクニック・マインドを向上させるプログラムとなっており、本部ごとに習得テーマおよび高いレベルのゴールを設定し、業務内容に応じた専門性を身に着けると同時に業務に活用することで、社員の成長をさらに促進していく内容としています。

デジタルトランスフォーメーション（DX）の推進

　2in1タブレット端末の導入を機に、デジタルと対面によるお客様との接点拡大や、テレワークにおいてオフィス出社時と同一環境での業務が可能となるなど、DXの進展により、さらなるお客様の利便性および生産性の向上を目指します。また、当社ビジネスを変革できる人材を育成するための「デジタルITマスター認定制度」を導入しており、積極的なDXへの取組みによる、お客様サービスの高度化や革新的なサービスの開発等に取り組んでいきます。

貯蓄からSDGsへ

　今後の世界を牽引する重要な目標であるSDGsについて、経営戦略の根底にSDGsの観点を取り入れ、企業として経済的価値の追求と社会課題解決の推進を両立することで、持続可能な資金循環を促進する仕組みづくりを進めています。2020年、大和証券グループでは、大和証券の引受体制を更に発展させ、SDGsファイナンス専門チームを設置しました。

　お客様である投資家、発行体のニーズに合ったSDGsファイナンスに係る商品・サービス・ご提案を提供するとともに、SDGsファイナンスの普及・拡大に貢献すべく、努めています。

業種…証券
設立…1943年12月27日（創立1902年）
資本金…2,473億円（2023年3月末現在）
売上高…8,661億円（2023年3月末現在）
従業員数…14,731名（2023年3月末現在）
代表者…執行役社長　CEO　荻野 明彦
事業所…東京、大阪、名古屋をはじめ全国各地および海外
採用人数…465名（2023年4月入社実績）
募集職種…総合職、総合職エキスパート・コース、広域エリア総合職、エリア総合職、カスタマーサービス職
初任給…総合職、広域エリア総合職、エリア総合職：大学卒 月給290,000円/月
　総合職エキスパート・コース：原則博士課程修了者 月給480,000円/月
　（固定残業代30時間分を含む、超過時間分は追加支給
　※詳細は当社規程による）
　カスタマーサービス職：大学卒　月給245,000円/月
昇給・賞与…昇給：年1回（6月）、賞与：年2回（6月、12月）
勤務時間…8：40～17：10（部署によりフレックス勤務制度あり）
休日・休暇…完全週休2日制、祝日、年末年始、夏季休暇（連続

7日～10日間）およびリフレッシュ休暇（連続5日間）またはフレックス休暇（連続12日間）、有給休暇17～23日（初年度15日）、結婚準備休暇、ファミリー・デイ休暇、キッズセレモニー休暇、親の長寿祝い休暇、勤続感謝休暇、ボランティア休暇、エル休暇、健診休暇　他
福利厚生…通勤・超過勤務・家族手当、寮・住宅補助、介護帰省手当、保育施設費用補助、ベビーシッター制度、ベビーサロン、出産一時金、医療（定期検診、人間ドック等）、確定拠出年金、保養所、奨学金返済サポート制度　他
教育制度…ダイワベーシックプログラム（1・2年次対象基礎教育）、Q-Road（クオリティNo.1に向け部門毎に一層専門性を高める3～5年次対象研修）、チューター制度、集合研修、eラーニング、資格取得支援制度、英会話、海外留学制度（MBA）、デジタルITマスター認定制度、プレゼンテーション・ロジカルシンキングなどのスキル研修、Udemy Business　他

日本生命

日本生命は、約1,480万名の個人、約33万の法人のお客様に、生命保険を通じて「安心」をお届けする生命保険業界のリーディングカンパニーです。また、お客様からお預かりした87兆円を超える資産を運用する、世界有数の機関投資家という一面もあります。創業130年を超えた今、「保障責任を全うし、お客様に安心・安全をお届けし続ける」という変わらぬ理念を持ち、世界一の安心を提供することを目指して、グローバルに成長し続けています。（数値はいずれも2022年度末時点連結）

POINT

世界に広がる業務フィールド

日本生命には、リーテイル、ホールセール、資産運用、海外事業など、様々な業務フィールドが広がっており、職員は各部門のプロフェッショナルとして、世界のお客様の生活と安心を支えています。フィールドの広さに応じて仕事の幅やキャリアも多岐にわたり、かつ各領域がそれぞれ連携しながら新たなビジネスを生み出しています。ITデジタルやヘルスケア、イノベーション領域にも力を入れており、例えばITの場合、日本生命が有する膨大なお客様データやマーケットの情報を分析するデータサイエンティスト等の活躍の場も、大いに広がっています。"人・サービス・デジタル"で、お客様と社会の未来を支え続ける。それが日本生命の目指す姿です。

人は力、人が全て

日本生命は、「人が全て」の会社です。家庭と仕事の両立が当たり前にできる環境整備に会社を挙げて取組み続けています。男性による育児を通じて女性の働き方への理解を深めること等を目的とした「男性職員の育児休業」は、2013年度から対象者100%が取得。また、"子育ての不安がない社会"を共に作っていく「NISSAYペンギンプロジェクト」を始動。日本生命が世の中をリードし、"みんなで子どもを育てる社会"の実現に向け、様々な情報発信や商品・サービスの提供に取組んでいます。新卒採用においても、ロケーション（全国または地域限定）や業務（ゼネラリストまたはスペシャリスト）によって複数の職種を用意しており、日本生命で働く職員の多様な働き方・生き方を後押ししたいと考えています。

求める人材

広範な業務フィールドで、多様な人材が多彩に活躍する、日本生命の強みです。採用においても、多様な個性、スキル、価値観を持った人材を求めています。皆さんとの出会いを、楽しみにしています！

コーポレートDATA（実績）

業種…金融（生命保険）
設立…1889年7月4日
基金・基金償却積立金…1兆4,500億円（2022年度末）
保険料…[連結] 6兆3,735億円　[単体] 4兆6,479億円（2022年度）
従業員数…[単体] 70,714名（2022年度末）
代表者…代表取締役社長　社長執行役員　清水 博
事業所…本店（大阪）本部、支社108、営業部1,495、代理店19,033、海外事務所・現地法人等〔ニューヨーク・シリコンバレー・ロサンゼルス・ロンドン・フランクフルト・北京・上海・蘇州・シンガポール・ヤンゴン・バンコク・ムンバイ・ジャカルタ・メルボルン・シドニー等〕
採用人数…745名（2024年4月実績）
募集職種…総合職、営業総合職、エリア総合職、法人職域ファイナンシャルコーディネーター、エリア業務職（2023年4月実績）
初任給…【総合職】大卒以上 246,000円（基準内賃金のみ 諸手当除く）
【営業総合職】大卒以上 295,100円（※拠点長補職手当（64,100円・翌月支給）を含む。※拠点長補職手当は、時間外勤務手当35時間相当として支給。実際の時間外勤務手当が上記金額を超過する場合は、別途時間外勤務手当を支給）
【エリア総合職】大卒以上 226,000円（基準内賃金のみ 諸手当除く）
【法人職域ファイナンシャルコーディネーター】
(1) 東京、神奈川、千葉、さいたま、名古屋、浜松、大阪、京都、神戸 大卒以上 263,200円

(2) 札幌、仙台、新潟、静岡、岡山、広島、北九州、福岡、熊本　大卒以上 253,200円
※営業職務手当（47,200円・翌月支給）を含む
※営業職務手当は、時間外勤務約30時間相当として支給。実際の時間外勤務手当が上記金額を超過する場合は、別途時間外勤務手当を支給。
【エリア業務職】
(1) 首都圏・東海・近畿 大卒以上 221,000円　(2) 首都圏・東海・近畿以外の地域 大卒以上 211,000円（基準内賃金のみ 諸手当除く）
昇給・賞与…昇給：年1回、賞与：年2回（2023年度実績）
勤務時間…原則として1日7時間45分（休憩時間1時間）
※営業総合職：事業場外みなし労働時間制を適用
※法人職域ファイナンシャルコーディネーター（一部地区は9:30-17:30または10:00-18:00、事業場外みなし労働時間制を適用）
休日・休暇…完全週休2日制、祝日、年末年始　等
産前産後休暇（出産前6週間、出産後8週間）／介護休暇　等
福利厚生…独身寮（東京・大阪）、社宅、各種福利厚生施設、社内預金制度、社内財形制度、社内保険制度　等　※一部職種により異なる。
教育制度…新入職員導入研修、階層別研修、留学・派遣オープンエントリー制度、グローバルインターンシップ制度　等

博報堂／博報堂ＤＹメディアパートナーズ

https://hakusuku.jp/recruit/
〒107-6322　東京都港区赤坂5丁目3番1号　赤坂Bizタワー
問い合わせ：03-6441-8111（電話番号案内）

webページを見る

社会の変化をとらえ、「生活者発想」と「クリエイティビティ」によって、社会に新たな価値を提供する

■博報堂

　高いクリエイティビティを持つプロフェッショナルがチームを編成し、広告領域のみならず、経営・事業から社会イシューまで、あらゆる領域でクライアントの皆様の国内外における課題解決をお手伝いしています。今後、更にクリエイティビティの力で生活や社会、事業構造の変革に寄与するような新たな価値を提供していきます。

■博報堂ＤＹメディアパートナーズ

　博報堂ＤＹメディアパートナーズは、博報堂、大広、読売広告社の3つの広告会社のメディア機能を統合して設立された「総合メディア事業会社」です。

　メディアビジネス、コンテンツビジネス、その他デジタル領域などのプラニング、プロデュース、バイイング、トラフィック、ナレッジを主要な機能とし、広告主、媒体社、コンテンツホルダーに対し、最適な課題解決力を提供します。メディアを広義に捉え、「メディア効果をデザインする」メディア・コンテンツビジネスを目指しています。

・HAKUHODO・

Hakuhodo DY
media partners

■何者でもないって、最強だ。

　新卒採用メッセージ「何者でもないって、最強だ。」には、私たち人事の想いが込められています。就職活動は、他の学生と自分を比べて自信を失ったり、選考の結果に一喜一憂して疲れてしまったり、会社に合わせて自分を変えなきゃと思ったりと、プレッシャーや不安を感じる時期でもあると思っています。そんな中で出会う社会人たちは、みなさんからはキラキラしていて格好良く見えるかもしれませんが、そんな社会人たちだって、もともとは「何者でもない」学生のひとりでした。だからみなさんには、今焦って頑張って何者かになろうとするのではなく、むしろ「まだ何者でもない」ことを武器にして、何が大好きで、何にワクワクして、何を大切にしているのか。そんなありのままの「等身大の自分らしさ」を大切にしてほしいと思っています。みなさんは「これから何者にでもなれる原石」だから。

POINT

■粒ぞろいより、粒違い ／ チームでの共創

　「粒ぞろいより、粒違い」は、人が資産である当社にとって、昔から大切にしてきた人についての考え方です。社員一人ひとりが持つ異なる個性を尊重し、そこから生まれる多様な発想のぶつかり合いこそが、今までになかった新しいアイデアを生みだす源泉だと思っています。「チームでの共創」は必ずチームで仕事をする会社だからこそ、大切にしているマインドです。一人ひとりの粒違いな個性をチームでの発想の武器にして、高度なクリエイティビティを生み出すことを目指します。

何者でも
ないって、
最強だ。

コーポレートDATA（実績）

業種…広告
設立…博報堂：1924年2月11日
　　　博報堂DYメディアパートナーズ：2003年12月1日
資本金…博報堂：358億48百万円
　　　　博報堂DYメディアパートナーズ：95億円
売上高…博報堂：非公開
　　　　博報堂DYメディアパートナーズ：非公開
従業員数…博報堂：3,918名
　　　　　博報堂DYメディアパートナーズ：895人
　　　　　（2023年4月1日現在、契約社員含む）
代表者…博報堂：水島 正幸
　　　　博報堂DYメディアパートナーズ：矢嶋 弘毅
事業所…本社：東京　支社：関西支社、中部支社
採用人数…博報堂：139人（2024年卒実績）
　　　　　博報堂DYメディアパートナーズ：36人（2024年卒実績）
募集職種…博報堂：総合職（ビジネスプロデュース、ストラテジックプラニング、クリエイティブ、PRなど）

　　　　　博報堂DYメディアパートナーズ：総合職（メディアプロデュース、メディアプラニング、コンテンツプロデュースなど）
初任給…2023年度実績　年俸制3,600,000円＋超過勤務手当＋業績賞与（年1回：次年度の6月末支給予定）
昇給・賞与…賞与年1回
勤務時間…9:30～17:30
休日・休暇…休日：完全週休2日制（土・日）、祝日、年末年始（12月29日～1月3日）
　　　　　　休暇：年次有給休暇／勤務年数に応じ20日～30日
　　　　　　（ただし初年度は17日）
福利厚生…フリーバカンス（年2回／連続5営業日の休暇制度）、育児・介護休暇制度、配偶者海外転勤同行休職制度、各種社会保険制度、企業年金制度、各種施設（軽井沢クラブ／保養所／診療所／その他各地に契約施設）など
教育制度…入社前研修、新入社員研修、職種別研修、管理職研修など、その他多くの研修あり

阪和興業株式会社

https://www.hanwa.co.jp/

〒104-8429　東京都中央区築地1-13-1 銀座松竹スクエア
問い合わせ：人事部　人材開発課　hksaiyo@hanwa.co.jp

webページを見る

ひとりの強さ。ひとつになれる強さ。

独立系商社として多角的にビジネスを展開

　阪和興業は鉄鋼、リサイクルメタル・プライマリーメタル、エネルギー・生活資材、食品、木材、機械など幅広いビジネスを展開する独立系商社です。当社の仕事の醍醐味は若手から裁量権を持って仕事ができることです。若手のうちに失敗と成功を繰り返しながら、自らの商売感を養っていきます。また、国内外問わず最前線の現場に足を運び、眼で見て、実際に話をして、ビジネスを創り上げていきます。リアルなビジネスを感じられる環境に身を置いてプロフェッショナルなスキルを身に付けるからこそ、社員の成長スピードが早いとも言われています。

　この独立系商社ならではのフットワークの良さを生かして、顧客第一の精神の下、多様なニーズに応え、時代と市場の変化に迅速に対応することで事業の拡大を目指します。さらに現在、多様化するニーズに応えるべく、64ヵ所の海外事業所ネットワークを駆使し、事業拡大および新規市場開拓を進めています。今後は再生可能エネルギー関連事業やリサイクル事業を強化するとともに、M&Aによる事業拡大、グローバル人材の育成を推進していきます。

POINT

企業内大学～Hanwa Business School～

　昨年度、企業内大学を開校し人材強化に必要な研修制度を大幅に拡充することで、社員が様々な挑戦をする機会を設けています。ITレベルを高める理工学部や、自社の歴史を学ぶ文学部、ビジネススキルを高める商学部や経営学部、英語や中国語、スペイン語を学べる外国語学部など、社員が各学部の学びたいカリキュラムを自由に選択し、いつでもどこからでも学習を進めていくことで『Professional&Global』な人材の育成を目指します。

HKBS

HANWA
BUSINESS SCHOOL

魅力的な人材

　「固定観念に縛られず、自由な発想でビジネスを作る」「予測や判断の難しいことにも、物怖じせずに果敢に取り組む」「困難な状況にもあきらめずに、粘り強くその壁を乗り越える術を考える」そんな人材が阪和興業の営業力を支えています。一人ひとりの熱い思いが会社を成長させてきた阪和興業はまさに「商社の財産は人」と言い切れる会社です。

ハートを動かす、商社へ。

STEADY SPEEDY STRATEGIC
SUSTAINABLE な社会を育む商社の進化

阪和興業株式会社

コーポレートDATA（実績）

事業…商社
設立…1947年4月1日
資本金…456億円（2023年3月）
売上高…2兆6682億円（2023年3月）
従業員数…1,562名（2023年3月）
代表者…代表取締役社長　中川 洋一
事業所…（本社）東京、大阪、名古屋、九州
　　　　〈国内事業所〉18か所〈海外事業所〉64か所
採用人数…132名（2024年卒実績）
募集職種…総合職：営業、財務、経理、法務、人事、システム他
　　　　　一般職：営業事務、財務、経理、法務、人事、システム他
初任給…総合職（4年制大学卒）260,000円
　　　　（大学院卒）270,000円
　　　　一般職（4年制大学卒）201,000円
昇給・賞与…昇給年1回・賞与年2回

勤務時間…8:45～17:00（休憩一時間）
休日・休暇…完全週休2日制、祝日、年末年始休暇、有給休暇（初
　　　　　　年度10日、6年以上20日）、特別休暇、リフレッシュ
　　　　　　休暇ほか
福利厚生…制度/健保組合、企業年金基金、自社株投資会、財形貯蓄・
　　　　　個人年金制度、互助会、育児介護休業、寮・社宅/東京、
　　　　　大阪、名古屋の各地区に完備、各種クラブ活動/サッカー、
　　　　　テニス、ゴルフ、野球、華道ほか、各種手当
教育制度…ファシリテーション研修、ロジカルプレゼンテーション
　　　　　研修、問題解決研修、データ分析、リーダーシップ研
　　　　　修、貿易実務研修、新入社員集合・フォローアップ研修、
　　　　　新人指導員制度、メンター制度、与信研修、経理研修、
　　　　　管理職階層別各種研修、海外語学留学制度、海外トレー
　　　　　ニー制度、OAスキルアップ研修、語学研修（英語・中
　　　　　国語・スペイン語等）、各種通信教育など

就職 四季報

企業研究・インターンシップ版

2026年版

インターンシップをきっかけに、企業研究を始めよう！

企業・業界研究編

1 インターンシップを理解する
2 行きたい会社を選んでみる
3 知っている会社を増やす
4 やりたい仕事を職種に落とす
5 共通点を調べて分類する
6 やってみよう会社分析
7 業界地図を使いこなす
8 就職四季報の見方を知る
9 会社を五感で感じ取る

インターンシップ情報編

10 主要1212社の
　　インターンシップ情報

東洋経済新報社

はじめに

本書「企業研究・インターンシップ版」は、「先輩イチオシの就活バイブル」として、多くの就活生を後押ししてきた『就職四季報』の姉妹誌です。

いささか長い書名です。それでも私たちは「企業研究」の4文字を含めることにこだわりました。

インターンシップは、学生と会社を結ぶものとして重視されるようになりました。インターンシップに参加するために選考がある会社もあります。行く前に準備できることはたくさんあります。企業側も学生に早期の接触を求めながらも、学生の企業研究が足りないことには不満なのです。

それはわかっているけれども、何をすればよいのか。それなら私たちが教えてあげたいと立ち上がったのが、この編集部です。

ウラもオモテもある選考スケジュールや選考方法にかかわらず、企業研究に腰を据えて取り組んで、自分なりの会社の見方や会社に対する価値観を確立している人物は、いつの時代でも採用されるということを、私たちは見てきました。

「企業研究」「業界研究」と一口で言われますが、学問体系として伝授されるものではありません。「価値観」と言われても、会社を見比べたこともない学生には、どんなものかわからなくて当然です。

本書の「企業・業界研究編」の内容は、私たちが続けてきた大学生への講義をベースにしています。就職活動に欠かせない『就職四季報』や『会社四季報』の見方・使い方を伝えるなかで、その根底に「会社とは何か」「会社をどう評価するべきか」という観点や知識がないと、「なぜこの会社を選ぶのか」という深い自己分析に至らないとい

う認識を得てきたことが、講義内容の拡充と本書の刊行につながっています。

　まだまだ改良途上の教材を世に送り出したのは、インターンシップを機に、少しでも早く企業研究に乗り出してほしいという一念です。敷居が高そうな企業研究は、実は楽しいものだと気づいたら、就活のみならず一生の財産になります。会社を下調べして、自分の社会人基礎力を高めるインターンシップを選んで参加することで、経験値は「ともかく応募」という人の何倍にも高まります。

　現在のインターンシップに不透明感がつきまとうのは、「実施内容よりも人集め」という側面が見え隠れすることもあるのではないでしょうか。「ともかく行く」から、本書で内容を「調べて行く」「選んで行く」という参加の流れが学生側から湧き起これば、おのずと企業もインターンシップの内容を深めていくのではないか。そんな大海への一石も投じつつ、就活生のみならず、企業・教育関係者の方々など、さまざまな皆様にお役立ていただけることを願っています。

この本の使い方1

　インターンシップの実施内容から選びたい、インターンに行く意味がわからないという人は第1章から読みましょう。最初に「インターンシップ情報編」で興味ある会社を見つけてから、第1章でどんなインターン内容に相当するのか、第2章でどんな会社なのかを確かめるという使い方もできます。

　「企業・業界研究編」では、各章の最初のページで、「何がわかるようになるのか」を確認します。次ページからの本文を読みながら、「わかったらチェック」を入れましょう。章の最終ページの「この章のおさらい」で、問題に答えたりワークをしたりして、理解度を確認しましょう。

就職四季報　企業研究・インターンシップ版
2026年版 contents

この本の使い方2

　第2章から第8章は書き込んだり、他のページをめくることで企業研究が
進む箇所があります。「チェック」と「おさらい」もそうですが、手を動かす
ことでより理解が進みます。

　学ぶことが深化していくので、順番に読み進んでいくほうが理解しやすい
ですが、興味ある章だけ読むこともできます。

　「インターンシップ情報編」では、各社がどんなプログラム内容を設定して
いるのかが一覧できます。14〜15ページのインターンシップの種類の表を
見ながら、業界で見比べてみましょう。ただし、応募の際には内容が変わっ
ている可能性があります。また、『就職四季報』調査に
は回答していなくても、インターンシップを実施する
会社もあります。行きたい会社は会社の募集HPなどで
必ず確認してください。

編集協力：カデナクリエイト（竹内三保子、杉山直隆）
表紙：加藤志門（作画当時：日本大学生物資源科学部3年生）

企業・業界研究編

インターンシップ情報編は121ページへ

就活に役立つ東洋経済の本

　本書では第7章で「業界地図」を、第8章で『就職四季報　総合版』の読み方を紹介していますが、東洋経済ではほかにも就職に役立つ本を発行しています。もっと知りたいと思った人は、次の情報誌をぜひチェックしてください。図書館や学校のデータベース（DCL：東洋経済デジタルコンテンツ・ライブラリー）でも見ることもできます。

▶ 就職四季報　働きやすさ・女性活躍版

総合版にある平均年収や有休・残業などの基本データに加え、産休・育休の期間や取得中の給与、取得者数、女性役職者など、女性が働いていくうえで欠かせない情報を収録。総合職、エリア総合職、一般職別の採用人数や転換制度などで、職種（コース）選択の参考にもなる。

▶ 就職四季報　優良・中堅企業版

総合版／働きやすさ・女性活躍版よりも企業規模は小さく情報量も限られるが、4600社の就職基本データを収録。大手のグループ企業や地方の有力企業、知名度は低いが高収益・高収入で働きやすいといった"狙い目"企業を発掘できる。

▶ 会社四季報

※「会社四季報オンライン」でも見られます

第6章で紹介している投資家のバイブルだが、企業の特色や財務・業績に加え、事業構成、仕入先・販売先や株主など『就職四季報』に載っていない役立つ就活データも。対象は全上場企業。3月発売の「春号」に採用数を掲載。「時価総額」「総資産」「自己資本比率」「キャッシュフロー」「ROE」など、ぜひとも意味を調べて「比べて」みよう。

▶ 会社四季報　未上場会社版

未上場の有力企業4000社の詳細情報と、9000社の基本情報を掲載。売上100億円以上の企業をほぼ網羅。『就職四季報　優良・中堅企業版』掲載企業をもっと知りたくなったらこの本で。

インターンシップを理解する

先輩たちがすすめる理由

この章でわかるようになること

わかったらチェック✔

- インターンシップの種類と期間
- 種類別に何がおこなわれるのか
- 会社が参加学生を見る観点
- インターンシップに参加する目的
- 採用（本選考）との関係

過熱するインターンシップ

就職活動における「インターンシップ」の存在感が年々高まっています。

ほんの10年ほど前までは、意識が高い一部の学生だけが参加するイベントというイメージでしたが、今や多くの学生にとってインターンシップへの参加は当たり前になっています。実際、2024年卒の大学生を対象にした調査では、74.2%の学生がインターンシップに参加したことがわかりました（出典：リクルート 就職みらい研究所『就職白書2024』）。2023年卒も75.0%とほぼ同等の数字で、就活生の4人に3人がインターンシップに参加しているという状況が続いています。1人あたりの参加企業数は7.30社（2024年卒）となっており、複数の会社のインターンシップに参加する学生が多いようです。

インターンシップは就職活動の1つのプロセスとしてすっかり定着したと言えるでしょう。

インターンシップの種類と特徴

とはいえ、闇雲に参加すればいいというものでもありません。インターンシップは短いもので半日、長いものでは数週間、数カ月というものもあります。エントリーシートや面接などの選考がある場合もあり、その準備にも時間をとられます。就職活動では自己分析や業界・企業研究、Webテストの対策などやるべきことはたくさんあります。就職活動を効率よく進めるためには、インターンシッ

プの種類を理解し、目的にあったものを選ぶ必要があります。

　まずは、インターンシップにはどのような種類があるか見てみましょう。インターンシップのプログラムは大きく①会社説明会型②プロジェクト型③仕事体験型の3つに分類されます（14〜15ページ）。

　①会社説明会型は、文字通り会社や業界について説明をするという内容です。数時間から1日程度と短期間のものが多く、会社の負担も少ないため、最も開催数が多い形式です。また、一度に参加できる人数が多いため、参加のための選考が不要なケースが多いのも特徴です。

　②プロジェクト型は、会社から出されたテーマについて、チームで議論し、結果を発表するという内容です。期間は半日から数日程度と①会社説明型と比べるとやや長い傾向があります。また、プログラムの性質上、参加できる人数が限られていることから、参加するためには書類選考や面接を通過する必要がある場合もあります。

　③仕事体験型は、実際に会社の業務の一部を体験するという内容です。そもそも、インターンシップとは「就業体験」を意味する言葉であり、それに一番近いのがこの型と言えるでしょう。期間は短いものでも1週間程度、長いものでは数カ月に及ぶものもあります。参加できる人数は限られているため、何らかの選考が課されるケースがほとんどです。

　参加するインターンシップの型によって、得られるメリットは異なります。それぞれの特徴をしっかり頭に入れておきましょう。

内容は変革期にある

インターンシップの主な種類と構成要素

種類・要素	内容
❶会社説明会型	文字どおり、比較的大人数への広報
会社・業界セミナー	先輩社員から会社や業界の説明を受ける
施設・職場見学	職場や工場、研究所などの施設を見学する
座談会・懇親会	❷の打ち上げパーティーという形をとることも
❷プロジェクト型	会社が課題を与え、チームでディスカッションやワークをおこない発表する
グループディスカッション(GD)方式	一般的な課題に対し、何らかの解を提案する
コンテスト方式	順位がつき表彰される。ベンチャーでは事業化、商品化もある
❸仕事体験型	実際に日常業務の一部を体験する
見学・同行方式	企画会議に同席、現地調査に同行など勤務を見学する
実践方式(文系)	ありうる状況を想定し、学生自身で判断・実践してみる
実践方式(理系)	研究補助のかたちで実際の業務に参加する
実践方式(ベンチャー)	実際の業務に配属され、社員と同じ位置づけのもとで働く
実践方式(報酬型)	有給で仕事を体験する
❹その他	内容以外で特色のあるインターンシップ
コラボ型(❶か❷)	複数企業が共同実施。グループ異業種や、BtoBとBtoCの組み合わせなどで知名度向上図る
合宿型(❷か❸)	泊まり込みで実施する。期間は1泊2日から数週間まで
選考直結型(❷か❸)	コンテストなどを実施し、優秀者を採用する。外資やベンチャーで選考直結をうたい実施

※❶❷❸の境界は明確ではありません。「仕事体験型プロジェクト」のように、❷と❸を兼ね備えた1つの内容もありますし、一週間程度のプログラムの多くは、3つの型を各1～2日で組み合わせています。単なる職場見学程度の内容でも「仕事体験」と

学生のメリット	名称・課題例	期間
会社の雰囲気を感じ取れる。気楽に参加でき短期間で複数の会社を比較できる		
手早く会社・業界研究ができる	「商社の仕事理解セミナー」	短期
普通は見られない施設などに入れる	「○×社徹底分解インターンシップ」	半日〜1日
社員と比較的密な接触ができる		
チームワークの重要さと難しさ、就活生同士のレベルなどを体感することができる	「○×社ワークショップ」（課題は当日発表）	
本選考GDの予行演習ができる	CO2を削減するために企業は何をすべきか	
評価などにより自分の実力がわかる	当社の新規事業提案	
より深い仕事理解とマッチングができる	「仕事体感プロジェクト」「営業部門実務体験」「研究職インターンシップ」	1日〜1週間
仕事に必要な知識やスピード感などリアルな仕事ぶりが分かる		
社員からOJTに近い指導が受けられる	模擬交渉、融資判断、稟議書作成など	
実際の開発現場で社員の業務を把握でき、実践指導が受けられる	データ整理、計測作業、実験、開発など	数週間 数カ月
入社したのと同じ仕事のリアル感が体験できる。内定に直結する	「就業型インターンシップ」	長期
報酬をもらえる。高い責任感を持って仕事をしたことをアピールできる	「報酬型インターンシップ」	

興味のなかった会社の説明を聞いて興味を持てるようになることがある	「○×グループ合同インターンシップ」「3in1インターンシップ」
社員や参加学生と密な接触ができ、相性も確認できる	「合宿型インターンシップ」
世界中の優秀な学生と競い合うことができる。実力次第で内定が出る	「採用直結型インターンシップ」

いう名称になっていることもあります。インターンシップを厳格に分類する目的ではなく、内容を整理してイメージをつかみやすくするためにお使いください。

　現在、就職活動全般のルールは政府が決めています。その中で、インターンシップに関するルールが、2025年卒から変更になりました。

　まず、就業体験を伴わない超短期（1日）の会社説明イベント（①会社説明会型に相当）は「インターンシップ」ではなく「オープン・カンパニー」と呼ぶことになりました。元々、日本経済団体連合会（経団連）と大学の合意で「1dayインターンシップ」という名称は使用しないという取り決めがあり、就職ナビサイトでは「1日仕事体験」のような名称で掲載されていました。今回のルール変更でもその流れを踏襲しています（ただし、本書では実態に合わせて「インターンシップ」として掲載しています）。

　逆に、「インターンシップ」の名称を使用するために、就業体験を伴うこと、5日間以上の日数があること、実施期間の半分以上の日数を職場での就業体験に与えることなどいくつかの要件を定めました。今回の変更の一番大きなポイントは、これらの要件を満たしたインターンシップについては、参加した学生の情報を本採用選考に利用することを認めた点です。

インターン、ホンネとタテマエ

　これまで、政府や経団連は「インターンシップで取得した学生の情報を採用選考活動に使用してはいけない」という姿勢を貫いてきたため、このルール変更は大きな方向転換を意味します。

　ただし、みなさんもすでに知っているかもしれませんが、実際はこれまでも多くの会社がインターンシップの参加者に早期選考の案

内を出したり、あるいはそのまま内定を出したりと実質的に採用活動の一部としてインターンシップを利用してきました。

つまり、「せっかくインターンシップを開催するのだから、そのまま選考にも利用したい」という会社の本音と「インターンシップはあくまで就業体験なのだから採用に直結させてはならない」という政府や経団連の建前が食い違っていたわけです。その結果、募集要項に「採用とは関係ありません」と書かれていても、本当に関係ないのかは参加してみるまでわからないという厄介な状況になっていました。

今回のルール変更により、条件付きとはいえ採用直結のインターンシップが認められたため、今後はより正確な情報公開が進むことが期待されます。

内定よりも自己研鑽を目的に参加を

『就職白書2024』によると、インターンシップに参加した学生のうち、参加した会社から内定をもらい、その会社に就職を決めた人は全体の40%以上います（下表）。参加企業の同業他社に就職する人も含めると約70%となり、どの会社、どの業界のインターンシップに

インターンシップ等参加企業への入社予定状況

(%)

		N	インターンシップ等参加企業に入社する予定	インターンシップ等参加企業ではないが同業種の企業に入社する予定	まったく異なる業種の企業に入社する予定	その他
全体	2024年卒	1251	43.7	27.6	28.4	0.3
	2023年卒	1101	41.4	27.9	30.5	0.1
	2022年卒	1585	36.9	28.1	34.9	0.1

(出所)（株）リクルート 就職みらい研究所『就職白書2024』

参加するかが最終的な就職先に大きく影響することがわかります。

　ただ、内定をもらうと心が動くと思いますが、インターンシップで内定を得て、そのまま就活を終えてしまうのは、学生にとってかえって危険でもあります。

　会社は比較することで実態が見えてきます。インターンシップなどを通じて多くの会社に接することで、自分との相性の良しあしを、うまく判断できるようになってきます。

　インターンシップで内定が出て、その会社に就職する人も一定数います。ですが、これにあまり気をとられずに、内定よりも自己研鑽を目的にインターンシップに参加するほうが、最終的な自分自身の成長や、就活の満足度につながるでしょう。

本選考の予行演習ができる

　内定をもらうことを最終目的としないのであれば、時間をかけてインターンシップに参加する意味はどこにあるのでしょうか。

　1つは会社内での純粋な就業体験です。これをより就活に活かしたいと考えるならば、本選考の疑似体験をし、評価やコメントをもらったりすることで、会社が就活生を評価する観点を知ることができるというメリットが挙げられます。

　たとえばコンテスト形式でグループ発表し、順位がついたとします。ここですばらしい発表をして1位となった学生に内定が出るとは限りません。会社側が見ているのは、自分の会社で活躍してくれそうかどうかです。一般的なテーマのワークショップにしろ、業務体験型の販売促進会議にしろ、人を評価する観点は同じです。チー

ム全体のことを考え、リーダーシップを発揮する人、フォローに回る人、論理的で説得力のある発言をする人、事務的な作業をコツコツとこなす人、成長意欲の高い人、こうした一人一人の働きをしっかりと見ています。

その観点は本選考と重なる部分もありますから、詳細な説明は他の就活本に譲りたいと思います。『就職四季報 総合版』には各社が選考で重視するポイントが掲載されているので、インターンシップの前にも必読です。

選考メニューは本番と同じ

人気企業のインターンシップは、希望者が全員参加できるわけではありません。本採用同様の高い倍率をくぐり抜け、選考を突破する必要があります。

このステップは本選考と概ね同じです。すなわち、エントリーシート(ES)提出、筆記(適性)試験、グループディスカッションやグループワーク、そして面接と、フルコースではないにせよ順番に実施され、聞かれる内容や選考ポイントも類型化できるでしょう。

こうした選考メニューは、場数をこなすことでどんどん慣れていくものです。インターン選考を受けることで、否が応でも早期の就活準備ができることになります。

短期が多い冬のインターンシップ

少し前までインターンシップと言えば夏休みに実施されるもので

した。ところが、2016年卒から会社説明会などの広報解禁が３月になったことで、２月をピークとした冬のインターンシップも多く開催されています。

　冬開催のインターンシップでは夏に比べ期間の短いプログラムが多く、半日、１日型も目立ちます。14ページの分類で言えば、①会社説明会型を中心に、職場見学やワークショップを短時間でおこなう凝縮したプロジェクト型が増えてきています。

　会社側としては、本選考が始まる前にできるだけ多くの学生と接触し、認知度を高めるのが主な目的とみられます。就活生としては、短期間に多くの企業を訪問し、比較できるというメリットはありますが、本来の就業体験や時間をかけた人物評価を求める人は、プログラム内容をよく見て選ぶ必要があるでしょう。

オンラインをうまく使う

　近年、新型コロナウイルス感染拡大の影響で、就職活動のオンライン化が一気に進みました。インターンシップも同様で、多くの会社がオンラインでのインターンシップを開催しています。

　オンラインのメリットとしては、場所の制約を受けずにインターンシップに参加できるということが挙げられます。地方に住んでいる学生が東京の会社のインターンシップに参加する場合、対面形式であれば交通費や宿泊費、移動時間など大きな負担がありますが、オンライン形式ならこういった問題は解決されます。

　一方で、オンラインでは会社の雰囲気がわかりにくいという意見もあります。せっかく実際に働いている社員の声を聞く機会があっ

ても、対面と画面越しとでは得られる情報量に大きな差が生まれてしまうでしょう。また、会社としても直接会ってみないと学生の熱意を十分に感じづらいという問題もあります。

　そのため、今後はオンラインと対面を組み合わせたハイブリッド型の開催も増えることが予想されます。

プログラムも大事、会社も大事

　ここまで、インターンにはどのような種類があるか、参加することにどのようなメリットがあるかというところを中心に解説してきました。本書後半の「インターンシップ情報編」には1000社以上のインターンシップ情報がずらりと並んでいます。本章を読み終えた皆さんなら、きっと内容は読み解けるはずです。

　とはいえ、いきなりすべてのページにじっくり目を通そうとすると、なかなか気が遠くなるかもしれません。すでに興味がある業界が決まっている人はまずその業界のページを見てみましょう。

　まだ業界が定まっていないという人も大丈夫。次章からは業界や会社を選ぶ際のポイントを解説しています。どんな業界を選べばいいか、どんな会社に入りたいか、一緒にじっくりと考えていきましょう。

この章のおさらい

募集プログラムから
内容を想像してみましょう

1

内容 グループ3社合同インターンシップ
課題解決提案グループワーク

日程 1月中旬から下旬（5日間）

※受入数に限りがありますので、書類を通して参加者を確定させて
いただきます。本試験と本選考は一切の関係はございません。

2

内容 企業と社会を知るウィンターインターンシップ

日程 2月17日（1日間）

想定できること

1
- 異業種コラボ型で、意中の会社や業種以外の説明もある
- プロジェクト型で、チームによるプレゼンテーションがある
- 書類（エントリーシート）選考あり
- 書類もグループワーク（内容、参加態度など）も本選考の資料
となる可能性がある

2
- 1dayの会社説明会型の可能性が高い
- 応募と出欠は記録される（本命企業なら参加実績を残すほうが
よい）

行きたい会社を選んでみる

会社研究の基本情報

この章でわかるようになること　わかったらチェック ✔

— 自分が興味のある会社がどこか ……………

— その会社について何を知っているか …………

— 会社概要をつかむ基本項目には
　何があるか ………………………

— 基本項目の意味と数値の目安 …………

— 正式社名かどうかの見分け方 ………………

行きたい会社はどこ？

第1章で、インターンシップへの興味が湧いてきましたか？

では、どこに行くかを決めたいですね。

まず、現時点であなたがどれほどの会社をどの程度知っているかを確かめてみましょう。

141ページ以降の「インターンシップ情報編」から、行ってみたい会社の正しい名前を、行ってみたい順に選んで、右ページに書き込んでみましょう。

後で使うので、掲載ページ数も記録しておくと便利です。

行きたい会社の基本情報を調べよう

スラスラと書けましたか？ 数社くらいはすぐ書けても、多くの会社となると結構苦しかったかもしれませんね。でも、これから思い浮かぶ会社を増やしていければ大丈夫です。

それでは、あなたはなぜこれらの会社を選んだのでしょう。

「テレビでよく見る」「カッコよさそう」「人気が高い」……などイメージで選びませんでしたか？

ここで選んだ会社は、あなたが一生勤める可能性もある会社です。それなのにこういう動機ばかりでは、その会社が本当に自分に合っているかどうかがわかりませんし、入社後に「こんなはずじゃなかった」となりかねません。また、面接担当者にも、きちんと会社を理解して志望していることが伝わらないかもしれません。

本選考に向け、「なぜ他社でなく、その会社を選ぶのか」という

行きたい会社リスト

① _____ ◯ページ

② _____ ◯ページ

③ _____ ◯ページ

④ _____ ◯ページ

⑤ _____ ◯ページ

⑥ _____ ◯ページ

⑦ _____ ◯ページ

⑧ _____ ◯ページ

第2章 ● 行きたい会社を選んでみる

深い志望動機を持つためには、自分の性格などを見極める自己分析と、しっかりとした会社研究が必要になります。

　本書の「インターンシップ情報編」には、会社概要をつかむための基本的な会社情報を掲載しています。まず、ここで挙げた会社について、次ページからのシートの12問を埋めていくかたちで、情報を抜き出してみましょう。その会社を選んだ理由も、現時点の率直なものでかまわないので、書き入れておきましょう。

┠→ 34ページの記入ガイドを参考にしてください

会社名 ①

▌選んだ理由

....

....

Q1. 会社形態は？
（株式会社／その他具体的に＿＿＿＿＿＿＿＿＿）

Q2. 業種は？＿＿＿＿＿＿＿＿＿＿＿

Q3. 大業種（業種の上位概念）は？＿＿＿＿＿＿＿＿＿

Q4. 上場企業？
（上場市場＿＿＿＿＿＿＿＿＿＿／未上場／持株会社傘下）

Q5. 本社はどこ？＿＿＿＿＿＿＿＿＿＿

Q6. 売上高は？＿＿＿＿＿＿＿億円
売上規模は？（LL、L、M、S）

Q7. 営業利益は？＿＿＿＿＿＿＿億円
（増えている／減っている／横ばい）

Q8. 採用数は？＿＿＿＿＿＿＿人（多い／中程度／少ない）

Q9. 従業員は？＿＿＿＿＿＿＿人　規模は？（LL、L、M、S）

Q10. 会社の設立年は？＿＿＿＿＿＿＿年
（老舗／ベンチャー／どちらでもない）

Q11. 平均年収は？＿＿＿＿＿＿＿万円（高い／低い／平均的）

Q12. 何をしている会社？

＿＿＿＿＿＿＿＿＿＿＿＿＿＿＿＿＿＿＿＿＿＿＿＿

▌選んだ理由

....

....

Q1. 会社形態は？
(株式会社／その他具体的に＿＿＿＿＿＿＿＿＿)

Q2. 業種は？＿＿＿＿＿＿＿＿＿＿＿

Q3. 大業種（業種の上位概念）は？＿＿＿＿＿＿＿＿＿＿

Q4. 上場企業？
(上場市場＿＿＿＿＿＿＿＿＿／未上場／持株会社傘下)

Q5. 本社はどこ？＿＿＿＿＿＿＿＿＿＿

Q6. 売上高は？＿＿＿＿＿＿＿億円
売上規模は？（LL、L、M、S）

Q7. 営業利益は？＿＿＿＿＿＿＿億円
(増えている／減っている／横ばい)

Q8. 採用数は？＿＿＿＿＿＿＿人 （多い／中程度／少ない）

Q9. 従業員は？＿＿＿＿＿＿＿人 規模は？（LL、L、M、S）

Q10. 会社の設立年は？＿＿＿＿＿＿＿年
(老舗／ベンチャー／どちらでもない)

Q11. 平均年収は？＿＿＿＿＿＿＿万円 （高い／低い／平均的)

Q12. 何をしている会社？

＿＿＿＿＿＿＿＿＿＿＿＿＿＿＿＿＿＿＿＿＿＿

会社名 ③

▌選んだ理由

....

....

Q1. 会社形態は？
(株式会社／その他具体的に_____)

Q2. 業種は？_____

Q3. 大業種（業種の上位概念）は？_____

Q4. 上場企業？
(上場市場_____／未上場／持株会社傘下)

Q5. 本社はどこ？_____

Q6. 売上高は？_____億円
売上規模は？ (LL、L、M、S)

Q7. 営業利益は？_____億円
(増えている／減っている／横ばい)

Q8. 採用数は？_____人 (多い／中程度／少ない)

Q9. 従業員は？_____人 規模は？ (LL、L、M、S)

Q10. 会社の設立年は？_____年
(老舗／ベンチャー／どちらでもない)

Q11. 平均年収は？_____万円 (高い／低い／平均的)

Q12. 何をしている会社？

会社名 ④

▌選んだ理由

....

....

Q1. 会社形態は？
(株式会社／その他具体的に＿＿＿＿＿＿＿＿＿＿)

Q2. 業種は？＿＿＿＿＿＿＿＿＿＿

Q3. 大業種（業種の上位概念）は？＿＿＿＿＿＿＿＿＿＿

Q4. 上場企業？
(上場市場＿＿＿＿＿＿＿＿＿／未上場／持株会社傘下)

Q5. 本社はどこ？＿＿＿＿＿＿＿＿＿＿

Q6. 売上高は？＿＿＿＿＿＿億円
売上規模は？（LL、L、M、S）

Q7. 営業利益は？＿＿＿＿＿＿億円
(増えている／減っている／横ばい)

Q8. 採用数は？＿＿＿＿＿＿人（多い／中程度／少ない）

Q9. 従業員は？＿＿＿＿＿＿人　規模は？（LL、L、M、S）

Q10. 会社の設立年は？＿＿＿＿＿＿年
(老舗／ベンチャー／どちらでもない)

Q11. 平均年収は？＿＿＿＿＿＿万円（高い／低い／平均的)

Q12. 何をしている会社？

＿＿＿＿＿＿＿＿＿＿＿＿＿＿＿＿＿＿＿＿＿＿＿＿＿＿

会社名 ⑤

▌選んだ理由

....

....

Q1. 会社形態は？

(株式会社／その他具体的に_____)

Q2. 業種は？ _____

Q3. 大業種（業種の上位概念）は？ _____

Q4. 上場企業？

(上場市場_____／未上場／持株会社傘下)

Q5. 本社はどこ？ _____

Q6. 売上高は？ _____億円

売上規模は？ (LL、L、M、S)

Q7. 営業利益は？ _____億円

(増えている／減っている／横ばい)

Q8. 採用数は？ _____人 (多い／中程度／少ない)

Q9. 従業員は？ _____人 **規模は？** (LL、L、M、S)

Q10. 会社の設立年は？ _____年

(老舗／ベンチャー／どちらでもない)

Q11. 平均年収は？ _____万円 (高い／低い／平均的)

Q12. 何をしている会社？

_____

▌選んだ理由

....

....

Q1. 会社形態は？

(株式会社／その他具体的に_____)

Q2. 業種は？_____

Q3. 大業種（業種の上位概念）は？_____

Q4. 上場企業？

(上場市場_____／未上場／持株会社傘下)

Q5. 本社はどこ？_____

Q6. 売上高は？_____億円

売上規模は？（LL、L、M、S）

Q7. 営業利益は？_____億円

(増えている／減っている／横ばい)

Q8. 採用数は？_____人（多い／中程度／少ない）

Q9. 従業員は？_____人　規模は？（LL、L、M、S）

Q10. 会社の設立年は？_____年

(老舗／ベンチャー／どちらでもない)

Q11. 平均年収は？_____万円（高い／低い／平均的）

Q12. 何をしている会社？

_____

会社名 ⑦

▍選んだ理由

....

....

Q1. 会社形態は？

(株式会社／その他具体的に_____)

Q2. 業種は？_____

Q3. 大業種（業種の上位概念）は？_____

Q4. 上場企業？

(上場市場_____／未上場／持株会社傘下)

Q5. 本社はどこ？_____

Q6. 売上高は？_____億円

売上規模は？（LL、L、M、S）

Q7. 営業利益は？_____億円

(増えている／減っている／横ばい)

Q8. 採用数は？_____人（多い／中程度／少ない）

Q9. 従業員は？_____人　規模は？（LL、L、M、S）

Q10. 会社の設立年は？_____年

(老舗／ベンチャー／どちらでもない)

Q11. 平均年収は？_____万円（高い／低い／平均的）

Q12. 何をしている会社？

_____

会社名 ⑧

▌選んだ理由

....

....

Q1. 会社形態は？
（株式会社／その他具体的に_____）

Q2. 業種は？_____

Q3. 大業種（業種の上位概念）は？_____

Q4. 上場企業？
（上場市場_____／未上場／持株会社傘下）

Q5. 本社はどこ？_____

Q6. 売上高は？_____億円
売上規模は？（LL、L、M、S）

Q7. 営業利益は？_____億円
（増えている／減っている／横ばい）

Q8. 採用数は？_____人（多い／中程度／少ない）

Q9. 従業員は？_____人　規模は？（LL、L、M、S）

Q10. 会社の設立年は？_____年
（老舗／ベンチャー／どちらでもない）

Q11. 平均年収は？_____万円（高い／低い／平均的）

Q12. 何をしている会社？

_____

会社研究の基本情報記入ガイド

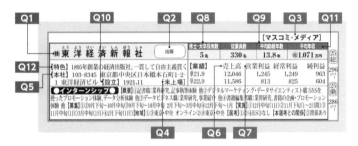

いずれの項目も、第5章以降で再度詳しく説明します。ここでは各項目の意味を大きくとらえて、どんどん抜き出していきましょう。

Q1. 会社の形態は？

（株式会社／その他具体的に＿＿＿＿＿＿＿＿＿＿＿＿＿＿＿）

社名の前後に（株）と省略された「株式会社」がほとんどですが、それ以外にも

・相互会社……………保険会社だけに認められた形態

・独立行政法人………政府の一部事業を効率的に運営するため
　　　　　　　　　　　　分離・独立させた法人（民間企業ではない）

などいくつかの形態があります。それらを受けるときには必ず定義を調べてみましょう。

株式の意味は → 67ページ

Q2. 業種は？

社名の右にある業種を書き込んでください。各社が何を扱っているのか、立ち位置はどこなのかを確認しましょう。

Q3. 大業種（業種の上位概念）は？

メーカーなのか、サービス業なのかという大きなくくりで考えてみてください。よくわからない人は、各ページの左上または右上にある見出しを書き込んでください。

業種や業界、業態は事業内容に関する区分けで、分類の定義が固定されているものではありません。たとえばJRや私鉄などの鉄道各社。運輸業界だと言う人もいれば、インフラ業界だと言う人もいますが、どちらも間違いではありません。

また、鉄道業界には、鉄道会社だけを想定する人もいれば、信号や鉄道車両メーカー、時刻表出版社といった関連ビジネスを手がける会社をすべて含める考え方もあります。

さらに詳しく → 44,92ページ

Q4. 上場企業？

（上場市場＿＿＿＿＿＿＿／未上場／持株会社傘下）

業績の右上、[ ]内に示された「上場区分」を記入しましょう。123ページの【上場区分】の凡例を確認してください。「東京P」などが上場市場です。「持株傘下」の説明にある「持株会社」については、70〜72ページに解説しています。

さらに詳しく → 66,70ページ

Q5. 本社はどこ？

都道府県レベルで記入するのが一般的かも知れません。ただし、特定の地域にこだわりのある人は、たとえば東京の「丸の内」や「六本木ヒルズ」といったピンポイントでも構いません。

Q6. 売上高は？ ＿＿＿＿＿億円　売上規模は？ (LL、L、M、S)

売上高とは、1年間に商品やサービスを売った総代金です。【業績】のうち最新年から抜き出してください。金融機関など「売上高」が見当たらない場合でも、一番左の項目が売上高に相当しますので、「(経常収益)1234億円」というかたちで書きましょう。

個社ページの金額単位は百万円なので、億円単位に換算しましょう。100で割ればよいですが、便利な方法があります。最後の2ケタを指で隠してしまうのです。有価証券報告書など、他の資料では千円単位や1円単位で記されていることもあります。単位を間違えないよう注意しましょう。

【業績】	売上高	営業利益	経常利益
¥23.3	1,901,123	112,4□□	131,481
¥24.3	2,014,235	110,115	□□□

指で2桁隠すと百万円単位から億円単位に！

売上高から、その会社の売上規模を分類してみましょう。大企業なのか、中小企業なのか。全体の分布における位置をとらえることが大事です。目安としては以下のとおりです。

LL………1兆円以上………………………▶超大企業

L ………3000億円～1兆円未満…………▶大企業

M………500億円～3000億円未満………▶中堅企業

S ………500億円未満………………………▶中小企業

として、○をつけてみましょう。業種などにもよるため、上記が絶対的な基準ではありません。「売上高は会社の規模を表す」ことを意識して調べましょう。

さらに詳しく 76,82ページ

Q7. 営業利益は？ (増えている／減っている／横ばい)

営業利益は本業の利益を表します。ズバリもうかっているのかどうかがわかります。これも銀行は「業務純益」など別の名前になっていることがありますが、経常収益と同じように抜き出しましょう。

【業績】前年と比較して、2年連続でおおむね

5%以上増えている…………増えている

5%以上減っている…………減っている

として○をしてみてください。

これも絶対的な基準ではないので、経済情勢なども考えて、自分の目安を作って評価できればベストです。

さらに詳しく → 82ページ

Q8. 採用数は？ (多い／中程度／少ない)

修士了・大卒者を何人くらい採用するのかがわかります。これも一応の目安を以下とします。

100人以上 …………多い

30〜99人 …………中程度

30人未満 …………少ない

さらに詳しく → 109ページ

Q9. 従業員規模は？ (LL、L、M、S)

従業員数も会社の規模を表します。中小企業基本法では中小企業を従業員300人以下と定義しています。裏を返すと、大企業は従業

員300人超の会社となります（卸売業、サービス業は100人超、小売業は50人超）。ただし、実際に多くの会社に接すると、大企業の水準はもう少し高いとする人が一般的です。以下の基準で分類してみましょう。

LL………5000人以上

L………1000～4999人

M………300～999人

S………300人未満

さらに詳しく → 68ページ

Q10. 会社の歴史は？ （老舗／ベンチャー／どちらでもない）

これも定義はさまざまですが、以下の基準であればおおむね万人に納得されるところでしょう。

老舗…………設立（創業）100年以上

ベンチャー…設立10年未満

「設立」で会社の年齢がわかります。「設立」と「創業」は会社の大きな再編などを経ると、使い分けて異なることがあります。老舗企業ならばＨＰなどに必ず「創業○年」、「1800年代創業」といった記述があるので、調べてみましょう。

Q11. 平均年収は？ （高い／低い／平均的）

手当やボーナスも含めた年間の平均収入です。最も注目される指標ですが、日本企業の給与は年齢と連動することが多いので、『就職四季報 総合版』の平均年齢とあわせて比較することも大事です。

とりあえず以下の基準で分類し、絞り込むときにじっくり見ていきましょう。

    800万円以上……高い
    500万円以下……低い

さらに詳しく→ 110ページ

Q12. 何をしている会社？

　いろいろ調べてきましたが、結局のところ、この会社は何をしているのか、どんな会社なのか。【特色】と業種を参考に、一言で言い表してみましょう。もしわからない用語があれば調べてみましょう。新しい発見もあり、興味が広がります。『就職四季報　総合版』の「記者評価」を見ると、より詳しい事業内容がわかります。

> 　1社分でもずいぶん大変でしたね。
> 　インターンシップ情報編には、1社でたった3cm足らずの高さの枠に、ぎっしり情報が詰まっていることがわかったと思います。
> 　1社やれば慣れるので、他の会社についても調べてみましょう。

正式社名とブランド名

　さて、25ページに書いた会社の名前を、もう一度掲載ページと見比べてみてください。

✓ Check 社名は正しく書かれていますか？

ホンダ	本田技研工業
エプソン	セイコーエプソン
セブンイレブン	セブン-イレブン・ジャパン
日本テレビ	日本テレビ放送網
Canon	キヤノン（ヤが大きい）

　会社への提出書類に間違った社名を書いてしまうと致命的です。
いま一度、確認するクセをつけましょう。

ただし……　　むずかしい…

！ たとえば

ニチレイ	掲載は「ニチレイグループ」
ニトリ	掲載は「ニトリグループ」

　採用活動を企業グループで一括して行う会社もあり、その場合
は、親会社（→69ページ）の名前で代表させていたり、ニチレイ
やニトリのように「グループ」とつけていることもあります。この
ようなときには、会社名と掲載社名が一致しません。

Q じゃあこれは？

JAL？	日本航空？
NEC？	日本電気？
JR東日本？	東日本旅客鉄道？

JALやNEC、JRなどは会社の正式名称（商号）ではない通称です。法律で規定された正式名称を変更するのは大変なので、親しみやすく呼びやすい名前を通称として使っています。

正式名称かどうかは、141ページからのインターンシップ情報の社名についている（株）の文字で見分けられます。

（株）は「株式会社」の省略表記で、株式会社であれば、商号の頭か後ろに「株式会社」とつける決まりになっています。ABC株式会社と株式会社ABCは違う会社です。（株）や（独法）など（「法人格」といいます）がついていなければ、グループ名などを含めた通称・呼称です。

自社の採用ホームページなどでブランド名を前面に出している会社もありますから、使って誤りではありませんが、エントリーシートやお礼状の宛先には「株式会社」つきで正式名称を使うほうが丁寧な印象を与えます。

さらに、事業や商品の一つである有力ブランドが社名よりも有名である例もよくあります。

ⓘ たとえば

ブランド名	会社名
au	KDDI
東進ハイスクール	ナガセ

このような場合には、ブランド名と会社名とを混同せず、きちんと使い分けるようにしましょう。

◯✕で答えてみましょう

☐ **1.** 会社の規模を表す指標には、経常利益と営業利益がある。

☐ **2.** 会社の収益性を表す指標には、売上高と営業利益がある。

☐ **3.**「会社」とは「株式会社」の略称である。

☐ **4.** 従業員数100人の小売業は政府の定義では大企業である。

☐ **5.** 日本には同じ社名がないよう制御する商業登記という
システムがある。

☐ **6.** ブランド名をそのまま正式社名としている会社もある。

 答え 1. × 2. ◯ 3. × 4. ◯ 5. × 6. ◯

解説

1. 利益項目は規模に関係はありません。大きな会社でも赤字（マイナス）になることがあります。規模を示すのは売上高や従業員数などです。

3. 株式会社以外にも相互会社や合同会社などの形態があります。ちなみに「法人」は「会社」よりも広い概念で、独立行政法人や学校法人などの形態があります。

4. 政府の定義では正しいですが、就職や事業をする場合にはもう少し基準を上げて、大企業は従業員数1000人以上程度と見るほうがよいでしょう。

5. 会社は商業登記という制度で管理されますが、社名が同じ会社はいくつもあります。調べた会社が実は違う会社だったということのないように気をつけましょう。

知っている会社を
増やす

同業他社、B to B、トップシェア

この章でわかるようになること　　　　わかったらチェック ✓

── 「業界順位」の決め方 ……………………………… ☐

── 同業他社から
　　知っている会社を増やす方法 ………………… ☐

── 「B to B」と「B to C」の意味 ………………… ☐

── B to B企業を探して、
　　知っている会社を増やす方法 ………………… ☐

── トップシェア企業に着目して、
　　知っている会社を増やす方法 ………………… ☐

選んだ会社の「業界」を見てみる

　この章では「知らない会社には興味が持てない」というあなたに、あなたが興味を持っている会社から、知っている会社を増やす3つの武器をご紹介します。

　25ページで選んだ会社は、あなたがいま興味ある会社群だということになります。まず、それらの業種（34ページのQ2）を見てみましょう。全ての会社が違う業種だという人は少ないのではないでしょうか。では、あなたが選んだ会社について質問です。

> その会社は業界何位の会社ですか？

> あなたは業界１位の会社を選んでいますか？

　インターンシップ情報編の【特色】に、「世界1位」といったかたちで、業界での順位を書いてある会社があります。

　たとえば、日用品大手のユニ・チャームを選んだ人、その【特色】（260ページ）は「生理用品・紙おむつで国内首位級」、社名右の業種は「化粧品・トイレタリー」となっています。「トイレタリー」とは、石けんやシャンプーなどの日用品を指します。それでは、ユニ・チャームはトイレタリー業界全体でどのような地位の企業なのか調べてみましょう。

「業界地図」で同業他社を見る

　業界順位は一般的には売上高で測ります。その業界に属する主要な会社を漏れなく把握して、関連製品の売上高順に並べればよいで

106 トイレタリー（日用品）

コスト上昇で業績苦戦、値上げと高付加価値商品の育成急ぐ

ヘアケア・ボディケア中心

ファイントゥデイ

資生堂のパーソナルブランドを分社化し、ファンドが取得。21年7月より事業開始。事業規模は1000億円（19年）。23年の社名変更でツバキ、専科、ウーノ、シーブリーズ

コーセー 【4922】

ヘアケア高級品が充実。主力は化粧品
サンカット、ソフティモ、ジュレーム

売上高	2,891億円↑
部門売上高	522億円↑
部門利益	11億円↓ (コスメタリー)

朋友ホールディングス

クラシエホールディングス

カネボウから日用品部門などが分離独立。「フリスク」など多彩もナイーブ、いち髪、ラメランス

| 売上高 | 862億円↓ |
| 営業利益 | 70億円↓ |

（100%）

ホーユー

家庭用ヘアカラーで国内首位
ビゲン、ビューティラボ、シエロ

| 売上高 | 510億円↑ |
| 営業利益 | 22億円↓ |

（100%）

マンダム 【4917】

男性用ヘアケアでは圧倒的シェア。化粧品も ギャツビー、ルシード

| 売上高 | 670億円↑ |
| 営業利益 | 14億円↑ |

I-ne（アイエヌイー） 【4933】

高価格帯ヘアケア開発とデジタルマーケティングに強み。美容家電もボタニスト、サロニア、ヨル

| 売上高 | 352億円↑ |
| 営業利益 | 32億円↑ |

コスメカンパニー

高価格帯ヘアケアなどに若い層から支持を受け急成長。アンドハニー、エイトザタラソ

ユニ・チャーム 【8113】

紙おむつ、生理用品で国内首位級。新興国をはじめ、海外に強いムーニー、ソフィ、マミーポコ、超快適マスク

| 売上高 | 7,649億円↑ |
| 部門利益 | 1,008億円↑ (パーソナルケア) |

ライオン 【4912】

口腔ケアで国内首位。「バファリン」の鎮痛剤。タイ、韓国など海外もトップ。クリニカ、キレイキレイ、NONIO

| 売上高 | 3,898億円↑ |
| 部門利益 | 219億円↓ |

海外大手

ユニリーバ 【UL】 🇬🇧

食品から日用品まで幅広く展開。20年に本社を英国に統一ラックス、ダヴ、Ｄメント、モッズ・ヘア

| 部門売上高 | 6兆4,701億円↑ |
| 部門利益 | 9,260億円↑ (ビューティー&ウェルビーイングとパーソナルケアとホームケアの合計) |

ヘンケル 【HEN3】 🇩🇪

日本はほぼ事業ないが、洗濯用洗剤、香りづけ柔軟剤など欧米で高シェアディオーサ、ショワルツコフ、サイオス

| 部門売上高 | 1兆6,092億円↑ |
| 部門利益 | 674億円↓ (ビューティケアとランドリー&ホームケアの合計) |

ロレアル

化粧品で世界首位。トイレタリーも高級ヘアケアを中心に数々のブランドを展開キールズ、ケラスターゼ

| 部門売上高 | 2兆7,241億円↑ |
| 部門利益 | 5,490億円↑ (プロフェッショナル製品とコンシューマー製品の合計) |

花王 【4452】 （国内最大手）

販売が強み。洗剤、ハンドソープ、ヘアケアなど幅広い日用品カテゴリーでシェア上位。化粧品や「ヘルシア」など機能性飲料も手がけるアタック、メリーズ、ビオレ、キュキュット、クイックル、ロリエ

売上高	1兆5,510億円↓
純利益	860億円↓
部門売上高	9,418億円↓
部門利益	652億円↓ (ハイジーン&リビングケアとヘルス&ビューティケア事業、ライフケア事業の合計)

サンスターグループ

歯ブラシなど口腔製品が得意。MBOで2007年に上場廃止。本社をスイスに移転。連続売り上げの半分は日本オーラツー、G·U·M

| 売上高 | 473億円 |
| 営業利益率 | 9.1億円↑ (日本のサンスターの単独決算) |

プロクター・アンド・ギャンブル（P&G） 【PG】 （世界最大手）

180カ国で展開。日用品メーカーの世界ナンバーワン企業。環境保全などの取り組みにも積極的。自社にない技術には積極的に買収などで対応するが、外部から吸収ジョイ、アリエール、ボールド、パンパース、パンテーン、ジレット、ブラウン

| 売上高 | 10兆8,832億円↑ |
| 純利益 | 2兆008億円↑ |

業界天気予想

23年度後半 曇
24年度 曇

洗剤やせっけん、ボディソープ、歯磨き粉、紙おむつ、生理用品、芳香剤など衛生的な生活に欠かせない製品を扱うトイレタリー業界は、原料高、2023年にはエネルギーコストが一段と上昇しており、収益的に厳しい環境が続く。

国内市場のトイレタリー業界では、各社がシェア低下を恐れ、値上げに慎重だった。昨今のコスト上昇は自助努力で対応できる範囲を超えており、値上げラッシュが起きている。

22年度に前年度比で460億円もの原材料コスト上昇に見舞われた国内最大手の花王は、23年度として初めてすべての商品カテゴリーで値上げに踏み切る。同社採算悪化を食い止めるべく、小林製薬は23年3～4月に「プルーレット」などを3～17%、「エステー」はカイロを同8月に10～40%値上げする。

一方、人口減少下の国内市場で

すが、社会人でもそれができる人はまれでしょう。

そこで役立つのが「業界地図」です。複数の会社から出版されていますが、東洋経済の『会社四季報 業界地図』で「トイレタリー」のページ（前ページの誌面）を見ると、ユニ・チャームは紙おむつ、生理用品で国内首位級のメーカーだと記されています。

トイレタリー業界の国内トップ企業は花王です。もし花王を選んでいないとすれば、こちらもインターン先の有力な候補となるはずです。花王の製品は洗剤や化粧品など多岐にわたりますが、生理用品も紙おむつも手がけています。知りたい会社が1社増えました。

行く前に調べて考える

P＆Gは世界1位の企業です。また、世界2位のユニリーバも載っています。いわゆる「外資系企業」です。

両社とも日本で長い歴史があり、P＆Gジャパン、ユニリーバ・ジャパンという日本法人で採用活動をしています。

日本のメーカーは日本での経験や日本製品の持つ高品質なイメージを武器にして、海外に展開しているのに対し、外資系企業では世界の知見を日本での事業に活かすことを目的としています。むしろ日本企業よりも事業はドメスティックなこともありえます。

同じグローバル企業でもどちらのフィールドが自分に合うかを考えてみましょう。実際にインターンシップに行く前に、調べて考えてみることも、就活の大事なステップです。

口腔ケア首位のライオンは、同じ日用品でもユニ・チャームとは商品群が異なります。ライオンを選んでいないとすればそのせい

なのか、ほかに理由があるのかも考えてみましょう。その理由を
ユニ・チャームへの志望動機として書けばよいのです。もちろん、
トップや大手の会社をすすめる趣旨ではありません。見比べて考え
てみることが大事だということです。

関心のない業界も調べてみる

　最新の「業界地図」のトイレタリー業界のページでは、業界キー
ワードとして「ECマーケティング」を取り上げています。売上に
占めるネット通販（EC）の割合が拡大したことで、ECマーケティ
ングのスキルが重要視されているようです。

　ここで、特段興味のない業界でも「業界地図」にはひととおり目
を通しておくべきだと気づいた人はいますか？

　楽天やヤフー、さらにアマゾンやアリババなどのECビジネスや、
サイバーエージェントなどのインターネットマーケティングには大
いに興味があるけれども、トイレタリーや化粧品自体には全く興味
がなかったという人もいるでしょう。そんな人でももしかしたら、
自分のめざす仕事が実現できるかもしれません。

　身の周りを見渡しても、食品スーパーで薬を売っていると思えば、
ドラッグストアでお菓子やドリンクを売っています。コンビニでは
ネットで注文した商品を受け取れるオムニチャネル化が進み、ゲー
ム業界では、ゲーム機でプレイする家庭用ゲームとスマホゲームと
の境界線は、もはやよくわからなくなっています。1つの会社のな
かでも複数の業種や業態を手がけ、多角的に事業シフトを進めてい
ます。会社も業界もずっと同じではなく、日々動いているのです。

ある程度業種を絞らないと、どこから手を付けていいのかわからないのももっともですが、早くから業種を絞ってしまうと、やりたい仕事を遠ざけてしまう危険性もあることに注意しましょう。

Ｂ to ＢとＢ to Ｃ

もう一度、25ページで選んだ会社を見てみましょう。それらの会社は誰に対して製品やサービスを売っているでしょうか。消費者向けか、企業向けかで分けてみてください。

ビジネス用語に、「Ｂ to Ｂ」「Ｂ to Ｃ」ということばがあります。聞いたことがありますか？

Ｂ to Ｂ……Business to Business

法人に向けたモノやサービスを売っている

Ｂ to Ｃ……Business to Consumer

一般消費者に向けたモノやサービスを売っている

代表的なＢ to Ｂ業種が自動車部品です。皆さんは自動車部品会社に行って、エンジンや車載シートを買ったりはしないでしょう。部品会社は一般消費者に向けてではなく、トヨタ自動車や日産自動車などの完成車メーカーに対して部品を売っているのです。

スマートフォンの部品を作っている会社もＢ to Ｂ企業です。一方、自動車（乗用車）メーカー自身や、アップルなどスマホのメーカーは消費者に向けた最終製品を作っているので、Ｂ to Ｃ企業です。

ＢtoＢ企業は隠れ優良企業の宝庫

　選んだ会社の中にＢtoＢのメーカーがあったという人は少ないのではないでしょうか。

　一般的な学生にとって、本格的に就活を始める前に思い浮かぶ会社とは、実際に自分で商品を購入できる、そのためテレビＣＭが多く流れているＢtoＣ企業でしょう。いわゆる有名企業ですが、有名企業がすべて優良企業だというわけではありません。

　その一方で、ＢtoＢ企業は知名度こそ劣るものの、実は優良企業の宝庫です。日本製品の高い品質の源泉は、外国にはなかなか真似のできない個々の部品の競争力の高さにあります。

　優れた技術やノウハウを持ち、シェアが高く、ゆえに経営がうまくいっている会社も多いです。たとえば、鉄道車両を製造している日本車輌製造という会社があります。ＪＲ東海のグループ会社で、新幹線の製造両数が4000両を超すトップメーカーです。リニア中央新幹線の製造も手がけます。

　新幹線は国内でも拡大していますし、車両や信号、運行管理システムなどをセットにした日本の新幹線システムは、台湾でも採用されています。今後、インドなどにも輸出されるとなると、新幹線ビジネスの拡大に伴って、部品会社も大きくなるというわけです。

　ＢtoＢ企業は中小規模で数が少ないと思われがちですが、必ずしもそうではありません。次ページの絵のようにＢtoＢ企業は重層的に多くの会社が連なっています。完成品メーカーに直接部品を納入する「Tier1」と呼ばれる1次取引メーカー（サプライヤーとも言います）には、売上高で1兆円前後の大きな会社も多くあります。

身近な分野でB to B探し

　身近なB to C分野に対応するB to B製品の例を挙げてみます。とても全部は挙げられませんが、興味ある最終製品の原材料や製造工程を想像して、B to B企業を拾い出していきましょう。

　ロボットやロケット、鉄道車両など、B to Bの最終製品は、部品メーカーの高度な技術力を結集して作られています。

　B to C製品からB to B製品を連想できるようになったら、今度はB to B業種そのものに直接目を向けていきましょう。

B to C	B to B
自動車	タイヤ、プラグ、ベアリング、鉄板、ガラスなど
運輸	鉄道車両、信号、電線、シートなど
パソコン	CPU、メモリ、半導体、液晶など
スマートフォン	タッチパネル、集積回路、スイッチ、コイルなど
食品・飲料	食品原料、添加物、香料、容器、充填機械など
マンション	鉄骨、セメント、掘削機械、建材など

自動車産業の重層構造

完成車メーカー	大手8社	**B to C** 就活初期の学生はここしか知らない!
Tier1 1次取引メーカー 部品メーカー、タイヤメーカーなど	1系列数百社	**B to B** さらに3次、4次と取引関係が連なる
Tier2 2次取引メーカー 部品用の部品・素材メーカーなど	1系列数千社	

トップシェア企業を探す

　さて、先に挙げた日本車輌製造のような優良BtoB企業を自分で探すには、どうすればよいでしょうか。

　1つの方法として、「トップシェア企業」に着目する方法があります。少し触れたとおり、シェアが高ければ、業績が拡大を続け、経営基盤が安定していることが多いです。特に専門性の高いBtoB企業では競合が少なく、日本を代表するような優良な会社を顧客に抱えています。販売先もその会社にしかない高い技術力を頼りにしています。価格などの主導権もとりやすく、業績が崩れにくいのです。

　141ページからのインターンシップ情報の【特色】1行を見るだけでも、トップシェア企業が満載です。「トップ」「首位」「高シェア」といったキーワードで企業を拾ってみるだけで、150社以上も挙がってきます。そのうち、BtoB企業に絞っても次ページのリスト以上の数があります。必然的にメーカーが多くなりますが、1つ誤解を解いておきたいことがあります。

　学生の中には「文系学生はメーカーには就職できない」と思い込んでいる人がいるようですが、そんなことは決してありません。ぜひ『就職四季報　総合版』などの文理別に採用数が載っている情報源で確かめてみてください。なぜそのような都市伝説が広まったのかはわかりませんが、「文系業種」「理系業種」という分け方で会社を紹介する本もあるからでしょうか。文系業種は金融、小売、サービス業、理系業種はメーカー、建設、ITなどとされています。

　確かに文理別に多く採用される属性はそのとおりですが、文系でも建設やITに就職できますし、理系から金融や商社に入る人も一

定数います。会社の中にはさまざまな仕事があり、さまざまな適性が必要とされています。ここまで「BtoB企業」「BtoC企業」という言い方をしてきましたが、1つの会社内にBtoB部門とBtoC部門が同居していることもよくあります。次章では仕事内容の分類である「職種」について学んでいきましょう。

本書に載っている **BtoB**のトップ企業（抜粋）

社名	特色	ページ
JKホールディングス (株)	合板、建材の専門商社。国内首位。M&A推進	150
東京青果 (株)	取扱高で国内首位の青果物卸。業界のリーダー	153
岩谷産業 (株)	産業・家庭用ガスの商社。LPガスで首位	156
(株) 巴商会	工業用高圧ガスの専門商社で首位。需要先広範	158
ID&Eグループ	総合建設コンサル首位、日本工営が中核	160
(株) インテージ	市場調査分野で国内首位を誇る。世界で10位圏内	161
東芝テック (株)	POSレジ端末世界首位。複合機も手がける	211
(株) PFU	リコーの連結子会社。業務用スキャナー世界首位	211
(株) 安川電機	ACサーボモーターとインバーターで世界首位	212
日本電子 (株)	電子顕微鏡で世界首位。半導体・医用機器も展開	213
(株) イシダ	計量・包装・検査機器首位の老舗。海外へも展開	214
日亜化学工業 (株)	窒化物LEDで世界首位級。グローバル展開加速	217
日本ケミコン (株)	アルミ電解コンデンサーで世界トップメーカー	219
横河電機 (株)	工業計器国内首位。プラント向け制御機器が主力	223
(株) アドバンテスト	半導体検査装置で世界シェア首位級の最大手	223
アイホン (株)	インターホン国内首位。住宅向け中心に病院も	224

社名	特色	ページ
(株) 東京精密	半導体製造装置展開。ウエハテスト用で世界首位	224
住友理工 (株)	自動車用防振ゴム・ホース首位。住友電工系	229
NOK (株)	自動車用オイルシール首位。電子機器用FPCも	231
リョービ (株)	独立系ダイカスト専業でトップ。印刷機も展開	236
新明和工業 (株)	ダンプなど特装車で国内首位。航空機材も強い	237
(株) キッツ	国内首位の総合バルブメーカー。伸銅品でも上位	241
(株) ダイフク	搬送システム総合メーカーで世界首位級	243
ファナック (株)	工作機械用NC(数値制御)装置で世界首位	246
DMG森精機 (株)	工作機械世界首位級。TOBで欧州最大手DMGを連結	247
住友ベークライト (株)	住化系の樹脂加工大手。半導体封止材で世界首位	267
東京応化工業 (株)	半導体用フォトレジストの世界大手で首位級	268
大陽日酸 (株)(日本酸素HDグループ)	産業ガス国内首位。海外事業をM&Aで拡大中	269
日本パーカライジング (株)	金属表面処理で国内トップ。加工も手がける	271
DIC (株)	インキで世界首位。樹脂、機能素材などに展開	271
AGC (株)	三菱系。硝子世界首位級、化学、電子の3本柱	273
YKK (株)	ファスナー世界シェア首位。子会社でアルミ建材	276
(株) SUMCO	半導体シリコンウエハ大手で世界トップ級	276
(株) UACJ	アルミ世界トップクラス、圧延では国内首位	281
日本電設工業 (株)	JR東日本向け中心に鉄道電気工事首位。総合化志向	294
(株) きんでん	関西電力系で電設工事首位級。関電依存度は2割	295
日本郵船 (株)	海運売上で国内首位。陸・空運含め総合物流強化	326
(株) キユーソー流通システム	キユーピーの物流部門が独立。食品物流首位	329
セコム (株)	警備業のトップ企業。保険、医療等へ多角化	339
シミックグループ	医薬品開発業務受託で国内先駆、業界首位級	341

この章のおさらい

穴埋めをしてみましょう

1. 業界順位やシェアを測る基準は＿＿＿＿＿＿である。

2. BtoBとは＿＿＿＿＿＿＿＿＿＿＿＿＿＿＿＿＿＿の略で、
   ＿＿＿＿＿＿間取引の意味である。

3. BtoCとは＿＿＿＿＿＿＿＿＿＿＿＿＿＿＿＿＿＿の略で、
   対＿＿＿＿＿＿取引の意味である。

4. Bto＿＿ 企業はテレビCMをすることは少ない。

5. 自動車部品で世界トップ級の国内メーカーには＿＿＿＿＿＿が
   ある。

 答え

1. 売上高 2. Business to Business、企業
3. Business to Consumer、消費者
4. B 5. デンソー（アイシンなども正解）

解説

1. 総合商社は純利益、製鉄会社は粗鋼生産高など、業界によって違う慣習
   があるものもあります。

4. 近年はBtoB企業のCMも増えています。ただ、内容は商品を買っても
   らうためというよりも、タレントや動物などを使って親しみやすい企業
   イメージを醸し出すものが多いようです。つまり、就活生への認知度向
   上が大きな目的だと考えられます。

4

やりたい仕事を
職種に落とす

ラインとスタッフ、その役割

この章でわかるようになること　　　　わかったらチェック ✔

── 職種研究が必要な理由 ……………………………… ☐

── 職種の分け方
　　（ライン部門とスタッフ部門）………………………… ☐

── メーカーの商品の流れと職種 ……………………… ☐

── 小売業の仕事と職種 ………………………………… ☐

── スタッフ部門の職種と役割 ………………………… ☐

職種を知れば仕事が見える

　企業研究やインターンシップをする前に、知っておきたいのが「職種」です。

　営業や企画、マーケティング、経理など、いくつかの職種は皆さんも知っていると思います。でも、名前は聞いたことがあるけれども、具体的にどのような仕事をしているのかはいまひとつわからないという職種も多いのではないでしょうか。

　職種に関する基礎知識をつけておけば、社員の人から話を聞いたり、先輩社員のインタビュー記事を読んだりした時にも、おおよそどんな仕事をしているのかがわかります。すると、より一層、やりたい仕事のイメージが湧いてくるでしょう。会社全体がどのように動いているかもわかるようになります。

　採用面接とは、自分がどのように会社に貢献できるのかを示す場です。それには、会社のどの仕事で何ができそうなのかを、知っておかなければなりません。

　ここで、基本的な職種について押さえておきましょう。

利益を生み出すライン部門

　職種は、大きく分けると、ライン部門とスタッフ部門の2つに分類できます。

　まず、ライン部門とは、直接的に商品を開発・生産・販売したり、サービスを提供したりして、最終的に利益を生み出す業務を手がける部門です。直接部門などともいわれます。

ライン部門の職種は、業種によって大きく異なります。

　まず、メーカーに関しては、商品が生まれ、世の中に送り出されるまでに関わる職種は、すべてライン部門の職種といってよいでしょう。具体的には、下の表のようなものがあります。

メーカーの主な「ライン部門」の職種

研究開発	ＡＩや新素材といった新商品開発に役立つような基礎技術や先端技術などを研究・開発する
商品企画・マーケティング	マーケティングデータや会社が持つ技術などをもとに、新商品を企画したり、新商品の販売・宣伝戦略を立案したりする。就活生人気の高い職種
製品設計	商品の仕様に沿って、製品そのものや部品を設計する。試作品をつくることもある
生産技術	製品を効率よく生産するための装置を開発したり、生産ラインを設計したりする
調達	製品をつくるために必要な資材を調達する。最適な供給元を国内外から選定する
生産・品質管理	日々、製品を計画的に生産するために、全体の工程を管理し、さまざまなトラブルを調整する
品質保証	一定の品質レベルで製品が作られているか、製品に不良品がないかどうかチェックする、「最後の砦」
営業・営業企画	製品を取り扱ってもらうよう、小売店や卸に働きかける営業に対し、営業企画は、販売戦略を立て、販売代理店にアドバイスをする
宣伝・ブランディング	最終消費者に対する広告・ブランド戦略を、広告代理店と共に立てて、実行していく

関心のない業界の職種こそ調べよう

さまざまな職種がありますね。どんな仕事にも、その仕事ならではのおもしろさや醍醐味があります。

製品を生み出す喜びというと、商品企画が思い浮かびますが、それだけでなく、製品設計では実際に製品をカタチにしていく喜びが味わえます。研究開発ではその元となる、世の中にない基礎技術を生み出す醍醐味があります。

また、生産技術や生産管理などは、製造工程に深く関わることで責任感と充実感を味わえますし、調達では世界中の会社を相手に取引をするダイナミズムを感じられるでしょう。

また、右の表はコンビニエンスストアやスーパーマーケット、量販店といった小売・流通業の職種です。

日頃お世話になっているコンビニやスーパーも、その運営の裏側にはいろいろな職種の人が関わっていることがわかるでしょう。

ほかにも、金融機関やITなど、業界ごとに特有の職種はたくさんあります。あまり関心のなかった業界でも、職種を調べていくことで、「こんな仕事もあるのか」と興味が出てくるかもしれません。

会社を支えるスタッフ部門

一方、スタッフ部門は、ライン部門を支援する「間接部門」です。直接、利益を生み出す活動には携わりませんが、各部署が円滑に運営できるようにサポートし、会社が利益を生むためにはなくてはならない部門です。

小売・流通業の主な「ライン部門」の職種

店舗開発・FC（フランチャイズ）開発	国内外で、新たに出店する候補地を探し出し、周辺調査をした上で、土地所有者と交渉する。FC開発の場合は、FCオーナー希望者を発掘しサポートする
商品開発	自社独自のプライベート商品を企画する職種。外部メーカーの協力をあおいで製品化する。販売戦略まで手がけることも
バイヤー	商品の仕入れは企業によりけり。各店の店長がおこなう会社もあれば、本部のバイヤーが一括で仕入れている会社もある
販売促進	季節のイベントやメーカーとのタイアップ企画など、店舗やネットでのキャンペーンを仕掛ける
スーパーバイザー	複数の店舗を担当し、店長とコミュニケーションを取りながら、各店の課題や問題を解決していく
トレーナー	新入社員や、新たに加盟したFC店のオーナー・従業員などに、接客などの教育を施す
物流・ロジスティクス	製品が店や最終顧客までスムーズに行き渡るように、国内外の物流システム・配送網を整備する

見えていない
多くのかかわり

スタッフ部門の職種は、ライン部門と異なり、業種を問わず共通しています。右ページに挙げた職種が、主なものです。それらに共通する醍醐味は、会社全体を見据えた、視野の広い仕事ができることです。

　また、税理士や会計士、弁護士、知的財産を扱う弁理士など、士業とかかわりのある業務が多く、会社で経験を積みながら資格を取って、独立する人も少なからずいます。

同業種の同職種でも仕事が違う?!

　こうしたさまざまな職種の内容を頭に入れて企業研究を進めていくと、その会社で働くイメージが立体的になることでしょう。ノーマークだったけれど興味深い仕事や会社も見つかるはずです。

　各社の職種にスポットを当ててみると、同じ業種の同じ職種でも会社によってその仕事内容が全く違うことにも気づきます。

　たとえば、同じ「広告代理店」の「営業職」でも、会社によっては、仕事内容がまったく異なります。ある代理店では大きなクライアントとの窓口となって、日々クライアントの元に通いながら、要望を吸い上げる仕事をしている一方、ある代理店では、小さな会社に手あたり次第飛び込んで、自社媒体への広告出稿を依頼するといった具合です。

　入社してから「こんなはずではなかった」とならないよう、企業研究をする時には、職種名だけで判断せずに、具体的な仕事内容まで突っ込んで調べることをおすすめします。

「スタッフ部門」の主な職種

経営企画	全社的な経営計画や新規事業戦略を策定し、推進する。経営トップと近く、トップへの情報提供もおこなう
財務	金融機関からの借り入れや、社債・株式の発行など、さまざまな方法で資金調達をしたり、会社の資産を運用したりする
経理	会社のお金の出入りを管理する仕事。決算期後には決算書の作成もおこなう
人事	人材の採用や異動、人事制度の設計、研修など、「人」に関する業務を手がける
総務	会社行事の企画運営や備品の調達・管理、不動産管理など、会社運営に関する「よろずや」的なポジション
法務	企業取引で発生する契約書のチェックから、訴訟、会社設立、M&Aまで、会社業務で「法律」が絡む業務を一手に引き受ける
知的財産	特許権や商標権など、企業の知的財産を管理する仕事
広報・IR	対外的な情報発信の窓口となり、企業イメージを向上させる。IRは、インベスター・リレーションズの略。投資家へ、会社の現状に関する正確な情報を提供する「投資家向け広報」
情報システム	社内で使われている営業情報システムや勤怠管理システムなどの情報システムを設計したり、運用したりする

スタッフ部門は
経営陣とも距離が近い

空欄に書き入れてみましょう

1. 57ページに挙げたメーカーのライン部門の9つの職種のうち、自分はどの職種が一番向いていると思いましたか？

それはなぜですか？

2. 58ページに、「間接部門は直接、利益を生み出す活動には携わらないが、会社が利益を生むためにはなくてはならない」とあります。61ページの9職種から1つ選び、もしそれがなくなったら会社にどんなことが起こるかを、想像して書いてください

(選んだ職種)

(なくなったら)

解説

1. 好き、嫌い、カッコよさそう、といった理由でなく、自分の得意分野や性格、学校の専攻などの裏付けを具体的に記すことが重要です。

2. たとえば人事部門がなくなったら、採用や人の育成もできないか、おろそかになります。他の部門で代行しても戦略や一貫性もなくなるでしょう。結果、会社の生産性も上がらず、存続すら危うくなります。

共通点を調べて分類する

上場企業、大企業、企業グループ

この章でわかるようになること　　わかったらチェック ✔

- 「上場」の意味
- 会社の分類法の例
- 上場企業と未上場企業の違い
- 上場企業と大企業は同じではないこと
- 上場市場の区分と調べ方
- 株式の役割
- 親会社と子会社、株主の意味
- 持株会社と事業子会社の意味と役割
- 外資系企業、オーナー企業の意味

会社をグルーピングしてみよう

　「この会社ってどんな会社？」と聞かれたら何を答えればよいでしょう。

　第3章「知っている会社を増やす」では、同業他社、BtoBとBtoC、トップシェアという、会社を特徴づける3つの着眼点を学びました。もちろん、会社の切り口はこれだけではありません。

　そこで、次の会社リストを使ったワークで、会社についての理解をより深めていきます。それぞれの会社同士の共通項を見つけて、グルーピングしてみましょう。付箋に会社名を書いて、右のシートに貼っていくと、動かしやすくて便利ですよ。

会社リスト

DOWAホールディングス、ソフトバンクグループ、
みずほフィナンシャルグループ、みずほ銀行、
セブン＆アイ・ホールディングス、セブン-イレブン・ジャパン、
シャープ、JCOM、日本生命保険、
サイバーエージェント、MIXI、日本IBM、ＹＫＫ、ＮＥＣ、
清水建設、アクセンチュア、日本政策投資銀行

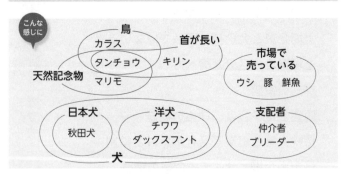

66ページ以降の分類法の例や、第2章の会社の基本情報記入ガイド（34ページ）もヒントにしてください。できあがったら友だち同士で比べてみましょう。Let's GO!

┌───┐
│   │
│ **会社分類ワーク**   年　　月　　日 │
│   │
│   │
│   │
│   │
│   │
│   │
│   │
│   │
│   │
│   │
│   │
│   │
│   │
│   │
│   │
│   │
│   │
│   │
└───┘

第5章 ● 共通点を調べて分類する

ワークはいかがでしたか。スムーズにできましたか。この課題に唯一の正解はありません。いろいろな視点があるなかで、これから大きく4つの分類法を紹介しながら、会社の位置づけを解説します。

▶ 会社分類の例 ❶

上場企業か、未上場企業か

「東証上場企業」と、会社が宣伝しているのを見かけます。なんとなくよいイメージなのだと思いますが、その意味を知っていますか？

東証とは東京証券取引所のこと。取引所とは魚市場や青果市場のような市場（いちば）です。株式（「株」とも言います）を売買している市場が証券取引所で、そこで取引されている株式を「上場株式」といいます。上場株式を発行している企業が「上場企業」です。上場することを「株式を公開する」ともいいます。

どんな企業でも上場企業になれるわけではありません。上場するには、きちんと利益を出しているのか、反社会勢力とつきあっていないかといった上場基準を証券取引所が厳しく審査して、合格すれば上場企業になることができます。

では、どんな会社でも上場したいのかというと、そうではありま

せん。もともと資金に困っていない会社は株式を外部に公開しません。市場を通して誰でも株を買えるとなると、株を買い占められて、会社を乗っ取られる危険もあります。

　サントリーホールディングスや竹中工務店、YKKといった業界トップ級の会社でも、あえて上場しない道を選ぶ会社もあります。

　国内の証券取引所は下表のように区分されます。調べたい会社が上場企業なのか、どの市場に上場しているかは、『会社四季報』や「Yahoo!ファイナンス」などを見ると簡単にわかります。

大手・安定企業向け	東京（プライム・スタンダード）、名古屋（プレミア・メイン）、札幌（本則）、福岡（本則）
新興・成長企業向け	東京（グロース）、名古屋（ネクスト）、札幌（アンビシャス）、福岡（Q-Board）

「株式」って何だ

　ところで、株式とは何でしょうか。会社は、元手となるお金を使って工場や店を作り、人を雇って事業をします。自分のお金だけでなく、知り合いにもお金を出してもらい元手としたとき、出してもらった額に応じて会社の権利を分け与えます。その証書が「株式」で、お金を出した（出資した）人を「株主」と呼びます。

　会社をさらに大きくするには、もっとお金がかかります。工面するには、銀行から借りるという方法が1つあります。ただし、借金をすると利子をつけて返さなければなりません。そのほかに、新たに株式を発行して、調達する方法もあります。株式としたお金は返済の必要がありません。その代わり、利益を上げて株主に配当金を

払い、会社を成長させ株の価値を上げなければなりません。

　株価が上がると、株を売ろうという株主、逆に買いたい人（投資家）が現れます。そうした人がたくさん集まってくるのが証券取引所で、会社もそこで株を売買できます。つまり、株式は会社がお金を集める手段であり、「上場」とは事業拡大のための資金を、株式市場を通じて幅広い人々から調達できるようにすることです。

　かたや、未上場会社は株式市場から多額の資金を集めることはできません。会社とは直接関係のない一般の投資家が、市場で命の次に大事なお金を投じるには、何より信用のおける会社でなければなりません。そのため、上場にあたっては厳しい審査があり、上場した会社は社会的な信用を獲得できます。そして、よい取引先やよい人材（皆さん就活生も含みます）にめぐり合い、さらにビジネスを拡大できるということ。それが上場するメリットです。

▶会社分類の例❷

大企業か、中小企業か

　「大企業は氷山の一角」といった右上のイラストのような説明は

耳にタコができるほど聞いたという人もいるでしょう。大企業と中小企業の定義については第2章のQ9をおさらいしてください。

膨大な中小企業群でも水面下に埋もれている会社ばかりではありません。そもそも、上場企業はすべて大企業でしょうか、有名企業はすべて大企業でしょうか。

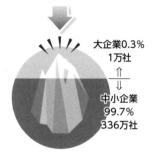

ほとんどの就活生はここしか見えていない！

大企業0.3%
1万社

中小企業
99.7%
336万社

※中小企業基本法による分類

上場企業とは66ページの説明のとおり、証券取引所に上場しているかどうかで決まります。大企業か中小企業かは、規模の違いです。上場企業でも従業員数は1ケタという会社もあり、グループ全体で100人に満たない会社もあります。一方で、上場していないサントリーホールディングスは、グループで約4万人の従業員を抱え、売上高は3兆円以上もある巨大企業です。

上場・未上場と大企業・中小企業とは別の定義なので、しっかり区別してください。

▶**会社分類の例❸**

親会社か、子会社か

68ページに、株主が会社に対して出資しているイラストがあります。株主は、配当として支払われるお金などのほか、会社の経営に参加する権利（議決権）を得ることができます。より多く出資している株主ほど、経営に対する決定権は高まります。

個人だけでなく法人（42ページの解説3参照）も株主になることができます。大企業では法人株主のほうが議決権が圧倒的に多いです。

出資関係を親子の関係にたとえて、実質的に過半を出資している会社を「親会社」、出資されるほうを「子会社」といいます。

1つの親会社に対して、子会社は1社というわけではありません。一方、ある会社の子会社であっても、他の会社に出資すれば、その会社に対しては親会社になります。「孫会社」「兄弟会社」といった記述も、実際の家族関係を出資関係に置き換えれば理解しやすいのではないでしょうか。

▶会社分類の例❹

持株会社か、事業子会社か

さて、64ページの会社リストの中には「○○ホールディングス」（HDと略すことがあります）という社名のものがあります。

親会社の一種である「持株会社」という形態の会社によくある社名のパターンですが、まず質問です。リストにある「セブン＆アイ・ホールディングス」でお弁当やお菓子を買ったことがありますか？

もし「ある」と思った人、本当にそうですか？

というのも、セブン＆アイHDは、セブン-イレブン・ジャパンやイトーヨーカ堂、ぴあなどが入っている企業グループを支配している持株会社だからです。そのため、セブン＆アイHD自身はお店

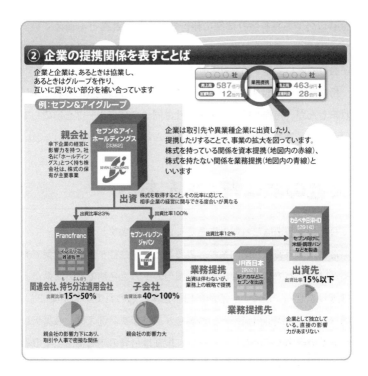

② 企業の提携関係を表すことば

企業と企業は、あるときは協業し、
あるときはグループを作り、
互いに足りない部分を補い合っています

○○○○社 売上高 587億円 ← 営業利益 12億円 ← | 業務提携 | ○○○○社 売上高 463億円 ↓ 営業利益 28億円 ↓

例:セブン&アイグループ

親会社
傘下企業の経営に影響力を持つ。社名に「ホールディングス」とつく持株会社は、株式の保有が主要事業

セブン&アイ・ホールディングス
[3382]
SEVEN & i HOLDINGS

企業は取引先や異業種企業に出資したり、提携したりすることで、事業の拡大を図っています。株式を持っている関係を資本提携(地図内の赤線)、株式を持たない関係を業務提携(地図内の青線)といいます

出資 株式を取得すること。その比率に応じて、相手企業の経営に関与できる度合いが異なる

出資比率23%

Francfranc
インテリア・雑貨販売

出資比率100%

セブン-イレブン・ジャパン
7-ELEVEN

出資比率12%

わらべや日洋HD
[2918]
セブン向けに米飯・調理パンなどを製造

JR西日本
[9021]
駅ナカなどにセブンを出店

業務提携
出資は伴わないが、業務上の戦略で提携

出資先
出資比率15%以下

関連会社,持ち分法適用会社
出資比率15〜50%

親会社の影響力下にあり、取引や人事で密接な関係

子会社
出資比率40〜100%

親会社の影響力大

業務提携先

企業として独立している。直接の影響力があまりない

を持っていません。

　純粋な持株会社は具体的な事業はしていません。子会社や関連会社の株式を保有して、グループ全体の戦略を考えながら子会社に指示し、子会社を動かしています。物を売るのではなく、セブン-イレブンはもう少し出店せよといった指令を出したり、子会社の幹部の人事を決めたりするのが持株会社の仕事です。

　実際に事業をするセブン-イレブン・ジャパンなどの子会社は、持株会社との対比として「事業子会社」と呼ぶこともあります。

　メガバンクや損保大手のグループトップはたいてい持株会社で、

金融以外でも持株会社体制に移行する会社がどんどん増えています。採用も、持株会社がグループを一括しておこなう会社と、事業子会社ごとに実施する会社とがあります。

持株会社は実態が表に見えにくいだけに少しわかりにくいかもしれませんが、持株会社と事業子会社は同じ企業グループを形成していること、でも会社としては別であることを知っておきましょう。

会社の顔はたくさんある

会社の分類法はこれ以外にもたくさんあります。

たとえば外資系か国内系か。外資系とは親会社が外国の企業であるということです。いかにも欧米風のカタカナ名前でも外資系だとは限りません。逆に、一般的に日系企業と思われている企業でも、調べてみると実は外資系という場合があります。例えば、液晶テレビなどの家電で有名なシャープは、現在は台湾の鴻海精密工業の傘下にある外資系企業です。

「オーナー企業」かどうかという見方もあります。ソフトバンクグループやユニクロ（ファーストリテイリング）のように、社長自らが会社を興し、株式をたくさん持っている会社です。オーナー企業はオーナーの力が圧倒的に強いです。

他にも第2章の質問にある、本社の所在地や会社の設立年、業種など、企業の分け方は無限にあります。いろいろな情報源で調べた自分なりの分類法を作ることができれば、それが会社選びの軸になってきます。

いろいろな
見方ができる

有名企業
上場企業
優良企業
大企業

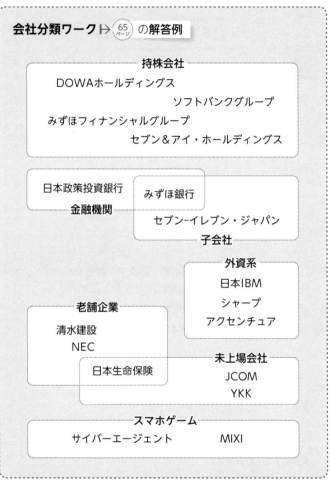

会社分類ワーク ▷ 65ページ の**解答例**

持株会社

DOWAホールディングス

ソフトバンクグループ

みずほフィナンシャルグループ

セブン＆アイ・ホールディングス

金融機関

日本政策投資銀行

みずほ銀行

セブン-イレブン・ジャパン

子会社

外資系

日本IBM

シャープ

アクセンチュア

老舗企業

清水建設

NEC

日本生命保険

未上場会社

JCOM

YKK

スマホゲーム

サイバーエージェント

MIXI

※これが唯一の正解ではありません。たとえばシャープとNECは「メーカー」として括れます。また持株会社の子会社や多くの外資系も未上場（非上場）で、上の企業例でも子会社、外資系のうちシャープ以外の会社は未上場会社にも括れます。

　間違えやすいところで、NEC、YKK、JCOM、DOWAホールディングスは外資系ではありません。『会社四季報』などで株主を調べてみましょう。日本生命は相互会社、日本政策投資銀行は現状政府保有の特殊会社で、上場会社ではありません。

この章のおさらい

調べて書き込んでみましょう

1. 任天堂の上場市場は？ _____

2. UUUMの上場市場は？ _____

3. 次の会社のうち、上場会社は何社ある？ _____ 社

> 大和証券、朝日新聞社、T&Dホールディングス、
> 東急、キリンホールディングス、ロッテ、楽天グループ

4. 会社はなぜ上場するのでしょうか？

>

5. 「出資」と「_____提携」は同じ意味で、対価を払って_____を
   持つことで、相手企業の経営に関与することができる。

6. その会社が外資系かどうかは_____を見ればわかる。

7. 会社と会社の支配関係や系列は_____を見ればわかる。

答え　1. 東京プライム　2. 東京グロース　3. 4社　4. 資金調達が容易になる、社会的信用が得られる、など　5. 資本、株式　6. 親会社（の国籍）　7. 出資

解説

2. 東京グロースは新興企業向け市場です。

3. 上場会社はT&Dホールディングス（HD）、東急、キリンホールディングス、楽天グループの4社。大和証券は持株会社である大和証券グループ本社傘下の子会社です。

4. 68ページを復習してください。

5. 対価を払わない協力関係を「業務提携」といいます。

6. 名前が外国企業のようでも外資系ではないケースもあります（たとえばタリーズコーヒー・ジャパンの親会社は伊藤園）。

7. 株式保有、株主なども正解です。

6

やってみよう
会社分析

利益をどうやって上げているか

この章でわかるようになること

わかったらチェック ✓

決算は会社の成績表

　これまでの章で、世の中にはいろいろな会社があり、形態もさまざまで、いろいろな側面を持つことを学びました。興味を持てる会社も出てきたと思います。その会社をもう少し詳しく知るにはどうすればよいのか。そんな疑問もわいてきたのではないでしょうか。

　この章では、会社の内容を知り、経営状態を深く掘り下げる、会社分析のはじめの一歩に挑戦してみましょう。

　まず、どんな会社にも売上と利益があります。商品やサービスを売って得た代金である「売上」から、かかったコストを差し引いた残りが「利益」です。第2章のQ6とQ7（36〜37ページ）で調べてみました。この数字がまさに会社分析の基本になります。

　会社は年に最低1回、売上や利益などの業績をまとめた「決算書」を作成しなければなりません。上場企業は詳細な内容を「有価証券報告書」として公表する義務があります。未上場企業は簡便なものでかまいませんが、定期的な決算書の作成は必要です。決算は、いわば会社の成績表であり、経営状態を表現した数字だといえます。

最大の関心事は利益を上げられるか

この会社はずっと稼いでいけるかな？

この学生はずっと稼いでくれるかな？

会社の利益は社会貢献になる

　会社というものは、利益を追求する存在です。それは悪いことでも汚いことでもありません。もちろん不正をしてはいけませんが、利益を上げようとする会社の経済活動の集積が、経済や生活の発展につながります。

　会社が利益を上げるからこそ、雇用を生み出し、給料を払うことができます。そして、税金を納めることで国や自治体が成り立ちます。つまり、会社を存続させて利益を上げることが、結果として立派な「社会貢献」となるのです。

　利益がマイナスである「赤字」の会社は、その状態が続くと「倒産」の危険が高まります。会社がなくなれば、失業が発生し、取引先に代金を支払うこともできず、社会的に大きな迷惑を及ぼします。就職先としても、倒産しそうな会社を選ぶわけにはいきません。

　これからも長く存続し、社会貢献できる会社を見極めること。それが、就活生にとって、会社分析の一番の目的です。

　実際の会社分析の資料としては、会社ホームページ（HP）の事業紹介が手軽です。ただ、多くの部門ごとに詳細な記述があって、すぐに全容をつかめるものではありません。決算書も数字や専門用語が並んでいて、よほど慣れないと読み取るのは難しいでしょう。

　そこで便利なのが、1社1ページ以内で簡潔に情報がまとめられている『就職四季報』や『会社四季報』といった企業情報誌です。これに載っている会社をどんどん見ていくと、この会社はこんなことをしていたのか、といった発見がたくさんあります。この「意外な発見」が志望動機にもつながっていくのです。

稼ぎ頭をイメージで捉えない

では最初に、調べようとする会社がどんな事業をおこなっているか、全体像を捉えることから始めます。

『会社四季報』（画像は「会社四季報オンライン」）のオムロンの欄を見てみましょう。

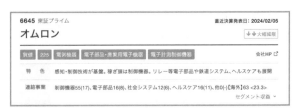

オムロンというと、体重計や血圧計などのヘルスケア製品が主力だと思っている人もいるのではないでしょうか。

ところが、【特色】には、「稼ぎ頭は制御機器」とあり、「ヘルスケアも」と付け足しのように書かれています。

これを数値で確かめるには【連結事業】を見ます。会社HPと【特色】を合わせて見ましょう。「制御機器」は、産業用の制御機器やFA（ファクトリー・オートメーション）システムを手掛け、売り上げの5割以上を稼ぎます。「電子部品」は産業機器やモバイル機器に使用される電子部品や電子デバイスを提供しています。「社会システム」は鉄道会社や道路運営会社向けのシステム事業です。自動改札機やETCなど金銭や安全に関わる大事なシステムに高度な制御技術を活かしているのです。そして「ヘルスケア（機器）」、その他の事業と続きます。

事業名直後の数字は売上高全体に占める比率（％）、続くカッコ

オムロンの事業構成はこういうこと

内の数字は売上高に対する利益率（％）です。効率よく稼ぐ事業は利益率が高くなります。

【海外】は海外での売上比率（％）です。これが50％を超えるような会社は、グローバル展開企業だといえるでしょう。

売上比率・利益率を総合的に見ると制御機器が主力事業といえそうですね。これがオムロンの本当の姿です。ヘルスケアは売上高の2割弱に過ぎません。オムロン＝ヘルスケアではないのです。

たった1行でわかる収益の柱

もう1社、次ページのホンダの例（2023年3月期）を見てください。

【特色】からは4輪（乗用車）の北米事業と2輪（バイク）が収益源だと読めますが、【連結事業】の数字を確認してみましょう。まず、売上の柱は全体の6割強を占める4輪部門です。ただ、同部門の利

7267 東証プライム   直近決算発表日: 2024/02/08

ホンダ

優待あり | 貸借 | 225 | 輸送用機器 | 自動車 | 自動車

会社HP

特色　4輪世界7位で北米が収益源。2輪は世界首位。環境対応を強化。40年までに脱エンジン目標

連結事業　二輪17(17)、四輪63(0)、金融サービス17(10)、パワープロダクツ他3(5)【海外】86 <23.3>

セグメント収益

益率は0％と、ほとんど利益がありません。

では、この年に一番利益を上げた部門はどこでしょうか。

売上比率（カッコの前の数字）と利益率（カッコ内の数字）を掛け合わせると、部門ごとの利益の**相対的な大きさ**がわかります。

2輪 ……………………… 17×17＝289

4輪 ……………………… 63×0＝0

金融サービス………………… 17×10＝170

パワープロダクツ他…… 3×5＝15

　この年に利益を稼いだ部門は、①2輪車、②金融サービス（自動車ローン）、③パワープロダクツ（発電機など）の順だったことになります。

トヨタや日産など他の大手自動車会社も、実は金融部門の高い利益率が全体の利益に貢献しています。知っていましたか？

どうやって会社を分析するの？

　もっとも、会社分析は意外性を追求することが本筋ではありません。会社の見方は人によりさまざまですが、多くの会社を見てきた経済記者の視点を参考に、ポイントを10個にまとめてみます。10個もあると大変そうですが、要は5W1Hを埋めるだけです。

会社分析10の視点

❶ 何を売っているの？（売上・サービスの内訳）

❷ 何で稼いでいるの？（利益の内訳）

❸ 売上・利益の柱は何？　2つは同じ？違う？

❹ 売上・利益のトレンドは？（増えているか減っているか）

❺ どこで稼いでいるの？（国内か海外か、地域は？）

↑
まずはここまで

❻ 誰に売っているの？（BtoBなら特定の会社か、BtoCならどの層か）

❼ 上の①〜⑥はなぜそうなったの？

❽ 競合はどこ？　競合はもうけているの？（同業他社）

❾ 市場環境はいいの悪いの？　今後はどうなるの？

❿ これから何をしようとしているの？

　①②③⑤は『会社四季報』（会社四季報オンライン）などを見ると埋まりますね。④も141ページから始まるインターシップ情報編の【業績】欄で年次推移を見れば一目でわかります。大企業になればなるほどいろいろな事業を手がけていて、総合判定は大変です。だからといって前ページの例のように、「ホンダは自動車で稼ぐ」と表面的に判断しては企業研究不足と見られてしまいます。

　まずは⑤までできれば、全体像が捉えられますね。さらに興味が持てたらもっと調べてみましょう。⑥は第3章に出てきました。⑧と⑨は次の第7章で学びます。⑦と⑩は、会社のHPや新聞・雑誌の記事を調べてみましょう。ますますその会社の本当の姿がみえてきます。会社のビジネスのやり方はひとつとして同じものはない！ということに気づいたら、企業研究がどんどん楽しくなりますよ。

利益にはいろいろな種類がある！

　さて、この章で本格的に「売上」や「利益」という専門用語の中身に入っていくことになりました。この中で、「売上高」と「営業利益」についてきちんとわかっておくだけでも、会社の理解がぐっと深まります。

　利益にはさまざまな基準があります。それぞれの意味は下の図を見てください。この章に出てきた『会社四季報』の【連結事業】の利益率は、本業のもうけを示す「営業利益」を使っています。

① 業績の良しあしを指すことば

企業の「売上高」から「費用」を差し引いたものが「利益」で、利益には、さまざまな種類があります

ことばの意味を確認してね

売上高 企業の規模を表す　1年間に商品やサービスを売った総代金
（本商、営業収益、経営収益と呼ぶこともあります）

利益	費用

営業利益 本業で稼いだ利益

販管費（販売費および一般管理費）本業の商品やサービスを売るための費用
・社屋の家賃や人件費
・広告費
・研究開発費

売上原価 生産や仕入れなど、本業の商品やサービスを作るのに必要な費用
・材料の購入費
・工場の維持費
・現場の人件費

営業利益 本業で稼いだ利益

経常利益 利息の支払いや配当金の受け取りなど、本業以外から生じる損益を営業利益に加減したもの
・銀行への利息の支払い

純利益 1年間で最終的に残った利益、最終利益ともいう
・工場の売却やリストラ費用
・税金の支払い

→ 株主への配当の支払い
→ 内部留保として翌期に積み残し

その他の大切な用語

部門売上高・部門利益
事業部門別の売上高と利益。企業全体の売上高では業界トップでも、部門で見ると小さいことも

EBIT（イービット）
利払前・税引前利益。支払い利息など、借り入れに伴うコストの影響を除いた利益。EBITにさらに減価償却費も除いて算出した利益をEBITDAという

IFRS（国際財務報告基準）
海外事業の拡大に伴い、導入する日本企業が増えている国際会計基準。営業利益の構成内容が日本基準と異なり、経常利益の概念もない

倒産（経営破綻）
企業経営が行き詰まり、仕入れ代金の支払いや借入金の返済などができなくなった状態を指す。企業を消滅させる「清算目的型」と、民事再生法の適用を申請し、事業を続けながら返済を目指す「再建目的型」がある

※1　業界によっては、営業収益（証券業）、保険料収入（保険）など呼び方が変わる　※2　経常利益、純利益にプラスになる場合もある

決算にもいろいろな種類がある！

　ここまでわかれば、これまで遠い存在だった決算発表のニュースなども、少し身近に感じられてきたのではないでしょうか。

　インターネットで調べれば、上場会社のニュースや決算数字は簡単に入手できます。決算データを収録した便利なデータベースを使える学校もあるでしょう。

　ただし、そうした情報源から引用して分析をする場合に注意してほしいことがあります。決算の種別と期間、いつの時点のものなのかということを意識して使う、発表のタイミングを知って最新のデータを使うということで、これらについてはこのあと説明します。

　利益の範囲も複数あるように、決算にも範囲や期間の違いによっていくつかの種類があります。これを間違えると、せっかくの企業研究が無意味なものになるばかりか、理解を誤ってしまう危険があるので、知っていたほうがよいでしょう。

連結と単独は連結決算優先で

　決算には「連結」と「単独」という大きく2種類の作成方法があります。「連結決算」は、第5章で勉強した親会社と子会社、持株会社と事業子会社のような企業グループ全体を、まとめて1つの会社とみなして作成するものです。親会社が発表します。

　一方、「単独決算」は親会社も子会社も、その会社だけの単位で作成するものです。まとめるような子会社を持っていない会社は単独決算しかありません。

第5章で、純粋な持株会社は事業をしていないとお伝えしました。そうした場合に単独決算を見てしまうと、巨大なグループなのに売上はほとんどない、従業員も少ないと誤解する恐れがあります。

「連結決算を発表している限り、連結決算を用いる」と覚えておきましょう。グループ親会社の単独決算がニュースや記事になることはまずありません。インターネットやデータベースでは混同してデータを抽出しないよう注意しましょう。

最新の「通期本決算」が基本

下の図のように、上場企業は四半期（3カ月）ごとに決算を発表しています。「通期」（1年分）の数値と四半期の数値を混在させないことも重要です。

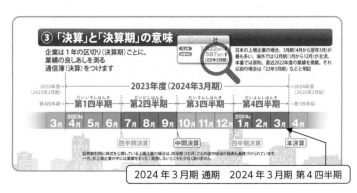

決算短信（業績の速報値）………四半期終了後1カ月半以内に発表

有価証券報告書（確報値）………通期（第4四半期）終了後3カ月以内に発表

四半期報告書………四半期（第1～第3四半期）終了後1カ月半
（四半期版の有価証券報告書）　以内に発表

83ページに「最新のデータを使う」とありますが、最新の業績が年度途中の四半期決算の場合はそれを使うべきでしょうか。

アイスクリームや暖房器具の季節ごとの販売傾向を想像してみてください。年度末には道路工事が増えますね。建設業の売上や住宅の販売動向はどうでしょうか。

売上動向に季節性がある会社は多いです。企業を深く理解する前に四半期決算の数字で判断すると、誤解してしまう危険があります。また、就活生ならば、目先の小さな変化よりも大きなトレンドを捉えるべきです。四半期決算と区別して、年度単位の決算のことを「本決算」と呼びます。あれこれ考えず、「業績は、通期の本決算の数字を使う」と覚えましょう。

業績 ❓ 2024年2集春号 時点						
	売上高	営業利益	税前利益	純利益	1株益(円)	1株配(円)
◎19.12	3,593,299	174,667	195,740	125,105	116.9	160
◎20.12	3,160,243	110,547	130,280	83,318	79.4	80
◎21.12	3,513,357	281,918	302,706	214,718	205.4	100
◎22.12	4,031,414	353,399	352,440	243,961	236.7	120
◎23.12	4,180,972	375,366	390,767	264,513	264.2	140
◎24.12予 🔒	—	—	—	—	—	—

（21.12の行に「要はココ!」の吹き出し、23.12の行が枠で囲まれている）

▶ **会社の切り口 ❶**

成長企業か、成熟企業か

以上で、会社の全体像の捉え方や、決算に関する予備知識をだいたい身につけていただけたでしょうか。今度は、その知識を使いながら会社の経営状態を分析・評価していくことになりますが、これ

には緻密な財務指標を駆使する前に、まず、会社を類型化する観点を持っておくことが大事です。ここでは、大きく２つの切り口をご紹介しておきましょう。

１つめは、成長企業なのか成熟企業なのか、という観点です。

成長企業とは、文字どおり年々会社が成長している、要は売上も利益も一緒に伸び続けている会社です。大企業なら年５％以上、中堅・中小企業なら年10％以上の平均成長率があれば、成長企業だといってよいでしょう。

こうした会社は、事業拡大とともに工場や店舗を増やし、話題も多くなって、世間からも注目を浴びます。仕事は忙しいですが、採用者数も増え、活気にあふれているところが多いです。

一方、成熟企業は、売上や利益があまり伸びず、景気とともに増減する会社です。どちらかというと古い会社が多くやや地味ですが、一定の利益を上げ続けているなら安定した会社だといえます。仕事が忙しいかどうかは会社により、一概にはいえません。

成長か成熟かは、その会社が属する業界にもよります。「業界」は「産業」や「市場」とも言い換えられます。成長産業の典型的な例がＩＴ業界です。いま最も活力のある産業の１つで、そこに所属する会社はおのずと成長の機会も増えます。とはいえ、同じＩＴでも伸びる分野とそうでない分野がありますし、実際に市場の成長の波に乗っていくには、会社としての経営力が求められます。

逆に成熟した市場にあっても、創意工夫によって新商品や新サービスを開発し、成長している会社もありますし、そうした努力もなくジリ貧に陥っている会社もあります。

つまり、その会社がよって立つ業界の成長度合いに対するその会

社自身の成長力を並べて比べてみることで、会社としての活力や経営力が見えてきます。会社の事業が複数の業界にまたがっているなら、本章の最初に学んだ「稼ぎ頭」を代表選手にして、それが属する業界と比べてみればよいでしょう。

▶ 会社の切り口 ❷

高収益企業か、不振企業か

もうひとつの観点は、高収益企業なのか、不振企業なのか、という切り口です。

高収益とは高い利益を安定的に上げているということで、それは優良企業の1つの条件でもあります。利益率については前にふれましたが、売上高が同じならば利益を多く出しているほうが、高く評価できます。それだけ業務を効率的にこなしているか、競争力の抜きん出た商品を高く売ることができていると考えられるためです。

ただし、単純に利益率が高いというだけで優良企業だとみるのは危険です。電力・ガスやテレビのように、法律で新規参入が規制されているため、競争があまりなく、企業努力に関係なく利益の出やすい業界もあります。また、利益確保のためにできるだけ給料を抑えるような、とても優良とはいえない会社もあります。

利益率は業種によって差がありますが、一般にメーカーなら、売上高に対する営業利益率（営業利益÷売上高×100）で5〜10%を上げていれば、日本企業としては水準の高いほうだといえます。商社や流通関連企業は5%もあれば高いです。とにかく同業他社と比べることが大事です。

会社を切り分ける2つの軸

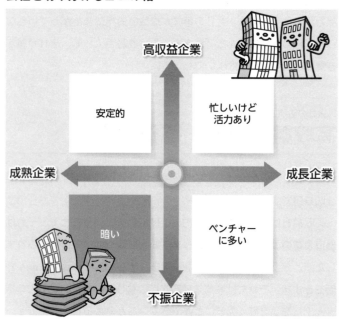

高収益企業

安定的

忙しいけど
活力あり

成熟企業 ←→ 成長企業

暗い

ベンチャー
に多い

不振企業

「高収益」の反対語は「低収益」ですが、ここでは低いというより業績の悪い、振るわない会社を「不振企業」として対極に置きました。売上がじわじわと減っている、利益率が極端に低い、借金が多すぎて四苦八苦している……。その状態が続くと、会社の存続が危ぶまれることになります。

特に赤字は悪といえます。ただ、会社のなかで失敗する事業もありますから、それを処分するため、一時的に赤字になってしまうことはあります。1回限りの赤字か、それとも連続しているか、さかのぼって調べ、判断する必要があります。

あるいは、生まれて間もないベンチャー企業の場合、初めから利益を出すのは難しいですから、今は赤字でも、将来性が見込まれるなら不振企業とはいえません。

時代についていける会社かどうか

　会社を切り分ける2つの軸を見ましたが、もちろん、どの会社もきれいに線引きできるわけではありません。境界線に位置づけられる会社が多いでしょう。実際に、低成長が続く日本経済のなかにあっては、なかなか成長企業は多くありません。むしろ、時代の変化に対応できている会社なのかという点が重要です。

　かつての成長企業が、いまは優良な成熟企業になっていることもあるでしょう。時代の波についていくことができず、脱落する会社もあります。どんな会社にも発展段階があり、いい時もあれば悪い時もあります。目先の状態で分析するだけでなく、将来の姿を評価してみる姿勢が大事になります。

　いずれにせよ働くならば、成長企業か高収益企業を選びたいものです。不振企業は避けるべきでしょう。判断するには、繰り返しふれているように、いろいろな会社を多面的に比較してみることです。

　この章では数字ばかり見て、頭が痛くなったかもしれません。でも、会社データの見方や、数字で考えるクセが身につけば、社会に出てからも絶対に役立ちます。

　会社分析の手法はこのほかにもたくさんあります。もっと勉強してみると、日々のニュースやふだんの生活で接する「会社」の存在が、ますます身近に感じられることでしょう。

この章のおさらい

会社分析をしてみましょう

2501 東証プライム　　　　　　　　　　　　　　　　　　　直近決算発表日：**2024/02/14**

サッポロホールディングス　　　　　　　　　　　　　　　[↑増額]

[優待あり] [貸借] [225] [食料品] [飲料] [酒類]　　　　　　　　会社HP ⊏

特　色　ビール類国内有力メーカー。海外は北米が柱。不動産に強み。外食も。ポッカと経営統合

連結事業　酒類73(2)、食品飲料23(1)、不動産4(37)、他0(10) <23.12>　　　セグメント収益 ∨

業績 ● 2024年2集春号 時点

	売上高	営業利益	税前利益	純利益	1株益(円)	1株配(円)
◇19.12	491,896	12,208	11,588	4,356	55.9	42
◇20.12	434,723	-15,938	-19,364	-16,071	-206.3	42
◇21.12	437,159	22,029	21,185	12,331	158.3	42
◇22.12	478,422	10,106	11,367	5,450	70.0	42
◇23.12	518,632	11,820	12,144	8,724	112.0	47
◇24.12予 🔒	—	—	—	—	—	—
◇25.12予 🔒	—	—	—	—	—	—
◇23.1〜6	238,527	-2,810	-3,341	-5,104	-65.5	0
◇24.1〜6予 🔒	—	—	—	—	—	—
会24.12予	**523,500**	**17,600**	..	**10,000**	—	(24.2.14)

単位は百万円,1株当たりは円　　　　　　📄 業績財務の詳細を見る ›　　　配当を見る ›

1. 何を売っているの？（売上・サービスの内訳）

2. 何で稼いでいるの？（利益の内訳）

3. 売上・利益の柱は何？　2つは同じ？違う？

4. 売上・利益のトレンドは？（増えているか減っているか）

答えの例　　1. 酒類、食品飲料、不動産。売上の割合は73：23：4　2. 酒類と不動産が同程度。食品飲料が続く　3. 売上は酒類、利益は酒類と不動産　4. 売上・利益ともに多少の上下はあるが横ばい

---

⑦

業界地図を
使いこなす

業界研究の最強の武器

業界地図でわかること

P94〜95でどこに載っているか確認できたらチェック✔しよう

─ 業界全体の規模	☐
─ 業界各社の規模	☐
─ 業界各社の順位、勢力関係	☐
─ 業界各社の関係性 （出資、提携、競合、親子…）	☐
─ 業界のトレンドと現状	☐
─ ビジネスモデル	☐
─ 業界の状況（天気図）	☐
─ 注目の職種	☐
─ 主要企業の平均年収、平均年齢	☐

なぜ業界研究が必要なのか

　第6章の終盤で、会社分析には業界の状況を知る必要があることを伝えました。業界（産業、市場）の動きがわからなければ、会社の先行きも見えません。会社を選ぶとは、同時に業界を選ぶことでもあります。ですから、会社研究と同じくらい業界研究も重要になるのです。

　ある業界に興味を持ったなら、関係する業界もあわせて調べてみなければ本当の姿はわかりません。業界全体が見えてくれば、そのなかの会社の姿ももっとよく見えてきます。皆さんはこれまでの章で、会社を見る眼を学んできたので、業界の理解力も深まっているでしょう。

業界地図で効率よく業界研究できる

　第3章でもご紹介したように、業界研究を効率よくおこなうには「業界地図」が最適です。そこでは、関心のない業界でも、ひととおり目を通すことでいろいろな発見があることを指摘しました。この章では、「業界地図」の具体的な使い方を学んでいきましょう。

　まずページを開くことからです。巻末の社名索引を使って、知っている会社やこれまでの章で関心を持った会社から見てもよいし、知りたい業界もあるでしょう。そのページを開いたら、業界の顔ぶれを見ます。それから各プレーヤーの規模や順位を確かめます。

　そして、各プレーヤーにつながる関係性を追ってみます。東洋経済の『会社四季報　業界地図』では、赤い線は出資を伴う資本提携

で、青い線は株を持たない業務提携としています。用語を忘れてしまった人は、71ページの表を復習してください。

次に記事を読みます。就活の初期段階では、志望業界を絞り込む前に、いったん視野を広げることをおすすめします。興味ある業界を広げていく段階では、記事を読むのにあまり時間をかけず、業況の方向感や会社同士の関係性を大まかに把握するにとどめます。

業界同士の関係性も重要です。たとえば自動車業界と自動運転技術をつかさどるIT業界、電気自動車に欠かせない電池（電機）業界といった関係です。巻頭にある業界ごとの規模や年収の比較、注目業界も興味を広げるのに役立ちます。

少しでも関心を持てた業界、新しい発見があった業界は、付箋を貼ったり書き出したりして、ピックアップしておきます。とにかく、興味を持てるかどうかが大事です。自分が仕事として関わりを持ったらどうだろう、そんなことも想像しながら見ていきましょう。

全体を眺めて、日本の産業と主要な会社の全容を大まかにつかむことができましたか？　そうしたら、先ほどピックアップした業界の中から最も興味ある業界を6個、下に書き出してみましょう。

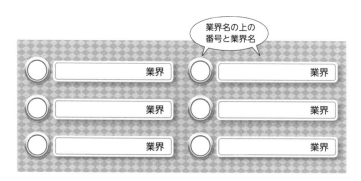

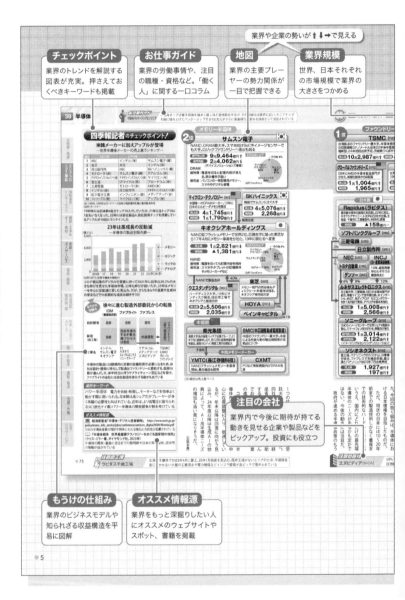

業界や企業の勢いが ↑ ↓ → で見える

チェックポイント
業界のトレンドを解説する図表が充実。押さえておくべきキーワードも掲載

お仕事ガイド
業界の労働事情や、注目の職種・資格など。「働く人」に関する一口コラム

地図
業界の主要プレーヤーの勢力関係が一目で把握できる

業界規模
世界、日本それぞれの市場規模で業界の大きさをつかめる

もうけの仕組み
業界のビジネスモデルや知られざる収益構造を平易に図解

オススメ情報源
業界をもっと深掘りしたい人にオススメのウェブサイトやスポット、書籍を掲載

注目の会社
業界内で今後に期待が持てる動きを見せる企業や製品などをピックアップ。投資にも役立つ

2024年版 業界地図の見方

業界リンク

関連する業界の名前と番号を記載。業界間のつながりがわかる

本文

『会社四季報』の業界担当記者が業界の現状と今後の見通しを解説

平均年収・年齢

主な企業の平均年収と平均年齢、総合職の大卒・院卒の平均初任給を掲載。業界間の比較にも便利（『会社四季報』『就職四季報』『CSR企業総覧』「有価証券報告書」による。米国企業はCEO以外の全従業員の中央値で、米国証券取引委員会への提出資料を基に作成）

業界天気予想

6つの天気図で2023年度後半〜24年度の業界の動向を予測。

	快晴	市場が急拡大し、大半の企業が利益を伸ばしている絶好調の状態
	晴れ	市場は堅調に拡大傾向。上位企業を中心に安定的に成長している
	薄曇り	停滞期（曇り）を抜けて、市場に好転の兆しが現れている
	曇り	市場が横ばい。成長余地に乏しく各社の利益が低迷、または低水準
	雨	市場が縮小傾向。一部企業を除いて多くの企業で減益
	大雨	市場が大幅に縮小しているか、構造的な不況状態。多くの企業が赤字や大幅減益に

●業績数値、証券コード

注記がない場合、業績は2022年6月期〜2023年5月期を最新決算として掲載しています。▲は赤字を表しています。本業セグメントの営業利益、経常利益、EBITDA、EBITはすべて「部門利益」と記載しています。国内企業の社名横の【 】内の4桁の数字は上場企業の証券コード。海外企業の社名横の[ ]内の英字は上場企業のティッカーコードです。海外企業の決算の一部はリフィニティブから提供を受けたデータを基に作成しています。

●為替レート

メインの地図内および業界規模の外国通貨は日本円に換算して表示しています。原則として2023年5月15日の下記のレートを基に換算しています。

国名	国名	為替レート		国名	国名	為替レート
1ドル	米国	135.7円		1クローネ	スウェーデン	13.0円
1ユーロ	欧州	147.3円		1クローネ	デンマーク	19.8円
1元	中国	19.5円		1ノルウェークローネ	ノルウェー	12.7円
1ウォン	韓国	0.1010円		1リアル	サウジアラビア	36.2円
1台湾ドル	台湾	4.4円		1ディルハム	UAE（アラブ首長国連邦）	37.0円
1ルピー	インド	1.6円		1レアル	ブラジル	27.6円
1ルピア	インドネシア	0.0091円		1ルーブル	ロシア	1.7円
1バーツ	タイ	4.0円		1リラ	トルコ	6.9円
1シンガポールドル	シンガポール	101.3円		1ペソ	フィリピン	2.4円
1香港ドル	香港	17.3円		1ペソ	メキシコ	7.6円
1カナダドル	カナダ	100.1円		1リンギット	マレーシア	30.4円
1ポンド	英国	168.9円		1ランド	南アフリカ	7.0円
1フラン	スイス	151.0円		1香港ドル	香港	17.3円

●国名

企業の本社所在地は下の8カ国・地域のように国旗で表記するか、企業名の後の（ ）内に表記しています（オーストラリアは「豪州」と表記）。

| 日本 | 無表記または | | 中国 | | 米国 | | 韓国 | |
| 台湾 | | 英国 | | ドイツ | | フランス | |

●略称

ページによっては以下の略称を使うことがあります。
HD：ホールディングまたはホールディングス（持ち株会社）
FG：フィナンシャル・グループ

●出資・提携関係

「 ⟶ 」は企業間の出資や買収などの資本関係（パーセンテージは原則として間接所有を含む出資比率、小数点以下で切り捨て）を表します。矢印の向きは出資主体 ⟶ 被出資主体です。
出資比率は直接保有率よりも議決権比率を優先して掲載。
「 ⟶ 」は業務提携、取引関係などを表します。

●前年度比増減の矢印

業界規模と上場企業などの業績の前年度比増減を、矢印で表しています。増加（改善）↑、減少（悪化）↓、横ばい→、比較不能－。数値が10億円未満なら転化が±10％以上、10億円以上なら変化が±1％以上増減があったと見なします。外国企業と業界規模（世界）の矢印は現地通貨ベースです。

4●

業界地図で興味ある業界を深く掘る

　視野を広げたうえで行きたい業界が絞り込めてきたら、今度はその業界を深く分析していきましょう。

　何を見ていくかというと、まず①市場のトレンドと先の見通しです。伸びている業界なのかどうか。見通しは感覚的に立てるのではなく、データや客観的な記事などの裏付けに基づいて立てます。

　次に、②その業界に影響を与える事柄を考えます。たとえばその業界に関連する法律の改正、政策や為替レートといった経済環境、オリンピックといったイベント、技術革新の動きなどです。これには、業界の③事業モデル（ビジネスモデル）を知ることが必要です。会社分析と同じように、その業界の利益を上げる構造や、どの分野で利益を上げているのかを確認します。

　同じ出来事でも業界によって影響が逆になる場合があります。たとえば円高が進むと、自動車メーカーなどの完成品輸出企業には痛手ですが、石油・ガスなどの原材料輸入企業には恩恵となります。

　そして、④データのアップデートをしてみましょう。年1回の業

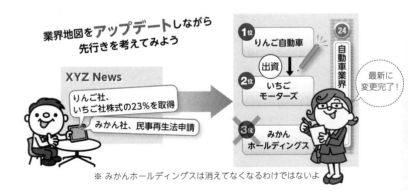

業界地図を**アップデート**しながら
先行きを考えてみよう

XYZ News

りんご社、
いちご社株式の23％を取得

みかん社、民事再生法申請

1位 りんご自動車

出資 ↓

2位 いちご
モーターズ

3位 みかん
ホールディングス

㉔ 自動車業界

最新に
変更完了！

※ みかんホールディングスは消えてなくなるわけではないよ

界地図の発売以降に、業界に起こった大きな出来事を調べて補っていく作業をすると、その業界の最新動向の記録と記憶が残ります。

　出来事とは矢印や線で示された「関係性」の変化に関わることです。買収や子会社化があれば、線（東洋経済版では出資を伴う資本提携は赤い線）や子会社となった社名を加え、反対に事業を売却したりして線が消えたところがあれば修正します。

　出資をするということは、その割合に応じて会社や事業を支配するということです。ですから、会社同士が関係を深めていく場合、いきなり出資関係に至る前に、まずは調達や物流、技術開発などの業務提携（東洋経済版では青い線）から始めるのが普通です。

　新たに書き足される青い線からは、会社がどんなことを始めようとしているのかがわかります。また、青い線が赤い線に変わるタイミングは、会社の関係性が変わるため非常に重要です。

業界地図のお役立ち項目を使う

　業界地図は数社から発行されていますが、東洋経済の『会社四季報　業界地図』は、業界専属の担当記者が業界分析に必要不可欠な情報を選別し、図表を含めすべての欄を書き下ろしています。

国や地域の規模と位置がわかるのが地図

業界地図は会社と会社の関係もわかる

これが重要！

その記者が、業界を象徴する最も重要なファクトを掲げてあるのが、左欄の「四季報記者のチェックポイント！」です。就活生への一言メッセージだと捉えて、業界研究の核としてください。左欄には「もうけの仕組み」というタイトルで、業界の事業モデルも図解されています。志望者はもちろん、志望者でなくても、多くの事業モデルを知ることで志望業界の課題や解決策が見えてくるので、できるだけたくさん目を通して理解することをおすすめします。

ほかにも「業界キーワード」「オススメ情報源」「職種ガイド」等々、小さな欄でも有益な情報がびっしり詰まっています。

なかなか業界を絞れないという人は、右下の「業界天気予報」を参考にするのもよいでしょう。長い社会人生活の間には曇りも雨もありますが、足元の景気が悪いと、採用数を抑える場合があります。快晴や晴れの業界のほうが、採用人数を増やす可能性が高くなるでしょう。

業界プレゼンに挑戦しよう

第1章で見たように、インターンシップのプログラムや、参加者を決める選考には、グループで資料を作り、プレゼンテーションをおこなうワークが多くあります。その練習として、業界分析の結果をまとめ、パワーポイントなどのソフトで5分程度の発表スライドを作成してみるという方法があります。あいまいだった筋書きやポイントが整理されて理解が深まり、記憶が定着します。

志望業界が同じ友達と一緒に作成し、お互いに発表し合えば、就活ばかりか社会人になっても大きな糧となる経験ができます。

短時間で資料作成を済ませるには、いきなりたくさんの資料に片っ端から当たるのではなく、仮説を立てて、それを裏付ける資料をあたっていきます。的外れな仮説にしない最適な資料こそ「業界地図」です。

　また、「オススメ情報源」をもとに図書館や書店に行って、業界関連の資料や書籍を読んでみるのもよい方法です。情報のプロは、「まずネット」ではなく「まず書籍」から調べます。旬のテーマは書籍の種類も多くなります。専門家の書いた信頼できる情報は、結果的に調査時間を短くできます。

長いスパンで業界を捉えよう

　もう1つ、長い期間の流れのなかで市場を捉えることが身についている就活生は少ないことを指摘しておきましょう。

　「3メガ」などと呼ばれている日本の巨大銀行を「メガバンク」と呼び始めたのは2000年に入ってからのことです。それ以前に大手銀行を指した「都市銀行」は、1990年代は10行以上もありました。総合商社では「資源・非資源」といった投資事業の前に、手数料収入を主体としていた時代があり、広告業界もネット広告へのシフトが本格的に進んだのはここ数年の出来事です。

　「市場のトレンドと先の見通し」は、そうしたビジネスモデルの変遷あるいは転換の上に成り立っていることを意識して調べると、多くの就活生よりも優位に立てるのは間違いありません。

この章のおさらい

次の業界について調べて
プレゼン資料を作ってみましょう

建設業界

評価ポイント

┏ 資料の必須項目

1. 市場トレンドと見通し
2. 業界に影響する事柄と風向き
3. 事業モデル
4. 直近の大型ニュースのアップデート

> プレゼンは場慣れです。
> ぜひ誰かをつかまえて、
> 話を聞いてもらいましょう

┏ 資料の加点要素

5. フィールドワーク
6. 資料や書籍からの気づき
7. スライドの見やすさ、工夫

┏ プレゼンテーション

8. 想定時間どおり話せたか
9. 魅力あるスピーチができたか

分析例

1. 首都圏再開発や物流施設工事など需要は底堅い。一方、激しい受注競争と資材価格の高騰の影響で各社の利益水準は低い。中長期的には、国内の少子高齢化に伴う建設投資の先細りが予想され、各社は不動産開発やインフラ運営など新たな収益源の確保を急いでいる。

2. 首都圏再開発（＋）、工場・物流施設需要（＋）、建設資材高騰（－）、少子高齢化（－）、業界再編（±）

3. 工事代金を得て資材費や労務費を支払う。受注産業で受注から完成までの期間が長い。ただしゼネコンは一括契約で工事を受注し、とりまとめを行う元請けで、実際の工事は下請け業者が行う。

8

就職四季報の見方を知る

会社の本当の姿がわかる

就職四季報でわかること

P108でどこに載っているか確認できたらチェック ✔ しよう

— 経済記者による会社の評価 ………………………… ☐

— 選考で何が重視されるか ………………………… ☐

— どういう人が何人採用されたのか ……………… ☐

— 会社の風景（規模や男女比、年齢層）………… ☐

— 月例給与と年収 …………………………………… ☐

— 昇給率と賃金カーブ ……………………………… ☐

— 長く働けるか、居心地はどうか ………………… ☐

— 休めるか、残業は多いか ………………………… ☐

— 社内外での賃金格差 ……………………………… ☐

会社と自分との関係を考えよう

　ここまでの各章では、「会社」を主人公にして、どのような事業で成り立っているのか、どういったライバルがいるのかといった観点から、その姿を捉える方法を学んできました。

　この章では、就活生や社員としての「人」の視点に立って、会社をどう評価していけばよいのかを見ていきたいと思います。

　「人」として会社を捉えると、それは「働く場」だといえます。自分の夢を実現する場かもしれませんし、給料という生活の糧を得る場であるともいえます。思いは人それぞれですが、もしかすると人生の大半の時間を過ごすことになる場かもしれません。

　その会社と、社員としての自分の関係がうまくマッチするのかどうか――。別の言い方をすれば、自分が思うような「働き方」を実現できる場があるのか、という観点での評価も大切です。

　第６章で、高収益企業は優良企業の１つの条件であるとしましたが、それは経済的な存在として優れているという意味です。高収益であることと、その会社で働く人にとって「いい会社」であることとは必ずしも一致しないと、なんとなく想像できるでしょう。

働く場としての
会社と社員の基本的な関係

会社　→ 給料、休暇など
　　　 ← 労働力（仕事）

自分の価値観に合った会社がいい会社

　会社と社員の基本的な関係とは、社員が労働を提供し、会社は給料という対価を払うものです。社員は会社に成果を上げるという貢献をし、より多くの対価や待遇を求めます。会社は休暇や福利厚生など、社員が会社に長く貢献できる制度を整えることもあります。

　ただし、両者の関係性は、人によっても、会社によっても違います。めいっぱい働いて高い給料をもらいたいと考える人もいれば、給料はそれほど高くなくてもよいので、休みがたくさんほしいし残業もしたくないという人もいます。

　待遇以外でも、安定した会社で落ち着いて働きたいと思う人もいれば、急成長しているベンチャー企業で息つく間もなく働きたい人もいます。何をおいても海外で働きたいという強い希望を持つ人もいれば、できれば転勤は避けたいと思う人もいるでしょう。

　つまり、ある人にとっては満足できる「いい会社」が、他の人には「いい会社」であるとは限りません。それは、会社や仕事に何を求めるのかという価値観の違いがあるからです。自分の価値観に合った会社が、自分にとっての「いい会社」となるのです。

会社での働き方について考えてみよう

「価値観」と言われても、これから就活を始める学生の皆さんは、ちょっとピンとこないな、と思うことでしょう。

そこでまず考えてみたいのが自分の働き方についてです。劣悪な環境で違法な過重労働を強いることによって社員を使いつぶす「ブラック企業」に至らないまでも、多くの会社で長時間残業や過労死が問題になっています。

誰もがこうした会社には就職したくありません。ただ、世の中に楽な仕事はありません。仕事に慣れないうちは、どうしても時間がかかってしまいます。仕事への意欲が高く、一生懸命やったら長時間残業になってしまうこともあります。

働かせ方に会社の価値観が現れる

ここでブラックになるかどうかの分かれ目が、会社の姿勢です。きちんとした会社なら、人事部や管理職が目を光らせ、過重労働にならないようにチェックしています。過重労働を放置するようなら、違法にならないまでも"隠れブラック"になりかねません。

つまり、会社にも働かせ方についての価値観があります。自分の価値観はもやもやしていても、会社の価値観はだいたいはっきりしています。たとえば、原則残業させない会社や、一定の残業を前提にした会社。研修や教育に熱心な会社や、成果や成績を重視する会社など、いろいろな考え方や形があります。

こうした社内に共通している判断基準や雰囲気を、「社風」とよ

びます。会社の文化ともいいます。会社の姿勢として、社員にどういった働き方を求めているのかに社風が現れてくるのです。

中立的・客観的な情報を調べる

このような会社の価値観を調べれば、自分の価値観も少し見えてくるかもしれません。でも、どうやって調べればよいのでしょうか。

会社案内を見ても、ほとんど情報はありません。会社の採用ＨＰや就職ナビサイトには、会社の紹介のほかに、労働条件や社風についての記事もありますが、ここには会社自身が直接間接に発信した、「会社が見せたい情報」しか載っていません。「社員の仲がよい」「休暇が取りやすい」とあっても、数値の根拠がなく、人によって捉え方の異なる情報は、客観的な情報とはいえません。

そうした、会社が見せたい情報だけを集めたものとはまったく違うスタンスを取っている就職情報誌が『就職四季報』です。

『就職四季報』シリーズには、本書「企業研究・インターンシップ版」の他に、「総合版」「働きやすさ・女性活躍版」「優良・中堅企業版」の３つのバージョンがあり、それぞれ掲載している企業や項目に違いがあります。

まず、「総合版」には編集部が厳選した各業界の主要企業や有名企業約1300社の情報が収録されています。採用人数や採用プロセス、選考倍率といった採用・選考に関する情報から、平均年収や３年後離職率といった待遇・働きやすさに関する情報など幅広い情報をカバーしており、企業研究の定番といえる１冊です。

「働きやすさ・女性活躍版」は、掲載されている会社は総合版と

同じですが項目が異なります。その名の通り「働きやすさ」に関する情報に重点を置いており、新卒３年後離職率や残業、育休といった総合版に含まれている情報に加え、転勤の有無や対象になる職種、テレワーク制度の導入状況や利用率など、働きやすさを推し量る上で重要な情報が掲載されています。

「優良・中堅企業版」には、総合版と働きやすさ・女性活躍版に収まりきらなかった優良企業・中堅企業約4600社の情報が載っています。他２冊が１ページあたり２社掲載という形式なのに対し、優良・中堅企業版は１ページあたり３社または６社という形式になっており、１社あたりの情報量はやや少なくなっています。その分、掲載社

『就職四季報』シリーズの特徴

総合版	**掲載対象**	各業界の主要企業・有力企業約1300社
	掲載項目	**基本データ**：特色、記者評価、業績 **選考**：採用プロセス、倍率、筆記試験の種類 **採用・配属**：採用人数、採用実績校、配属部署・勤務地 **待遇・働きやすさ**：平均年収、新卒３年後離職率、残業、有休 など
働きやすさ・女性活躍版	**掲載対象**	各業界の主要企業・有力企業約1300社（総合版と同じ）
	掲載項目	**基本データ**：特色、記者評価、業績 **採用・配属**：採用人数、採用実績校、配属勤務地（2年分） **待遇・働きやすさ**：平均年収、新卒３年後離職率、残業、有休、住宅補助、転勤の有無・対象、テレワーク制度の有無・詳細・利用率 **ライフイベント・女性活躍**：産休・育休の制度・利用者数、女性社員比率、女性管理職比率 など
優良・中堅企業版	**掲載対象**	総合版／働きやすさ・女性活躍版に収まりきらなかった優良・中堅企業約4600社
	掲載項目	**基本データ**：特色・近況、業績 **選考**：採用時期、倍率、筆記試験の種類 **採用**：採用人数、採用実績校 **待遇・働きやすさ**：平均年収、新卒３年後離職率、残業、有休 など

数が多く、比較的小規模な企業や地方の企業までカバーしています。

　いずれも、会社とは利害関係のない客観的かつ中立的な立場で、就活生に必要な情報を記述・収録しているところに特徴があります。会社の概要のみならず、「働き方」のエッセンスを集め、良い面や悪い面を含めて、会社の本当の姿を捉えることができる情報誌です。自身の価値観に合わせて使い分けましょう。

『就職四季報』はココを見る

　それでは、『就職四季報』の中身を見てみましょう。ここでは、シリーズの中でも代表的な「総合版」を取り上げます（108ページ）。

　誌面はざっと4つのブロックに分けられます。

　1つめは、「A 基本データ」です。左上の【特色】と右側の【記者評価】を見れば、その会社がどんな業界で、どんな立ち位置にあるのか、どんな強み(あるいは弱み)があるのかがすぐにわかります。

　「B 選考」には選考のプロセスや筆記試験の種類、倍率などの情報をまとめています。こちらは主に本選考の情報ですが、インターンシップの選考にも役立てることができます。

　第1章で見たように、【選考ポイント】はどの段階でも変わりません。選考直結型やプロジェクト型のインターンシップはもちろん、仕事体験型であっても、会社が何を見ているのかを把握して、本選考の予行演習に備えましょう。

　内定者に対する応募者の比率である【倍率】は、いわゆる人気企業かどうかを表します。倍率が高い企業では、インターンシップへの参加にも事前選考がある可能性が高いでしょう。

『就職四季報』総合版の中身

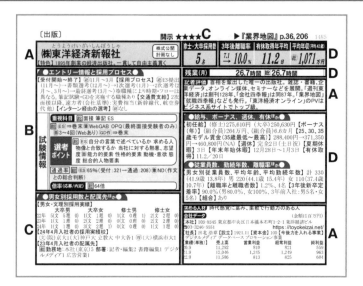

A 基本データ

掲載項目 特色、記者評価、業績、本社、住所 など

内　容 会社の基礎情報。『会社四季報』の担当記者が執筆する「記者評価」欄は企業の概要を掴むのに最適。

B 選考

掲載項目 採用プロセス、倍率、選考ポイント、筆記試験内容 など

内　容 本選考のプロセスや難易度（倍率）がわかる。インターンを経て本選考を受けたい会社が決まったら必読。

C 採用・配属

掲載項目 採用人数（3年分）、採用実績校、配属勤務地・部署

内　容 採用された人の属性（男女、文理、大学群）がわかる。勤務地にこだわる人は配属情報も要チェック。

D 待遇・働きやすさ

掲載項目 平均年収、有休、残業、新卒3年後離職率、平均勤続年数 など

内　容 給与水準や入社後の賃金カーブがわかる。離職率や平均勤続年数からは働きやすさが見えてくる。

「C 採用・配属」の【採用実績】は全体の規模や傾向とあわせて、男女、文理（文系、理系）、学歴（修士、大卒など）、別の属性ごとに、採用されやすさを見る欄です。

従業員数に対し採用数が多すぎる場合は、あらかじめ一定数が辞めることを見越して採用していることが考えられます。先ほど述べたブラック企業の可能性がありますので注意しましょう。

【配属先】には実際に入社した先輩社員の配属勤務地と部署を人数まで掲載しています。地元で働きたい、都会で働きたいなど勤務地にこだわりがある人や、志望職種が明確に決まっている人はチェックしておきましょう。

制度の内容より取得状況が重要

「D 待遇・働きやすさ」ブロックは、入社後の生活や働き方を考えるうえで非常に重要なデータを揃えています。

たとえば有給休暇（有休）について。どの会社の採用HPや就職ナビサイトにも有休制度の内容については記載があります。「最高40日が上限」などと書かれている企業もあり、これだけ見ると「40日も休めるのか！」と、はしゃいでしまう人もいるでしょう。

ただ、有休を実際に使えるかどうかは、仕事量や職場の雰囲気によります。就職四季報などに記載されている「有休取得年平均」は、制度の内容ではなく、有休を実際に何日取得できたのかという実態です。

産前産後休暇や育児休暇も同じですが、立派な制度があっても、実際に使えなければ意味がありません。「制度は内容だけでなく利用実態も見る」と覚えておきましょう。

知りたいのはどっち？

会社の採用HPなどの表記	就職四季報の表記
有給休暇：初年度10日、以後１年経過ごとに１日増加し、最高40日が上限 **ボーナス**：年２回（業績により３回）	**有休取得年平均**：12.5日 **ボーナス**：年198万円、5.2カ月

最注目、給与データの正しい見方

給与に関しては、初任給よりも30歳、35歳賃金や平均年収が重要です。学生の皆さんは初任給だけを見ていることが多いのを、会社側もわかっています。

初任給だけが非常に高く、その後の昇給はわずか、または歩合制などで賃金格差が大きい（最高賃金と最低賃金の幅が大きい）という会社は要注意です。そうした会社は、インターンシップに参加しただけで簡単に内定をくれるかもしれませんが、入社してから成績を上げられないと厳しいです。

一方で、成績を上げられる人にとっては一概に悪い環境だとも言い切れません。まさに自分を見極めた結果としての価値観が、自分にとっての会社の評価を決めるのです。

平均年収は月々の給与に残業代やボーナスも含んだ年間収入額です。これは平均年齢と合わせて見てください。同じ年収700万円でも、平均年齢30歳と40歳とでは、前者のほうが給与水準が高いということになります。

なお、実際の手取り金額は、給与や年収から税金や社会保険料が差し引かれて支給されることはおわかりですね。

3年後離職率の目安は3割

　働きやすさに関する指標で最も注目したいのは、右肩の4大指標に掲げられている「3年後離職率」です。用語に聞き覚えがあるでしょうか。新卒入社から3年以内に離職、つまり会社を辞めた人の割合です。「定着率」は離職率の反対の概念です。

　厚生労働省調査による大卒の新卒3年後離職率は約30％で、過去20年以上大きく変動していません。ですから、この3割という数字は、これを超えると少し注意したほうがよいという目安となります。この目安は業種によってかなり水準の差があります。

　『就職四季報』（総合版／働きやすさ・女性活躍版）の掲載会社の平均は、例年1割をわずかに超える程度で、「3年で3割」よりもかなり低い水準となっています。この理由は、業界大手を中心に、もともと労働環境がよい会社を多く掲載しているのと、数値の悪い会社が回答しないという2点が考えられます。

　『就職四季報』では、会社が回答をしなかった項目を「NA」（No Answerの略）と表記しています。調査全項目数に対する回答数（NAでないもの）を、「開示度」というかたちで算出するのも、他の媒体にはあまり見られない特徴です。5段階評価の星の数で表示しています。

　企業のデータそのものだけでなく、企業のこうした情報開示に対する姿勢を自分がどう感じるかといったことも、自分の価値観を養う重要な要素となります。

　「総合版」をはじめとした『就職四季報』シリーズでいろいろな会社の姿を調べて、自分に合った会社を選んでいきましょう。

この章のおさらい

以下の問題に答えてみましょう

1. 次の会社の新卒3年後離職率を計算してください。

> 直近4月から数えて3年前の大卒新卒入社者 ……………… 30人
> うち直近4月の在籍者 …………………………………………… 18人

`　　　　%`

2. この会社は世の中の平均から見て働きやすいほうでしょうか。
理由も挙げて答えてください。

3. 「弊社では調整次第で有休はたくさん取れます」と言われました。

> ①これは客観的な情報でしょうか。 `Yes　No`

> ②有休が実際に取れるかどうかがわかるデータ項目を挙げてください。

答え 1. 40%　2. 働きやすくない。新卒3年度離職率が目安の3割を大きく上回っているから　3. ①No　②有休取得（消化）日数、有休取得率

解説

1. 離職者＝入社者－在籍者なので、計算式は（30-18）÷30×100（%）
となります。

2. 大卒の新卒3年後離職率の平均は約3割です。

3. ①「調整次第」「たくさん」は人により解釈の違いが出るため。
②制度としての有休付与日数（最高日数）は、実際取れるかどうかの
目安にはなりません。

会社を五感で
感じ取る

実りあるインターンシップにするために

この章でわかるようになること

わかったらチェック ✓

- 自分の興味や関心を会社や
  業界につなげる方法
- 面接担当者が最初に見るポイント
- 比較が大事だということ
- 企業ランキングの正しい使い方
- 肌で感じた情報も
  重要な会社の見方だということ
- インターンシップで会社の本当の
  雰囲気をつかむ方法

この章で考えてみてほしいこと

- 自分は社会で何をしたいのか
- どんな仕事が合っているのか

本当にやりたいことは何だろう

　ここまでたどり着いた皆さん、本当によくがんばりました。

　行きたい会社や業界は見えてきましたか。狙いが定まった人も、まだまだ悩んでいる人もいることでしょう。

　「企業・業界研究編」の最終章で、まとめの意味を含めて、もう一度自分に問いかけてみてください。

　もやもやとしていてかまいませんし、焦る必要はありません。それでも、この問いにきちんとずっと向き合うことが大切です。

　とりあえずどこかの会社に入ればなんとかなる、いざとなれば転職すればいいなどと、たかをくくるのは禁物です。

　「こんなはずではなかった」とあたふたし、腰を据えて働くことができないと、本来ならば経験や年齢とともに身につくはずの仕事力が中途半端になりかねません。その結果、仕事そのものがいやになってしまうこともありえます。後ろ向きの転職は決して評価されることがないことを、社会に出てからも心に留めておきましょう。

「志」を持てるか、伝えられるか

　繰り返しになりますが、少しでも興味や関心が持てることを大事にすることが、道に迷わない秘訣です。皆さんのなかには、「興味や関心は、結局好きか嫌いかということだろう」、「自分は好きなことを仕事にしたい」と思う人も多いかもしれません。「好きこそも

のの上手なれ」ということわざもあるように、好きなことはやっていて楽しいですし、仕事としても関わりを持ちたくなります。

ただ、趣味と興味は混同しないほうが賢明です。業界規模の大きなIT関連などであれば、仕事にもつながりやすいですが、音楽やゲームはそもそも狭き門です。趣味レベルでは追いつきません。

これまでの趣旨とは矛盾するようですが、社会人になった自分をイメージしすぎても、いずれ現実とのギャップに悩んでしまいそうです。実際に就職前の想像とは違う仕事でも、会社に入って働いてみると、意外な新しい自分を発見することが多々あります。

考えすぎて、袋小路に入ってしまいそうです。けれども、会社に対して何のイメージも関心もなければ、採用面接で自分をアピールすることはできません。会社の面接担当者が最初に見るのは、本当に自分の会社に興味を持っているのか、社員として一緒に働けそうかという点です。

そこを衝く一言を発せられるかどうか。大げさに言えば「志」(こころざし)を持って、志望する会社に思いを伝えることができるかどうかが、その分かれ目となります。

小さな興味を"働く"につなげる

小さな興味や関心から、「志」を生み出すためのアプローチ法はいくつかあります。

まずは、自分の関心を直接、会社や業界につなげる方法です。たとえば鉄道が好きなら、JR東日本や東急などの鉄道会社につながります。運転士や車掌をイメージするかもしれませんが、会社を支

えているのは運行管理や営業職、経理財務職など外から見えにくい職種の人でもあります。

　「鉄道は好きだけど運転士にはなれないし」と思うだけの人に「志」は生まれませんが、「鉄道が好きだから、自分にもできる仕事で貢献したい」と思うならば、十分な志望動機です。つまり、関心がある業界や会社との"関わり"を意識できるかどうかです。

　反対に、職種から会社を選んでいくアプローチ法もあります。1日中デスクワークをするよりも、外に出て他社の人と交渉したり、お客さんと直接接したりする方が自分に向いているという自己分析もあるでしょう。それならば、営業職のウェイトが高い業種や会社を探してみます。

　もっとも、大企業では専門職でない限り、入社してどんな事業部のどんな職種に配属されるのかは、まったくわかりません。学生時代の専門分野が考慮されるとは限りません。A社、B業界に属していることが自分のアイデンティティとなり、専門性は後からついてくるというのが多くの社員の実態です。

データを比べると自分がわかる

　興味ある会社や業界が出てきたら、『就職四季報』などを使って、ほかの会社や業界と、データを「とにかく比較」してみましょう。データは比べることで、「ライバル会社よりこんなに高い！」といった発見ができます。それを自分がどう捉えるのかという感じ方で、「志」を確認することができ、自分に合った会社なのかどうかが、だんだんわかってきます。

さらに、自分が重要視するデータを軸に会社を見ていくことで、それまで知らなかった会社を発見することもできます。

1つのデータ項目がつかめたら、今度は別の項目に広げると、「業界で横並びだなぁ」とか「業績は伸びているのに年収は低い」など、さらに新たな発見ができ、複合的な会社分析につながります。

データを比べて
自分に合った
会社を探そう

企業ランキングはこう使う

「比べる」を、ページをめくりながらではなくデータの並び替えでおこなったものがランキングです。メディアや調査機関が発表した企業ランキングをネットで見ることも多いですね。

ランキングを見たとき、1位の企業がよくて2位以下の企業は劣るという解釈は正しくありません。ランキングはあくまで、知らない会社を発見するポータル（窓口）として、または1つの尺度として使えば、とても役立つ資料となります。

売上高ランキングや時価総額（株式市場から見た企業規模）ランキングであれば、規模の大きい有名な会社が上位に来ます。ところが、売上高や利益の伸びなどの成長性を示すランキングや、残業時間が少ない、有休取得日数が多いといった働きやすさを示すランキ

ングでは、上位企業は必ずしも有名企業ではありません。

　経営内容がよく、働きやすい会社なのに知らない会社があれば、志望企業の候補となります。ぜひ調べてみてください。

五感でもっと感じ取る

　ここまでは本や資料を見ながら、手と頭で考える方法を紹介してきました。興味が持てる業界や会社、そしてその理由もまとまってきたと思います。ただ、期待どおりの会社や業界なのか、自分に合っているのかどうか、不安もまだ残っているでしょう。そこで志望する会社に対する自分の想いを確認するには、"足"も使えます。

　ＯＢ・ＯＧなどに会社や仕事の話を聞いてみましょう。予備知識がないままではなく、調べてから聞くことで具体的な話ができます。

　また、おすすめしたいのが、街へ出るフィールドワークです。街歩きをしていると、ふと興味を持った会社の看板が目に入ります。外食や流通業なら簡単にお店に入ってみることができ、銀行や証券会社でも営業店をのぞいてみるくらいはできます。

　店舗のないＢ to Ｂ企業でも、お昼どきや出勤退勤時に会社から出てくる人の表情がうかがえます。どうでしょう、いままでと違う眼差しで何かを捉えることができそうではないですか。

　新聞・雑誌やインターネット上にはない、肌で感じた自分オリジナルの情報は、会社を見極めるうえで強力な判断材料となります。

インターンで会社の空気感を感じよう

　そして、会社を感じることができる究極のイベントが、インターンシップです。たとえ1日でも対面やオンラインを通して会社のなかに入り、何人かの社員と接すれば、その場でしか確かめることのできない、空気感や肌合いを感じ取ることができます。

　感じ取ることにマニュアルなどありませんが、観察すべきは説明会に登壇して流れるようなスピーチをする社員ではありません。どの会社でもこうした説明の場に出てくるのは、エース級の好感度の高い人物です。むしろ会場を設営する人や引率者など、一般社員同士の会話やふるまいから、会社の飾らない姿が見えてきます。懇親会でも部下の上司への接し方、先輩後輩のことばづかいなどを観察すれば、各社の雰囲気の違いを感じることができるでしょう。

　人と人とが交じり合うリアルなビジネスの現場では、文献ではわからない会社の雰囲気や相性が、状況を支配することが多くあります。採用もまたしかり、皆さんにとっても会社との相性は非常に重要で、最後の決め手になることもあります。

　インターンシップに参加すれば、自分が主導して会社に対する相性を確認することができます。そこで感じたことを、会社研究の成果とともに、なぜこの会社なのか、自分は何ができるのかという志望動機や自己PRにつなげれば、より説得力のある話を会社にぶつけることができるのです。

　さあ、会社研究の総仕上げです。貴重な体験ができるインターンシップを最大限に活用し、自分の価値観をより高め、自分に合った「いい会社」を探してみてください。

どちらの会社が自分に合っていますか？

（会社は架空です）

業種	スイカ電子 電子部品メーカー	パイン商事 専門商社
有休取得年平均	10日	15日
夏季休暇	10日	有休で取得（1週間）
年末年始休暇	12/31～1/3	年間休日に含む
初任給	基本給20万円	25万円（40時間超の時間外労働には別途手当あり）
35歳賃金：平均、最高	37万円、40万円	38万円、60万円
3年後離職率	5%	22%
平均年収（平均年齢）	750万円（42歳）	750万円（35歳）
売上高	148,780百万円	77,200百万円
営業利益	870百万円	7,580百万円

答え　自分の価値観なので、どちらを選んでも正解です。ただし、選んだ理由が解説と矛盾していないか注意してください。

解説

1. 休みはスイカ電子のほうが多いです。パイン商事は夏季休暇や年末年始休暇が有休や年間休日に含まれています。

2. パイン商事の初任給には40時間の固定残業代が含まれており、恒常的に40時間の残業があることが考えられます。

3. 35歳平均月収と最高月収の差から、成果を出して評価されたい人はパイン、厳しい環境は苦手な人はスイカです。パインのデータは実態がわかりにくく、本当に成果が評価されるのかどうか確かめる必要があります。

4. 3年後離職率はパイン商事も危険水域ではありません。

5. 平均年収は同額ですが、平均年齢はパイン商事のほうが低いので、実質的にはパイン商事のほうが高収入が得られます。

6. 経営効率を見る売上高営業利益率は業種が違うので両社を単純比較できませんが、同業で比べてもスイカは低く、パインは高いです。会社の成長可能性はパインのほうが高いかもしれません。

インターンシップ 情報編

会社情報とインターン内容で
出会えるわかる
1212社のインターンシップ情報

企業・業界研究編は9ページへ

1212社のインターンシップ情報の見方・使い方

　本書のインターンシップ情報編は、2023年7〜8月に実施した『就職四季報』(総合版／働きやすさ・女性活躍版) 2025-2026年版調査 (以下、「当調査」)、2024年3〜4月に実施した追加調査 (以下、「追加調査」) をベースに作成しています。一定の編集方針のもと、回答企業の記述を内容に即して変更している(回答そのままではない)場合があります。

　本書の掲載項目のうち、社名や住所、特色、上場市場、業績の会社データについては、当調査後の状況の変化を可能な範囲で補足・修正していますが、その他項目を含め、最新状況とは異なる場合がありますのでご注意ください。**特にインターンシップの応募にあたっては、最新の状況を各社のHPや就職ナビサイトなどで必ずご確認ください。**

　当調査の調査先は、実際に採用活動を行う個別の会社としています。ただし、グループ採用などはグループ単位もあります。調査対象は正社員を原則とし、『就職四季報』の主要な読者である大学生が就く職場環境を把握するため、メーカーなどでは、主に工場ラインに就く現場技能職を除いた「非現業者」を対象に、回答を依頼しています。

　本書の掲載対象は、当調査でインターンシップを「実施する・した」と回答し、インターンシップの【概要】に有効回答を記載した会社としました。追加調査で回答のあった2024年6月以降の実施予定には『24予』と記載しています。記載がないものは、24年6月以前に実施された内容です。当調査の実施時期により、予定、未定と記載されている場合があります。

凡例			
NA	非公開 (No Answer)	**総**	総合職のデータ
ND	該当データなし (No Data)	**※**	注記のあるデータ。詳細は『就職四季報』(総合版／働きやすさ・女性活躍版) 2025-2026年版を参照
—	未定、算出・表示不能		
◇	『会社四季報』、有価証券報告書などからの引用データ、またはメーカー等で現業者を含むデータ		

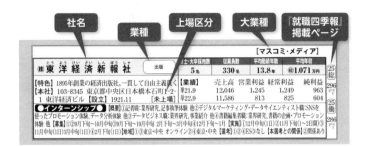

ラベル（上部）：社名 ／ 業種 ／ 上場区分 ／ 大業種 ／ 『就職四季報』掲載ページ

［マスコミ・メディア］

	修士・大卒採用数	従業員数	平均勤続年数	平均年収
㈱東洋経済新報社 出版	5名	330名	13.8年	⑩1,071万円

【特色】1895年創業の経済出版社。一貫して自由主義貫く
【本社】103-8345 東京都中央区日本橋本石町1-2-1 東洋経済ビル 【設立】1921.11

【業績】	売上高	営業利益	経常利益	純利益
単21.9	12,046	1,245	1,249	963
単22.9	11,586	813	825	604
		【未上場】		

●インターンシップ●【概要】①記者職:業界研究,記事執筆体験 他②デジタルマーケティング・データサイエンティスト職:SNSを使ったプロモーション体験,データ分析体験 他③データビジネス職:業界研究,事業紹介 他④書籍編集者職:業界研究,書籍の企画・プロモーション体験 他【募集】①②9月下旬〜10月中旬③9月下旬〜10月中旬 2月下旬〜3月中旬④12月下旬〜1月【実施】①②12月中旬(1日)②11月下旬(〜2日間)③11月中旬(1日)3月中旬(1日)④2月下旬(1日)【地域】①③東京・中央 オンライン②④東京・中央【選考】①②④ES③なし【本選考との関係】②関係あり

25総 296
25働 286

会社データ

【社名】株式会社は（株）、相互会社は（相）、独立行政法人は（独法）など法人格を簡略化して表示。通称やグループ名などの場合もある。
【大業種】【業種】就職活動の観点から区分した『就職四季報』独自の業種分類で、標準産業分類や証券取引所の定める業種分類などとは異なる。
【特色】『会社四季報』、同「未上場会社版」の記者が簡潔にまとめたもの。
【本社】回答先による本社所在地。
【設立】西暦表示。原則、法人組織として登記された設立年月。合併等で登記上の設立年月が名目的な場合は、実質的な設立年月を記載。
【上場区分】2024年4月時点で判明している同年6月現在の上場市場。以下の略称で表示。

上場区分

東京P……………東京証券取引所プライム市場	名古屋P……名古屋証券取引所プレミア市場
東京S…………同　　スタンダード市場	名古屋M……同　メイン市場
東京G…………同　　グロース市場	持株傘下……グループ親会社が純粋持株会社として上場
	未上場………未上場会社

【業績】本決算実績数字。単位100万円。売上高、営業利益、経常利益、純利益について調査。業種や会社によって、売上高に代わる営業収入や営業収益、経常収益、また営業利益に代わる業務純

決算種別

単…………単独	◎…………SEC（米国会計基準）
連…………連結（以上日本方式）	◇…………IFRS（国際財務報告基準）
	なし……いずれでもない

益などの決算項目で表記。

決算種別は各決算期の前に、123ページの略語・マークで表示。決算期右の「変」は、変則決算（1年以外の決算期間）を表す。

数値は『就職四季報』調査と同様に、上場会社は決算短信や『会社四季報』調査などに基づく東洋経済の企業データベースを引用して更新。

採用・従業員数・平均年収

【修士・大卒採用数】当調査の調査時点における2024年4月入社予定の修士了・大卒採用人数の合計。調査時点で採用活動中のときは、計画、見込み、予定人数の場合がある。「—」は未定。

【従業員数・平均勤続年数】原則として調査時点の直近本決算期末時点の単独ベース、非現業者対象。役員や臨時雇用者は除く。概数その他注記があるデータの場合は、数値の頭に※を付して掲載した。

【平均年収】残業代や賞与を含む年間収入。総合職の平均年収を第一優先とし、回答が得られなかった会社は、非現業部門従業員のもの、続けて現業者を含む全従業員（『会社四季報』や有価証券報告書からの引用もある）の優先順位で表示。概数その他注記があるデータの場合は数値の頭に※を付して掲載した。

NAおよびNDは、総合職、非現業部門従業員、現業者を含む全従業員ベースの、いずれも情報が得られなかった場合の記載。

インターンシップ

【概要】実施プログラムの内容。
【募集】募集時期。
【実施】開催時期、日数。
【地域】開催地域。
【全学年対象】参加対象者の学年を制限しないコース番号。
【選考】インターン参加にあたり課される選考の内容。
【本選考との関係】参加者に対して、早期選考の案内など本選考に関係する優遇措置がある場合、その内容を記載。詳細が非公開の場合は「関係あり」と記載。

『就職四季報』掲載ページ

25総『就職四季報　総合版』2025-2026年版の「会社研究」情報掲載ページ。

25働『就職四季報　働きやすさ・女性活躍版』2025-2026年版の「会社研究」情報掲載ページ。

社名の前の黒点は上場企業を示す

127

131

業種別索引

〔金融〕

《銀行》

《政策金融・金庫》

《共済》

《証券》

140

会社情報とインターン内容で

出会える わかる

1212社の
インターンシップ情報

※各社の情報は2023年7〜8月に実施した『就職四季報』調査、及び2024年3月〜4月に実施した追加調査に基づく内容です。最新のものと異なる場合がありますので、応募の前に必ず各社のHPや就職ナビサイトで最新の内容をご確認ください。

三菱商事(株) 商社・卸売業

	修士・大卒採用数	従業員数	平均勤続年数	平均年収
	―	5,448名	18.5年	1,939万円

【特色】財閥系の総合商社。純利益で首位が続く
【本社】100-8086 東京都千代田区丸の内2-3-1
【設立】1950.4　[東京P]

【業績】	営業収益	営業利益	税前利益	純利益
◇22.3	17,264,828	759,463	1,293,116	937,529
◇23.3	21,571,973	1,092,186	1,680,631	1,180,694

●インターンシップ●
【概要】①MC Academia -Summer Workshop:総合商社における新規事業開発を体感
【募集】①7月上旬～中旬【実施】①8月下旬～9月上旬(2日間)【地域】①東京・千代田【全学年対象】①【選考】①ES Webテスト GD

三井物産(株) 商社・卸売業

	修士・大卒採用数	従業員数	平均勤続年数	平均年収
	約130名	5,449名	18.1年	1,784万円

【特色】財閥系総合商社。鉄鉱石など資源分野に強み
【本社】100-8631 東京都千代田区大手町1-2-1
【設立】1947.7　[東京P]

【業績】	営業収益	営業利益	税前利益	純利益
◇22.3	11,757,559	564,037	1,164,480	914,722
◇23.3	14,306,402	751,652	1,395,295	1,130,630

●インターンシップ●【概要】①②③当社の取り組むビジネス課題をテーマに基づくディスカッション及びワーク④グループワーク型のプログラムでDX関連の新規事業立案に向けたディスカッション及びワーク【募集】①5月中旬～6月初旬②③④11月中旬～1月上旬【実施】①7月中旬(3日間)②2月中旬(4日間)③④2月中旬(3日間)【地域】①③④東京・千代田②オンライン【全学年対象】①②③④【選考】②書類 面接【本選考との関係】③本選考プロセスの一環

伊藤忠商事(株) 商社・卸売業

	修士・大卒採用数	従業員数	平均勤続年数	平均年収
	約135名	4,112名	18.3年	1,730万円

【特色】非財閥系。コンビニなど非資源事業に強い
【本社】107-8077 東京都港区北青山2-5-1
【設立】1949.12　[東京P]

【業績】	営業収益	営業利益	税前利益	純利益
◇22.3	12,293,348	786,417	1,150,029	820,269
◇23.3	13,945,633	734,023	1,106,861	800,519

●インターンシップ●
【概要】①当社の業務を基にした体験型ワーク
【募集】①未定
【実施】①未定【地域】①東京 対面予定【全学年対象】①【選考】①ES 面接

豊田通商(株) 商社・卸売業

	修士・大卒採用数	従業員数	平均勤続年数	平均年収
	74名	3,297名	17.2年	※1,330万円

【特色】トヨタ系商社。主力は自動車関連の調達や販売
【本社】450-8575 愛知県名古屋市中村区名駅4-9-8
センチュリー豊田ビル【設立】1948.7　[東京P]

【業績】	営業収益	営業利益	税前利益	純利益
◇22.3	8,028,000	294,141	330,132	222,235
◇23.3	9,848,560	388,753	427,126	284,155

●インターンシップ●
【概要】①会社説明 ケーススタディ 新規事業立案 部長講話
【募集】①10～11月【実施】①1～2月(5日間)【地域】①オンライン+対面(東京)【選考】①ES 適正検査 面接(複数回)【本選考との関係】①早期選考に案内

住友商事(株) 商社・卸売業

	修士・大卒採用数	従業員数	平均勤続年数	平均年収
	100名	5,068名	18.4年	※1,659万円

【特色】住友系総合商社。CATVなどメディア事業に強み
【本社】100-8601 東京都千代田区大手町2-3-2 大手町
プレイス イーストタワー【設立】1919.12　[東京P]

【業績】	営業収益	営業利益	税前利益	純利益
◇22.3	5,495,015	338,900	590,019	463,694
◇23.3	6,817,872	433,065	722,918	565,178

●インターンシップ●【概要】①再生可能エネルギー事業をテーマにしたケーススタディ②モビリティ事業をテーマに、総合商社の新規ビジネス創出プロセスを体感するワークショップ③当社の事業をテーマにしたケーススタディ【募集】①6月中旬～7月上旬②7月下旬～9月上旬③9月下旬～11月【実施】①7月下旬～8月(5日間)②9月下旬～11月(5日間×2回)③11～1月(5日間)【地域】⑥東京【全学年対象】①②③【選考】①③筆記 GW②デザイン思考テスト GW

双日(株) 商社・卸売業

	修士・大卒採用数	従業員数	平均勤続年数	平均年収
	123名	※2,523名	※15.4年	1,208万円

【特色】日商岩井とニチメンが統合。7大総合商社の一角
【本社】100-8691 東京都千代田区内幸町2-1-1
【設立】2003.4　[東京P]

【業績】	営業収益	営業利益	税前利益	純利益
◇22.3	2,100,752	77,221	117,295	82,332
◇23.3	2,479,840	127,566	155,036	111,247

●インターンシップ●【概要】①〈前半〉「働くとは何か」を考え抜くワーク〈後半〉双日が手掛けるビジネスを題材に、商社ビジネスを深く知ることが出来る業務体感グループワーク②理系学生向け現場受け入れ型。理系知識を活かした新規事業案ワーク(予定)③デジタル知識を活かした商社でのデータ分析・活用追体験ワーク(予定)【募集】‥【実施】①9～2月(6～7日間×複数回)②4～5月(6～7日間)③4～5月(5日間)【地域】①オンライン(1日は対面)②対面(2日はオンライン)③対面【全学年対象】①②③【選考】⑥なし

兼松 (株) 〔かねまつ〕 商社・卸売業

修士・大卒採用数	従業員数	平均勤続年数	平均年収
45名	798名	13.7年	1,204万円

【特色】老舗商社。電子・デバイスや食料などが強い
【本社】100-7017 東京都千代田区丸の内2-7-2 JPタワー 【設立】1918.3 　[東京P]

【業績】	営業収益	営業利益	税前利益	純利益
◇22.3	767,963	29,347	28,765	15,986
◇23.3	911,408	38,896	35,696	18,575

●インターンシップ● 【概要】①商社事業投資体験ワークショップ、模擬商談②商社トレーディング体験ワークショップ、模擬商談、座談会③現状のビジネスを学び自らの手で新規事業を模索、メンター社員との交流 【募集】①②7月中旬～8月中旬⑨月中旬～10月中旬③12月中旬～1月中旬 【実施】①9月 11月(1日)②9月 10月 3月(5日間)③【地域】①オンライン②東京 大阪③東京 【全学年対象】①②③ 【選考】①ES②ES GD③ES GD 適性検査 面接 【本選考との関係】③関係あり

伊藤忠丸紅鉄鋼 (株) 〔いとうちゅうまるべにてっこう〕 商社・卸売業

修士・大卒採用数	従業員数	平均勤続年数	平均年収
56名	881名	15.2年	㊱1,728万円

【特色】伊藤忠商事と丸紅折半合弁の鉄鋼商社。海外先行
【本社】103-8247 東京都中央区日本橋1-4-1 日本橋一丁目ビルディング16-18階 【設立】2001.10 　[未上場]

【業績】	売上高	営業利益	税前利益	純利益
◇22.3	2,890,000	94,023	95,443	62,555
◇23.3	3,691,294	147,734	140,218	95,522

●インターンシップ● 【概要】①実際に当社が手がけたプロジェクト事例を題材とした業務体験型のグループワークを通じて、商社業界及びその仕事に対する理解を深める 【募集】‥ 【実施】①冬期(時期・期間は未定) 【地域】①東京 大阪 【全学年対象】① 【選考】①ES 筆記 面接

阪和興業 (株) 〔はんわこうぎょう〕 商社・卸売業

修士・大卒採用数	従業員数	平均勤続年数	平均年収
127名	1,562名	12.6年	㊱1,105万円

【特色】独立系鉄鋼商社の雄。非鉄や食品などへ多角化
【本社】104-8429 東京都中央区築地1-13-1
【設立】1947.4 　[東京P]

【業績】	売上高	営業利益	経常利益	純利益
連22.3	2,164,049	62,367	62,718	43,617
連23.3	2,668,228	64,105	64,272	51,505

●インターンシップ● 【概要】①バリューチェーン型業界分析ワーク:商社ならではの視点で開発したオリジナル業界分析ワーク②自己分析・他己分析ワーク③オンラインにて実際の商社のビジネスを体感するワーク 【募集】①②7月下旬～11月③7月下旬～2月上旬 【実施】①②8～12月(2日間)③7～2月(1日) 【地域】㋐オンライン 【選考】㋐ES 動画 【本選考との関係】㋐関係あり

(株) メタルワン 商社・卸売業

修士・大卒採用数	従業員数	平均勤続年数	平均年収
14名	947名	NA	NA

【特色】三菱商事・双日系の鉄鋼商社。国内最大手級
【本社】100-7032 東京都千代田区丸の内2-7-2 JPタワー 【設立】2003.1 　[未上場]

【業績】	売上高	営業利益	税前利益	純利益
◇22.3	2,007,800	41,900	44,300	28,100
◇23.3	2,396,200	54,800	56,100	41,500

●インターンシップ● 【概要】①Metal One 1Day Workshop:トレーディング(駐在員として新しい国でビジネスを作り上げていくグループワーク)のワークショップ、事業投資(実際のケースを基にしたグループワーク)と新規事業立案ワークショップ、社員座談会 【募集】①7～1月中旬 【実施】①8月下旬～2月中旬 【地域】①東京・千代田 大阪市 オンライン 【選考】①書類

日鉄物産 (株) 〔にってつぶっさん〕 商社・卸売業

修士・大卒採用数	従業員数	平均勤続年数	平均年収
56名	1,591名	16.3年	㊱1,209万円

【特色】日本製鉄系商社。鉄鋼軸に産機や食糧も
【本社】103-6025 東京都中央区日本橋2-7-1 東京日本橋タワー 【設立】1977.8 　[未上場]

【業績】	売上高	営業利益	経常利益	純利益
連22.3	1,865,907	44,627	47,810	35,417
連23.3	2,134,280	51,328	51,328	33,512

●インターンシップ● 【概要】①自己分析セミナー②商社ビジネス理解ワークを通じて、商社の歴史や役割、ビジネスモデルなどを学ぶ、会社説明会、社員座談会③新規事業立案ワーク 【募集】‥ 【実施】①7～9月(半日)②10～12月(2日間)③2月(5日間) 【地域】①オンライン②③東京・日本橋 【全学年対象】①② 【選考】①②なし③あり 【本選考との関係】③早期選考に案内 1次面接を免除

(株) ホンダトレーディング 商社・卸売業

修士・大卒採用数	従業員数	平均勤続年数	平均年収
13名	395名	13.3年	㊸747万円

【特色】ホンダG唯一の商社。鋼材・樹脂・部品など扱う
【本社】101-8622 東京都千代田区外神田4-14-1 秋葉原UDX南ウイング 【設立】1972.3 　[未上場]

【業績】	売上高	営業利益	経常利益	純利益
連22.3	1,354,100	NA	NA	NA
連23.3	1,544,000	NA	NA	NA

●インターンシップ● 【概要】①商社の役割を考えるグループワーク(商社基礎)貿易ケーススタディ、会社紹介②貿易業務体験(三国間)会社紹介、先輩社員座談会 【募集】①6～7月②10月～【実施】①7～9月②12～1月 【地域】㋐東京 オンライン 【全学年対象】①② 【選考】㋐なし 【本選考との関係】㋐関係あり

JFE商事㈱ 〔商社・卸売業〕

修士・大卒採用数	従業員数	平均勤続年数	平均年収
46名	1,337名	13.9年	総1,366万円

【特色】JFE系鉄鋼専門商社。鉄鋼原料や化学品も扱う
【本社】100-0004 東京都千代田区大手町1-9-5
【設立】1954.1　　　【未上場】

【業績】	売上収益	セグメント収益
◇22.3	1,231,763	55,973
◇23.3	1,514,137	65,115

●インターンシップ●
【概要】①商社ビジネス体験ワーク 社員座談会 社員講話②業界・企業説明 社員座談会 人事座談会
【募集】㉕未定【実施】①秋季・冬季(具体的な時期は未定)②通期【地域】①対面 オンライン②オンライン【選考】①ES Webテスト 動画選考 面接②抽選

岡谷鋼機㈱ 〔商社・卸売業〕

修士・大卒採用数	従業員数	平均勤続年数	平均年収
43名	※668名	※13.5年	総1,080万円

【特色】江戸初期に創業。中部財界名門の鉄鋼・機械商社
【本社】460-8666 愛知県名古屋市中区栄2-4-18
【設立】1937.4　　　【名古屋P】

【業績】	売上高	営業利益	経常利益	純利益
連23.2	962,016	29,448	32,568	23,520
連24.2	1,111,934	32,412	35,850	23,659

●インターンシップ●【概要】①実際の営業シーンや商社との座談会等を通して商社の業務を体感する3Daysインターン②商社業界・岡谷鋼機のビジネスを体感できるグループワーク③会社説明会④社員座談会【募集】①7月中旬 10月中旬②③毎年6月以降を目途に通年④毎年10月以降を目途に通年【実施】①8月中旬 9月中旬 12月 1月(3日間)②③④毎月2回程度【地域】①東京 愛知 大阪 オンライン②③④オンライン【全学年対象】①②③④【選考】①ES Webテスト GD 面接②③④なし

神鋼商事㈱ 〔商社・卸売業〕

修士・大卒採用数	従業員数	平均勤続年数	平均年収
20名	561名	14.5年	総1,129万円

【特色】神戸製鋼所系の商社。グループ製品取り扱い主力
【本社】104-0031 東京都中央区京橋1-7-2 ミュージアムタワー京橋【設立】1946.11　　　【東京P】

【業績】	売上高	営業利益	経常利益	純利益
連22.3	494,351	10,054	9,726	7,136
連23.3	584,856	13,459	12,668	9,196

●インターンシップ●
【概要】①会社・仕事理解セミナー 自己分析・他己分析セミナー 模擬面接
【募集】①4~1月
【実施】①12月上旬 2月上旬(1日)【地域】①オンライン【選考】①書類 面談

伊藤忠丸紅住商テクノスチール㈱ 〔商社・卸売業〕

修士・大卒採用数	従業員数	平均勤続年数	平均年収
17名	350名	15.7年	総877万円

【特色】伊藤忠丸紅鉄鋼の傘下。建設用鋼材の専門商社
【本社】100-0004 東京都千代田区大手町1-6-1 大手町ビル8階【設立】1963.5　　　【未上場】

【業績】	売上高	営業利益	経常利益	純利益
連22.3	409,800	3,300	3,800	2,700
連23.3	474,800	4,500	5,000	3,500

●インターンシップ●
【概要】①業界説明、商社ビジネス体験ワーク、先輩社員座談会、オフィス見学
【募集】①8~11月
【実施】①9~12月(1日)【地域】①東京・千代田 大阪市 オンライン【選考】①未定

小野建㈱ 〔商社・卸売業〕

修士・大卒採用数	従業員数	平均勤続年数	平均年収
17名	769名	9.0年	総491万円

【特色】鋼材・建設機械専門商社。北九州足場に全国展開
【本社】803-8558 福岡県北九州市小倉北区西港町12-1【設立】1949.8　　　【東京P】

【業績】	売上高	営業利益	経常利益	純利益
連22.3	222,759	11,756	11,977	8,145
連23.3	262,653	9,735	9,950	7,022

●インターンシップ●
【概要】①営業同行による事業理解② グループワーク
【募集】‥
【実施】㉕8月 9月【地域】①各営業拠点②オンライン【選考】㉕なし【本選考との関係】㉕関係あり

大同興業㈱ 〔商社・卸売業〕

修士・大卒採用数	従業員数	平均勤続年数	平均年収
17名	355名	13.1年	総925万円

【特色】大同特殊鋼傘下の鉄鋼商社。海外はアジア中心
【本社】108-8487 東京都港区港南1-6-35 大同品川ビル【設立】1946.1　　　【未上場】

【業績】	売上高	営業利益	経常利益	純利益
単22.3	206,975	4,334	3,642	2,508
単23.3	244,388	6,793	5,877	4,196

●インターンシップ●
【概要】①会社紹介、当社の実務をアレンジしたワーク、社員座談会
【募集】①10月~
【実施】①冬季(1日×4クール)【地域】①オンライン【選考】①なし

㈱山善 （やまぜん） 商社・卸売業

修士・大卒採用数	従業員数	平均勤続年数	平均年収
75名	1,737名	14.0年	㉕1,022万円

【特色】機械・工具商社の大手。住設建材や家電も展開
【本社】550-8660 大阪府大阪市西区立売堀2-3-16
【設立】1947.5 【東京P】

【業績】	売上高	営業利益	経常利益	純利益
連22.3	501,872	17,133	17,093	12,023
連23.3	527,263	16,563	17,280	12,527

●インターンシップ●
【概要】①会社を知る②自分を知る③営業を知る
【募集】①8月 10月②9月 11月③9月下旬~10月 12月中旬~1月中旬【実施】㉔8~12月(1日×複数回)【地域】①②オンライン③大阪 東京【選考】①ES②③あり【本選考との関係】㉔関係あり

ユアサ商事㈱ （しょうじ） 商社・卸売業

修士・大卒採用数	従業員数	平均勤続年数	平均年収
77名	1,103名	12.7年	㊲931万円

【特色】工作機械、産業機器、空調・管材等の専門商社
【本社】101-8580 東京都千代田区神田美土代町7 住友不動産神田ビル【設立】1919.6 【東京P】

【業績】	売上高	営業利益	経常利益	純利益
連22.3	462,725	11,880	11,744	8,058
連23.3	504,806	14,599	15,382	10,079

●インターンシップ● 【概要】①営業同行型②営業体感③商社機能探求④理系学生対象【募集】①6月中旬②8~11月③10~12月④11~12月【実施】①8~9月上旬(4日間)②9月中旬~11月中旬(1日)③11月下旬~12月上旬(1日)④12月中旬【地域】①②東京・千代田 大阪・心斎橋③④オンライン【選考】①書類 GD 適性検査②③④なし【本選考との関係】㉔関係あり

㈱ミスミ 商社・卸売業

修士・大卒採用数	従業員数	平均勤続年数	平均年収
48名	2,290名	6.4年	㊲782万円

【特色】FA・金型部品の製造と流通を担う。IT投資に注力
【本社】102-0074 東京都千代田区九段南1-6-5
【設立】2005.4 【持株傘下】

【業績】	売上高	営業利益	経常利益	純利益
連23.3	373,151	46,615	47,838	34,282

※会社データ以外は㈱ミスミグループ本社との合算

●インターンシップ● 24予【概要】①BtoBメーカー業界研究・会社紹介・企画職の義業務内容体験②BtoBメーカー業界研究・会社紹介・業務に使用するフレームワーク体験【募集】①6~8月上旬②11~1月上旬【実施】①8月中旬(2~3日間)②12~1月(1日)【地域】㉔オンライン【選考】①未定②なし【本選考との関係】①早期選考に案内②選考直結

トラスコ中山㈱ （なかやま） 商社・卸売業

修士・大卒採用数	従業員数	平均勤続年数	平均年収
51名	1,639名	15.3年	㊲771万円

【特色】工場や作業現場向けの工具、消耗品を扱う卸大手
【本社】105-0004 東京都港区新橋4-28-1 トラスコ フィオリートビル【設立】1964.3 【東京P】

【業績】	売上高	営業利益	経常利益	純利益
連22.12	246,453	14,667	15,065	10,626
連23.12	268,154	18,519	18,669	12,268

●インターンシップ● 【概要】①業界・会社説明、営業体感ワーク、自己理解ワーク、社員座談会②会社説明、自分析セミナー、内定者との座談会【募集】①6月中旬~7月②10~11月【実施】①8月中旬~下旬 9月上旬②12月(1日)【地域】㉔オンライン【全学年対象】①②【選考】①ES 面接②なし【本選考との関係】㉔関係あり

㈱豊通マシナリー （とよ つう） 商社・卸売業

修士・大卒採用数	従業員数	平均勤続年数	平均年収
19名	479名	11.7年	㊲932万円

【特色】豊田通商の完全子会社。機械設備・部品販売が柱
【本社】450-0002 愛知県名古屋市中村区名駅4-11-27 シンフォニー豊田ビル【市場未上場】

【業績】	売上高	営業利益	経常利益	純利益
単22.3	161,388	7,442	7,159	5,027
単23.3	176,933	10,797	8,975	6,166

●インターンシップ● 【概要】①商社理解セミナー②機械商社体感ワーク:業界・会社説明、グループワークによる商社営業体感【募集】①5~8月中旬②9月中旬~12月中旬【実施】①8月中旬~9月中旬(1日)②10月中旬~12月(1日)【地域】①オンライン②オンライン 東京・港 名古屋 大阪市【選考】①なし②SPI【本選考との関係】㉔早期選考に案内

第一実業㈱ （だい いち じつ ぎょう） 商社・卸売業

修士・大卒採用数	従業員数	平均勤続年数	平均年収
30名	591名	12.7年	㊲1,027万円

【特色】機械専門商社からエンジニアリング商社へ脱皮中
【本社】101-8222 東京都千代田区神田駿河台4-6 御茶ノ水ソラシティ【設立】1948.8 【東京P】

【業績】	売上高	営業利益	経常利益	純利益
連22.3	148,075	6,866	7,792	5,363
連23.3	153,674	6,717	7,108	6,316

●インターンシップ● 【概要】①会社紹介、DJK体感ワーク、内定者座談会②会社紹介、DJK体感ワーク、営業社員座談会③会社紹介、DJK体感ワーク、海外駐在員座談会④業界研究、DJK仕事理解【募集】①6月②6~7月上旬③6~7月④11~12月【実施】①6~7月(1日×2回)②7月(1日×3回)③8月(1日×2回)④11~12月(1日×3~4回)【地域】①③④オンライン②東京 大阪 名古屋【選考】㉔なし

145

[商社・卸売業]

㈱守谷商会 [商社・卸売業]

修士・大卒採用数	従業員数	平均勤続年数	平均年収
24名	631名	19.0年	NA

【特色】総合機械商社の大手。独立系。好財務。世界展開
【本社】103-8680 東京都中央区八重洲1-4-22
【設立】1918.1　　【未上場】

【業績】	売上高	営業利益	経常利益	純利益
連22.3	100,582	4,484	5,375	3,802
連23.3	110,091	5,644	6,744	4,780

●インターンシップ● 24予
【概要】①商社業界研究、会社紹介、社員座談会
【募集】①6~2月上旬
【実施】①8~2月(1日)【地域】①東京 大阪【選考】①ES【本選考との関係】①早期選考に案内

西華産業㈱ [商社・卸売業]

修士・大卒採用数	従業員数	平均勤続年数	平均年収
10名	316名	17.2年	総940万円

【特色】機械専門商社。三菱重工業と親密で発電設備主体
【本社】100-0005 東京都千代田区丸の内3-3-1 新東京ビル【設立】1947.10　　【東京P】

【業績】	売上高	営業利益	経常利益	純利益
連22.3	85,307	3,824	3,879	2,246
連23.3	93,311	4,636	6,286	5,001

●インターンシップ● 24予
【概要】①西華産業が手がける事業・営業の世界観を知る1DAY仕事研究
【募集】①11~2月【実施】①12~2月【地域】①オンライン【全学年対象】①【選考】①未定【本選考との関係】①早期選考に案内

ダイワボウ情報システム㈱ [商社・卸売業]

修士・大卒採用数	従業員数	平均勤続年数	平均年収
158名	1,670名	13.3年	NA

【特色】ダイワボウHDの中核企業。IT機器卸で大手
【本社】530-0005 大阪府大阪市北区中之島3-2-4 中之島フェスティバルタワー・ウエスト10階【設立】1982.4【持株傘下】

【業績】	売上高	営業利益	経常利益	純利益
単22.3	682,117	19,112	21,247	15,317
単23.3	819,935	23,374	24,911	17,340

●インターンシップ● 24予【概要】①業界research説明会②営業体験ワーク、プレゼン実施、及びフィードバック③当社主催のICT総合イベント見学。ハッカソン体験【募集】①7~12月②3~12月④8~1月【実施】①7~12月(1日)②8~12月(1・2・5日間)③8~12月(1日)④8~1月(1日)【地域】①オンライン④東京 大阪③未定【選考】①③④なし②ES Webテスト(5日間プログラムのみ)【本選考との関係】②早期選考に案内(Webテスト免除、5日間プログラムのみ)

㈱日立ハイテク [商社・卸売業]

修士・大卒採用数	従業員数	平均勤続年数	平均年収
173名	5,288名	18.2年	総937万円

【特色】半導体製造装置や計測・検査装置などを製造販売
【本社】105-6409 東京都港区虎ノ門1-17-1 虎ノ門ヒルズ ビジネスタワー【設立】1947.4【未上場】

【業績】	売上高	営業利益	税前利益	純利益
◇22.3	576,792	58,665	57,884	45,645
◇23.3	674,247	89,885	83,239	63,503

●インターンシップ●【概要】①理系学生:社員インタビューによる会社・業務理解 他②営業・事務:社員インタビューによる会社・業務理解 他③営業・事務:就業体験④エンジニア:就業体験【募集】①6~11月②9~11月③12月 1月④6~7月【実施】①7~12月(1日)②10~12月(1日)③1~2月(5日間)④8月(2週間または3週間)【地域】①②オンライン③東京・虎ノ門 オンライン④ハイブリッド(茨城 山口 オンライン)【選考】①②③なし④あり【本選考との関係】④関係あり

リコージャパン㈱ [商社・卸売業]

修士・大卒採用数	従業員数	平均勤続年数	平均年収
237名	18,518名	NA	NA

【特色】リコーの販売子会社。全国に緻密な営業拠点網
【本社】105-8503 東京都港区芝3-8-2 芝公園ファーストビル【設立】1959.5　　【未上場】

【業績】	売上高	営業利益	経常利益	純利益
単22.3	604,132	4,867	4,999	2,189
単23.3	643,276	6,678	6,758	4,274

●インターンシップ●
【概要】①"らしさ"を応援するインターンシップシリーズ(全4回)
【募集】①8~11月
【実施】①8~12月【地域】①オンライン【選考】①なし

キヤノンマーケティングジャパン㈱ [商社・卸売業]

修士・大卒採用数	従業員数	平均勤続年数	平均年収
159名	4,655名	22.7年	総857万円

【特色】キヤノンの国内販社。事務機器など販売、IT注力
【本社】108-8011 東京都港区港南2-16-6 CANON S TOWER【設立】1968.2　　【東京P】

【業績】	売上高	営業利益	経常利益	純利益
連22.12	588,132	49,947	50,991	35,552
連23.12	609,473	52,495	53,855	36,493

●インターンシップ●【概要】①(高専)技術職向けの就業体験②(大学生)社会課題解決体感コース③(障がい者向け)1day仕事体験④(大学生)BtoB職種体感コース(Imaging&IT Solition Job Trial)【募集】‥【実施】①8月下旬(5日間)②8~10月(2日間)③1月下旬(1日)④1~2月(1日)【地域】①東京 神奈川②③④オンライン【選考】②ES

因幡電機産業(株)（いなばでんきさんぎょう）　[商社・卸売業]

修士・大卒採用数	従業員数	平均勤続年数	平均年収
101名	1,563名	13.9年	[総]991万円

【特色】電線・配線器具などの専門商社。電設資材で首位
【本社】550-0012 大阪府大阪市西区立売堀4-11-14【設立】1949.5　[東京P]

【業績】	売上高	営業利益	経常利益	純利益
連22.3	289,071	16,261	17,558	12,266
連23.3	316,947	18,641	20,272	15,427

●インターンシップ● [24予]
【概要】①商社業界研究、会社紹介②商社営業体験ワーク、社員座談会
【募集】①6~9月②7~12月
【実施】①7月以降随時②8月以降随時【地域】[全]オンライン【選考】①なし②動画選考

[25総] 98ジペー [25働] 88ジペー

シークス(株)　[商社・卸売業]

修士・大卒採用数	従業員数	平均勤続年数	平均年収
19名	208名	8.0年	[総]720万円

【特色】電子機器の製造受託(EMS)国内トップ
【本社】541-0051 大阪府大阪市中央区備後町1-4-9 シークスビル【設立】1992.7　[東京P]

【業績】	売上高	営業利益	経常利益	純利益
連22.12	277,031	8,929	8,337	4,733
連23.12	309,768	12,254	11,849	8,185

●インターンシップ●
【概要】①製造工場での見学および工程体験②留学生向けの就業体験③経営トップや先輩社員と交流する会社・事業理解イベント【募集】①9月②1~2月③1~2月上旬【実施】①11月下旬(1日)②6月下旬~7月上旬(14日間)③2月中旬~下旬【地域】①神奈川②大阪③大阪 東京【選考】[全]なし

[25総] 98ジペー [25働] 88ジペー

(株)RYODEN（リョウデン）　[商社・卸売業]

修士・大卒採用数	従業員数	平均勤続年数	平均年収
※31名	※1,008名	※17.8年	[総]808万円

【特色】三菱電機系商社で最大。FAから半導体まで扱う
【本社】170-8448 東京都豊島区東池袋3-15-15
【設立】1947.4　[東京P]

【業績】	売上高	営業利益	経常利益	純利益
連22.3	229,126	7,062	7,285	5,004
連23.3	260,303	9,380	9,077	5,366

●インターンシップ●
【概要】①グループでの提案営業体験ワーク：商社業界の現状・将来の展望を説明・考察 他
【募集】①6~1月【実施】①12~1月(1日)【地域】①オンライン【全学年対象】①【選考】①なし【本選考との関係】①関係あり

[25総] 99ジペー [25働] 89ジペー

(株)立花エレテック（たちばな）　[商社・卸売業]

修士・大卒採用数	従業員数	平均勤続年数	平均年収
30名	825名	17.8年	[総]877万円

【特色】FAシステムと電子デバイスが主力の専門商社
【本社】550-8555 大阪府大阪市西区西本町1-13-25【設立】1948.7　[東京P]

【業績】	売上高	営業利益	経常利益	純利益
連22.3	193,431	6,710	7,412	5,144
連23.3	227,266	10,316	11,001	7,841

●インターンシップ●
【概要】①会社紹介、社内見学、営業体験グループワーク、ロボットラボルーム見学、先輩社員との座談会【募集】①8~2月【実施】①8~2月(1日)【地域】①大阪市 東京・港 名古屋【選考】①なし【本選考との関係】①早期選考に案内

[25総] 99ジペー [25働] 89ジペー

サンワテクノス(株)　[商社・卸売業]

修士・大卒採用数	従業員数	平均勤続年数	平均年収
50名	577名	13.1年	[総]862万円

【特色】半導体関連、メカトロ等扱う電子・機械専門商社
【本社】104-0031 東京都中央区京橋3-1-1 東京スクエアガーデン【設立】1949.11　[東京P]

【業績】	売上高	営業利益	経常利益	純利益
連22.3	154,414	4,804	5,195	3,577
連23.3	181,013	7,630	7,675	5,493

●インターンシップ●
【概要】①会社説明会・パネルディスカッション
【募集】①1月中旬~2月中旬
【実施】①2月(1日×2回)【地域】①オンライン【選考】①なし【本選考との関係】①早期選考に案内

[25総] 100ジペー [25働] 90ジペー

エプソン販売(株)（はんばい）　[商社・卸売業]

修士・大卒採用数	従業員数	平均勤続年数	平均年収
34名	※1,751名	※18.0年	[総]840万円

【特色】セイコーエプソン完全子会社。プリンターに強み
【本社】160-8801 東京都新宿区新宿4-1-6 JR新宿ミライナタワー【設立】1983.5　[未上場]

【業績】	売上高	営業利益	経常利益	純利益
単22.3	168,300	NA	NA	NA
単23.3	164,400	NA	NA	NA

●インターンシップ●【概要】①1day仕事体験、自己理解ワーク②「技術」×「未来」販売会社の未来を創るエンジニアとは③「顧客」×「価値創出」顧客の未来を創る営業職とは④対面セミナー、会社紹介、質問会【募集】①7~9月②9~1月③10~1月④12月 2月【実施】①8月中旬~9月(1日)②10~1月(1日)③11~1月(1日)④1月 2月【地域】①②③オンライン④東京 大阪【選考】[全]なし

[25総] 100ジペー [25働] 90ジペー

[商社・卸売業]

㈱カナデン 商社・卸売業

	修士・大卒採用数	従業員数	平均勤続年数	平均年収
	22名	592名	17.8年	総831万円

【特色】 三菱電機系エレクトロニクス商社。FA関連に強い
【本社】 104-6215 東京都中央区晴海1-8-12 晴海トリトンオフィスタワーZ 【設立】1912.12 [東京P]

【業績】	売上高	営業利益	経常利益	純利益
連22.3	100,834	2,846	3,055	1,922
連23.3	106,419	3,967	4,244	2,896

●インターンシップ●
【概要】 ①商社業界研究、会社紹介、営業体験ワーク
【募集】 ①1月上旬
【実施】 ①2月上旬【地域】①東京・中央 オンライン【選考】①なし

㈱マクニカ 商社・卸売業

	修士・大卒採用数	従業員数	平均勤続年数	平均年収
	78名	2,208名	11.2年	総873万円

【特色】 半導体商社大手。セキュリティやAIでも積極的
【本社】 222-8561 神奈川県横浜市港北区新横浜1-6-3 マクニカ第1ビル 【設立】1972.10 [持株傘下]

【業績】	売上高	営業利益	経常利益	純利益
連23.3	1,029,263	61,646	56,832	41,030

※業績はマクニカホールディングス㈱のもの

●インターンシップ●
【概要】 ①商社ビジネス体感:営業職を体験②商社エンジニア体感:技術職体験
【募集】 ①8～1月中旬②8～1月上旬【実施】①8～2月(1日)②8～2月(3日間または4日間)【地域】②オンライン 新横浜【選考】①ES②ES SPI 面接【本選考との関係】②早期選考に案内

加賀電子㈱（かがでんし） 商社・卸売業

	修士・大卒採用数	従業員数	平均勤続年数	平均年収
	29名	546名	14.5年	総1,053万円

【特色】 独立系の電子部品商社大手。EMSを強化中
【本社】 101-8629 東京都千代田区神田松永町20
【設立】 1968.9 [東京P]

【業績】	売上高	営業利益	経常利益	純利益
連22.3	495,827	20,915	21,456	15,401
連23.3	608,064	32,249	32,739	23,070

●インターンシップ●
【概要】 ①商社の営業(商談)を疑似体験
【募集】 ①7～1月中旬【実施】①10～1月(1日×10回)【地域】①オンライン【選考】①なし【本選考との関係】①社員座談会に案内

㈱リョーサン(リョーサン菱洋ホールディングス㈱) 商社・卸売業

	修士・大卒採用数	従業員数	平均勤続年数	平均年収
	19名	598名	16.1年	667万円

【特色】 半導体商社大手。ルネサス製車載半導体が主力
【本社】 101-0031 東京都千代田区東神田2-3-5
【設立】 1957.3 [持株傘下]

【業績】	売上高	営業利益	経常利益	純利益
連22.3	272,647	8,857	8,085	5,359
連23.3	325,657	15,423	13,361	9,224

●インターンシップ●
【概要】 ①プログラム開発体験②会社説明、社員との座談会
【募集】 ①6月上旬～②9月～【実施】①2月(2日間)②10～2月(1日)【地域】①東京・千代田②東京・千代田 オンライン【選考】②なし【本選考との関係】②早期選考に案内

東京エレクトロン デバイス㈱ 商社・卸売業

	修士・大卒採用数	従業員数	平均勤続年数	平均年収
	23名	996名	14.2年	総956万円

【特色】 東京エレクトロン系の半導体商社。産業用に強み
【本社】 221-0056 神奈川県横浜市神奈川区金港町1-4 横浜イーストスクエア 【設立】1986.3 [東京P]

【業績】	売上高	営業利益	経常利益	純利益
連22.3	179,907	8,131	7,318	5,085
連23.3	240,350	14,227	12,478	8,778

●インターンシップ● 【概要】①技術商社でのエンジニア体験コース(コンピューターネットワーク事業部)②技術商社でのエンジニア体験コース(AI・データサイエンスに特化した部署)③技術商社でのエンジニア体験コース(プライベートブランド事業部)④技術商社でのエンジニア体験コース(半導体・電子デバイス事業部)【募集】①②③9月下旬～1月上旬④12月下旬～1月上旬【実施】①②③12～1月(1日)④1～2月(1日)【地域】①新宿 オンライン②オンライン③④横浜 【選考】⑥なし【本選考との関係】④早期選考に案内

伯東㈱（はくとう） 商社・卸売業

	修士・大卒採用数	従業員数	平均勤続年数	平均年収
	22名	682名	13.9年	総916万円

【特色】 半導体や機器の専門商社。開発営業に特色
【本社】 160-8910 東京都新宿区新宿1-1-13
【設立】 1953.11 [東京P]

【業績】	売上高	営業利益	経常利益	純利益
連22.3	191,495	7,304	7,411	4,970
連23.3	233,624	12,711	12,048	8,929

●インターンシップ●
【概要】 ①営業職体験ワーク、会社紹介、座談会
【募集】 ①10～2月上旬【実施】①10～2月中旬(3日間)【地域】①オンライン【全学年対象】① 【選考】①なし【本選考との関係】①早期選考に案内

丸文(株) 商社・卸売業

修士・大卒採用数	従業員数	平均勤続年数	平均年収
25名	588名	16.6年	㊶906万円

【特色】独立系半導体商社で国内最大級。外国製が主体
【本社】103-8577 東京都中央区日本橋大伝馬町8-1 【設立】1947.1　[東京P]

【業績】	売上高	営業利益	経常利益	純利益
連22.3	167,794	5,994	4,106	2,437
連23.3	226,171	10,997	7,909	5,201

●インターンシップ●
【概要】①技術営業職の1DAY仕事体験:展示会レイアウトを考えるワーク、業界研究 他
【募集】①7～9月 1～2月【実施】①8～9月 1～2月(1日、月1～5回)【地域】①オンライン【全学年対象】①【選考】①なし【本選考との関係】①早期選考に案内

25総 104ページ
25働 94ページ

新光商事(株) 商社・卸売業

修士・大卒採用数	従業員数	平均勤続年数	平均年収
10名	377名	15.0年	㊶924万円

【特色】NECの特約店で先駆。ルネサス製品が主力
【本社】141-8540 東京都品川区大崎1-2-2 アートヴィレッジ大崎Cタワー

【業績】	売上高	営業利益	経常利益	純利益
連22.3	135,205	4,163	4,103	2,821
連23.3	179,076	7,128	6,841	4,706

●インターンシップ●【概要】①プロモーション活動体験 ソリューション提案体験 エレクトロニクス業界理解 就職活動支援(理系)②会社概要理解 営業仕事体験 エレクトロニクス業界理解 先輩社員座談会③会社概要理解 エレクトロニクス業界理解 先輩社員座談会【募集】①6～7月②7～8月③11月下旬～1月【実施】①8～9月(3日間もしくは5日間)②9月(1日)③2月(1日)【地域】①オンライン②③東京・大崎 オンライン【選考】②なし

25総 104ページ
25働 94ページ

三信電気(株) 商社・卸売業

修士・大卒採用数	従業員数	平均勤続年数	平均年収
13名	410名	17.7年	㊶767万円

【特色】半導体商社大手。ゲームやスマホ向け中心
【本社】108-8404 東京都港区芝4-4-12 【設立】1951.11　[東京P]

【業績】	売上高	営業利益	経常利益	純利益
連22.3	123,583	4,209	3,560	2,524
連23.3	161,107	6,847	5,511	3,832

●インターンシップ●
【概要】①検討中
【募集】‥
【実施】①12月以降(半日×複数回)【地域】①オンライン 東京【選考】①未定

25総 105ページ
25働 95ページ

長瀬産業(株) 商社・卸売業

修士・大卒採用数	従業員数	平均勤続年数	平均年収
39名	845名	14.6年	㊶1,330万円

【特色】化学品専門商社で最大手。傘下にバイオの林原
【本社】100-8142 東京都中央区大手町二丁目6番4号 常盤橋タワー 【設立】1917.12　[東京P]

【業績】	売上高	営業利益	経常利益	純利益
連22.3	780,557	35,263	36,497	25,939
連23.3	912,896	33,371	32,528	23,625

●インターンシップ●
【概要】①商社ビジネスを理解・体感できるグループワーク
【募集】①9～11月
【実施】①10～2月(1日)【地域】①オンライン【全学年対象】①【選考】①ES 動画面接

25総 105ページ
25働 95ページ

稲畑産業(株) 商社・卸売業

修士・大卒採用数	従業員数	平均勤続年数	平均年収
35名	※709名	※13.8年	㊶1,059万円

【特色】化学品専門商社で国内2位。住友化学系列
【本社】103-8448 東京都中央区日本橋室町2-3-1 室町古河三井ビルディング 【設立】1918.6　[東京P]

【業績】	売上高	営業利益	経常利益	純利益
連22.3	680,962	20,052	21,648	22,351
連23.3	735,620	20,314	19,110	19,478

●インターンシップ●24予
【概要】⑦稲畑産業の「愛敬」に基づいた営業マインドを学ぶ
【募集】⑦7～12月【実施】⑦8～1月(1日)【地域】①東京②大阪③オンライン【全学年対象】①②③【選考】⑦アンケート 動画ES

25総 106ページ
25働 96ページ

オー・ジー(株) 商社・卸売業

修士・大卒採用数	従業員数	平均勤続年数	平均年収
17名	447名	15.0年	㊶855万円

【特色】化学品商社の老舗。企画開発・メーカー機能も持つ
【本社】532-8555 大阪府大阪市淀川区宮原4-1-43 【設立】1923.1　[未上場]

【業績】	売上高	営業利益	経常利益	純利益
連22.3	206,575	4,035	4,521	3,255
連23.3	237,598	3,846	4,206	2,799

●インターンシップ●24予
【概要】①クイズ問題を通した専門商社の営業体験②(理系のみ)座談会【募集】①6月下旬～9月上旬 11月上旬～②5～7月 9～11月【実施】①8月 9月 12月(各半日)②6月 7月 10月 11月(各半日)【地域】①オンライン 東京 大阪②オンライン【選考】①なし【本選考との関係】①早期選考に案内

25総 106ページ
25働 96ページ

明 和 産 業（株）

	修士・大卒採用数	従業員数	平均勤続年数	平均年収
商社・卸売業	8名	199名	16.4年	総875万円

107ページ

【特色】三菱系の化学品専門商社。中国ビジネスに強い
【本社】100-8311 東京都千代田区丸の内3-3-1
【設立】1947.7 ［東京P］

【業績】	売上高	営業利益	経常利益	純利益
連22.3	143,025	3,402	3,410	2,407
連23.3	156,662	3,655	3,169	1,720

97ページ

●インターンシップ●
【概要】①商社業界説明、会社説明②商社業界説明、会社説明、仕事体感ワーク、社員座談会
【募集】①6~8月②10~1月上旬 【実施】①8~9月上旬(1日×5回)②12月下旬~1月上旬(1日×3回)【地域】
①オンライン②東京・千代田 【選考】③適性検査 ES 面接 【本選考との関係】③関係あり

JKホールディングス（株）

	修士・大卒採用数	従業員数	平均勤続年数	平均年収
商社・卸売業	50名	1,130名	14.0年	総664万円

108ページ

【特色】合板、建材の専門商社。国内首位。M&A推進
【本社】136-8405 東京都江東区新木場1-7-22 新木場タワー 【設立】1949.2 ［東京S］

【業績】	売上高	営業利益	経常利益	純利益
連22.3	376,120	12,475	13,111	8,907
連23.3	407,022	9,723	10,300	6,686

98ページ

●インターンシップ●
【概要】①業界・企業理解、自己分析②商社の営業マン体感ワーク③住宅業界がわかる1泊2日のリゾート宿泊型プログラム④事務職体感ワーク 【募集】③6月~ 【実施】①②④7~2月⑤3~2月 【地域】①②④オンライン③静岡 【選考】①②④なし③適性検査 【本選考との関係】③早期選考にご案内

渡 辺 パ イ プ（株）

	修士・大卒採用数	従業員数	平均勤続年数	平均年収
商社・卸売業	206名	※4,319名	※9.8年	506万円

108ページ

【特色】管工機材や電材等の専門商社。農業分野にも展開
【本社】100-0004 東京都千代田区大手町1-3-2 経団連会館12階 【設立】1957.4 ［未上場］

【業績】	売上高	営業利益	経常利益	純利益
単22.3	304,238	12,065	12,965	7,938
単23.3	341,644	13,859	14,857	9,951

98ページ

●インターンシップ●
【概要】①会社体験 模擬営業体験 営業所実習②③会社紹介 模擬営業体験 【募集】①6~7月上旬②6~7月中旬③6~1月 【実施】①9月(5日間)②8月(1日)③7~2月(1日)【地域】①全国の営業所②東京・大阪③オンライン 【選考】①ES SPI 面接②ES SPI③なし 【本選考との関係】①関係あり

伊 藤 忠 建 材（株）

	修士・大卒採用数	従業員数	平均勤続年数	平均年収
商社・卸売業	20名	※385名	※15.1年	総967万円

109ページ

【特色】伊藤忠系の建材専門商社。住設関連で国内首位
【本社】103-8419 東京都中央区日本橋大伝馬町1-4 野村不動産日本橋大伝馬町ビル 【設立】1961.7 ［未上場］

【業績】	売上高	営業利益	経常利益	純利益
連22.3	224,076	8,009	8,612	5,963
連23.3	270,601	7,213	7,761	5,342

99ページ

●インターンシップ●
【概要】①建材商社の仕事体感。複合型提案:「商社業界研究」と「仕事体感」
【募集】①12~1月開催日直前
【実施】①1月(1日×2回)【地域】①オンライン 【選考】①なし

ナ イ ス（株）

	修士・大卒採用数	従業員数	平均勤続年数	平均年収
商社・卸売業	64名	1,133名	20.3年	総748万円

109ページ

【特色】木材市場で国内最大手。戸建て・マンションも
【本社】230-8571 神奈川県横浜市鶴見区鶴見中央4-33-1 【設立】1950.6 ［東京S］

【業績】	売上高	営業利益	経常利益	純利益
連22.3	229,514	10,224	9,589	4,482
連23.3	236,329	5,292	4,949	3,780

99ページ

●インターンシップ●
【概要】①業界・会社紹介、カタログを使った提案営業体験ワーク②業界・会社紹介 【募集】①6~11月②11~2月 【実施】①8~11月(半日間・月2回程度)②12~2月(半日間・週1~2回程度)【地域】①神奈川②神奈川 オンライン 【全学年対象】①② 【選考】③なし 【本選考との関係】③早期選考に案内

（株）サンゲツ

	修士・大卒採用数	従業員数	平均勤続年数	平均年収
商社・卸売業	48名	1,197名	16.1年	総679万円

110ページ

【特色】インテリア商社最大手。壁紙・カーテンで上位
【本社】451-8575 愛知県名古屋市西区幅下1-4-1
【設立】1953.4 ［東京P］

【業績】	売上高	営業利益	経常利益	純利益
連22.3	149,481	7,959	8,203	276
連23.3	176,022	20,280	20,690	14,005

100ページ

●インターンシップ● 【概要】①サンゲツの商品サンプルを用いてブランドボードを作成しデザイン提案を行う 営業員になりきり、想定した顧客と商談ワークを行う②冬季仕事体験:営業員になりきり、ある空想の物件へ自社商品を採用してもらうために商談ワークを行う(予定)【募集】①7~8月中旬②10月中旬~1月中旬 【実施】①8~9月中旬(半日)②11月下旬~2月上旬(半日)【地域】①オンライン 東京 名古屋 大阪②オンライン 東京 大阪 名古屋 【選考】③ES

㈱デザインアーク　商社・卸売業

修士・大卒採用数	従業員数	平均勤続年数	平均年収
25名	956名	15.1年	総601万円

【特色】インテリアや建材を製造販売。大和ハウス傘下
【本社】550-0011 大阪府大阪市西区阿波座1-5-16　大和ビル【設立】1971.4　[未上場]

【業績】	売上高	営業利益	経常利益	純利益
単22.3	50,749	3,773	3,793	2,484
単23.3	50,337	4,535	4,560	2,986

●インターンシップ●
【概要】①1day仕事体験：業界研究、会社・事例紹介、体験ワーク
【募集】①6~12月
【実施】①7~12月(1日)【地域】①オンライン【選考】①なし

㈱日本アクセス　商社・卸売業

修士・大卒採用数	従業員数	平均勤続年数	平均年収
122名	3,105名	16.8年	総726万円

【特色】食品卸で業界首位。伊藤忠商事の完全子会社
【本社】141-8582 東京都品川区西品川1-1-1
【設立】1993.10　[未上場]

【業績】	売上高	営業利益	経常利益	純利益
連22.3	2,120,295	23,407	23,876	16,342
連23.3	2,197,570	25,218	26,088	17,409

●インターンシップ●
【概要】①食品商社・卸の仕事が分かる：業界&企業説明、グループワーク、社員座談会
【募集】①8~1月
【実施】①8~1月(1日)【地域】①オンライン【選考】①なし

三菱食品㈱　商社・卸売業

修士・大卒採用数	従業員数	平均勤続年数	平均年収
約100名	4,080名	19.4年	総763万円

【特色】三菱商事グループの食品卸大手。国内2位
【本社】112-8778 東京都文京区小石川1-1-1
【設立】1925.3　[東京S]

【業績】	売上高	営業利益	経常利益	純利益
連22.3	1,955,601	19,036	20,371	13,949
連23.3	1,996,780	23,433	25,199	17,126

●インターンシップ●【概要】①オープンカンパニー(先輩社員パネルトーク)②オープンカンパニー(バイヤーに対する売り場提案体験)③オープンカンパニー(物流課題改善ワーク)【募集】①10月上旬②11月上旬②2月上旬【実施】①10月下旬(4日間)②11月下旬~12月上旬(6日間)③2月下旬(4日間)【地域】②オンライン【選考】①③なし②ES

国分グループ　商社・卸売業

修士・大卒採用数	従業員数	平均勤続年数	平均年収
114名	※3,339名	※16.3年	総835万円

【特色】食品・酒類の専門商社大手。K&Kブランドで有名
【本社】103-8241 東京都中央区日本橋1-1-1
【設立】(創立)1712.5　[未上場]

【業績】	売上高	営業利益	経常利益	純利益
連22.12	1,933,073	15,186	18,119	10,606

※会社データは国分グループ連結のもの

●インターンシップ●
【概要】①業界説明・グループワーク・先輩社員のパネルトークといった「食品卸を知る」「国分がわかる」(職種理解イベント)【募集】①4月~ 10月下旬~ 1月~【実施】①8~9月 12月 2月(1日)【地域】①札幌 仙台 大宮 東京 名古屋 大阪 広島 福岡 オンライン【全学年対象】①【選考】①志望動機(400字程度)

加藤産業㈱　商社・卸売業

修士・大卒採用数	従業員数	平均勤続年数	平均年収
64名	1,123名	15.6年	総692万円

【特色】食品卸4位。関西に強い地盤を持ち全国に展開
【本社】662-8543 兵庫県西宮市松原町9-20
【設立】1947.8　[東京P]

【業績】	売上高	営業利益	経常利益	純利益
連22.9	1,035,664	13,413	15,387	11,276
連23.9	1,099,391	16,731	18,501	12,002

●インターンシップ●24予【概要】①業界説明、売場提案ワーク(営業編)、物流拠点立ち上げワーク(物流編)、食流行分析ワーク(仕入編)、先輩社員や内定者との座談会【募集】①8~1月予定【実施】①8~1月(3時間・月に1~3回)予定【地域】①兵庫・西宮 東京・大田 オンライン【全学年対象】①【選考】①なし【本選考との関係】①早期選考に案内

伊藤忠食品㈱　商社・卸売業

修士・大卒採用数	従業員数	平均勤続年数	平均年収
41名	※894名	※16.5年	総748万円

【特色】伊藤忠グループ。業界7位。大都市圏中心に展開
【本社】540-8522 大阪府大阪市中央区城見2-2-22
【設立】1918.11　[東京P]

【業績】	売上高	営業利益	経常利益	純利益
連22.3	612,658	5,887	7,274	4,315
連23.3	642,953	7,507	8,943	4,843

●インターンシップ●
【概要】①会社紹介 業務体験ワーク 社員座談会
【募集】①11月上旬
【実施】①11月 12月(1日×複数回)【地域】①東京・港 大阪市 オンライン【選考】①なし

151

ヤマエグループホールディングス㈱　商社・卸売業

	修士・大卒採用数	従業員数	平均勤続年数	平均年収
	45 名	※1,105 名	※12.9 年	総630 万円

25総 114ページ

【特色】九州有数の食品卸。住宅・建材などへ多角化
【本社】812-8548 福岡県福岡市博多区博多駅東2-13-34 【設立】2021.10　[東京P]

【業績】	売上高	営業利益	経常利益	純利益
連22.3	503,635	6,878	7,894	6,721
連23.3	587,982	11,575	12,156	7,868

25働 104ページ

●インターンシップ●【概要】①業界研究・会社概要、リテールサポート(グループワークによる棚割実習)、先輩社員座談会 他②業界研究・会社概要、AI活用に関するワーク、先輩社員座談会 他③業界研究・会社概要、リテールサポート(棚割実習)、先輩社員座談会 他④業界研究・会社概要、現場社員からの仕事内容紹介、先輩社員座談会 他【募集】①6月下旬～8月中旬②③④1月下旬【実施】①8～9月(1日×7回)②③2月下旬(1日×1回)④2月下旬(1日×2回)【地域】⑥オンライン【全学年対象】①②③④【選考】⑥なし

日本酒類販売㈱　商社・卸売業

	修士・大卒採用数	従業員数	平均勤続年数	平均年収
	11 名	714 名	21.1 年	総643 万円

25総 114ページ

【特色】清酒、洋酒、ビール等酒類の卸売で国内首位級
【本社】104-8254 東京都中央区新川1-25-4 日本酒類販売新川ビル 【設立】1949.7　[未上場]

【業績】	売上高	営業利益	経常利益	純利益
連22.3	512,981	1,587	2,272	1,383
連23.3	551,079	3,008	3,793	2,481

25働 104ページ

●インターンシップ●【概要】①②会社紹介、グループワーク、質疑応答 他③先輩社員座談会【募集】⑥随時【実施】①9～11月②11～2月③9～2月【地域】①②東京・中央 名古屋 大阪・梅田 オンライン【選考】⑥未定

旭食品㈱　商社・卸売業

	修士・大卒採用数	従業員数	平均勤続年数	平均年収
	15 名	◇1,476 名	◇19.3 年	総560 万円

25総 115ページ

【特色】西日本最大級の食品専門商社。広域展開を加速
【本社】783-8555 高知県南国市領石246
【設立】2012.12　[未上場]

【業績】	売上高	営業利益	経常利益	純利益
連22.3	482,834	1,640	2,390	1,683
連23.3	451,083	2,931	3,556	4,041

25働 105ページ

●インターンシップ●【概要】①得意先バイヤーとの商談・メーカーとの事前打ち合わせのGWを実施
【募集】①7月
【実施】①8月【地域】①東京 大阪 福岡【選考】①なし

スターゼン㈱　商社・卸売業

	修士・大卒採用数	従業員数	平均勤続年数	平均年収
	50 名	1,298 名	14.6 年	総623 万円

25総 115ページ

【特色】食肉卸大手で全国展開。外食向け加工肉も
【本社】108-0075 東京都港区港南2-4-13 スターゼン品川ビル 【設立】1948.6　[東京P]

【業績】	売上高	営業利益	経常利益	純利益
連22.3	381,432	6,905	9,165	5,984
連23.3	425,173	8,162	10,284	7,483

25働 105ページ

●インターンシップ●【概要】①ルート営業または営業事務業務体験、先輩座談会【募集】①未定【実施】①11～12月(半日)【地域】①大阪・伊丹 福岡市 神奈川・湘南 仙台【選考】①なし【本選考との関係】①関係あり

㈱マルイチ産商　商社・卸売業

	修士・大卒採用数	従業員数	平均勤続年数	平均年収
	24 名	545 名	16.5 年	総656 万円

25総 116ページ

【特色】長野県地盤の水産物卸大手。三菱商事が大株主
【本社】381-2281 長野県長野市市場3-48
【設立】1951.1　[名古屋M]

【業績】	売上高	営業利益	経常利益	純利益
連22.3	238,302	1,777	2,318	688
連23.3	246,723	1,685	2,266	1,260

25働 106ページ

●インターンシップ●【概要】①②グループワークによる、ビジネスプラン企画・立案③先輩社員座談会、企業研究【募集】⑥11月中旬～下旬 1月中旬～下旬【実施】①1月下旬(2日間)2月上旬(2日間)②1月下旬(2日間)2月中旬(2日間)③1月中旬 2月上旬【地域】①②東京・江東 オンライン③オンライン【選考】①②ES 適性検査 面接③ES 適性検査

㈱トーホー　商社・卸売業

	修士・大卒採用数	従業員数	平均勤続年数	平均年収
	70 名	1,403 名	17.5 年	総605 万円

25総 116ページ

【特色】外食向け食品卸大手。業務用食材スーパーも運営
【本社】658-0033 兵庫県神戸市東灘区向洋町西5-9 【設立】1947.10　[東京P]

【業績】	売上高	営業利益	経常利益	純利益
連24.1	244,930	7,819	7,971	3,605

※会社データを除き、データはすべてグループ5社のもの

25働 106ページ

●インターンシップ●【概要】①③「食のプロ」トーホーグループ業界・仕事セミナー:業界・会社説明、就業体験ワーク、座談会②総合展示商談会見学会(商社の営業を体験)【募集】①③7月初旬～9月中旬②7月初旬～9月初旬【実施】①8月8日 15日 18日 9月5日 12日 19日(1日 全日程共通)②8月22日 9月13日③8月10日 17日 24日 9月7日 14日 21日(1日 全日程共通)【地域】①東京 兵庫 福岡②福岡 兵庫③オンライン【全学年対象】①②③【選考】⑥なし【本選考との関係】②関係あり

東海澱粉㈱ 商社・卸売業

修士・大卒採用数	従業員数	平均勤続年数	平均年収
26名	657名	13.0年	㊱761万円

【特色】食品専門商社。農産物、水産物など全般を扱う
【本社】420-0858 静岡県静岡市葵区伝馬町24-15
【設立】1947.8　[未上場]

【業績】	売上高	営業利益	経常利益	純利益
連22.6	174,625	4,082	4,649	3,143
連23.6	197,450	3,064	3,346	2,174

●インターンシップ●
【概要】①食品商社セミナー:業界・企業説明、グループワーク、社員との座談会 他
【募集】‥
【実施】①12~1月(1日×5回)【地域】①オンライン【全学年対象】①【選考】①なし

25総 117ジ゙ー
25働 107ジ゙ー

カ ナ カ ン㈱ 商社・卸売業

修士・大卒採用数	従業員数	平均勤続年数	平均年収
12名	605名	20.8年	㊱535万円

【特色】北陸トップの総合食品商社。トモシアHD傘下
【本社】920-0909 石川県金沢市袋町3-8
【設立】1946.2　[未上場]

【業績】	売上高	営業利益	経常利益	純利益
単22.3	160,302	NA	NA	NA
単23.3	166,100	NA	NA	NA

●インターンシップ●
【概要】①展示商談会 見学・体験 卸売業界研究
【募集】①5月中旬~8月
【実施】①9月(1日)【地域】①石川・金沢【選考】①なし【本選考との関係】①関係あり

25総 117ジ゙ー
25働 107ジ゙ー

横 浜 冷 凍㈱ 商社・卸売業

修士・大卒採用数	従業員数	平均勤続年数	平均年収
34名	◇1,296名	◇11.8年	㊱640万円

【特色】冷蔵倉庫大手。農畜産物・水産物販売を育成
【本社】220-0012 神奈川県横浜市西区みなとみらい3-3-3 横浜コネクトスクエア10F【設立】1948.5　[東京P]

【業績】	売上高	営業利益	経常利益	純利益
連22.9	115,257	4,252	4,999	3,317
連23.9	133,862	3,785	4,203	2,831

●インターンシップ●
【概要】①冷蔵倉庫、食品商社営業の業務をグループワークを通じ理解
【募集】①6~1月
【実施】①6~1月(半日×複数回)【地域】①オンライン【全学年対象】①【選考】①なし

25総 118ジ゙ー
25働 108ジ゙ー

木 徳 神 糧㈱ 商社・卸売業

修士・大卒採用数	従業員数	平均勤続年数	平均年収
4名	◇275名	◇14.7年	㊱610万円

【特色】米穀卸で国内トップ、アジアなど海外販路拡大中
【本社】101-0052 東京都千代田区神田小川町2-8 木徳神糧小川町ビル【設立】1950.3　[東京S]

【業績】	売上高	営業利益	経常利益	純利益
連22.12	104,704	1,316	1,371	1,038
連23.12	114,835	2,061	2,153	1,478

●インターンシップ●
【概要】コメ卸の仕事を疑似的に体験するゲーム形式のワークや、当社において様々なシーンで活躍している実務担当者と個別質問会などを通して、仕事内容や働き方についての理解を深める仕事体験【募集】①7月下旬~2月【実施】①8~12月(1日)【地域】①オンライン【選考】①なし

25総 118ジ゙ー
25働 108ジ゙ー

東 京 青 果㈱ 商社・卸売業

修士・大卒採用数	従業員数	平均勤続年数	平均年収
13名	389名	14.0年	㊱736万円

【特色】取扱高で国内首位の青果物卸。業界のリーダー
【本社】143-0001 東京都大田区東海3-2-1
【設立】1947.5　[未上場]

【業績】	売上高	営業利益	経常利益	純利益
単22.3	89,901	1,864	2,656	1,834
単23.3	92,351	1,957	2,633	1,967

●インターンシップ●
【概要】①営業部門
【募集】‥
【実施】①7~2月【地域】①オンライン【選考】①なし【本選考との関係】①関係あり

25総 119ジ゙ー
25働 109ジ゙ー

日 本 出 版 販 売㈱ 商社・卸売業

修士・大卒採用数	従業員数	平均勤続年数	平均年収
13名	1,291名	19.8年	㊱613万円

【特色】トーハンと並ぶ、出版取次会社2強の一角
【本社】101-8710 東京都千代田区神田駿河台4-3
【設立】1949.9　[未上場]

【業績】	売上高	営業利益	経常利益	純利益
連22.3	504,993	2,840	3,648	▲1,391
連23.3	444,001	▲417	▲158	▲218

●インターンシップ●24予【概要】①インターンシップ,事業説明会②データ分析や企画立案プレゼン体験を通じた事業体感ワークショップ、社員座談会③新規事業立案ワークを通じた就業体験、役員講評、社員座談会【募集】①6月上旬 10月上旬②6月 10月③8月上旬【実施】①6月上旬 10月上旬(半月半×複数回)②7月中旬 11月中旬(1日×複数回)③9月中旬(5日間)【地域】①②オンライン③東京・御茶ノ水 オンライン【選考】①なし②ES③個人面接【本選考との関係】②③早期選考に案内

25総 119ジ゙ー
25働 109ジ゙ー

㈱トーハン 〔商社・卸売業〕

	修士・大卒採用数	従業員数	平均勤続年数	平均年収
	27名	1,043名	19.6年	総574万円

【特色】出版社と書店・小売店を結ぶ、出版取次2強の一角

【業績】	売上高	営業利益	経常利益	純利益
連22.3	401,309	68	836	▲1,729
連23.3	376,811	▲485	607	823

【本社】162-8710 東京都新宿区東五軒町6-24
【設立】1949.9　　　　　[未上場]

●インターンシップ●【概要】①入門編：1日でわかる出版業界、業界のウラ側オモテ側教えます②応用編：トーハンが目指す出版業界の未来図【募集】①8~10月②10~11月【実施】①9~12月(計11日間)②12~1月(計5日間)【地域】⑥オンライン【全学年対象】①②【選考】①ES②ES 動画【本選考との関係】①応用編に案内②早期選考に案内

日本紙パルプ商事㈱ 〔商社・卸売業〕

	修士・大卒採用数	従業員数	平均勤続年数	平均年収
	17名	873名	20.4年	総990万円

【特色】紙パルプ専門商社首位級。板紙や家庭紙の製販併営

【業績】	売上高	営業利益	経常利益	純利益
連22.3	444,757	14,064	15,051	11,499
連23.3	545,279	20,264	21,233	25,392

【本社】104-8656 東京都中央区勝どき3-12-1 フォアフロントタワー【設立】1916.12　　[東京P]

●インターンシップ●【概要】①当社の全体感・取り組みを理解し、先輩社員の仕事内容を深くヒアリングできる【募集】①調整中【実施】①調整中【地域】①オンライン【全学年対象】①【選考】①なし

㈱メディセオ 〔商社・卸売業〕

	修士・大卒採用数	従業員数	平均勤続年数	平均年収
	26名	※5,944名	※18.5年	644万円

【特色】医薬品卸国内2位。メディパルHDの中核会社

【業績】	売上高	営業利益	経常利益	純利益
連23.3	3,360,008	48,972	65,122	38,806

【本社】104-8464 東京都中央区京橋3-1-1 東京スクエアガーデン【設立】2004.4　　[持株傘下]
※業績は㈱メディパルホールディングスのもの

●インターンシップ●24予【概要】①営業職：業界概要等視聴、仕事内容をGWで体験、採用担当者または社員とのパネルディスカッション②薬事関連職：業界概要等視聴、仕事内容をGWで体験、本社部門の業務体験③営業職：業界説明、ビジネスマナー、営業職社員との同行④薬事関連職：各部門の業務体験、社員座談会、現場見学会【募集】⑥6月【実施】①28~2月(1日)③8月 11月(5日間)⑧8月(4日間)【地域】①東京・中央 名古屋 兵庫 オンライン②③④東京・中央【全学年対象】①②③④【選考】③ES【本選考との関係】③早期選考に案内

アルフレッサ㈱ 〔商社・卸売業〕

	修士・大卒採用数	従業員数	平均勤続年数	平均年収
	74名	3,702名	19.9年	総674万円

【特色】医薬品卸で国内首位。アルフレッサHD中核

【業績】	売上高	営業利益	経常利益	純利益
連23.3	2,696,069	30,148	32,831	32,182

【本社】101-8512 東京都千代田区神田美土代町7 住友不動産神田ビル【設立】1949.8　[持株傘下]
※業績はアルフレッサ ホールディングス㈱のもの

●インターンシップ●24予【概要】①営業職：「医療ビジネスを支える戦略の舞台」MS体感ワーク(グループ対抗ゲーム形式)②営業職：「貴方の課題解決力を活かせる」MS模擬体験③薬剤師職：「あなたの知的好奇心を活かせる」薬剤師模擬体験【募集】⑥随時【実施】①5~2月(2時間程度)②5~2月(1日)③5~2月(3時間程度)【地域】①東京 オンライン②東京 愛知 大阪 福岡③オンライン【全学年対象】①②【選考】⑥なし②PRシート

㈱スズケン 〔商社・卸売業〕

	修士・大卒採用数	従業員数	平均勤続年数	平均年収
	89名	3,232名	21.8年	◇612万円

【特色】医療用医薬品卸3位。独立系。医薬品製造も

【業績】	売上高	営業利益	経常利益	純利益
連22.3	2,232,774	13,777	23,418	14,393
連23.3	2,314,828	32,605	36,376	20,345

【本社】461-8701 愛知県名古屋市東区東片端町8
【設立】1946.8　　　　　[東京P]

●インターンシップ●【概要】①全学部対象：医療制度・医療業界について知る②薬学部対象：管理薬剤師業務について知る③全学部対象：スズケンで働くイメージを持つ④薬学部対象(コース2参加者限定)：Web倉庫見学会【募集】①10月下旬~1月中旬②10月下旬~1月③④12月中旬~2月上旬【実施】①12月(1日×2回)1月(1日×2回)②12月(1日×2回)1月(1日×2回)2月(1日×2回)③2月(1日×2回)④1月(1日×2回)2月(1日×2回)【地域】⑥オンライン【全学年対象】①②③④【選考】⑥なし

東邦薬品㈱ 〔商社・卸売業〕

	修士・大卒採用数	従業員数	平均勤続年数	平均年収
	40名	2,742名	20.0年	NA

【特色】医療用医薬品卸4位。持株会社のHD傘下

【業績】	売上高	営業利益	経常利益	純利益
連22.3	1,207,317	6,108	10,436	7,604
連23.3	1,327,042	6,215	11,119	8,105

【本社】104-0028 東京都中央区八重洲2-2-1 八重洲セントラルタワー【設立】2008.11 [持株傘下]

●インターンシップ●【概要】①物流センター見学②営業職業務体験【募集】①6~9月②11~1月【実施】①8月 9月(1日)②11~2月(1日×6回)【地域】①東京②オンライン【選考】⑥なし【本選考との関係】⑥関係あり

㈱PALTAC（バルタック）　商社・卸売業

修士・大卒採用数	従業員数	平均勤続年数	平均年収
77名	2,187名	19.3年	総644万円

【特色】メディパルHD傘下。化粧品・日用品等の卸売最大手
【本社】540-0029 大阪府大阪市中央区本町橋2-46
【設立】1928.12　[東京P]

【業績】	売上高	営業利益	経常利益	純利益
連22.3	1,045,735	25,921	28,637	19,639
連23.3	1,104,152	24,472	27,440	19,251

●インターンシップ●
【概要】①業界・ビジネス理解講座、グループワーク、人事部座談会
【募集】①7~3月（開催月により随時）【実施】①8~3月（1日）【地域】①オンライン【選考】①なし【本選考との関係】①早期選考案内 1次選考免除

㈱あらた　商社・卸売業

修士・大卒採用数	従業員数	平均勤続年数	平均年収
56名	1,998名	18.9年	総616万円

【特色】日用雑貨品卸大手。化粧品、トイレタリーなど扱う
【本社】135-0016 東京都江東区東陽6-3-2
【設立】2002.4　[東京P]

【業績】	売上高	営業利益	経常利益	純利益
連22.3	857,087	12,743	13,745	9,009
連23.3	891,600	12,812	13,680	8,223

●インターンシップ●
【概要】①業界研究 仕事理解 先輩社員との座談会（営業部門）②グループワークによる分析を用いた提案型営業（営業部門）【募集】①8月中旬②12月中旬~2月中旬【実施】①9月上旬（1日）②2月中旬~下旬（1日）【地域】㊅オンライン【選考】㊅なし

花王グループカスタマーマーケティング㈱　商社・卸売業

修士・大卒採用数	従業員数	平均勤続年数	平均年収
15名	4,306名	22.1年	総705万円

【特色】花王グループの販売会社。提案型営業に強み
【本社】103-0016 東京都中央区日本橋小網町8-3
【設立】2015.10　[未上場]

【業績】	売上高
◇22.12	773,170

●インターンシップ●
【概要】①WORKセッション：営業職（アカウント）の特徴を理解する提案型グループワーク
【募集】①10月中旬~11月上旬②12月中旬~1月上旬【実施】①12月（4回）②2月（4回）【地域】㊅オンライン【全学年対象】①②【選考】㊅ES 適性検査 AI面接【本選考との関係】㊅早期選考に案内

蝶理㈱（ちょうり）　商社・卸売業

修士・大卒採用数	従業員数	平均勤続年数	平均年収
22名	331名	14.1年	総1,000万円

【特色】繊維商社の老舗で東レの傘下。中国に強み
【本社】540-8603 大阪府大阪市中央区淡路町1-7-3 日土地堺筋ビル【設立】1948.9　[東京P]

【業績】	売上高	営業利益	経常利益	純利益
連22.3	284,096	9,328	10,274	6,811
連23.3	329,389	12,656	12,437	8,124

●インターンシップ●
【概要】①当社の営業社員が実際に行った案件を体験できるグループワーク
【募集】①8~2月
【実施】①8~2月【地域】①オンライン【選考】①なし

豊島㈱（とよしま）　商社・卸売業

修士・大卒採用数	従業員数	平均勤続年数	平均年収
39名	566名	12.3年	NA

【特色】老舗の繊維専門商社。独立系ではトップ
【本社】460-8671 愛知県名古屋市中区錦2-15-15
【設立】1918.6　[未上場]

【業績】	売上高	営業利益	経常利益	純利益
連22.6	192,086	4,121	5,713	5,389
連23.6	224,892	7,188	9,044	5,639

●インターンシップ●
【概要】①会社説明 ビジネス体感ワーク 営業社員座談会 他己分析
【募集】‥【実施】①8月 9月 11月 12月 1月 2月【地域】①東京 名古屋 大阪【全学年対象】①【選考】①ES 動画選考【本選考との関係】①関係あり

帝人フロンティア㈱（ていじん）　商社・卸売業

修士・大卒採用数	従業員数	平均勤続年数	平均年収
18名	849名	18.9年	総901万円

【特色】帝人の繊維事業中核。商社とメーカーの機能持つ
【本社】530-8605 大阪府大阪市北区中之島3-2-4 中之島フェスティバルタワー・ウエスト【設立】2001.4 [未上場]

【業績】	売上高	営業利益	経常利益	純利益
連22.3	181,593	2,633	1,960	2,045
連23.3	201,836	3,365	3,242	3,115

●インターンシップ●【概要】①せんいの「商社×メーカー」を知る、事務系2daysインターンシップ②せんいの「研究開発職」について学ぶ、技術系2daysインターンシップ【募集】①5~11月（随時）②7~10月（随時）【実施】①7月 9月 11月 12月（2日間）②9月 11月（2日間）【地域】㊅大阪 東京【選考】①ES Webテスト 動画面接 GD②ES Webテスト 動画面接【本選考との関係】㊅早期選考に案内

㈱GSI クレオス

	商社・卸売業	修士・大卒採用数	従業員数	平均勤続年数	平均年収
		12名	292名	16.2年	㊗726万円

【特色】繊維と工業製品中心の専門商社。原糸などが柱
【本社】105-0014 東京都港区芝3-8-2 芝公園
ファーストビル【設立】1931.10　　　［東京P］

【業績】	売上高	営業利益	経常利益	純利益
連22.3	111,829	2,008	1,882	1,638
連23.3	131,054	1,829	1,787	1,769

●インターンシップ● 24予
【概要】㋐業界・商社ビジネス説明、新規事業開拓ワーク（フィードバックあり）先輩社員との座談会
【募集】①7~8月上旬②12~1月中旬【実施】①8月上旬（1日×複数回）②1月中旬（1日×複数回）【地域】㋐
オンライン　東京・港　大阪・中央【選考】㋐なし

㈱ヤ ギ

	商社・卸売業	修士・大卒採用数	従業員数	平均勤続年数	平均年収
		13名	777名	14.9年	㊗823万円

【特色】老舗の繊維専門商社。東京への営業シフト加速
【本社】540-8660 大阪府大阪市中央区久太郎町
2-2-8【設立】1918.4　　　　　　［東京S］

【業績】	売上高	営業利益	経常利益	純利益
連22.3	77,524	1,126	1,357	366
連23.3	86,422	1,943	1,952	1,013

●インターンシップ●
【概要】①業界研究ワーク②営業実務体感ワーク
【募集】‥
【実施】①8~9月（1日）②10~11月（1日）【地域】㋐オンライン　【全学年対象】①②【選考】㋐なし

スタイレム瀧定大阪㈱

	商社・卸売業	修士・大卒採用数	従業員数	平均勤続年数	平均年収
		17名	456名	15.8年	㊗853万円

【特色】老舗の大手繊維商社。服地とアパレルが2本柱
【本社】556-0017 大阪府大阪市浪速区湊町1-2-3
マルイト難波ビル11階【設立】2001.8　［未上場］

【業績】	売上高	営業利益	経常利益	純利益
連22.1	69,136	2,503	NA	NA
連23.1	76,919	3,544	NA	NA

●インターンシップ●
【概要】①オープンカンパニー：繊維業界・会社説明、自己分析対策、座談会②お仕事体験：繊維業界・会
社説明、社員座談会、社内案内、グループワーク、模擬面接【募集】①6月下旬~1月②6~1月【実施】①7
~1月②7~2月【地域】①オンライン②オンライン　東京　大阪【選考】①なし②ES Web性格適性検査

伊藤忠エネクス㈱

	商社・卸売業	修士・大卒採用数	従業員数	平均勤続年数	平均年収
		18名	642名	16.1年	㊗992万円

【特色】伊藤忠系の燃料商社。電力、日産車販売も展開
【本社】100-6028 東京都千代田区霞が関3-2-5 霞
が関ビルディング【設立】1961.1　　［東京P］

【業績】	営業収益	営業利益	税前利益	純利益
連22.3	936,306	20,929	22,241	13,194
連23.3	1,012,018	21,368	23,036	13,832

●インターンシップ● 24予
【概要】①新規事業立案型（3days）②新規事業立案型（1day）
【募集】①5~11月②5~6月【実施】①8~10月（3日間×7回）②7月（1日×3回）【地域】①オンライン　対面
②オンライン【全学年対象】①②【選考】㋐あり

岩谷産業㈱

	商社・卸売業	修士・大卒採用数	従業員数	平均勤続年数	平均年収
		62名	1,351名	15.5年	941万円

【特色】産業・家庭用ガスの商社。LPガスで首位
【本社】105-0003 東京都港区西新橋3-21-8
【設立】1945.2　　　　　　　　　［東京P］

【業績】	売上高	営業利益	経常利益	純利益
連22.3	690,392	40,076	46,413	29,964
連23.3	906,261	40,035	47,011	32,022

●インターンシップ●
【概要】①商談同席
【募集】①6~7月　8月　12~1月【実施】①8月　9月　2月（5日間）【地域】①東京　大阪　他　一部オンライン【全
学年対象】①　【選考】①ES　他選考複数回【本選考との関係】①早期選考に案内

三愛オブリ㈱

	商社・卸売業	修士・大卒採用数	従業員数	平均勤続年数	平均年収
		24名	※472名	※17.4年	㊗852万円

【特色】石油製品販売大手。羽田空港で給油事業
【本社】100-8154 東京都千代田区大手町2-3-2 大手町プ
レイス イーストタワー10F【設立】1947.1　［東京P］

【業績】	売上高	営業利益	経常利益	純利益
連22.3	598,731	12,067	13,120	8,308
連23.3	647,833	15,211	16,038	10,901

●インターンシップ● 24予【概要】①航空関連②化学品③営業体験④会理解・自己理解【募集】①6~7月 ①②6~7月 11
月③6~7月 9~10月④4~6月【実施】①8月中旬（2日間）8月下旬（2日間）②9月上旬 12月上旬（2日間）③8月下旬（2日間）
10月下旬（2日間）11月上旬（2日間）④5~6月中旬（1日×複数回）【地域】①東京・羽田②東京・千代田 相模原③東京・千代田④東京・千代
田（オンライン）【全学年対象】①②③④【選考】①②ES 適性検査③ES 適性検査 GD④なし【本選考との関係】①③早期選考に案内

ＮＸ商事㈱ 商社・卸売業

修士・大卒採用数	従業員数	平均勤続年数	平均年収
75名	2,145名	20.2年	㊥791万円

【特色】日通系商社。エネルギーを軸に複合物流サービス
【本社】105-8338 東京都港区海岸1-14-22
【設立】1958.10　[未上場]

【業績】	売上高	営業利益	経常利益	純利益
㊤21.12変	217,578	4,813	4,950	2,687
㊤22.12	335,003	8,819	9,211	6,625

●インターンシップ●
【概要】①商社業界紹介、自己分析、グループワーク、先輩社員座談会②事業理解グループワーク、新規事業提案グループワーク
【募集】‥【実施】①8月中旬~下旬(2日程)②12~2月(複数回)【地域】㋙対面 オンライン【選考】㋙未定

三谷商事㈱ 商社・卸売業

修士・大卒採用数	従業員数	平均勤続年数	平均年収
33名	※575名	※18.5年	819万円

【特色】福井地盤の複合商社。生コン販売量首位
【本社】100-0005 東京都千代田区丸の内1-6-5 丸の内北口ビル【設立】1946.3　[東京S]

【業績】	売上高	営業利益	経常利益	純利益
連22.3	299,350	20,733	22,688	13,076
連23.3	320,281	21,674	24,347	14,864

●インターンシップ● 24予【概要】①会社紹介 先輩社員座談会 GD演習②商社業界研究 研究発表③SE業務体験型④TS業務体験型【募集】①6~7月 10月②11月③7~8月④8~9月【実施】①8月 11月(半日)②11月(1日)③9月(3日間)④10月(2日間)【地域】①②オンライン③福井 大阪④福井 大阪 東京【選考】①②ES③④ES 面接【本選考との関係】㋙選考での優遇措置を検討中

㈱ＥＮＥＯＳフロンティア 商社・卸売業

修士・大卒採用数	従業員数	平均勤続年数	平均年収
23名	2,670名	14.9年	NA

【特色】ENEOS子会社。SSの運営、石油製品販売を手がける
【本社】104-8218 東京都中央区京橋1-7-2 ミュージアムタワー京橋19・20階【設立】1949.1　[未上場]

【業績】	売上高	営業利益	経常利益	純利益
連22.3	263,805	6,846	7,951	5,151
連23.3	276,189	6,152	7,115	4,216

●インターンシップ●
【概要】①未定
【募集】①10月中旬~12月
【実施】①11~1月(1日×複数回)【地域】①東京【選考】①未定

ＴＯＫＡＩグループ 商社・卸売業

修士・大卒採用数	従業員数	平均勤続年数	平均年収
142名	4,589名	14.6年	㊥639万円

【特色】東海が地盤のLPガス、情報通信会社。宅配水も
【本社】420-0034 静岡県静岡市葵区常磐町2-6-8 TOKAIビル【設立】(創立)1950.12　[東京P]

【業績】	売上高	営業利益	経常利益	純利益
連23.3	230,190	14,919	13,289	6,465

※会社データは㈱TOKAIホールディングスのもの

●インターンシップ●【概要】①営業職(エネルギー事業)体感コース②システム開発(プロジェクト管理)体感コース③技術職(建築設備事業)体験コース【募集】㋙5~1月末【実施】①8月下旬~9月中旬(2日間)②12月下旬~2月(2日間)②8月下旬~9月中旬(1日)②12月下旬~2月(1日)②3月下旬~1月2下旬(1日)【地域】㋙オンライン【全学年対象】①②③【選考】㋙なし【本選考との関係】㋙関係あり

郵船商事㈱ 商社・卸売業

修士・大卒採用数	従業員数	平均勤続年数	平均年収
5名	130名	16.8年	㊥755万円

【特色】日本郵船系の商社。エネルギーとメカトロが両輪
【本社】140-0002 東京都品川区東品川2-2-20 天王洲オーシャンスクエア9階【設立】1948.3　[未上場]

【業績】	売上高	営業利益	経常利益	純利益
連22.3	131,942	242	776	646
連23.3	191,522	1,039	1,252	814

●インターンシップ● 24予
【概要】㋙当社のビジネスモデルをチームで疑似体験
【募集】㋙6~8月上旬②10月中旬~12月上旬【実施】①8月(1日×2回)②12月(半日×2回)【地域】㋙東京・品川【選考】㋙なし【本選考との関係】㋙書類選考免除

鈴与商事㈱ 商社・卸売業

修士・大卒採用数	従業員数	平均勤続年数	平均年収
23名	554名	14.5年	㊥716万円

【特色】鈴与グループ。石油製品、LPガスなどの専門商社
【本社】420-0859 静岡県静岡市葵区栄町1-3 鈴与静岡ビル【設立】1990.6　[未上場]

【業績】	売上高	営業利益	経常利益	純利益
連21.8	115,243	▲554	71	▲397
連22.8	123,763	▲419	511	▲185

●インターンシップ●
【概要】①動画視聴によるケーススタディプログラム:実際の営業社員になりきり、顧客に提案するアイデアを考える【募集】‥【実施】①8~1月(2週間×複数回)【地域】①オンライン 一部対面(本部)【全学年対象】①【選考】①ES【本選考との関係】①早期選考に案内

巴商会（ともえしょうかい）株　商社・卸売業

修士・大卒採用数	従業員数	平均勤続年数	平均年収
45名	983名	15.1年	総623万円

【特色】工業用高圧ガスの専門商社で首位。需要先広範
【本社】144-8505 東京都大田区蒲田本町1-2-5 ネクストサイト蒲田ビル 【設立】1950.7 ［未上場］

【業績】	売上高	営業利益	経常利益	純利益
単21.8	70,187	3,404	3,776	2,629
単22.8	78,750	4,549	5,281	3,380

●インターンシップ●
【概要】①業界研究、会社紹介、ビジネスマナー、営業ロールプレイング、先輩社員との座談会
【募集】①8月中旬~1月中旬 【実施】①10月中旬~2月上旬(1日) 【地域】①オンライン 東京・大田 【選考】①なし 【本選考との関係】①早期選考にご案内

トヨタモビリティパーツ㈱東海ブロック　商社・卸売業

修士・大卒採用数	従業員数	平均勤続年数	平均年収
11名	432名	15.5年	総733万円

【特色】トヨタ傘下。カー用品卸売の旧タクティー母体
【本社】456-0023 愛知県名古屋市熱田区六野1-2-9 【設立】2020.4 ［未上場］

【業績】	売上高	営業利益	経常利益	純利益
単22.3	598,193	22,363	23,044	14,010
単23.3	588,802	23,733	23,129	15,467

●インターンシップ● 24予【概要】①車業界やトヨタモビリティパーツの仕事内容、仕事体験プログラムなどのメリットを伝える業界・仕事研究セミナー②③自動車部品商社のBtoBルート営業・企画体験:実際の商品やサービスの販売促進方法を考えるワーク他 【募集】①4~6月②③~7月 【実施】①6月(1時間×5回)②8~9月(2日間×4回、1日×2回)冬(日程未定)③8~9月(1日×2回) 【地域】①オンライン②〈2日間〉名古屋〈1日〉オンライン③静岡 【全学年対象】①②③ 【選考】①なし②多数の場合抽選

メルセデス・ベンツ日本（合同）　商社・卸売業

修士・大卒採用数	従業員数	平均勤続年数	平均年収
4名	321名	15.0年	NA

【特色】独メルセデス・ベンツグループの日本法人
【本社】261-0023 千葉県千葉市美浜区中瀬2-6-1
【設立】1986.1 ［未上場］

【業績】	売上高	営業利益	経常利益	純利益
単21.12	419,074	14,488	13,261	8,449
単22.12	488,810	12,760	13,186	8,892

●インターンシップ●
【概要】①人事業務②配置予定部署での業務体験
【募集】①通年②3~5月 【実施】①2月 8月(半年)②7月(8日間) 【地域】㊞東京 【選考】①書類 面接②GD 面接 【本選考との関係】㊞関係あり

松田産業㈱　商社・卸売業

修士・大卒採用数	従業員数	平均勤続年数	平均年収
48名	853名	11.6年	総809万円

【特色】貴金属リサイクルが主力。食品販売も併営
【本社】163-0558 東京都新宿区西新宿1-26-2 新宿野村ビル 【設立】1951.6 ［東京P］

【業績】	売上高	営業利益	経常利益	純利益
単22.3	272,292	12,681	13,734	9,558
単23.3	351,028	13,818	13,843	9,696

●インターンシップ●
【概要】①社員座談会 就業体験 就活セミナー
【募集】①4~2月
【実施】①8~2月 【地域】①オンライン 【選考】①なし 【本選考との関係】①関係あり

㈱内田洋行（うちだようこう）　商社・卸売業

修士・大卒採用数	従業員数	平均勤続年数	平均年収
63名	1,319名	18.4年	739万円

【特色】教育ICTやシステムに強い。オフィス家具大手
【本社】104-8282 東京都中央区新川2-4-7
【設立】1941.5 ［東京P］

【業績】	売上高	営業利益	経常利益	純利益
単22.7	221,856	7,890	7,843	4,477
単23.7	246,549	8,436	9,161	6,366

●インターンシップ●
【概要】①営業コース
【募集】①6~7月
【実施】①8月下旬(5日間) 【地域】①東京 大阪 【全学年対象】① 【選考】①なし

㈱オートバックスセブン　商社・卸売業

修士・大卒採用数	従業員数	平均勤続年数	平均年収
20名	1,052名	16.3年	727万円

【特色】自動車用品店の国内最大手。車検・整備を強化
【本社】135-8717 東京都江東区豊洲5-6-52
【設立】1948.8 ［東京P］

【業績】	売上高	営業利益	経常利益	純利益
連22.3	228,586	11,552	11,246	7,010
連23.3	236,235	11,722	11,574	7,239

●インターンシップ● 【概要】①オートバックスにおけるマーケティングの仕事体験②SV(スーパーバイザー)の仕事体験③オウンドメディア(Web)の企画立案&記事投稿の仕事体験④ロジカルライティングを駆使した商談導入企画書作成の仕事体験 【募集】①②③④4月下旬~6月④10月中旬~12月 【実施】①②7月下旬~9月中旬 12月中旬~1月(1日)③8~9月中旬 12月中旬~1月(1日)④12月上旬~中旬(1日) 【地域】①②③オンライン④東京 オンライン 【全学年対象】①②③④ 【選考】㊞なし 【本選考との関係】㊞早期選考に案内

㈱ＪＡＬＵＸ（ジャルックス）

商社・卸売業

修士・大卒採用数	従業員数	平均勤続年数	平均年収
29名	422名	14.9年	NA

【特色】空港で売店や免税店など運営。日本航空グループ

【本社】108-8209 東京都港区港南1-2-70 品川シーズンテラス 【設立】1962.3　　[未上場]

【業績】	売上高	営業利益	経常利益	純利益
連22.3	96,345	▲698	▲314	▲370
連23.3	145,271	2,282	2,347	1,395

●インターンシップ● 24予【概要】①EC事業マーケティング戦略体感ワーク、仕事体験②商社トレーディング事業体感ワーク、仕事体験③商社ビジネスを学ぶ新規事業立案ワーク【募集】①②6~7月③11~12月【実施】①②8~9月(1日×複数回)③2月(2日間×複数回)【地域】②東京・品川 オンライン【全学年対象】①②③【選考】①②なし③書類 面接

25総136ページ
25働126ページ

㈱ドウシシャ

商社・卸売業

修士・大卒採用数	従業員数	平均勤続年数	平均年収
30名	825名	12.7年	総704万円

【特色】ブランド品の卸売りと自社企画商品の開発が柱

【本社】542-8525 大阪府大阪市中央区東心斎橋1-5-5 【設立】1977.1

【業績】	売上高	営業利益	経常利益	純利益
連22.3	101,027	7,109	7,598	5,132
連23.3	105,709	8,052	8,342	5,621

●インターンシップ●【概要】①営業の「リアル」を体験、就職活動に参考になるプログラムを②ドウシシャの上流(開発)~下流(営業)までをワンストップ体験【募集】①7月・随時募集②8月~【実施】①8~1月②9月(連続3日間)【地域】①東京・港 大阪・中央 オンライン②東京・高輪本社【選考】金なし【本選考との関係】金関係あり

25総137ページ
25働127ページ

㈱野村総合研究所（のむらそうごうけんきゅうしょ）

シンクタンク

修士・大卒採用数	従業員数	平均勤続年数	平均年収
495名	6,782名	14.6年	総1,242万円

【特色】野村證券系のSIベンダー。コンサルも強い

【本社】100-0004 東京都千代田区大手町1-9-2 【設立】1966.1　　[東京P]

【業績】	売上高	営業利益	税前利益	純利益
◇22.3	611,634	106,218	104,671	71,445
◇23.3	692,165	111,832	108,499	76,307

●インターンシップ● 24予【概要】①経営戦略コンサルティング②ITソリューション③セキュリティエキスパート④DXエキスパート【募集】①4月中旬~5月 冬期未定②3月④4月中旬~6月上旬 冬期未定【実施】①7月下旬~9月中旬(5日間)冬期未定②8月中旬~9月中旬(5日間)冬期未定③9月中旬~下旬(8日間)冬期未定④8月中旬~9月中旬(10日間)冬期未定【地域】①東京②札幌 東京 横浜 名古屋 大阪 福岡③④東京 横浜【全学年対象】①②③④【選考】③書類 面接 適性検査他(多数の場合)

25総140ページ
25働130ページ

㈱日本総合研究所（にほんそうごうけんきゅうしょ）

シンクタンク

修士・大卒採用数	従業員数	平均勤続年数	平均年収
257名	2,777名	12.8年	NA

【特色】総合シンクタンクの代表格。三井住友FG傘下

【本社】141-0022 東京都品川区東五反田2-18-1 大崎フォレストビルディング 【設立】(創立)1969.2　　[未上場]

【業績】	売上高	営業利益	経常利益	純利益
単22.3	214,372	4,553	5,084	3,655
単23.3	219,707	4,008	5,013	3,546

●インターンシップ●【概要】①プロジェクトマネジメントコース②DXエンジニアコース③金融×セキュリティコース 金融×AIコース④戦略コンサルティングコース【募集】‥【実施】①8~9月(3日間)11~1月(1日)②8~9月 12月(2日間)③8~9月 12月(1週間)④8~9月 12月(1日)【地域】①②東京・品川④東京・品川 オンライン【全学年対象】①②③④【選考】ES 面接

25総140ページ
25働130ページ

みずほリサーチ&テクノロジーズ㈱

シンクタンク

修士・大卒採用数	従業員数	平均勤続年数	平均年収
158名	4,137名	17.9年	総910万円

【特色】みずほFGのシンクタンク。IT戦略コンサルで定評

【本社】101-8443 東京都千代田区神田錦町2-3 【設立】2004.10　　[未上場]

【業績】	売上高	営業利益	経常利益	純利益
単22.3	124,571	5,660	5,959	6,283
単23.3	140,499	5,852	6,057	3,596

●インターンシップ●【概要】①コンサルタントコース・ワークショップ型②システムエンジニアコース・ワークショップ型【募集】金5月下旬~1月上旬【実施】金7~2月(1~2日間)金8~2月(1日)【地域】金オンライン、状況により東京【全学年対象】①②【選考】金あり

25総141ページ
25働131ページ

㈱三菱総合研究所（みつびしそうごうけんきゅうしょ）

シンクタンク

修士・大卒採用数	従業員数	平均勤続年数	平均年収
68名	1,093名	14.1年	総1,024万円

【特色】三菱系。総合シンクタンクの代表的存在

【本社】100-8141 東京都千代田区永田町2-10-3 【設立】1970.5　　[東京P]

【業績】	売上高	営業利益	経常利益	純利益
連22.9	116,620	9,165	10,493	7,707
連23.9	122,126	8,688	10,002	6,287

●インターンシップ● 24予【概要】①体験・実践型(個別受入):公共イノベーション部門、社会イノベーション部門、海外事業本部②グループワーク型:シンクタンク部門、デジタルイノベーション部門 コンペティション型:デジタルイノベーション部門【募集】金5月中旬~6月上旬 9月中旬~10月上旬【実施】①7月下旬~9月 11月下旬~12月(5~10日間)②7月下旬~9月 11月下旬~12月(3~10日間)【地域】金東京【全学年対象】①②【選考】ES 適性検査 面談【本選考との関係】金参考とする可能性あり

25総141ページ
25働131ページ

㈱大和総研　シンクタンク

修士・大卒採用数	従業員数	平均勤続年数	平均年収
107名	1,671名	17.0年	NA

【特色】 大和証券系。システム・リサーチ・コンサル展開
【本社】 135-8460 東京都江東区冬木15-6 大和総研ビル　**【設立】** 1975.8　[未上場]

【業績】	売上高	営業利益	経常利益	純利益
22.3	77,212	4,498	5,260	13,119
23.3	85,262	4,513	4,932	3,324

●インターンシップ●
【概要】 ①ITソリューション業務体験②データサイエンティスト業務体験③エコノミスト業務体験
【募集】 ①5~8月 10~1月②5~7月③10~12月【実施】①8~2月(1~3日間)②8~9月(5日間)③1~2月(5日間)【地域】①東京 大阪 オンライン②③東京【全学年対象】②③【選考】①②ES 面接

三菱UFJリサーチ&コンサルティング㈱　シンクタンク

修士・大卒採用数	従業員数	平均勤続年数	平均年収
56名	※1,052名	NA	NA

【特色】 MUFGの総合シンクタンク。多彩な受託調査に速応
【本社】 105-8501 東京都港区虎ノ門5-11-2 オランダヒルズ森タワー　**【設立】** 1985.10　[未上場]

【業績】	売上高	営業利益	経常利益	純利益
単22.3	21,077	1,582	1,640	1,112
単23.3	21,285	915	988	902

●インターンシップ● 24予**【概要】** ①経営コンサルティングコース:コンサルタントの指導のもと実際の経営課題をテーマとした課題解決を実践②政策研究コース:研究員の指導のもと調査分析、プレゼンテーション等を体験【募集】①4月中旬~7月中旬【実施】①7~8月(3日間×4回)秋・冬にも予定②9月(3~4日間×5回)秋・冬にも予定【地域】①東京 オンライン②東京 名古屋 大阪【全学年対象】①②【選考】㋑ES等

アビームコンサルティング㈱　コンサルティング

修士・大卒採用数	従業員数	平均勤続年数	平均年収
353名	7,523名	NA	NA

【特色】 NECグループのコンサル会社。海外展開活発
【本社】 100-0005 東京都千代田区丸の内1-4-1 丸の内永楽ビルディング　**【設立】** 1981.4　[未上場]

【業績】	売上高	営業利益	経常利益	純利益
連22.3	99,100	NA	NA	NA
連23.3	121,700	NA	NA	NA

●インターンシップ● 24予
【概要】 ①Summer Internship(1day)
【募集】 ①6月【実施】①7月下旬~9月上旬(1日×15回)【地域】①オンライン 東京【全学年対象】①【選考】①ES 適性検査【本選考との関係】①早期選考を案内 優秀者は本選考の一部免除

㈱船井総合研究所　コンサルティング

修士・大卒採用数	従業員数	平均勤続年数	平均年収
134名	817名	5.5年	NA

【特色】 大手経営コンサル。小規模企業向けが強い
【本社】 541-0041 大阪府大阪市中央区北浜4-4-10　**【設立】** 1970.3　[持株傘下]

【業績】	売上高	営業利益	経常利益	純利益
単21.12	17,084	5,643	5,656	3,933
単22.12	18,725	6,154	6,199	4,375

●インターンシップ● **【概要】** ①3Daysインターンシップ②1Daysインターンシップ③長期インターンシップ④オープンカンパニー【募集】①5~10月②11~2月③④通年【実施】①5~10月(3日間)②11~2月(1日)③最大3カ月(延長の可能性あり)【地域】東京 大阪【選考】①ES なし③④面接 適性検査【本選考との関係】①早期選考に案内③特別選考ルートに案内

㈱ビジネスコンサルタント　コンサルティング

修士・大卒採用数	従業員数	平均勤続年数	平均年収
28名	405名	13.3年	NA

【特色】 ビーコングループ中核の経営コンサル会社
【本社】 101-0029 東京都千代田区神田相生町1 秋葉原センタープレイスビル　**【設立】** 1964.2　[未上場]

【業績】	売上高	営業利益	経常利益	純利益
単22.3	7,320	1,010	1,120	781
単23.3	7,628	731	860	585

●インターンシップ● 24予
【概要】 ①当社のコンサルティング営業の仕事である、企業課題の解決提案の流れを体験②1dayインターン【募集】①6~8月②10~2月【実施】①7月中旬~9月上旬(2日間)②12~2月(1日)【地域】①東京 大阪 オンライン②オンライン【全学年対象】①②【選考】㋑なし【本選考との関係】①早期選考に案内

ID&Eグループ　コンサルティング

修士・大卒採用数	従業員数	平均勤続年数	平均年収
116名	2,325名	12.0年	総933万円

【特色】 総合建設コンサル首位、日本工営が中核
【本社】 102-8539 東京都千代田区麹町5-4　**【設立】** 2023.7　[持株傘下]

【業績】	売上高	営業利益	税前利益	純利益
◇23.6	141,527	6,080	6,373	3,093

※会社データはID&Eホールディングス、業績は日本工営のもの

●インターンシップ● **【概要】** ①日本工営㈱:コンサル事業部門②日本工営都市空間部門:都市空間事業部門③日本工営エナジーソリューションズ㈱:エネルギー事業部門④日本工営ビジネスパートナーズ㈱:事務系総合職部門【募集】①③⑥6~9月④6~9月【実施】①③7~9月(2週間×4ターム)②8~11月(2週間×5ターム)④9月(1日)【地域】①東京 つくば 札幌 仙台他②仙台 東京 静岡 名古屋他③東京 福島④(オンライン)東京【全学年対象】①②③④【選考】①②③ES他④なし【本選考との関係】④早期選考に案内

㈱建設技術研究所　［コンサルティング］

	修士・大卒採用数	従業員数	平均勤続年数	平均年収
	111名	1,580名	12.3年	総1,025万円

【特色】建設コンサル大手。河川、道路に強い。海外注力
【本社】103-8430 東京都中央区日本橋浜町3-21-1
日本橋浜町Fタワー　【設立】1963.4　【東京P】

【業績】	売上高	営業利益	経常利益	純利益
連22.12	83,485	8,017	8,235	5,874
連23.12	93,057	10,011	10,153	7,534

●インターンシップ● 24予【概要】①業務実践型：技術部門での実務（実務examの図表・図面作成 写真・データ整理他）②業務体験型：当社のプロジェクト事例をテーマとしたGW 他③業務体験型：管理・営業部門での就業体験【募集】①6月②10月（予定）③6～7月（予定）【実施】①8～9月（2週間×3回）②11～12月（1日×複数回）③8～9月（1週間×1回）【地域】①東京 札幌 仙台 さいたま つくば 名古屋 大阪 福岡②オンライン 対面③東京 大阪 福岡（予定）【全学年対象】①②③【選考】①②ES テスト③ES【本選考との関係】③9月以降採用情報を案内

25総 145ページ～
25働 135ページ～

パシフィックコンサルタンツ㈱　［コンサルティング］

	修士・大卒採用数	従業員数	平均勤続年数	平均年収
	93名	1,422名	13.6年	NA

【特色】総合建設コンサル大手。公共セクターに強い
【本社】101-8462 東京都千代田区神田錦町3-22
【設立】1951.9　【未上場】

【業績】	売上高	営業利益	経常利益	純利益
連21.9	58,118	4,673	4,608	3,044
連22.9	60,444	2,991	3,439	2,337

●インターンシップ●【概要】①経営管理：人事・総務・事業管理・財務経理・戦略企画など経営管理業務全般②営業：建設コンサルタント業界における営業活動全般③技術分野：各分野における建設コンサルタント業務の実務体験【募集】①5～6月 8月②5～6月 8月 11月【実施】①8～12月（5日間）②8～2月（5～10日間）③8～2月（5～10日間）【地域】①東京・千代田③東京・千代田 札幌 仙台 つくば 京都 名古屋 大阪市 広島市 福岡市【全学年対象】【選考】②ES【本選考との関係】②早期選考に案内

25総 145ページ～
25働 135ページ～

㈱インテージ　［リサーチ］

	修士・大卒採用数	従業員数	平均勤続年数	平均年収
	103名	1,239名	8.8年	NA

【特色】市場調査分野で国内首位を誇る。世界で10位圏内
【本社】101-8201 東京都千代田区神田練塀町3 インテージ秋葉原ビル　【設立】2013.4　【持株傘下】

【業績】	売上高	営業利益	経常利益	純利益
連23.6	61,387	3,785	4,073	3,505
	※業績は㈱インテージホールディングスのもの			

●インターンシップ●①クライアントの課題に対し、仮説と検証を繰り返しながら、マーケティングリサーチのビジネスを体験するGW②生活者のログデータをもとに、ダッシュボードなどのアプリケーションの企画立案を体験するGW 他③顧客課題のヒアリング、課題設定、データ解析、課題解決の打ち手の企画・提案を体験【募集】…【実施】①6～9月（1・3・5日間）②10～1月（1・3日間）②8月（3日間）12月（4日間）③8月（3日間）【地域】①オンライン②③東京・秋葉原【全学年対象】①②③【選考】②ES【本選考との関係】②早期選考に案内

25総 146ページ～
25働 136ページ～

㈱帝国データバンク　［リサーチ］

	修士・大卒採用数	従業員数	平均勤続年数	平均年収
	54名	※3,300名	12.7年	総895万円

【特色】民間信用調査会社の老舗で最大手。略称TDB
【本社】107-8680 東京都港区南青山2-5-20
【設立】1987.7　【未上場】

【業績】	売上高	営業利益	経常利益	純利益
単21.9	54,391	10,586	10,817	7,015
単22.9	54,892	9,551	9,637	6,235

●インターンシップ●【概要】①ビジネス体感ゲーム 企業信用調査体感ワーク 先輩社員座談会②企業信用調査体感ワーク 提案営業ワーク 先輩社員座談会【募集】①6～8月中旬②10～1月上旬【実施】①8～9月（2日間）②12～2月（2～3日間）【地域】②東京・港 オンライン【選考】②ES Webテスト（SPI）

25総 146ページ～
25働 136ページ～

㈱マクロミル　［リサーチ］

	修士・大卒採用数	従業員数	平均勤続年数	平均年収
	47名	1,179名	5.6年	522万円

【特色】市場調査で国内では首位級。海外でも存在感
【本社】108-0075 東京都港区港南2-16-1 品川イーストワンタワー　【設立】2001.1　【東京P】

【業績】	売上高	営業利益	税前利益	純利益
◇22.6	49,810	5,814	5,605	3,147
◇23.6	40,616	4,498	3,728	7,574

●インターンシップ● 24予【概要】①本社採用コース＜Drive＞：「データ×コンサル」で、実在する商品・サービスが抱えるマーケティング課題に挑む②本社採用コース＜Prologue＞：クライアントと向き合うマクロミルの2種類の業務を体験③仙台採用コース：マーケティングとリサーチの基礎を学ぶ【募集】①②4月下旬④③6～8月上旬【実施】①8～9月（2日間）②③8～9月（1日）【地域】①②オンライン 東京・品川③オンライン 仙台【選考】②ES GW③なし【本選考との関係】②早期選考に案内

25総 147ページ～
25働 137ページ～

㈱東京商工リサーチ　［リサーチ］

	修士・大卒採用数	従業員数	平均勤続年数	平均年収
	15名	737名	16.2年	総816万円

【特色】企業信用調査の老舗。国内2強の一角。米D&Bと提携
【本社】100-6810 東京都千代田区大手町1-3-1
JAビル　【設立】1933.5　【未上場】

【業績】	売上高	営業利益	経常利益	純利益
単22.3	22,239	4,335	4,386	2,801
単23.3	23,161	4,275	4,398	3,060

●インターンシップ● 24予【概要】①調査営業目線で見た、企業研究・自己分析セミナー②調査営業職の目線でみた、企業の特徴から詳しく知るセミナー③模擬取材やレポート作成のGW 他④模擬取材やレポート作成・営業提案等のGW 他【募集】①②4～2月③5～2月④6～2月【実施】①5～2月（1日）②③6～2月（1日）④8～2月（1日）【地域】①②③オンライン④オンライン 東京【全学年対象】①②【選考】①②③なし④コース3のワーク参加 ES 適性検査【本選考との関係】③早期選考案内④早期選考案内 書類選考免除

25総 147ページ～
25働 137ページ～

161

日本電信電話(株)　通信サービス

	修士・大卒採用数	従業員数	平均勤続年数	平均年収
	50名	2,454名	16.8年	総972万円

【特色】通信業界ガリバー。ITやエネルギーなど多角化も
【本社】100-8116 東京都千代田区大手町1-5-1 大手町ファーストスクエア　**【設立】**1985.4　[東京P]

【業績】	売上高	営業利益	税前利益	純利益
◇22.3	12,156,447	1,768,593	1,795,525	1,181,083
◇23.3	13,136,194	1,828,986	1,817,679	1,213,116

●インターンシップ●　**【概要】**①研究所社員の指導のもとで研究開発を体験　**【募集】**①4月下旬～6月上旬 11月　**【実施】**①8～9月中旬 12～3月(4週間程度)　**【地域】**①東京(武蔵野 品川)神奈川(横須賀 厚木)茨城・筑波 京都・精華町　**【全学年対象】**①　**【選考】**①書類 Web面接　**【本選考との関係】**①取得した学生情報を6月以降に採用選考活動に使用

(株)NTTドコモ　通信サービス

	修士・大卒採用数	従業員数	平均勤続年数	平均年収
	590名	7,903名	14.6年	総883万円

【特色】携帯電話で国内首位。非通信分野の拡大を急ぐ
【本社】100-6150 東京都千代田区永田町2-11-1 山王パークタワー　**【設立】**1991.8　[持株傘下]

【業績】	売上高	営業利益	税前利益	純利益
連22.3	5,870,200	1,072,500	1,082,400	752,100
連23.3	6,059,100	1,093,900	1,093,500	771,800

●インターンシップ●
【概要】①ビジネス創造②ドコモハッカソン③現場受け入れ型④ビジネスグロース
【募集】①②6～7月③6～7月 12～1月④9～10月　**【実施】**①②8～9月③8～9月 2月④11月　**【地域】**①②④オンライン③オンライン 対面　**【選考】**①③④ES 面接②ES　**【本選考との関係】**⑥早期選考に案内

ソフトバンク(株)　通信サービス

	修士・大卒採用数	従業員数	平均勤続年数	平均年収
	―	19,045名	13.5年	総843万円

【特色】ソフトバンクグループ傘下。携帯は国内3位
【本社】105-7529 東京都港区海岸1-7-1 東京ポートシティ竹芝　**【設立】**1986.12　[東京P]

【業績】	売上高	営業利益	税前利益	純利益
◇22.3	5,690,606	985,746	880,363	517,517
◇23.3	5,911,999	1,060,168	862,868	531,366

●インターンシップ●　24予　**【概要】**①経験やスキルをソフトバンクの実際の仕事で活かせる就業体験型(内定後、結属とソフトバンク双方が、インターンで参加したジョブでの配属を希望する場合は結属を確約)②課題を抱える地方自治体に学生が足を運び、市の職員や地域住民、事業者へのヒアリングを行い、最終日に市長に解決策を提案する地方創生プログラム　**【募集】**⑥未定　**【実施】**⑥未定　**【地域】**①北海道 宮城 福島 埼玉 東京 静岡 愛知 大阪 香川 広島 福岡②愛媛　**【選考】**⑥あり　**【本選考との関係】**⑥関係あり

KDDI(株)　通信サービス

	修士・大卒採用数	従業員数	平均勤続年数	平均年収
	296名	9,377名	17.4年	総943万円

【特色】携帯大手。「通信とライフデザインの融合」注力
【本社】102-8460 東京都千代田区飯田橋3-10-10 ガーデンエアタワー　**【設立】**1984.6　[東京P]

【業績】	売上高	営業利益	税前利益	純利益
◇22.3	5,446,708	1,060,592	1,064,497	672,486
◇23.3	5,671,762	1,075,749	1,077,878	677,469

●インターンシップ●　**【概要】**①ネットワークコース:研究所見学 体験ワーク グループワーク 先輩社員座談会 他②ソリューションコース:グループワーク 発表会 フィードバック 他③セキュリティコース:講義 グループワーク 発表 他④データサイエンス:部署紹介 データ分析・資料作成 発表 他　**【募集】**①8月(5日間)9月(5日間)②9月(2日間)③8月(5日間)④8～9月(5日間)　**【地域】**①④東京②③オンライン　**【全学年対象】**①②③④　**【選考】**①Webテスト ES 面接②Webテスト ES

楽天グループ(株)　通信サービス

	修士・大卒採用数	従業員数	平均勤続年数	平均年収
	NA	10,931名	4.7年	総797万円

【特色】ネット通販の大手。金融や旅行、携帯事業も
【本社】158-0094 東京都世田谷区玉川1-14-1 楽天クリムゾンハウス　**【設立】**1997.2　[東京P]

【業績】	売上高	営業利益	税前利益	純利益
◇22.12	1,927,878	▲363,892	▲407,894	▲372,884
◇23.12	2,071,315	212,857	▲217,741	▲339,473

●インターンシップ●　**【概要】**①ビジネス職向け:GW 他②ビジネス職向け:地域課題を解決する新規事業立案ワーク③エンジニア職向け:GW他④エンジニア職向け:1カ月以上の現場体験　**【募集】**①②6-7月③4-5月④4-7月　**【実施】**①8-9月(半日、1日)②8-9月(5日間)③8-9月(3-5日間×4回)④7-10月　**【地域】**①オンライン 東京 大阪②岐阜・飛騨③オンライン④東京 仙台 オンライン　**【選考】**①Webテスト②Webテスト 面接 GD③④ES コーディングテスト(一部ポジション)面接　**【本選考との関係】**⑥早期選考に案内

NTT東日本　通信サービス

	修士・大卒採用数	従業員数	平均勤続年数	平均年収
	約200名	4,974名	15.6年	総850万円

【特色】電気通信最大手。柱の回線のほか地域DXも注力
【本社】163-8019 東京都新宿区西新宿3-19-2　**【設立】**1999.7　[持株傘下]

【業績】	営業収益	営業利益	税前利益	純利益
◇22.3	1,717,978	278,967	NA	196,411
◇23.3	1,702,167	285,419	NA	202,443

●インターンシップ●　**【概要】**①GWによる新規ビジネス立案②GWによる通信ネットワークの企画設計③GWによるシステムエンジニアリング業務の体験④GWによるセキュリティ・データサイエンス等の業務体験　**【募集】**①⑤～7月上旬 9～11月上旬②③6～7月上旬 9～11月上旬④6～7月 9～11月上旬　**【実施】**①②8月 9月 12月(5日間)③8月 12月(5日間)④9月(5日間)12月(3日間)　**【地域】**⑥オンライン　**【選考】**⑥ES Webテスト GD 他

ＮＴＴ西日本

通信サービス

修士・大卒採用数	従業員数	平均勤続年数	平均年収
247名	1,400名	21.8年	総801万円

【特色】NTT傘下の通信大手。東海以西30府県で展開

【本社】534-0024 大阪府大阪市都島区東野田町4-15-82 【設立】1999.7　　　　［持株傘下軍］

【業績】	営業収益	営業利益	経常利益	純利益
単22.3	1,324,920	128,150	145,138	108,175
単23.3	1,305,396	111,282	124,386	95,273

●インターンシップ●【概要】①会社説明会②事業体感ワークショップ※コース1の参加が必須③社員交流イベント※コース2の参加が必須④仕事体感ワークショップ※コース3の参加が必須【募集】⑤5~10月【実施】①5~10月(1日)②7~11月(1日)③9~11月(1日)④9~1月(1日~複数日)【地域】①オンライン【全学年対象】①②③④【選考】①③④なし②Webテスト

ＪＣＯＭ㈱

通信サービス

修士・大卒採用数	従業員数	平均勤続年数	平均年収
152名	12,090名	12.3年	総670万円

【特色】国内最大のケーブルテレビ局の統括運営会社

【本社】100-0005 東京都千代田区丸の内1-8-1 丸の内トラストタワーN館 【設立】1995.1　　［未上場］

【業績】	売上高	営業利益	税前利益	純利益
◇22.3	798,100	109,500	NA	70,000
◇23.3	828,800	111,600	NA	67,200

●インターンシップ●【概要】①コンテンツビジネス制作、経理、サービスインフラ、情報システム、データサイエンティストの各職種の就業体験②セールス・マーケティング職の就業体験③1Day仕事体験(文系、理系)④サービスインフラ(ネットワークエンジニア)職種の就業体験【募集】①25~7月③5月中旬~9月④6~7月【実施】①8~10月(2~4日間)②8~10月(1日程)③8~10月④8月(5日間)【地域】①東京(都市は各職種による)②東京・丸の内③オンライン④東京・八王子 埼玉 福岡【選考】①②適性検査 ES③④なし

㈱ティーガイア

通信サービス

修士・大卒採用数	従業員数	平均勤続年数	平均年収
23名	4,344名	11.4年	総723万円

【特色】携帯販売代理店最大手。全キャリアの店舗を経営

【本社】150-8575 東京都渋谷区恵比寿4-1-18 【設立】1992.2　　　　　　　　　　［東京P］

【業績】	売上高	営業利益	経常利益	純利益
連22.3	476,464	10,567	15,381	10,579
連23.3	453,604	6,994	11,637	7,938

●インターンシップ●
【概要】①企画提案・戦略的営業体験等ワークショップ
【募集】‥
【実施】①7月~未定(1日)【地域】①オンライン【選考】①なし【本選考との関係】①関係あり

コネクシオ㈱

通信サービス

修士・大卒採用数	従業員数	平均勤続年数	平均年収
102名	5,189名	8.8年	総519万円

【特色】携帯販売代理店大手。ドコモショップ網では最大

【本社】105-6907 東京都港区虎ノ門4-1-1 神谷町トラストタワー【設立】1997.8　　　［未上場］

【業績】	売上高	営業利益	経常利益	純利益
単22.3	193,247	8,072	8,202	5,618
単23.3	189,425	5,136	5,221	2,161

●インターンシップ●
【概要】①モバイルショップの接客コンサルティングとは?提案ワークショップを体験
【募集】①9~10月
【実施】①11~2月【地域】①オンライン【全学年対象】①【選考】①なし

㈱ＭＩＸＩ

通信サービス

修士・大卒採用数	従業員数	平均勤続年数	平均年収
17名	1,556名	4.8年	739万円

【特色】SNS「mixi」やスマホゲーム「モンスト」を展開

【本社】150-6136 東京都渋谷区渋谷2-24-12 渋谷スクランブルスクエア 1999.6 ［東京P］

【業績】	売上高	営業利益	経常利益	純利益
連22.3	118,099	16,069	17,026	10,262
連23.3	146,867	24,820	18,250	5,161

●インターンシップ● 24予
【概要】①エンジニア向け就業型(各事業部配属)②企画職向け短期(ビジネスコンペティション型)【募集】①3月末~②未定【実施】①6月~(1カ月以上から)②8~9月(2~5日間)【地域】①オンライン 東京・渋谷②東京・渋谷【選考】⑤ES 面接【本選考との関係】②一部選考免除

㈱ディー・エヌ・エー

通信サービス

修士・大卒採用数	従業員数	平均勤続年数	平均年収
95名	1,324名	5.7年	◇856万円

【特色】モバイルゲームやライブ配信など幅広く展開

【本社】150-6140 東京都渋谷区渋谷2-24-12 渋谷スクランブルスクエア 【設立】1999.3 ［東京P］

【業績】	売上高	営業利益	税前利益	純利益
◇22.3	130,868	11,462	29,419	30,532
◇23.3	134,914	4,202	13,595	8,857

●インターンシップ●【概要】①ビジネス職コース②ソフトウェアエンジニアコース③デザイナーコース④AIスペシャリストコース【募集】⑤3~7月中旬【実施】①8月(1週間程度)②③8~9月(1週間程度)④8~11月(2カ月程度)【地域】⑤オンライン【全学年対象】①②③④【選考】⑤ES 面接 GW 他【本選考との関係】⑤関係あり

［情報・通信・同関連ソフト］

インフォコム㈱ 〔通信サービス〕

修士・大卒採用数	従業員数	平均勤続年数	平均年収
25名	631名	17.0年	総807万円

【特色】漫画配信「めちゃコミック」とSIが両輪。帝人系

【業績】	売上高	営業利益	経常利益	純利益
連22.3	64,586	10,098	10,196	6,912
連23.3	70,342	8,526	8,595	3,572

【本社】107-0052 東京都港区赤坂9-7-2 東京ミッドタウンイースト 【設立】1983.2 〔東京S〕

●インターンシップ●
【概要】①業界・企業説明 事業企画ワーク 先輩社員座談会
【募集】①6~12月【実施】①9~1月(1日×9回)【地域】①オンライン 東京 大阪【選考】①ES【本選考との関係】①早期選考に案内

㈱ゼンリン 〔通信サービス〕

修士・大卒採用数	従業員数	平均勤続年数	平均年収
44名	2,435名	17.0年	総519万円

【特色】地図情報の大手。住宅地図を全国展開

【業績】	売上高	営業利益	経常利益	純利益
連22.3	59,053	2,670	3,044	3,658
連23.3	58,933	1,799	2,104	2,770

【本社】804-0003 福岡県北九州市戸畑区中原新町3-1【設立】1974.3 〔東京P〕

●インターンシップ● 24予
【概要】①会社説明、座談会、業務体験(技術系)
【募集】①2月中旬
【実施】①2日間【地域】①東京 北九州【選考】①ES【本選考との関係】①本選考一部免除

㈱ぐるなび 〔通信サービス〕

修士・大卒採用数	従業員数	平均勤続年数	平均年収
0名	1,062名	9.5年	561万円

【特色】グルメサイト運営。飲食店からの販促支援料が柱

【業績】	売上高	営業利益	経常利益	純利益
連22.3	12,852	▲4,786	▲4,692	▲5,768
連23.3	12,296	▲1,724	▲1,664	▲2,286

【本社】100-0006 東京都千代田区有楽町1-1-2 日比谷三井タワー【設立】1989.10 〔東京P〕

●インターンシップ●
【概要】①総合職:新規事業やサービスの企画立案体験②技術職:現場エンジニアと開発体験
【募集】⑥6~7月中旬
【実施】⑥8~9月【地域】①東京 大阪②オンライン 東京【選考】⑥ES【本選考との関係】⑥関係あり

ＮＴＴ ＤＡＴＡ (エヌティティ データ) 〔システム・ソフト〕

修士・大卒採用数	従業員数	平均勤続年数	平均年収
NA	※195,100名	NA	総852万円

【特色】SIの雄で官公庁や金融向け強い。海外拡大注力

【業績】	売上高	営業利益	税前利益	純利益
連22.3	3,490,182	259,110	242,800	149,962

【本社】135-6033 東京都江東区豊洲3-3-3 豊洲センタービル【設立】1988.5 〔持株傘下〕 ※会社データ・業績は㈱NTTデータグループのもの

●インターンシップ● 24予
【概要】①ワークショップ型②プロジェクト型:現場配属型【募集】⑥6月初旬~中旬【実施】①7月下旬~9月中旬(2日間)②8月中旬~10月(プロジェクトによって異なる)【地域】①オンライン②首都圏 オンライン【全学年対象】①②【選考】①ES Webテスト GD②ES Webテスト 動画面接

㈱大塚商会 〔システム・ソフト〕

修士・大卒採用数	従業員数	平均勤続年数	平均年収
404名	7,524名	17.5年	総857万円

【特色】独立系のITサービス大手。SIや保守など一貫提供

【業績】	売上高	営業利益	経常利益	純利益
連22.12	861,022	54,768	56,639	40,022
連23.12	977,370	62,959	64,517	47,448

【本社】102-8573 東京都千代田区飯田橋2-18-4【設立】1961.12

●インターンシップ●【概要】①営業の難しさ、厳しさ、喜びややりがいを体感②顧客のニーズを掘り起こし、最適なソリューションを考える③CADソフトを使用し、CADビジネスを体感④営業職とSE職の仕事を体感、SIerの仕事の流れを理解【募集】①②6月上旬~毎月③6~7月④6月【実施】①8~11月(1日×複数回)②9~11月(1日×複数回)③8月(5日間)④7~8月上旬【地域】①②④オンライン③オンライン 東京・千代田【選考】①②④ES③ES Webテスト【本選考との関係】①②③早期選考に案内

伊藤忠テクノソリューションズ㈱ 〔システム・ソフト〕

修士・大卒採用数	従業員数	平均勤続年数	平均年収
313名	4,784名	13.5年	総1,028万円

【特色】伊藤忠商事系のSI大手。CTCの通称で知られる

【業績】	売上高	営業利益	税前利益	純利益
◇22.3	522,356	50,482	51,875	35,373
◇23.3	570,934	46,473	46,924	34,208

【本社】105-6950 東京都港区虎ノ門4-1-1 神谷町トラストタワー【設立】1972.4 〔未上場〕

●インターンシップ●
【概要】①CTCアカデミー夏:新規事業立案型グループワーク②CTCアカデミー冬:職種理解型グループワーク、先輩社員座談会【募集】①6~7月上旬②10~11月中旬【実施】①7~9月(3日間)②11~12月(2日間)【地域】⑥オンライン【全学年対象】①②【選考】⑥ES 自己PR動画

ＴＩＳ（株）

ティー アイ エス

		システム・ソフト	修士・大卒採用数	従業員数	平均勤続年数	平均年収	
			―	5,695名	14.5年	752万円	25総

【特色】独立系SI大手。クレジットカードなど金融に強み
【本社】160-0023 東京都新宿区西新宿8-17-1 住友不動産新宿グランドタワー 【設立】2008.4 ［東京P］

【業績】	売上高	営業利益	経常利益	純利益
連22.3	482,547	54,739	55,710	39,462
連23.3	508,400	62,328	63,204	55,461

159 ジペー

●インターンシップ● 24予【概要】①ビジネス体感セミナー：人事主催。実際の業務を題材とした仕事体験②現場社員との座談会③現場エンジニア主催。実務をベースとした、技術による課題解決・チーム開発体験④現場エンジニア主催。Webアプリケーション開発を通じたチーム開発体験【募集】①⑤~1月②⑥~1月③⑥~1月④⑨~12月【実施】①⑤~1月(半日)②⑥~1月(半日)③⑧下旬~9月(1週間)④11~1月(2日間)【地域】①②③オンライン④オンライン 対面【全学年対象】①②③④【選考】①②なし③④あり

149 ジペー

ＳＣＳＫ（株）

エス シー エス ケイ

		システム・ソフト	修士・大卒採用数	従業員数	平均勤続年数	平均年収	
			320名	8,470名	18.4年	総747万円	25総

【特色】住友商事系SI大手。DXや車載分野に注力
【本社】135-8110 東京都江東区豊洲3-2-20 豊洲フロント 【設立】1969.10 ［東京P］

【業績】	売上高	営業利益	税前利益	純利益
◇22.3	414,150	47,555	48,315	33,470
◇23.3	445,912	51,361	53,336	37,301

159 ジペー

●インターンシップ●
【概要】①システム開発疑似体験や社員との座談会
【募集】①6月~
【実施】①7月~【地域】①オンライン【選考】①ES 面接 他【本選考との関係】①早期選考に案内

149 ジペー

（株）日立システムズ

ひ たち

		システム・ソフト	修士・大卒採用数	従業員数	平均勤続年数	平均年収	
			323名	9,748名	22.4年	総818万円	25総

【特色】日立グループの中核IT会社。海外展開にも積極的
【本社】141-8672 東京都品川区大崎1-2-1 大崎フロントタワー 【設立】1962.10 ［未上場］

【業績】	売上高	営業利益	経常利益	純利益
単22.3	422,100	44,029	49,208	29,353
単23.3	424,597	43,556	48,000	34,682

160 ジペー

●インターンシップ●【概要】①SE体感プログラム(初級・中級)②営業体感プログラム③SE体感プログラム【募集】①6~7月 10~11月②③10~11月【実施】①7~9月(2日間)11~1月(2日間)③12月(5日間)【地域】①②オンライン③東京・大崎【選考】①(中級のみ)ESなし③ES【本選考との関係】㋑早期選考に案内

150 ジペー

ＢＩＰＲＯＧＹ（株）

ビー アイ プ ロ ジ ー

		システム・ソフト	修士・大卒採用数	従業員数	平均勤続年数	平均年収	
			145名	4,442名	20.9年	総839万円	25総

【特色】決済など金融向け強いITサービス大手。DNP系列
【本社】135-8560 東京都江東区豊洲1-1-1
【設立】1958.3 ［東京P］

【業績】	売上高	営業利益	税前利益	純利益
◇22.3	317,600	27,425	29,575	20,490
◇23.3	339,898	29,673	30,001	20,203

160 ジペー

●インターンシップ●【概要】①製造ソリューションエンジニア②Business Development③AI Engineer/Data Scientist④Software Engineer【募集】㋑6~7月中旬【実施】①8月上旬(3日間)②8~9月上旬(3日間)③④8~9月上旬(5日間)【地域】①オンライン②③④豊洲本社 オンライン【選考】㋑ES 適性検査 面接【本選考との関係】㋑早期選考に案内

150 ジペー

ＮＥＣネッツエスアイ（株）

エヌイーシー

		システム・ソフト	修士・大卒採用数	従業員数	平均勤続年数	平均年収	
			158名	5,589名	17.8年	総776万円	25総

【特色】NECの工事部門が分離独立し発足。ICTに強い
【本社】108-8515 東京都港区芝浦3-9-14 NECネッツエスアイ本社ビル 【設立】1953.11 ［東京P］

【業績】	売上高	営業利益	経常利益	純利益
連22.3	310,334	23,181	23,550	15,021
連23.3	322,802	22,751	22,970	13,813

161 ジペー

●インターンシップ●【概要】①ネットワーク機器の設定方法と動作確認を学ぶ(高専生)②ニューノーマルな働き方の企画・提案他(各事業部で実施)③SIerの仕事理解・体験ワークショップ【募集】①②6~7月③6~2月【実施】①8月②8~9月(6日間)③6~2月(3日間)【地域】①神奈川 オンライン②東京 関西 広島 福岡 北海道 他③オンライン【全学年対象】③【選考】①書類②書類 GD③なし

151 ジペー

ＮＥＣソリューションイノベータ（株）

エヌイーシー

		システム・ソフト	修士・大卒採用数	従業員数	平均勤続年数	平均年収	
			500名	12,903名	17.8年	総778万円	25総

【特色】NECグループの中核SI企業。旧NECソフト
【本社】136-8627 東京都江東区新木場1-18-7 NECソリューションイノベータ本社ビル 【設立】1975.9 ［未上場］

【業績】	売上高	営業利益	経常利益	純利益
単22.3	325,043	37,304	37,497	26,248
単23.3	318,002	38,440	38,041	26,373

161 ジペー

●インターンシップ●【概要】①③社会課題をテーマとして、グループワークで「課題の特定~解決策の提案」を実践②職場でSEの業務を疑似体験④SEとの交流を通じて働き方や技術を知り、キャリアのヒントを掴むイベント【募集】①②6~7月上旬③12月中旬~1月上旬④通年【実施】①8~9月(3日間)②8~9月(5日間~1ヵ月程度)③2月(2日間)④半日未満【地域】①③④オンライン②オンライン 対面【選考】①③多数の場合書類②多数の場合書類・面談④なし

151 ジペー

日鉄ソリューションズ㈱ （システム・ソフト）

	修士・大卒採用数	従業員数	平均勤続年数	平均年収
	214名	4,047名	12.8年	870万円

【特色】日本製鉄系SI。製造業や金融向けに強み
【本社】105-6417 東京都港区虎ノ門1-17-1 虎ノ門ヒルズビジネスタワー 【設立】1980.10 ［東京P］

【業績】	売上高	営業利益	税前利益	純利益
◇23.3	291,688	31,738	32,101	22,000

●インターンシップ● 【概要】①システムエンジニアコース②研究開発コース③アジャイル開発コース④1dayイベント 【募集】①4~8月中旬②4月下旬~7月中旬③5月下旬~7月④5月下旬~10月中旬 【実施】①8月 9月（5日間×6回）②8~10月（3週間×1回）※実施は個人によって異なる③9月（10日間×1回）④8~11月（1日×10回）【地域】①東京・港 オンライン③横浜 オンライン③東京・港④オンライン 【全学年対象】①②③④ 【選考】①ES 適性検査 面接④ES

富 士 ソ フ ト ㈱ （システム・ソフト）

	修士・大卒採用数	従業員数	平均勤続年数	平均年収
	700名	8,803名	9.1年	総620万円

【特色】独立系ソフト開発大手。組込系ソフトに強み
【本社】231-8008 神奈川県横浜市中区桜木町1-1 【設立】1970.5 ［東京P］

【業績】	売上高	営業利益	経常利益	純利益
連22.12	278,783	18,272	19,205	11,379
連23.12	298,855	20,684	19,675	11,849

●インターンシップ●
【概要】①組込プログラミング体験
【募集】①6~1月中旬
【実施】①6~2月（1日）【地域】①オンライン 【選考】①なし 【本選考との関係】①会社説明会免除

ＮＴＴコムウェア㈱ （システム・ソフト）

	修士・大卒採用数	従業員数	平均勤続年数	平均年収
	230名	5,961名	21.7年	総※793万円

【特色】NTTグループ。情報・通信システムの開発担う
【本社】108-8019 東京都港区港南1-9-1 NTT品川TWINSアネックスビル 【設立】1997.4 ［未上場］

【業績】	売上高	営業利益	経常利益	純利益
単22.3	197,844	9,469	10,065	6,139
単23.3	247,109	16,468	17,232	7,010

●インターンシップ● 【概要】①Project Management：当社のデザイン力と技術力をワークで体感②Comware Festival：現場社員との交流③NTTグループ横断システム開発コース：当社のデザイン力と技術力をワークで体感④NTTドコモグループ・プロダクト開発コース：ワークでアジャイル開発を体感 【募集】①6~7月②7~9月③④10~12月 【実施】①8月（半日×8回）②8月（2日程）9月（1日程）③④12~1月（半日×10回）【地域】①③④オンライン②東京 大阪 【全学年対象】①②③④ 【選考】①③④ES 適性検査②なし

GMOインターネットグループ㈱ （システム・ソフト）

	修士・大卒採用数	従業員数	平均勤続年数	平均年収
	13名	764名	5.5年	総660万円

【特色】総合インターネットグループ。事業領域広い
【本社】150-8512 東京都渋谷区桜丘町26-1 セルリアンタワー 【設立】1991.5 ［東京P］

【業績】	売上高	営業利益	経常利益	純利益
連22.12	245,696	43,746	46,025	13,209
連23.12	258,643	42,471	45,947	14,191

●インターンシップ● 24予【概要】①データサイエンス、ブロックチェーン、Webエンジニアリング等の研究開発②Webアプリ開発、インフラ、セキュリティ等の技術に触れる③業界研究、会社研究、GW他④デザイン（Web・グラフィック）、映像制作等のグループ制作経験 【募集】①②③4~6月④11~1月 【実施】①8~9月（10日間）②8~9月（5日間）③8~9月（1日）④2月（3日間）【地域】①東京 大阪市②東京 大阪③九州④東京 大阪市 宮崎市③宮崎市 【全学年対象】②③ 【選考】①④ES 面接②③ES 【本選考との関係】①3早期選考に案内②書類選考免除④1次選考免除

エフサステクノロジーズ㈱ （システム・ソフト）

	修士・大卒採用数	従業員数	平均勤続年数	平均年収
	NA	4,586名	22.1年	総840万円

【特色】旧富士通エフサス。サーバ・ストレージを開発・保守
【本社】212-0014 神奈川県川崎市幸区大宮町1-5 JR川崎タワー 【設立】1989.3 ［未上場］

【業績】	売上高	営業利益	経常利益	純利益
連22.3	224,400	NA	NA	NA
連23.3	226,000	NA	NA	NA

●インターンシップ● 【概要】①各職場で業務を体験②ワークや発表を通して運用業務を体感③ワークや発表を通して保守業務を体感④運用・保守についてワークや発表、社員との交流 【募集】①11月下旬②③10月~④9月~ 【実施】①1月22~26日②11~12月（1日）③11~1月（1日）④9~1月（1日）【地域】①対面②③④オンライン 【選考】①②③ES④なし

トレンドマイクロ㈱ （システム・ソフト）

	修士・大卒採用数	従業員数	平均勤続年数	平均年収
	14名	821名	9.1年	総890万円

【特色】サイバーセキュリティ専業、世界でも有数
【本社】160-0022 東京都新宿区新宿4-1-6 JR新宿ミライナタワー 【設立】1989.10 ［東京P］

【業績】	売上高	営業利益	経常利益	純利益
連22.12	223,795	31,340	34,162	29,843
連23.12	248,691	32,602	36,181	10,731

●インターンシップ● 【概要】①（文理合同）セキュリティインシデントを想定。IT、セキュリティの講義から顧客へのヒアリング、ソリューション提案までの業務体験②エンジニア職：実際の技術や開発構築などを通して業務体験③企業向け営業の実業務を体験④個社研究、企業研究の基礎知識をつける体験 【募集】①②6月中旬~7月③8~9月④5~6月 【実施】①8月 10月 1月（3日間）②8月下旬~9月上旬（2週間）③9月 10月（2日間）④6月 【地域】②オンライン 東京 【全学年対象】①②③④ 【選考】①②ES 適性検査 面接③④なし

166

ネットワンシステムズ㈱ 〔システム・ソフト〕

修士・大卒採用数	従業員数	平均勤続年数	平均年収
70名	**2,597**名	**9.6**年	総**766**万円

【特色】ネットワーク系システム構築・機器販売で大手
【本社】100-7024 東京都千代田区丸の内2-7-2 JPタワー 【設立】1988.2　【東京P】

【業績】	売上高	営業利益	経常利益	純利益
連22.3	188,520	16,790	16,832	11,225
連23.3	209,680	20,635	20,660	14,458

●インターンシップ●【概要】①実際のプロジェクトを基に企画された協創ビジネスコンペを通して、インフラエンジニア（フロントサイド）の仕事を体感する提案型ワーク。学生と社員がチームを組んで、最適なICT基盤を検討し、顧客のビジネスに「付加価値」を提供できる提案書を作ってプレゼン【募集】①6~7月上旬【実施】①7月（2週間）8月（2週間）【地域】①東京・品川【全学年対象】①【選考】①ES【本選考との関係】①関係あり

㈱日立ソリューションズ 〔システム・ソフト〕

修士・大卒採用数	従業員数	平均勤続年数	平均年収
195名	**4,874**名	**19.9**年	総**867**万円

【特色】日立の完全子会社。システム開発が主力
【本社】140-0002 東京都品川区東品川4-12-7
【設立】1970.9　【未上場】

【業績】	売上高	営業利益	経常利益	純利益
連22.3	173,483	25,322	30,258	18,811
連23.3	184,721	22,177	25,993	20,243

●インターンシップ●【概要】①会社説明 他②顧客対応体験（アポイントメント、ソリューション提案）③横浜市のオープンデータの分析・可視化を通して、横浜市の課題解決策を議論し、データ利活用を体験④ホワイトハッカー業務を通して、情報セキュリティの重要性の理解と、業務プロセス、セキュリティ技術習得を体験【募集】①7~2月②12月頃③④7月【実施】①7~2月（1日×9回 事業部別インターンは数日間）②1~2月（1日×数日程）③9月（7日程）④8~9月（5日程）【地域】①②オンライン③横浜 東京【選考】①なし②適性検査③④適性検査 面談

㈱トヨタシステムズ 〔システム・ソフト〕

修士・大卒採用数	従業員数	平均勤続年数	平均年収
138名	**2,380**名	**12.2**年	総**706**万円

【特色】トヨタ自動車グループのITサービス中核
【本社】450-6332 愛知県名古屋市中村区名駅1-1-1 JPタワー名古屋32F 【設立】2001.4　【未上場】

【業績】	売上高	営業利益	経常利益	純利益
単22.3	154,700	NA	NA	NA
単23.3	175,300	NA	NA	NA

●インターンシップ●【概要】①事業分野別セミナー②事業分野別課題解決ワーク、先輩社員との座談会③商品改良、新商品企画に活かせる顧客の隠れた潜在ニーズを分析・就業体験④就業体験：先輩社員からフィードバックあり【募集】①4~6月 10~12月②4~7月 10~12月③10~12月④4~7月【実施】①6月 12月（1日）②8~9月 2月（2・3日間）③2月（3日間）④8~9月（10日間）【地域】①オンライン②③名古屋④愛知（名古屋 豊田）【全学年対象】①②③④【選考】①なし②ES SPI③ES SPI e-learning受講【本選考との関係】②早期選考に案内

ユニアデックス㈱ 〔システム・ソフト〕

修士・大卒採用数	従業員数	平均勤続年数	平均年収
73名	**2,532**名	**17.9**年	総**822**万円

【特色】BIPROGYの子会社。総合ICTサポート進める
【本社】135-8560 東京都江東区豊洲1-1-1
【設立】1997.3　【未上場】

【業績】	売上高	営業利益	経常利益	純利益
連22.3	129,802	8,175	8,230	5,655
連23.3	138,287	8,983	8,976	6,139

●インターンシップ●【概要】①Uniadex interface seminar：ICTインフラを支える仕事とキャリアを体感②内定者・若手社員・採用担当との交流会【募集】①6月中旬~1月中旬②11月中旬~2月上旬【実施】①8~2月（2~3日間）②12~2月中旬（1日）【地域】②オンライン 東京・江東 名古屋 大阪市【選考】①多数の場合アンケート②なし

京セラコミュニケーションシステム㈱ 〔システム・ソフト〕

修士・大卒採用数	従業員数	平均勤続年数	平均年収
98名	**2,641**名	**11.8**年	総**729**万円

【特色】京セラ系システムインテグレーター。KDDIも株主
【本社】612-8450 京都府京都市伏見区竹田鳥羽殿町6 京セラ本社ビル 【設立】1995.9　【未上場】

【業績】	売上高	営業利益	経常利益	純利益
連22.3	140,526	NA	10,658	7,348
連23.3	137,963	NA	10,714	7,479

24予●概要】①SE：インフラ・アプリ、クラウド、AI、XR、無線通信ネットワーク業務体験 他②通信・環境エンジニア：携帯電話基地局や太陽光発電施設の現場見学 他③営業：法人営業の仕事体験【募集】①6月 10~11月【実施】①8~9月 11~12月（2~5日間、2週間）②8~9月 11~12月（2~5日間）③8~9月 11~12月（2日間）【地域】①オンライン 東京 京都 長崎②東京 大阪③オンライン【選考】①自己PR 研究内容 応募理由 面接（2週間コースのみ）②③自己PR 研究内容 応募理由【本選考との関係】②早期選考に案内

㈱電通総研 〔システム・ソフト〕

修士・大卒採用数	従業員数	平均勤続年数	平均年収
149名	**1,842**名	**12.0**年	総**1,128**万円

【特色】電通向けや製造業向け強い。自社開発品が成長
【本社】108-0075 東京都港区港南2-17-1
【設立】1975.12　【東京P】

【業績】	売上高	営業利益	経常利益	純利益
連22.12	129,054	18,590	18,354	12,598
連23.12	142,608	21,028	21,244	14,663

●インターンシップ●24予【概要】①会社、事業部紹介、現場social仕事紹介、QA会②事業領域ごとの市場ニーズを捉え、経営者視点で電通総研のビジネス全体の理解を深めるグループワーク③現場社員座談会【募集】①4~3月②7月中旬~12月上旬③10~12月【実施】①5~3月（1日）②8~12月（1日）③10~12月（1日）【地域】①②オンライン③東京・品川 大阪 オンライン【全学年対象】①②③【選考】②なし

パナソニック インフォメーションシステムズ㈱

	システム・ソフト	修士・大卒採用数	従業員数	平均勤続年数	平均年収
		58名	1,234名	17.3年	NA

【特色】	パナソニックの完全子会社。グループIT中核	【業績】	売上高	営業利益	経常利益	純利益
【本社】	530-0013 大阪府大阪市北区茶屋町19-19	単22.3	116,750	5,153	5,345	3,684
【設立】	1999.2 [未上場]	単23.3	126,378	5,470	5,478	3,801

●インターンシップ● 24予【概要】①データ分析:会社・仕事紹介、社員座談会②プロジェクト管理:会社・仕事紹介、社員座談会③クラウド活用:会社・仕事紹介、社員座談会④ITコミュニケーションツールの変革:会社・仕事紹介、社員座談会【募集】⑦7~9月(1日)11~2月(1日)【地域】⑦オンライン【選考】⑦なし【本選考との関係】⑦複数テーマ参加者は限定イベント招待

168ジペ / 158ジペ

都築電気㈱

	システム・ソフト	修士・大卒採用数	従業員数	平均勤続年数	平均年収
		29名	※1,295名	※19.0年	総894万円

【特色】	情報・通信機器販売やシステム構築の独立系	【業績】	売上高	営業利益	経常利益	純利益
【本社】	105-8665 東京都港区新橋6-19-15 東京美術倶楽部ビル	連22.3	119,316	4,012	4,227	2,798
【設立】	1941.3 [東京P]	連23.3	123,899	5,118	5,355	3,521

●インターンシップ● 24予【概要】①業界説明 自己分析ワーク②DXビジネスを体験③コンサルティングビジネスを体験④学生側と面接官側を体験することで、人事の目線を体感できる面接体感セミナー【募集】①4月中旬~10月中旬②③6月下旬~7月中旬④10~12月中旬【実施】①6~7月 10月(半日間)②③8~9月(半日間)④10~12月(半日間)【地域】①④オンライン②③東京・港 オンライン【選考】①④なし②③ES 1分PR動画【本選考との関係】②③早期選考に案内

169ジペ / 159ジペ

㈱インテック

	システム・ソフト	修士・大卒採用数	従業員数	平均勤続年数	平均年収
		164名	3,547名	17.6年	総675万円

【特色】	富山発祥のSI。TISインテックグループを形成	【業績】	売上高	営業利益	経常利益	純利益
【本社】	930-8577 富山県富山市牛島新町5-5	単22.3	106,593	10,579	11,594	8,029
【設立】	1964.1 [持株傘下]	単23.3	113,208	13,665	14,822	11,113

●インターンシップ● 24予【概要】①業界理解編(INTEC Real DX Academy):「実社会」を変えるための仕事に必要なことを考える②仕事理解編(Touch The Core):データを通じて、IT業界で身につくスキルを理解する③キャリア理解編(Real Stages):3年目・5年目・10年目の3つのキャリアステージと「仕事のリアル」を体感する【募集】①4~10月②6~9月③9~12月【実施】①5~10月(1日)②7~9月(1日)③10~12月(1日)【地域】①オンライン②③オンライン 対面【全学年対象】①②③【選考】⑦なし

169ジペ / 159ジペ

㈱DTS

	システム・ソフト	修士・大卒採用数	従業員数	平均勤続年数	平均年収
		213名	3,071名	14.8年	総601万円

【特色】	独立系システム開発大手。金融、通信向けに強い	【業績】	売上高	営業利益	経常利益	純利益
【本社】	104-0032 東京都中央区八丁堀2-23-1 エンパイヤビル	連22.3	94,452	11,196	11,403	7,853
【設立】	1972.8 [東京P]	連23.3	106,132	11,694	11,932	8,001

●インターンシップ● 24予【概要】①顧客の課題解決に向けたシステム提案体験グループワーク【募集】①6~7月 10~1月【実施】①7~9月 11~2月(1日)【地域】①オンライン 東京・港【選考】①なし【本選考との関係】①早期選考に案内

170ジペ / 160ジペ

㈱オービック

	システム・ソフト	修士・大卒採用数	従業員数	平均勤続年数	平均年収
		160名	1,888名	13.2年	総1,006万円

【特色】	ERPソフト大手。中堅企業向けで高シェア	【業績】	売上高	営業利益	経常利益	純利益
【本社】	104-8328 東京都中央区京橋2-4-15 オービックビル	単22.3	89,476	54,135	60,174	43,500
【設立】	1968.4 [東京P]	単23.3	100,167	62,490	70,223	50,116

●インターンシップ● 24予【概要】①経営者体感ワーク(夏期コース)②経営者体感ワーク(秋・冬期コース)【募集】①6~7月中旬②9月下旬~1月上旬【実施】①7月中旬~9月(2日間×10回)②10月中旬~1月(1日×15回)【地域】⑦オンライン 東京 大阪 名古屋 福岡【全学年対象】①②【選考】⑦あり

170ジペ / 160ジペ

三菱UFJインフォメーションテクノロジー㈱

	システム・ソフト	修士・大卒採用数	従業員数	平均勤続年数	平均年収
		74名	2,007名	14.7年	総819万円

【特色】	MUFGのシステム会社。グループのIT戦略を支える	【業績】	売上高	営業利益	経常利益	純利益
【本社】	164-0001 東京都中野区中野4-10-2 中野セントラルパークサウス	単22.3	88,119	105	145	78
【設立】	1988.6 [未上場]	単23.3	99,280	1,484	1,503	1,031

●インターンシップ● 24予【概要】①金融×スマホアプリ開発体験5DAYS②金融×IT プロジェクト体験2DAYS③金融×ITシステム設計コース1DAY④金融×IT業界理解ワークショップ1DAY【募集】①5~7月(予定)②5~8月 9月中旬~11月中旬(予定)③4~2月(予定)④4~9月(予定)【実施】①8~9月(4日間)+10月以降(1日)②8~9月 11~1月上旬(2日間)③6~2月(1日)④6~9月(半日)【地域】①②対面 オンライン③④オンライン【選考】③④ES 適性検査②④なし【本選考との関係】①早期選考に案内

171ジペ / 161ジペ

日本ビジネスシステムズ㈱ （システム・ソフト）

修士・大卒採用数	従業員数	平均勤続年数	平均年収
190名	2,270名	5.7年	◇605万円

【特色】マイクロソフトに強いクラウドインテグレーター
【本社】105-5531 東京都港区虎ノ門2-6-1 虎ノ門ヒルズステーションタワー　【設立】1990.10　[東京S]

【業績】	売上高	営業利益	経常利益	純利益
連23.9	112,800	4,192	4,349	3,350

●インターンシップ●【概要】①現場受入型エンジニア業務体験②IT業界理解オンラインハンズオン講座、先輩社員座談会③クラウド理解オンラインハンズオン講座、先輩社員座談会【募集】①6月②③6~2月【実施】①8月下旬(5日間)②③随時(半日)【地域】金 名古屋 大阪②③オンライン【全学年対象】②③【選考】①ES 特性検査②③なし【本選考との関係】①1次面接を免除

ニッセイ情報テクノロジー㈱ （システム・ソフト）

修士・大卒採用数	従業員数	平均勤続年数	平均年収
98名	2,403名	14.3年	総752万円

【特色】日生グループのSI企業。保険・医療分野などが軸
【本社】144-0052 東京都大田区蒲田5-37-1 ニッセイアロマスクエア　【設立】1999.7　[未上場]

【業績】	売上高	営業利益	経常利益	純利益
単22.3	79,067	2,249	2,423	1,628
単23.3	78,441	2,170	2,323	1,540

●インターンシップ●【概要】①システム提案体験②プロジェクトマネジメント体験③IT業界の仕事理解【募集】①6~9月上旬②9月中旬~11月③12~2月中旬【実施】①7月中旬~9月(半日)②10月中旬~12月上旬(半日)③12月中旬~2月(半日)【地域】金オンライン【全学年対象】①②③【選考】①②SPI3③なし【本選考との関係】③早期選考に案内

㈱ N S D （システム・ソフト）

修士・大卒採用数	従業員数	平均勤続年数	平均年収
128名	3,109名	15.3年	総671万円

【特色】独立系。ソフト開発が中心の情報サービス大手
【本社】101-0063 東京都千代田区神田淡路町2-101 ワテラスタワー　【設立】1969.4　[東京P]

【業績】	売上高	営業利益	経常利益	純利益
連22.3	71,188	11,414	11,654	7,823
連23.3	77,982	12,524	12,662	10,219

●インターンシップ●【概要】①SEの仕事理解を深めるためのグループディスカッション、社員との交流②NSDの技術者がトレーナーとなり、実際の上流工程を理解し、実際にグループワークを通じてシステムの企画提案・発表【募集】金8~10月【実施】①9~11月(計2日間)②9~12月(計4日間)【地域】①オンライン②オンライン 一部東京【選考】金なし【本選考との関係】金早期選考に案内

㈱ システナ （システム・ソフト）

修士・大卒採用数	従業員数	平均勤続年数	平均年収
347名	3,683名	5.8年	総473万円

【特色】ITシステム開発やテレワーク支援を展開
【本社】105-0022 東京都港区海岸1-2-20 汐留ビルディング　【設立】1983.3　[東京P]

【業績】	売上高	営業利益	経常利益	純利益
連22.3	65,272	9,106	8,578	5,992
連23.3	74,526	9,844	9,955	7,317

●インターンシップ●
【概要】①オープンカンパニー(業界研究、会社説明会)
【募集】①7~9月
【実施】①7~9月上旬(1日)【地域】①東京 札幌 名古屋 大阪 広島 福岡 京都 愛媛【選考】①なし

㈱ T K C （システム・ソフト）

修士・大卒採用数	従業員数	平均勤続年数	平均年収
100名	2,347名	16.7年	総817万円

【特色】税理士や地方公共団体に会計や情報サービス提供
【本社】162-8585 東京都新宿区揚場町2-1 軽子坂MNビル　【設立】1966.10　[東京P]

【業績】	売上高	営業利益	経常利益	純利益
連22.9	67,838	13,351	13,677	9,317
連23.9	71,915	14,338	14,772	10,826

●インターンシップ●
【概要】①IT企業のサービス体感コース(仕事体験)
【募集】①6~2月
【実施】①8~9月 12~1月(1日)【地域】①Webセミナー【選考】①未定【本選考との関係】①関係あり

SBテクノロジー㈱ （システム・ソフト）

修士・大卒採用数	従業員数	平均勤続年数	平均年収
66名	918名	8.0年	総757万円

【特色】ソフトバンク系。クラウド、セキュリティが柱
【本社】160-0022 東京都新宿区新宿6-27-30 新宿イーストサイドスクエア　【設立】1990.10　[東京P]

【業績】	売上高	営業利益	経常利益	純利益
連22.3	66,183	5,152	5,133	3,630
連23.3	67,227	5,557	5,499	3,497

●インターンシップ●【概要】①SBTの会社概要の説明 若手セキュリティエンジニアの仕事 就職活動エピソードの紹介 質疑応答②CTF形式を取り入れた5日間のインシデントレスポンス業務体験【募集】①6~8月②6~8月中旬【実施】①7月 8月(1日)②8月 9月(5日間)【地域】金オンライン【全学年対象】①②【選考】①なし②多数の場合スキルチェックシートによる選考【本選考との関係】金関係あり

三菱総研ＤＣＳ㈱ 〔システム・ソフト〕

修士・大卒採用数	従業員数	平均勤続年数	平均年収
108名	2.254名	14.6年	総797万円

【特色】 三菱総研系SI企業。経理財務(F&A)に強い
【本社】 140-8506 東京都品川区東品川4-12-2 品川シーサイドウエストタワー 【設立】 1970.7　　[未上場]

【業績】	売上高	営業利益	経常利益	純利益
連21.9	56,431	2,749	3,310	2,921
連22.9	62,972	4,804	5,079	4,844

●インターンシップ● 24予
【概要】 ①システム開発の基礎「アルゴリズム」/ICTサービス企画の体感型ワーク②AI×コミュニケーションロボット研究開発の体感型ワーク **【募集】** ①6月中旬~2月中旬②10月中旬~2月中旬 **【実施】** ①各1日×18回②各1日×10回 **【地域】** ②オンライン 【選考】②なし

ＪＦＥシステムズ㈱ 〔システム・ソフト〕

修士・大卒採用数	従業員数	平均勤続年数	平均年収
51名	1.377名	18.4年	総758万円

【特色】 JFE系のITシステム会社。メーカー向けが強い
【本社】 105-0023 東京都港区芝浦1-2-3 シーバンスS館 【設立】 1983.9　　[東京S]

【業績】	売上高	営業利益	経常利益	純利益
連22.3	50,394	5,608	5,644	3,724
連23.3	56,472	6,247	6,281	4,323

●インターンシップ● 24予 **【概要】** ①ITコンサル体感ワーク:IT業界や新技術の紹介、現場エンジニアとの座談会②RPA技術体感ワーク:プログラム体験、現場エンジニアとの座談会③チャットボット構築体感ワーク:プログラム体験、現場エンジニアとの座談会 **【募集】**‥ **【実施】**⑦7~10月 12~1月(1日)状況により追加仕事体験 **【地域】**②オンライン 東京・浜松町 【全学年対象】①②③ 【選考】②なし

㈱中電シーティーアイ 〔システム・ソフト〕

修士・大卒採用数	従業員数	平均勤続年数	平均年収
49名	1.265名	17.2年	総783万円

【特色】 中部電力系のIT企業。9割超が中電グループ向け
【本社】 461-0005 愛知県名古屋市東区東桜1-1-1 【設立】 2003.10　　[未上場]

【業績】	売上高	営業利益	経常利益	純利益
単22.3	44,269	953	907	632
単23.3	55,289	2,502	2,421	1,615

●インターンシップ●
【概要】 ①中部電力グループ唯一のIT企業として、電力事業を支えてきた実績とこれからの可能性を感じる
【募集】 ①7月 **【実施】** ①9月(2日間) **【地域】** ①オンライン 【選考】①アンケート Webテスト

コベルコシステム㈱ 〔システム・ソフト〕

修士・大卒採用数	従業員数	平均勤続年数	平均年収
48名	1.213名	14.3年	総810万円

【特色】 日本IBM系。製造業向け基幹システム構築に強み
【本社】 657-0845 兵庫県神戸市灘区岩屋中町4-2-7 シマブンビル11階 【設立】 1987.7　　[未上場]

【業績】	売上高	営業利益	経常利益	純利益
単21.12	48,368	NA	NA	3,782
単22.12	49,278	NA	NA	3,818

●インターンシップ●
【概要】 ①ゲーム形式のグループワーク「システムトラブルの原因究明」を通したシステムエンジニア(SE)の仕事理解、先輩社員による仕事紹介
【募集】 ①6~2月 **【実施】** ①8~2月(1日) **【地域】** ①オンライン 【選考】①なし

㈱シーイーシー 〔システム・ソフト〕

修士・大卒採用数	従業員数	平均勤続年数	平均年収
92名	1.506名	15.5年	総615万円

【特色】 独立系のシステム開発会社。富士通との関係密接
【本社】 150-0022 東京都渋谷区恵比寿南1-5-5 JR恵比寿ビル8階 【設立】 1968.2　　[東京P]

【業績】	売上高	営業利益	経常利益	純利益
連23.1	48,206	4,374	4,413	5,179
連24.1	53,124	4,563	4,677	4,541

●インターンシップ● 【概要】①IT業界・SE職の説明、グループワーク(プログラミング)②IT業界・SE職の説明、グループワーク(企画提案)③IT業界・SE職の説明、グループワーク(SEのコミュニケーション)【募集】①5月下旬~2月中旬②6月中旬~2月中旬③8月中旬~2月中旬【実施】①6~2月(各週2日程)②7~2月(各週2日程)③8月下旬~2月(各週2日程)【地域】①オンライン 東京③オンライン 東京 名古屋 【全学年対象】①②③ 【選考】②なし 【本選考との関係】②早期説明会に案内

㈱オージス総研 〔システム・ソフト〕

修士・大卒採用数	従業員数	平均勤続年数	平均年収
37名	1.540名	17.0年	総762万円

【特色】 大阪ガスの完全子会社。情報関連サービスを展開
【本社】 550-0023 大阪府大阪市西区千代崎3-南2-37 ICCビル 【設立】 1983.6　　[未上場]

【業績】	売上高	営業利益	経常利益	純利益
単22.3	45,468	6,077	6,322	3,819
単23.3	47,782	5,749	6,062	4,244

●インターンシップ●
【概要】 ②課題解決・ワークショップ型
【募集】‥
【実施】 ①8月(計2日間)②8~2月(1日) **【地域】** ②オンライン 【全学年対象】①② 【選考】②ES SPI 他

NTTテクノクロス(株) （システム・ソフト）

修士・大卒採用数	従業員数	平均勤続年数	平均年収
55名	1,885名	17.7年	NA

【特色】NTTグループのシステム会社。NTT研究所の技術が核
【本社】108-8202 東京都港区芝浦3-4-1 グランパークタワー15階【設立】1985.7　[未上場]

【業績】	売上高	営業利益	経常利益	純利益
連22.3	45,761	2,044	2,327	1,688
連23.3	47,522	2,240	2,476	1,774

●インターンシップ● 24予【概要】①会社で働く自分自身をイメージするワークショップ(ブロックを活用したワーク)、会社見学ツアー、先輩社員との懇談会②業界の理解を深めるための技術体験型ワークショップ、最先端技術や働き方の紹介、会社見学ツアー、先輩社員との懇談会③業界研究、会社紹介、先輩社員との懇談会【募集】②⑦~10月【実施】①②8~11月(半日)③8~11月(数時間)【地域】①②横浜②オンライン【全学年対象】①②③【選考】②なし

NSW(株) （システム・ソフト）

修士・大卒採用数	従業員数	平均勤続年数	平均年収
130名	1,902名	14.4年	総605万円

【特色】独立系のソフト開発中堅。NECグループと親密
【本社】150-8577 東京都渋谷区桜丘町31-11
【設立】1966.8　[東京P]

【業績】	売上高	営業利益	経常利益	純利益
連22.3	43,452	4,919	5,025	3,469
連23.3	46,188	5,387	5,442	4,090

●インターンシップ● 24予
【概要】①業界・企業研究、先輩社員座談会、IoTサービスのデモ体験
【募集】‥
【実施】①1日【地域】①オンライン【選考】①なし

JSOL(株) （システム・ソフト）

修士・大卒採用数	従業員数	平均勤続年数	平均年収
55名	1,243名	16.5年	総857万円

【特色】NTTデータと日本総研の合弁。システム開発が柱
【本社】102-0074 東京都千代田区九段南1-6-5 九段会館テラス【設立】2006.7　[未上場]

【業績】	売上高	営業利益	経常利益	純利益
連22.3	41,132	4,730	4,831	3,250
連23.3	44,660	5,385	5,533	4,019

●インターンシップ● 24予【概要】①システム企画・開発・保守体験、ITコンサル・営業体験、CAE開発体験②④システム開発模擬体験、グループ討論、座談会③システム企画・開発・保守体験、ITコンサル体験【募集】①8~9月(5~10日間)②8~9月(3日間)③8~9月(7日間)④11~1月(1日)【地域】①東京 大阪市 名古屋②東京 大阪市③東京④東京 大阪市 オンライン【全学年対象】①②③④【選考】③ES 適性検査 マッチング②④ES 適性検査【本選考との関係】①③早期選考に案内

tdiグループ （システム・ソフト）

修士・大卒採用数	従業員数	平均勤続年数	平均年収
83名	1,285名	16.3年	総675万円

【特色】独立系のIT企業。ソフト開発主力に運用管理等も
【本社】163-1332 東京都新宿区西新宿6-5-1 新宿アイランドタワー32階【設立】(創業)1968.9　[未上場]
※会社データは情報技術開発(株)、他データはグループ3社の合算

●インターンシップ●
【概要】①実機を用いたソリューション開発体験
【募集】‥
【実施】①12月中旬~1月(2日間)【地域】①東京・新宿【選考】①ES【本選考との関係】①関係あり

(株)アグレックス （システム・ソフト）

修士・大卒採用数	従業員数	平均勤続年数	平均年収
70名	2,166名	11.1年	総598万円

【特色】TISの完全子会社。BPOが主力。生損保の顧客が多い
【本社】163-1438 東京都新宿区西新宿3-20-2 東京オペラシティビル【設立】1965.9　[未上場]

【業績】	売上高	営業利益	経常利益	純利益
連22.3	38,215	4,193	4,530	3,181
連23.3	38,077	4,215	4,617	3,241

●インターンシップ● 【概要】①TRYOUT・Quest:SEの顧客ヒアリング・ソリューション提案体験※IT専門知識不要、文理不問②TRYOUT・Design:SE視点のGW※IT専門知識不要、文理不問③Experience・Across:オリジナルテーマのGD※IT専門知識不要、文理不問④Experience・Planning:新規ビジネス考案体験※IT専門知識不要、文理不問【募集】④4~1月【実施】⑤5~1月(1日×複数回)【地域】②オンライン【全学年対象】①②③④【選考】①②なし③④TRYOUTシリーズの合否結果

(株)ビジネスブレイン太田昭和 （システム・ソフト）

修士・大卒採用数	従業員数	平均勤続年数	平均年収
48名	680名	9.5年	総690万円

【特色】コンサルとシステム開発の2本柱。海外へも展開
【本社】105-0003 東京都港区西新橋1-1-1 日比谷フォートタワー【設立】1967.8　[東京P]

【業績】	売上高	営業利益	税前利益	純利益
◇22.3	32,345	2,744	2,792	1,763
◇23.3	37,062	3,207	3,241	1,838

●インターンシップ● 24予【概要】①経営会計コンサル職:要求分析体験②ITコンサルタント職:要件定義からシステム構築体験③SE適性発見コース:業界分析②会計×IT×コンサルの仕事:会社紹介&社員QA会【募集】①4~2月上旬②4~12月③3~2月中旬④3~10月【実施】①7~2月(2日間、月1回)②8~12月(2日間、月1回)③4~2月(半日、2回)④4~10月(2h)【地域】②オンライン【全学年対象】④【選考】①③④なし②PG経験者のみ【本選考との関係】①②早期選考案内③関係あり

171

東芝情報システム（株）

	システム・ソフト	修士・大卒採用数	従業員数	平均勤続年数	平均年収
		46名	1,482名	22.4年	総770万円

【特色】東芝系のシステム開発大手。2領域で事業展開

【業績】	売上高	営業利益	経常利益	純利益
連22.3	38,663	4,384	4,399	5,191
連23.3	36,821	4,348	4,340	3,019

【本社】210-8540 神奈川県川崎市川崎区日進町1-53 興和川崎東口ビル 【設立】1962.8 ［未上場］

●インターンシップ●【概要】①IoTデバイスを活用した組込みソフトウェア開発体験②半導体回路設計体験【募集】‥【実施】①8〜9月(5日間)2〜3月(5日間)②8〜9月(5日間 2日間)2〜3月(5日間 2日間)【地域】⑰川崎【選考】⑰書類

（株）エクサ

	システム・ソフト	修士・大卒採用数	従業員数	平均勤続年数	平均年収
		32名	1,232名	17.3年	総752万円

【特色】システム開発会社中堅。日本IBMとJFEの合弁

【業績】	売上高	営業利益	経常利益	純利益
連21.12	31,626	NA	3,231	2,271
連23.3	36,771	NA	4,073	2,838

【本社】220-8560 神奈川県横浜市西区みなとみらい4-4-5 横浜アイマークプレイス2F 【設立】1987.10 ［未上場］

●インターンシップ●【概要】①グループワークでシステムインテグレーターとして顧客の新規ビジネスを企画立案(要件ヒアリング → 提案 → プロトタイプ作成)②グループワークでシステムインテグレーターとして顧客の新規ビジネスを企画立案(要件ヒアリング → 提案)③自己分析ワークショップ、業界研究セミナー④会社セミナー、社員座談会【募集】①6・7月②6〜8月③9〜④6〜2月 【実施】①8月(5日間)②8〜9月(2日間)③毎月(1日)【地域】①②横浜③④オンライン 【選考】①②ES③④なし 【本選考との関係】①②早期選考に案内

ＴＤＣソフト（株）

	システム・ソフト	修士・大卒採用数	従業員数	平均勤続年数	平均年収
		147名	1,772名	11.4年	総617万円

【特色】ソフト開発中堅。金融の大規模システムに強い

【業績】	売上高	営業利益	経常利益	純利益
連22.3	30,925	2,967	3,082	2,069
連23.3	35,242	3,458	3,714	2,490

【本社】102-0074 東京都千代田区九段南1-6-5 九段会館テラス 【設立】1963.12 ［東京Ｐ］

●インターンシップ● 24予【概要】①SEの仕事内容を疑似体験②SEの仕事内容の疑似体験(PG実装)③開発部門での就業体験【募集】①6〜2月(1日×複数回)②8〜2月(3日間×複数回)③8月中旬(2週間)【地域】①東京・九段下 オンライン②③東京・九段下 【全学年対象】①②③【選考】①なし②PGテスト③ES【本選考との関係】⑰早期選考に案内

（株）図研

	システム・ソフト	修士・大卒採用数	従業員数	平均勤続年数	平均年収
		20名	437名	17.7年	総794万円

【特色】プリント基板用CAD／CAM国内最大手。世界首位級

【業績】	売上高	営業利益	経常利益	純利益
連22.3	31,502	3,904	4,177	3,002
連23.3	35,073	4,428	4,735	3,196

【本社】224-8585 神奈川県横浜市都筑区荏田東2-25-1 【設立】1976.12 ［東京Ｐ］

●インターンシップ● 24予【概要】①モノづくりDX:図研製品(CAD、PDMシステム)を活用した電子機器開発体験【募集】①6〜7月中旬【実施】①8月19〜29日(9日間)【地域】①横浜【選考】①未定【本選考との関係】①自社開催イベントや早期選考に案内

（株）アイネット

	システム・ソフト	修士・大卒採用数	従業員数	平均勤続年数	平均年収
		60名	969名	16.7年	総619万円

【特色】独立系のシステム開発、情報処理サービス会社

【業績】	売上高	営業利益	経常利益	純利益
連22.3	31,169	2,367	2,542	1,694
連23.3	34,988	2,129	2,175	1,343

【本社】220-8401 神奈川県横浜市西区みなとみらい3-3-1 三菱重工横浜ビル 【設立】1971.4 ［東京Ｐ］

●インターンシップ● 24予【概要】①IT業界研究、システム開発の企画業務体験、グループワーク、プレゼン、社内ツアー、先輩社員との座談会 他【募集】①4〜9月【実施】①7〜9月 11〜12月(2日間および1日×複数回)【地域】①神奈川・横浜みなとみらい 東京・蒲田【選考】①なし

スミセイ情報システム（株）

	システム・ソフト	修士・大卒採用数	従業員数	平均勤続年数	平均年収
		73名	※1,311名	※18.4年	総704万円

【特色】住友生命グループのユーザー系SIer

【業績】	売上高	営業利益	経常利益	純利益
連22.3	34,661	2,530	2,558	1,768
連23.3	34,027	1,052	1,082	734

【本社】532-0003 大阪府大阪市淀川区宮原4-1-14 住友生命新大阪北ビル 【設立】1971.5 ［未上場］

●インターンシップ●【概要】①②顧客企業への課題解決プロジェクト体験(ソリューション提案のロールプレイ)③④プロジェクトマネジメント体験(工数管理やベンダー選定のロールプレイ)【募集】①7月②8月③11月④12月 【実施】①8月(半日×2回)②9月(半日×2回)③11月(半日×2回)④12月(半日×2回)【地域】⑰オンライン 【全学年対象】①②③④【選考】⑰なし

㈱オービックビジネスコンサルタント　システム・ソフト

	修士・大卒採用数	従業員数	平均勤続年数	平均年収
	86名	918名	11.8年	㊱694万円

【特色】通称OBC。業務ソフト「奉行シリーズ」で著名
【本社】163-6029 東京都新宿区西新宿6-8-1
【設立】1980.12　　　　　　　　　　　　　　　[東京P]

【業績】	売上高	営業利益	経常利益	純利益
連22.3	34,757	16,357	17,157	11,811
連23.3	33,704	14,709	15,834	11,033

●インターンシップ●
【概要】①ワーク型課題解決提案
【募集】‥
【実施】①6月下旬～10月(半日×複数回)【地域】①東京・新宿　大阪　オンライン【選考】①なし

トーテックアメニティ㈱　システム・ソフト

	修士・大卒採用数	従業員数	平均勤続年数	平均年収
	174名	2,749名	8.6年	㊱533万円

【特色】独立系。システム受託開発を柱に組込ソフト等も
【本社】451-0045 愛知県名古屋市西区名駅2-27-8 名古屋
プライムセントラルタワー7階【設立】1971.5 [未上場]

【業績】	売上高	営業利益	経常利益	純利益
連22.3	30,987	2,416	2,900	1,803
連23.3	33,352	2,911	3,231	2,162

●インターンシップ● 24予【概要】①設計開発業務体験(情報・電気電子・機械)「ぶつからない車の設計開発」業務の体験②設計開発業務体験(電気電子)※詳細は検討中③企業研究セミナー④技術者の観点を知る!~問題発見ワーク~【募集】①②5~7月③④未定【実施】①②8~9月(実施5日間)③④1日【地域】①②東京・新宿　名古屋　大阪市　福岡市③④オンライン【選考】①②多数の場合抽選③④なし【本選考との関係】①②早期選考に案内

㈱菱友システムズ　システム・ソフト

	修士・大卒採用数	従業員数	平均勤続年数	平均年収
	50名	1,239名	18.6年	㊱670万円

【特色】三菱重工系のIT企業。IBMの有力特約店
【本社】105-0023 東京都港区芝浦1-2-3 シーバンス館【設立】1968.7　　　　　　　[東京S]

【業績】	売上高	営業利益	経常利益	純利益
連22.3	30,260	2,333	2,467	1,580
連23.3	33,138	2,673	2,711	1,834

●インターンシップ●
【概要】①DXのトレンド紹介(事例紹介等)先輩社員との座談会②航空宇宙業界における解析・設計サービスの紹介
【募集】‥【実施】①8~2月(1日)②9~2月(1日)【地域】㊱オンラインまたは対面【選考】㊱なし

㈱IDホールディングス　システム・ソフト

	修士・大卒採用数	従業員数	平均勤続年数	平均年収
	61名	1,942名	16.4年	㊱494万円

【特色】独立系のSIer。金融向けに強み。DX関連を強化
【本社】102-0076 東京都千代田区五番町12-1 番町会館【設立】1969.10　　　　　[東京P]

【業績】	売上高	営業利益	経常利益	純利益
連23.3	31,101	2,424	2,504	1,402

※会社データ以外はグループ4社の合算

●インターンシップ●
【概要】①現在のIT業界を知るワーク　エンジニア体験ゲーム　若手社員との懇談会
【募集】①~9月上旬
【実施】①7~9月(1日)【地域】①東京本社【選考】①なし【本選考との関係】①早期選考に案内

㈱フォーカスシステムズ　システム・ソフト

	修士・大卒採用数	従業員数	平均勤続年数	平均年収
	104名	1,304名	10.7年	㊱565万円

【特色】独立系SI。公共向けのシステム開発に強み
【本社】141-0022 東京都品川区東五反田2-7-8 フォーカス五反田ビル【設立】1977.4 [東京P]

【業績】	売上高	営業利益	経常利益	純利益
連22.3	26,278	1,640	1,600	1,066
連23.3	29,124	1,894	1,911	1,390

●インターンシップ●
【概要】①FOCUS Basic Seminer:フローチャート・価値観整理ワーク②FOCUS Advance Seminer:FCSの要件定義・設計ワーク【募集】①6~2月②7月中旬~2月【実施】①6~2月中旬(月8回程度)②7~2月(月1回程度)【地域】㊱東京　オンライン【選考】㊱なし【本選考との関係】㊱早期選考に案内

㈱ソフトウェア・サービス　システム・ソフト

	修士・大卒採用数	従業員数	平均勤続年数	平均年収
	140名	1,570名	7.7年	㊱499万円

【特色】病院向けの電子カルテ・情報システムの専門企業
【本社】532-0004 大阪府大阪市淀川区西宮原2-6-1 【設立】1969.4　　　　　　　[東京S]

【業績】	売上高	営業利益	経常利益	純利益
連22.10	27,569	4,853	4,909	3,399
連23.10	33,720	6,516	6,591	4,864

●インターンシップ● 24予【概要】①医療情報システムの機能拡張(プログラマ系職種)と病院IT化のコンサルティング体験(営業・コンサル系職種)②医療情報システムの機能拡張・提案と自社システムを使った操作説明とコンサルティングの仕事体験③自社システムを使った医療IT企業の実務体験【募集】①②6~2月中旬③6~7月末頃【実施】①②6月中旬~2月中旬(2日間)※1日のみの参加も可③8月19日~23日(5日間)【地域】①オンライン②③大阪・淀川　東京・大田【選考】①②なし③未定【本選考との関係】③早期選考に案内

173

㈱さくらケーシーエス

システム・ソフト

	修士・大卒採用数	従業員数	平均勤続年数	平均年収
	28名	949名	20.3年	633万円

【特色】ソフト開発、データセンター主体。富士通色

【本社】650-0036 兵庫県神戸市中央区播磨町21-1

【設立】1969.3　　　　　　　　　　　　　　[東京S]

【業績】	売上高	営業利益	経常利益	純利益
連22.3	24,794	819	878	602
連23.3	23,588	993	1,038	748

●インターンシップ●

【概要】①業界・会社研究 グループワーク(システム開発上流体験)、現場社員との座談会 他

【募集】①6~2月【実施】①8~9月 11~2月(1~2日間×複数回)【地域】①神戸 東京 オンライン【選考】①なし【本選考との関係】①早期選考に案内

㈱ＣＩＪ

シー　アイ　ジェイ

システム・ソフト

	修士・大卒採用数	従業員数	平均勤続年数	平均年収
	60名	853名	13.0年	総556万円

【特色】独立系ソフト会社。日立、NTTデータと親密

【本社】220-0011 神奈川県横浜市西区高島1-2-5

横濱ゲートタワー17階【設立】1976.1 [東京P]

【業績】	売上高	営業利益	経常利益	純利益
連22.6	21,467	1,570	1,598	971
連23.6	22,859	1,829	1,839	1,142

●インターンシップ●

【概要】①グループワークによるSE体験

【募集】①6~2月

【実施】①7~2月(1日)【地域】①オンライン 横浜【全学年対象】①【選考】①なし

さくら情報システム㈱

システム・ソフト

	修士・大卒採用数	従業員数	平均勤続年数	平均年収
	41名	977名	17.0年	総626万円

【特色】大阪ガス、三井住友銀行系のシステム会社

【本社】108-8650 東京都港区白金1-17-3

【設立】1972.11　　　　　　　　　　　　　[未上場]

【業績】	売上高	営業利益	経常利益	純利益
単22.3	20,200	NA	NA	NA
単23.3	21,100	NA	NA	NA

●インターンシップ● 24予【概要】①ハッカソン②ゲーム形式でIT業界全体の仕事理解と、システムエンジニアの業務体験③ビジネスシミュレーションゲームを用いながら要件定義を疑似体験④先輩社員座談会【募集】①6~7月中旬②6~10月③7~10月④8~10月【実施】①7~9月(3日間)②③7~10月(1日)④9~10月(1日)【地域】②オンライン【全学年対象】①②③④【選考】①プログラミング試験②③④なし【本選考との関係】②早期選考に案内

ＡＧＳ㈱

エー　ジー　エス

システム・ソフト

	修士・大卒採用数	従業員数	平均勤続年数	平均年収
	29名	1,080名	NA	総599万円

【特色】りそなGが母体の情報システムサービス企業

【本社】330-0075 埼玉県さいたま市浦和区創ヶ谷4-3-25【設立】1971.7　　　　　　　[東京S]

【業績】	売上高	営業利益	経常利益	純利益
連22.3	21,187	948	981	638
連23.3	21,066	873	910	682

●インターンシップ●

【概要】①仮想顧客へのヒアリングの中から問題を洗い出し、グループワークで課題を解決

【募集】①6月~【実施】①8月中旬~12月上旬(2日間)【地域】①オンライン【選考】①Web適性試験【本選考との関係】①早期選考に案内

㈱エヌアイデイ

システム・ソフト

	修士・大卒採用数	従業員数	平均勤続年数	平均年収
	100名	1,091名	13.8年	総559万円

【特色】独立系SI。通信・情報、組み込み系に強み

【本社】104-6029 東京都中央区晴海1-8-10 晴海トリトンオフィスタワーX 1967.5 [東京S]

【業績】	売上高	営業利益	経常利益	純利益
連22.3	18,251	2,226	2,466	1,631
連23.3	20,449	2,544	2,742	2,210

●インターンシップ● 24予

【概要】①業界研究 会社説明会 就業体験プログラム 社員座談会

【募集】①6~2月中旬【実施】①7~2月中旬(1日)【地域】①東京・中央 オンライン【全学年対象】①【選考】①なし【本選考との関係】①早期選考に案内

アイエックス・ナレッジ㈱

システム・ソフト

	修士・大卒採用数	従業員数	平均勤続年数	平均年収
	73名	1,323名	15.1年	総569万円

【特色】独立系の中堅システム開発会社。一貫受注に強み

【本社】108-0022 東京都港区海岸3-22-23 MSCセンタービル【設立】1979.6 [東京S]

【業績】	売上高	営業利益	経常利益	純利益
連23.3	20,206	1,459	1,533	1,027

●インターンシップ● 24予

【概要】①AWS関連の開発ワーク②要件定義ワーク、会社紹介、先輩社員座談会

【募集】①8~12月②10~2月【実施】①9月 12月(5日間)②随時(1日)【地域】①東京・港②東京・港 オンライン【選考】②なし【本選考との関係】②早期選考に案内

ＮＣＳ＆Ａ㈱

システム・ソフト

修士・大卒採用数	従業員数	平均勤続年数	平均年収
57名	936名	17.2年	㊱691万円

【特色】ソフト開発の老舗でITサービスに注力。NECと親密
【本社】530-6112 大阪府大阪市北区中之島3-3-23 中之島ダイビル 【設立】1966.9 ［東京Ｓ］

【業績】	売上高	営業利益	経常利益	純利益
連22.3	20,458	1,297	1,408	978
連23.3	19,385	1,540	1,617	1,273

●インターンシップ●
【概要】①業界研究 他
【募集】①6月~
【実施】①8月 12月 1月(半日、各月2日程)【地域】①オンライン【選考】①なし

キーウェアソリューションズ㈱

システム・ソフト

修士・大卒採用数	従業員数	平均勤続年数	平均年収
55名	741名	16.9年	614万円

【特色】総合システムサービス企業。NEC、JR、NTTと密接
【本社】156-8588 東京都世田谷区上北沢5-37-18 【設立】1965.5 ［東京Ｓ］

【業績】	売上高	営業利益	経常利益	純利益
連22.3	18,427	551	755	556
連23.3	19,173	738	921	482

●インターンシップ●
【概要】①IT業界勉強 システムエンジニア体験②業界勉強 システムエンジニア体験
【募集】‥【実施】①8月21~25日(5日間)②8月(半日間×8回)1月(半日間×8回)【地域】㋐オンライン【選考】㋐なし【本選考との関係】㋐選考の免除あり

㈱ジャステック

システム・ソフト

修士・大卒採用数	従業員数	平均勤続年数	平均年収
84名	1,389名	12.7年	㊱510万円

【特色】独立系。システム開発専業で優良顧客が多い
【本社】108-0074 東京都港区高輪3-5-23 【設立】1971.7 ［東京Ｐ］

【業績】	売上高	営業利益	経常利益	純利益
単22.11	19,053	2,889	2,964	2,044
単23.11	20,762	3,063	3,150	2,213

●インターンシップ●【概要】①会社紹介、IT業界研究 社員とのパネルディスカッション システム設計演習(グループワーク)②会社紹介 社員とのパネルディスカッション システム設計演習(グループワーク)【募集】①6月上旬~【実施】①7~9月(1日)②12~2月(1日)【地域】①東京・港②オンライン【全学年対象】①②【選考】㋐ES【本選考との関係】㋐早期選考に案内

ビジネスエンジニアリング㈱

システム・ソフト

修士・大卒採用数	従業員数	平均勤続年数	平均年収
20名	521名	11.2年	㊱829万円

【特色】SAPのERP導入支援。自社品「MCフレーム」が成長
【本社】100-0004 東京都千代田区大手町1-8-1 KDDI大手町ビル 【設立】1980.12 ［東京Ｐ］

【業績】	売上高	営業利益	経常利益	純利益
連22.3	17,760	2,412	2,443	1,643
連23.3	18,506	3,246	3,250	2,328

●インターンシップ● 24予
【概要】①IT×製造業のDXビジネスを2時間で体感
【募集】①6~2月 【実施】①6~2月(1日)【地域】①オンライン 東京・千代田 名古屋 大阪市 【選考】①なし【本選考との関係】①早期選考に案内

㈱東計電算

システム・ソフト

修士・大卒採用数	従業員数	平均勤続年数	平均年収
62名	818名	13.5年	606万円

【特色】独立系SI。システム開発を軸にデータ処理なども
【本社】211-8550 神奈川県川崎市中原区市ノ坪150 【設立】1970.4 ［東京Ｓ］

【業績】	売上高	営業利益	経常利益	純利益
連22.12	17,605	4,541	5,154	3,409
連23.12	19,562	5,060	5,727	3,968

●インターンシップ●
【概要】①SE:システム開発部門に席を置き、現場の雰囲気を体感しながら、一からプログラミングを体験【募集】①6~7月上旬 【実施】①8月中旬~9月上旬(実質5日間)【地域】①神奈川・武蔵小杉 東京・秋葉原 【選考】①書類【本選考との関係】①早期選考に案内

㈱ハイマックス

システム・ソフト

修士・大卒採用数	従業員数	平均勤続年数	平均年収
67名	803名	13.0年	㊱616万円

【特色】独立系SI。金融、保険、流通、クレジット主体
【本社】220-6216 神奈川県横浜市西区みなとみらい2-3-5 クイーンズタワー C棟 16F 【設立】1976.5 ［東京Ｓ］

【業績】	売上高	営業利益	経常利益	純利益
連22.3	16,681	1,716	1,719	1,213
連23.3	17,331	1,833	1,844	1,294

●インターンシップ● 24予【概要】①②上流工程体験③システム提案疑似体験④システム開発体験【募集】①7月12日まで②8月9日まで③開催日前まで④7月26日まで 【実施】①8月5日~9日(5日間)②9月2日~6日(5日間)③7月27日 8月24日 9月14日(1日)④8月19日~30日(2週間)【地域】①対面②③④オンライン 【選考】①②④書類 適性検査③なし【本選考との関係】㋐早期選考に案内

[情報・通信・同関連ソフト]

サイバーコム㈱

システム・ソフト	修士・大卒採用数	従業員数	平均勤続年数	平均年収
	94名	1,217名	10.0年	㊱500万円

【特色】富士ソフトの子会社。通信系ソフト開発が主力
【本社】231-0005 神奈川県横浜市中区本町4-34
【設立】1978.12　　　　　　　　　　　　　[未上場]

【業績】	売上高	営業利益	経常利益	純利益
単21.12	15,528	953	1,031	704
単22.12	16,628	1,054	1,084	804

●インターンシップ● 24予【概要】①社員表彰の受賞歴があるエンジニアの事例をもとにシステムエンジニアの業務内容や大切にしている考えなどを学ぶ②システム開発体験のはじまりである「要件定義」を通してITソリューション提案をチームで体験【募集】①⑥6~9月上旬 10~2月上旬【実施】①⑦7~9月上旬 2月中旬(1日)②7~9月上旬 12月中旬~2月中旬(2日間)【地域】①横浜 仙台 オンライン②オンライン【全学年対象】①②【選考】⑥なし

㈱東邦システムサイエンス

システム・ソフト	修士・大卒採用数	従業員数	平均勤続年数	平均年収
	60名	579名	12.9年	㊱603万円

【特色】金融分野を得意とする独立系ソフト開発中堅
【本社】112-0002 東京都文京区小石川1-12-14 日本生命小石川ビル【設立】1971.6　[東京P]

【業績】	売上高	営業利益	経常利益	純利益
単22.3	14,211	1,327	1,337	942
単23.3	15,446	1,514	1,522	1,116

●インターンシップ●
【概要】①1DAY講座:IT業界がわかる・企業研究手法がわかる・SE適性がわかる
【募集】①6~2月中旬
【実施】①8~2月(1日×複数回)【地域】①オンライン【全学年対象】①【選考】①なし

㈱システム情報

システム・ソフト	修士・大卒採用数	従業員数	平均勤続年数	平均年収
	50名	568名	7.7年	㊱591万円

【特色】独立系ソフト開発会社。プロジェクト管理に強み
【本社】104-0054 東京都中央区勝どき1-7-3 勝どきサンスクェア【設立】1980.1　[未上場]

【業績】	売上高	営業利益	経常利益	純利益
連22.9	14,655	1,815	1,829	1,242
連23.9	15,327	1,692	1,716	1,163

●インターンシップ●
【概要】①業界 職種紹介 会社紹介 システム開発の流れの体験
【募集】①7~2月
【実施】①7~2月【地域】①オンライン【選考】①なし【本選考との関係】①早期選考に案内

㈱クロスキャット

システム・ソフト	修士・大卒採用数	従業員数	平均勤続年数	平均年収
	62名	490名	11.9年	㊱540万円

【特色】ソフトウェア開発で中堅。クレジット業界に強い
【本社】108-0075 東京都港区港南1-2-70 品川シーズンテラス【設立】1973.6　[東京P]

【業績】	売上高	営業利益	経常利益	純利益
連22.3	12,119	1,109	1,171	765
連23.3	13,835	1,461	1,510	1,019

●インターンシップ●【概要】①ブロック玩具を用いたGWによるシステム開発体験 他②アルゴリズムの講義 プログラミング体験 他③企業説明 勤怠データの分析・情報抽出 新機能の提案まで行うハッカソン 成果発表会④IT業界セミナー 社内見学ツアー 就活マナー講座 座談会【募集】①②6~9月上旬 11~2月中旬③6~8月中旬④11~2月中旬【実施】①②7~9月中旬 11月下旬~2月(1日)③8月③8月(1日)④1~2月(1日)【地域】①④本社②③オンライン【全学年対象】①②③④【選考】⑥なし【本選考との関係】⑥早期説明会に案内

㈱リンクレア

システム・ソフト	修士・大卒採用数	従業員数	平均勤続年数	平均年収
	43名	486名	12.9年	㊱803万円

【特色】独立系のソフト開発会社。無借金経営貫く
【本社】108-0075 東京都港区港南2-16-3 品川グランドセントラルタワー【設立】1970.1　[未上場]

【業績】	売上高	営業利益	経常利益	純利益
単22.3	11,727	887	1,014	692
単23.3	12,106	727	863	610

●インターンシップ●
【概要】①新しいビジネスのアイデア出しをするワークショップ
【募集】①12月中旬~2月中旬
【実施】①1月中旬~2月中旬(1日)【地域】①オンライン【選考】①なし【本選考との関係】①関係あり

㈱SCC

システム・ソフト	修士・大卒採用数	従業員数	平均勤続年数	平均年収
	47名	702名	16.5年	㊱619万円

【特色】産学研協同を掲げる独立系SI。eDCグループ中核
【本社】164-8505 東京都中野区中野5-62-1 eDCビル【設立】1975.12　[未上場]

【業績】	売上高	営業利益	経常利益	純利益
単22.3	10,833	434	556	366
単23.3	11,879	981	1,105	680

●インターンシップ●24予【概要】①SEの仕事体験:チームで上流工程を中心としたシステム開発体験②SEの仕事体験:チームで要件定義、顧客への提案体験【募集】⑥6~7月【実施】①8月26日~9月6日(10日間)②8月上旬(1日)8月下旬(1日)【地域】⑥東京・中野【選考】①書類 面接②なし【本選考との関係】①早期選考に案内 1次選考免除②早期選考に案内

三和コンピュータ㈱　[システム・ソフト]

修士・大卒採用数	従業員数	平均勤続年数	平均年収
8名	417名	19.3年	㊙500万円

【特色】NEC系のSI企業。ICTトータルソリューションが柱
【本社】106-0047 東京都港区南麻布3-20-1 Daiwa麻布テラス【設立】1971.9　[未上場]

【業績】	売上高	営業利益	経常利益	純利益
単22.3	5,821	▲9	8	3
単23.3	6,011	11	23	▲96

●インターンシップ●
【概要】①営業②SE③CE④FE
【募集】‥
【実施】㋓未定【地域】㋑未定【選考】㋭なし【本選考との関係】㋬関係あり

㈱三井住友銀行　[銀行]

修士・大卒採用数	従業員数	平均勤続年数	平均年収
465名	25.099名	15.7年	840万円

【特色】3メガバンクの一角。個人や中小企業に強み
【本社】100-0005 東京都千代田区丸の内1-1-2 三井住友銀行本店ビルディング【設立】1996.6　[持株傘下]

【業績】	経常収益	業務純益	経常利益	純利益
連22.3	2,990,450	ND	867,849	568,244
連23.3	4,991,948	ND	1,125,928	807,042

●インターンシップ●
【概要】①大企業営業編、プロジェクトファイナンス編、DX編 他（理系コースも複数あり）
【募集】‥【実施】①8月中旬~9月中旬（5日間または半日・1日・3日間）【地域】①東京 大阪 オンライン
【全学年対象】①【選考】①ES

㈱三菱ＵＦＪ銀行　[銀行]

修士・大卒採用数	従業員数	平均勤続年数	平均年収
330名	32.786名	15.4年	784万円

【特色】3メガバンクの一角。総資産では国内首位
【本社】100-8388 東京都千代田区丸の内2-7-1
【設立】1919.8　[持株傘下]

【業績】	経常収益	業務純益	経常利益	純利益
単22.3	2,557,193	373,274	407,057	188,344
単23.3	4,799,567	650,125	903,744	1,015,454

●インターンシップ●
【概要】①法人業務体感のほか、システム・デジタル・ウェルスマネジメント・戦略財務会計等の専門職向けも予定
【募集】‥【実施】①未定【地域】①未定【全学年対象】①【選考】①未定

㈱み　ず　ほ　銀　行　[銀行]

修士・大卒採用数	従業員数	平均勤続年数	平均年収
500名	24.652名	15.4年	※1.038万円

【特色】3メガバンクの一角。みずほフィナンシャルG中核
【本社】100-8176 東京都千代田区大手町1-5-5 大手町タワー【設立】1923.7　[持株傘下]

【業績】	経常収益	業務純益	経常利益	純利益
連23.3	5,778,772	805,296	789,606	555,527

※採用数はみずほ信託銀行との合算、業績はみずほFGのもの

●インターンシップ●【概要】①法人営業体験型GW②デジタルマーケティング業務体験型GW③金融工学・データサイエンス等を活かした実践型クオンツGW、先輩社員座談会④不動産営業体験型GW、先輩社員座談会【募集】‥【実施】①7月中旬~8月中旬（1日×複数回）②8~9月（1日×複数回）③9月4~8日（1日×複数回）④8月下旬（1日×複数回）【地域】①②③④東京 大阪【全学年対象】①②③④【選考】①書類 Webテスト②④書類 Webテスト③書類 Webテスト Web面接

㈱ゆうちょ銀行　[銀行]

修士・大卒採用数	従業員数	平均勤続年数	平均年収
130名	11.742名	20.5年	685万円

【特色】日本郵政傘下の銀行。預貯金額で国内最大級
【本社】100-8793 東京都千代田区大手町2-3-1 大手町プレイスウエストタワー【設立】2006.9　[東京P]

【業績】	経常収益	業務純益	経常利益	純利益
連22.3	1,977,640	ND	490,891	355,070
連23.3	2,064,251	ND	455,566	325,070

●インターンシップ●【概要】①総合職の仕事内容を知る（ゆうちょ OpenCommunity）②総合職の仕事を体験③クオンツコース、データサイエンスコース向け④マーケットコース、デジタルコース向け【募集】①③6月②⑥ 10月④10月【実施】①6月（1日）②8~12月（全5日間）1月（1日）③9月（2週間）④12~1月（2日間）【地域】①オンライン②東京・千代田 大阪市 オンライン③④東京・千代田【全学年対象】①④【選考】①なし②ES 適性検査③ES 適性検査 面接④ES

りそなグループ　[銀行]

修士・大卒採用数	従業員数	平均勤続年数	平均年収
545名	12.082名	17.3年	㊙※880万円

【特色】邦銀大手。個人や中小企業向け取引に強み
【本社】135-8582 東京都江東区木場1-5-65 深川ギャザリア W2棟【設立】2001.12　[東京P]

【業績】	経常収益	業務純益	経常利益	純利益
連23.3	867,974	ND	227,690	160,400

※業績・会社データは㈱りそなHDのもの

●インターンシップ●
【概要】①RESONA PROFESSIONAL ACADEMY：金融工学・データサイエンス編
【募集】‥
【実施】①8月（5日間）【地域】①オンライン【全学年対象】①【選考】①ES 面接

[金融]

エスビーアイしんせいぎんこう
ＳＢＩ新生銀行グループ　[銀行]

修士・大卒採用数	従業員数	平均勤続年数	平均年収
111名	2,179名	14.1年	総780万円

【特色】旧長銀。消費者金融が主力。SBIグループ傘下
【本社】103-8303 東京都中央区日本橋室町2-4-3
【設立】1952.12　[未上場]

【業績】	経常収益	業務純益	経常利益	純利益
連23.3	421,853	ND	52,136	42,771

※採用数はグループの、その他は㈱SBI新生銀行の情報

●インターンシップ●　【概要】①銀行の法人ビジネス業務を体験:銀行法人向けビジネス研究、法人向け営業業務体験、先輩社員登壇②銀行のデータサイエンティスト業務を体験:銀行データサイエンティスト業務研究、データサイエンティスト業務体験、先輩社員登壇【募集】①8月中旬~9月中旬②8月下旬~9月中旬【実施】①11月(3日間)②10月(1日)【地域】⑷東京 オンライン 【選考】①SPI②ES 【本選考との関係】⑦早期選考に案内

㈱あおぞら銀行　[銀行]

修士・大卒採用数	従業員数	平均勤続年数	平均年収
47名	1,980名	15.7年	869万円

【特色】旧日債銀。不動産、金融機関向け取引に強み
【本社】102-8660 東京都千代田区麹町6-1-1
【設立】1957.4　[東京P]

【業績】	経常収益	業務純益	経常利益	純利益
連22.3	134,737	ND	46,294	35,004
連23.3	183,292	ND	7,356	8,719

●インターンシップ●
概要①リテール営業・事業法人営業を体感
【募集】①代表的な時期6~7月中旬【実施】①8~9月(1日・3日間)11~12月(1日)1月下旬~2月(1日)【地域】①東京 大阪 札幌 仙台 金沢 名古屋 京都 広島 福岡 オンライン 【全学年対象】① 【選考】①ES

㈱セブン銀行　[銀行]

修士・大卒採用数	従業員数	平均勤続年数	平均年収
17名	※537名	※7.5年	総729万円

【特色】セブンイレブン等にATM網。米国などにも展開
【本社】100-0005 東京都千代田区丸の内1-6-1
【設立】2001.4　[東京P]

【業績】	経常収益	業務純益	経常利益	純利益
連22.3	136,667	ND	28,255	20,827
連23.3	154,984	ND	28,924	18,854

●インターンシップ●　24予
概要①グループワークによる企画立案業務体験 会社紹介 先輩社員座談会②IT関連3部署で実務を体験【募集】①7月 10月②7月【実施】①8月 9月 11月 12月(半日×16回)②8月(5日間)【地域】⑷東京 【全学年対象】① 【選考】①ES②ES 面接

みついすみともしんたくぎんこう
三井住友信託銀行㈱　[銀行]

修士・大卒採用数	従業員数	平均勤続年数	平均年収
400名	※9,211名	※15.8年	総716万円

【特色】信託銀行首位。資産運用や不動産など独自路線
【本社】100-0005 東京都千代田区丸の内1-4-1
【設立】1925.7　[持株傘下]

【業績】	経常収益	業務純益	経常利益	純利益
連22.3	1,249,695	ND	203,664	149,223
連23.3	1,695,357	ND	265,045	177,649

●インターンシップ●　【概要】①③グループワークによる業務体験(個人事業もしくは法人事業)②専門分野別(リスク管理、財務企画、アクチュアリー、マーケット、デジタル)【募集】①6月 11月②7月 10月③1月【実施】①8~9月 1~2月(3日間)②9月 11~12月(1~3日間)③2月(1日)【地域】①②オンライン 対面③オンライン 【選考】⑦あり

みつびしユーエフジェイしんたくぎんこう
三菱ＵＦＪ信託銀行㈱　[銀行]

修士・大卒採用数	従業員数	平均勤続年数	平均年収
約180名	※6,218名	NA	総892万円

【特色】信託銀行国内2位。三菱UFJグループの一員
【本社】100-8212 東京都千代田区丸の内1-4-5
【設立】1927.3　[持株傘下]

【業績】	経常収益	業務純益	経常利益	純利益
連22.3	875,804	ND	238,541	164,345
連23.3	1,466,227	ND	205,242	140,072

●インターンシップ●
【概要】①業界研究 会社紹介 先輩社員座談会
【募集】①10~12月
【実施】①12月(3日間)1月(3日間)【地域】①オンライン 【全学年対象】① 【選考】①ES 動画面接

にほんカストディぎんこう
㈱日本カストディ銀行　[銀行]

修士・大卒採用数	従業員数	平均勤続年数	平均年収
82名	※1,172名	NA	NA

【特色】資産管理(カストディ)特化の信託で国内最大
【本社】104-6228 東京都中央区晴海1-8-12 晴海トリトンオフィスタワーZ 【設立】2000.6　[未上場]

【業績】	経常収益	業務純益	経常利益	純利益
単22.3	57,665	ND	1,931	576
単23.3	58,000	ND	1,510	430

●インターンシップ●
【概要】①総合職向け1Day仕事体験:資産管理業界研究、会社紹介、業務模擬体験②IT職向け1Day仕事体験:資産管理業界研究、会社紹介、業務模擬体験【募集】①10~12月②10~1月【実施】①11~12月(各月1日×2回)②12~2月(各月1日×2回)【地域】①オンライン②オンライン 川崎【選考】⑦なし

郵 便 は が き

料金受取人払郵便

日 本 橋 局
承　　　認

6327

差出有効期間
2026年4月
30日まで
(切手不要)

1 0 3 - 8 7 9 0

9 1 9

(受取人)
東京都中央区日本橋本石町 1-2-1
東洋経済新報社
『就職四季報 インターン2026』
読者カード 係

llılı·ıllllıılllı·ıllllı·lılılılılılılılılllı·ııllll

おところ	□□□-□□□□		都道府県

TEL　　　　　　　—　　　　　　　—

メールアドレス

おなまえ(ふりがな)		男・女	年齢 歳

□大学院生 □大学生 □短大生 □高専生 □高校生 □専門・専修学校
□進路指導の先生 □人事担当者 □社会人 □その他(　　　　　　　　)

学校名	学部(研究科)
学科(専攻)	卒業予定　　　年　　　月

●『就職四季報』シリーズのアンケートにお答えいただいた方の中から抽選で20名様
に図書カードをプレゼントいたします。

『就職四季報インターン2026』読者カード

アンケートにご協力ください

① 本書のことはどこで知りましたか。(複数回答可)
1. 書店　2. 生協　3. 新聞広告　4. 雑誌・書籍
5. 友人　6. 先輩　7. 大学就職課/教員/カウンセラー
8. Webサイト (サイト名：　　　　　　　　　　　　　　　　)
9. SNS (　　　　　　　　　　　)　10. その他 (　　　　　　　　　　　)

② 本書を購入した理由は何ですか。(複数回答可)
1. 客観的な会社情報だから　2. 他では入手できない情報が載っているから
3. 学校 (先生) から推薦されたから　4. 友人が使っていたから
5. 就職四季報シリーズだったから　6. 両親が薦めたから
7. 電子特典があったから　8. その他 (　　　　　　　　　　　　　　　)

③ インターンシップへの参加意向について教えてください。
1. 参加した　2. 参加予定　3. 参加しない　4. 未定

④ 「企業・業界研究編」の感想をお聞かせください。
1. よく理解できた　2. ある程度理解できた
3. あまり理解できなかった　4. まったく理解できなかった

他に盛り込んでほしい内容があれば教えてください

⑤ 「インターンシップ情報編」で役立った情報、載せてほしい情報を教えてください。

役立つ [　　　　　　　　　　　　　　　　　　　　　　　　　　]

載せてほしい [　　　　　　　　　　　　　　　　　　　　　　]

⑥ 本書のご感想・ご要望をご記入下さい。

ご協力ありがとうございました

※今後、ご連絡いただいた住所やメールアドレス等に、小社より各種ご案内 (事務連絡・読者調査) をお送りする場合がございます

日本マスタートラスト信託銀行㈱ 銀行

修士・大卒採用数	従業員数	平均勤続年数	平均年収
104名	1,081名	NA	NA

【特色】年金資産の管理業務に特化した国内初の信託銀行
【本社】107-8472 東京都港区赤坂1-8-1 赤坂インターシティ AIR 【設立】2000.5　　　[未上場]

【業績】	経常収益	業務純益	経常利益	純利益
単22.3	29,664	1,438	1,384	1,034
単23.3	31,882	1,271	1,262	958

●インターンシップ● 【概要】①企画コース：企画領域の仕事体験、社員との座談会②投資信託コース：投資信託の基準価格算出体験、社員との座談会③株式コース：外国株式の配当金算出体験、社員との座談会 【募集】⑦7~8月②③10~12月 【実施】①8~9月②③11~1月 【地域】⑦オンライン 【全学年対象】①②③ 【選考】⑦なし

㈱北海道銀行 銀行

修士・大卒採用数	従業員数	平均勤続年数	平均年収
87名	2,052名	16.0年	㊞773万円

【特色】北海道の地方銀行。北陸銀行と経営統合
【本社】060-8676 北海道札幌市中央区大通西4-1
【設立】1951.3　　　[持株傘下]

【業績】	経常収益	営業利益	経常利益	純利益
単22.3	72,983	15,164	9,574	8,770
単23.3	76,950	10,886	12,456	8,711

●インターンシップ● 【概要】①法人業務体験グループワーク、行員との座談会②本部部署（コンサルティング業務）講座 【募集】⑦7月 【実施】①8~9月（2日間）10~11月（2日間）1~2月（2日間）②8~9月（1日）10~11月（1日）1~2月（1日） 【地域】①札幌 東京・中央 京都市 オンライン ②オンライン 【選考】⑧ES

㈱青森銀行 銀行

修士・大卒採用数	従業員数	平均勤続年数	平均年収
56名	1,155名	17.4年	㊞608万円

【特色】青森地盤の地銀中位。プロクレアHD傘下
【本社】030-8668 青森県青森市橋本1-9-30
【設立】1943.10　　　[持株傘下]

【業績】	経常収益	業務純益	経常利益	純利益
単22.3	32,909	4,135	5,303	3,721
単23.3	37,994	6,162	7,074	5,153

●インターンシップ● 【概要】①銀行業務の就業体験 【募集】①6月~随時 【実施】①8月~随時 【地域】①青森 オンライン 【全学年対象】① 【選考】①なし

㈱岩手銀行 銀行

修士・大卒採用数	従業員数	平均勤続年数	平均年収
—	1,366名	16.8年	633万円

【特色】岩手地盤の地銀中位。県内3行では首位
【本社】020-8688 岩手県盛岡市中央通1-2-3
【設立】1932.5　　　[東京P]

【業績】	経常収益	業務純益	経常利益	純利益
連22.3	44,279	7,320	7,768	4,126
連23.3	47,591	2,148	6,457	5,381

●インターンシップ● 【概要】①1DAY就業体験：銀行業務体験、グループワーク 他 【募集】‥ 【実施】①8~9月（1日）12~2月（1日） 【地域】①岩手 仙台 東京 オンライン②岩手 仙台 東京 【全学年対象】①② 【選考】⑧書類

㈱秋田銀行 銀行

修士・大卒採用数	従業員数	平均勤続年数	平均年収
52名	1,236名	17.8年	620万円

【特色】地銀中位。秋田県で断トツ。福島、北海道に展開
【本社】010-8655 秋田県秋田市山王3-2-1
【設立】1941.10　　　[東京P]

【業績】	経常収益	業務純益	経常利益	純利益
連22.3	39,730	4,172	4,716	3,184
連23.3	46,861	▲534	4,935	3,295

●インターンシップ● 【概要】①あきぎん地方創生コース②リテール・法人業務体験コース③あきぎんコンサルティングコース④"あきぎん×デジタル"体験コース 【募集】①6~7月②6~8月中旬 11月中旬~12月中旬③④11~12月中旬 【実施】①8月中旬~下旬（2日間）②7~9月（1日）12~2月（1日）③12月下旬（2日間）④12月下旬（1日） 【地域】①③④秋田②秋田 東京 オンライン 【全学年対象】①②③④ 【選考】①③ES④なし

㈱北都銀行 銀行

修士・大卒採用数	従業員数	平均勤続年数	平均年収
15名	1,050名	18.6年	NA

【特色】地銀下位。秋田2行中2位。フィデアHD傘下
【本社】010-0001 秋田県秋田市中通3-1-41
【設立】1895.5　　　[持株傘下]

【業績】	経常収益	業務純益	経常利益	純利益
単22.3	22,160	5,605	2,577	1,413
単23.3	22,436	6,035	2,615	1,563

●インターンシップ● 【概要】①事業紹介、業務体験ワーク、営業店実習、内定者座談会②③④事業紹介、業務体験ワーク、先輩行員座談会 【募集】①②6~8月初旬③11~1月上旬④11~2月上旬 【実施】①8月中旬（2日間）②8月下旬（1日）③1月④2月 【地域】①③秋田市②④東京・中央 【全学年対象】①②③④ 【選考】⑧なし

㈱山形銀行　銀行

25総 208ジ 25働 198ジ

修士・大卒採用数	従業員数	平均勤続年数	平均年収
52名	1,165名	17.8年	総610万円

【特色】地銀中位。山形県内トップシェア。財務良好
【本社】990-8642 山形県山形市旅篭町2-2-31
【設立】1896.4　　　　　　　　　　　　　[東京P]

【業績】	経常収益	業務純益	経常利益	純利益
連22.3	44,026	6,890	5,489	3,398
連23.3	51,184	5,223	5,537	3,435

●インターンシップ●【概要】①Summer School 2023：グループワークを通して法人営業担当者の仕事を体験②Open Company2023：職場見学や社員による座談会③Winter School 2024：グループワークを通して法人・個人営業担当者の仕事を体験【募集】①6月下旬~8月中旬②10月下旬~11月上旬③11月下旬~1月中旬【実施】①8月中旬~下旬(1日×8回)②11月 12月(2日間)③1月中旬~2月中旬(1日×8回)【地域】①③山形 仙台 東京 オンライン②オンライン【全学年対象】①②③【選考】②ES②なし

㈱荘内銀行　銀行

25総 209ジ 25働 199ジ

修士・大卒採用数	従業員数	平均勤続年数	平均年収
14名	632名	18.2年	総598万円

【特色】山形県地盤の地銀下位行。フィデアHD傘下
【本社】997-8611 山形県鶴岡市本町1-9-7
【設立】1941.4　　　　　　　　　　　　[持株傘下]

【業績】	経常収益	業務純益	経常利益	純利益
単22.3	23,932	3,713	3,467	1,557
単23.3	24,376	2,385	2,390	1,630

●インターンシップ●
【概要】㉕グループワークによる業界研究と営業体験・座談会・就活対策講座
【募集】①6~8月上旬②11~12月【実施】①8中旬~下旬②12月下旬~1月上旬【地域】①山形 宮城 東京【全学年対象】①②【選考】㉕なし

㈱常陽銀行　銀行

25総 209ジ 25働 199ジ

修士・大卒採用数	従業員数	平均勤続年数	平均年収
110名	3,089名	17.7年	総739万円

【特色】地銀大手。茨城県地盤。隣県への店舗展開進む
【本社】310-0021 茨城県水戸市南町2-5-5
【設立】1935.7　　　　　　　　　　　　[持株傘下]

【業績】	経常収益	業務純益	経常利益	純利益
連22.3	137,158	46,402	40,480	26,332
連23.3	193,983	▲9,194	32,299	22,597

●インターンシップ●
【概要】①グループワークによる法人営業疑似体験
【募集】①8月上旬 11月上旬 2月上旬【実施】①8月下旬~9月上旬 11月下旬~12月上旬 2月中旬(1日)【地域】①茨城・水戸 茨城・つくば オンライン【全学年対象】①【選考】①なし

㈱足利銀行　銀行

25総 210ジ 25働 200ジ

修士・大卒採用数	従業員数	平均勤続年数	平均年収
100名	2,497名	16.6年	総668万円

【特色】栃木県地盤の地方銀行。広域展開を推進
【本社】320-8610 栃木県宇都宮市桜4-1-25
【設立】1895.10　　　　　　　　　　　　[持株傘下]

【業績】	経常収益	業務純益	経常利益	純利益
単22.3	94,128	31,361	22,576	15,435
単23.3	100,850	18,717	15,600	10,749

●インターンシップ●
【概要】①グループワークによる業界研究・銀行業務体験、行員との座談会 他
【募集】①6月下旬~7月 11~1月【実施】①8~9月 12~2月(1日×10回程度)【地域】①東京 宇都宮 オンライン【全学年対象】①【選考】①なし

㈱栃木銀行　銀行

25総 210ジ 25働 200ジ

修士・大卒採用数	従業員数	平均勤続年数	平均年収
55名	1,467名	17.1年	総668万円

【特色】栃木の地銀2行中2位。埼玉や東京にも基盤
【本社】320-8680 栃木県宇都宮市西2-1-18
【設立】1942.12　　　　　　　　　　　　[東京P]

【業績】	経常収益	業務純益	経常利益	純利益
連22.3	41,646	ND	5,576	3,628
連23.3	45,222	ND	5,062	2,652

●インターンシップ● 24予【概要】①自己理解を深めキャリアビジョンに役立てるワーク 資産運用相談業務体験 法人融資業務体験 先輩行員との座談会②銀行員としてのキャリア形成ワーク 先輩行員との座談会③資産形成の重要性を学ぶワーク 法人企業の強みや潜在的課題を把握し、銀行としての支援策を考えるワーク 先輩行員との座談会【募集】①7月~②10月~③12月~【実施】①8~9月②11月③1~2月【地域】①宇都宮 東京【全学年対象】①②③【選考】㉕なし

㈱群馬銀行　銀行

25総 211ジ 25働 201ジ

修士・大卒採用数	従業員数	平均勤続年数	平均年収
NA	2,903名	18.2年	707万円

【特色】地銀上位。群馬県で断トツ。NYなどに海外拠点も
【本社】371-8611 群馬県前橋市元総社町194
【設立】1932.9　　　　　　　　　　　　[東京P]

【業績】	経常収益	業務純益	経常利益	純利益
連22.3	150,197	ND	39,111	26,436
連23.3	176,589	ND	38,316	27,933

●インターンシップ●
【概要】①対面型：業界研究、業務疑似体験、ビジネスマナー・電話応対、支店見学②オンライン型：業界研究、提案力を高めるグループワーク、ビジネスマナー、支店動画見学【募集】㉕6~1月【実施】①8~2月(2日間×6回)②9~2月(2日間×5回)【地域】①群馬②オンライン【選考】㉕多数の場合抽選

㈱東和銀行 〔銀行〕

修士・大卒採用数	従業員数	平均勤続年数	平均年収
70名	1,287名	17.3年	㊹711万円

【特色】群馬の地銀2行中2位。第二地銀。公的資金注入行

【業績】	経常収益	業務純益	経常利益	純利益
連22.3	36,907	ND	3,712	1,745
連23.3	33,513	ND	3,987	4,094

【本社】371-8560 群馬県前橋市本町2-12-6
【設立】1917.6　　　　　　　　　　　　[東京P]

●インターンシップ●
【概要】①銀行業務の基礎、先輩行員との座談会
【募集】①1~2月上旬
【実施】①2月上旬~中旬(1日)【地域】①オンライン【全学年対象】①【選考】①なし

㈱武蔵野銀行 〔銀行〕

修士・大卒採用数	従業員数	平均勤続年数	平均年収
98名	1,920名	16.8年	660万円

【特色】地銀中位。埼玉県2番手行。中小企業取引に強み

【業績】	経常収益	業務純益	経常利益	純利益
連22.3	71,186	ND	13,492	9,001
連23.3	81,901	ND	15,634	10,865

【本社】330-0854 埼玉県さいたま市大宮区桜木町
1-10-8【設立】1952.3　　　　　　　　[東京P]

●インターンシップ●
【概要】①課題解決の疑似体験②営業体験
【募集】①7~9月②11~1月(予定)【実施】①7~9月(1日)②12~2月(予定)【地域】①さいたま市 オンライン②埼玉(各所)オンライン 【全学年対象】①②【選考】①②なし

㈱千葉銀行 〔銀行〕

修士・大卒採用数	従業員数	平均勤続年数	平均年収
246名	3,695名	15.0年	751万円

【特色】地銀首位級。千葉で断トツ。東京展開も加速

【業績】	経常収益	業務純益	経常利益	純利益
連22.3	236,092	85,359	78,827	54,498
連23.3	278,377	81,878	86,983	60,276

【本社】260-8720 千葉県千葉市中央区千葉港1-2
【設立】1943.3　　　　　　　　　　　　[東京P]

●インターンシップ●
【概要】①地方銀行の役割、渉外業務(法人・個人)、審査の疑似体験、資産運用提案のロールプレイング
他【募集】①7月下旬~【実施】①8~2月(3日間・1日)【地域】①千葉 オンライン【全学年対象】①【選考】
①抽選

㈱京葉銀行 〔銀行〕

修士・大卒採用数	従業員数	平均勤続年数	平均年収
120名	1,911名	17.3年	㊹677万円

【特色】千葉県の第二地銀。財務健全、収益性が高い

【業績】	経常収益	業務純益	経常利益	純利益
連22.3	65,745	ND	16,210	11,185
連23.3	65,614	ND	15,174	10,390

【本社】260-0015 千葉県千葉市中央区富士見
1-11-11【設立】1943.3　　　　　　　　[東京P]

●インターンシップ●
【概要】①融資審査 資産運用 コンサルティング 商品企画 先輩行員座談会 デジタル戦略について
他
【募集】‥【実施】①8~2月(回数未定)【地域】①千葉市 オンライン【選考】①なし

㈱千葉興業銀行 〔銀行〕

修士・大卒採用数	従業員数	平均勤続年数	平均年収
72名	※1,329名	※15.8年	㊹609万円

【特色】千葉県地盤。県内地方銀行では規模で3番手

【業績】	経常収益	業務純益	経常利益	純利益
連22.3	51,248	ND	9,005	6,385
連23.3	51,303	ND	9,671	6,477

【本社】261-0001 千葉県千葉市美浜区幸町2-1-2
【設立】1952.1

●インターンシップ●【概要】①銀行業務理解グループワーク(基礎編)②銀行業務理解グループ
ワーク(応用編)③先輩行員座談会④先輩行員パネルディスカッション 【募集】①7月下旬~2月中旬②
10~1月中旬④12月下旬~2月【実施】①7月下旬~2月上旬②10月下旬~12月中旬④1月中旬~2月【地
域】①④オンライン②③千葉・海浜幕張【選考】⑦なし

㈱東日本銀行 〔銀行〕

修士・大卒採用数	従業員数	平均勤続年数	平均年収
50名	1,022名	17.1年	693万円

【特色】東京地盤の地方銀行。中小企業向け融資中心

【業績】	経常収益	業務純益	経常利益	純利益
連23.3	312,983	83,000	79,870	56,159

【本社】103-8238 東京都中央区日本橋3-11-2
【設立】1924.4　　　　　　　　　　　[持株傘下]

※業績は㈱コンコルディア・フィナンシャルグループのもの

●インターンシップ●
【概要】①ソリューション営業体験(グループワーク)銀行員目線での財務分析体験(グループワーク)
業界研究 座談会 他【募集】①11~3月上旬【実施】①12~3月(2日間×4回程度)【地域】①東京・墨田 オ
ンライン【選考】①なし

㈱きらぼし銀行　[銀行]

	修士・大卒採用数	従業員数	平均勤続年数	平均年収
	111名	2,529名	18.7年	NA

【特色】地銀中位。メインバンク先の開拓に注力
【本社】107-0062 東京都港区南青山3-10-43
【設立】1991.4　　[持株傘下]

【業績】	経常収益	業務純益	経常利益	純利益
連23.3	125,291	ND	30,774	21,150

※業績は㈱東京きらぼしフィナンシャルグループのもの

●インターンシップ●
【概要】㋐銀行グループ体感ワーク・会社紹介
【募集】㋐7月下旬~8月中旬【実施】①9月(5日間・1日)②12~2月(1日)【地域】㋐東京【全学年対象】①②
【選考】①ES②ES 適正検査

214ページ
204働

㈱横浜銀行　[銀行]

	修士・大卒採用数	従業員数	平均勤続年数	平均年収
	240名	4,274名	16.4年	総816万円

【特色】地銀最大手級。傘下に県内2番手の神奈川銀行
【本社】220-8611 神奈川県横浜市西区みなとみらい3-1-1【設立】1920.12　　[持株傘下]

【業績】	経常収益	業務純益	経常利益	純利益
連23.3	312,983	83,000	79,870	56,159

※業績は㈱コンコルディア・フィナンシャルグループのもの

●インターンシップ●【概要】①法人・個人向け営業体験GW、地域戦略アイディアコンテスト②システム設計体験GW、サイバーセキュリティ対策業務体験、PRA体験、デジタルサービス企画体験GW、座談会③データ分析・マーケティング企画体験、座談会④融資審査ワーク体験、支店長講話、座談会【募集】①6-1月②6-7月③9-10月④11~12月【実施】①8~10月 2月(1日)②8-9月 2月(1日)③11~12月(3日間)④2月(5日間)【地域】①川崎 オンライン②③横浜③横浜 川崎 オンライン【全学年対象】①②③④【選考】㋐ES Web適性検査 面接 他

215総
205働

㈱神奈川銀行　[銀行]

	修士・大卒採用数	従業員数	平均勤続年数	平均年収
	37名	352名	16.2年	総663万円

【特色】神奈川県の第二地銀。横浜銀行が子会社化
【本社】231-0033 神奈川県横浜市中区長者町9-166【設立】1953.7　　[未上場]

【業績】	売上高	業務利益	経常利益	純利益
単22.3	8,482	2,637	1,303	879
単23.3	8,869	2,208	2,020	1,461

●インターンシップ● 24予【概要】①銀行業務についての講義、グループワーク(提案営業体験・模擬審査)、現場見学②銀行業務についての講義、グループワーク(提案営業体験・模擬審査)、現場見学、支店訪問(経営者との面談・工場見学等)【募集】①5~1月②5~6月【実施】①7月下旬-2月(2日間×複数回)②9月上旬(5日間×1回)【地域】㋐横浜【全学年対象】①②【選考】㋐ES【本選考との関係】㋐早期選考に案内

215総
205働

㈱第四北越銀行　[銀行]

	修士・大卒採用数	従業員数	平均勤続年数	平均年収
	97名	3,170名	18.1年	総719万円

【特色】新潟県地盤の第四銀行と北越銀行の合併で誕生
【本社】951-8066 新潟県新潟市中央区東堀前通七番町1071-1【設立】1873.11　　[持株傘下]

【業績】	経常収益	業務純益	経常利益	純利益
連23.3	148,759	29,217	25,048	17,768

※業績は㈱第四北越フィナンシャルグループのもの

●インターンシップ●【概要】㋐コンサルティング営業体験グループワーク、先輩行員との座談会他【募集】①②7月下旬~8月③11~12月④11~1月【実施】①8~9月(5日間)②9月(1日)③12月下旬(5日間)④1~2月(1日)【地域】①新潟市 オンライン②オンライン③新潟市④東京・千代田 オンライン【全学年対象】②④【選考】㋐ES【本選考との関係】①③学生情報を選考に利用

216総
206働

㈱大光銀行　[銀行]

	修士・大卒採用数	従業員数	平均勤続年数	平均年収
	32名	※801名	※18.1年	567万円

【特色】新潟県の第二地銀。県内2番手。長岡市が本拠
【本社】940-8651 新潟県長岡市大手通1-5-6
【設立】1942.3　　[東京S]

【業績】	経常収益	業務純益	経常利益	純利益
連22.3	21,220	3,365	2,612	2,042
連23.3	21,844	3,276	2,238	1,280

●インターンシップ●
【概要】①夏のたいこう仕事体験②冬のたいこう仕事体験
【募集】①6月末~8月②10~2月【実施】①8月23日 25日 29日 9月7日(1日)②12月 2月 3月【地域】㋐新潟 オンライン【全学年対象】①②【選考】㋐なし【本選考との関係】㋐選考時に考慮

216総
206働

㈱北陸銀行　[銀行]

	修士・大卒採用数	従業員数	平均勤続年数	平均年収
	120名	2,163名	16.8年	総680万円

【特色】富山県地盤の地方銀行。北海道銀行と経営統合
【本社】930-8637 富山県富山市堤町通り1-2-26
【設立】1943.7　　[持株傘下]

【業績】	経常収益	コア業務純益	経常利益	純利益
単22.3	88,998	26,747	20,910	13,102
単23.3	97,217	25,801	14,532	14,314

●インターンシップ●【概要】①④法人業務体験②コンサルティング提案業務体験③リテール・法人・システム関連業務体験、現場見学【募集】①②6~7月③10月下旬~11月中旬④11月下旬~12月【実施】①8月(1日×6回)②8月(2日間×2回)③11月下旬~12月上旬(1日×7回)④1月上旬(1日×4回)【地域】①④オンライン②富山市③オンライン 富山市【選考】㋐なし

217総
207働

㈱北國フィナンシャルホールディングス　[銀行]

修士・大卒採用数	従業員数	平均勤続年数	平均年収
16名	1,880名	15.9年	㊥680万円

【特色】石川県地盤。傘下に地銀中位の北國銀行
【本社】920-8670　石川県金沢市広岡2-12-6
【設立】2021.10　[東京P]

【業績】	経常収益	業務純益	経常利益	純利益
連22.3	84,731	11,926	19,167	9,387
連23.3	84,743	5,270	16,046	8,741

●インターンシップ● 24予【概要】①仕事体験:会社紹介,会社見学,先輩社員座談会,個人営業・コンサル紹介,法人ビジネス体験(法人営業,法人コンサル,デジタルマーケティング)②オープンカンパニー:会社概要・業務内容・働き方などの紹介③オフィス見学:会社見学,質疑応答④若手社員との座談会【募集】①⑥-7月②③④6月【実施】①8-9月(1日)②③④6月(1日)【地域】①石川・金沢②東京 大阪 オンライン③東京 石川④オンライン【全学年対象】②③④【選考】①アンケート②③④なし【本選考との関係】①早期選考に案内

㈱福井銀行　[銀行]

修士・大卒採用数	従業員数	平均勤続年数	平均年収
48名	1,350名	16.7年	555万円

【特色】福井地盤の地銀中位。21年に福邦銀行を買収
【本社】910-8660　福井県福井市順化1-1-1
【設立】1899.12　[東京P]

【業績】	経常収益	業務純益	経常利益	純利益
連22.3	45,790	272	▲754	4,440
連23.3	54,897	▲2,704	788	1,803

●インターンシップ● 24予
【概要】①業界研究会②③仕事体験④自己分析企画
【募集】①②④4月上旬~8月③-【実施】①6~9月(半日)②6~12月(1日)③8~9月(2日間)④10~11月(半日)
【地域】①④オンライン②オンライン　福井市③福井市【全学年対象】①②③④㋑なし

㈱山梨中央銀行　[銀行]

修士・大卒採用数	従業員数	平均勤続年数	平均年収
70名	1,643名	15.7年	㊥613万円

【特色】山梨地盤で、県内融資シェア4割。西東京に展開
【本社】400-8601　山梨県甲府市丸の内1-20-8
【設立】1941.12　[東京P]

【業績】	経常収益	業務純益	経常利益	純利益
連22.3	46,310	ND	6,624	4,241
連23.3	60,552	ND	7,721	5,061

●インターンシップ●【概要】①コース別就業体験(営業職 事務職 システム職)、グループワーク 他②コース別就業体験(営業職・事務職・システム職)【募集】‥【実施】①8~9月(1日)②2月(1日)【地域】㋑山梨・甲府 オンライン【全学年対象】①②【選考】㋑ES

㈱八十二銀行(㈱長野銀行)　[銀行]

修士・大卒採用数	従業員数	平均勤続年数	平均年収
120名	3,041名	15.8年	672万円

【特色】長野地盤の地銀上位。完全子会社に長野銀行
【本社】380-8682　長野県長野市中御所岡田178-8
【設立】1931.8　[東京P]

【業績】	経常収益	業務純益	経常利益	純利益
連22.3	151,349	ND	38,047	26,667
連23.3	202,228	ND	34,893	24,135

●インターンシップ● 24予【概要】①マネジメント育成:銀行業務・信州経済の理解 職場訪問 他②仕事研究:法人・個人営業の知識習得 他③デジタル・システム:仕事紹介他④デジタル・システム:システム開発の上流工程体験他【募集】‥【実施】①8月(2日間)③8-9月 11月 2月(1日)③6-8月(1日)④8-9月(1日)【地域】①長野 東京②オンライン 長野 東京 大阪③オンライン④長野【全学年対象】①②③④【選考】①ES 面接②ES③④なし【本選考との関係】①早期選考に案内

㈱大垣共立銀行　[銀行]

修士・大卒採用数	従業員数	平均勤続年数	平均年収
90名	2,476名	16.1年	695万円

【特色】岐阜西部地盤で地銀中位。岐阜県の指定金融機関
【本社】503-0887　岐阜県大垣市郭町3-98
【設立】1896.3　[東京P]

【業績】	経常収益	業務純益	経常利益	純利益
連22.3	115,400	16,167	16,671	10,620
連23.3	122,762	6,925	9,376	4,825

●インターンシップ●【概要】①地方創生に関する企画・立案業務②法人営業(法人ソリューション業務・融資業務)③法人営業(法人ソリューション業務)個人営業(マネーコンサルタント業務)【募集】①⑥~7月②11月③1月【実施】①7~9月②12月③2月【地域】①名古屋 オンライン②③名古屋 岐阜・大垣 オンライン【選考】㋑ES

㈱静岡銀行　[銀行]

修士・大卒採用数	従業員数	平均勤続年数	平均年収
252名	2,791名	15.9年	㊥753万円

【特色】地銀上位。国際基準行で財務強固。異業種と提携
【本社】420-8761　静岡県静岡市葵区呉服町1-10
【設立】1943.3　[未上場]

【業績】	経常収益	業務純益	経常利益	純利益
連22.3	241,600	52,750	54,219	41,635
連23.3	287,386	65,538	73,964	52,452

●インターンシップ● 24予【概要】①③銀行業務の仕組みを理解、営業店見学、融資業務体験対話GW、行員との情報交換会、営業担当者同行訪問、本部見学②銀行業務の仕組みを理解、営業店見学、行員との情報交換会、ソリューション営業GW、法人個人案件事例紹介【募集】①7月下旬②~11月③6~7月上旬 12月上旬【実施】①9月(1回)10月(1回)(3日間)②10~12月(1日×7回)③8月(2回)2月(1回)(5日間)【地域】①②オンライン③静岡【全学年対象】①②③【選考】㋑なし【本選考との関係】③選考に案内

スルガ銀行(株)

銀行

	修士・大卒採用数	従業員数	平均勤続年数	平均年収
25総	—	1,323名	21.2年	㊱717万円

【特色】静岡東部地盤の地方銀行。不動産向け融資に特色
【本社】410-8689 静岡県沼津市通横町23
【設立】1895.10 [東京P]

【業績】	経常収益	業務純益	経常利益	純利益
連22.3	92,072	39,081	10,596	7,960
連23.3	92,403	7,930	13,266	10,576

●インターンシップ●
【概要】①1stSTEP:業界・企業研究②2ndSTEP:ライフプランニング業務③企画・提案等の仕事体験
【募集】①6~9月②7~10月③1月 **【実施】**①夏季(1日)②夏季~秋季(1日)③冬季(1日)**【地域】**①オンライン②③対面orオンライン【選考】㊀なし

(株)清水銀行

銀行

	修士・大卒採用数	従業員数	平均勤続年数	平均年収
25総	60名	892名	16.8年	㊱612万円

【特色】静岡の地銀。旧清水市から県内他地域にも展開
【本社】424-0941 静岡県静岡市清水区富士見町2-1 **【設立】**1928.7 [東京P]

【業績】	経常収益	業務純益	経常利益	純利益
連22.3	27,421	4,484	3,984	2,580
連23.3	28,403	2,221	1,596	1,474

●インターンシップ● **【概要】**①②金融業界の説明、銀行業務の説明、清水銀行の業務体験(渉外)、行員との座談会 他③金融業界の説明、銀行業務の説明、清水銀行の業務体験(融資)、行員との座談会 他④金融業界の説明、銀行業務の説明、清水銀行の業務体験(渉外・融資・テラー)他 **【募集】**①②7~8月③10月④10~12月 **【実施】**①8月中旬(2日間)8月下旬(2日間)②9月上旬(2日間)③11月(1日)④11月(1日)12月(1日)**【地域】**①②④静岡③オンライン【全学年対象】①②③④【選考】①②ES③④なし

(株)名古屋銀行

銀行

	修士・大卒採用数	従業員数	平均勤続年数	平均年収
25総	47名	1,850名	17.8年	625万円

【特色】愛知県地盤。地銀中位。第二地銀トップクラス
【本社】460-0003 愛知県名古屋市中区錦3-19-17
【設立】1949.2 [東京P]

【業績】	経常収益	業務純益	経常利益	純利益
連22.3	77,762	11,659	15,721	11,643
連23.3	79,765	6,427	11,495	8,377

●インターンシップ●
【概要】①他業種とのコラボインターンシップ②グループワークを通じた提案営業体験、先輩行員座談会、業界研究 **【募集】**①8~9月 11~12月 **【実施】**①9月下旬 12月下旬 **【地域】**①名古屋②名古屋 オンライン【選考】㊀なし

(株)あいちフィナンシャルグループ

銀行

	修士・大卒採用数	従業員数	平均勤続年数	平均年収
25総	159名	※2,276名	※17.8年	◇978万円

【特色】愛知の地銀グループ。傘下に愛知銀行と中京銀行
【本社】460-8678 愛知県名古屋市中区栄3-14-12
【設立】2022.10 [東京P]

【業績】	経常収益	業務純益	経常利益	純利益
連23.3	74,648	ND	5,237	81,806

●インターンシップ● 24予
【概要】①グループワークによる法人営業(ソリューション業務)・個人営業(資産運用業務)のケーススタディ 他 **【募集】**①6~8月 12~1月 **【実施】**①8~9月(2日間×4回)1~2月(2日間×4回)**【地域】**①名古屋【選考】①ES

(株)百五銀行

銀行

	修士・大卒採用数	従業員数	平均勤続年数	平均年収
25総	97名	2,280名	16.1年	㊱758万円

【特色】地銀中上位。三重県断トツで愛知県に出店攻勢
【本社】514-8666 三重県津市岩田21-27
【設立】1878.12 [東京P]

【業績】	経常収益	業務純益	経常利益	純利益
連22.3	98,683	17,682	19,423	13,402
連23.3	102,884	17,372	20,794	14,493

●インターンシップ●
【概要】①「百五銀行で働く」を徹底的に考える5日間②オープンカンパニー:銀行業務体験
【募集】㊀随時 **【実施】**①8~2月(5日間)②1~3月(2日間)**【地域】**㊀三重【全学年対象】①②【選考】①ES②なし【本選考との関係】①選考優遇

(株)三十三銀行

銀行

	修士・大卒採用数	従業員数	平均勤続年数	平均年収
25総	60名	2,422名	15.9年	㊱755万円

【特色】三重銀行と第三銀行が21年に経営統合。地銀中位
【本社】510-0087 三重県四日市市西新地7-8
【設立】2021.5 [持株傘下]

【業績】	経常収益	業務純益	経常利益	純利益
単22.3	54,955	7,401	7,427	7,244
単23.3	51,487	9,561	8,914	6,056

●インターンシップ● **【概要】**①個人・法人営業業務、ビジネスマナー②仕事内容紹介③個人・法人営業体験、融資業務体験 **【募集】**①7~9月上旬②10月中旬~11月中旬③12月中旬~2月中旬 **【実施】**①7~9月中旬(2日間)②10月中旬~11月中旬(1日)③12月中旬~2月中旬(2日間)**【地域】**①名古屋 三重・四日市 京都・下京 オンライン②オンライン③東京・中央 名古屋 三重・四日市 京都・下京 オンライン【全学年対象】①②③【選考】㊀なし

㈱滋賀銀行 （銀行）

	修士・大卒採用数	従業員数	平均勤続年数	平均年収
	130名	1,915名	15.0年	674万円

【特色】滋賀県のトップ地銀。近隣の京都府等にも進出
【本社】520-8686 滋賀県大津市浜町1-38
【設立】1933.10　　　[東京P]

【業績】	経常収益	業務純益	経常利益	純利益
連22.3	98,306	11,628	23,999	17,715
連23.3	115,289	4,339	20,041	14,858

●インターンシップ● 24予【概要】①コンサルティング体験等、キャリア観形成プログラム、先輩行員座談会②コンサルティング体験等、営業店での顧客訪問、先輩行員座談会③理系学生向け座談会、職場見学会、お仕事紹介【募集】①6~9月②③6~7月【実施】①2~3日程度②5日間③半日【地域】①大津 オンライン②大津 他③大津【全学年対象】①②③【選考】③なし

㈱京都銀行 （銀行）

	修士・大卒採用数	従業員数	平均勤続年数	平均年収
	180名	3,353名	14.2年	⑱674万円

【特色】京都府地盤で近畿地銀トップ級。広域出店推進
【本社】600-8652 京都府京都市下京区烏丸通松原上ル薬師前町700【設立】1941.10　　[持株傘下]

【業績】	経常収益	業務純益	経常利益	純利益
連22.3	127,422	31,999	29,176	20,621
連23.3	124,333	37,410	38,177	27,213

●インターンシップ●
【概要】①5daysコース②1dayコース
【募集】①6~7月中旬【実施】①8月21~23日 28日 29日（5日間）②8~9月（1日）【地域】①京都【選考】①ES 面接②ES【本選考との関係】⑱関係あり

㈱関西みらい銀行 （銀行）

	修士・大卒採用数	従業員数	平均勤続年数	平均年収
	100名	3,210名	16.8年	⑱638万円

【特色】旧近畿大阪銀と旧関西アーバン銀が合併し発足
【本社】541-0051 大阪府大阪市中央区備後町2-2-1 【設立】1950.11　　[未上場]

【業績】	経常収益	業務純益	経常利益	純利益
連22.3	134,600	ND	23,816	13,413
連23.3	132,315	ND	24,076	17,981

●インターンシップ●【概要】①仕事体験：講義（銀行業界・当社概要）、グループワークによる銀行業務体験ワークや座談会 他②長期・有償インターンシップ【募集】①6~12月②11~1月【実施】①7~2月（1~2日間）②2~3月（14日間/月）【地域】⑱大阪【全学年対象】①②【選考】①ES②ES 1次選考 最終選考【本選考との関係】②優先的に選考

㈱みなと銀行 （銀行）

	修士・大卒採用数	従業員数	平均勤続年数	平均年収
	80名	1,791名	16.0年	⑱639万円

【特色】関西みらいFG傘下。兵庫県中心に展開
【本社】651-0193 兵庫県神戸市中央区三宮町2-1-1 【設立】1949.9　　[未上場]

【業績】	経常収益	業務純益	経常利益	純利益
単22.3	48,828	ND	3,782	2,244
単23.3	48,179	ND	4,804	3,671

●インターンシップ●
【概要】①講義（銀行業界・当社概要）、社員との座談会、営業についてのグループワーク
【募集】①9月上旬~
【実施】①9月 10月 11月 12月 1月 2月（各1日）【地域】①神戸【全学年対象】①【選考】①ES

㈱南都銀行 （銀行）

	修士・大卒採用数	従業員数	平均勤続年数	平均年収
	130名	2,275名	18.4年	675万円

【特色】奈良県のトップ地銀。効率経営に定評あり
【本社】630-8677 奈良県奈良市橋本町16
【設立】1934.6　　　[東京P]

【業績】	経常収益	業務純益	経常利益	純利益
連22.3	77,531	ND	17,981	11,867
連23.3	77,748	ND	6,322	4,731

●インターンシップ● 24予
【概要】⑱グループワークによる銀行業務体験、行員・内定者パネルディスカッション 他【募集】①5~7月②8~9月③1~2月【実施】①8~9月（日数未定）②10~11月（日数未定）③1~2月（日数未定）【地域】⑱オンライン 奈良市 大阪市【全学年対象】①②③【選考】⑱なし【本選考との関係】⑱早期選考に案内

㈱紀陽銀行 （銀行）

	修士・大卒採用数	従業員数	平均勤続年数	平均年収
	172名	1,993名	15.7年	⑱753万円

【特色】和歌山県唯一の地銀。大阪も地元として位置付け
【本社】640-8656 和歌山県和歌山市本町1-35
【設立】1895.5　　　[東京P]

【業績】	経常収益	業務純益	経常利益	純利益
連22.3	81,596	ND	24,281	15,460
連23.3	84,449	ND	5,072	3,924

●インターンシップ●【概要】①銀行業界研究、自己分析編②グループワークによるコンサルティング営業の就業体験③銀行業務におけるデジタル企画ワーク【募集】①6~7月②随時③10月【実施】①9月上~中旬②10~2月（1日、月1~2回）③11月（1日）【地域】①②和歌山市 大阪市③大阪市【全学年対象】①②③【選考】⑱なし

㈱山陰合同銀行（さんいんごうどうぎんこう） [銀行]

[25総] 227ページ [25働] 217ページ

修士・大卒採用数	従業員数	平均勤続年数	平均年収
74名	1,850名	18.5年	670万円

【特色】島根・鳥取で預金高1位の広域地銀。山陽へ展開
【本社】690-0062 島根県松江市魚町10
【設立】1941.7 [東京P]

【業績】	経常収益	業務純益	経常利益	純利益
連22.3	95,111	ND	20,791	14,485
連23.3	112,683	ND	21,722	15,463

●インターンシップ● 【概要】①銀行業界研究 業務体験ワーク 若手行員との座談会 他②業務紹介 業務体験ワーク(法人融資・コンサル、資産運用コンサル、地方創生、DX)行員との座談会【募集】①随時②7月下旬~8月中旬【実施】①8月中旬~下旬 12月下旬 2月(1日)②8月(1週間)【地域】①オンライン②島根・松江【全学年対象】①【選考】[全]なし

㈱中国銀行（ちゅうごくぎんこう） [銀行]

[25総] 227ページ [25働] 217ページ

修士・大卒採用数	従業員数	平均勤続年数	平均年収
100名	2,645名	16.5年	723万円

【特色】地銀上位。岡山県で断トツ。瀬戸内圏に展開
【本社】700-8628 岡山県岡山市北区丸の内1-15-20【設立】1930.12 [未上場]

【業績】	経常収益	業務純益	経常利益	純利益
連22.3	128,565	ND	25,804	18,374
連23.3	183,586	ND	29,593	20,477

●インターンシップ● 【概要】①営業部門の就業体験:グループワークによる銀行業務体験、先輩行員との座談会②SE職部門の職業体験:業務ワーク、先輩行員との座談会【募集】[全]7~1月(開催の1~2カ月前)【実施】①8~2月(1~2日間)②9月 12月(2日間)【地域】①岡山 オンライン 他②岡山【全学年対象】①②【選考】①なし②ES

㈱広島銀行（ひろしまぎんこう） [銀行]

[25総] 228ページ [25働] 218ページ

修士・大卒採用数	従業員数	平均勤続年数	平均年収
80名	3,246名	17.6年	670万円

【特色】ひろぎんホールディングス中核の大手地銀
【本社】730-0031 広島県広島市中区紙屋町1-3-8
【設立】1945.5 [持株傘下]

【業績】	経常収益	業務純益	経常利益	純利益
連22.3	114,013	ND	23,492	20,628
連23.3	129,759	ND	17,091	11,560

●インターンシップ● 【概要】①相続業務仕事理解コース②渉外・融資業務理解コース③IT・デジタル企画仕事理解コース④若手行員との仕事理解・座談会コース【募集】①6月下旬 9月初旬②7月初旬 9月下旬③7月初旬④6月中旬 10月初旬【実施】①7月中旬 10月下旬(2日間)②8月下旬 11月中旬(2日間)③8月中旬(1日)④7月中旬 11月下旬(1日)【地域】①②③オンライン 広島④オンライン【全学年対象】①②③④【選考】[全]事前課題

㈱阿波銀行（あわぎんこう） [銀行]

[25総] 228ページ [25働] 218ページ

修士・大卒採用数	従業員数	平均勤続年数	平均年収
70名	1,320名	18.9年	[総]790万円

【特色】徳島地盤の中堅地銀。東京にも積極展開
【本社】770-8601 徳島県徳島市西船場町2-24-1
【設立】1896.6 [東京P]

【業績】	経常収益	業務純益	経常利益	純利益
連22.3	67,938	16,565	16,134	11,112
連23.3	88,081	1,828	15,428	10,207

●インターンシップ●
【概要】①グループワークを通して地方銀行の仕事・役割を知る②先輩行員との座談会
【募集】①6~1月②12~1月【実施】①8月中旬(5日間)9~2月(月1回~2回)②2月(月5回以上)【地域】①オンライン 対面②オンライン【全学年対象】①②【選考】[全]なし

㈱百十四銀行（ひゃくじゅうしぎんこう） [銀行]

[25総] 229ページ [25働] 219ページ

修士・大卒採用数	従業員数	平均勤続年数	平均年収
86名	1,995名	18.0年	624万円

【特色】香川県地盤で地銀中位。大企業取引が多い
【本社】760-8574 香川県高松市亀井町5-1
【設立】1924.3 [東京P]

【業績】	経常収益	業務純益	経常利益	純利益
連22.3	73,092	ND	15,187	11,702
連23.3	84,888	ND	13,295	9,172

●インターンシップ●
【概要】①1day仕事体験 2days仕事体験
【募集】‥
【実施】①8~2月【地域】①香川 大阪【全学年対象】①【選考】①多数の場合抽選

㈱伊予銀行（いよぎんこう） [銀行]

[25総] 229ページ [25働] 219ページ

修士・大卒採用数	従業員数	平均勤続年数	平均年収
129名	2,808名	15.8年	[総]774万円

【特色】四国首位、愛媛県から瀬戸内圏一帯に事業展開
【本社】790-8514 愛媛県松山市南堀端町1
【設立】1941.9 [未上場]

【業績】	経常収益	業務純益	経常利益	純利益
連22.3	133,971	ND	38,239	26,417
連23.3	172,954	ND	42,415	27,899

●インターンシップ● 【概要】①グループワークによる経済に関する学び・コンサルティング体験②銀行のデジタル分野での仕事体験③銀行の地域創生分野での仕事体験【募集】①7~9月 11~1月②7~8月 11~12月③1~2月【実施】①8~9月上旬 12月下旬~2月上旬(1日)②9月上旬 12月下旬(5日間)③2月下旬(5日間)【地域】①東京 大阪 松山 オンライン②③松山【選考】[全]なし

㈱四国銀行（しこくぎんこう） [銀行]

修士・大卒採用数	従業員数	平均勤続年数	平均年収
63名	1,248名	14.9年	623万円

[25総] 230ページ [25働] 220ページ

【特色】1878年創業の名門地銀。高知・徳島に店舗多い
【本社】780-8605 高知県高知市南はりまや町1-1-1【設立】1878.10 [東京P]

【業績】	経常収益	業務純益	経常利益	純利益
連22.3	43,527	ND	10,948	7,945
連23.3	60,695	ND	7,903	5,549

●インターンシップ● [24予]【概要】①②③銀行業務の概要、法人コンサルティング業務体験 他④ITデジタル系（銀行業務、システム・デジタル分野）【募集】[全]6月上旬【実施】①7月（高知1日 オンライン1日）②8月（5日間）③8～2月（1～2日間）④8月 12月 2月（1日）【地域】①②④高知③高知 徳島 オンライン【全学年対象】①②③④【選考】[全]なし

㈱高知銀行（こうちぎんこう） [銀行]

修士・大卒採用数	従業員数	平均勤続年数	平均年収
40名	733名	17.8年	537万円

[25総] 230ページ [25働] 220ページ

【特色】高知県の第二地銀。県内の貸出金シェアは25%
【本社】780-0834 高知県高知市堺町2-24
【設立】1930.1 [東京S]

【業績】	経常収益	業務純益	経常利益	純利益
連22.3	22,099	ND	2,314	1,606
連23.3	23,080	ND	2,551	1,601

●インターンシップ●
【概要】①銀行業務体験：講義、グループワーク、端末操作体験、先輩行員との懇談会 他
【募集】①7～8月 11月下旬～12月 1月下旬～2月中旬
【実施】①8月 9月 12月 2月【地域】①高知【全学年対象】①【選考】①なし

㈱福岡銀行（ふくおかぎんこう） [銀行]

修士・大卒採用数	従業員数	平均勤続年数	平均年収
NA	3,494名	14.0年	723万円

[25総] 231ページ [25働] 221ページ

【特色】ふくおかFGの中核。県内首位、地銀で上位
【本社】810-8727 福岡県福岡市中央区天神2-13-1
【設立】1945.3 [持株傘下]

【業績】	経常収益	業務純益	経常利益	純利益
単22.3	180,430	69,918	73,323	52,792
単23.3	225,772	58,101	52,933	39,027

●インターンシップ●【概要】①事例研究を通じた就業体験：グループワーク、行員との座談会②インベストメント部門・事例研究を通じた就業体験：個人ワーク、グループワーク、行員との座談会③デジタルIT・事例研究を通じた就業体験：個人ワーク、グループワーク、行員との座談会【募集】①7～1月【実施】①7～2月（1日）②③7～2月（5日間）【地域】①東京 大阪 福岡 オンライン②③福岡【全学年対象】①②③【選考】①なし②③ES 面接【本選考との関係】[全]関係あり

㈱佐賀銀行（さがぎんこう） [銀行]

修士・大卒採用数	従業員数	平均勤続年数	平均年収
57名	1,164名	18.8年	597万円

[25総] 231ページ [25働] 221ページ

【特色】地銀中位、県内シェア断トツで福岡での展開強化
【本社】840-0813 佐賀県佐賀市唐人2-7-20
【設立】1955.7 [東京P]

【業績】	経常収益	業務純益	経常利益	純利益
連22.3	43,861	8,978	6,975	4,076
連23.3	47,675	6,299	7,265	5,491

●インターンシップ●
【概要】①銀行業務編②就職活動準備編③デジタルイノベーションコース
【募集】‥【実施】[全]日数未定（参考）1日：1日仕事体験、2～3日間（随時）、3週間（夏季・冬季休み限定）【地域】①②佐賀 福岡 大阪 東京③佐賀【全学年対象】①②③【選考】[全]なし

㈱十八親和銀行（じゅうはちしんわぎんこう） [銀行]

修士・大卒採用数	従業員数	平均勤続年数	平均年収
ー	1,945名	16.6年	593万円

[25総] 232ページ [25働] 222ページ

【特色】ふくおかFG傘下。十八・親和銀の合併で20年誕生
【本社】850-0841 長崎県長崎市銅座町1-11
【設立】1939.9 [未上場]

【業績】	売上高	営業利益	経常利益	純利益
単22.3	63,210	11,178	11,733	10,850
単23.3	67,993	5,225	8,562	7,374

●インターンシップ●
【概要】①就業体験コース GW 行員との座談会
【募集】①7～1月【実施】①7～2月【地域】①長崎 福岡 東京 大阪 オンライン【全学年対象】①【選考】①なし【本選考との関係】①早期選考に案内

㈱肥後銀行（ひごぎんこう） [銀行]

修士・大卒採用数	従業員数	平均勤続年数	平均年収
86名	2,204名	15.3年	[総]734万円

[25総] 232ページ [25働] 222ページ

【特色】熊本地盤の地方銀行。15年鹿児島銀行と経営統合
【本社】860-8615 熊本県熊本市中央区練兵町1
【設立】1925.7 [持株傘下]

【業績】	経常収益	業務純益	経常利益	純利益
連22.3	105,226	16,198	15,201	9,728
連23.3	115,310	19,335	21,861	15,248

●インターンシップ●【概要】①決算書分析、座談会 他②③グループワークを通した実務経験（決算書分析、地方創生について 他）【募集】①6月②9月③12月【実施】①8～9月（5日間・1日）②11～12月（5日間・1日予定）③2月（5日間・1日予定）【地域】[全]熊本 オンライン【全学年対象】①②③【選考】[全]なし【本選考との関係】①②早期選考に案内

㈱鹿児島銀行　［銀行］

	修士・大卒採用数	従業員数	平均勤続年数	平均年収
	97名	2,098名	15.1年	629万円

【特色】地銀中位。鹿児島県地盤でシェアトップ
【本社】892-0828 鹿児島県鹿児島市金生町6-6
【設立】1944.2　　　　　　　　　　　　［持株傘下］

【業績】	経常収益	業務純益	経常利益	純利益
連22.3	67,886	16,049	10,970	7,981
連23.3	85,167	9,919	15,051	10,511

●インターンシップ●
【概要】㋐業界研究、グループワーク課題解決策立案
【募集】㋐8月【実施】①8月上旬~中旬(半日)②8月下旬~9月上旬(5日間)【地域】①オンライン②鹿児島市　オンライン【全学年対象】①②【選考】㋐なし

㈱琉球銀行　［銀行］

	修士・大卒採用数	従業員数	平均勤続年数	平均年収
	79名	1,345名	17.4年	総608万円

【特色】沖縄地盤。県内の預金、貸出残高シェアはトップ
【本社】900-0034 沖縄県那覇市東町2-1 那覇ポートビル【設立】1948.5　　　　　　　　　　［東京P］

【業績】	経常収益	業務純益	経常利益	純利益
連22.3	57,011	7,673	7,930	5,590
連23.3	60,093	6,453	8,499	5,896

●インターンシップ●
【概要】㋐業界研究、会社紹介、社員座談会
【募集】①6~7月中旬②1~2月上旬
【実施】①8月②2月【地域】㋐沖縄【全学年対象】①②【選考】㋐なし

㈱沖縄銀行　［銀行］

	修士・大卒採用数	従業員数	平均勤続年数	平均年収
	42名	1,147名	15.2年	総564万円

【特色】戦後に設立した地銀中位行。おきなわFG傘下
【本社】900-8651 沖縄県那覇市久茂地3-10-1
【設立】1956.6　　　　　　　　　　　　［持株傘下］

【業績】	経常収益	業務純益	経常利益	純利益
連22.3	35,725	ND	6,799	4,614
連23.3	37,787	ND	7,219	5,066

●インターンシップ●
【概要】①企業概要説明、営業店実習、内定者座談会、グループワークによる資産運用提案業務体験
【募集】①6~7月 12~2月
【実施】①8月(1週間)2月(1週間)【地域】①沖縄　オンライン【全学年対象】①【選考】①なし

商工中金　［政策金融・金庫］

	修士・大卒採用数	従業員数	平均勤続年数	平均年収
	155名	3,377名	15.3年	784万円

【特色】政府系金融機関。中小企業専門。完全民営化へ舵
【本社】104-0028 東京都中央区八重洲2-10-17
【設立】1936.11　　　　　　　　　　　　［未上場］

【業績】	資金量	融資残高	債券発行残高
連22.3	9,735,066	9,597,836	3,542,170
連23.3	9,918,763	9,628,093	3,448,850

●インターンシップ●【概要】①②③事業性評価をベースとした、中小企業金融コンサルティング提案業務(ロールプレイングを含むグループワーク形式)④高度専門分野(事業承継・国際業務)にかかる中小企業金融コンサルティング提案業務(ロールプレイングを含むグループワーク形式)【募集】①6~7月中旬②9~10月上旬③12~1月中旬④1月【実施】①8月(2日間×2回)②11月(2日間×4回)③2月(2日間×4回)④2月(1日×1回)【地域】①②③東京・中央 大阪市 オンライン④東京・中央【選考】①②③Webテスト GD④ES

㈱国際協力銀行　［政策金融・金庫］

	修士・大卒採用数	従業員数	平均勤続年数	平均年収
	44名	※699名	※10.6年	808万円

【特色】政府系金融機関。対外経済政策の一翼を担う
【本社】100-8144 東京都千代田区大手町1-4-1
【設立】1950.12　　　　　　　　　　　　［未上場］

【業績】	経常収益		経常利益	純利益
連22.3	313,480		17,391	17,345
連23.3	659,923		156,518	156,518

●インターンシップ●24予【概要】㋐組織概要及び業務内容の紹介 当行の取り組んだ案件をテーマとしたケーススタディ 職員との交流会 他【募集】①5月下旬~7月上旬②10月中旬~12月上旬【実施】①8月下旬~9月上旬(1日)②2月(5日間)【地域】㋐東京・千代田(オンラインの場合あり)【全学年対象】①②【選考】㋐ES 適性検査 他

信金中央金庫　［政策金融・金庫］

	修士・大卒採用数	従業員数	平均勤続年数	平均年収
	61名	1,193名	14.8年	790万円

【特色】信用金庫の中央金融機関。信金バンクの司令塔
【本社】103-0028 東京都中央区八重洲1-3-7
【設立】1950.6　　　　　　　　　　　　　［東京］

【業績】	経常収益		経常利益	純利益
連22.3	249,597		48,174	35,942
連23.3	373,723		36,027	26,221

●インターンシップ●
【概要】①信用金庫の経営コンサルティング(グループワーク)他
【募集】‥
【実施】①9~1月(2~3日間)【地域】①オンライン【全学年対象】①【選考】①ES

㈱日本貿易保険（NEXI）

政策金融・金庫

修士・大卒採用数	従業員数	平均勤続年数	平均年収
31名	182名	7.6年	総930万円

【特色】政府全額出資の特殊会社。貿易保険の提供を行う

【本社】101-8359 東京都千代田区西神田3-8-1 千代田ファーストビル東館【設立】2017.4 【未上場】

【業績】	経常収益	経常利益	純利益
単22.3	73,411	▲1,000	6
単23.3	116,632	▲1,000	▲19

●インターンシップ● 24予【概要】①②③企業概要や業務内容について理解を深めるセミナー・GW・ケーススタディ、若手職員との座談会④案件審査及び保険引受に係る就業体験「政府系金融機関が支える海外プロジェクトファイナンス」、若手職員との座談会【募集】①8月中旬~9月上旬②10月中旬~11月上旬③11月中旬~12月上旬④2月上旬【実施】①9月(4日間)②10月(3日間)③12月(2日間)④2月(1日)【地域】①②③オンライン④東京・千代田【全学年対象】①②③【選考】①②③なし④あり

25総 236ページ

25働 226ページ

中央労働金庫

政策金融・金庫

修士・大卒採用数	従業員数	平均勤続年数	平均年収
155名	2,467名	15.6年	総708万円

【特色】関東8労働金庫が01年4月合併。労金では最大

【本社】101-0062 東京都千代田区神田駿河台2-5【設立】1952.4 【未上場】

【業績】	経常収益	経常利益	純利益
単22.3	78,547	13,248	9,599
単23.3	81,241	13,147	9,479

●インターンシップ● 【概要】①様々な視点からろうきんを知る！3Days②ろうきんを知る！2Days
【募集】①6~7月②9~12月【実施】①8月中旬~9月中旬(3日間×複数回)②10~1月(2日間×複数回)【地域】㋐オンライン 対面【選考】㋐なし

25総 236ページ

25働 226ページ

JA共済連（全国本部）

共済

修士・大卒採用数	従業員数	平均勤続年数	平均年収
42名	1,195名	19.1年	NA

【特色】全国農協の共済事業を統括。生保・損保を兼営

【本社】102-8630 東京都千代田区平河町2-7-9 JA共済ビル【設立】1951.1 【未上場】

【業績】	経常収益	経常利益	当期剰余金
単22.3	5,992,749	170,334	102,937
単23.3	5,101,527	122,292	71,504

●インターンシップ● 24予【概要】①グループワークを通じてJA共済の事業を知る②映像とグループワークにより全国本部の「仕組開発部門（商品開発）」と「普及推進部門（営業企画）」の仕事を知る③グループワークやディスカッションを通じてJA共済の理念、職員を知る④グループワークを通じてアクチュアリーの業務内容を疑似体験する【募集】①6~7月②③未定④9~10月【実施】①8~9月(1日×複数回)②10~11月(2日間×複数回)③12~1月(1日×複数回)④11月(2日間×複数回)【地域】㋐オンライン【選考】①ES GD②③未定④ES

25総 237ページ

25働 227ページ

全国生活協同組合連合会（全国生協連）

共済

修士・大卒採用数	従業員数	平均勤続年数	平均年収
5名	200名	14.7年	NA

【特色】全国47都道府県で実施される共済事業の元受団体

【本社】330-8508 埼玉県さいたま市大宮区大門町2-118 大宮門街SQUARE14階【設立】1971.12 【未上場】

【業績】	正味収入共済掛金	当期剰余金
単22.3	656,895	15,643
単23.3	662,975	7,974

●インターンシップ● 【概要】①仕事体験：業界説明・企業説明、グループワーク、人事担当者との懇談
【募集】①9月中旬~1月
【実施】①10~2月(1日、月2回程度)【地域】①オンライン 【選考】①なし

25総 237ページ

25働 227ページ

日本コープ共済生活協同組合連合会

共済

修士・大卒採用数	従業員数	平均勤続年数	平均年収
23名	453名	NA	NA

【特色】共済専門生協の中央組織。略称・コープ共済連

【本社】151-0051 東京都渋谷区千駄ヶ谷4-1-13 コープ共済プラザ【設立】2008.11 【未上場】

【業績】	経常収益	経常剰余金	当期剰余金
連22.3	244,658	44,188	7,971
連23.3	251,560	24,166	19,304

●インターンシップ● 24予【概要】①ワークを通して、コープ共済連の概要や価値観、キャリアイメージなどを考え、体感できるプログラム②ワークを通して、共済商品の開発を体験できるプログラム【募集】①5~1月②9~1月【実施】①7~2月(月2回程度)②7~1月(月1回程度)【地域】①オンライン②東京・渋谷【全学年対象】①②【選考】㋐なし【本選考との関係】㋐早期選考に案内

25総 238ページ

25働 228ページ

野村證券㈱

証券

修士・大卒採用数	従業員数	平均勤続年数	平均年収
※300名	14,241名	16.7年	1,077万円

【特色】国内証券最大手。対面営業の再編に注力中

【本社】103-0027 東京都中央区日本橋1-13-1【設立】1925.12 【持株傘下】

【業績】	営業収益	営業利益	経常利益	純利益
単22.3	580,076	NA	74,790	67,542
単23.3	587,186	NA	44,331	33,557

●インターンシップ● 【概要】①ウェルス・マネジメント②インベストメント・バンキング③グローバル・マーケッツ④リサーチ【募集】①5~7月上旬②4月下旬~6月上旬③4月下旬~6月上旬④4月下旬~8月上旬【実施】㋐8月(5日間)【地域】①オンライン②③④オンライン 東京【全学年対象】①②③④【選考】㋐あり

25総 239ページ

25働 229ページ

大和証券グループ　証券

25総 239ジペ

	修士・大卒採用数	従業員数	平均勤続年数	平均年収
	※560名	※12,777名	※15.1年	※1,223万円

【特色】国内2位の証券大手。女性活躍や健康経営に特長
【本社】100-6751 東京都千代田区丸の内1-9-1 グラントウキョウノースタワー【設立】1943.12　[東京P]

【業績】	営業収益	営業利益	経常利益	純利益
連23.3	866,090	66,273	86,930	63,875

※会社データは㈱大和証券グループ本社のもの

25働 229ジペ

●インターンシップ●【概要】①資産コンサルタントコース：株式等の金融商品に関する講義やワーク、お客様への資産運用提案のロールプレイング他②部門別コース：グローバル・インベストメント・バンキング、グローバル・マーケッツ、リサーチ、リスクマネジメント、IT、投資部門【募集】①②夏・冬【実施】①②夏・冬【地域】①オンライン②オンライン 東京（コースによる）【全学年対象】①②【選考】①ES 適性検査②ES 適性検査 面接（面接は東京開催のみ）

みずほ証券㈱　証券

25総 240ジペ

	修士・大卒採用数	従業員数	平均勤続年数	平均年収
	300名	※6,859名	※15.0年	※1,069万円

【特色】みずほグループの総合証券会社。大手5社の一角
【本社】100-0004 東京都千代田区大手町1-5-1 大手町ファーストスクエア【設立】1917.7　[未上場]

【業績】	純営業収益		経常利益	純利益
23.3	506,777		111,624	79,862

※業績は米国拠点合算データ

25働 230ジペ

●インターンシップ●【概要】①Summer Workshop（証券業界理解）②Winter Workshop（総合資産コンサルティング体感ワーク）③グローバル投資銀行部門④Experienceグローバルマーケッツ（セールス＆トレーディングコース）【募集】①6～7月②9月下旬～10月③5～7月上旬 9月下旬～10月④5～7月上旬 9月下旬【実施】①8月（1日）②12月（3日間）③8月 2月（5日間）④9月 2月（2日間）【地域】①オンライン②東京 大阪③④東京【全学年対象】①②③④【選考】①ES Webテスト②③④ES Webテスト 面接

SMBC日興証券㈱　証券

エス エム ビー シー にっこうしょうけん

25総 240ジペ

	修士・大卒採用数	従業員数	平均勤続年数	平均年収
	280名	9,759名	13.5年	※961万円

【特色】証券大手の一角。三井住友FGの中核証券会社
【本社】100-6524 東京都千代田区丸の内1-5-1 新丸の内ビルディング【設立】2009.6　[未上場]

【業績】	営業収益	営業利益	経常利益	純利益
単22.3	333,183	56,657	59,620	44,258
単23.3	262,888	▲42,094	▲38,342	▲32,314

25働 230ジペ

●インターンシップ●　24予
【概要】①証券業務体感ワーク（リテール部門）②証券業務体感ワーク（グローバル・マーケッツ部門、システム部門、クオンツ部門、投資銀行部門）【募集】①5～7月上旬②未定【実施】㋐未定【地域】①東京 大阪②未定【全学年対象】①②【選考】①ES Webテスト GD②ES Webテスト 面接

三菱UFJモルガン・スタンレー証券㈱　証券

みつびしユーエフジェイ しょうけん

25総 241ジペ

	修士・大卒採用数	従業員数	平均勤続年数	平均年収
	—	5,727名	17.3年	NA

【特色】総合証券大手の一角。MUFGの証券戦略の中核
【本社】100-8127 東京都千代田区大手町1-9-2 大手町フィナンシャルシティグランキューブ【設立】1948.3　[未上場]

【業績】	営業収益	営業利益	経常利益	純利益
単22.3	258,000	49,783	52,332	36,739
単23.3	261,100	44,263	46,982	36,341

25働 231ジペ

●インターンシップ●【概要】①営業部門：アドバイザービジネス業務の体験②投資銀行部門：M&A、ファイナンス等の投資銀行業務の体験③リサーチ部門：市場分析等のリサーチ業務の体験④クオンツ・テクノロジー業務：高度な数学や情報技術を用いるクオンツ・テクノロジー業務の体験‥【実施】①8月 12月 2月（3～5日程度）②9月 12月 2月（3～5日程度）③8月 1月 12月（3～5日程度）④2月 3月（5日程度）【地域】㋐東京 オンライン【全学年対象】①②③④【選考】①②③あり④未定

㈱日本取引所グループ　証券

にっぽんとりひきじょ

25総 241ジペ

	修士・大卒採用数	従業員数	平均勤続年数	平均年収
	30名	1,224名	17.7年	※1,056万円

【特色】東証・大阪取引所を擁する総合取引所グループ
【本社】103-8224 東京都中央区日本橋兜町2-1【設立】2013.1　[東京P]

【業績】	営業収益	営業利益	税前利益	純利益
◇22.3	135,432	73,473	73,429	49,955
◇23.3	133,991	68,253	68,207	46,342

25働 231ジペ

●インターンシップ●　24予
【概要】㋐現場部署の業務体験
【募集】①7月下旬②10～11月
【実施】①8月下旬（1日）②1～2月中旬（2日間）【地域】㋐オンライン【選考】㋐未定

東海東京フィナンシャル・ホールディングス㈱　証券

とうかいとうきょう

25総 242ジペ

	修士・大卒採用数	従業員数	平均勤続年数	平均年収
	150名	2,747名	13.3年	※683万円

【特色】中京地区地盤の準大手証券。対面営業主体
【本社】103-6130 東京都中央区日本橋2-5-1 日本橋高島屋三井ビルディング【設立】1929.6　[東京P]

【業績】	営業収益	営業利益	経常利益	純利益
連22.3	80,975	9,881	12,979	13,150
連23.3	73,383	3,159	6,346	1,953

25働 232ジペ

●インターンシップ●
【概要】①業界、企業研究講座 グループワーク 座談会業界 他
【募集】①‥
【実施】①8～2月上旬（2日間）10～1月上旬（1日）【地域】①オンライン 東京 名古屋【選考】①あり

岡三証券(株) ［証券］

修士・大卒採用数	従業員数	平均勤続年数	平均年収
180名	2,458名	10.5年	総818万円

【特色】独立系の準大手証券会社。ネット取引も展開
【本社】103-0022 東京都中央区日本橋室町2-2-1 室町東三井ビルディング【設立】2003.4［持株傘下］

【業績】 営業収益 営業利益 経常利益 純利益
連23.3 66,551 1,034 421 529
※業績は(株)岡三証券グループのもの

●インターンシップ● 24予
【概要】①マーケティング統括部門：資産運用コンサルティングの体験、株式プレゼンテーション 他
【募集】①6月中旬~7月中旬
【実施】①2日間+1日【地域】①東京 名古屋 大阪 オンライン【全学年対象】①【選考】①ES 適性検査

いちよし証券(株) ［証券］

修士・大卒採用数	従業員数	平均勤続年数	平均年収
43名	885名	15.6年	総636万円

【特色】中堅証券。中小型の新規公開株発掘に注力
【本社】103-0025 東京都中央区日本橋茅場町1-5-8 日本橋証券会館【設立】1944.5 ［東京P］

【業績】 営業収益 営業利益 経常利益 純利益
連22.3 19,591 3,321 3,443 2,526
連23.3 16,666 1,166 1,216 758

●インターンシップ●
【概要】①株式について、資産アドバイザー体験（グループワーク）座談会 他
【募集】①6~12月上旬【実施】①7~12月(1日)【地域】①オンライン【全学年対象】①【選考】①なし

水戸証券(株) ［証券］

修士・大卒採用数	従業員数	平均勤続年数	平均年収
75名	737名	18.3年	◇669万円

【特色】茨城発祥。独立系で関東地盤の中堅証券会社
【本社】112-0002 東京都文京区小石川1-1-1 文京ガーデンゲートタワー【設立】1933.2 ［東京P］

【業績】 営業収益 営業利益 経常利益 純利益
連22.3 13,683 1,523 1,961 1,389
連23.3 11,196 ▲268 186 773

●インターンシップ●
【概要】①証券業界の役割と金融業界について、会社紹介、株式投資体感ゲーム、営業ロールプレイング、社員座談会【募集】①6~1月【実施】①6~1月(1日)8月(5日間)9月(3日間)【地域】①東京 オンライン【全学年対象】①【選考】①なし【本選考との関係】①早期選考に案内

東洋証券(株) ［証券］

修士・大卒採用数	従業員数	平均勤続年数	平均年収
68名	673名	17.5年	総564万円

【特色】独立系の中堅証券。広島地盤。中国株に元来強い
【本社】104-8678 東京都中央区八丁堀4-7-1
【設立】1934.4 ［東京P］

【業績】 営業収益 営業利益 経常利益 純利益
連22.3 10,863 ▲180 579 875
連23.3 8,341 ▲2,167 ▲1,660 ▲2,955

●インターンシップ●
【概要】①就職活動で役に立つ企業分析の一例 ES添削 社内オンラインツアー 先輩社員とのディスカッション【募集】①10月~【実施】①11~1月(1日)【地域】①オンライン【選考】①面接(2回)【本選考との関係】①早期選考に案内

三菱UFJアセットマネジメント(株) ［証券］

修士・大卒採用数	従業員数	平均勤続年数	平均年収
20名	763名	13.4年	NA

【特色】MUFG傘下。グループ資産運用業務の中核
【本社】105-7320 東京都港区東新橋1-9-1 東京汐留ビルディング【設立】1985.8 ［未上場］

【業績】 営業収益 営業利益 経常利益 純利益
連22.3 82,702 15,551 17,011 12,150
連23.3 86,882 14,263 15,012 10,342

●インターンシップ●
【概要】①企業説明・運用業務体験ワークショップ 他
【募集】①12月頃
【実施】①1月(1日×5回程度)【地域】①東京 オンライン【全学年対象】①【選考】①なし

日本生命保険(相) ［生保］

修士・大卒採用数	従業員数	平均勤続年数	平均年収
360名	※20,433名	※13.8年	NA

【特色】関西発祥の生保最大手。財閥に属さず独立色
【本社】541-8501 大阪府大阪市中央区今橋3-5-12
【設立】1889.7 ［未上場］

【業績】 保険料等収入 基礎利益 経常利益 純剰余
連22.3 4,307,975 796,654 493,205 351,873
連23.3 4,647,991 498,828 247,884 187,453

●インターンシップ●
【概要】①興味のあるコースを選択し、社員と共に実際の業務に即した課題等に取り組み、フィードバックを実施【募集】‥【実施】①7月下旬~【地域】①全国 オンライン ※コースにより異なる【全学年対象】①【選考】①ES GD 適性検査

第一生命保険㈱ （だいいちせいめいほけん）

[25総] 246ページ [25働] 236ページ

[生保]

修士・大卒採用数	従業員数	平均勤続年数	平均年収
※166名	8,978名	15.8年	NA

【特色】民間生保4強で唯一の株式会社。海外拡大基調
【本社】100-8411 東京都千代田区有楽町1-13-1 第一生命日比谷ファースト【設立】(創立)1902.9 [持株傘下]

【業績】	経常収益	保険料等収入	経常利益	純利益
連23.3	9,519,445	6,635,483	410,900	192,301

※データは基幹職のもの。業績は第一生命HD㈱のもの

●インターンシップ● 【概要】①オープン:複数部門の業務を体験②アクチュアリー:数理モデルに基づく保険料・責任準備金の算出等のワークを通じて、生保・年金アクチュアリー業務を体験③クオンツ・データサイエンティスト:金融工学知識やデータ解析等を用いた実践的な業務を体験④IT・システム:各種システムや新規デジタルサービスの企画業務などを体験【募集】①6月②③④6月 10月【実施】①8~9月(5日間)②③④9月 1~2月(5日間)【地域】①東京 大阪②③④東京【選考】㊎ES グループ面接

㈱かんぽ生命保険 （せいめいほけん）

[25総] 246ページ [25働] 236ページ

[生保]

修士・大卒採用数	従業員数	平均勤続年数	平均年収
—	19,148名	18.3年	◇599万円

【特色】日本郵政グループの生保大手。第一生命と提携
【本社】100-8794 東京都千代田区大手町2-3-1 大手町プレイスウエストタワー【設立】2006.9 [東京P]

【業績】	経常収益	保険料等収入	経常利益	純利益
連22.3	6,454,208	2,418,979	356,113	158,062
連23.3	6,379,561	2,200,945	117,570	97,614

●インターンシップ● 【概要】①総合職の仕事を体験 他②アクチュアリー、クオンツ及びデジタルの仕事を体験 他③リテール営業・法人営業の仕事または保険事務の仕事を体験 他④実際の業務を想定した課題に対するデータ分析を行い、データサイエンティストの仕事を体験【募集】①②5~12月③6~1月④8~12月【実施】①8~2月(1~3日間)②③8~2月(2日間)④9~1月(5日間)【地域】①②東京・千代田③全国各地 オンライン④オンライン【全学年対象】①②③④【選考】①④ES②ES 適性検査③なし

明治安田生命保険㈱ （めいじやすだせいめいほけん）

[25総] 247ページ [25働] 237ページ

[生保]

修士・大卒採用数	従業員数	平均勤続年数	平均年収
約300名	47,385名	NA	NA

【特色】明治と安田の合併で誕生。業界上位、団保首位
【本社】100-0005 東京都千代田区丸の内2-1-1
【設立】1881.7 [未上場]

【業績】	保険料等収入	基礎利益	経常利益	純剰余
単23.3	3,203,693	NA	283,055	NA

※データは全て営業職員を除いたもの

●インターンシップ● 【概要】①総合コース②アクチュアリーコース③システム・データサイエンティストコース④コンサルティング営業コース【募集】①②③6~7月 12~1月上旬④随時【実施】①②③8~9月 1~2月④随時【地域】①②③オンライン 対面(首都圏等)④オンライン 対面(全国各地)【全学年対象】①②③④【選考】①②③ES Webテスト④なし

住友生命保険㈱ （すみともせいめいほけん）

[25総] 247ページ [25働] 237ページ

[生保]

修士・大卒採用数	従業員数	平均勤続年数	平均年収
194名	8,267名	17.9年	NA

【特色】民間生保大手4強の一角。大型M&Aで米国進出
【本社】540-8512 大阪府大阪市中央区城見1-4-35
【設立】1907.5 [未上場]

【業績】	保険料等収入	基礎利益	経常利益	純剰余
単23.3	2,216,429	236,366	61,852	147,204

※データは総合キャリア職・ビジネスキャリア職のもの

●インターンシップ● 【概要】①マーケティング体感コース②営業理解コース(コンサルティング営業、ライフデザイナー)③アクチュアリーコース(アクチュアリアル・ナレッジ、体感型GW)④1Day基礎理解コース(企業理解・就活理解)【募集】①11月中旬~12月②地域による③7~8月 12~1月上旬④随時【実施】①2月中旬(2日間×8回)②地域による③9月(2日間×2回)2月(2日間×4回)④6~2月(1日×月2回程度)【地域】①③東京 大阪 オンライン②東京 大阪 他④オンライン【全学年対象】①②③④【選考】①③ES

ソニー生命保険㈱ （せいめいほけん）

[25総] 248ページ [25働] 238ページ

[生保]

修士・大卒採用数	従業員数	平均勤続年数	平均年収
37名	9,156名	NA	NA

【特色】ソニーの金融グループ中核。コンサル営業に定評
【本社】100-8179 東京都千代田区大手町1-9-2 大手町フィナンシャルGキューブ【設立】1979.8 [未上場]

【業績】	保険料等収入	基礎利益	経常利益	純利益
単22.3	1,377,393	132,222	53,673	19,050
単23.3	1,473,844	119,648	95,392	100,770

●インターンシップ● 【概要】①入門編:ソニー生命が提供する価値とは②ビジネスフレームを学びながら自己成長を目指すワーク③部門別:総合・代理店営業・IT・アクチュアリー④多様な業務体験を通じた"オンリーワンのキャリア"の発見【募集】①随時②6月中旬~7月上旬③9月④12月【実施】①5月~(2時間)②8~9月(3日間×複数回)③10~12月(半日~2日間×複数回)④12~1月(1日×複数回)【地域】①③④オンライン②東京【全学年対象】①【選考】①なし②③④自己PR動画 Web適性検査

アフラック生命保険㈱ （せいめいほけん）

[25総] 248ページ [25働] 238ページ

[生保]

修士・大卒採用数	従業員数	平均勤続年数	平均年収
99名	4,963名	13.8年	NA

【特色】米アフラックの日本法人。がん保険の草分け
【本社】163-0422 東京都新宿区西新宿2-1-1 新宿三井ビル【設立】2018.4 [未上場]

【業績】	保険料等収入	基礎利益	経常利益	純利益
単22.3	1,320,326	360,527	366,814	260,695
単23.3	1,294,241	375,944	497,857	354,674

●インターンシップ● 【概要】①コアビジネス(営業・契約管理事務)の就業体験②IT・デジタルの就業体験③ファイナンス・情報セキュリティの就業体験④アクチュアリーの就業体験【募集】①7月 12~1月②③④12~1月【実施】①8~9月(3日間×2回)2月(3日間×2回)②2月(1日)③2月(3日間×1回、1日×1回)④2月(3日間×1回)【地域】①③④東京②オンライン【選考】㊎ES 適性検査【本選考との関係】㊎参考情報として活用

大樹生命保険(株) 生保

	修士・大卒採用数	従業員数	平均勤続年数	平均年収
	77名	**※3,935名**	**※17.7年**	**NA**

【特色】旧三井生命。日本生命の子会社。業界中堅
【本社】135-8522 東京都江東区青海1-1-20
【設立】1927.3　　　　　　　　　　　　[未上場]

【業績】	保険料等収入	基礎利益	経常利益	純利益
単22.3	498,064	46,681	39,489	702
単23.3	884,896	20,480	20,841	4,922

●インターンシップ● 【概要】①本社部門コース:業界会社説明・部門別仕事講義・社員座談会・GW等を通し、生保の社会的意義や役割・仕事内容について学ぶ②アクチュアリー仕事研究:仕事講義・社員座談会等を通し、生保のアクチュアリー業務について学ぶ【募集】①7~8月上旬 9月中旬~10月中旬 12月下旬~1月②12~2月上旬【実施】①8~2月(2日間×9回)②12~2月(1日×2回)【地域】①オンライン 対面②オンライン【全学年対象】①②【選考】①ES②なし【本選考との関係】①早期選考に案内

東京海上日動あんしん生命保険(株) 生保

	修士・大卒採用数	従業員数	平均勤続年数	平均年収
	46名	**2,625名**	**10.0年**	**NA**

【特色】東京海上HDの生保子会社。医療保険などに強み
【本社】100-0004 東京都千代田区大手町2-6-4 常盤橋タワー【設立】1996.8　　[未上場]

【業績】	保険料等収入	基礎利益	経常利益	純利益
単22.3	830,261	62,959	59,232	48,383
単23.3	812,727	40,360	67,614	35,611

●インターンシップ● 【概要】①学生同士のディスカッション・プレゼンテーションを通じて、あんしん生命のビジネスを肌で感じ、将来のビジョンについて真剣に考える【募集】①6~7月中旬【実施】①7月 8月 10月 11月(1日) 1月(2日間)【地域】①オンライン【全学年対象】①【選考】①ES オンライン面接

大同生命保険(株) 生保

	修士・大卒採用数	従業員数	平均勤続年数	平均年収
	64名	**3,181名**	**18.1年**	**NA**

【特色】T&Dグループ中核。中小企業向け保険で首位
【本社】103-6031 東京都中央区日本橋2-7-1
【設立】1947.7　　　　　　　　　　　[持株傘下]

【業績】	保険料等収入	基礎利益	経常利益	純利益
単22.3	808,083	131,632	122,780	76,222
単23.3	810,311	75,039	84,079	49,309

●インターンシップ● 【概要】②生命保険業界に対する知識の習得とワークを通じた当社業務体感 先輩社員座談会【募集】‥【実施】①7月下旬~12月中旬(5日間)②10~1月中旬(3日間)③1月中旬~2月(1日)【地域】②東京 大阪 オンライン【全学年対象】①②③【選考】②ES SPI

アクサ生命保険(株) 生保

	修士・大卒採用数	従業員数	平均勤続年数	平均年収
	27名	**2,168名**	**13.8年**	**NA**

【特色】仏保険最大手AXAグループの在日拠点。業界中堅
【本社】108-8020 東京都港区白金1-17-3 NBFプラチナタワー【設立】1994.7　　[未上場] ※データは全て内勤正社員のもの

【業績】	保険料等収入	基礎利益	経常利益	純利益
単23.3	806,076	65,044	65,485	40,604

●インターンシップ●【概要】①アクチュアリー:業務体験、部門説明、オフィスツアー他②代理店営業:代理店営業ワークショップ、部門説明他③キャリアディベロップメント:自己分析、価値観理解、企業分析方法の習得を目指すワークショップ④データサイエンティスト:機械学習モデルの作成、探索的な分析【募集】①36~7月②6~2月中~6月12月【実施】①9月(1日)②~2月(1日)③8~9月(3日間)④8~9月(1~2カ月間)【地域】①③④東京・白金②オンライン【選考】①ES②③なし④ES コーディングテスト 面接【本選考との関係】④早期選考に案内

太陽生命保険(株) 生保

	修士・大卒採用数	従業員数	平均勤続年数	平均年収
	118名	**2,337名**	**21.0年**	**NA**

【特色】家庭市場に強い中堅。T&Dグループの中核
【本社】103-6031 東京都中央区日本橋2-7-1
【設立】1948.2　　　　　　　　　　　[持株傘下]

【業績】	保険料等収入	基礎利益	経常利益	純利益
単22.3	598,144	55,122	▲86,642	▲74,147
単23.3	643,308	21,294	48,144	26,832

●インターンシップ● 【概要】②業界概要および会社概要、各種グループワーク【募集】‥【実施】①8月下旬~9月②12月中旬~1月中旬【地域】②東京・中央 大阪市 オンライン【選考】②なし

富国生命保険(相) 生保

	修士・大卒採用数	従業員数	平均勤続年数	平均年収
	65名	**2,863名**	**16.4年**	**NA**

【特色】生命保険中堅上位。医療保険など第3分野に強い
【本社】100-0011 東京都千代田区内幸町2-2-2 富国生命ビル【設立】1923.11　　[未上場]

【業績】	保険料等収入	基礎利益	経常利益	純剰余
単22.3	486,461	76,369	38,752	33,319
単23.3	526,037	47,297	32,512	30,872

●インターンシップ● 【概要】①総合職・エリア職:当社の事業を知る、アフターサービス企画ワークを体験②アクチュアリー:アクチュアリーの業務体験③総合職・エリア職:所長の仕事・当社の価値観について、Webブラウザゲームを通じて体験する【募集】①4~8月中旬【実施】①8月下旬~9月中旬 1月下旬~2月中旬(2日間)②8月下旬~9月中旬(2日間)③8月下旬~9月中旬 2月(1日)【地域】①②東京 大阪 オンライン③オンライン【選考】②なし

三井住友海上あいおい生命保険㈱ 〔生保〕

	修士・大卒採用数	従業員数	平均勤続年数	平均年収
	64名	2,432名	9.8年	NA

【特色】MS&ADホールディングスの中核生保子会社
【本社】104-8258 東京都中央区新川2-27-2
【設立】1996.8　　　　　　　　[未上場]

【業績】	保険料等収入	基礎利益	経常利益	純利益
￥22.3	503,525	34,519	39,051	21,072
￥23.3	489,081	24,909	27,861	12,725

●インターンシップ● 【概要】①当社の営業をWebで模擬体験②生保コンサルティングの基礎と新たなビジネスの創造する3日間③専門領域コース向けイベント(アクチュアリー・データサイエンス・デジタルデザイン)【募集】②開催月の1ヵ月前【実施】①8月 11月 12月 1月2月③8月 10月 2月【地域】①③オンライン②オンライン(最終日のみ東京)【選考】①③ES②ES SPI

オリックス生命保険㈱ 〔生保〕

	修士・大卒採用数	従業員数	平均勤続年数	平均年収
	72名	2,197名	7.5年	NA

【特色】オリックス系生保。ハートフォード生命と合併
【本社】100-0004 東京都千代田区大手町2-3-2 大手町プレイス イーストタワー【設立】1991.4 [未上場]

【業績】	保険料等収入	基礎利益	経常利益	純利益
￥22.3	448,512	▲6,742	▲11,778	▲10,375
￥23.3	453,265	▲6,946	▲9,433	▲8,944

●インターンシップ●
【概要】①業界・会社説明、社員座談会、グループワーク
【募集】‥
【実施】①8~2月(1日)【地域】①対面 オンライン【全学年対象】①【選考】①なし

SOMPOひまわり生命保険㈱ 〔生保〕

	修士・大卒採用数	従業員数	平均勤続年数	平均年収
	42名	2,273名	11.8年	NA

【特色】SOMPO・HDの生保子会社。収入保障保険などに強い
【本社】160-0023 東京都新宿区西新宿6-13-1 新宿セントラルパークビル【設立】1981.7 [未上場]

【業績】	保険料等収入	基礎利益	経常利益	純利益
￥22.3	436,893	27,596	26,444	15,924
￥23.3	434,473	▲1,817	6,330	945

●インターンシップ● 【概要】①健康応援企業としての代理店営業体感ワーク②健康応援企業としての保険金業務体感ワーク③健康応援企業としてのヘルスケアサービス企画体感ワーク④生命保険業界とひまわり生命を知るオープンカンパニー【募集】①②③7月~・5月~【実施】①②③8~2月(日数未定)④6~2月(日数未定)【地域】②オンライン 東京 名古屋 大阪 福岡【選考】①②③未定④なし

朝日生命保険(相) 〔生保〕

	修士・大卒採用数	従業員数	平均勤続年数	平均年収
	85名	4,125名	19.8年	NA

【特色】生保最古参。介護保険など第三分野に注力
【本社】160-8570 東京都新宿区四谷1-6-1 YOTSUYA TOWER【設立】1888.3 [未上場]

【業績】	保険料等収入	基礎利益	経常利益	純剰余
￥22.3	387,134	47,782	32,305	22,924
￥23.3	379,223	13,357	17,648	17,257

●インターンシップ●
【概要】①業界研究・企業研究を通じて「働く」とは何かを考える
【募集】‥
【実施】①10月中旬~1月(3日間)【地域】①東京 大阪【選考】①なし

東京海上日動火災保険㈱ 〔損保〕

	修士・大卒採用数	従業員数	平均勤続年数	総平均年収
	716名	16,645名	12.7年	886万円

【特色】三菱系で損保最大手。海外展開に積極的
【本社】100-8050 東京都千代田区大手町2-6-4
【設立】1879.8 [持株傘下]

【業績】	経常収益	正味収入保険料	経常利益	純利益
￥22.3	2,691,743	2,288,170	319,212	235,471
￥23.3	2,929,931	2,385,239	362,111	189,549

●インターンシップ● 【概要】①就業体験：営業、損害サービス、資産運用、IT戦略等のビジネスフィールドを学び、社員と交流②就業体験：営業、損害サービス等のビジネスフィールドを学び、社員と交流【募集】①5月下旬~8月上旬 10~11月②5月下旬~8月上旬 10~12月【実施】①8~9月 2~3月(5日間)②8~9月 2~3月(2日間)【地域】①札幌 仙台 東京 名古屋 大阪 福岡 広島 他②全国各地【全学年対象】①②【選考】①ES 面接【本選考との関係】②早期選考に案内

損害保険ジャパン㈱ 〔損保〕

	修士・大卒採用数	従業員数	平均勤続年数	総平均年収
	-	15,573名	16.5年	833万円

【特色】SOMPO・HDの中核会社。3メガ損保の一角
【本社】160-8338 東京都新宿区西新宿1-26-1
【設立】(創業)1888.10 [持株傘下]

【業績】	経常収益	正味保険料	経常利益	純利益
￥22.3	2,490,458	2,158,791	210,810	166,207
￥23.3	2,643,329	2,225,531	124,926	108,321

●インターンシップ● 【概要】①若手社員座談会、GD講座②自己分析ワーク、業務体感ワーク③面接対策講座、面接体験、社員座談会④新規事業立案編・地域創生編【募集】①6月~②6~8月③10月④11~12月【実施】①7月(1日×22回)②8~10月(2日間×29回)③11~12月(1日×24回)④1~2月(2日間×21回)【地域】①札幌 仙台 名古屋 大阪 広島 福岡 東京②オンライン 対面=東京 大阪 札幌 仙台 名古屋 広島 福岡【全学年対象】①②③④【選考】①なし②③ES 適性検査④ES 適性検査 GD

三井住友海上火災保険(株)　損保

	修士・大卒採用数	従業員数	平均勤続年数	平均年収
	200名	12,572名	14.6年	⑯796万円

【特色】MS&AD傘下の損保大手。三井住友グループ
【本社】101-8011 東京都千代田区神田駿河台3-9 三井住友海上駿河台ビル　【設立】1918.10【持株傘下】

【業績】	経常収益	正味保険料	経常利益	純利益
連22.3	1,888,581	1,579,325	184,234	145,744
連23.3	1,956,362	1,629,832	141,224	107,899

●インターンシップ●【概要】①営業や損害サポート部門の業務内容を疑似体感②アクチュアリー:8部門の業務を体感するGW③職場受入型④GWによる新規事業立案【募集】①②4-6月③8-9月④12月【実施】①7-9月 2月(連続4日間+1日)②8月 2月(連続4日間+1日)③11月(5日間)④2月(2週間)【地域】①東京 名古屋 大阪 オンライン②③④東京【全学年対象】①②③④【選考】①ES 適性テスト GD②③ES 適性テスト 面接④ES 適性テスト 面接他【本選考との関係】①書類選考免除 早期選考に案内②③④早期選考に案内

あいおいニッセイ同和損害保険(株)　損保

	修士・大卒採用数	従業員数	平均勤続年数	平均年収
	約300名	13,500名	16.9年	⑯772万円

【特色】大手損保の一角。トヨタや日本生命と親密
【本社】150-8488 東京都渋谷区恵比寿1-28-1
【設立】1918.6【持株傘下】

【業績】	経常収益	正味保険料	経常利益	純利益
連22.3	1,422,301	1,291,344	80,964	53,973
連23.3	1,524,367	1,335,557	66,757	43,195

●インターンシップ●【概要】①損害保険会社の存在意義・使命・魅力を学ぶ体感ワーク 他②営業や損害サービス部門の現場に同行 他③リスクリターン分析、アクチュアリー業務を体感④アクチュアリー部門での就業体験 他【募集】①③6-7月②10-12月④10-11月【実施】①8-9月(対面3日間 オンライン3日間・1日)②2月(1日・3日間)③8-9月(1~2日間)④3月(3日間)【地域】①②全国7都市 オンライン③東京 大阪 オンライン④東京【全学年対象】①②③④【選考】①なし②④ES SPI 面接③ES【本選考との関係】④採用選考等に活用

共栄火災海上保険(株)　損保

	修士・大卒採用数	従業員数	平均勤続年数	平均年収
	75名	2,809名	13.3年	⑯662万円

【特色】業界中堅。03年JAグループ入り。信金中金も出資
【本社】105-8604 東京都港区新橋1-18-6
【設立】1942.7　【未上場】

【業績】	正味収入保険料	引受利益	経常利益	純利益
単22.3	170,107	4,365	10,489	6,929
単23.3	172,832	▲4,923	1,067	653

●インターンシップ●【概要】①オープンカンパニー 損害保険業界と共栄火災について理解を深める(説明・ワーク)②インターンシップ 営業部門、損害サービス部門の就業体験 先輩社員、内定者との座談会【募集】①8-2月②12-1月【実施】①各月2回(半日)②2月上旬(5日間)【地域】①オンライン②オンライン+東京・新橋【選考】①なし②ES【本選考との関係】①関係あり②1次面接免除 早期選考に案内

ソニー損害保険(株)　損保

	修士・大卒採用数	従業員数	平均勤続年数	平均年収
	−	1,517名	8.6年	727万円

【特色】ソニー系の損保。ダイレクト保険の主導的企業
【本社】144-8721 東京都大田区蒲田5-37-1 アロマスクエア11階　【設立】1998.6　【未上場】

【業績】	正味収入保険料	引受利益	経常利益	純利益
単22.3	139,548	7,860	9,070	6,418
単23.3	143,760	8,720	9,953	7,105

●インターンシップ●
【概要】①業界・企業説明、グループワークによる業務体験、先輩社員座談会
【募集】①5~9月 11~12月
【実施】①8~9月 12~2月(1日)【地域】①未定【選考】①なし

(株)アドバンスクリエイト　代理店

	修士・大卒採用数	従業員数	平均勤続年数	平均年収
	49名	299名	7.8年	⑯688万円

【特色】オンラインを活用した来店型生損保代理店大手
【本社】541-0048 大阪府大阪市中央区瓦町3-5-7 野村不動産御堂筋ビル　【設立】1995.10【東京P】

【業績】	売上高	営業利益	経常利益	純利益
連22.9	11,860	2,061	2,015	1,312
連23.9	10,163	▲2,020	▲2,190	▲1,769

●インターンシップ●24予
【概要】①就活セミナー②金融業界・保険業界についての基礎学習③代理店営業の就業体験④広告運用の企画立案、LINE広告の作成【募集】②4~12月【実施】②4~1月(1日)【地域】②オンライン【選考】①②なし③④ES 面接【本選考との関係】②早期選考に案内

共立(株)　代理店

	修士・大卒採用数	従業員数	平均勤続年数	平均年収
	11名	※262名	※13.4年	NA

【特色】1932年創業の保険代理店。企業向け保険に強み
【本社】103-0027 東京都中央区日本橋2-2-16
【設立】1910.4　【未上場】

【業績】	売上高	営業利益	経常利益	純利益
単22.3	4,795	552	840	3,934
単23.3	5,250	956	1,203	759

●インターンシップ●【概要】①保険代理店業理解、共立の主力ビジネスである企業向け保険提案・企業リスク分析(グループワーク)他②基幹職担当の企業営業について、企業研究・保険提案体験(FB付き)、先輩社員座談会 他【募集】①各開催日1カ月前~②開催日1カ月半前~【実施】①6~1月(1日・各月複数回)②8月(3日間)【地域】①東京・日本橋 オンライン②東京・日本橋【選考】①なし【本選考との関係】②個別面談に案内

オリックス（株）

	信販・カード・リース他	修士・大卒採用数	従業員数	平均勤続年数	平均年収
25総 258ページ		93名	3,592名	18.1年	総1,072万円

【特色】 独立系リースの業界先駆。銀行、保険など多角化
【本社】 105-5135 東京都港区浜松町2-4-1 世界貿易センタービル南館 **【設立】** 1964.4　[東京P]

【業績】
	売上高	営業利益	税前利益	純利益
◎22.3	2,520,365	302,083	504,876	312,135
◎23.3	2,666,373	313,988	367,168	273,075

25働 248ページ **●インターンシップ●** **【概要】**①企業説明やワークショップを通してオリックスの独自性・事業内容やビジネスモデルを体感②経理部署で実際の業務や打ち合わせに参加③DX部署で実際の業務や打ち合わせに参加④事業投資部署で投資先のデータ分析や経営者への提案などを行う**【募集】**①4~7月 8~10月②3月中旬**【実施】**①7~11月(3日間×複数回)②11~2月(2日間×2回)③④11~2月(3日間×2回)**【地域】**①オンライン 東京 大阪②④東京**【全学年対象】**①**【選考】**①ES他②③④ES 面接他

三井住友ファイナンス＆リース（株）

	信販・カード・リース他	修士・大卒採用数	従業員数	平均勤続年数	平均年収
25総 259ページ		81名	2,456名	15.2年	890万円

【特色】 総合リース大手。SMFGと住商との折半出資
【本社】 100-8287 東京都千代田区丸の内1-3-2 **【設立】** 1963.2　[未上場]

【業績】
	売上高	営業利益	経常利益	純利益
連22.3	1,818,535	116,212	119,468	35,363
連23.3	2,159,316	113,197	136,566	50,418

25働 249ページ **●インターンシップ●** 24予 **【概要】**①3Days仕事体験②1Day仕事体験③オープンカンパニー(オンラインセミナー)**【募集】**①②~6月③5月下旬**【実施】**①8~11月(3日間)②7~11月(1日)③6月**【地域】**①東京(千代田 港)大阪市 オンライン②東京(千代田 港)オンライン③オンライン**【選考】**①Webテスト ES 面接②Webテスト ES③なし

三菱HCキャピタル（株）

	信販・カード・リース他	修士・大卒採用数	従業員数	平均勤続年数	平均年収
25総 259ページ		75名	2,182名	15.9年	924万円

【特色】 リース大手。三菱商事と三菱UFJFGが大株主
【本社】 100-6525 東京都千代田区丸の内1-5-1 新丸の内ビルディング **【設立】** 1971.4　[東京P]

【業績】
	売上高	営業利益	経常利益	純利益
連22.3	1,765,559	114,092	117,239	99,401
連23.3	1,896,231	138,727	146,076	116,241

25働 249ページ **●インターンシップ●**
【概要】①講義やグループワークなどを通して、法人営業の基本から当社がめざすリース会社の枠を超えた「金融と事業の融合」ビジネスの一端を体感
【募集】①6月下旬~**【実施】**①8~2月(半日間)**【地域】**①オンライン**【全学年対象】**①**【選考】**①なし

東京センチュリー（株）

	信販・カード・リース他	修士・大卒採用数	従業員数	平均勤続年数	平均年収
25総 260ページ		52名	953名	16.8年	総945万円

【特色】 伊藤忠系と旧第一勧銀系が合併したリース大手
【本社】 101-0022 東京都千代田区神田練塀町3 富士ソフトビル **【設立】** 1969.7　[東京P]

【業績】
	売上高	営業利益	経常利益	純利益
連22.3	1,277,976	82,675	90,519	50,290
連23.3	1,324,962	91,221	106,194	4,765

25働 250ページ **●インターンシップ●** **【概要】**①入門編:各事業分野に必要な能力を考察する、当社の課題解決ビジネスを体感する②応用編:課題解決型の新規ビジネスを創出する**【募集】**①8~2月②10~12月**【実施】**①8~3月(1日)②12月~1月(2日間)**【地域】**①東京・千代田 大阪市中央区②オンライン 東京・千代田**【全学年対象】**①②**【選考】**①なし②ES 面接**【本選考との関係】**②早期選考に案内

芙蓉総合リース（株）

	信販・カード・リース他	修士・大卒採用数	従業員数	平均勤続年数	平均年収
25総 260ページ		39名	816名	14.1年	総943万円

【特色】 みずほ(旧富士銀行)系の総合リース。業界大手
【本社】 102-0083 東京都千代田区麹町5-1-1 住友不動産麹町ガーデンタワー **【設立】** 1969.5　[東京P]

【業績】
	売上高	営業利益	経常利益	純利益
連22.3	657,847	46,034	52,723	33,886
連23.3	688,655	51,561	59,699	38,939

25働 250ページ **●インターンシップ●** 24予
【概要】①営業実務体験・グループワーク等を通じてリース事業について理解を深める
【募集】①6~8月 9~1月
【実施】①9月 11~1月(1日)**【地域】**①東京・千代田 オンライン**【全学年対象】**①**【選考】**①ES

みずほリース（株）

	信販・カード・リース他	修士・大卒採用数	従業員数	平均勤続年数	平均年収
25総 261ページ		22名	814名	13.9年	総1,019万円

【特色】 旧日本興業銀行の老舗。みずほFGの持分会社
【本社】 105-0001 東京都港区虎ノ門1-2-6　[東京P] **【設立】** 1969.12

【業績】
	売上高	営業利益	経常利益	純利益
連22.3	554,809	17,893	20,064	14,902
連23.3	529,700	31,756	40,110	28,398

25働 251ページ **●インターンシップ●** **【概要】**①リース業界及び当社が世の中へ提供している価値について学ぶグループワーク②リース営業の疑似体験ワーク③リースにとどまらない、世の中の課題を解決するための新規事業を考えるグループワーク**【募集】**⑦6~8月 9~11月**【実施】**①7~9月(1日)11~12月(1日)②9~12月(1日)③11~12月(1日)**【地域】**⑦オンライン 東京 大阪**【選考】**⑦ES 適性検査 自己PR動画**【本選考との関係】**⑦早期選考に案内

ＪＡ三井リース（株）

信販・カード・リース他

修士・大卒採用数	従業員数	平均勤続年数	平均年収
50名	1,007名	17.0年	(総)980万円

【特色】JA系と三井物産系の総合リース会社。農機強い
【本社】104-0061 東京都中央区銀座8-13-1 銀座三井ビルディング【設立】2008.4 ［未上場］

【業績】	売上高	営業利益	経常利益	純利益
連22.3	459,232	25,781	25,970	18,464
連23.3	503,227	28,649	29,363	20,941

●インターンシップ●
【概要】①総合職の実務（現場で行ったプロジェクトを基にした提案型営業）を疑似体験
【募集】①5月下旬～9月 【実施】①8～9月中旬（1日）10～11月上旬（2日間）【地域】①東京・中央 オンライン
【選考】①GD 【本選考との関係】①関係あり

261ページ
25総
25働
251ページ

ＮＴＴ・ＴＣリース（株）

信販・カード・リース他

修士・大卒採用数	従業員数	平均勤続年数	平均年収
42名	※549名	※17.7年	(総)785万円

【特色】NTTグループと東京センチュリーのリース合弁
【本社】108-0075 東京都港区港南1-2-70
【設立】2020.2 ［未上場］

【業績】	売上高	営業利益	経常利益	純利益
連22.3	363,408	16,044	16,961	11,832
連23.3	384,713	17,442	18,583	12,864

●インターンシップ●
【概要】①業界分析ワーク 仕事理解ワーク②提案型営業体感 新規事業立案ワーク
【募集】‥
【実施】①8～9月②11～2月【地域】㋐オンライン【全学年対象】①②【選考】㋐未定

262ページ
25総
25働
252ページ

（株）ＪＥＣＣ

信販・カード・リース他

修士・大卒採用数	従業員数	平均勤続年数	平均年収
7名	340名	16.3年	(総)836万円

【特色】IT機器リース・レンタル大手。官公・公共に強み
【本社】100-8341 東京都千代田区丸の内3-4-1
【設立】1961.8 ［未上場］

【業績】	売上高	営業利益	経常利益	純利益
単22.3	327,117	4,577	5,621	4,165
単23.3	312,923	6,393	6,536	4,718

●インターンシップ● 24予【概要】①社員インタビューとグループワークによる経営戦略立案体験
②グループワークと個人ワークによるITリース営業で活かせるチカラ・伸ばせるチカラ分析【募集】
①8～11月②10～2月【実施】①9～11月（1日×複数回）②11～2月（1日×複数回）【地域】㋐オンライン【選考】㋐なし【本選考との関係】㋐早期選考に案内

262ページ
25総
25働
252ページ

リコーリース（株）

信販・カード・リース他

修士・大卒採用数	従業員数	平均勤続年数	平均年収
22名	1,054名	13.7年	(総)835万円

【特色】リコー系。中小企業向け事務機器リースが強い
【本社】105-7119 東京都港区東新橋1-5-2 汐留シティセンター【設立】1976.12 ［東京P］

【業績】	売上高	営業利益	経常利益	純利益
連22.3	303,853	19,280	19,522	13,481
連23.3	298,889	21,242	21,587	14,879

●インターンシップ●
【概要】①グループワークによる新規事業立案や、キャリア開発
【募集】①8～1月
【実施】①9～1月（1日）【地域】①オンライン 東京 【選考】①なし

263ページ
25総
25働
253ページ

住友三井オートサービス（株）

信販・カード・リース他

修士・大卒採用数	従業員数	平均勤続年数	平均年収
52名	1,650名	13.4年	805万円

【特色】国内オートリース首位級。保有管理約100万台
【本社】163-1434 東京都新宿区西新宿3-20-2 東京オペラシティビル【設立】1981.2 ［未上場］

【業績】	売上高	営業利益	経常利益	純利益
単22.3	293,872	16,315	18,156	16,120
単23.3	281,401	18,809	20,227	13,823

●インターンシップ●
【概要】①提案営業の体験
【募集】①7～11月
【実施】①8～12月【地域】①東京 大阪 オンライン【選考】①抽選

263ページ
25総
25働
253ページ

三井住友トラスト・パナソニックファイナンス（株）

信販・カード・リース他

修士・大卒採用数	従業員数	平均勤続年数	平均年収
48名	917名	17.2年	(総)※720万円

【特色】三井住友信託銀行とパナソニック合弁の総合金融
【本社】105-0023 東京都港区芝浦1-2-3 シーバンスS館【設立】1967.2 ［未上場］

【業績】	売上高	営業利益	経常利益	純利益
単22.3	285,041	10,344	10,543	7,340
単23.3	267,975	10,866	11,068	6,347

●インターンシップ●
【概要】①企業研究、事業体験（グループワーク）、先輩社員座談会
【募集】①8月中旬～1月上旬 【実施】①8月中旬～1月上旬（1日）【地域】①東京 大阪 他当社拠点 オンライン【選考】①なし【本選考との関係】①早期選考に案内

264ページ
25総
25働
254ページ

NEC キャピタルソリューション ㈱

エヌイーシー

信販・カード・リース他

修士・大卒採用数	従業員数	平均勤続年数	平均年収
16名	※703名	※13.4年	769万円

【特色】NEC系の中堅リース会社。ファンド事業も運営

【本社】108-6219 東京都港区港南2-15-3 品川インターシティC棟 【設立】1978.11 [東京P]

【業績】	売上高	営業利益	経常利益	純利益
連22.3	249,907	10,447	11,422	6,939
連23.3	258,107	11,715	12,440	6,418

●インターンシップ●

【概要】①法人営業ビジネスシミュレーション、グループワーク、先輩社員座談会、就活相談会、社内見学 【募集】①8~1月(適宜) 【実施】①9~2月(複数回) 【地域】①オンライン 【選考】①アンケートから抽選 【本選考との関係】①関係あり

ＮＴＴファイナンス ㈱

エヌ ティ ティ

信販・カード・リース他

修士・大卒採用数	従業員数	平均勤続年数	平均年収
50名	1,390名	19.7年	㊥831万円

【特色】NTTグループの金融中核。決済やカードが主軸

【本社】108-0075 東京都港区港南1-2-70 品川シーズンテラス14階 【設立】1985.4 [未上場]

【業績】	売上高	営業利益	経常利益	純利益
連22.3	189,882	5,881	11,481	6,687
連23.3	226,403	10,948	13,751	9,949

●インターンシップ●

【概要】①業界・企業研究、会社紹介②事業説明、業務体験③仕事体験、社員座談会 【募集】①6~7月②③10月 【実施】①8~9月②11~2月③11~12月(4日間) 【地域】①②オンライン③オンライン・対面(東京・港区)併用 【選考】㋐ES Web適性検査 【本選考との関係】㋐早期選考へ案内

㈱ ジェーシービー

信販・カード・リース他

修士・大卒採用数	従業員数	平均勤続年数	平均年収
258名	3,141名	14.8年	NA

【特色】日本発の国際カード会社大手。海外展開など加速

【本社】107-8686 東京都港区南青山5-1-22 青山ライズスクエア 【設立】1961.1 [未上場]

【業績】	取扱高	営業利益	経常利益	純利益
単22.3	37,720,375	37,400	38,500	27,500
単23.3	43,279,758	36,200	36,800	25,000

●インターンシップ● 【概要】①リアルタイム配信・1dayワークショップ Start Dash/Next Stepセミナー:キャッシュレス業界・JCBのミッションを体感。リアルタイム配信形式で質疑応答も実施(各1時間半)②3daysインターンシップ:対面形式にて、世界を舞台に新たなJCBビジネスの企画・立案を体感【募集】①6月上旬 ②9月中旬~10月上旬【実施】①6月(1日×4日程)②9-10月(1日×4日程)②9月 11~12月(3日間×5日程)【地域】①オンライン②東京【全学年対象】①② 【選考】①なし②適性検査 GD 個人面接 【本選考との関係】②早期選考に案内

三菱ＵＦＪニコス ㈱

みつびし ユー エフ ジェイ

信販・カード・リース他

修士・大卒採用数	従業員数	平均勤続年数	平均年収
78名	3,384名	18.2年	㊥857万円

【特色】カード国内首位級。MUFGグループのリテール中核

【本社】101-8960 東京都千代田区外神田4-14-1 秋葉原UDXビル 【設立】1951.6 [未上場]

【業績】	取扱高	営業利益	経常利益	純利益
単23.3	18,729,800	827	1,564	2,234

※取扱高はFC等を含めた数字

●インターンシップ● 24予【概要】①キャッシュレス業界の現状や成長性、当社の事業を紹介 他②〈経営体感〉主要事業の理解を深める〈就業体感〉ビジネスシミュレーションゲームで法人営業を疑似体験③(コース参加者のみ)新規事業創出:新規事業立案型【募集】①6~7月 ②9-10月②6~7月 10~11月③8月 12月 【実施】①6~7月(1日)②9月(3日間)③8月 9月 1月(2日間)【地域】①②オンライン③東京 大阪【全学年対象】①②③ 【選考】①なし②ES Webテスト GD③面接 【本選考との関係】②③関係あり

ユーシーカード ㈱

信販・カード・リース他

修士・大卒採用数	従業員数	平均勤続年数	平均年収
31名	558名	15.1年	㊥721万円

【特色】みずほ銀行子会社。クレジットカード事業中核

【本社】135-8601 東京都港区台場2-3-2 台場フロンティアビル 【設立】2005.10 [未上場]

【業績】	取扱高	営業利益	経常利益	純利益
単23.3	5,232,889	204	218	434

※業績の取扱高はグループ合計

●インターンシップ●

【概要】①法人コンサルティング営業体感ワーク 【募集】①9月 下旬~11月中旬 【実施】①12月 1月 2月(1日) 【地域】①東京(台場本社) 【全学年対象】① 【選考】①なし

イオンフィナンシャルサービス ㈱

信販・カード・リース他

修士・大卒採用数	従業員数	平均勤続年数	平均年収
104名	5,572名	8.6年	㊥610万円

【特色】イオン系の金融サービスを統括。アジアで存在感

【本社】101-0054 東京都千代田区神田錦町3-22 テラススクエア 【設立】1981.6 [東京P]

【業績】	営業収益	営業利益	経常利益	純利益
連24.2	485,608	50,088	51,174	20,896

※採用数は4社合同採用のもの

●インターンシップ● 【概要】①1day Program:グループワーク・プレゼンテーションを通じて、事業内容や業務内容を体験②未来プロジェクトコース③デジタル・ITコース 【募集】①7月上旬~8月中旬②10月下旬~11月中旬③10月下旬~12月中旬 【実施】①7月下旬~1月(1日、各月10程度)②12~12月(2日間×6回)③1月中旬~1月(2日間×3回)【地域】①オンライン②東京 大阪 オンライン③東京 オンライン 【全学年対象】①②③ 【選考】①なし②③DPI 【本選考との関係】②③早期選考に案内

㈱クレディセゾン

信販・カード・リース他

修士・大卒採用数	従業員数	平均勤続年数	平均年収
63名	3,966名	14.0年	㊱722万円

【特色】流通系クレジットカード首位。多角化も
【本社】170-6073 東京都豊島区東池袋3-1-1 サンシャイン60 1951.5 ［東京Ｐ］

【業績】	営業収益	営業利益	税前利益	純利益
◇22.3	362,955	40,438	49,936	35,375
◇23.3	382,540	43,491	61,044	43,599

●インターンシップ●
【概要】①1DAYインターン
【募集】‥
【実施】①12〜1月(予定)【地域】①東京【全学年対象】①【選考】①未定

267ジペ
257ジペ

トヨタファイナンシャルサービスグループ

信販・カード・リース他

修士・大卒採用数	従業員数	平均勤続年数	平均年収
52名	1,695名	13.8年	㊱800万円

【特色】トヨタ系の金融中核。自動車ローン・カードが軸
【本社】451-6014 愛知県名古屋市西区牛島町6-1 名古屋ルーセントタワー【設立】1988.11 ［未上場］

【業績】	売上高	営業利益	経常利益	純利益
連23.3	257,443	45,251	48,965	33,883

※採用数はグループ2社、他はトヨタファイナンスのデータ

●インターンシップ●
【概要】①TFSGワークショップ導入編:グループの概要理解&採用担当との交流②TFCワークショップ仕事体感編:トヨタファイナンスの仕事をグループワーク形式で実際に体感③インターンシップフォーアップセミナー:インターンシップ内容の振返り、志望動機作成体験【募集】①6〜1月②③8〜1月【実施】①8〜2月②10〜2月③9〜2月【地域】㊐オンライン【選考】①③なし②ES

268ジペ
258ジペ

㈱オリエントコーポレーション

信販・カード・リース他

修士・大卒採用数	従業員数	平均勤続年数	平均年収
106名	3,106名	16.9年	㊱730万円

【特色】みずほグループ。信販業界の老舗で最大手の一角
【本社】102-8503 東京都千代田区麹町5-2-1
【設立】1954.12 ［東京Ｐ］

【業績】	営業収益	営業利益	経常利益	純利益
連22.3	229,806	28,994	28,994	19,476
連23.3	227,693	23,070	23,070	19,035

●インターンシップ●
【概要】①クレジットビジネス、オリコの仕事・未来を知る:オリコの基本職種(営業推進・営業事務・債権管理)を体感【募集】①8月末〜9月上旬【実施】①7〜12月(1日×3ステップ)【地域】①オンライン 状況に応じて東京【選考】①なし【本選考との関係】①関係あり

268ジペ
258ジペ

㈱ジャックス

信販・カード・リース他

修士・大卒採用数	従業員数	平均勤続年数	平均年収
100名	2,836名	14.7年	㊱817万円

【特色】MUFG系信販大手。個品割賦に強くカードも展開
【本社】150-8932 東京都渋谷区恵比寿4-1-18 恵比寿ネオナート【設立】1954.6 ［東京Ｐ］

【業績】	営業収益	営業利益	経常利益	純利益
連22.3	164,070	26,743	26,786	18,316
連23.3	173,506	31,678	31,769	21,651

●インターンシップ●
【概要】①未定
【募集】①未定
【実施】①未定【地域】①未定【選考】①未定

269ジペ
259ジペ

SMBCコンシューマーファイナンス㈱

エスエムビーシー

信販・カード・リース他

修士・大卒採用数	従業員数	平均勤続年数	平均年収
68名	※2,139名	※15.9年	㊱782万円

【特色】SMFG子会社の消費者金融大手。旧プロミス
【本社】135-0061 東京都江東区豊洲2-2-31 SMBC豊洲ビル【設立】1962.3 ［未上場］

【業績】	営業収益	営業利益	経常利益	純利益
連22.3	268,920	68,415	68,641	85,150
連23.3	294,089	77,325	59,527	44,081

●インターンシップ●
【概要】㊐1Day仕事体験:動画の視聴による金融業界と消費者信用産業・当社理解 仕事体験 社員座談会 他【募集】㊐6〜2月中旬【実施】①8〜2月(半日×10回)②8月 2月(半日×4回)③9月 12月(半日×4回)【地域】①オンライン②東京・江東③大阪【選考】㊐なし

269ジペ
259ジペ

アイフル㈱

信販・カード・リース他

修士・大卒採用数	従業員数	平均勤続年数	平均年収
100名	1,720名	15.9年	㊱690万円

【特色】独立系消費者金融大手で事業者ローンも手がける
【本社】600-8420 京都府京都市下京区烏丸通五条上る高砂町381-1【設立】1978.2 ［東京Ｐ］

【業績】	営業収益	営業利益	経常利益	純利益
連22.3	132,097	11,242	12,265	12,334
連23.3	144,152	23,724	24,428	22,343

●インターンシップ●
【概要】①グループワークによる新規立案・改善提案
【募集】‥
【実施】①12〜2月中旬(1〜2日間)【地域】①オンライン【選考】①なし【本選考との関係】①関係あり

270ジペ
260ジペ

25総・25働（各社欄外マーカー）

日本テレビ放送網㈱ （テレビ）

修士・大卒採用数	従業員数	平均勤続年数	平均年収
NA	1,342名	NA	㊱1,358万円

【特色】国内初の民間テレビ局。読売グループの一角
【本社】105-7444 東京都港区東新橋1-6-1 汐留・日本テレビタワー 【設立】1952.10 ［持株傘下］

【業績】	売上高	営業利益	経常利益	純利益
連23.3	413,979	46,593	51,775	34,081

※業績と平均年収は日本テレビホールディングス㈱のもの

●インターンシップ●【概要】①アナウンス:現場社員講義、アナウンサー業務体験②クリエイター:現場社員講義、企画・台本作成等のコンテンツ制作体験③報道記者:現場社員講義、ニュース企画立案・取材等の報道記者体験④IT技術・放送技術の仕事体験【募集】①4月中旬~5月初旬②3月中旬~8月初旬④9月中旬~10月下旬【実施】①5~6月(2日間)②8月(2日間)④10月中旬(1日)【地域】①④東京・汐留②③東京・汐留 オンライン【全学年対象】①②③【選考】①②③動画 ES④ES

㈱テレビ朝日 （テレビ）

修士・大卒採用数	従業員数	平均勤続年数	平均年収
27名	1,388名	NA	NA

【特色】朝日新聞社系で高齢者層からの支持に強み
【本社】106-8001 東京都港区六本木6-9-1
【設立】1957.11 ［持株傘下］

【業績】	売上高	営業利益	経常利益	純利益
連23.3	304,566	14,503	23,157	16,603

※業績は㈱テレビ朝日ホールディングスのもの

●インターンシップ● 24予【概要】①コンテンツ制作・ビジネス部門(ドラマ、バラエティー、スポーツ、報道情報、ビジネス)実際に番組企画やコンテンツを利用した新ビジネスの考察などを行い、現役社員からフィードバック〈テクノロジー・デザイン部門〉先端技術を利用したコンテンツ制作企画やデザイン企画の検討、実際の技術現場見学などでテレビ局の技術に触れる【募集】①7月中旬~8月上旬【実施】①8月下旬~9月上旬(2日間程度)【地域】東京・港 オンライン【選考】①ES オンライン審査

㈱フジテレビジョン （テレビ）

修士・大卒採用数	従業員数	平均勤続年数	平均年収
NA	1,177名	NA	NA

【特色】フジサンケイグループの中核。若年層に強い
【本社】137-8088 東京都港区台場2-4-8
【設立】NA ［持株傘下］

【業績】	売上高	営業利益	経常利益	純利益
単22.3	238,240	11,457	11,457	1,275
単23.3	237,400	7,677	7,959	5,726

●インターンシップ●【概要】①報道・情報部門②ドラマ部門③バラエティ部門④技術・IT部門【募集】①③6月中旬~7月2⑥月中旬~7月初旬④7月中旬~8月【実施】①②④8月(2日間)③8月(1日)【地域】①④東京・台場【全学年対象】①②③④【選考】㊀ES

㈱テレビ東京 （テレビ）

修士・大卒採用数	従業員数	平均勤続年数	平均年収
24名	763名	16.6年	NA

【特色】日本経済新聞社系。経済とアニメ番組が得意
【本社】106-8007 東京都港区六本木3-2-1 六本木グランドタワー 【設立】1964.4 ［持株傘下］

【業績】	売上高	営業利益	経常利益	純利益
連23.3	150,963	9,229	9,378	6,724

※業績は㈱テレビ東京ホールディングスのもの

●インターンシップ●【概要】①③企画プレゼン型インターンシップ②④現場体験型インターンシップ【募集】①②7~8月上旬③④10月下旬~11月中旬【実施】①②9月中旬(3日間)③12月中旬(3日間)④1月中旬(3日間)【地域】㊀テレビ東京本社【全学年対象】①②③④【選考】①③ES 面接②④未定

㈱テレビ静岡 （テレビ）

修士・大卒採用数	従業員数	平均勤続年数	平均年収
―	141名	NA	NA

【特色】フジテレビ系列。自社制作の長寿番組も
【本社】422-8525 静岡県静岡市駿河区栗原18-65
【設立】1968.2 ［未上場］

【業績】	売上高	営業利益	経常利益	純利益
単22.3	7,942	855	902	760
単23.3	7,629	591	646	408

●インターンシップ●【概要】①〈制作〉生放送疑似体験、番組内コーナー制作体験〈報道〉模擬取材、災害報道についての勉強会〈技術〉テレビ局の機材紹介、疑似体験〈営業〉企画会議、CM案作成②先輩社員との座談会【募集】①7月②10月【実施】①8月中旬~9月上旬(半日×4回)②11月(半日×3回)【地域】㊀静岡市【選考】㊀なし【本選考との関係】㊀関係あり

中京テレビ放送㈱ （テレビ）

修士・大卒採用数	従業員数	平均勤続年数	平均年収
―	263名	NA	NA

【特色】NTV系列のテレビ局。愛知等中京圏が放送エリア
【本社】453-8704 愛知県名古屋市中村区平池町4-60-11 【設立】1968.3 ［未上場］

【業績】	売上高	営業利益	経常利益	純利益
単22.3	31,482	5,024	5,402	4,290
単23.3	34,311	3,619	4,133	2,640

●インターンシップ●【概要】①アナウンサーコース:現役アナウンサーからアナウンスの基礎を学ぶ②営業・ビジネスコース:テレビ局の営業や新規ビジネスについて、現場社員からリアルな情報とノウハウを伝える 他③理系学生コース:技術業務の体験や理系出身社員の活躍の紹介など「理系」をキーワードにテレビの未来や可能性を考える【募集】①6月中旬~7月上旬②7月中旬~8月中旬③9月下旬~10月中旬【実施】①7月下旬(1日)②9月上旬(1日)③11月上旬(1日)【地域】㊀オンライン 本社【選考】㊀ES PR動画

朝日放送テレビ（株） テレビ

修士・大卒採用数	従業員数	平均勤続年数	平均年収
16名	533名	19.8年	NA

【特色】西日本最大手の民放で、テレビ朝日系列
【本社】553-8503 大阪府大阪市福島区福島1-1-30［持株傘下］
【設立】2017.4

【業績】	売上高	営業利益	経常利益	純利益
連23.3	87,028	2,594	2,661	1,354

※業績は朝日放送グループホールディングス（株）のもの

●インターンシップ●
【概要】①アナウンス②総合③総合技術
【募集】①8月上旬~②8月下旬~③9月上旬~【実施】①9月上旬~②9月下旬~③10月中旬~【地域】①③大阪市②大阪市 オンライン【全学年対象】①②③【選考】㊨ES

275ジペー
265ジペー

（株）毎日放送 テレビ

修士・大卒採用数	従業員数	平均勤続年数	平均年収
12名	639名	19.8年	NA

【特色】TBS系列の準キーTV局。近畿広域が放送圏
【本社】530-8304 大阪府大阪市北区茶屋町17-1
【設立】2016.7　［未上場］

【業績】	売上高	営業利益	経常利益	純利益
連22.3	64,563	4,569	5,518	2,967
連23.3	66,941	3,681	4,826	2,795

●インターンシップ● 24予
【概要】①社員等による説明と業務の模擬体験（一般コース）②同（エンジニアコース）③同（アナウンサーコース）【募集】①②6~7月③6月下旬~7月初旬【実施】①8月下旬~9月上旬（2日間）②8月下旬（2日間）③8月中旬（1日）【地域】㊨大阪市【全学年対象】①②③【選考】①③ES 動画②ES

276ジペー
266ジペー

讀賣テレビ放送（株） テレビ

修士・大卒採用数	従業員数	平均勤続年数	平均年収
―	597名	18.1年	NA

【特色】NTV系列の準キー局。近畿広域が放送圏
【本社】540-8510 大阪府大阪市中央区城見1-3-50
【設立】1958.2　［未上場］

【業績】	売上高	営業利益	経常利益	純利益
単22.3	64,107	5,139	6,685	4,964
単23.3	63,398	2,213	3,766	2,721

●インターンシップ● 24予【概要】①制作コース：会社紹介、社員座談会、コンテンツ制作現場の見学および企画体験②報道コース：会社紹介、社員座談会、報道現場の見学および報道記者の模擬体験③ビジネスコース：会社紹介、社員座談会、イベントビジネス等の現場見学および事業企画体験④技術・ICTコース：会社紹介、社員座談会、コンテンツ制作現場の見学および制作体験【募集】㊨7~8月【実施】㊨8~9月（数日間）【地域】㊨オンライン 大阪市【選考】㊨未定

276ジペー
266ジペー

関西テレビ放送（株） テレビ

修士・大卒採用数	従業員数	平均勤続年数	平均年収
15名	554名	19.4年	NA

【特色】フジテレビ系列。近畿広域が放送圏の準キー局
【本社】530-8408 大阪府大阪市北区扇町2-1-7
【設立】1958.2　［未上場］

【業績】	売上高	営業利益	経常利益	純利益
単22.3	55,049	3,241	3,894	2,789
単23.3	53,328	974	1,725	1,341

●インターンシップ●
【概要】①アナウンスセミナー②一般コース（制作・報道・ビジネス）③IT・技術コース
【募集】①4月下旬~5月内②③7月中旬~8月上旬
【実施】①7月②③9月【地域】㊨大阪市【全学年対象】①②③【選考】①あり②③ES 面接

277ジペー
267ジペー

テレビ大阪（株） テレビ

修士・大卒採用数	従業員数	平均勤続年数	平均年収
2名	139名	16.6年	NA

【特色】テレビ東京系列の在阪局。日本経済新聞グループ
【本社】540-8519 大阪府大阪市中央区大手前1-2-18【設立】1981.1　［未上場］

【業績】	売上高	営業利益	経常利益	純利益
単22.3	12,432	825	953	580
単23.3	12,673	864	998	677

●インターンシップ●
【概要】①企画立案・プレゼン体験、先輩社員との座談会
【募集】‥
【実施】①9月上旬【地域】①大阪・中央区【選考】①なし

277ジペー
267ジペー

RSK山陽放送（株） テレビ

修士・大卒採用数	従業員数	平均勤続年数	平均年収
7名	139名	18.4年	NA

【特色】19年4月持株会社体制に。TBS系列。ラ・テ兼営
【本社】700-8580 岡山県岡山市北区天神町9-24
【設立】1953.4　［未上場］

【業績】	売上高	営業利益	経常利益	純利益
単22.3	6,877	NA	NA	NA
単23.3	6,772	NA	NA	NA

●インターンシップ●【概要】①会社説明②報道についての業務説明 報道記者模擬体験 先輩社員との座談会③ネットコンテンツについての業務説明 Webコンテンツ制作グループワーク 先輩社員との座談会④技術についての業務説明 体験 先輩社員との座談会【募集】㊨7~8月中旬 12月（予定）【実施】㊨9月（半日）1~2月（半日 予定）【地域】①オンライン②③④岡山市【選考】㊨ES

278ジペー
268ジペー

岡山放送㈱（おかやまほうそう）　テレビ

	修士・大卒採用数	従業員数	平均勤続年数	平均年収
	4名	128名	17.8年	NA

25総
278ページ

【特色】フジ系列のテレビ局。岡山、香川両県が放送エリア
【本社】700-8635 岡山県岡山市北区下石井2-10-12【設立】1968.3　[未上場]

【業績】	売上高	営業利益	経常利益	純利益
連22.3	6,124	151	219	115
連23.3	5,848	12	45	▲37

25働
268ページ

●インターンシップ●【概要】①報道記者体験、グループワーク、社内見学②オープンカンパニー(会社紹介、先輩社員との座談会)‥【実施】①9月(2日間)②8月(半日)【地域】①岡山市②オンライン【選考】①ES②なし【本選考との関係】①関係あり

㈱電通（でんつう）　広告

	修士・大卒採用数	従業員数	平均勤続年数	平均年収
	145名	5,627名	NA	NA

25総
279ページ

【特色】広告代理で国内最大手。海外展開が戦略の軸に
【本社】105-7001 東京都港区東新橋1-8-1
【設立】(創業)1901.7

【業績】	売上高	営業利益	税前利益	純利益
◇23.12	1,304,552	45,312	33,103	▲10,714

※業績は㈱電通グループのもの

25働
269ページ

●インターンシップ●【概要】①アイデア力やクリエイティビティを学ぶ②(デザイン系学生)アイデア力やアート力を磨く③データとプランニング力で学ぶ④テクノロジーとアイデアを掛け合わせ生まれる価値、人・企業・社会を動かすクリエイティビティを学ぶ【募集】①②③6~7月④1~2月【実施】①②8~9月(8日程)③9~10月(7日程)④2月(7日程)【地域】②オンライン 東京・港【全学年対象】①②③④【選考】①③④書類課題 面接②課題制作等【本選考との関係】①③④結果に応じ採用選考に案内②(アート職)採用選考でインターン結果を活用

㈱博報堂（はくほうどう）　広告

	修士・大卒採用数	従業員数	平均勤続年数	平均年収
	180名	3,731名	NA	NA

25総
280ページ

【特色】広告代理で国内2位。博報堂DY・HDの中核子会社
【本社】107-6322 東京都港区赤坂5-3-1 赤坂Bizタワー【設立】1924.2

【業績】	売上高	営業利益	経常利益	純利益
連23.3	991,137	55,409	60,378	31,010

[持株傘下]　※業績は㈱博報堂DYホールディングスのもの

25働
270ページ

●インターンシップ● 24予【概要】①ビジネスデザイン篇②クリエイティブ×テクノロジー篇③データサイエンス篇④ワークショップ:事業創造篇・グローバル篇【募集】①8月(5日間)③12月(5日間)②8月(5日間)③8月(4-5日間)12月(4-5日間)④6月下旬(2日間)【地域】①オンライン※最終日のみ東京・港での対面開催と併用②③④オンライン【全学年対象】①②③④【選考】①②③ES Webテスト 面接④ES Webテスト【本選考との関係】①②③早期選考に案内

㈱ADKホールディングス（エイディケイ）　広告

	修士・大卒採用数	従業員数	平均勤続年数	平均年収
	134名	2,292名	13.0年	NA

25総
280ページ

【特色】広告代理店大手。アニメに強い。米ベイン傘下
【本社】105-6312 東京都港区虎ノ門1-23-1 虎ノ門ヒルズ森タワー【設立】1956.3　[未上場]

【業績】NA

25働
270ページ

●インターンシップ●【概要】①ADK 1day Breakthrough Camp②ADK 5days Breakthrough Camp③ADK Data Science Camp【募集】①6月中旬~7月上旬②1day参加者の中から案内③6月下旬~7月内【実施】①7月19 20 21日(1日)②8月(3週間のうち5日間)③8月(2週間のうち5日間)【地域】⑥オンライン【選考】①エントリースライド エントリー動画②③あり ES

㈱東急エージェンシー（とうきゅう）　広告

	修士・大卒採用数	従業員数	平均勤続年数	平均年収
	49名	1,062名	15.2年	NA

25総
281ページ

【特色】東急Gの大手広告代理店。交通・屋外広告に強い
【本社】105-0003 東京都港区西新橋1-1-1 日比谷フォートタワー【設立】1961.3　[未上場]

【業績】	売上高	営業利益	経常利益	純利益
連22.3	104,354	NA	NA	NA
連23.3	101,110	NA	NA	NA

25働
271ページ

●インターンシップ●【概要】①ワークショップ型【募集】①10~11月【実施】①12月 1月(5日間)【地域】①東京・日比谷【選考】①ES 面接【本選考との関係】①早期選考に案内

㈱東北新社（とうほくしんしゃ）　広告

	修士・大卒採用数	従業員数	平均勤続年数	平均年収
	46名	864名	13.4年	600万円

25総
281ページ

【特色】CM制作大手。字幕吹替や衛星放送チャンネルも
【本社】107-8460 東京都港区赤坂4-8-10
【設立】1961.4　[東京S]

【業績】	売上高	営業利益	経常利益	純利益
連22.3	52,758	4,135	5,507	3,068
連23.3	55,922	4,201	4,820	3,133

25働
271ページ

●インターンシップ● 24予【概要】①総合映像プロダクションってなにができるの?:事業説明、ワーク、若手社員との座談会【募集】①9~2月【実施】①9~2月(1日×複数回)【地域】①オンライン【全学年対象】①【選考】①なし

㈱ジェイアール東日本企画 　広告

修士・大卒採用数	従業員数	平均勤続年数	平均年収
25名	1,100名	10.7年	NA

【特色】JR東日本系の大手広告代理店。鉄道広告に強み
【本社】150-8508 東京都渋谷区恵比寿南1-5-5 JR
恵比寿ビル【設立】1988.5　　　　［未上場］

【業績】	売上高	営業利益	経常利益	純利益
◦22.3	43,151	▲2,185	▲1,961	▲1,422
◦23.3	47,329	▲1,748	▲1,705	▲1,278

●インターンシップ● 24予【概要】①夏インターン（グループワーク及びプレゼン）②オンラインサロン
（年数回予定）③冬インターン（グループワーク及びプレゼン）【募集】①4月中旬~6月上旬②4月中旬~6月初旬
2回目以降未定③10月下旬~11月（予定）【実施】①8月中旬（5日間）②6月中旬~8月（隔週計6回）③1月中旬（5日間）
（予定）【地域】①③東京・恵比寿②オンライン【全学年対象】①②③【選考】①③デザイン思考テスト 動画②ES

㈱読売IS 　広告

修士・大卒採用数	従業員数	平均勤続年数	平均年収
8名	232名	17.1年	NA

【特色】読売新聞系折込広告大手。購買行動データに定評
【本社】103-0013 東京都中央区日本橋人形町3-9-
1【設立】1976.6　　　　　　　　［未上場］

【業績】	売上高	営業利益	経常利益	純利益
◦22.3	40,099	NA	NA	NA
◦23.3	42,244	NA	NA	NA

●インターンシップ●
【概要】①折込広告のメディア特性・エリアマーケティング理解 広告プランニング体験 他
【募集】①12~1月【実施】①1月（半日間）【地域】①東京・人形町 オンライン【選考】①なし【本選考と
の関係】早期選考に案内

㈱朝日広告社 　広告

修士・大卒採用数	従業員数	平均勤続年数	平均年収
15名	396名	NA	NA

【特色】朝日新聞グループの広告代理店。業界中堅
【本社】104-8313 東京都中央区銀座7-16-12 G-7
ビル【設立】1952.11　　　　　　　［未上場］

【業績】	売上高	営業利益	経常利益	純利益
◦22.3	40,471	601	620	361
◦23.3	40,749	678	709	425

●インターンシップ●
【概要】①業界・会社説明、先輩社員座談会、グループワーク 他
【募集】①11月下旬~2月上旬
【実施】①1月下旬~2月（1日×複数回）【地域】①東京【選考】①なし

㈱読売広告社 　広告

修士・大卒採用数	従業員数	平均勤続年数	平均年収
24名	568名	11.5年	NA

【特色】博報堂DYホールディングス傘下の広告代理大手
【本社】107-6105 東京都港区赤坂5-2-20 赤坂パー
クビル【設立】1946.7　　　　　　［持株傘下］

【業績】NA

●インターンシップ●
【概要】①広告会社のシゴト体験
【募集】①8月下旬~10月上旬【実施】①11~12月（3日間）【地域】①東京・赤坂 大阪・本町【全学年対象】
①【選考】①ES GD 面接【本選考との関係】①早期選考に案内

㈱大広 　広告

修士・大卒採用数	従業員数	平均勤続年数	平均年収
22名	956名	NA	NA

【特色】大阪地盤の広告代理店。博報堂DY・HDの傘下
【本社】105-8658 東京都港区芝2-14-5
【設立】1944.2　　　　　　　　　　［持株傘下］

【業績】NA

●インターンシップ●
【概要】①DAIKO SUMMER CAMP INTERNSHIP 2023
【募集】‥
【実施】①8月（1日）【地域】①東京 大阪【全学年対象】①【選考】①書類 面談

㈱AOI Pro. 　広告

修士・大卒採用数	従業員数	平均勤続年数	平均年収
42名	411名	NA	NA

【特色】テレビCM制作大手。Web広告、メディアも展開
【本社】108-0022 東京都港区海岸3-18-12
【設立】1963.10　　　　　　　　　［未上場］

【業績】NA

●インターンシップ●
【概要】①Dive！ Production（プロダクションマネージャーのアシスタント業務）
【募集】①6~7月中旬【実施】①8~9月（約2週間）1~3月（約2週間）【地域】①東京【選考】①ES 面接【本
選考との関係】①関係あり

㈱博報堂プロダクツ 〔広告〕

	修士・大卒採用数	従業員数	平均勤続年数	平均年収
	77名	1,981名	8.5年	NA

25総

286ページ

【特色】博報堂傘下。広告制作やプロモーションを展開
【本社】135-8619 東京都江東区豊洲5-6-15 NBF豊洲ガーデンフロント
【設立】2005.10 　　　　　　　　　　　　　　　　　［未上場］

【業績】	売上高	営業利益	経常利益	純利益
連22.3	134,718	NA	NA	NA
連22.3	153,745	NA	NA	NA

25働

276ページ

●インターンシップ●【概要】①映像制作を疑似体験(企画の考え方、撮影・編集 他)②広告業界と当社に関する理解を深める 仕事のフローを体験③プロのイベントプロデューサーが講師のセミナー形式④若手プロデューサーによる仕事の魅力やプロモーションの解説【募集】①7月 11月②7~9月 11~1月③10~11月④11~12月【実施】①8~9月(2日間)1月(1日)2月 2月(2日間)③1~2月(全8回)④1月(1日)【地域】①東京 ③オンライン④東京【選考】①②④ES③なし【本選考との関係】⑥早期選考に案内

㈱電通PRコンサルティング 〔広告〕

	修士・大卒採用数	従業員数	平均勤続年数	平均年収
	15名	288名	NA	NA

25総

287ページ

【特色】国内最大手のPR会社。プランナー資格取得者多数
【本社】105-7001 東京都港区東新橋1-8-1
【設立】1961.9 　　　　　　　　　　　　　　　　　［未上場］

【業績】	売上高	営業利益	経常利益	純利益
連21.12	9,333	NA	NA	NA
連22.12	8,690	NA	NA	NA

25働

277ページ

●インターンシップ●【概要】①1st:PRと当社オリジナルPRメソッドについて学ぶ②2nd:PRメソッドを使ったGWとフィードバック③疑情報文ワークショップ:当社メソッドを使ったアイデア発想GWとフィードバック④デジタルPR:PRのデジタル分野について学び、GWとフィードバック【募集】①開催日の約1カ月前【実施】①7~2月(半日×10回)②8~2月(半日×5回)④2月(半日)【地域】①②オンライン③④東京・港【全学年対象】①②③④【選考】①③なし②④ES

㈱日本経済新聞社 〔新聞〕

	修士・大卒採用数	従業員数	平均勤続年数	平均年収
	―	3,042名	20.8年	1,232万円

25総

288ページ

【特色】世界最大の経済メディア。英国FTも傘下
【本社】100-8066 東京都千代田区大手町1-3-7
【設立】1876.12 　　　　　　　　　　　　　　　　　［未上場］

【業績】	売上高	営業利益	経常利益	純利益
連21.12	352,905	19,823	22,190	12,370
連22.12	358,432	18,158	22,457	11,891

25働

278ページ

●インターンシップ●
【概要】①記者の仕事の面白さを体験:取材経験が豊富で報道の世界を熟知した編集委員やデスクなどが指導員となり、テーマごとに班を組み、最新のモノ・コトを取材して記事を執筆、書いた記事は指導員が添削指導【募集】‥【実施】①夏季(2日間×複数回)【地域】①東京 大阪【選考】①ES 面接

読売新聞社 〔新聞〕

	修士・大卒採用数	従業員数	平均勤続年数	平均年収
	94名	4,207名	23.6年	NA

25総

288ページ

【特色】発行部数世界最大級の新聞社。保守論調をリード
【本社】100-8055 東京都千代田区大手町1-7-1
【設立】2002.7 　　　　　　　　　　　　　　　　　［未上場］

【業績】	売上高	営業利益	経常利益	純利益
23.3	272,033	5,534	10,751	5,566
※業績は基幹7社のもの				

25働

278ページ

●インターンシップ●【概要】①新聞社の業務紹介②記者:事件・事故の取材体験(写真記者、校閲記者も予定)③〈事業〉読売ジャイアンツの興行や展覧会の開催についてのGW(ビジネス(広告)広告局の仕事紹介、営業同行(経営管理)経理部門のGW他〈DX〉実在企業のPEST分析、GW他④業務系(ビジネス(広告)・販売戦略・経営管理・ME・DX):GWによる企画立案他【募集】①4月~②③④7月~【実施】①6~8月②8~11月③9~12月④9~2月【地域】①東京 他【全学年対象】①②③④【選考】②ES【本選考との関係】③一部職種のみ早期選考に案内

㈱朝日新聞社 〔新聞〕

	修士・大卒採用数	従業員数	平均勤続年数	平均年収
	30~40名	4,064名	23.6年	総1,147万円

25総

289ページ

【特色】日本を代表する全国紙。デジタル戦略を推進
【本社】104-8011 東京都中央区築地5-3-2
【設立】1879.1 　　　　　　　　　　　　　　　　　［未上場］

【業績】	売上高	営業利益	経常利益	純利益
連22.3	272,473	9,501	18,925	12,943
連23.3	267,031	▲419	7,062	2,592

25働

279ページ

●インターンシップ●24予【概要】①ジャーナリストコース:取材・執筆体験を通し、記者業務を体験②ビジネスコース:ワークを通し、幅広いビジネス系業務を体験③エンジニアコース:メディアテックの最先端の仕事を体験④オープンカンパニー【募集】①②5~7月③5~8月④5~6月【実施】①8月(3日間)②8~9月(5日間)③8月 冬(1日)④6月(1日)【地域】①③東京・中央 大阪市②オンライン 東京・中央④東京・中央 大阪市 札幌 仙台 名古屋 京都市 福岡市【全学年対象】①②③④【選考】①②ES 面接③ES④なし

毎日新聞社 〔新聞〕

	修士・大卒採用数	従業員数	平均勤続年数	平均年収
	17名	1,749名	20.9年	NA

25総

289ページ

【特色】日本最古の歴史を持つ日刊紙。リベラル路線を貫く
【本社】100-8051 東京都千代田区一ツ橋1-1-1
【設立】1872.2 　　　　　　　　　　　　　　　　　［未上場］

【業績】	売上高	営業利益	経常利益	純利益
連23.3	128,545	NA	NA	NA
※業績は㈱毎日新聞グループホールディングスのもの				

25働

279ページ

●インターンシップ●【概要】①一般記者:記事執筆などの記者体験、社員との交流など②エンジニア:座談会、グループワーク、業務体験など③ビジネス:座談会、グループワークなど【募集】①5月中旬~7月中旬②③5月中旬~8月上旬【実施】①8~9月(2日間)②8~9月(1日)③9月(1日)【地域】①③オンライン②対面【全学年対象】①②③【選考】⑧書類【本選考との関係】⑧関係あり

㈱中日新聞社　［新聞］

修士・大卒採用数	従業員数	平均勤続年数	平均年収
一	2,729名	20.2年	NA

【特色】ブロック紙最大手。中日新聞と東京新聞が核
【本社】460-8511　愛知県名古屋市中区三の丸1-6-1
【設立】1942.9　　　　　　　　　　　　　　［未上場］

【業績】	売上高	営業利益	経常利益	純利益
㊤22.3	107,639	NA	NA	NA
㊤23.3	104,194	NA	NA	NA

●インターンシップ●　【概要】①総合技術:紙面制作システムの体験 印刷現場見学 若手・中堅との懇親会 他②記者:模擬取材 原稿執筆・講評 見出しつけ講評 先輩社員座談会 他③ビジネス:販売店訪問 クライアント訪問 主催展覧会見学 打ち合わせ参加 他④写真・映像:模擬取材 送稿体験作業 同行取材 他【募集】①7~8月上旬 12-1月中旬②③④12-1月【実施】①8月下旬(1日)1月下旬(1日)②2月(2日間×3日程)②2月中下旬(2日間)④2月中下旬(1日)【地域】①名古屋②③名古屋 東京・千代田【全学年対象】①②③④【選考】⑥ES

25総 290ページ
25働 280ページ

㈱産業経済新聞社　［新聞］

修士・大卒採用数	従業員数	平均勤続年数	平均年収
23名	1,557名	21.5年	NA

【特色】フジサンケイグループの中核。保守論壇の牙城
【本社】100-8077　東京都千代田区大手町1-7-2
【設立】1955.2　　　　　　　　　　　　　　［未上場］

【業績】	売上高	営業利益	経常利益	純利益
㊤22.3	50,945	608	845	1,942
㊤23.3	50,470	223	504	1,136

●インターンシップ●
【概要】①各職種ごとに会社全体の理解を深める(職種によって内容は異なる)
【募集】‥
【実施】①未定【地域】①東京 大阪【選考】①なし

25総 290ページ
25働 280ページ

㈱北海道新聞社　［新聞］

修士・大卒採用数	従業員数	平均勤続年数	平均年収
28名	1,204名	22.8年	NA

【特色】北海道を代表するブロック紙。道内シェア約7割
【本社】060-8711　北海道札幌市中央区大通西3-6
【設立】1942.11　　　　　　　　　　　　　［未上場］

【業績】	売上高	営業利益	経常利益	純利益
㊤22.3	40,300	1,121	NA	1,169
㊤23.3	37,800	441	1,232	957

●インターンシップ●　【概要】①記者職:座談会、作文講座②記者・営業融合型:パネルディスカッション、各職種体験ワーク③ビジネス職:座談会、企画提案ワーク【募集】㋒7月下旬~8月中旬【実施】①②9月上旬~中旬②2月上旬~中旬【地域】①③札幌 オンライン②札幌【選考】㋒あり

25総 291ページ
25働 281ページ

㈱河北新報社　［新聞］

修士・大卒採用数	従業員数	平均勤続年数	平均年収
10名	403名	23.3年	NA

【特色】東北を代表する日刊ブロック紙。企画報道に定評
【本社】980-8660　宮城県仙台市青葉区五橋1-2-28
【設立】1897.1　　　　　　　　　　　　　　［未上場］

【業績】	売上高	営業利益	経常利益	純利益
㊤21.12	17,033	1,162	1,230	370
㊤22.12	16,668	318	377	191

●インターンシップ●
【概要】①業界研究、会社紹介、若手記者と懇談
【募集】①6月
【実施】①8月(2日間)【地域】①オンライン【選考】①未定

25総 291ページ
25働 281ページ

信濃毎日新聞㈱　［新聞］

修士・大卒採用数	従業員数	平均勤続年数	平均年収
6名	431名	17.7年	NA

【特色】長野県の有力地方紙。キャンペーン報道に定評
【本社】380-8546　長野県長野市南県町657
【設立】1894.2　　　　　　　　　　　　　　［未上場］

【業績】	売上高	営業利益	経常利益	純利益
㊤21.12	16,606	593	1,027	631
㊤22.12	16,650	404	939	530

●インターンシップ●　【概要】①模擬取材と記事執筆を通じた新聞記者体験②グループワークによる企画立案などビジネス職体験③取材同行と模擬記事執筆④会社紹介・社員からの事例紹介【募集】①②12~1月③④7月【実施】①2月(1日×3回)②2月(1日×2回)③8月 9月(平日5日間)④8月【地域】①②③長野市 東京 オンライン【全学年対象】④【選考】①②③ES④なし

25総 292ページ
25働 282ページ

㈱山陽新聞社　［新聞］

修士・大卒採用数	従業員数	平均勤続年数	平均年収
3名	360名	23.1年	NA

【特色】岡山県の日刊新聞社。県内のシェアは6割強
【本社】700-8634　岡山県岡山市北区柳町2-1-1
【設立】1879.1　　　　　　　　　　　　　　［未上場］

【業績】	売上高	営業利益	経常利益	純利益
㊤21.11	11,928	NA	50	NA
㊤22.11	11,649	NA	▲11	NA

●インターンシップ●
【概要】①質疑応答②新聞記者体験③ITエンジニア体験
【募集】①6月下旬~7月中旬②6月下旬~8月③6月下旬~8月中旬【実施】①6月下旬~7月上旬②8~9月(1~2日間)③8月25日【地域】①③岡山市 オンライン②岡山市【全学年対象】①②③【選考】‥

25総 292ページ
25働 282ページ

㈱中国新聞社 | 新聞

	修士・大卒採用数	従業員数	平均勤続年数	平均年収
25総	7名	398名	20.6年	NA

【特色】 広島地盤のブロック紙。山口、岡山も取り込む

【業績】	売上高	営業利益	経常利益	純利益
連21.12	19,456	570	781	499
連22.12	18,986	737	991	619

【本社】 730-8677 広島県広島市中区土橋町7-1
【設立】 1892.5 　[未上場]

●インターンシップ● 24予
【概要】 ①1day仕事体験(記者職編)②1day仕事体験(ビジネス総合職編)
【募集】 ‥ **【実施】** ①8月 9月(1日×3回)②8月 9月(1日×2回)冬(1日×2回)**【地域】** ②広島市 オンライン **【選考】** ②なし

㈱西日本新聞社 | 新聞

	修士・大卒採用数	従業員数	平均勤続年数	平均年収
25総	5名	517名	21.5年	◇849万円

【特色】 九州を代表するブロック紙。アジア報道を充実

【業績】	売上高	営業利益	経常利益	純利益
連22.3	33,596	1,130	1,626	636
連23.3	32,928	829	1,272	▲2,746

【本社】 810-8721 福岡県福岡市中央区天神1-4-1
西日本新聞会館 **【設立】** 1943.4

●インターンシップ● **【概要】** ①記者講座:会社紹介、記者・内々定者による講演、社内見学(福岡のみ)他②就活ステップアップ講座:会社紹介、自己分析ワーク、広告担当社員・若手社員による講演、社内見学③ビジネス体験:会社紹介、社内見学、広告を題材とした模擬企画体験 他④記者体験:会社紹介、社内見学、街頭取材・記事執筆・校閲体験 他**【募集】** ①②7月②12月①④12月中旬～1月上旬 **【実施】** ①8～9月(1日)②8月(1回)③④2月(2日間)**【地域】** ①福岡市 東京 京都市②③④福岡市 **【全学年対象】** ①②③④ **【選考】** ②ES

(一社)共同通信社 | 通信社

	修士・大卒採用数	従業員数	平均勤続年数	平均年収
25総	48名	1,594名	NA	NA

【特色】 日本を代表する通信社。英語や中国語での配信も

【業績】	経常収益			
連22.3	41,200			
連23.3	42,300			

【本社】 105-7201 東京都港区東新橋1-7-1 汐留メディアタワー **【設立】** 1945.11 　[未上場]

●インターンシップ●
【概要】 ②取材実技、若手記者座談会、会社説明、記事執筆と記者によるフィードバック
【募集】 ①6～7月中旬②10～11月中旬 **【実施】** ①8月下旬～9月(2日間×6回)②11～12月(2日間×3回)**【地域】** ①東京・港 大阪市 オンライン②東京・港 大阪 **【全学年対象】** ①② **【選考】** ②ES

㈱時事通信社 | 通信社

	修士・大卒採用数	従業員数	平均勤続年数	平均年収
25総	30名	857名	18.9年	NA

【特色】 国内2大通信社の1つ。国内契約メディアは約140

【業績】	売上高	営業利益	経常利益	純利益
連22.3	16,558	▲2,938	▲55,123	▲851
連23.3	15,763	▲3,618	▲838	▲790

【本社】 104-8178 東京都中央区銀座5-15-8
【設立】 1945.11 　[未上場]

●インターンシップ●
【概要】 ①営業
【募集】 ①11月
【実施】 ①12月 **【地域】** ①東京・中央 **【選考】** ①未定

㈱KADOKAWA | 出版

	修士・大卒採用数	従業員数	平均勤続年数	平均年収
25総	42名	1,998名	3.1年	⊗857万円

【特色】 出版大手。傘下に「ニコニコ動画」のドワンゴ

【業績】	売上高	営業利益	経常利益	純利益
連22.3	221,208	18,519	20,213	14,078
連23.3	255,429	25,931	26,669	12,679

【本社】 102-8177 東京都千代田区富士見2-13-3
【設立】 1954.4 　[東京P]

●インターンシップ●
【概要】 ①就業体験(出版)②就業体験(アニメ)③就業体験(実写)④就業体験(営業・宣伝・イベント・デジタル)**【募集】** ②～8月 **【実施】** ②通年(最大1年)**【地域】** ②オンライン **【全学年対象】** ①②③④ **【選考】** ②ES 面接 **【本選考との関係】** ②早期選考

㈱講談社 | 出版

	修士・大卒採用数	従業員数	平均勤続年数	平均年収
25総	24名	934名	19.7年	NA

【特色】 業界を代表する総合出版社。デジタルにも注力

【業績】	売上高	営業利益	経常利益	純利益
連22.3	170,700	NA	NA	NA
連23.3	169,400	NA	NA	NA

【本社】 112-8001 東京都文京区音羽2-12-21
【設立】 1909.11 　[未上場]

●インターンシップ● 24予
【概要】 ①現場社員3名によるパネルトーク(業務紹介、企業紹介)、質問会、業務体験ワークとフィードバック **【募集】** ①7月末～8月中旬 **【実施】** ①9月2日・4日・6日(いずれか1日に参加)**【地域】** ①東京・文京 オンライン **【全学年対象】** ① **【選考】** ①なし

㈱東洋経済新報社　出版

修士・大卒採用数	従業員数	平均勤続年数	平均年収
5名	330名	13.8年	1,071万円

【特色】1895年創業の経済出版社。一貫して自由主義貫く

【本社】103-8345 東京都中央区日本橋本石町1-2-1 東洋経済ビル【設立】1921.11　[未上場]	【業績】	売上高	営業利益	経常利益	純利益
	単21.9	12,046	1,245	1,249	963
	単22.9	11,586	813	825	604

●インターンシップ●【概要】①記者職:業界研究、記事執筆体験 他②デジタルマーケティング・データサイエンティスト職:SNSを使ったプロモーション体験、データ分析体験 他③データビジネス職:業界研究、事業紹介 他④書籍編集者職:業界研究、書籍の企画・プロモーション体験 他【募集】①②9~10月③9~10月 2~3月④12~1月【実施】①12月(1日)②11月(1・2日間)③11月 3月(1日)④2月(1日)【地域】①③東京・中央 オンライン②④東京・中央【選考】①②④ES③なし【本選考との関係】②関係あり

学研グループ　出版

修士・大卒採用数	従業員数	平均勤続年数	平均年収
200名	NA	NA	◇901万円

【特色】塾・教室、参考など出版事業。医療福祉分野も柱

【本社】141-8510 東京都品川区西五反田2-11-8【設立】1947.3　[東京P]	【業績】	売上高	営業利益	経常利益	純利益
	連23.9	164,116	6,170	6,477	3,194
	※採用はグループ全体、他は㈱学研ホールディングスのもの				

●インターンシップ●
【概要】①学研グループ合同しごと研究会
【募集】‥
【実施】②2月8・9・10日(3日間)【地域】①オンライン【全学年対象】①【選考】①なし

㈱文溪堂　出版

修士・大卒採用数	従業員数	平均勤続年数	平均年収
2名	※208名	14.5年	㊟640万円

【特色】学校図書・教材で首位級。小学生向けが主力

【本社】501-6297 岐阜県羽島市江吉良町江中7-1【設立】1953.12　[名古屋M]	【業績】	売上高	営業利益	経常利益	純利益
	連22.3	13,197	1,153	1,216	774
	連23.3	12,750	1,068	1,126	704

●インターンシップ●
【概要】①各部署をローテーションで体験、各部署の役割や連携を実感(編集・営業・商流・管理・ICT)
【募集】‥
【実施】①8月28日~9月1日(5日間)【地域】①岐阜・羽島【選考】①ES 面接

㈱サイバーエージェント　メディア・映像・音ာ

修士・大卒採用数	従業員数	平均勤続年数	平均年収
339名	1,977名	6.1年	817万円

【特色】ネット広告代理、ゲームが柱。「ABEMA」育成

【本社】150-0042 東京都渋谷区宇田川町40-1 Abema Towers【設立】1998.3　[東京P]	【業績】	売上高	営業利益	経常利益	純利益
	連22.9	710,575	69,114	69,464	24,219
	連23.9	720,207	24,557	24,915	5,332

●インターンシップ●【概要】①総合職(ビジネスコース)②技術職(エンジニアコース デザイナー・クリエイターコース)【募集】①4~7月【実施】①7~11月(2~3日間)②6月~未定【地域】①東京 大阪②オンライン【全学年対象】①②【選考】①人事面接②面接【本選考との関係】②関係あり

スカパーJSAT㈱　メディア・映像・音声

修士・大卒採用数	従業員数	平均勤続年数	平均年収
20名	755名	16.0年	NA

【特色】CS放送「スカパー!」と衛星通信事業が柱

【本社】107-0052 東京都港区赤坂1-8-1 赤坂インターシティAIR【設立】1994.11　[持株傘下]	【業績】	売上高	営業利益	経常利益	純利益
	連23.3	121,139	22,324	23,194	15,810
	※業績は㈱スカパー JSATホールディングスのもの				

●インターンシップ●【概要】①会社説明会②新規事業立案型1DAY③新規事業立案型3DAYS④宇宙技術業務体験3DAYS【募集】①6~12月②7~9月③9~12月④9~1月【実施】①6~12月(1日)②6~9月(1日)③④10~1月(3日間)【地域】①②オンライン③東京・赤坂④横浜【選考】①なし②ES③④ES 適性検査【本選考との関係】③1次選考を免除

ソニーミュージックグループ　メディア・映像・音声

修士・大卒採用数	従業員数	平均勤続年数	平均年収
※65名	3,700名	NA	NA

【特色】ソニーグループの子会社。広範な音楽事業を担う

【本社】102-8353 東京都千代田区六番町4-5【設立】1968.3　[未上場]	【業績】	売上高	営業利益	経常利益	純利益
	連23.3	362,159	NA	NA	NA
	※業績・会社データは㈱ソニー・ミュージックエンタテインメントのもの				

●インターンシップ●
【概要】①エンタテインメントビジネス体験(会社紹介・座談会 他)
【募集】①6~7月中旬
【実施】①9月上旬(5日間)【地域】①東京【選考】①ES Webテスト

25総296ジ　25働286ジ　25総297ジ　25働287ジ　25総298ジ　25働288ジ　25総298ジ　25働288ジ　25総299ジ　25働289ジ　25総299ジ　25働289ジ

㈱日立製作所

電機・事務機器

修士・大卒採用数	従業員数	平均勤続年数	平均年収
600名	◇28,672名	◇19.3年	㊱916万円

【特色】 総合電機で国内トップ。社会インフラに注力
【本社】 100-8280 東京都千代田区丸の内1-6-6
【設立】 1920.2　[東京P]

【業績】	売上高	営業利益	税前利益	純利益
◇22.3	10,264,602	782,625	839,333	583,470
◇23.3	10,881,150	805,324	819,971	649,124

●インターンシップ●【概要】①技術系：研究・設計等の仕事を体感②技術系キャリア教育：仕事のやりがいや醍醐味、キャリアステップ等に関して理解を深める③事務系：営業、経理職の仕事を体感④事務系キャリア教育：日立の社会イノベーション事業に関する理解を深め、仕事を体感**【募集】**㊄6月~11月~**【実施】**③5~9月 12~2月(2-3週間)②8~9月 12~2月(1~3日間)③9月 2月(2週間)④8~9月 12~2月(半日)**【地域】**①③東京 神奈川 オンライン 他②④オンライン**【選考】**①③あり②④なし**【本選考との関係】**①③関係あり

三菱電機㈱

電機・事務機器

修士・大卒採用数	従業員数	平均勤続年数	平均年収
800名	24,559名	16.6年	㊱925万円

【特色】 総合電機大手。工場向け制御装置を軸に安定的
【本社】 100-8310 東京都千代田区丸の内2-7-3
【設立】 1921.1

【業績】	売上高	営業利益	税前利益	純利益
◇22.3	4,476,758	252,051	279,693	203,482
◇23.3	5,003,694	262,352	292,179	213,908

●インターンシップ● 24予【概要】①技術系・職場実習型②技術系・会社理解型③事務系・会社理解型④事務系・製作所理解型**【募集】**①④~6月 9~10月②~12月③④6月頃**【実施】**①8~9月 11~12月(5日間~2週間)②⑤~12月(1日×複数回)③8~9月(1~2日間×複数回)④8~9月(2~5日間)**【地域】**①東京 静岡 愛知 兵庫 他 オンライン②③東京(オンライン)④静岡 兵庫 広島 福岡 他**【全学年対象】**①②③④**【選考】**①ES②なし③④ES 動画ES④ES 面接**【本選考との関係】**①関係あり

富士通㈱

電機・事務機器

修士・大卒採用数	従業員数	平均勤続年数	平均年収
800名	35,092名	19.1年	㊱879万円

【特色】 ITサービスで国内首位。海外にも事業展開
【本社】 105-7123 東京都港区東新橋1-5-2 汐留シティセンター **【設立】** 1935.6　[東京P]

【業績】	売上高	営業利益	税前利益	純利益
◇22.3	3,586,839	219,201	239,986	182,691
◇23.3	3,713,767	335,614	371,876	215,182

●インターンシップ● 24予【概要】①Seasonal Internship：特定のテーマに対して提案・開発実践等を行う5日以上の就業体験②Professional Internship：一社員として特定業務を担う**【募集】**㊄5月下旬~6月上旬**【実施】**①8月中旬~9月中旬(5日間・10日間・15日間)②8月~(1~6カ月程度)**【地域】**㊄業務に応じて対面・オンラインの組み合わせ**【全学年対象】**①②**【選考】**㊄書類 面接

東芝

電機・事務機器

修士・大卒採用数	従業員数	平均勤続年数	平均年収
610名	◇19,062名	◇21.4年	㊱926万円

【特色】 総合電機大手。非上場化し中長期視点の経営へ
【本社】 105-8001 東京都港区芝浦1-1-1
【設立】 (創業)1875.7　[未上場]

【業績】	売上高	営業利益	税前利益	純利益
◇23.3	3,361,657	110,549	188,965	126,573

※東芝と4分社のデータ

●インターンシップ● 24予【概要】①職場受入型(事務系：営業、生産管理、総務・人事、財務・経理、調達、法務等)②職場受入型(技術系：研究開発、生産技術、生産技術、各種エンジニア、IT等)**【募集】**㊄6月下旬**【実施】**①8月下旬~9月中旬(1週間・2週間・3週間より選択)②8月下旬~9月中旬(1週間・2週間・3週間より選択)**【地域】**㊄オンライン 東京 神奈川**【全学年対象】**①②**【選考】**㊄書類 面接**【本選考との関係】**①1次面接免除(高評価者のうち一部)選考情報の早期提供 他②早期選考案内(高評価者のうち一部)選考情報の早期提供 他

NEC

電機・事務機器

修士・大卒採用数	従業員数	平均勤続年数	平均年収
600名	22,036名	18.1年	㊱848万円

【特色】 ITサービス大手。通信インフラで国内首位
【本社】 108-8001 東京都港区芝5-7-1　[東京P]
【設立】 1899.7

【業績】	売上高	営業利益	税前利益	純利益
◇22.3	3,014,095	132,525	144,436	141,277
◇23.3	3,313,018	170,447	167,671	114,500

●インターンシップ●【概要】㊄職場受入型・技術系：NECの最先端技術を用いた設計、企画、プログラミングなどの技術職体験 事務系：NECのこれからのビジネスを創出・提案していく営業職・ビジネスデザイン職体験**【募集】**①6月②9月下旬~10月中旬**【実施】**①8月下旬~9月上旬(5~10日間)②12月(3~15日間)**【地域】**㊄東京・港 オンライン 他**【選考】**㊄ES Webテスト 面接**【本選考との関係】**㊄マッチング面談に案内

ソニーグループ㈱

電機・事務機器

修士・大卒採用数	従業員数	平均勤続年数	平均年収
※1,400名	2,445名	16.4年	㊱1,102万円

【特色】 音楽・映画、ゲームで成長。半導体や金融も
【本社】 108-0075 東京都港区港南1-7-1
【設立】 1946.5　[東京P]

【業績】	売上高	営業利益	税前利益	純利益
◇22.3	9,921,513	1,202,339	1,117,503	882,178
◇23.3	11,539,837	1,208,260	1,180,313	937,126

●インターンシップ●【概要】①ソフトウェア、ハードウェア、メディカルサイエンスなどの各職場にて実務的なテーマに取り組む職場密着型②起業家インターン③長期有給インターン④リアルなビジネス体験をテーマにしたBusiness Master Program：職場訪問、交流会を含むオープンハウス**【募集】**①5~6月 10~11月②9月③随時④10~12月**【実施】**①8~9月 2~3月②10~11月③随時④1~2月**【地域】**①東京・品川 神奈川・厚木 オンライン 他②③東京・品川 オンライン 他④東京・品川 横浜 オンライン 他**【全学年対象】**①②④**【選考】**㊄あり

パナソニックグループ

電機・事務機器

修士・大卒採用数	従業員数	平均勤続年数	平均年収
1,000名	NA	NA	◇908万円

【特色】松下幸之助創業の電機大手、電池に巨額投資

【本社】571-8501 大阪府門真市大字門真1006

【設立】1935.12　［東京P］

【業績】	売上高	営業利益	税前利益	純利益
◇23.3	8,378,942	288,570	316,409	265,502

※業績・会社データはパナソニックHD㈱のもの

●インターンシップ●
【概要】①OJT TYPE（文理不問）②BUSINESS WORKSHOP③CREATIVE WORKSHOP（全学部学科対象）【募集】①②6月 ③6月【実施】①8～9月 1～2月（約1～2週間）②8～9月 1～2月（2日間）③8～9月【地域】①対面②オンライン③オンライン 対面【選考】②ES 面接③ES

シャープ㈱

電機・事務機器

修士・大卒採用数	従業員数	平均勤続年数	平均年収
NA	◇5,321名	◇22.4年	◇708万円

【特色】液晶や家電など製造。台湾・鴻海精密工業傘下

【本社】590-8522 大阪府堺市堺区匠町1

【設立】1935.5　［東京P］

【業績】	売上高	営業利益	経常利益	純利益
連22.3	2,495,588	84,716	114,964	73,991
連23.3	2,548,117	▲25,719	▲30,487	▲260,840

●インターンシップ● 24予【概要】①技術系就業体験:実際の職場での検討・設計・開発・評価②ビジネス系就業体験:実際の職場での業務③④トークイベント:社員の仕事紹介および座談会【募集】①25月下旬-6月上旬③6-9月④9月下旬-2月上旬【実施】①②8～9月（1～2週間）③7～9月（2日間,回数未定）④10～2月（1日,回数未定）【地域】①オンライン 大阪 千葉 奈良 三重 広島②オンライン 大阪③④オンライン【全学年対象】①②③④【選考】①ES③④なし【本選考との関係】①②選考案内を送付

㈱ニコン

電機・事務機器

修士・大卒採用数	従業員数	平均勤続年数	平均年収
142名	4,184名	15.8年	◎862万円

【特色】一眼レフカメラ世界2位。露光装置も主力

【本社】108-6290 東京都港区港南2-15-3 品川インターシティC棟【設立】1917.7　［東京P］

【業績】	売上高	営業利益	税前利益	純利益
◇22.3	539,612	49,934	57,096	42,679
◇23.3	628,105	54,908	57,058	44,944

●インターンシップ●【概要】①夏期:ワークショップ②夏期:職場体験③夏期:デザイン系学生対象④冬期:職場体験【募集】①6～7月②6月③6～7月（予定）【実施】①8月下旬～9月中旬（1日）②8月下旬～9月上旬（1週間程度）③8月上旬（3日間）④1～2月（3日間程度）【地域】①③オンライン②東京 神奈川 埼玉 茨城 仙台④未定（東京 神奈川 埼玉 茨城 オンライン）【選考】…

㈱デンソーテン

電機・事務機器

修士・大卒採用数	従業員数	平均勤続年数	平均年収
97名	◇3,994名	◇15.9年	◎715万円

【特色】デンソー子会社の車載用電子機器メーカー

【本社】652-8510 兵庫県神戸市兵庫区御所通1-2-28【設立】1972.10　［未上場］

【業績】	売上高	営業利益	経常利益	純利益
連22.3	348,490	7,984	NA	2,700
連23.3	439,283	21,006	NA	11,414

●インターンシップ● 24予【概要】①職場体験型:技術者と肩を並べ、プロの仕事体験②オープンカンパニー型:ソフトウェアエンジニア職種1day仕事体験③座談会:技術系（ソフト・ハード）・生産技術系・事務系【募集】①5月上旬～②③検討中【実施】①8月（1週間）②6月以降予定（1日）③年内予定（1日）【地域】①神戸 栃木 岐阜②③オンライン【全学年対象】①②③【選考】①ES②③なし

㈱JVCケンウッド

電機・事務機器

修士・大卒採用数	従業員数	平均勤続年数	平均年収
45名	◇3,130名	◇24.7年	◇697万円

【特色】日本ビクターとケンウッドが経営統合、車載中心

【本社】221-0022 神奈川県横浜市神奈川区守屋町3-12【設立】2008.10　［東京P］

【業績】	売上高	営業利益	税前利益	純利益
◇22.3	282,088	9,054	8,515	5,873
◇23.3	336,910	21,634	21,161	16,229

●インターンシップ● 24予
【概要】①会社新社屋紹介 企画ワークショップ
【募集】①10月後半～【実施】①12月下旬（1日）1月（1日）2月（1日）【地域】①オンラインもしくは横浜【選考】①なし【本選考との関係】①早期選考に案内

カシオ計算機㈱

電機・事務機器

修士・大卒採用数	従業員数	平均勤続年数	平均年収
50名	2,564名	17.1年	◇815万円

【特色】腕時計、電子辞書で高シェア。関数電卓も

【本社】151-8543 東京都渋谷区本町1-6-2

【設立】1957.6　［東京P］

【業績】	売上高	営業利益	経常利益	純利益
連22.3	252,322	22,011	22,174	15,889
連23.3	263,831	18,164	19,570	13,079

●インターンシップ●【概要】①商品企画ワークショップ②（理系）ソフトウェア開発体験:アプリ・AI③（理系）ソフトウェア開発体験:アプリ【募集】①7月～②9月～③11月～【実施】①7～9月（1日×9回）②12月（2日間）③2月（2日間）【地域】①オンライン②③東京・技術センター【全学年対象】①【選考】①なし②③ES 適性検査 面接

象印マホービン(株) 電機・事務機器

	修士・大卒採用数	従業員数	平均勤続年数	平均年収
25総 308ジ	24名	528名	16.1年	総821万円

【特色】調理家電大手。海外展開加速、アジア・北米で強い
【本社】530-8511 大阪府大阪市北区天満1-20-5
【設立】1948.12　【東京P】

【業績】	売上高	営業利益	経常利益	純利益
連22.11	82,534	4,664	5,815	3,658
連23.11	83,494	5,000	6,496	4,441

25働 298ジ ●インターンシップ● 【概要】①設計開発職：象印製品の設計開発体験および社員との交流②営業職：グループワークによる国内営業の仕事理解および社員との交流【募集】②7月下旬~8月内ほか 11月下旬~12月 1月中旬~2月初旬【実施】①8月(2日間×5回)12月下旬(2日間×2回)1月中旬(2日間×2回)②8月(2日間×2回)8月(2日間×4回)11月(2日間×4回)11月(2日間×2回)2月(2日間×4回)【地域】①大阪・大東②大阪市 東京・港 名古屋 福岡市【全学年対象】【選考】①なし②ES

キヤノン(株) 電機・事務機器

	修士・大卒採用数	従業員数	平均勤続年数	平均年収
25総 308ジ	※255名	◇24,717名	◇18.8年	◇808万円

【特色】カメラ、事務機に加えて医療機器にも注力
【本社】146-8501 東京都大田区下丸子3-30-2
【設立】1937.8　【東京P】

【業績】	売上高	営業利益	税前利益	純利益
◇22.12	4,031,414	353,399	352,402	243,961
◇23.12	4,180,972	375,366	390,767	264,513

25働 298ジ ●インターンシップ● 【概要】①(技術系)グループワークによる新規事業立案ワーク②(事務系)職種理解ワーク③(事務系)グループワークによる新規事業立案ワーク④(技術系)製品事業別ワーク【募集】①2~8月③11月中旬~12月中旬④11月中旬~12月初旬【実施】①②8月下旬~9月中旬(1日)②2月上旬~本中旬(3日間)④1月中旬~2月中旬(1~3日間)×複数回)【地域】①②オンライン③東京④東京 神奈川 栃木 茨城 静岡【全学年対象】①②③④【選考】②あり

富士フイルムビジネスイノベーション(株) 電機・事務機器

	修士・大卒採用数	従業員数	平均勤続年数	平均年収
25総 309ジ	※105名	4,505名	20.1年	総879万円

【特色】複合機の大手メーカー。ビジネスDX事業に注力
【本社】107-0052 東京都港区赤坂9-7-3 東京ミッドタウン　【設立】1962.2　【持株傘下】

【業績】	売上高	営業利益	税前利益	純利益
連23.3	2,859,041	273,079	282,224	219,422

※業績は富士フイルムHD(株)のもの

25働 299ジ ●インターンシップ● 【概要】①事務系：世の中の仕事に対する理解を深める②技術系：自分に合った企業・職種を見つけるために自身の原動力を明確にする③事務系：事業推進をテーマとした ワーク他④技術系：ハードウェア・ソフトウェア・マテリアル他の実践型ワーク【募集】①5~6月②6~8月③④9~11月【実施】①6~7月(1日)②6~8月(1日)③10~2月(3日間)④10~2月(複数日)【地域】①②オンライン③オンライン 東京④オンライン 横浜【全学年対象】①②③④【選考】①②なし④ES 適性検査 面接【本選考との関係】③④関係あり

(株)リコー 電機・事務機器

	修士・大卒採用数	従業員数	平均勤続年数	平均年収
25総 309ジ	135名	8,542名	20.5年	総838万円

【特色】複合機など事務機の世界的大手。デジカメも展開
【本社】143-8555 東京都大田区中馬込1-3-6
【設立】1936.2　【東京P】

【業績】	売上高	営業利益	税前利益	純利益
◇22.3	1,758,587	40,052	44,388	30,371
◇23.3	2,134,180	78,740	81,308	54,367

25働 299ジ ●インターンシップ● 【概要】①技術系部門での現場業務体験(全21コース)②あなたの知らないリコーを知る1day③リコーのはたらくを知る1day④オンライン座談会【募集】①6~7月上旬②7~9月中旬③11~2月中旬④5~8月 10月【実施】①8月(3~10日間)②8~9月(1日)③12~2月(1日)④6~8月 11~3月(1時間半)【地域】①オンライン 神奈川・海老名 静岡・沼津②③神奈川・海老名④オンライン【全学年対象】①②③④【選考】①ES 適性検査 自己PR1分動画②③④なし【本選考との関係】①一部優遇措置を設ける場合あり

セイコーエプソン(株) 電機・事務機器

	修士・大卒採用数	従業員数	平均勤続年数	平均年収
25総 310ジ	279名	◇12,918名	◇19.0年	総811万円

【特色】インクジェットプリンタで世界首位級
【本社】392-8502 長野県諏訪市大和3-3-5
　　　　　　【東京P】【設立】1959.9

【業績】	売上高	営業利益	税前利益	純利益
◇22.3	1,128,914	94,479	97,162	92,288
◇23.3	1,330,331	97,044	103,755	75,043

25働 300ジ ●インターンシップ● 【概要】①(理系)職場受入型②(理系)ハイブリッド型2days③Web短期④(理系)女性エンジニア向け【募集】①5~6月②6~7月③8~9月 12~1月④実施日の1週間前まで【実施】①8~9月 1~2月(5日間または2週間)②8~10月(2日間)③9月 1月(複数回)④9月 12月 2月【地域】①長野 東京 北海道 福岡 大分②(1日目)オンライン(2日目)長野③オンライン④長野 オンライン【選考】①Webテスト ES 面接②Webテスト③④なし【本選考との関係】①早期選考に案内 選考一部免除②早期選考に案内

コニカミノルタ(株) 電機・事務機器

	修士・大卒採用数	従業員数	平均勤続年数	平均年収
25総 310ジ	83名	◇5,343名	◇21.1年	総750万円

【特色】複合機などの印刷機が主力。東欧で高シェア
【本社】100-7015 東京都千代田区丸の内2-7-2 JPタワー　【設立】1936.12　【東京P】

【業績】	売上高	営業利益	税前利益	純利益
◇22.3	911,426	▲22,297	▲23,617	▲26,123
◇23.3	1,130,397	▲95,125	▲101,872	▲103,153

25働 300ジ ●インターンシップ● 24予【概要】①ビジネス系仕事体験(物流・海外営業・国内営業・新製品企画)：社員からの講義、ワーク 他②技術系仕事体験(画像IoT・ソフトウェア・メカ開発・エレキ・材料開発・物理光学)：社員からの講義、ワーク 他③5DAYS・受入れ型(IoT系事業部など)④長期・受入れ型【募集】①②6~7月③④9~10月【実施】①②8~9月(1日)③11~12月(5日間)④11~12月(2週間以上)【地域】①②東京 大阪 オンライン③④東京 大阪【選考】①②ES③④ES 適性検査 マッチング面談

ブラザー工業㈱

電機・事務機器

修士・大卒採用数	従業員数	平均勤続年数	平均年収
87名	3,872名	14.9年	㊱908万円

【特色】ミシンで創業、現在はプリンタと産業機械が主力
【本社】467-8561 愛知県名古屋市瑞穂区苗代町15-1 【設立】1934.1　　　　［東京P］

【業績】	売上高	営業利益	税前利益	純利益
◇22.3	710,938	85,501	86,429	61,030
◇23.3	815,269	55,378	56,953	39,082

●インターンシップ● 24予 【概要】①事務系：商品企画・営業企画、財務ণ職種、国内営業の楽しさを知る講演 他②技術系：情報系エンジニアの働き方を知る仕事体験③事務系：工作機械の国内営業について学ぶ講演 他④技術系：価値創出を体感するワークショップ 他【募集】①6月②7月③9月④11月【実施】①7~9月（半日×複数回）②8~9月（数日間×複数回）③10~11月（半日×複数回）④12月（1日×複数回）【地域】①③オンライン②④愛知【全学年対象】①②③④【選考】①③なしⒶES【本選考との関係】①早期選考に繋がるイベントに案内

東芝テック㈱

電機・事務機器

修士・大卒採用数	従業員数	平均勤続年数	平均年収
94名	3,367名	17.7年	㊱750万円

【特色】POSレジ端末世界首位。複合機も手がける
【本社】141-8562 東京都品川区大崎1-11-1 ゲートシティ大崎ウエストタワー 【設立】1950.2 ［東京P］

【業績】	売上高	営業利益	経常利益	純利益
連22.3	445,317	11,566	10,197	5,381
連23.3	510,767	16,078	13,149	▲13,745

●インターンシップ● 24予
【概要】①理系：ソフト・ハード（希望別）開発・研究体験② 文系・理系：モノづくり企画体験
【募集】①7月下旬~8月【実施】①8~9月（2日間）【地域】Ⓐ対面 オンライン【全学年対象】①② 【選考】ⒶES 【本選考との関係】Ⓐ関係あり

京セラドキュメントソリューションズ㈱

電機・事務機器

修士・大卒採用数	従業員数	平均勤続年数	平均年収
55名	◇3,360名	◇18.1年	㊱758万円

【特色】京セラGの情報機器事業の中核担う。海外が大半
【本社】540-8585 大阪府大阪市中央区玉造1-2-28
【設立】1948.7　　　　　　　　　　　［未上場］

【業績】	売上高	営業利益	税前利益	純利益
◇22.3	366,691	NA	NA	NA
◇23.3	434,914	NA	NA	NA

●インターンシップ● 24予 【概要】①技術開発、生産技術、品質保証、社内SE、技術営業などの業務体験、先輩社員座談会 他（21コース）②技術開発、生産技術、品質保証、社内SE、営業、経理などの業務体験、先輩社員座談会 他（複数コース）【募集】①6月中旬~7月中旬②12~1月上旬【実施】①8~9月（5日間）②1~2月（1~2日間）【地域】Ⓐ大阪 神奈川【全学年対象】①②　【選考】ⒶES【本選考との関係】①関係あり

沖電気工業㈱

電機・事務機器

修士・大卒採用数	従業員数	平均勤続年数	平均年収
103名	◇4,740名	◇20.0年	㊱729万円

【特色】情報通信システム、プリンタ、ATM、EMSの4本柱
【本社】105-8460 東京都港区虎ノ門1-7-12
【設立】1949.11　　　　　　　　　　　［東京P］

【業績】	売上高	営業利益	経常利益	純利益
連22.3	352,064	5,864	7,691	2,065
連23.3	369,096	2,403	▲328	▲2,800

●インターンシップ● 24予
【概要】①1day仕事体験（モノづくり）②1day仕事体験（システムエンジニア）③先輩社員座談会（文理別）【募集】①8~9月 12~2月②8~9月 12~2月③8~9月 12~2月【実施】①8~9月 12~2月（1日）②8~9月 12~2月（半日間）③8~9月 12~2月（数時間）【地域】Ⓐ東京・港 オンライン【選考】Ⓐなし

㈱PFU

電機・事務機器

修士・大卒採用数	従業員数	平均勤続年数	平均年収
57名	2,413名	21.8年	710万円

【特色】リコーの連結子会社。業務用スキャナー世界首位
【本社】929-1192 石川県かほく市宇野気ヌ98-2
【設立】1962.5　　　　　　　　　　　［未上場］

【業績】	売上高	営業利益	経常利益	純利益
連22.3	133,634	5,590	NA	4,509
連23.3	134,451	7,815	NA	6,484

●インターンシップ● 【概要】①開発エンジニア・知的財産・サプライチェーンマネジメント・システムエンジニア・営業：業務体験、工場見学 他②職種：会社説明、チームワークを学ぶGW③主力製品の理解を深める④キャリア形成、就活ポイント、同期座談会、仕事紹介 他【募集】①4~6月②4~7月③9~1月④10~1月【実施】①8~9月（2日間×8回）②8~9月（2日間×4回）③10~1月（1日×6回）④11~2月（1日×6回）【地域】①対面②③④オンライン【全学年対象】②③④【選考】①ES 適性検査②③④なし【本選考との関係】①関係あり

マックス㈱

電機・事務機器

修士・大卒採用数	従業員数	平均勤続年数	平均年収
30名	847名	17.7年	㊱826万円

【特色】事務用ステープラー、建築用くぎ打ち機で国内首位
【本社】103-8502 東京都中央区日本橋箱崎町6-6
【設立】1942.11　　　　　　　　　　　［東京P］

【業績】	売上高	営業利益	経常利益	純利益
連22.3	73,958	7,498	8,282	6,090
連23.3	84,316	9,926	10,510	7,619

●インターンシップ●
【概要】①グループワークによるチームワーク体験
【募集】①6~2月
【実施】①8~2月（1日）【地域】①東京・中央 大阪市 オンライン【選考】①なし

理想科学工業(株) （りそうかがくこうぎょう）

電機・事務機器

修士・大卒採用数	従業員数	平均勤続年数	平均年収
26名	1,426名	20.1年	総820万円

314ページ

【特色】高速印刷機で有名、世界的に学校関連に強み
【本社】108-8385 東京都港区芝5-34-7 田町セン
タービル　【設立】1955.1　　　　　　　[東京P]

【業績】	売上高	営業利益	経常利益	純利益
連22.3	69,313	4,164	4,644	3,578
連23.3	74,655	5,955	6,201	4,624

●インターンシップ● 24予【概要】①技術系：メカトロ体験②技術系仕事体験：インク開発について③技術系仕事体験：
生産技術職体験④ビジネス系：プロモーション企画体験【募集】①6~8月 10~11月②③10~12月中旬④7~8月 10~11月【実施】①
8~9月(3日間×4回)12月(1日×3回)②12~1月(1日×2回)③12~1月(1日×2回)④8~9月(2日間×2回)11~12月【地域】①②③オン
ライン 茨城・つくば④オンライン【全学年対象】①②③④【選考】①動画ES②③④なし【本選考との関係】④早期選考に案内

304ページ

千代田インテグレ(株) （ちよだ）

電機・事務機器

修士・大卒採用数	従業員数	平均勤続年数	平均年収
12名	264名	15.8年	総783万円

314ページ

【特色】ソフト素材加工専門の総合部品メーカー
【本社】102-0084 東京都千代田区二番町1-1
【設立】1955.9　　　　　　　　　　　　[東京S]

【業績】	売上高	営業利益	経常利益	純利益
連22.12	39,372	3,015	3,780	2,725
連23.12	39,416	3,058	3,770	2,556

●インターンシップ●
【概要】①会社説明 工場見学 ものづくり体験
【募集】①11月頃
【実施】①12月(1日)【地域】①埼玉・草加【選考】①なし【本選考との関係】①関係あり

304ページ

富士電機(株) （ふじでんき）

電機・事務機器

修士・大卒採用数	従業員数	平均勤続年数	平均年収
246名	9,177名	20.9年	総852万円

315ページ

【特色】重電4位。パワエレやパワー半導体、自販機に強い
【本社】141-0032 東京都品川区大崎1-11-2 ゲー
トシティ大崎　【設立】1923.8　　　　　[東京P]

【業績】	売上高	営業利益	経常利益	純利益
連22.3	910,226	74,835	79,297	58,660
連23.3	1,009,447	88,882	87,811	61,348

●インターンシップ●【概要】①技術系仕事体験②短期：拠点・部門理解を深めるためのGW、社員交流③事務
系社員の仕事を知る各種ワーク、社員交流【募集】①②随時 10月 下旬~11月中旬③9~10月 1月中旬④上旬【実施】①8月下旬~9月(3日間~2週間)1月下旬~2月上旬(3日間~2週間)②10月(半日)2月中旬~3月上旬(半日)
③8~9月中旬(2日間)2月(2日間)【地域】①②国内各拠点③本社・支社【全学年対象】①②③【選考】①③ES②なし

305ページ

(株)キーエンス

電機・事務機器

修士・大卒採用数	従業員数	平均勤続年数	平均年収
389名	2,788名	12.1年	2,279万円

315ページ

【特色】FAセンサーなど検出・計測制御機器大手。高収益
【本社】533-8555 大阪府大阪市東淀川区東中島
1-3-14【設立】1974.5　　　　　　　　　[東京P]

【業績】	売上高	営業利益	経常利益	純利益
連22.3	755,174	418,045	431,240	303,360
連23.3	922,422	498,914	512,830	362,963

●インターンシップ● 24予
【概要】①営業職 体験プログラム②理系学生 1day仕事体験③S職(事務職)仕事体験プログラム
【募集】①②24~11月③5~11月【実施】①6~12月②③9~12月【地域】④東京 大阪【選考】④HPにて要確
認【本選考との関係】④早期選考案内 選考一部免除

305ページ

オムロン(株)

電機・事務機器

修士・大卒採用数	従業員数	平均勤続年数	平均年収
68名	4,593名	19.4年	総899万円

316ページ

【特色】感知・制御技術が基盤。主力事業は制御機器
【本社】600-8530 京都府京都市下京区塩小路通堀
川東入【設立】1948.5　　　　　　　　　[東京P]

【業績】	売上高	営業利益	税前利益	純利益
◎22.3	762,927	89,316	86,714	61,400
◎23.3	876,082	100,686	98,409	73,861

●インターンシップ●【概要】①開発・生産職種を中心とした就業体験②職種理解ワークショップ(営業・開発・SE・法務・理財
他)【募集】①6~7月中旬②随時【実施】①8月下旬~9月中旬(2週間)②未定(1日)【地域】①滋賀 京都 岡
山 他②オンライン【選考】①ES Webテスト Web面接②未定【本選考との関係】①関係あり

306ページ

(株)安川電機 （やすかわでんき）

電機・事務機器

修士・大卒採用数	従業員数	平均勤続年数	平均年収
62名	3,188名	18.7年	総863万円

316ページ

【特色】ACサーボモーターとインバーターで世界首位
【本社】806-0004 福岡県北九州市八幡西区黒崎城
石2-1　【設立】1915.7　　　　　　　　　[東京P]

【業績】	売上高	営業利益	税前利益	純利益
◇23.2	555,955	68,301	71,134	51,783
◇24.2	575,658	66,225	69,078	50,687

●インターンシップ●【概要】①IT戦略部門の就業体験 人事部門の就業体験②技術部門(研究開発、生産技術、サーボ
モータ、インバータ、ロボット)の就業体験④営業部門の就業体験【募集】①②6月末③4月末【実施】①③④Webテスト GD②Webテスト 面接【本選考との関係】②③④早期選考に案内
①8月下旬(1日)②8月下旬~11月上旬(5日間)③12月下旬(5日間)④11月下旬~12月中旬(5日間)【地域】①③北九州②北九州 埼
玉・入間③東京・港 大阪市 福岡市【選考】①③④

306ページ

㈱島津製作所 ［電機・事務機器］

修士・大卒採用数	従業員数	平均勤続年数	平均年収
139名	3,523名	18.4年	◇859万円

【特色】分析計測機器大手。医用・航空・産業機器も展開
【本社】604-8511 京都府京都市中京区西ノ京桑原町1【設立】1917.9 ［東京Ｐ］

【業績】	売上高	営業利益	経常利益	純利益
連22.3	428,175	63,806	65,577	47,289
連23.3	482,240	68,219	70,882	52,048

●インターンシップ● 24予【概要】①技術系職場体験型②事務系職場体験型③事務系向け仕事体験④技術系向け仕事体験【募集】①②③④~6月中旬④6~9月【実施】①9月下旬(1~2週間)②8月下旬~9月上旬(1~2週間)③7月~(最大3日間×回数未定)④10月~(最大2日間×回数未定)【地域】①京都市 川崎 滋賀・大津②③オンライン・京都市(選択可)④オンライン【全学年対象】①②③④【選考】①②ES SPI(Web)面談②④ES SPI(Web)【本選考との関係】②早期選考に案内

㈱明電舎 ［電機・事務機器］

修士・大卒採用数	従業員数	平均勤続年数	平均年収
57名	3,133名	19.8年	総803万円

【特色】重電5位。水関連や発電、鉄道関連機器に強い
【本社】141-6029 東京都品川区大崎2-1-1 ThinkPark Tower【設立】1917.6 ［東京Ｐ］

【業績】	売上高	営業利益	経常利益	純利益
連22.3	255,046	9,468	10,206	6,733
連23.3	272,578	8,539	8,823	7,128

●インターンシップ●【概要】①文理不問：業界研究グループワーク②文理不問：職種紹介イベント(座談会あり)③事務系：会社紹介セミナー、営業職セミナー④技術系：業界研究ワーク、仕事研究ワーク、プラ本セミナー【募集】①6~10月②12月③④11~2月【実施】①8~1月(半日)②12月(半日~1日)③④11~2月(半日)②2月(1日×2回)④1~3月(半日)【地域】①③④オンライン②対面 オンライン【選考】②応募アンケート

㈱堀場製作所 ［電機・事務機器］

修士・大卒採用数	従業員数	平均勤続年数	平均年収
30名	◇1,494名	◇15.1年	総656万円

【特色】分析・計測機器の大手。排ガス計測で高シェア
【本社】601-8510 京都府京都市南区吉祥院宮の東町2【設立】1953.1 ［東京Ｐ］

【業績】	売上高	営業利益	経常利益	純利益
連22.12	270,133	45,843	46,860	34,072
連23.12	290,558	47,296	48,251	40,302

●インターンシップ● 24予【概要】①実習型：分析計測機器の研究開発等、複数のテーマから選択式②オンライン：会社見学、社員との座談会 他【募集】①5~6月②随時【実施】①8~9月(1~3週間)②7~3月(1日)【地域】①京都市 滋賀・大津 東京・千代田②オンライン【全学年対象】①②【選考】①ES 面接②なし

㈱ＴＭＥＩＣ ［電機・事務機器］

修士・大卒採用数	従業員数	平均勤続年数	平均年収
58名	2,693名	14.6年	総900万円

【特色】東芝と三菱電機の折半出資合弁。海外展開加速
【本社】104-0031 東京都中央区京橋3-1-1 東京スクエアガーデン【設立】2003.10 ［未上場］

【業績】	売上高	営業利益	経常利益	純利益
連22.3	178,334	9,380	10,657	7,703
連23.3	212,900	7,546	8,813	6,750

●インターンシップ● 24予【概要】①製品設計実習コース(技術系)②本社技術営業実習コース(技術系)③仕事理解ワークコース(事務系)：本社見学、会社紹介、営業事例ワーク、社員座談会④組織理解オープンカンパニー(技術系)：本社・工場見学、会社紹介、社員座談会【募集】①6~7月向中旬 11月中旬~12月向中旬②③8月下旬~9月向中旬(5日間)1月下旬~2月上旬(5日間)④8月下旬~9月向中旬(1日)1月下旬~2月向中旬(1日)【地域】①府中 京浜 神戸 長崎②③④オンライン 対面【選考】②ES【本選考との関係】②早期選考に案内

㈱ダイヘン ［電機・事務機器］

修士・大卒採用数	従業員数	平均勤続年数	平均年収
19名	913名	17.2年	総886万円

【特色】変圧器やアーク溶接機、産業用ロボットを展開
【本社】532-8512 大阪府大阪市淀川区田川2-1-11【設立】1919.12

【業績】	売上高	営業利益	経常利益	純利益
連22.3	160,601	14,191	15,790	10,985
連23.3	185,288	16,568	17,660	13,193

●インターンシップ● 24予【概要】①事務職限定：BtoBメーカーの脱炭素ソリューション営業体験(2Days)②理系限定：エンジニアの働き方がわかる社員座談会③Web企業研究セミナー④Web社員座談会【募集】①実施日の2カ月前~1カ月前まで②③随時【実施】①9~12月(2日間)②7~2月(半日×月2回)③④7~2月(1時間×月1回)【地域】①大阪②大阪 神戸③④オンライン【選考】①ES(多数の場合)②③④なし【本選考との関係】①②早期選考に案内 1次面談免除

日本電子㈱ ［電機・事務機器］

修士・大卒採用数	従業員数	平均勤続年数	平均年収
45名	◇2,240名	◇17.5年	総789万円

【特色】電子顕微鏡で世界首位。半導体・医用機器も展開
【本社】196-8558 東京都昭島市武蔵野3-1-2【設立】1949.5 ［東京Ｐ］

【業績】	売上高	営業利益	経常利益	純利益
連22.3	138,408	14,144	16,313	12,278
連23.3	162,689	24,155	23,501	17,830

●インターンシップ●【概要】①製造職としての実業務体験、装置の製造や部品加工等②フィールドサービス職としての実務体験、装置の修理体験や客先訪問等③開発職としての業務理解や装置を用いた技術販促体験、社員座談会④設計職としての業務理解や装置を用いた技術販促体験、社員座談会【募集】①②6~8月上旬③④6~1月【実施】①8月下旬(1週間)②8月下旬(1週間)9月上旬(1週間)③④12~2月(1日)【地域】②東京【選考】②なし

日東工業㈱
電機・事務機器

	修士・大卒採用数	従業員数	平均勤続年数	平均年収
	13名	1,017名	17.0年	㊷674万円

【特色】電設資材のキャビネットで首位。配電盤も大手
【本社】480-1189 愛知県長久手市蟹原2201　　　　[東京P]
【設立】1948.11

【業績】	売上高	営業利益	経常利益	純利益
連22.3	132,753	8,637	9,412	6,607
連23.3	146,698	8,172	9,056	5,476

●インターンシップ● 24予【概要】①(理系)開発職を体験(グループワーク)②(理系)設計職を体験(3DCAD)③(学部不問)営業職を体験(職場・製品見学、座談会)④(全学部)業界・企業理解のための説明会【募集】①②4月～(開催日の二週間前まで)③4月～(開催日の二週間前まで)※変更の可能性あり④随時【実施】①8～9月 ②8～9月(1日)③×東京⑦月×大阪③4月④6月以降随時【地域】①②愛知③東京 大阪④オンライン【選考】⑥なし【本選考との関係】①②③次回イベントに特別招待

㈱イシダ
電機・事務機器

	修士・大卒採用数	従業員数	平均勤続年数	平均年収
	65名	1,531名	15.6年	㊷749万円

【特色】計量・包装・検査機器首位の老舗。海外へも展開
【本社】606-8392 京都府京都市左京区聖護院山王町44【設立】1948.10

【業績】	売上高	営業利益	経常利益	純利益
連22.3	134,443	13,920	NA	NA
連23.3	145,881	13,041	NA	NA

●インターンシップ● 24予【概要】①グループワークによる就業体験(テーマ：イシダ社員の情熱を体感)②(理系)開発部門での就業体験③SE部門での就業体験(テーマ：システムエンジニアの仕事を知る！職場体感イベント)【募集】①6月～②5月～③7月~【実施】①1日または3日間②③1～5日間の予定【地域】①京都市 東京・板橋 オンライン②滋賀・栗東 オンライン③京都市 滋賀・栗東【選考】①ES②③未定【本選考との関係】⑥早期選考に案内

日新電機㈱
電機・事務機器

	修士・大卒採用数	従業員数	平均勤続年数	平均年収
	45名	◇2,016名	◇18.7年	㊷724万円

【特色】住友電工が完全子会社化。FPD製造装置は世界首位
【本社】615-8686 京都府京都市右京区梅津高畝町47【設立】1917.4　　　[未上場]

【業績】	売上高	営業利益	経常利益	純利益
連22.3	132,128	16,756	16,634	11,881
連23.3	142,600	NA	NA	NA

●インターンシップ●
【概要】①理系向け職場体験長期インターンシップ②会社紹介・仕事体験
【募集】①6～7月②6～12月【実施】①8月下旬～9月(5日間)②8～12月(1日)【地域】①京都 群馬②京都 群馬 オンライン【選考】①ES②なし

㈱日立パワーソリューションズ
電機・事務機器

	修士・大卒採用数	従業員数	平均勤続年数	平均年収
	81名	2,502名	20.5年	㊷701万円

【特色】日立製作所の電力システム中核。4社合併で誕生
【本社】317-0073 茨城県日立市幸町3-2-2　　　[未上場]
【設立】1960.4

【業績】	売上高	営業利益	経常利益	純利益
単22.3	107,001	12,610	12,823	7,633
単23.3	110,806	13,371	13,551	9,190

●インターンシップ●【概要】①②(理系)会社紹介、事業部門での就業体験、成果報告会③④(理系)業界研究、先輩社員との座談会【募集】①6月下旬～7月中旬②11月下旬～12月中旬③8月上旬～開催当日④11月～開催日当日【実施】①8月21～25日②12月下旬～1月②③9月15～13日(1ついし5日間)④1月10～23日(1つ5日間)【地域】①②茨城・日立③④オンライン【全学年対象】③④【選考】⑥なし【本選考との関係】①②早期選考案内 書類選考免除③④早期選考案内

能美防災㈱
電機・事務機器

	修士・大卒採用数	従業員数	平均勤続年数	平均年収
	70名	1,943名	17.4年	㊷668万円

【特色】火災報知・消火設備の総合最大手。セコム傘下
【本社】102-8277 東京都千代田区九段南4-7-3
【設立】1944.5

【業績】	売上高	営業利益	経常利益	純利益
連22.3	112,913	12,633	13,155	9,351
連23.3	105,537	8,879	9,420	7,022

●インターンシップ● 24予【概要】①仕事理解・理系 Job mission:防災システム納入プロジェクト体感ワーク②仕事理解・文系 Job mission:能美防災の安全提供のプロセスを実践③企業理解・文理対象 My mission:能美防災を例に企業分析の手法を学ぶ④未来創造・文理対象 Creative vision:能美防災が実現したい未来とは？企画過程を体感【募集】⑥6～1月【実施】⑥6～2月(複数日程)【地域】①②④東京 オンライン 他③オンライン 他【全学年対象】①②③④【選考】①②ES③④なし【本選考との関係】⑥早期選考に案内

古野電気㈱
電機・事務機器

	修士・大卒採用数	従業員数	平均勤続年数	平均年収
	30名	1,278名	15.8年	㊷734万円

【特色】魚群探知機で先駆。船舶用電子機器の世界大手
【本社】662-8580 兵庫県西宮市芦原町9-52　　　[東京P]
【設立】1951.5

【業績】	売上高	営業利益	経常利益	純利益
連23.2	91,325	1,523	2,593	1,348
連24.2	114,850	6,519	8,169	6,238

●インターンシップ●【概要】①研究開発本部:研究開発部門で開発テーマの一部を経験する技術職体験②生産技術、技術サービス等の技術職部門で開発テーマの一部を経験③オンライン業界・職種理解:業界研究、会社紹介、先輩社員座談会 他【募集】①②5～6月 9～10月③5～8月中旬 9～10月【実施】①②8～9月 12～1月(5～10日間)③8～9月 12～1月(半日)【地域】①②兵庫・西宮③オンライン【選考】①②ES 面談③なし【本選考との関係】①②早期選考に案内

214

日本信号㈱

電機・事務機器

修士・大卒採用数	従業員数	平均勤続年数	平均年収
38名	◇1,230名	◇18.9年	◇747万円

【特色】3大信号会社トップ。鉄道、交通信号ともに強い
【本社】100-6513 東京都千代田区丸の内1-5-1 新丸の内ビルディング【設立】1928.12 ［東京P］

【業績】	売上高	営業利益	経常利益	純利益
連22.3	85,047	5,390	6,538	4,503
連23.3	85,456	5,112	5,915	4,075

●インターンシップ● 【概要】①技術系：インフラ業界について学び、メーカーとしての事業内容・製品等について理解を深める②事務系：インフラ業界について学び、メーカーとしての事業内容・製品等について理解を深める【募集】①6月下旬~7月②7月上旬~8月中旬【実施】⑧~9月 11~12月【地域】⑦オンライン 埼玉・久喜 宇都宮【選考】⑧多数の場合ES

323ページ
313ページ

アジレント・テクノロジー㈱

電機・事務機器

修士・大卒採用数	従業員数	平均勤続年数	平均年収
1名	553名	13.6年	1,010万円

【特色】医薬・バイオ関連機器米国大手の日本法人
【本社】192-8510 東京都八王子市高倉町9-1
【設立】1963.9 ［未上場］

【業績】	売上高	営業利益	経常利益	純利益
単21.10	31,000	NA	NA	NA
単22.10	34,100	NA	NA	NA

●インターンシップ● 24予
【概要】①開発、営業、サービスの各部門での就業体験
【募集】①6~2月【実施】①6~2月(5日間)【地域】①東京・八王子【選考】①ES 面接【本選考との関係】①早期選考に案内

323ページ
313ページ

ニデック㈱

電子部品・機器

修士・大卒採用数	従業員数	平均勤続年数	平均年収
※282名	2,176名	11.8年	㊦683万円

【特色】モーター世界大手。HDD向けは世界首位
【本社】601-8205 京都府京都市南区久世殿城町338【設立】1973.7 ［東京P］

【業績】	売上高	営業利益	税前利益	純利益
◇22.3	1,918,174	171,487	171,145	136,870
◇23.3	2,242,824	100,081	120,593	45,003

●インターンシップ● 24予【概要】①モータ製作、プレゼンテーション発表、職場見学、先輩社員座談会②ワーク、職場見学、先輩社員座談会③仕事紹介、質問会③職場体験、開発、生産技術、知的財産、情報システム、人事、法務）【募集】①④6~7月上旬②③9月~【実施】①8~9月 1月(5日間)②③9~11月(1日)④法務以外8~9月(10日間)（法務)1~2月(5日間)【地域】①京都②④京都 神奈川③オンライン【全学年対象】①②③④【選考】④ES 面接②なし【本選考との関係】①④早期選考に案内

324ページ
314ページ

ＴＤＫ㈱

電子部品・機器

修士・大卒採用数	従業員数	平均勤続年数	平均年収
168名	◇5,901名	◇17.9年	㊦790万円

【特色】磁性材料技術から始まった電子部品大手
【本社】103-6128 東京都中央区日本橋2-5-1 日本橋高島屋三井ビルディング【設立】1935.12 ［東京P］

【業績】	売上高	営業利益	税前利益	純利益
◇23.3	2,180,817	168,827	167,219	114,187

●インターンシップ● 【概要】①装置開発職仕事体験②ノイズ対策体験③材料開発体験④IT職仕事体験【募集】①②③1月③月 12~1月④⑦~1月【実施】①②9~2月(1日×6回)③9月 2月(5日間)④8~2月(1日×6回)【地域】①オンライン 千葉 秋田②③④オンライン 千葉③オンライン【全学年対象】②④【選考】②なし【本選考との関係】①②③早期選考に案内④書類選考を免除

324ページ
314ページ

京セラ㈱

電子部品・機器

修士・大卒採用数	従業員数	平均勤続年数	平均年収
474名	◇21,010名	◇16.1年	㊦815万円

【特色】電子部品大手。携帯、太陽電池など多角経営
【本社】612-8501 京都府京都市伏見区竹田鳥羽殿町6【設立】1959.4 ［東京P］

【業績】	売上高	営業利益	税前利益	純利益
◇22.3	1,838,938	148,910	198,947	148,414
◇23.3	2,025,332	128,517	176,192	127,988

●インターンシップ●
【概要】①グループワークを通して、京セラの経営手法・技術・事業・働き方を理解（文理別）
【募集】①6~7月
【実施】①7~9月【地域】①オンライン【全学年対象】①【選考】①ES

325ページ
315ページ

㈱村田製作所

電子部品・機器

修士・大卒採用数	従業員数	平均勤続年数	平均年収
365名	10,089名	14.1年	◇803万円

【特色】電子部品大手。世界トップシェアの製品が複数
【本社】617-8555 京都府長岡京市東神足1-10-1
【設立】1950.12 ［東京P］

【業績】	売上高	営業利益	税前利益	純利益
◎22.3	1,812,521	424,060	432,702	314,124
◎23.3	1,686,796	297,887	314,895	253,690

●インターンシップ● 【概要】①技術系：実務実践型②事務系：課題解決型③事務系：実務実践型【募集】①6~7月上旬 10月中旬~11月上旬②③10月中旬~11月中旬【実施】①8月下旬~9月上旬 2月(5日間~2週間程度)②1月下旬~2月上旬(3日間)③2月(3~8日間程度)【地域】①対面 オンライン②③オンライン【全学年対象】①②③【選考】①③書類 面接②書類

325ページ
315ページ

ルネサスエレクトロニクス㈱ 〔電子部品・機器〕

修士・大卒採用数	従業員数	平均勤続年数	平均年収
181名	5,668名	21.1年	㊞943万円

【特色】半導体大手で車載用マイコン首位。買収で拡大
【本社】135-0061 東京都江東区豊洲3-2-24 豊洲フォレシア 【設立】2002.11 ［東京Ｐ］

【業績】	売上高	営業利益	税前利益	純利益
◇22.12	1,500,853	424,170	362,299	256,632
◇23.12	1,469,415	390,766	422,173	337,086

●インターンシップ●【概要】①(理系)デジタル製品開発、アナログ製品開発、ソフトウェア開発、回路設計、装置を使用した実験、評価などの体験など②経理、人事総務、サプライチェーンマネジメント【募集】①6~7月中旬 11~12月初旬②11月【実施】①9月(5日間または10日間)2月(5日間)②2月(5日間)【地域】①各事業所 オンライン②各事業所【全学年対象】①②【選考】②ES 適性検査②ES 適性検査 面接(一部)【本選考との関係】②早期選考に案内(一部)

ミネベアミツミ㈱ 〔電子部品・機器〕

修士・大卒採用数	従業員数	平均勤続年数	平均年収
187名	◇7,284名	◇17.4年	㊞729万円

【特色】極小ベアリング世界首位。M&Aでの拡大に積極的
【本社】389-0293 長野県北佐久郡御代田町大字御代田4106-73 【設立】1951.7

【業績】	売上高	営業利益	税前利益	純利益
◇22.3	1,124,140	92,136	90,788	68,935
◇23.3	1,292,203	101,522	96,120	77,018

●インターンシップ●【概要】①(理系)主力製品に関する機構設計、制御設計、特性解析、製品の構造理解やサンプル作成体験 他②(理系)GWによる新製品立案コンテスト③(理系)GWによる新製品企画立案体験研修④(理系)技術体験ワークショップ【募集】①6月②④8~2月③7~2月【実施】①8~9月(5~10日間)②9~2月(2日間)③8~2月(1日)④9~2月(1日)【地域】①各事業所②東京・港③東京・港 オンライン④長野 滋賀 広島【全学年対象】①②③④【選考】①ES Webテスト②③④なし【本選考との関係】②早期選考に案内

キオクシア㈱ 〔電子部品・機器〕

修士・大卒採用数	従業員数	平均勤続年数	平均年収
239名	◇10,577名	◇16.8年	㊞812万円

【特色】東芝のメモリ事業分離して発足。NAND型世界2位
【本社】108-0023 東京都港区芝浦3-1-21 田町ステーションタワーＳ 【設立】2017.4 ［未上場］

【業績】	売上高	営業利益	税前利益	純利益
◇23.3	1,282,100	▲99,000	NA	▲138,100

※業績はキオクシアホールディングス㈱のもの

●インターンシップ●【概要】①技術系職種希望者向け会社紹介、グループワーク、社員座談会等②事務系職種希望者向け会社紹介、グループワーク等
【募集】㊞随時【実施】㊞7月~(1日×複数回)【地域】㊞オンライン【選考】㊞なし

アルプスアルパイン㈱ 〔電子部品・機器〕

修士・大卒採用数	従業員数	平均勤続年数	平均年収
125名	◇6,902名	◇18.5年	㊞729万円

【特色】電子部品の大手メーカー。車載とスマホ向け中心
【本社】145-8501 東京都大田区雪谷大塚町1-7 【設立】1948.11 ［東京Ｐ］

【業績】	売上高	営業利益	経常利益	純利益
連22.3	802,854	35,208	40,286	22,960
連23.3	933,114	33,595	34,940	11,470

●インターンシップ●【概要】①1day仕事体験：各職種の仕事を分担し、チームで課題解決するワーク
【募集】①6~2月
【実施】①6~2月(1日)【地域】①オンライン【選考】①なし

日東電工㈱ 〔電子部品・機器〕

修士・大卒採用数	従業員数	平均勤続年数	平均年収
129名	◇6,285名	◇12.9年	㊞977万円

【特色】総合材料メーカー。ニッチトップ戦略を標榜
【本社】530-0011 大阪府大阪市北区大深町4-20 グランフロント大阪タワーＡ 【設立】1918.10 ［東京Ｐ］

【業績】	売上高	営業利益	税前利益	純利益
◇22.3	853,448	132,260	132,378	97,132
◇23.3	929,036	147,173	146,840	109,173

●インターンシップ●【概要】①(理系)研究開発部門での就業体験②(理系)生産技術部門での就業体験③管理部門での就業体験④1Dayワークショップ- Nittoの働き方を体感しよう-【募集】②7~9月③9~11月④7~3月【実施】①9~2月(2日間~2週間)②10~12月(1週間~2週間)③11~2月(1週間)④7~3月(1日)【地域】①宮城 三重 大阪 他②宮城 埼玉 愛知 三重 大阪 広島③大阪 他④オンライン【全学年対象】④【選考】①ES 適性検査 GD 面談②③ES 適性検査 面接④なし【本選考との関係】①②③早期選考に案内

ローム㈱ 〔電子部品・機器〕

修士・大卒採用数	従業員数	平均勤続年数	平均年収
183名	3,703名	14.9年	㊞910万円

【特色】車載や産業機器向けパワー・アナログ半導体に強み
【本社】615-8585 京都府京都市右京区西院溝崎町21 【設立】1958.9 ［東京Ｐ］

【業績】	売上高	営業利益	経常利益	純利益
連22.3	452,124	71,479	82,551	66,827
連23.3	507,802	92,316	109,530	80,375

●インターンシップ●【概要】①技術系：研究開発、商品開発、製造技術開発、生産システム開発など、各部門にて開発業務を体験②技術系：商品開発フロー体験③営業・管理系：BtoB営業体験【募集】①6月初旬~中旬②③8月中旬【実施】①8月下旬~9月上旬(7日間)②③9月下旬~10月【地域】①京都 新横浜 滋賀 福岡他②③オンライン【選考】①ES 適性検査 面接②③ES【本選考との関係】①早期選考に案内

日亜化学工業㈱

電子部品・機器

修士・大卒採用数	従業員数	平均勤続年数	平均年収
101名	3,049名	14.7年	総746万円

【特色】窒化物LEDで世界首位級。グローバル展開加速
【本社】774-8601 徳島県阿南市上中町岡491
【設立】1956.12　　　　　【未上場】

【業績】	売上高	営業利益	経常利益	純利益
連21.12	403,699	76,152	87,521	65,418
連22.12	502,113	91,900	107,995	79,764

●インターンシップ● 24予
【概要】①(理系)技術業務体験コース(LED開発、LED製造技術、LD開発、電池材料開発、装置設計、IT開発、金型開発・ものづくり、品質保証、品質評価技術)：技術部署紹介、実習、先輩社員座談会
【募集】①7月 9月 12月【実施】①8月 10月 1月(1日)【地域】①オンライン【選考】①書類

329ジペー
329ジペー
319ジペー

イビデン㈱

電子部品・機器

修士・大卒採用数	従業員数	平均勤続年数	平均年収
79名	◇3,669名	◇17.4年	総867万円

【特色】米インテル向け半導体パッケージ基板が主力
【本社】503-8604 岐阜県大垣市神田町2-1
【設立】1912.11　　　　　[東京P]

【業績】	売上高	営業利益	経常利益	純利益
連22.3	401,138	70,821	74,394	41,232
連23.3	417,549	72,362	76,176	52,187

●インターンシップ● 【概要】①未来戦略プロジェクト体感ワーク：GWと発表、個別フィードバックを通して、電子・セラミック業界の理解、企業理解を深める②電子開発職体感ワーク：過去の事例に基づくGWと発表、個別のフィードバックを通して、当社電子開発職の働き方、顧客との共同開発の進め方を疑似体験【募集】①6~10月2~6月【実施】①8~10月(1日)2~9~11月(1日)【地域】②岐阜・大垣 東京・丸の内 大阪市内 オンライン選択制【選考】⑥多数の場合抽選

329ジペー
319ジペー

太陽誘電㈱

電子部品・機器

修士・大卒採用数	従業員数	平均勤続年数	平均年収
63名	2,903名	17.4年	733万円

【特色】電子部品大手。セラミックコンデンサーが主力
【本社】104-0031 東京都中央区京橋2-7-19 京橋イーストビル【設立】1950.3　　[東京P]

【業績】	売上高	営業利益	経常利益	純利益
連22.3	349,636	68,218	72,191	54,361
連23.3	319,504	31,980	34,832	23,216

●インターンシップ● 24予【概要】①③会社紹介、職ъ理解、先輩社員座談会、本社見学(オンラインの場合はなし)②グループワークを通して技術系職種の仕事を体験(職種別での実施)、先輩社員座談会、事業所見学【募集】①6~8月中旬②9~11月③11~3月【実施】①8~9月上旬(1日)②10~11月(1日)③12~3月(1日)【地域】①③オンライン 東京・中央②東京・中央 群馬・高崎【選考】①②自己紹介シート③なし【本選考との関係】②早期選考に案内

330ジペー
320ジペー

シチズン時計㈱

電子部品・機器

修士・大卒採用数	従業員数	平均勤続年数	平均年収
18名	790名	18.0年	総713万円

【特色】腕時計大手。電波時計に強い。工作機械も展開
【本社】188-8511 東京都西東京市田無町6-1-12
【設立】1930.5　　　　　[東京P]

【業績】	売上高	営業利益	経常利益	純利益
連22.3	281,417	22,273	27,342	22,140
連23.3	301,366	23,708	29,096	21,836

●インターンシップ● 【概要】①アイデアソン型：グループワークによる製品、サービスの企画提案②職種理解型：グループワーク主体で技術、営業、商品企画の各職種を体験③現場実習体験型：現場実習とグループワークを通じて技術職を体験【募集】①③5月中旬~7月中旬②5月中旬~1月中旬【実施】①9月(2日間)②8~2月(1日)③8月(3日間)【地域】①②オンライン③オンライン 東京・西東京【選考】⑥書類 適性検査

331ジペー
321ジペー

新光電気工業㈱

電子部品・機器

修士・大卒採用数	従業員数	平均勤続年数	平均年収
70名	◇4,848名	◇18.8年	総849万円

【特色】半導体パッケージが主力。主顧客は米インテル
【本社】381-2287 長野県長野市小島田町80
【設立】1946.9　　　　　[東京P]

【業績】	売上高	営業利益	経常利益	純利益
連22.3	271,949	71,394	75,820	52,628
連23.3	286,358	76,712	78,755	54,488

●インターンシップ● 24予【概要】①ものづくりの現場で先輩社員の元、実務を体験②短期セミナー(2日間仕事体験)③自己分析・業界研究ワーク(オープンカンパニー)【募集】①②4月中旬~6月上旬③4月中旬~7月中旬【実施】①②7月中旬~9月(1~2週間)③7月中旬~9月(1日)【地域】①長野(長野 千曲 中野)新潟・妙高②長野市③オンライン【選考】①②ES 面接【本選考との関係】①早期選考に案内

331ジペー
321ジペー

アズビル㈱

電子部品・機器

修士・大卒採用数	従業員数	平均勤続年数	平均年収
99名	◇5,251名	◇20.5年	総780万円

【特色】制御・自動化機器とメンテ大手。海外展開も積極
【本社】100-6419 東京都千代田区丸の内2-7-3 東京ビルディング【設立】1949.8　　[東京P]

【業績】	売上高	営業利益	経常利益	純利益
連22.3	256,551	28,231	29,519	20,784
連23.3	278,406	31,251	32,590	22,140

●インターンシップ● 【概要】①ビルや工場・プラントを自動化する職種を体感するワークショップ②研究開発拠点・事業所で製品開発・研究開発・生産技術・SEなどを体験③研究開発拠点・事業所で製品開発・研究開発を体感④計測・制御の業界を幅広く知る、先輩社員座談会【募集】①④4~2月2~4~7月③12~1月【実施】①④8~2月(1日)②9月(2週間)③2月(2日間)【地域】①オンライン 東京・千代田②③神奈川(藤沢 湘南)東京・大崎④オンライン【全学年対象】①②③④【選考】①④なし②ES 面接③ES【本選考との関係】①②③早期選考に案内④関係あり

332ジペー
322ジペー

217

セイコーグループ㈱

電子部品・機器

	修士・大卒採用数	従業員数	平均勤続年数	平均年収
	2名	106名	19.7年	総804万円

【特色】腕時計で国内首位級。電子機器やシステムも
【本社】104-8110 東京都中央区銀座1-26-1
【設立】1917.10　　　　　　　　　　　　[東京P]

【業績】	売上高	営業利益	経常利益	純利益
連22.3	237,382	8,770	9,939	6,415
連23.3	260,504	11,233	11,167	5,028

●インターンシップ● 24予【概要】①SEIKO Career Academy：企業研究で押さえたい4つのポイントを通じ、学生自身の「就職活動の軸」を明確にし、キャリアについて考える②SEIKO Business Academy：グループ各社のビジネスや仕事を疑似体験するGW、先輩社員（若手～管理職）への質問会【募集】①4月～②6月～【実施】①5月～（半日間）②7月～（半日間）【地域】㋐オンライン【全学年対象】①②【選考】㋐なし

332ジページ / 322ジページ

日本航空電子工業㈱
にほんこうくうでんししこうぎょう

電子部品・機器

	修士・大卒採用数	従業員数	平均勤続年数	平均年収
	53名	◇1,583名	◇16.9年	総747万円

【特色】コネクター主軸の電子部品メーカー。NEC系
【本社】150-0043 東京都渋谷区道玄坂1-21-1 渋谷ソラスタ【設立】1953.1　　　　　　[東京P]

【業績】	売上高	営業利益	経常利益	純利益
連22.3	225,079	18,049	18,594	14,325
連23.3	235,864	17,562	19,115	14,639

●インターンシップ●
【概要】①（理系）技術系職種の開発業務体験
【募集】①7月中旬～9月中旬／11～12月中旬
【実施】①8月 9月（1日）1月 2月（1日）【地域】①東京・昭島 オンライン【選考】①多数の場合抽選

333ジページ / 323ジページ

サンケン電気㈱
でんき

電子部品・機器

	修士・大卒採用数	従業員数	平均勤続年数	平均年収
	22名	835名	19.9年	総703万円

【特色】パワー半導体中心に電力制御部材を開発・製造
【本社】352-8666 埼玉県新座市北野3-6-3
【設立】1946.9　　　　　　　　　　　　[東京P]

【業績】	売上高	営業利益	経常利益	純利益
連22.3	175,660	13,720	13,700	3,204
連23.3	225,387	26,156	27,229	9,533

●インターンシップ● 24予【概要】①半導体の設計開発業務 試作品等の実験・測定・評価・考察②半導体の設計開発業務 実験・測定・評価を通じたエンジニア体験 会社紹介 先輩社員座談会③会社紹介 エンジニアによる技術講座④半導体メーカー業界研究 会社紹介 先輩社員座談会【募集】①5～6月上旬②5～10月③5～11月④11～2月【実施】①9月（2週間）②③7～10月（1日）④12～2月（1日）【地域】①②埼玉③オンライン④埼玉 オンライン【選考】①書類②③④なし【本選考との関係】①早期選考に案内

333ジページ / 323ジページ

㈱トプコン

電子部品・機器

	修士・大卒採用数	従業員数	平均勤続年数	平均年収
	22名	◇718名	◇13.9年	829万円

【特色】建・農機自動化と測量、眼科検査装置で世界有数
【本社】174-8580 東京都板橋区蓮沼町75-1
【設立】1932.9　　　　　　　　　　　　[東京P]

【業績】	売上高	営業利益	経常利益	純利益
連22.3	176,421	15,914	14,820	10,699
連23.3	215,625	19,537	17,829	11,806

●インターンシップ●
【概要】①オンラインショールーム見学
【募集】①6月～
【実施】①12～1月（1日）【地域】①オンライン【選考】①なし【本選考との関係】①関係あり

334ジページ / 324ジページ

浜松ホトニクス㈱
はままつ

電子部品・機器

	修士・大卒採用数	従業員数	平均勤続年数	平均年収
	107名	3,884名	16.0年	720万円

【特色】光電子増倍管で世界シェア9割。医療向けも強い
【本社】430-8587 静岡県浜松市中央区砂山町325-6【設立】1953.9　　　　　　　　[東京P]

【業績】	売上高	営業利益	経常利益	純利益
連22.9	208,803	56,983	58,879	41,295
連23.9	221,445	56,676	59,415	42,825

●インターンシップ● 【概要】①理系・オープンカンパニー：会社概要紹介、インターンシップ概要説明、質疑応答②理系：開発・設計、量産化・自動化等の生産技術、基礎・要素技術開発等業務体験（オープンカンパニー参加者限定）③理系：業界理解・企業理解を深める懇談、VR見学、レポート提出、グループワーク【募集】①5～7月中旬②5～7月③随時【実施】①6月 7月（1日×複数回）②8月下旬、9月上旬（5日間）③8～2月（日数未定）【地域】①③オンライン②浜松【選考】①③なし②ES Webテスト 面接【本選考との関係】②早期選考に案内

334ジページ / 324ジページ

NISSHA㈱
ニッシャ

電子部品・機器

	修士・大卒採用数	従業員数	平均勤続年数	平均年収
	14名	710名	15.7年	総708万円

【特色】印刷技術かし多角化。タッチパネル部材が柱
【本社】604-8551 京都府京都市中京区壬生花井町3【設立】1946.12

【業績】	売上高	営業利益	税前利益	純利益
◇22.12	193,963	9,520	12,373	10,140
◇23.12	167,726	▲3,817	▲2,762	▲2,988

●インターンシップ● 24予【概要】①業界研究、会社説明、先輩社員座談会、ワークショップ 他 ②（機械・電気・情報系対象）製品開発体験：仕様検討から設計、試作、評価、報告など一連の開発工程を体験【募集】①6月～②5月～【実施】①8月下旬～9月中旬（複数回）②9月中旬【地域】①京都 オンライン②京都【選考】㋐なし【本選考との関係】㋐早期選考に案内

335ジページ / 325ジページ

㈱ソシオネクスト

電子部品・機器

修士・大卒採用数	従業員数	平均勤続年数	平均年収
36名	1,979名	7.3年	総876万円

【特色】先端半導体を設計。データセンターや自動車向け
【本社】222-0033 神奈川県横浜市港北区新横浜2-10-23 野村不動産新横浜ビル【設立】2014.9 ［東京P］

【業績】	売上高	営業利益	経常利益	純利益
連22.3	117,009	8,463	9,050	7,480
連23.3	192,767	21,711	23,440	19,763

●インターンシップ● 24予
【概要】①(理系)LSIの性能評価体験②(理系)LSIデジタル回路の物理設計体験③(理系)最先端LSIの解析体験④(理系)LSIのプログラム開発体験
【募集】㋐4月下旬~【実施】㋐7月中旬~9月中旬(1日)【地域】㋐横浜 京都市【選考】㋐未定

ニチコン㈱

電子部品・機器

修士・大卒採用数	従業員数	平均勤続年数	平均年収
80名	438名	11.6年	総697万円

【特色】電子部品大手。アルミ電解コンデンサーが主製品
【本社】604-0845 京都府京都市中京区烏丸通御池上る【設立】1950.8

【業績】	売上高	営業利益	経常利益	純利益
連22.3	142,198	6,427	8,374	7,902
連23.3	184,725	12,676	15,263	7,814

●インターンシップ● 24予【概要】技術系・仕事に対する理解を深めるコース:会社・事業紹介、オンライン工場見学、各種製品技術紹介、グループワーク、座談会 他【募集】①6月下旬~8月上旬②10月下旬~11月上旬③12月中旬~1月【実施】①8月下旬~9月中旬(1日×8回)②2月(1日×8回)③2月(1日×8回)【地域】②京都・亀岡 東京・中央 岩手市 長野・安曇野 福井・大野 滋賀・草津 オンライン【選考】㋐ES【本選考との関係】㋐早期選考に案内

ヒロセ電機㈱

電子部品・機器

修士・大卒採用数	従業員数	平均勤続年数	平均年収
31名	913名	13.7年	896万円

【特色】コネクター専業メーカー大手。高収益で好財務
【本社】224-0003 神奈川県横浜市都筑区中川中央2-6-3【設立】(創業)1937.8 ［東京P］

【業績】	売上高	営業利益	税前利益	純利益
◇22.3	163,671	40,765	43,081	31,437
◇23.3	183,224	46,751	48,343	34,648

●インターンシップ●【概要】①設計開発・生産技術業務体験(技術系)②実習体験、技術部門見学(営業系)③業務紹介、現場見学(技術系)④業務体験、先輩社員座談会(営業系)【募集】①6月中②7月中旬~8月中旬③11月中旬~12月上旬④1月中【実施】①8月下旬(2週間)②9月上旬(3日間)③12月中旬(2日間)④2月上旬(2日間)【地域】㋐横浜【選考】㋐ES【本選考との関係】㋐関係あり

㈱三井ハイテック

電子部品・機器

修士・大卒採用数	従業員数	平均勤続年数	平均年収
90名	2,027名	15.2年	総614万円

【特色】ICリードフレームとEV用モーターコアで世界的
【本社】807-8588 福岡県北九州市八幡西区小嶺2-10-1【設立】1957.4 ［東京P］

【業績】	売上高	営業利益	経常利益	純利益
連23.1	174,615	22,586	22,669	17,581
連24.1	195,881	18,119	21,733	15,545

●インターンシップ●【概要】①(理系)企業説明、社員との座談会、グループワーク、工場見学②(文系)企業説明、社員との座談会、グループワーク③企業説明、社員との座談会、グループワーク【募集】㋐8~1月【実施】①8月~(2日間)②③8月~(1日)【地域】①②福岡③オンライン【全学年対象】①②③【選考】㋐なし

㈱メイコー

電子部品・機器

修士・大卒採用数	従業員数	平均勤続年数	平均年収
5名	555名	15.1年	総625万円

【特色】プリント配線板製造で国内上位。EMS事業参入
【本社】252-1104 神奈川県綾瀬市大上5-14-15【設立】1975.11

【業績】	売上高	営業利益	経常利益	純利益
連22.3	151,275	13,255	14,294	11,451
連23.3	167,276	9,575	11,212	8,847

●インターンシップ●【概要】①基板技術職:業界研究、会社紹介、バーチャル工場見学、設計業務体験 他③基板技術職:リアル工場見学 他③映像技術職:事業紹介、機器制御、仕様書作成、ソフトウェア作成④メカトロニクス技術職:事業紹介、構造のレイアウト作成、フローチャートの作成、装置構成、見積試算【募集】①6~11月②6~9月③④7~8月【実施】①8~9月 1~1月(1日)②8~9月(3日間)③④9月(2日間)【地域】①オンライン②③④神奈川【選考】①②なし以外多数の場合アンケート【本選考との関係】①③④選考説明会に案内

日本ケミコン㈱

電子部品・機器

修士・大卒採用数	従業員数	平均勤続年数	平均年収
22名	949名	16.4年	◇631万円

【特色】アルミ電解コンデンサーで世界トップメーカー
【本社】141-8605 東京都品川区大崎5-6-4【設立】1947.8 ［東京P］

【業績】	売上高	営業利益	経常利益	純利益
連22.3	140,316	8,798	8,038	▲12,124
連23.3	161,881	12,939	10,994	3,183

●インターンシップ●【概要】①電気電子・機械系:コンデンサの分解調査とマイコンのソフト作成②化学材料系:電気二重層キャパシタの開発業務を体験③電気電子:コンデンサの分解調査とPLCプログラムの開発④機械系:日本ケミコンの生産技術力を体験 他に化学材料・電気電子系、化学材料系プログラムあり【募集】㋐7月上旬~中旬【実施】①8月21~25日(5日間)②③④8月28~9月1日(5日間)【地域】①東京・大崎②③④山形・長井【選考】㋐なし

[25総] 338ジペー [25働] 328ジペー

マブチモーター(株)　[電子部品・機器]

修士・大卒採用数	従業員数	平均勤続年数	平均年収
23名	754名	17.4年	[総]706万円

【特色】自動車向け中心に中小型モーターを製造・販売
【本社】270-2280 千葉県松戸市松飛台430
【設立】1954.1　[東京P]

【業績】	売上高	営業利益	経常利益	純利益
連22.12	156,706	10,824	21,473	14,295
連23.12	178,663	15,536	26,994	19,416

●インターンシップ●
【概要】①理系対象オンライン仕事体験：モーターの開発・生産に関するグループワーク 座談会 他
【募集】①11~3月
【実施】①11~3月（半日×10回）【地域】①オンライン 【選考】①なし 【本選考との関係】①関係あり

[25総] 339ジペー [25働] 329ジペー

マクセル(株)　[電子部品・機器]

修士・大卒採用数	従業員数	平均勤続年数	平均年収
20名	◇1,396名	◇20.2年	732万円

【特色】電池や産業用部材に強い。日立傘下を経て独立
【本社】618-8525 京都府乙訓郡大山崎町大山崎小泉1 【設立】1947.11　[東京P]

【業績】	売上高	営業利益	経常利益	純利益
連22.3	138,215	9,332	9,888	▲3,659
連23.3	132,776	5,638	6,727	5,193

●インターンシップ●
【概要】①GWによる新事業を生み出すケースワーク
【募集】①7~8月
【実施】①8~9月 【地域】①オンライン 【選考】①未定 【本選考との関係】①関係あり

[25総] 339ジペー [25働] 329ジペー

フォスター電機(株)　[電子部品・機器]

修士・大卒採用数	従業員数	平均勤続年数	平均年収
15名	411名	16.0年	[総]670万円

【特色】音響機器製造メーカー。車載用に注力
【本社】196-8550 東京都昭島市つつじが丘1-1-109 【設立】1949.6　[東京P]

【業績】	売上高	営業利益	経常利益	純利益
連22.3	91,106	▲7,757	▲7,473	▲7,017
連23.3	121,338	2,445	2,327	848

●インターンシップ● 【概要】①会社説明、当社ブランド説明、社員懇談会、試聴体験②会社説明、音を体感するワーク③会社説明、設備開発仕事紹介、CAD体験 他④会社説明、マーケティング基礎講座、新商品開発 他 【募集】①6~7月 10~11月②6~7月 10~12月③6~7月 10~1月④6~10月 【実施】①②8~9月 12~2月（1日）③9月 12~2月（2日間）④8月（3日間）【地域】①③東京・昭島②オンライン 東京・昭島④オンライン 【全学年対象】①②③④ 【選考】[全]自己PR 【本選考との関係】[全]関係あり

[25総] 340ジペー [25働] 330ジペー

アンリツ(株)　[電子部品・機器]

修士・大卒採用数	従業員数	平均勤続年数	平均年収
29名	1,750名	19.8年	[総]755万円

【特色】1895年創業の老舗。通信計測器の世界的大手
【本社】243-8555 神奈川県厚木市恩名5-1-1
【設立】1950.10　[東京P]

【業績】	売上高	営業利益	税前利益	純利益
◇22.3	105,387	16,499	17,150	12,796
◇23.3	110,919	11,746	12,438	9,272

●インターンシップ● [24予]【概要】①開発部門での設計開発体験②営業部門等での職場体験③④各職種の仕事理解、社員との座談会 【募集】①②6月③④6~8月 11~2月 【実施】①8~9月（1~2週間）②8~9月（主に2日間）③④8~9月 12~2月（1日）【地域】①②③神奈川・厚木④オンライン 【全学年対象】①②③④ 【選考】①②③ES④なし 【本選考との関係】①関係あり

[25総] 340ジペー [25働] 330ジペー

シンフォニアテクノロジー(株)　[電子部品・機器]

修士・大卒採用数	従業員数	平均勤続年数	平均年収
71名	◇1,931名	◇16.5年	[総]705万円

【特色】重電から精密機器まで製品多様、搬送機器も
【本社】105-8564 東京都港区芝大門1-1-30 芝NBFタワー 【設立】1949.8　[東京P]

【業績】	売上高	営業利益	経常利益	純利益
連22.3	94,585	7,514	7,898	5,593
連23.3	108,808	11,625	11,997	8,098

●インターンシップ●
【概要】①BtoB業界を中心とした業界・企業研究
【募集】①6~1月 【実施】①7~2月（1日×複数回）【地域】①オンライン 【選考】①なし 【本選考との関係】①早期選考に案内

[25総] 341ジペー [25働] 331ジペー

(株)タムラ製作所　[電子部品・機器]

修士・大卒採用数	従業員数	平均勤続年数	平均年収
17名	◇889名	◇17.3年	[総]678万円

【特色】トランス、リアクター大手。はんだなど化学材料も
【本社】178-8511 東京都練馬区東大泉1-19-43
【設立】1939.11　[東京P]

【業績】	売上高	営業利益	経常利益	純利益
連22.3	88,328	1,564	2,001	▲84
連23.3	107,993	4,829	4,329	2,047

●インターンシップ●
【概要】①電子部品の開発実習②電子化学材料の開発実習
【募集】··
【実施】[全]半日 【地域】[全]対面 オンライン 【選考】[全]なし

新電元工業㈱

電子部品・機器

修士・大卒採用数	従業員数	平均勤続年数	平均年収
34名	996名	17.9年	㊱744万円

【特色】ダイオード、パワー半導体が柱。2輪車電装品も
【本社】100-0004 東京都千代田区大手町2-2-1 新大手町ビル【設立】1949.8 [東京P]

【業績】	売上高	営業利益	経常利益	純利益
連22.3	92,168	5,562	5,828	5,902
連23.3	101,007	3,621	4,326	1,644

●インターンシップ●
【概要】①技術職オンライン座談会 文系オンライン座談会
【募集】①夏期～冬期
【実施】①夏期～冬期【地域】①オンライン 対面【選考】①なし【本選考との関係】①関係あり

25総 341ページ
25働 331ページ

日本シイエムケイ㈱

電子部品・機器

修士・大卒採用数	従業員数	平均勤続年数	平均年収
7名	1,404名	18.0年	552万円

【特色】プリント配線板の専業大手。自動車関連に強み
【本社】163-1388 東京都新宿区西新宿6-5-1
【設立】1961.2 [東京P]

【業績】	売上高	営業利益	経常利益	純利益
連22.3	81,486	3,021	3,305	2,785
連23.3	83,840	2,605	2,622	1,588

●インターンシップ●
【概要】①見積もり体験②商品企画③人事採用方法の考案
【募集】‥
【実施】㋐8月(1日、月2回)【地域】㋐オンライン【選考】㋐なし【本選考との関係】㋐関係あり

25総 342ページ
25働 332ページ

富士通フロンテック㈱

電子部品・機器

修士・大卒採用数	従業員数	平均勤続年数	平均年収
16名	※◇1,553名	※◇25.7年	㊱709万円

【特色】富士通子会社。金融・流通端末や表示装置が主力
【本社】206-8555 東京都稲城市矢野口1776
【設立】1940.11 [未上場]

【業績】	売上高	営業利益	経常利益	純利益
単22.3	68,439	▲402	312	▲564
単23.3	77,574	1,022	1,872	958

●インターンシップ●24予【概要】①全職種希望者向けの業界研究・ビジネスコミュニケーション②SE希望者（文理不問）向けの職種研究③全職種希望者向けの就活対策④長期受入の就業体験【募集】①②通年③5～1月④5～6月【実施】①②通年(半日)③6～1月(半日)④8月下旬～9月上旬【地域】①②③オンライン④東京・稲城 埼玉(さいたま 熊谷)群馬・前橋 新潟・燕【全学年対象】①②③④【選考】①②③なし④ES【本選考との関係】④早期選考に案内

25総 342ページ
25働 332ページ

オリエンタルモーター㈱

電子部品・機器

修士・大卒採用数	従業員数	平均勤続年数	平均年収
31名	◇1,938名	◇16.2年	㊱826万円

【特色】精密小型モーターの専業メーカー。海外展開進む
【本社】110-8536 東京都台東区東上野4-8-1
【設立】1950.2 [未上場]

【業績】	売上高	営業利益	経常利益	純利益
連22.3	66,894	9,678	9,618	7,225
連23.3	71,881	11,109	11,272	7,995

●インターンシップ●24予【概要】①技術部門での就業体験(製品評価業務 他)②営業部門での就業体験(営業同行 他)③業界研究・仕事疑似体験グループワーク【募集】①⑥6～7月【実施】①8～9月(5～10日間)②8～9月(5日間)③7～2月(1日×複数回)【地域】①茨城(つくば 土浦)②東京・台東 神奈川・海老名 オンライン③東京・台東 山形・鶴岡 茨城(つくば 土浦)香川・高松 オンライン【選考】①未定②なし【本選考との関係】②未定

25総 343ページ
25働 333ページ

㈱バッファロー

電子部品・機器

修士・大卒採用数	従業員数	平均勤続年数	平均年収
23名	655名	10.0年	561万円

【特色】PC周辺機器の専業大手。メルコHDの中核企業
【本社】460-8315 愛知県名古屋市中区大須3-30-20 赤門通ビル【設立】1978.8 [持株傘下]

【業績】	売上高	営業利益	経常利益	純利益
単22.3	64,706	2,089	1,968	1,721
単23.3	65,247	▲3,507	▲3,805	▲2,383

●インターンシップ●【概要】①GW型職業体験:営業・開発・マーケティングの各職種を体験可能②GW型職業体験:営業コース・開発コース③GW型職業体験:営業コース・開発・マーケティングコース④GW型職業体験:開発コース【募集】①6月中旬～8月中旬②11～1月初旬③9月下旬～10月中旬④10月中旬～11月(1日)【実施】①8～9月(2日間)②12～1月(1日)③④10月中旬～11月(1日)【地域】①②③オンライン④名古屋【全学年対象】①②③④【選考】なし【本選考との関係】②③早期選考案内

25総 343ページ
25働 333ページ

㈱タムロン

電子部品・機器

修士・大卒採用数	従業員数	平均勤続年数	平均年収
7名	◇945名	◇16.4年	㊱752万円

【特色】カメラ用交換レンズで世界的。監視カメラ用も
【本社】337-8556 埼玉県さいたま市見沼区蓮沼1385【設立】1952.10 [東京P]

【業績】	売上高	営業利益	経常利益	純利益
連22.12	63,445	11,038	11,496	8,350
連23.12	71,426	13,607	13,972	10,812

●インターンシップ●
【概要】①オンライン仕事体験:当社事業と業務説明、グループワーク 他②当社内各職場での業務体験 他【募集】‥【実施】①7～9月 12～2月(1日)②7月 8月 9月(4日間)秋(4日間)【地域】①さいたま市(オンライン)②さいたま市【全学年対象】①【選考】①なし②あり【本選考との関係】②関係あり

25総 344ページ
25働 334ページ

[25総] 344ページ [25働] 334ページ

ＳＭＫ㈱（エス エム ケイ）　[電子部品・機器]

修士・大卒採用数	従業員数	平均勤続年数	平均年収
16名	643名	20.6年	[総]715万円

【特色】コネクター、タッチパネル等の電子部品メーカー
【本社】142-8511 東京都品川区戸越6-5-5
【設立】1929.1　[東京Ｐ]

【業績】	売上高	営業利益	経常利益	純利益
連22.3	48,243	703	3,413	2,992
連23.3	54,842	1,128	2,503	1,334

●インターンシップ●
【概要】①先輩社員座談会
【募集】①10~2月
【実施】①未定【地域】①オンライン【選考】①なし【本選考との関係】①関係あり

[25総] 345ページ [25働] 335ページ

㈱日立国際電気（ひたちこくさいでんき）　[電子部品・機器]

修士・大卒採用数	従業員数	平均勤続年数	平均年収
44名	1,469名	21.5年	NA

【特色】無線、放送システムを製造。半導体装置は分離
【本社】105-8039 東京都港区西新橋2-15-12 日立愛宕別館【設立】1949.11　[未上場]

【業績】	売上高	営業利益	税前利益	純利益
単22.3	54,791	4,036	5,065	4,024
単23.3	52,947	3,318	4,954	4,016

●インターンシップ●
【概要】①③研究開発の仕事体験（実務型）②④SEの仕事体験（実務型）
【募集】①②6~7月中旬③④11下旬~1月中旬
【実施】①②8月（5日間）③④2月（5日間）【地域】[全]東京【選考】[全]ES【本選考との関係】[全]関係あり

[25総] 345ページ [25働] 335ページ

東京計器㈱（とうきょうけいき）　[電子部品・機器]

修士・大卒採用数	従業員数	平均勤続年数	平均年収
25名	1,374名	16.9年	[総]635万円

【特色】航海・航空計器大手。防衛省向け中心に民需も
【本社】144-8551 東京都大田区南蒲田2-16-46
【設立】1948.12　[東京Ｐ]

【業績】	売上高	営業利益	経常利益	純利益
連22.3	41,510	1,635	1,926	1,493
連23.3	44,296	1,312	1,687	873

●インターンシップ●【概要】①新製品開発をテーマにした課題検討②マイクロマシニングの基礎的なプロセスを実際に行い、圧力計などの簡単な素子を作製、評価を行う③最先端の技術と品質を支える加工技術、生産設計、検査を担う部署での実習④「技術の壁を乗り越える」ための原因究明、改善計画等の手法を過去事例をベースに体験【募集】①②③7~9月④9~11月【実施】①8~9月（1日）②8~9月（2週間）③8~9月（1週間）④10~11月（1日）【地域】①東京・大田 オンライン②③栃木・那須④オンライン【選考】[全]なし

[25総] 346ページ [25働] 336ページ

日本メクトロン㈱（にっぽんメクトロン）　[電子部品・機器]

修士・大卒採用数	従業員数	平均勤続年数	平均年収
※NA	※◇434名	※◇20.1年	◇745万円

【特色】NOKの完全子会社。FPC中心の電子部品メーカー
【本社】105-8585 東京都港区芝大門1-12-15 正和ビル【設立】1969.11　[未上場]

【業績】	売上高	営業利益	経常利益	純利益
単22.3	20,944	▲3,342	3,345	3,068
単23.3	19,402	▲2,979	4,882	▲1,201

●インターンシップ●【概要】①（理系）研究・開発・設計・生産技術職の就業体験②営業職のロールプレイング体験③新製品企画体験④BtoBメーカーの職種体験シミュレーションゲーム【募集】‥【実施】①9月（2週間）②③④8~2月（1日）【地域】①福島 茨城・牛久 埼玉・坂戸 神奈川・藤沢 岡山・高梁 熊本・阿蘇 他②③④東京・港 大阪市 オンライン【全学年対象】①②③④【選考】①未定②③④なし【本選考との関係】①選考フロー短縮 早期選考に案内②③④早期選考に案内

[25総] 346ページ [25働] 336ページ

㈱ナカヨ　[電子部品・機器]

修士・大卒採用数	従業員数	平均勤続年数	平均年収
7名	463名	17.3年	◇462万円

【特色】電話機や交換機の中堅メーカー。IPホンに注力
【本社】371-0853 群馬県前橋市総社町1-3-2
【設立】1944.5　[東京Ｓ]

【業績】	売上高	営業利益	経常利益	純利益
連22.3	18,587	86	218	281
連23.3	17,086	▲974	▲858	▲708

●インターンシップ●
【概要】①通信の未来を考えるワーク
【募集】①6~8月
【実施】①7月 8月【地域】①オンライン【選考】①未定【本選考との関係】①関係あり

[25総] 347ページ [25働] 337ページ

㈱エヌエフホールディングス　[電子部品・機器]

修士・大卒採用数	従業員数	平均勤続年数	平均年収
※5名	※351名	NA	◇716万円

【特色】電子計測器で高シェア。アナログ技術に強み
【本社】223-0052 神奈川県横浜市港北区綱島東6-3-20【設立】1959.4　[東京Ｓ]

【業績】	売上高	営業利益	経常利益	純利益
連22.3	10,148	952	1,058	615
連23.3	9,642	467	622	457

●インターンシップ●
【概要】①会社・業界紹介、計測器体験
【募集】①7月下旬~8月
【実施】①7月（3回）8月（3回）【地域】①オンライン【選考】①なし【本選考との関係】①関係あり

㈱アイ・オー・データ機器　電子部品・機器

修士・大卒採用数	従業員数	平均勤続年数	平均年収
4名	496名	16.4年	㊱470万円

【特色】PC周辺機器大手。ファブレス経営が特徴【業績】NA
【本社】920-8512 石川県金沢市桜田町3-10
【設立】1976.1　　　　　　　　　　　　　　　　　［未上場］

●インターンシップ●
【概要】①オンラインでの人事企画業務
【募集】①未定
【実施】①7~2月(4日間、各月・週に1度)【地域】①オンライン【全学年対象】①【選考】①ES

東京エレクトロン㈱　電子部品・機器

修士・大卒採用数	従業員数	平均勤続年数	平均年収
377名	1,969名	15.6年	㊱1,536万円

【特色】半導体製造装置世界3位。液晶パネル製造装置も
【本社】107-6325 東京都港区赤坂5-3-1 赤坂Bizタワー【設立】1963.11　　　　　　　　　［東京P］

【業績】	売上高	営業利益	経常利益	純利益
連22.3	2,003,805	599,271	601,724	437,076
連23.3	2,209,025	617,723	625,185	471,584

●インターンシップ●
【概要】①開発現場体験、仕事体験②メカ予備校③Sales Strategy Workshop
【募集】①③6~2月②8~11月【実施】①8~2月(1日)②③10~12月【地域】㊤オンライン【全学年対象】①②③【選考】①なし②書類 適性検査③書類

㈱アドバンテスト　電子部品・機器

修士・大卒採用数	従業員数	平均勤続年数	平均年収
61名	◇1,988名	◇20.7年	㊱1,010万円

【特色】半導体検査装置で世界シェア首位級の最大手
【本社】100-0005 東京都千代田区丸の内1-6-2 新丸の内センタービル【設立】1954.12　［東京P］

【業績】	売上高	営業利益	税前利益	純利益
◇22.3	416,901	114,734	116,343	87,301
◇23.3	560,191	167,687	171,270	130,400

●インターンシップ●
【概要】①開発現場を想定した研究開発実習
【募集】‥
【実施】①夏(5日間)冬(1~2日間)【地域】①群馬【選考】①ES 面接

㈱SCREENホールディングス　電子部品・機器

修士・大卒採用数	従業員数	平均勤続年数	平均年収
158名	2,137名	17.6年	㊱933万円

【特色】半導体製造に使う洗浄装置が主力。印刷機器も
【本社】602-8585 京都府京都市上京区堀川通寺之内上る4丁目天神北町1-1【設立】1943.10　［東京P］

【業績】	売上高	営業利益	経常利益	純利益
連22.3	411,865	61,273	59,438	45,481
連23.3	460,834	76,452	77,393	57,491

●インターンシップ●【概要】①仕事体験GW(理系)②情報系職種:制御・ソフトウェア設計をテーマにしたもの③生産技術職:生産ライン構築体験(ロボットを使った自動化検討)④外観検査装置へのAI適用に関する体験【募集】①6~10月②7~9月③④6~8月【実施】①6~10月(1日)②8~9月(5日間)③④8~9月(3日間)【地域】①オンライン②オンライン 滋賀③滋賀④京都【選考】①②なし③ES PR動画④ES アンケート

横河電機㈱　電子部品・機器

修士・大卒採用数	従業員数	平均勤続年数	平均年収
38名	2,342名	18.4年	㊱886万円

【特色】工業計器国内首位。プラント向け制御機器が主力
【本社】180-8750 東京都武蔵野市中町2-9-32
【設立】1920.12　　　　　　　　　　　　　　［東京P］

【業績】	売上高	営業利益	経常利益	純利益
連22.3	389,901	30,685	35,757	21,282
連23.3	456,479	44,409	48,608	38,920

●インターンシップ●【概要】①AI/機械学習を使ったプロセス制御・シミュレーションへの応用②ペーパレスレコーダ(産業用記録計)のハードウェア評価③制御アルゴリズムにおけるソフトウェア開発(仕様策定、設計、実装、評価)④マーケティングプロモーションの企画・立案【募集】㊤6~8月【実施】㊤8~9月(3週間程度)【地域】㊤東京・武蔵野 オンライン【全学年対象】①②③④【選考】㊤ES Webテスト

㈱ディスコ　電子部品・機器

修士・大卒採用数	従業員数	平均勤続年数	平均年収
114名	1,826名	10.7年	㊱1,536万円

【特色】半導体ウエハ切断・研削・研磨装置で世界首位
【本社】143-8580 東京都大田区大森北2-13-11
【設立】1940.3　　　　　　　　　　　　　　　［東京P］

【業績】	売上高	営業利益	経常利益	純利益
連22.3	253,781	91,513	92,449	66,206
連23.3	284,135	110,413	112,338	82,891

●インターンシップ●
【概要】①採用担当や社員との交流を通して、弊社の制度や文化、業務内容をより深く理解できるコンテンツを選択可能【募集】①7~11月【実施】①8~12月(複数日程選択可能)【地域】①オンライン【選考】①あり【本選考との関係】①早期選考に案内

㈱アルバック

	電子部品・機器	修士・大卒採用数	従業員数	平均勤続年数	平均年収
		6名	1,710名	16.6年	813万円

25総 350ジペ

【特色】真空技術を生かし、FPD・半導体製造装置を展開
【本社】253-8543 神奈川県茅ケ崎市萩園2500
【設立】1952.8　　　　　　　　　[東京P]

【業績】	売上高	営業利益	経常利益	純利益
連22.6	241,260	30,061	32,200	20,211
連23.6	227,528	19,946	22,880	14,169

25働 340ジペ

●インターンシップ●
【概要】①会社紹介、装置製造の基本作業レクチャー、グループワーク、社員懇談会
【募集】①6月～ 9月～【実施】①8月(1日×2回)10月(1日×2回)【地域】①オンライン【選考】①なし【本選考との関係】①早期選考に案内

ウシオ電機㈱

	電子部品・機器	修士・大卒採用数	従業員数	平均勤続年数	平均年収
		20名	◇1,699名	◇20.1年	◇763万円

25総 351ジペ

【特色】産業用光源世界首位。映像装置なども展開
【本社】100-8150 東京都千代田区丸の内1-6-5 丸の内北口ビル【設立】1964.3　　[東京P]

【業績】	売上高	営業利益	経常利益	純利益
連22.3	148,821	13,068	15,195	12,606
連23.3	175,025	15,861	20,144	13,699

25働 341ジペ

●インターンシップ●
【概要】①製造シミュレーション、社員座談会、オフィス見学
【募集】①6～7月 9～10月【実施】①8月 9月 10月 11月(1日)【地域】①東京・千代田 大阪・淀川 他国内拠点【選考】①なし【本選考との関係】①早期選考に案内

㈱東京精密

	電子部品・機器	修士・大卒採用数	従業員数	平均勤続年数	平均年収
		30名	◇1,054名	◇11.1年	総798万円

25総 352ジペ

【特色】半導体製造装置展開。ウエハテスト用で世界首位
【本社】192-8515 東京都八王子市石川町2968-2
【設立】1949.3　　　　　　　　　[東京P]

【業績】	売上高	営業利益	経常利益	純利益
連22.3	133,277	28,550	29,390	21,441
連23.3	146,801	34,494	35,297	23,630

25働 342ジペ

●インターンシップ●
【概要】①業界・企業研究、開発プロジェクト体感ワーク、エンジニア仕事体感ワーク(理系のみ)先輩社員懇親会【募集】①4～2月【実施】①7～9月 11～2月(1日×25回程度)【地域】①オンライン【全学年対象】① 【選考】①なし

ホーチキ㈱

	住宅・医療機器他	修士・大卒採用数	従業員数	平均勤続年数	平均年収
		77名	1,449名	13.7年	総720万円

25総 352ジペ

【特色】防災機器大手。火災報知器メーカーの草分け
【本社】141-8660 東京都品川区上大崎2-10-43
【設立】1918.4

【業績】	売上高	営業利益	経常利益	純利益
連22.3	81,251	5,479	5,626	4,124
連23.3	85,457	5,590	5,857	4,422

25働 342ジペ

●インターンシップ● 24予
【概要】①技術体感型仕事体験②工場見学
【募集】①8～2月上旬②6～7月【実施】①9～2月(1日×複数回)②8月上旬または下旬【地域】①東京(目黒 品川)オンライン②町田工場 宮城工場【選考】①未定【本選考との関係】①早期選考に案内

アイホン㈱

	住宅・医療機器他	修士・大卒採用数	従業員数	平均勤続年数	平均年収
		18名	◇1,102名	◇15.0年	総767万円

25総 353ジペ

【特色】インターホン国内首位。住宅向け中心に病院も
【本社】460-0004 愛知県名古屋市中区新栄町1-1 明治安田生命名古屋ビル【設立】1959.3　　[東京P]

【業績】	売上高	営業利益	経常利益	純利益
連22.3	51,991	5,538	5,931	4,226
連23.3	52,811	3,758	4,167	2,929

25働 343ジペ

●インターンシップ●
【概要】①理系向け：就業体験②文系向け：就業体験型ワークショップ
【募集】①7月中旬～8月中旬②7月中旬～8月【実施】①8月(3日間)②9～2月(1日)【地域】①愛知②オンライン 東京 大阪 名古屋【選考】⑤ES【本選考との関係】⑤関係あり

オリンパス㈱

	住宅・医療機器視覚他	修士・大卒採用数	従業員数	平均勤続年数	平均年収
		69名	6,065名	14.6年	総965万円

25総 353ジペ

【特色】医療機器大手。消化器内視鏡で世界シェア7割
【本社】163-0914 東京都新宿区西新宿2-3-1 新宿モノリス【設立】1919.10　　[東京P]

【業績】	売上高	営業利益	税前利益	純利益
◇22.3	868,867	153,898	149,873	115,742
◇23.3	881,923	186,609	182,294	143,432

25働 343ジペ

●インターンシップ●【概要】①生産技術開発コース：生産技術開発職場で、実習テーマに沿った仕事体験②グローバルコース：サービス技術開発職場で、実習テーマに沿った仕事体験③研究・開発コース：研究開発職場で、実習テーマに沿った仕事体験④デザインコース：デザイン職場で、実習テーマに沿った仕事体験【募集】⑤9月初旬～中旬【実施】②2週間【地域】⑤東京【選考】⑤ES 面接【本選考との関係】⑤関係あり

テルモ㈱

住宅・医療機器他

修士・大卒採用数	従業員数	平均勤続年数	平均年収
155名	3,841名	16.2年	総792万円

【特色】大手の医療機器メーカー。心臓血管分野が強み
【本社】151-0072 東京都渋谷区幡ケ谷2-44-1
【設立】1921.9　　　　　　　　　　　　　　　［東京P］

【業績】	売上高	営業利益	税前利益	純利益
◇22.3	703,303	115,960	114,501	88,813
◇23.3	820,209	117,332	116,137	89,325

●インターンシップ● 24予【概要】①企画営業：会社紹介、仕事理解・体験、座談会②開発技術：会社紹介、仕事理解・体験、座談会③メディカルDX、仕事理解・体験（GWによる企画立案）、職場見学、座談会④SE：会社紹介、仕事理解・体験、座談会【募集】②4月上旬〜【実施】①③夏または冬（5日間）②8〜10月（数日〜5日間）④未定【地域】①東京 神奈川 工場地区 オンライン②東京 神奈川 工場地区 オンライン③東京 神奈川④東京 神奈川 他【全学年対象】①②③④【選考】②書類 動画

キヤノンメディカルシステムズ㈱

住宅・医療機器他

修士・大卒採用数	従業員数	平均勤続年数	平均年収
86名	◇5,353名	◇18.6年	総820万円

【特色】キヤノン傘下の医療機器メーカー。国内大手
【本社】324-8550 栃木県大田原市下石上1385
【設立】1948.9　　　　　　　　　　　　　　　［未上場］

【業績】	売上高	営業利益	経常利益	純利益
22.12	513,331	31,005	NA	NA

※業績はキヤノングループメディカルシステムBUの数値

●インターンシップ●【概要】①(理系)研究・開発職：就業体験②企画営業職：GWによる業界理解・仕事理解③知的財産職：就業体験④プロジェクトコーディネーション(建築職)：3D図面作成体験等の仕事理解(建築系)【募集】①5〜7月 11〜12月②③6〜7月 11〜12月④6〜11月【実施】①9月(2週間)2月(1週間)②8〜9月 2月(1日)③9月 2月(各1週間)④8〜12月(1日)【地域】①栃木・大田原②川崎 オンライン【全学年対象】①②③④【選考】①ES③ES 面接②なし②参考にする

シスメックス㈱

住宅・医療機器他

修士・大卒採用数	従業員数	平均勤続年数	平均年収
110名	2,659名	12.2年	総843万円

【特色】臨床検査機器・試薬大手。190か国以上で展開
【本社】651-0073 兵庫県神戸市中央区脇浜海岸通1-5-1【設立】1968.2　　　　　　　　　　　　［東京P］

【業績】	売上高	営業利益	税前利益	純利益
◇22.3	363,780	67,416	64,346	44,093
◇23.3	410,502	73,679	68,713	45,784

●インターンシップ●【概要】①製品開発職体感型②全15職種体感型③フィールドサービスエンジニア職体感型④知的財産職体感型【募集】①6〜8月 10〜12月②6〜8月 10〜2月③6〜9月【実施】①8月(2日間)12月(2日間)②9月(1日×3日程)2月(1日×2日程)③10月(1日)④9月(1日)【地域】②オンライン【全学年対象】①②③④【選考】①②④なし③SPI

日本光電

住宅・医療機器他

修士・大卒採用数	従業員数	平均勤続年数	平均年収
103名	3,214名	15.3年	総948万円

【特色】医療電子機器メーカー。柱は生体情報モニター
【本社】161-8560 東京都新宿区西落合1-31-4
【設立】1951.8　　　　　　　　　　　　　　　［東京P］

【業績】	売上高	営業利益	経常利益	純利益
連22.3	205,129	30,992	34,563	23,435
連23.3	206,603	21,120	24,122	17,110

●インターンシップ●【概要】①営業IS：営業に特化したワーク 他②技術IS：技術に特化したワーク 他③サービスIS：サービスエンジニアに特化したワーク 他④社員交流会：様々な職種の先輩社員との交流【募集】①②③6月中旬〜7月中旬④開催約1カ月前【実施】①③8月中旬〜9月(2日間)②8月中旬〜9月(3日間)④11月中旬〜12月中旬(1日)【地域】②対面 オンライン【全学年対象】①②③④【選考】①②③ES④なし【本選考との関係】④関係あり

日機装㈱

住宅・医療機器他

修士・大卒採用数	従業員数	平均勤続年数	平均年収
16名	※◇1,702名	※◇14.0年	総730万円

【特色】工業・医療向け機器。日本初の製品も多い
【本社】150-6022 東京都渋谷区恵比寿4-20-3 恵比寿ガーデンプレイスタワー【設立】1953.3 ［東京P］

【業績】	売上高	営業利益	税前利益	純利益
◇22.12	177,109	34,222	32,682	13,639
◇23.12	192,629	5,885	11,626	9,071

●インターンシップ●【概要】①会社紹介、職種紹介、パネルディスカッション、座談会②日機装研究会：事業展望の紹介、工場長・部級長従業員とのパネルディスカッション【募集】①8月下旬〜2月上旬②9〜4月中旬【実施】①8月22日 25日 30日 9月13日 2月6日 9月(予定 1日)②9月5日 2月16日 4月18日【地域】②オンライン【選考】②なし【本選考との関係】②関係あり

本田技研工業㈱

自動車

修士・大卒採用数	従業員数	平均勤続年数	平均年収
561名	40,625名	NA	総822万円

【特色】4輪販売台数で世界7位。2輪は世界一
【本社】107-8556 東京都港区南青山2-1-1
【設立】1948.9　　　　　　　　　　　　　　　［東京P］

【業績】	売上高	営業利益	経常利益	純利益
◇23.3	16,907,725	780,769	879,565	651,416

※会社データ以外はグループ3社の合算

●インターンシップ●【概要】①事務系部門(営業・購買・人事等)就業体験②技術系部門(研究開発・生産部門等)就業体験【募集】②6〜7月 9〜10月【実施】①8〜9月(5日間)12月(5日間)②9月(5日間)12月(5日間)【地域】②東京 埼玉 栃木 他【全学年対象】①②【選考】②ES 面接【本選考との関係】②親和性を観察

[メーカー（電機・自動車・機械）]

日産自動車㈱ 〔自動車〕

	修士・大卒採用数	従業員数	平均勤続年数	平均年収
	NA	◇23,525名	◇16.4年	◇850万円

【特色】自動車大手。仏ルノー・三菱自と3社連合形成
【本社】220-8686 神奈川県横浜市西区高島1-1-1
【設立】1933.12　　[東京P]

【業績】	売上高	営業利益	経常利益	純利益
連22.3	8,424,585	247,307	306,117	215,533
連23.3	10,596,695	377,109	515,443	221,900

●インターンシップ●
【概要】①グローバルリーダー養成塾　グローバルエンジニア養成塾
【募集】①6~10月【実施】①8月下旬~9月上旬　冬季(1~2日間)【地域】①神奈川(横浜　厚木)【全学年対象】
【選考】①あり【本選考との関係】①関係あり

スズキ㈱ 〔自動車〕

	修士・大卒採用数	従業員数	平均勤続年数	平均年収
	―	10,295名	14.7年	㊤760万円

【特色】国内軽大手、2輪で3位。インド4輪シェア4割強
【本社】432-8611 静岡県浜松市中央区高塚町300
【設立】1920.3

【業績】	売上高	営業利益	経常利益	純利益
連22.3	3,568,380	191,460	262,917	160,345
連23.3	4,641,644	350,551	382,807	221,107

●インターンシップ● 24予【概要】①技術:業務を疑似体験②デザイン:業務を疑似体験(2輪または4輪)③技術:半日仕事体験④文系:半日仕事体験【募集】①6月②7月③6月下旬~9月8日 10月下旬~1月上旬④5~11月【実施】①8~9月(5日間)②〈2輪〉8月上旬(5日間)④4輪〉8月下旬③8~9月中旬 11月中旬~2月上旬(半日)④6~12月(半日)【地域】①浜松　横浜　オンライン②浜松③④オンライン【選考】①ES Webテスト②ES ポートフォリオ③④ES

マツダ㈱ 〔自動車〕

	修士・大卒採用数	従業員数	平均勤続年数	平均年収
	約245名	13,182名	19.9年	659万円

【特色】中堅自動車メーカー。トヨタと業務資本提携
【本社】730-8670 広島県安芸郡府中町新地3-1
【設立】1920.1　　[東京P]

【業績】	売上高	営業利益	経常利益	純利益
連22.3	3,120,349	104,227	123,525	81,557
連23.3	3,826,752	141,969	185,936	142,814

●インターンシップ●【概要】①Technical Tour(技術系向け50コース):特定の部門や仕事について深く学ぶ。業務紹介や座談会、職場見学、課題発表 他②Business Tour(事務系向け10コース):特定の部門や仕事について深く学ぶ。業務紹介や座談会、職場見学、課題発表 他【募集】①7~8月②7~8月 12~1月【実施】①8~9月(5~15日間)②9月(5~7日間)2月(5日間)【地域】⑫オンライン 対面【全学年対象】①②【選考】⑫ES 面接

㈱SUBARU 〔自動車〕

	修士・大卒採用数	従業員数	平均勤続年数	平均年収
	245名	10,393名	16.2年	㊤755万円

【特色】中堅自動車企業。4輪駆動やエンジンに独自性
【本社】150-8554 東京都渋谷区恵比寿1-20-8
【設立】1953.7　　[東京P]

【業績】	売上高	営業利益	税前利益	純利益
◇22.3	2,744,520	90,452	106,972	70,007
◇23.3	3,774,468	267,483	278,355	200,431

●インターンシップ●
【概要】①1Dayオープンカンパニー②2Dayオープンカンパニー③5Dayインターンシップ④情報系オープンカンパニー(2Day)【募集】①6~7月②⑧月下旬~10月上旬③11月【実施】①7~9月(半日)②④9~11月(2日間)③12月(5日間)【地域】①②④オンライン③各事業所【選考】①ES②④なし③ES 面接

三菱自動車工業㈱ 〔自動車〕

	修士・大卒採用数	従業員数	平均勤続年数	平均年収
	186名	13,671名	15.3年	◇744万円

【特色】中堅自動車メーカー。日産自動車の事実上傘下
【本社】108-8410 東京都港区芝浦3-1-21 田町ステーションタワーS【設立】1970.4　　[東京P]

【業績】	売上高	営業利益	経常利益	純利益
連22.3	2,038,909	87,331	100,969	74,037
連23.3	2,458,141	190,495	182,022	168,730

●インターンシップ●
【概要】①会社紹介、グループワーク、先輩社員座談会
【募集】①6~10月【実施】①7~11月(半日~1日)【地域】①オンライン 東京・田町 大阪【選考】①ES 適性検査【本選考との関係】①関係あり

ダイハツ工業㈱ 〔自動車〕

	修士・大卒採用数	従業員数	平均勤続年数	平均年収
	NA	◇12,508名	◇18.9年	NA

【特色】軽自動車で首位級。トヨタ傘下で軽と小型車を担当
【本社】563-8651 大阪府池田市ダイハツ町1-1
【設立】1907.3　　[未上場]

【業績】NA

●インターンシップ●【概要】①謎解きイベント、キャリアワーク②社員交流会③生産技術職場見学会④5daysインターンシップ【募集】①6月下旬~7月中旬②7月 10月③7月 8月④7月 12月【実施】①8月中旬(1日)②8月下旬 12月上旬(1日)③8月下旬 10月中旬(1日)④8月下旬~9月初旬 11~2月(5日間)【地域】①オンライン②③大阪 オンライン④大阪 東京【全学年対象】①②③④【選考】①②③なし④ES SPI 面接【本選考との関係】④早期選考に案内

いすゞ自動車㈱ ［自動車］

修士・大卒採用数	従業員数	平均勤続年数	平均年収
150名	◇8,056名	◇18.3年	◇777万円

【特色】商用車大手。海外でピックアップトラックも展開
【本社】220-8720 神奈川県横浜市西区高島1-2-5 横濱ゲートタワー 【設立】1937.4 ［東京P］

【業績】	売上高	営業利益	経常利益	純利益
連22.3	2,514,291	187,197	208,406	126,193
連23.3	3,195,537	253,546	269,872	151,743

●インターンシップ● 【24予】24卒【概要】①理系向け：仕事体験・オープンカンパニー②文系向け：仕事体験・オープンカンパニー③インターンシップ（複数コース）【募集】①②6～7月中旬③6月【実施】①②8～9月（1日間）③8～9月（1週間程度）【地域】①②オンラインまたは対面③対面【選考】①②ES③ES 面接【本選考との関係】④早期選考に案内

361ジ
351ジ

日野自動車㈱ ［自動車］

修士・大卒採用数	従業員数	平均勤続年数	平均年収
32名	5,274名	18.6年	総766万円

【特色】トヨタ傘下の商用車メーカー。中・大型に強み
【本社】191-8660 東京都日野市日野台3-1-1 【設立】1942.5 ［東京P］

【業績】	売上高	営業利益	経常利益	純利益
連22.3	1,459,706	33,810	37,986	▲84,732
連23.3	1,507,336	17,406	15,787	▲117,664

●インターンシップ● 【概要】①技術・事務職合同：会社紹介、部署紹介、仕事内容に関する講義、GW 他②理系・技術職：会社紹介、部署紹介、仕事内容に関する講義、GW 他③理系・技術職：会社紹介、社内見学、部署紹介、仕事内容に関する講義、実務疑似体験、成果報告会 他【募集】①②6～8月③6～7月④11～12月【実施】①9月（1日）②8～9月（2・3日間）③9月（5日間）④12月（1日）【地域】①②④オンライン③東京（日野 羽村）【選考】①②④なし③ES テストセンター 面接【本選考との関係】④早期選考に案内

361ジ
351ジ

UDトラックス㈱ ［自動車］

修士・大卒採用数	従業員数	平均勤続年数	平均年収
20名	2,989名	19.2年	NA

【特色】トラック国内4位。いすゞ自動車傘下
【本社】362-8523 埼玉県上尾市大字壱丁目1 【設立】1950.5 ［未上場］

【業績】NA

●インターンシップ● 【概要】①技術系・事務系部門での実習体験②1dayオンラインセッション③UDエクスペリエンスツアー（大型トラック試乗会・工場見学）【募集】①6～7月②③6～2月【実施】①8月28日～9月8日（10日間）②③7～3月（1日×複数回）【地域】①③埼玉・上尾②オンライン【選考】①ES②なし③あり【本選考との関係】①関係あり

362ジ
352ジ

トヨタ車体㈱ ［自動車部品］

修士・大卒採用数	従業員数	平均勤続年数	平均年収
57名	4,433名	19.9年	◇785万円

【特色】トヨタ完全子会社の完成車メーカー。特装車等も
【本社】448-8666 愛知県刈谷市一里山町金山100 【設立】1945.8 ［未上場］

【業績】	売上高	営業利益	経常利益	純利益
単22.3	1,566,200	NA	NA	NA
単23.3	1,991,600	NA	NA	NA

●インターンシップ● 【概要】①モノづくり仕事体験コース②職場配属型インターンシップ
【募集】①随時②7月上旬 11月中旬【実施】①8～2月（3日間、1日）②8～9月 12月（6日間）【地域】④オンライン 愛知・刈谷【選考】①ES②ES SPI 面接

362ジ
352ジ

ダイハツ九州㈱ ［自動車部品］

修士・大卒採用数	従業員数	平均勤続年数	平均年収
17名	354名	14.2年	総732万円

【特色】ダイハツの生産拠点。マザー工場の役割を担う
【本社】879-0107 大分県中津市大字昭和新田1 【設立】1960.6 ［未上場］

【業績】	売上高	営業利益	経常利益	純利益
単22.3	356,492	NA	NA	NA
単23.3	467,849	NA	NA	NA

●インターンシップ● 【概要】①③技術職②④事務・企画職【募集】①②6～9月 10～12月③④6～2月【実施】①8～9月 11～2月（1日）②9月 12～2月（1日）③8～9月 11～3月（1日）8月（5日間）④8～9月 11～3月（1日）【地域】①②オンライン 大分・中津③④大分・中津【全学年対象】①②③④【選考】④なし【本選考との関係】③5日間コースのみ早期選考案内

363ジ
353ジ

日産車体㈱ ［自動車部品］

修士・大卒採用数	従業員数	平均勤続年数	平均年収
48名	1,071名	17.4年	総719万円

【特色】日産自動車系車両メーカー。SUVや商用車主体
【本社】254-8610 神奈川県平塚市堤町2-1 【設立】1949.4 ［東京S］

【業績】	売上高	営業利益	経常利益	純利益
連22.3	215,359	▲3,538	▲2,541	▲2,217
連23.3	307,521	4,390	5,118	3,883

●インターンシップ● 【概要】①③技術職：開発・生産部門の就業体験・職場見学②④ビジネス職：管理部門の就業体験・職場見学【募集】①②7月③④12月末～1月【実施】①8～9月（対面2日間×4回 オンライン半日×3回）②8～9月（対面2日間×2回 オンライン半日×2回）③2月（対面2日間×2回 オンライン半日×2回）④2月（対面2日間×1回 オンライン半日×1回）【地域】①③神奈川（平塚 秦野）②④神奈川・平塚【選考】④なし【本選考との関係】④早期選考に案内

363ジ
353ジ

トヨタ自動車東日本 ㈱ 自動車部品

修士・大卒採用数	従業員数	平均勤続年数	平均年収
46名	◇6,977名	◇19.3年	㊱812万円

【特色】トヨタ3社が統合。宮城、岩手などに生産拠点 【業績】NA
【本社】981-3609 宮城県黒川郡大衡村中央平1
【設立】2012.7 【未上場】

●インターンシップ●
【概要】①開発エンジニア：開発業務説明、車両開発のGW 他②生産エンジニア：生産技術業務説明、生産方法検討のGW 他③事務職：事務業務説明、ケーススタディ 他④(理系)企業研究セミナー：当社のものづくり紹介(車両開発・生産技術)他【募集】①②③6~7月 ①2~11月④11~12月 2月【実施】①②8~9月 2月(1日)③9月 2月(1日)④(1日)【地域】①③④オンライン②オンライン 宮城・大衡村【全学年対象】①②③④【選考】①②多数の場合事前アンケート(200字程度)③事前アンケート(200字程度)④なし

㈱ デンソー 自動車部品

修士・大卒採用数	従業員数	平均勤続年数	平均年収
※308名	26,046名	21.0年	◇811万円

【特色】自動車部品で国内最大、世界2位。トヨタ系

【業績】	売上高	営業利益	税前利益	純利益
◇22.3	5,515,512	341,179	384,808	263,901
◇23.3	6,401,320	426,099	456,870	314,633

【本社】448-8661 愛知県刈谷市昭和町1-1
【設立】1949.12 【東京P】

●インターンシップ● 24予
【概要】①③事務系：仕事体験ワークショップ②④技術系：仕事体験ワークショップ【募集】①7~8月初旬②6~7月初旬③④10~11月中旬【実施】①9~10月②8~9月③11~12月④12~1月【地域】①③オンライン(予定)②愛知 東京 オンライン④愛知 東京 オンライン(予定)【選考】㊦あり

㈱ アイシン 自動車部品

修士・大卒採用数	従業員数	平均勤続年数	平均年収
200名	23,199名	16.8年	㊱794万円

【特色】トヨタ系自動車部品大手。自動変速機で世界首位

【業績】	売上高	営業利益	税前利益	純利益
◇22.3	3,917,434	182,011	219,983	141,941
◇23.3	4,402,823	57,942	73,741	37,670

【本社】448-8650 愛知県刈谷市朝日町2-1 本館
【設立】1965.8 【東京P】

●インターンシップ●
【概要】①一人ひとりに社員がつき、相談しながら進める業務体感・受入型。100前後のテーマ数を準備し、自分が興味のあるテーマを選択
【募集】①5~6月【実施】①8月29日~9月9日【地域】①愛知 東京 福岡 他【選考】①ES SPI 面接

㈱ 豊田自動織機 自動車部品

修士・大卒採用数	従業員数	平均勤続年数	平均年収
174名	6,122名	17.5年	◇793万円

【特色】トヨタ本家。主力はフォークリフトや自動車部品

【業績】	売上高	営業利益	税前利益	純利益
◇22.3	2,705,183	159,066	246,123	180,306
◇23.3	3,379,891	169,930	262,967	192,861

【本社】448-8671 愛知県刈谷市豊田町2-1
【設立】1926.11 【東京P】

●インターンシップ●
【概要】㊦オンライン：GDを通じた企画業務への挑戦 社員座談会
【募集】㊦6~7月㊦6~1月上旬
【実施】㊦9月上旬(5日間)㊦8~2月上旬(2日間)【地域】㊦オンライン【選考】①ES 面接(技術職)②ES

豊田合成 ㈱ 自動車部品

修士・大卒採用数	従業員数	平均勤続年数	平均年収
78名	※◇6,733名	※◇19.2年	㊱760万円

【特色】トヨタ系の合成樹脂やゴム部品の大手

【業績】	売上高	営業利益	税前利益	純利益
◇22.3	830,243	34,172	37,696	23,352
◇23.3	951,877	35,069	35,323	16,004

【本社】452-8564 愛知県清須市春日長畑1
【設立】1949.6 【東京P】

●インターンシップ● 24予【概要】①③④企業研究：グループディスカッションを通じた業務体験・社員との座談会②実際に職場に来て実務を体験【募集】①②6~7月上旬③10~11月④12~1月上旬【実施】①8~9月(1日)②9~11月(5日間)③11~12月(1日)④2月(1日)【地域】①③④オンライン②愛知 静岡【選考】①③④ES 適性検査②ES 適性検査 面接

㈱ 東海理化 自動車部品

修士・大卒採用数	従業員数	平均勤続年数	平均年収
41名	4,118名	19.1年	㊱790万円

【特色】スイッチやシートベルトで大手。トヨタ系

【業績】	売上高	営業利益	経常利益	純利益
連22.3	487,303	9,211	15,557	3,569
連23.3	553,124	16,656	24,063	10,900

【本社】480-0195 愛知県丹羽郡大口町豊田3-260
【設立】1948.8 【東京P】

●インターンシップ● 24予
【概要】①企業研究セミナー：会社紹介、事業紹介、グループワークによる課題解決②業界研究会：会社紹介、グループワーク③就業体験型インターンシップ【募集】③7月【実施】①②8月~不定期(1日)③8~9月【地域】①③愛知②オンライン【選考】①②なし③ES【本選考との関係】③早期選考に案内

㈱ＧＳ ユアサ　[自動車部品]

修士・大卒採用数	従業員数	平均勤続年数	平均年収
76名	2,550名	15.9年	総711万円

【特色】自動車用鉛蓄電池が主力。リチウム電池も展開
【本社】601-8520 京都府京都市南区吉祥院西ノ庄
猪之馬場町1【設立】2004.4　[持株傘下▶]

【業績】	売上高	営業利益	経常利益	純利益
連23.3	517,735	31,500	24,213	13,925

※業績は㈱ジーエス・ユアサ コーポレーションのもの

●インターンシップ●【概要】①各系統の若手社員3名とパネルディスカッション形式の懇談会②理系対象・工場見学会③各系統の若手社員3名と懇談会④文系対象・人事スタッフとの懇談会【募集】⑦随時【実施】①7月 9月 11月 1日(1回)②8月 10月 12月 2月②②①1月 2月【地域】①④オンライン③京都市③京都市 オンライン【全学年対象】①②③④【選考】①③④なし②ES

㈱ブリヂストン　[自動車部品]

修士・大卒採用数	従業員数	平均勤続年数	平均年収
65名	5,831名	16.6年	総987万円

【特色】タイヤ世界2強の一角。鉱山車両用や航空機用も
【本社】104-8340 東京都中央区京橋3-1-1 東京都
スクエアガーデン【設立】1931.3　[東京Ｐ]

【業績】	売上高	営業利益	税前利益	純利益
連22.12	4,110,070	441,298	423,458	300,367
連23.12	4,313,800	481,775	444,154	331,305

●インターンシップ●
【概要】①技術系職種にて実際の部門業務を体験する業務体験型
【募集】①6月中旬~7月
【実施】①8月(2週間)【地域】①東京・小平【選考】①ES 面接

住友ゴム工業㈱　[自動車部品]

修士・大卒採用数	従業員数	平均勤続年数	平均年収
8名	2,622名	12.8年	総733万円

【特色】タイヤ国内2位世界5位級。ダンロップブランドが主
【本社】651-0072 兵庫県神戸市中央区脇浜町3-6-9【設立】1917.3　[東京Ｐ]

【業績】	売上高	営業利益	税前利益	純利益
連22.12	1,098,664	14,988	22,539	9,415
連23.12	1,177,399	64,490	62,745	37,048

●インターンシップ●【概要】①技術系職種業務理解ワーク(産業品事業・タイヤセンシング・タイヤ生産部門)②技術系職種業務理解ワーク(実験部門・モータスポーツ部門・スポーツ事業部門)【募集】⑦4~7月上旬【実施】①8~9月(5日程度)②8月下旬~9月上旬(2週間程度)【地域】①神戸 加古川 白河 豊田 都城②神戸 岡山 市島【選考】ES Web面談(一部コースのみ)【本選考との関係】⑦関係あり

横浜ゴム㈱　[自動車部品]

修士・大卒採用数	従業員数	平均勤続年数	平均年収
46名	1,613名	18.3年	総728万円

【特色】タイヤ国内3位。農機用タイヤなどを買収で強化
【本社】254-8601 神奈川県平塚市追分2-1
【設立】1917.10　[東京Ｐ]

【業績】	売上高	営業利益	税前利益	純利益
連22.12	860,477	68,851	71,622	45,918
連23.12	985,333	100,375	105,975	67,234

●インターンシップ●【概要】①タイヤ構造設計体験、先輩社員座談会②タイヤ材料設計体験、先輩社員座談会③営業部門実務体験(グループワーク)④タイヤ研究開発体験【募集】①②③6~7月上旬 11~12月上旬④6~7月上旬【実施】①9月上旬 2月上旬(2日間)②9月上旬 2月中旬(1日)③9月上旬 2月上旬(1日)④8~9月上旬(2週間)【地域】①③④対面②オンライン 対面【選考】⑦ES 面接【本選考との関係】⑦1次面接免除

TOYO TIRE㈱　[自動車部品]

修士・大卒採用数	従業員数	平均勤続年数	平均年収
27名	1,848名	18.0年	総768万円

【特色】タイヤ国内4位。米国の大口径SUVタイヤに強み
【本社】664-0847 兵庫県伊丹市藤ノ木2-2-13
【設立】1945.8　[東京Ｐ]

【業績】	売上高	営業利益	経常利益	純利益
連22.12	497,213	44,046	51,035	47,956
連23.12	552,925	76,899	86,047	72,273

●インターンシップ●
【概要】①技術職種就業体験②社内システム企画提案③タイヤ技術開発体験 生産技術開発体験④業務体験グループワーク【募集】①7月②③④9月~随時【実施】①③8~9月(1~2週間)②③④9月~2月(1~2日間)【地域】①兵庫(伊丹 川西)②③④オンライン【選考】①②ES④なし【本選考との関係】⑦関係あり

住友理工㈱　[自動車部品]

修士・大卒採用数	従業員数	平均勤続年数	平均年収
53名	◇3,680名	◇16.4年	751万円

【特色】自動車用防振ゴム・ホース首位。住友電工系
【本社】450-6316 愛知県名古屋市中村区名駅1-1-1 JPタワー名古屋【設立】1929.12　[東京Ｐ]

【業績】	売上高	営業利益	税前利益	純利益
◇22.3	445,985	1,110	387	▲6,357
◇23.3	541,010	16,560	14,908	6,683

●インターンシップ●【24卒】
【概要】①夏季仕事体感②工場見学会③機電限定仕事体感④機電限定職種別長期【募集】①②③7月末~11月上旬④7月【実施】①②③8月中旬~11月(1日)④8月 9月【地域】①③オンライン②オンライン 対面④対面【選考】①②なし③あり④ES 面接【本選考との関係】④早期選考に案内

トヨタ紡織㈱ 〔自動車関連〕

修士・大卒採用数	従業員数	平均勤続年数	平均年収
184名	◇8,244名	◇17.8年	総779万円

【特色】 トヨタ系。自動車内装品メーカーで世界大手
【本社】 448-8651 愛知県刈谷市豊田町1-1 　　[東京P]
【設立】 1950.5

【業績】	売上高	営業利益	税前利益	純利益
◇22.3	1,421,451	60,290	64,529	39,260
◇23.3	1,604,036	47,672	52,291	14,679

●インターンシップ●
【概要】 ①夏・長期：IS内容の理解、業務理解、各部署体験、各施設見学、成果発表、フィードバック他②一般コース：グループワーク、若手社員交流会③技術コース：業務内容体験、VRによる製品シミュレーション、実施の設施の見学 **【募集】**‥ **【実施】** ①8月23日~9月8日(13日間)②12月中旬~1月中旬(1日)③12月中旬~1月中旬(1~2日間)
【地域】 ①③愛知・豊田②オンライン **【選考】** ①ES 適性検査 面接②③ES 適性検査 **【本選考との関係】**②早期選考に案内

テイ・エス テック㈱ 〔自動車部品〕

修士・大卒採用数	従業員数	平均勤続年数	平均年収
35名	◇1,710名	◇17.9年	総696万円

【特色】 ホンダ系4輪車シートメーカー。2輪車用も
【本社】 351-0012 埼玉県朝霞市栄町3-7-27 　　[東京P]
【設立】 1960.12

【業績】	売上高	営業利益	税前利益	純利益
◇22.3	349,958	22,998	25,839	12,416
◇23.3	409,200	15,257	18,692	5,343

●インターンシップ●
【概要】 ①業界・企業・職種研究と自己分析ワーク(理系・文系別)②開発秘話やグループワークを通じた仕事体験、先輩社員との座談会(理系・文系別) **【募集】** ①6~9月②11~2月上旬 **【実施】** ①7~9月(1日)②12~2月(理系2日間 文系1日) **【地域】** ⑥オンライン **【選考】** ⑥なし

アイシンシロキ㈱ 〔自動車部品〕

修士・大卒採用数	従業員数	平均勤続年数	平均年収
4名	◇2,422名	NA	総704万円

【特色】 トヨタ系自動車部品メーカー。シート部品が主
【本社】 442-8501 愛知県豊川市千両町下野市場35-1 **【設立】** 1946.3 　　[未上場]

【業績】	売上高	営業利益	経常利益	純利益
連22.3	254,240	NA	NA	NA
連23.3	264,664	NA	NA	NA

●インターンシップ●
【概要】 ①生産技術業務紹介
【募集】 ①6~9月
【実施】 ①1~5日間 **【地域】** ①愛知 **【選考】** ①ES **【本選考との関係】** ①関係あり

㈱タチエス 〔自動車部品〕

修士・大卒採用数	従業員数	平均勤続年数	平均年収
19名	◇795名	15.6年	総615万円

【特色】 独立系自動車シート大手。ホンダ、日産向け中心
【本社】 198-0025 東京都青梅市末広町1-3-1 　　[東京P]
【設立】 1954.4

【業績】	売上高	営業利益	経常利益	純利益
連22.3	206,441	▲4,203	▲3,536	▲2,059
連23.3	243,436	1,367	1,973	5,823

●インターンシップ●
【概要】 ①職場見学・工場見学・開発業務体験・先輩社員との座談会
【募集】 ①11~12月
【実施】 ①1~2月 **【地域】** ①東京・青梅 **【選考】** ①未定

㈱ミツバ 〔自動車部品〕

修士・大卒採用数	従業員数	平均勤続年数	平均年収
50名	◇3,236名	◇18.4年	529万円

【特色】 自動車電装部品メーカー。ホンダ向けが5割弱
【本社】 376-8555 群馬県桐生市広沢町1-2681 　　[東京P]
【設立】 1946.3

【業績】	売上高	営業利益	経常利益	純利益
連22.3	286,482	7,187	7,529	83
連23.3	319,500	6,718	6,049	1,185

●インターンシップ● **【概要】** ①理工系1week：技術系部門の就業体験②理工系1Day仕事体験：回路設計体験&プログラミング体験、「モーターの原理を知る」体験プログラム 他③文理合同1Day仕事体験：グループワーク、先輩社員座談会 他④理工系2Day仕事体験 **【募集】** ‥ **【実施】** ①8-9月(5日間)②③8-9月(1日)11~2月(1日)④8-9月(2日間) **【地域】** ①②④群馬・桐生③群馬・桐生 オンライン **【全学年対象】** ①②③④ **【選考】** ①未定 **【本選考との関係】** ①関係あり

㈱ハイレックスコーポレーション 〔自動車部品〕

修士・大卒採用数	従業員数	平均勤続年数	平均年収
11名	◇954名	◇15.4年	総616万円

【特色】 自動車コントロールケーブル最大手。独立系
【本社】 665-0845 兵庫県宝塚市栄町1-12-28 　　[東京S]
【設立】 1946.11

【業績】	売上高	営業利益	経常利益	純利益
連22.10	255,616	▲4,856	▲2,474	▲7,120
連23.10	298,623	2,980	5,327	▲2,991

●インターンシップ●
【概要】 ①自動車・自動車部品の業界研究・説明・課題発掘、当社製品の説明・新製品の提案(フィードバック有)、後日社員との交流・会社見学 **【募集】** ①6~8月 **【実施】** ①8~9月 12~2月(2日間) **【地域】** ①大阪 兵庫・宝塚 **【選考】** ①なし **【本選考との関係】** ①関係あり

住友電装㈱ 自動車部品

修士・大卒採用数	従業員数	平均勤続年数	平均年収
118名	6,263名	16.6年	㊙725万円

【特色】住友電工の完全子会社。ワイヤーハーネス世界大手
【本社】510-8528 三重県四日市市浜田町5-28
【設立】1917.12 ［未上場］

【業績】	売上高	営業利益	経常利益	純利益
連22.3	1,315,300	NA	NA	NA
連23.3	1,642,300	NA	NA	NA

●インターンシップ●
【概要】①理系：就労体験型②理系：半日型グループワーク、社員座談会③文系対象ビジネススキル向上（全学部・学科）【募集】①6～7月上旬②6月下旬～7月【実施】①8月下旬 2月中旬（各2週間）②6月 8月11月 2月（半日）③未定【地域】①各拠点②③オンライン 【選考】①③書類 面接②なし

373ジペー
25総
363ジペー
25働

矢崎総業㈱（矢崎グループ） 自動車部品

修士・大卒採用数	従業員数	平均勤続年数	平均年収
93名	◇10,528名	◇18.4年	㊙733万円

【特色】独立系自動車部品メーカー。組電線は世界首位級
【本社】108-0075 東京都港区港南1-8-15 Wビル
【設立】1941.10 ［未上場］

【業績】	売上高	営業利益	経常利益	純利益
連22.6	1,799,200	NA	NA	NA
連23.6	NA	NA	NA	NA

●インターンシップ●【概要】①④技術系：会社紹介、技術系部署での現場体験（開発系、設計系、生産技術系）②理系：自動車業界研究、会社紹介、GW 他③文理不問：自動車業界研究、会社紹介、GW 他【募集】①6～7月②③9～2月中旬④10月下旬～11月【実施】①8月中旬～9月中旬（5日間）②③10～2月（1日）④12月中旬～下旬（2.5日間）【地域】①④静岡②東京 名古屋③オンライン【選考】①④キャリアシート 適性検査②③なし【本選考との関係】②関係あり

373ジペー
25総
363ジペー
25働

ＮＯＫ㈱ 自動車部品

修士・大卒採用数	従業員数	平均勤続年数	平均年収
88名	◇3,419名	◇17.9年	◇745万円

【特色】自動車用オイルシール首位。電子機器用FPCも
【本社】105-8585 東京都港区芝大門1-12-15
【設立】1939.12 ［東京Ｐ］

【業績】	売上高	営業利益	経常利益	純利益
連22.3	682,507	31,337	46,168	25,835
連23.3	709,956	15,378	26,557	13,320

●インターンシップ●【概要】①(理系)研究・開発・設計・生産技術職の就業体験②営業職のロールプレイング体験③新製品企画体験④BtoBメーカーの職種体験シミュレーションゲーム【募集】‐【実施】①9月(2週間)②③8～2月(1日)④8～2月(各回1日)【地域】①福島 茨城・牛久 埼玉・坂戸 神奈川・藤沢 岡山・高梁 熊本・阿蘇 他②③④東京・港 大阪市 オンライン【全学年対象】②③④【選考】①ES 面接②③④なし【本選考との関係】①選考フロー短縮 早期選考に案内②③④早期選考に案内

374ジペー
25総
364ジペー
25働

イーグル工業㈱ 自動車部品

修士・大卒採用数	従業員数	平均勤続年数	平均年収
NA	◇1,166名	◇16.6年	◇745万円

【特色】自動車用メカシールや特殊バルブ大手。NOK系列
【本社】105-8587 東京都港区芝公園2-4-1 芝パークビル【設立】1964.10 ［東京Ｐ］

【業績】	売上高	営業利益	経常利益	純利益
連22.3	140,842	7,560	10,811	5,713
連23.3	157,380	9,264	12,277	6,796

●インターンシップ● 24予【概要】①(理系)研究・開発・設計・生産技術職の就業体験②営業職のロールプレイング体験③新製品企画体験④BtoBメーカーの職種体験シミュレーション【募集】‐【実施】①9月(2週間)②③8～2月(各回1日)【地域】①福島 茨城・牛久 埼玉・坂戸 神奈川・藤沢 岡山・高梁 熊本・阿蘇 他②③④東京・港 大阪市 オンライン【全学年対象】①②③④【選考】②未定【本選考との関係】①選考フロー短縮 早期選考に案内②③④早期選考に案内

374ジペー
25総
364ジペー
25働

スタンレー電気㈱ 自動車部品

修士・大卒採用数	従業員数	平均勤続年数	平均年収
112名	◇3,819名	◇16.2年	㊙708万円

【特色】自動車ランプ御三家。部品からの一貫生産強み
【本社】153-8636 東京都目黒区中目黒2-9-13
【設立】1933.5 ［東京Ｐ］

【業績】	売上高	営業利益	経常利益	純利益
連22.3	382,561	27,743	36,714	21,445
連23.3	437,790	34,926	44,872	26,496

●インターンシップ● 24予
【概要】①②(技術系)理系：グループワークによる製品開発職体感ワーク③(事務系)グループワークによる開発営業職ビジネスシミュレーションワーク【募集】④4月中旬～9月【実施】②8～9月(1日)【地域】①オンライン②③東京・目黒 【選考】②適性検査【本選考との関係】②早期選考に案内

375ジペー
25総
365ジペー
25働

フタバ産業㈱ 自動車部品

修士・大卒採用数	従業員数	平均勤続年数	平均年収
34名	※1,269名	※14.0年	㊙687万円

【特色】自動車骨格プレス部品大手。マフラー国内首位
【本社】444-8558 愛知県岡崎市橋目町御茶屋1
【設立】1945.11 ［東京Ｐ］

【業績】	売上高	営業利益	経常利益	純利益
連22.3	572,118	6,115	7,807	3,307
連23.3	708,072	7,681	7,768	10,576

●インターンシップ● 24予
【概要】①業務を疑似体験しながら、フタバのコア技術を学ぶ
【募集】①11月上旬～中旬
【実施】①12～2月(1日)【地域】①オンライン 【選考】①なし【本選考との関係】①早期選考に案内

375ジペー
25総
365ジペー
25働

㈱三五（さんご）

自動車部品

修士・大卒採用数	従業員数	平均勤続年数	平均年収
18名	971名	17.0年	総661万円

【特色】独立系自動車部品メーカー。トヨタG向け多い

【業績】	売上高	営業利益	経常利益	純利益
連22.3	502,754	4,130	6,994	NA
連23.3	675,458	7,647	8,854	NA

【本社】456-0023 愛知県名古屋市熱田区六野1-3-1【設立】1950.6　[未上場]

●インターンシップ●【概要】③技術・新規向け：設備見学・体験　社員懇談会 GW 他③技術・リピーター向け：OB懇談会 開発アイテム紹介 プレスワーク製作 GW 他③技術・リピーター向け：各部先輩社員による仕事紹介 新規事業紹介 工場見学 GW 他③事務・冬季オープンカンパニー：自己分析 業界研究 企業紹介 仕事体験(人事制度の立案)就活対策 他【募集】‥【実施】①8月 11月 2月②11月 2月③2月④12~2月【地域】①愛知・豊田 オンライン②愛知・豊田③愛知・みよし③名古屋②選考】②なし

豊田鉄工㈱（とよだてっこう）

自動車部品

修士・大卒採用数	従業員数	平均勤続年数	平均年収
30名	857名	15.2年	総748万円

【特色】トヨタ系の自動車プレス部品大手。国内外に展開

【業績】	売上高	営業利益	経常利益	純利益
連22.3	389,600	17,194	15,375	9,907
連23.3	518,539	27,985	24,158	17,944

【本社】471-8507 愛知県豊田市細谷町4-50【設立】1946.2　[未上場]

●インターンシップ●24予【概要】①自動車部品メーカーの開発・設計体験②自動車部品メーカーの生産業務体験③生産準備仕事体験~安く安く徹底的に原価を追求せよコース~【募集】①②7月③5月中旬~1月【実施】①②9月(3日間×2回)③6月中旬~2月上旬 随時(1日)【地域】①②愛知・豊田③愛知・豊田 オンライン【全学年対象】③【選考】①②ES 面談③なし

トピー工業㈱

自動車部品

修士・大卒採用数	従業員数	平均勤続年数	平均年収
27名	702名	18.0年	総730万円

【特色】商用車ホイール、建機用履板首位。一貫生産に強み

【業績】	売上高	営業利益	経常利益	純利益
連22.3	271,178	▲1,706	▲1,401	386
連23.3	334,496	7,175	8,043	6,321

【本社】141-8634 東京都品川区大崎1-2-2 アートヴィレッジ大崎Cタワー【設立】1934.12 [東京P]

●インターンシップ●【概要】①技術系：設計、生産技術、研究開発、設備技術 事務仕事体験：営業、生産管理、購買 他③文理合同仕事体験：営業、生産管理、設計開発 他【募集】①②6月下旬~9月中旬③10月中旬~1月【実施】①8~9月(3~5日間×複数回)②8~9月(1日×複数回)③12~2月(1日×複数回)【地域】①愛知 神奈川②オンライン 東京③東京 愛知 神奈川 オンライン【全学年対象】③【選考】①ES②③なし【本選考との関係】②早期選考に案内

㈱ジーテクト

自動車部品

修士・大卒採用数	従業員数	平均勤続年数	平均年収
11名	779名	17.4年	総650万円

【特色】ホンダ系自動車プレスメーカー。解析技術に強み

【業績】	売上高	営業利益	経常利益	純利益
連22.3	236,503	10,931	12,532	8,878
連23.3	314,312	12,836	14,284	10,270

【本社】330-0854 埼玉県さいたま市大宮区桜木町1-11-20 大宮JPビルディング18階【設立】1953.11 [東京P]

●インターンシップ●【概要】①会社紹介、工場見学、就業体験、座談会【募集】‥【実施】①6月下旬~2月(1~2日間)【地域】①オンライン 東京・羽村 滋賀・甲賀【選考】①なし【本選考との関係】①関係あり

ユニプレス㈱

自動車部品

修士・大卒採用数	従業員数	平均勤続年数	平均年収
12名	1,207名	19.4年	総599万円

【特色】自動車用プレス部品大手。日産向けが中心

【業績】	売上高	営業利益	経常利益	純利益
連22.3	254,450	▲7,593	▲4,718	▲7,955
連23.3	304,442	3,738	5,029	2,483

【本社】222-0033 神奈川県横浜市港北区新横浜1-19-20 SUN HAMADA BLDG【設立】1945.3 [東京P]

●インターンシップ●【概要】①自動車業界の変革やEV化で変化する部品の理解を深めるグループワーク、会社紹介、社員座談会【募集】①8~2月上旬【実施】①9月 12月 1月 2月(各1日)【地域】①オンライン【全学年対象】①【選考】①なし【本選考との関係】①早期選考に案内

東プレ㈱（とう）

自動車部品

修士・大卒採用数	従業員数	平均勤続年数	平均年収
30名	◇1,508名	◇15.5年	総621万円

【特色】独立系の自動車プレス部品大手。冷凍車も

【業績】	売上高	営業利益	経常利益	純利益
連22.3	233,601	6,853	17,013	10,998
連23.3	290,416	7,330	16,518	10,009

【本社】103-0027 東京都中央区日本橋3-12-2 朝日ビル【設立】1935.4　[東京P]

●インターンシップ●【概要】①自動車車体開発②金型設計③製品設計④会社紹介、工場見学、先輩社員座談会、WEB座談会【募集】①②③8~9月 12~2月④9月 2月【実施】①②③8~9月(5日間)12~2月(5日間)④1日または3日間【地域】①②③相模原④相模原 栃木 広島 岐阜【選考】①②③ES④なし【本選考との関係】④早期選考に案内

㈱エイチワン　[自動車部品]

修士・大卒採用数	従業員数	平均勤続年数	平均年収
6名	◇1,262名	◇22.0年	總646万円

【特色】ホンダ系、自動車の車体骨格部品メーカー
【本社】330-0854 埼玉県さいたま市大宮区桜木町1-11-5 KSビル　【設立】1939.4　[東京P]

【業績】	売上高	営業利益	税前利益	純利益
◇22.3	170,588	▲4,046	▲3,714	▲1,390
◇23.3	225,511	▲9,270	▲9,742	▲6,993

●インターンシップ●　24予【概要】①工場見学、部署別社員・社長・管理職インタビュー、新商品・サービス企画提案②開発部門での体験（金型設計・シミュレーション）、工場見学、業界研究 他③工場見学、部署別社員・管理職・工場長インタビュー 他④部署別社員(女性)インタビュー 他【募集】①6~7月中旬②③④6~1月中旬【実施】①8月 9月(各5日間) 2月(各3日間)③4月 2月(各3日間)【地域】①埼玉 栃木 福島②福島③三重④埼玉 栃木 栃木【全学年対象】①②③④【選考】⑥ES Web面接【本選考との関係】⑥早期選考に案内

太平洋工業㈱　[自動車部品]

修士・大卒採用数	従業員数	平均勤続年数	平均年収
24名	598名	16.0年	總667万円

【特色】タイヤバルブとバルブコアで世界首位級メーカー
【本社】503-8603 岐阜県大垣市久徳町100　【設立】1930.8　[東京P]

【業績】	売上高	営業利益	経常利益	純利益
連22.3	164,472	10,756	14,615	9,803
連23.3	191,254	9,298	13,209	9,301

●インターンシップ●　24予【概要】①自動車の明日をつくる開発・設計・生産技術体験②最新鋭の設備を見る工場見学会③1DAY仕事体験④オープンカンパニー【募集】①5~7月中旬②6月~③6~1月④5月~【実施】①8月(1週間)②7~8月(3時間)③毎月(1日)④毎月(1時間)【地域】①②岐阜・大垣③④オンライン【全学年対象】③④【選考】①ES②③④なし【本選考との関係】①早期選考に案内

プレス工業㈱　[自動車部品]

修士・大卒採用数	従業員数	平均勤続年数	平均年収
12名	1,811名	20.0年	總818万円

【特色】トラック用フレーム、車軸生産で国内トップ
【本社】210-8512 神奈川県川崎市川崎区塩浜1-1-1　【設立】1934.6　[東京P]

【業績】	売上高	営業利益	経常利益	純利益
連22.3	160,060	12,424	12,673	7,107
連23.3	184,844	13,110	13,714	6,793

●インターンシップ●　【概要】①職業体験：会社説明・グループワーク・ディスカッション②理系向け：職場体験実習・実習報告【募集】①6~2月上旬②6~7月【実施】①7~2月(1日、各月2回)②8~9月中旬(10日間)【地域】①オンライン 神奈川・藤沢②神奈川・藤沢【全学年対象】①②【選考】⑥なし【本選考との関係】⑥早期選考に案内

ジヤトコ㈱　[自動車部品]

修士・大卒採用数	従業員数	平均勤続年数	平均年収
49名	2,016名	19.6年	總744万円

【特色】日産自動車の連結子会社。自動変速機(AT)専業
【本社】417-8585 静岡県富士市今泉700-1　【設立】1999.6　[未上場]

【業績】	売上高	営業利益	経常利益	純利益
連22.3	561,300	26,700	NA	16,500
連23.3	540,000	2,800	NA	▲4,800

●インターンシップ●　【概要】①理系1day仕事体験：ものづくり設計体験、性能設計体験、エンジニアとの懇談
【募集】①5月下旬~2月中旬
【実施】①8~9月(1日)12月 2月(1日)【地域】①静岡・富士 オンライン【選考】①なし

日清紡ホールディングス㈱　[自動車部品]

修士・大卒採用数	従業員数	平均勤続年数	平均年収
21名	1,827名	20.6年	總763万円

【特色】綿紡績名門。ブレーキ摩擦材などに多角化
【本社】103-8650 東京都中央区日本橋人形町2-31-11　【設立】1907.2　[東京P]

【業績】	売上高	営業利益	経常利益	純利益
連22.12	516,085	15,435	20,397	19,740
連23.12	541,211	12,453	15,785	▲20,045

●インターンシップ●　【概要】①職場体験型長期インターンシップ②就職活動の軸を知る。1dayイベント③事務系1dayイベント④事業所見学会【募集】①②6月~③④10月~【実施】①8~9月上旬 1月下旬~2月上旬(1~2週間程度)②7~2月中旬③12~2月(1日)④11~2月上旬(1日)【地域】①千葉 群馬 愛知 徳島②オンライン③オンライン 東京④千葉 群馬 愛知【選考】①ES 面接②③④抽選(多数の場合)【本選考との関係】①早期選考に案内

日本発条㈱　[自動車部品]

修士・大卒採用数	従業員数	平均勤続年数	平均年収
80名	2,249名	15.2年	總758万円

【特色】自動車向け懸架ばね首位。独立系メーカー
【本社】236-0004 神奈川県横浜市金沢区福浦3-10　【設立】1939.9　[東京P]

【業績】	売上高	営業利益	経常利益	純利益
連22.3	586,903	21,359	30,674	31,998
連23.3	693,246	28,838	37,317	21,537

●インターンシップ●　24予
【概要】①文理合同のグループワークによるオンライン仕事体験ワーク
【募集】①5~2月(随時)
【実施】①6~2月(半日×複数回)【地域】①オンライン【選考】①なし

233

㈱ヨロズ（自動車部品）

	修士・大卒採用数	従業員数	平均勤続年数	平均年収
	11名	455名	12.5年	㊱602万円

【特色】自動車足回り部品メーカー。主力は日産向け
【本社】222-8560 神奈川県横浜市港北区樽町3-7-60 【設立】1948.4　[東京Ｐ]

【業績】	売上高	営業利益	経常利益	純利益
連22.3	127,316	2,096	2,284	876
連23.3	160,560	3,088	2,992	1,422

●インターンシップ● 24予【概要】①オープンカンパニー 業界企業説明会②3次元測定機を使用した1day品質保証業務体験③3D CADソフトを使用した1day生産技術業務体験④3D CADソフトを使用した1day設計業務体験【募集】①6～7月 10～11月②③④7月 11月【実施】①7月（2週間）12月（2週間）②③④8月（1日×5回）12月（1日×5回）【地域】①オンライン②③④栃木・小山【選考】⑥なし【本選考との関係】②③④早期選考に案内

中央発條㈱（自動車部品）

	修士・大卒採用数	従業員数	平均勤続年数	平均年収
	11名	460名	21.1年	㊱680万円

【特色】自動車用ばねの大手メーカー。非自動車向け強化
【本社】458-8505 愛知県名古屋市緑区鳴海町字上汐田68 【設立】1948.12　[東京Ｓ]

【業績】	売上高	営業利益	経常利益	純利益
連22.3	82,144	1,826	3,434	1,801
連23.3	92,766	354	1,572	481

●インターンシップ●
【概要】①（理系）仕事体験・職場見学
【募集】①10～12月【実施】①10～12月（1日）【地域】①愛知（名古屋 みよし）【選考】①なし【本選考との関係】①早期選考に案内

カヤバ㈱（自動車部品）

	修士・大卒採用数	従業員数	平均勤続年数	平均年収
	32名	◇3,884名	◇16.9年	㊱682万円

【特色】油圧機器大手。自動車の衝撃緩衝器で高シェア
【本社】105-5128 東京都港区浜松町2-4-1 世界貿易センタービル南館 【設立】1948.11　[東京Ｐ]

【業績】	売上高	営業利益	税前利益	純利益
◇22.3	388,360	30,001	28,817	22,549
◇23.3	431,205	32,547	31,770	27,210

●インターンシップ●【概要】①製造業における職種および仕事の流れ（ビジネスフロー）に関するワーク②製造業における各職種の仕事内容についてケーススタディを通じて体感③技術部門における就業体験【募集】①7～2月②9～2月③6～7月【実施】①8～2月（1日×8回）②10～2月（1日×5回）③8～9月（1週間）【地域】①②オンライン③国内の工場・研究所【全学年対象】①②【選考】①②なし③ES Web面談【本選考との関係】②早期選考に案内

愛三工業㈱（自動車部品）

	修士・大卒採用数	従業員数	平均勤続年数	平均年収
	34名	1,604名	18.6年	㊱732万円

【特色】トヨタ系部品メーカー。主力は燃料噴射装置
【本社】474-8588 愛知県大府市共和町1-1-1 【設立】1938.12　[東京Ｐ]

【業績】	売上高	営業利益	経常利益	純利益
連22.3	193,751	9,809	10,255	6,831
連23.3	240,806	13,632	14,083	8,504

●インターンシップ● 24予
【概要】①短期：設計開発疑似体験、生産技術疑似体験、組込みソフトウエア開発疑似体験、回路設計疑似体験
【募集】①6～12月【実施】①8～12月（1日）【地域】①愛知・大府【選考】①なし

武蔵精密工業㈱（自動車部品）

	修士・大卒採用数	従業員数	平均勤続年数	平均年収
	14名	◇1,119名	◇16.1年	㊱626万円

【特色】ホンダ系自動車・2輪部品メーカー。ギアを製造
【本社】441-8560 愛知県豊橋市植田町字大膳39-5 【設立】1944.1　[東京Ｐ]

【業績】	売上高	営業利益	経常利益	純利益
連22.3	241,896	8,413	9,435	5,429
連23.3	301,500	7,677	7,030	2,436

●インターンシップ●
【概要】②ムサシエンジニア体験②ムサシ管理系職種体験
【募集】②6～7月
【実施】②8月 9月（1日）【地域】②愛知・豊橋【選考】②なし

㈱エクセディ（自動車部品）

	修士・大卒採用数	従業員数	平均勤続年数	平均年収
	3名	1,489名	16.6年	㊱604万円

【特色】自動車クラッチ最大手。アイシンが筆頭株主
【本社】572-8570 大阪府寝屋川市木田元宮1-1-1 【設立】1950.7

【業績】	売上高	営業利益	税前利益	純利益
◇22.3	261,095	18,328	19,467	12,477
◇23.3	285,639	8,760	9,916	4,513

●インターンシップ● 24予【概要】①新製品開発業務体験：電動化製品の先行開発、モータ設計等の開発業務体験②生産技術体験：工程設計、設備開発などの生産技術業務体験③ITエンジニア体験：プログラミング、製造DXなどITエンジニアの仕事体験④設計体験：設計FMEA体験【募集】①②③4～7月④4月【実施】①8月26～30日（5日間）②9月2～6日（5日間）③8月21～23日（3日間）④4～2月（1日×複数回）【地域】①②③大阪本社④大阪本社またはオンライン【全学年対象】④【選考】①②③ES④なし【本選考との関係】②早期選考に案内

234

㈱エフテック ［自動車部品］

修士・大卒採用数	従業員数	平均勤続年数	平均年収
8名	◇743名	◇18.5年	総571万円

【特色】ホンダ系自動車部品会社。足回り部品に独自性
【本社】346-0194 埼玉県久喜市菖蒲町昭和沼19
【設立】1964.5　　　　　　　　　　　［東京S］

【業績】	売上高	営業利益	経常利益	純利益
単22.3	191,892	1,142	1,292	209
連23.3	261,156	2,038	1,921	1,734

●インターンシップ● 24予【概要】①業界・会社説明 工場見学 GW 他（理系向け：ものづくり（製造）の仕事内容を体験）②業界・会社説明 工場見学 GW 他（文系向け：事務職（購買）を体験）③業界・会社説明 工場見学 GW 他（事務職（システム部）を体験）④ES・面接対策 会社説明 工場見学 他（人事部（採用）を体験）【実施】①③8-9月②④12-1月【実施】①③8月 9月（1日）②④1月（1日）【地域】①③対面 オンライン②④オンライン【選考】㋐なし【本選考との関係】㋐早期選考に案内

㈱エフ・シー・シー ［自動車部品］

修士・大卒採用数	従業員数	平均勤続年数	平均年収
12名	◇1,184名	◇19.0年	総685万円

【特色】クラッチ専業メーカー。2輪向けは世界トップ
【本社】431-1394 静岡県浜松市浜名区細江町中川7000-36【設立】1939.6

【業績】	売上高	営業利益	税前利益	純利益
単22.3	170,971	10,051	11,944	8,551
連23.3	218,939	11,903	13,641	9,566

●インターンシップ● 【概要】①FCCの事業内容について知る座談会②実際の職場で仕事内容や働き方を知る③FCCの働き方について知る座談会【募集】①6月下旬-8月②6月-8月中旬 10-11月③10-12月上旬④10-11月【実施】①-9月上旬（複数日程）②9月上旬-中旬 1月中旬-2月上旬（1日）③12月下旬-2月（複数日程）④2月上旬-中旬（3日程度）【地域】①③オンライン②④浜松【選考】①②③なし・個人面談【本選考との関係】㋐早期選考に案内

大同メタル工業㈱ ［自動車部品］

修士・大卒採用数	従業員数	平均勤続年数	平均年収
15名	◇1,370名	◇16.4年	◇663万円

【特色】すべり軸受け専業で世界大手。自動車向けが主
【本社】460-0008 愛知県名古屋市中区栄2-3-1 名古屋伏見小路ビル【設立】1939.11　［東京P］

【業績】	売上高	営業利益	経常利益	純利益
単22.3	104,024	5,042	4,836	1,897
連23.3	115,480	2,824	2,909	▲2,208

●インターンシップ● 【概要】①②技術部門での就業体験③事務部門での就業体験【募集】①⑥6月-②③10月【実施】①8-9月（2日間）②11-12月（1日）③12-1月【地域】①②オンライン 愛知・犬山③オンライン【選考】㋐なし【本選考との関係】㋐関係あり

バンドー化学㈱ ［自動車部品］

修士・大卒採用数	従業員数	平均勤続年数	平均年収
25名	◇1,289名	◇16.0年	総658万円

【特色】伝動ベルト製造大手。自動車用で高シェア
【本社】650-0047 兵庫県神戸市中央区港島南町4-6-6【設立】1937.1　　　　　　　［東京P］

【業績】	売上高	営業利益	税前利益	純利益
◇22.3	93,744	2,665	3,414	1,211
◇23.3	103,608	8,259	8,542	5,722

●インターンシップ● 24予【概要】①技術職：会社紹介・生産技術職の仕事体験②技術職：会社紹介・研究開発職の仕事体験【募集】㋐8-11月【実施】㋐12-1月（1日）【地域】㋐神戸【選考】㋐未定【本選考との関係】㋐関係あり

オートリブ㈱ ［自動車部品］

修士・大卒採用数	従業員数	平均勤続年数	平均年収
6名	1,518名	11.8年	NA

【特色】世界最大手の自動車安全部品メーカーの日本法人
【本社】222-0033 神奈川県横浜市港北区新横浜3-17-6 イノテックビル【設立】1987.5 ［未上場］

【業績】	売上高	営業利益	経常利益	純利益
単21.12	83,107	5,529	5,484	4,099
単22.12	92,679	292	▲377	6,536

●インターンシップ● 【概要】①会社紹介 業界研究 製品紹介 仕事体験ワーク（フィードバック付）テクニカルセンター見学 座談会②④会社紹介 業界研究 仕事体験ワーク 座談会③会社紹介 業界研究 仕事体験ワーク テクニカルセンター見学 座談会【募集】①②6-7月中旬③7-8月④8-9月【実施】①8月上旬（3日間）②8月（1日）③9-10月（1日）④10月（1日）【地域】①③茨城②④オンライン【選考】㋐なし【本選考との関係】㋐早期選考に案内

三ツ星ベルト㈱ ［自動車部品］

修士・大卒採用数	従業員数	平均勤続年数	平均年収
28名	◇738名	◇18.0年	総682万円

【特色】工業用ベルト製造の大手。自動車用Vベルト主力
【本社】653-0024 兵庫県神戸市長田区浜添通4-1-21【設立】1932.10　　　　　　　［東京P］

【業績】	売上高	営業利益	経常利益	純利益
単22.3	74,870	7,640	8,552	6,380
連23.3	82,911	9,030	10,471	7,071

●インターンシップ● 【概要】①機械・電気電子向け実習型②理系全般向け実習型③営業同行コース④情報システムコース【募集】①②6-12月③7月④8-12月【実施】①②9月（2日間）2月（2日間）③8月（5日間）④10月（2日間）2月（2日間）【地域】①②④神戸③神戸 東京 オンライン【選考】㋐なし

[メーカー（電機・自動車・機械）]

㈱ニフコ　[自動車部品]

	修士・大卒採用数	従業員数	平均勤続年数	平均年収
25総	11名	1,361名	16.3年	総655万円

【特色】自動車などの樹脂製ファスナー(留め具)を製造
【本社】239-8560 神奈川県横須賀市光の丘5-3
【設立】1967.2　　　　　　　　　　　　　[東京P]

【業績】	売上高	営業利益	経常利益	純利益
連22.3	283,777	30,540	33,602	22,959
連23.3	321,771	34,439	37,876	21,170

388ジペ

25働
378ジペ
●インターンシップ●　24予
【概要】①設計職：就業体験②業界・会社研究会
【募集】①11月~②6月~【実施】①2月(3日間予定)②8月 9月上旬 12月上旬 1月中旬~下旬(各1~2日間)
【地域】①オンライン 神奈川・横須賀②オンライン【選考】①ES 面談②なし

ダイキョーニシカワ㈱　[自動車部品]

	修士・大卒採用数	従業員数	平均勤続年数	平均年収
25総	24名	◇2,763名	◇15.0年	総516万円

【特色】インパネやバンパーなど自動車樹脂部品製造
【本社】739-0049 広島県東広島市寺家産業団地
5-1【設立】1961.10

【業績】	売上高	営業利益	経常利益	純利益
連22.3	116,669	▲2,632	▲985	▲2,085
連23.3	145,744	3,453	2,864	518

388ジペ

25働
378ジペ
●インターンシップ●　【概要】①技術系職種の就業体験,自動車業界研究,会社紹介,会社・工場見学 他②業界研究,会社紹介,東広島の魅力紹介,就職活動アドバイス,先輩社員との懇談会③④業界研究,会社紹介,職種研究,先輩社員との懇談会【募集】①6~9月②6~2月③11~3月④11~2月【実施】①8~9月(5日間)②7~9月(1日)③10~3月(1日)④12~1月(1日)【地域】①広島・東広島②④オンライン【全学年対象】①②③④【選考】①多数の場合抽選②③④なし【本選考との関係】①③④早期選考に案内②関係あり

リョービ㈱　[自動車部品]

	修士・大卒採用数	従業員数	平均勤続年数	平均年収
25総	33名	1,694名	19.0年	総612万円

【特色】独立系ダイカスト専業でトップ。印刷機も展開
【本社】726-8628 広島県府中市目崎町762
【設立】1943.12　　　　　　　　　　　　　[東京P]

【業績】	売上高	営業利益	経常利益	純利益
連22.12	249,521	6,969	7,791	4,784
連23.12	282,693	12,214	13,861	10,115

389ジペ

25働
379ジペ
●インターンシップ●　24予【概要】①仕事体験(対面)少人数で疑問や不安に答えながら当社で働くイメージを持つ。鋳造とは何か,実際に体験しダイカスト業界への理解を深める②仕事体験(対面)少人数で疑問や不安に答えながら当社で働くイメージを持つ。設計,品質保証などの職種を体験し,理解を深める【募集】②6月~【実施】①8~12月(約10回)②8~12月(約6回)【地域】①広島・府中 静岡②広島・府中【選考】⑥なし【本選考との関係】⑥早期選考に案内

㈱アーレスティ　[自動車部品]

	修士・大卒採用数	従業員数	平均勤続年数	平均年収
25総	9名	◇1,016名	◇18.2年	総557万円

【特色】ダイカスト大手。SUBARUが主要取引先
【本社】441-3114 愛知県豊橋市三弥町中原1-2
【設立】1943.11　　　　　　　　　　　　　[東京P]

【業績】	売上高	営業利益	経常利益	純利益
連22.3	116,313	▲2,422	▲2,032	▲5,189
連23.3	140,938	23	94	▲84

389ジペ

25働
379ジペ
●インターンシップ●　【概要】①理系向け・2Daysものづくり体感型・対面：会社説明,業界研究,先輩社員座談会,技術勉強会,工場見学,GW②文系限定・1day仕事体験・対面：会社説明,業界研究,先輩社員座談会,GW③文理合同・1day仕事体験・対面：会社説明,業界研究,先輩社員座談会,GW④オープンカンパニー【募集】①②③④7~8月 11~12月④2月~【実施】①8~9月12~1月(2日間)②③8~9月 12~1月(1日)④7月~(1日)【地域】①②愛知・豊橋①②東京・中野④対面 オンライン【選考】⑥なし

ＴＰＲ㈱　[自動車部品]

	修士・大卒採用数	従業員数	平均勤続年数	平均年収
25総	9名	◇770名	◇19.0年	総727万円

【特色】ピストンリング大手。シリンダライナ世界首位
【本社】100-0005 東京都千代田区丸の内6-2 新
丸の内センタービル【設立】1939.12　[東京P]

【業績】	売上高	営業利益	経常利益	純利益
連22.3	163,537	10,701	14,633	8,087
連23.3	178,619	6,856	10,215	3,843

390ジペ

25働
380ジペ
●インターンシップ●　24予【概要】①先輩社員座談会②3D-CADを使用した設計体験・CAEを使用した解析体験(コンピュータシミュレーション)③樹脂製品の開発業務体験④ナノ素材事業の製品開発業務体験【募集】①②③各開催月の1~2カ月前④未定【実施】①8~9月(1日,3~4回/月)②③12~1月(2~3日間)④未定【地域】①オンライン②③④長野・岡谷④山形・寒河江【選考】⑥なし

今治造船㈱　[輸送用機器]

	修士・大卒採用数	従業員数	平均勤続年数	平均年収
25総	24名	◇1,813名	◇13.6年	総690万円

【特色】造船国内首位。竣工量断トツ。JMUと1・2位連合
【本社】799-2111 愛媛県今治市小浦町1-4-52
【設立】1943.9　　　　　　　　　　　　　[未上場]

【業績】	売上高	営業利益	経常利益	純利益
単22.3	365,200	NA	NA	NA
単23.3	376,400	NA	NA	NA

390ジペ

25働
380ジペ
●インターンシップ●　24予【概要】①②オレンジフェリー乗船インターンシップ：フェリー船中泊,船内見学,造船所見学,職種体験グループワーク 他③1DAY工場見学会：造船所見学,グループワーク 他【募集】①6~7月②10~11月③未定【実施】①8月21~23日(3日間)9月4~6日(3日間)②12月18~20日(3日間)2月19~21日(3日間)③夏季・冬季に複数日程(予定)【地域】①香川・丸亀②香川・丸亀 愛媛・西条③愛媛 香川 広島【選考】⑥ES

㈱三井E&S（みついイーエス）　輸送用機器

修士・大卒採用数	従業員数	平均勤続年数	平均年収
46名	1,330名	12.9年	⑧764万円

【特色】船舶用エンジン国内首位。造船からは撤退
【本社】104-8439 東京都中央区築地5-6-4
【設立】1937.7　　［東京P］

【業績】	売上高	営業利益	経常利益	純利益
連22.3	579,363	▲10,029	▲25,742	▲21,825
連23.3	262,301	9,376	12,532	15,554

●インターンシップ● 24予【概要】①技術系職向け：職場・工場実習（汎用的能力活用型）②技術系職向け：会社紹介・工場見学・社員懇談会（オープン・カンパニー）③技術系職・事務職向け：オンラインでの会社紹介・業界研究・社員懇談会（オープン・カンパニー）【募集】①6~7月②12~2月③6~8月 12~2月【実施】①8~9月 2月（2週間程度）②12~2月(1日)③8~9月 12~2月(1日)【地域】①②岡山 大分③オンライン【選考】①応募理由②③なし【本選考との関係】①選考を一部免除

ジャパン マリンユナイテッド㈱　輸送用機器

修士・大卒採用数	従業員数	平均勤続年数	平均年収
37名	990名	17.6年	⑧831万円

【特色】総合造船専業で建造量は国内有数。略称JMU
【本社】220-0012 神奈川県横浜市西区みなとみらい4-4-2 横浜ブルーアベニュー【設立】2013.1（創立）

【業績】	売上高	営業利益	経常利益	純利益
連22.3	227,400	▲1,000	800	500
連23.3	251,900	▲15,100	▲15,400	15,258

●インターンシップ●【概要】①工場見学 営業業務体験設計 他④工場見学 設計業務体験 他③工場見学 製造業務体験 他【募集】①6~12月②7月中旬~8月中旬③7月中旬~8月④11~1月中旬【実施】①9月 12~1月(1日)②9月上旬(4日間)③9月中旬(3~4日間)④12月中旬~1月(1~2日間)【地域】①③横浜 三重 広島・呉②横浜③横浜 三重・津 広島・呉 熊本・玉名【全学年対象】②③【選考】②なし

㈱名村造船所（なむらぞうせんしょ）　輸送用機器

修士・大卒採用数	従業員数	平均勤続年数	平均年収
13名	◇1,028名	◇17.9年	⑧530万円

【特色】造船専業大手。傘下に佐世保重工業、函館どつく
【本社】550-0012 大阪府大阪市西区立売堀2-1-9 日建ビル【設立】1931.4　　［東京S］

【業績】	売上高	営業利益	経常利益	純利益
連22.3	83,423	▲9,532	▲8,244	▲8,419
連23.3	124,080	9,595	11,369	11,194

●インターンシップ●【概要】①職場・工場実習 造船ものづくり実習②職場体験:仕事・業界研究【募集】①6~7月②8月~【実施】①8月上旬(5日間)9月上旬(5日間)②10月~(約半日)【地域】①佐賀・伊万里②オンライン【選考】①書類②なし【本選考との関係】①関係あり

新明和工業㈱（しんめいわこうぎょう）　輸送用機器

修士・大卒採用数	従業員数	平均勤続年数	平均年収
49名	2,004名	19.7年	⑧754万円

【特色】ダンプなど特装車で国内首位。航空機材も強い
【本社】665-8550 兵庫県宝塚市新明和町1-1
【設立】1949.11　　［東京P］

【業績】	売上高	営業利益	経常利益	純利益
連22.3	216,823	10,569	11,821	6,907
連23.3	225,175	9,293	9,902	7,313

●インターンシップ● 24予【概要】①新事業企画業務体験②（技術系）各事業部概要説明・課題演習・若手社員座談会③（技術系）事業部実務体験④（事務系）職種別業務体験（営業・人事総務・経理財務）【募集】①随時②⑤~6月 11~12月（予定）④6~7月 12月~（予定）【実施】①②週（半日 月1回程度）②7~2月(1週間程度)④8~2月(2日間)【地域】①②オンライン②栃木 神奈川 兵庫 他④オンライン 大阪 他【選考】①抽選②ES③④ES 面接【本選考との関係】②早期選考に案内

極東開発工業㈱（きょくとうかいはつこうぎょう）　輸送用機器

修士・大卒採用数	従業員数	平均勤続年数	平均年収
15名	◇1,104名	◇14.4年	⑧728万円

【特色】特装車総合首位。ゴミ処理施設など環境事業も
【本社】541-8519 大阪府大阪市中央区淡路町2-5-11 極東開発グループ本社ビル【設立】1955.6　［東京P］

【業績】	売上高	営業利益	経常利益	純利益
連22.3	116,910	6,974	7,567	14,274
連23.3	113,089	991	1,187	3,580

●インターンシップ●【概要】①特装車の受注活動や仕様検討をオンラインで疑似体験！仕事体験型コース（営業・設計）②極東ならではの魅力がまるわかり！社員との座談会コース（営業・技術・管理）③特装車の設計・開発業務がわかる体験型5daysインターンシップ【募集】①6月~随時③随時③6~7月中旬【実施】①6月下旬~(1日)②10月~(1日)③8月(5日間)【地域】①オンライン 大阪②オンライン③神奈川 愛知 兵庫【全学年対象】①②【選考】②なし

㈱モリタホールディングス　輸送用機器

修士・大卒採用数	従業員数	平均勤続年数	平均年収
20名	86名	12.2年	⑧743万円

【特色】消防車製造で国内首位。消火器など防災用品も
【本社】541-0045 大阪府大阪市中央区道修町3-6-1 京阪神御堂筋ビル【設立】1932.7　［東京P］

【業績】	売上高	営業利益	経常利益	純利益
連22.3	83,602	8,115	8,761	5,350
連23.3	81,344	5,081	5,913	3,996

●インターンシップ●【概要】①理系（機械・電気・情報系）：車両製造工場見学、開発職インストラクターによるGW、社員懇談会 他②営業職（学部不問）：業界・仕事研究,工場見学,社員座談会【募集】①5月下旬~8月 10月下旬~1月上旬【実施】①8月下旬~9月上旬(2日間×3回)12月下旬~1月中旬(1日×3回)②8月下旬~9月上旬(1~3日間×3回)12月下旬~2月中旬(1日×3回)【地域】②兵庫・三田 神奈川・茅ヶ崎【全学年対象】①②【選考】②なし【本選考との関係】②関係あり

237

三菱ロジスネクスト㈱ 〔輸送用機器〕

	修士・大卒採用数	従業員数	平均勤続年数	平均年収
	24名	◇1,517名	◇16.2年	◇643万円

【特色】 フォークリフト世界3位。M&Aで業容拡大
【本社】 617-8585 京都府長岡京市東神足2-1-1
【設立】 1937.8 ［東京S］

【業績】	売上高	営業利益	経常利益	純利益
連22.3	465,406	3,592	3,240	717
連23.3	615,421	14,709	11,646	6,913

●インターンシップ●【概要】①③会社紹介、施設見学、設計・開発/品証業務体験、先輩社員座談会②会社紹介、海外事業に関わるワーク、先輩社員座談会④会社紹介、国内営業/調達業務に関わるワーク、先輩社員座談会【募集】①2ヶ月~③④10月初旬【実施】①8~9月(1日~5日間)②9月(2日間)③1~2月(1日~5日間)④2月(1日)【地域】①③滋賀 京都 オンライン②オンライン④京都 オンライン⑥なし【本選考との関係】⑥早期選考に案内

ヤマハ発動機㈱ 〔輸送用機器〕

	修士・大卒採用数	従業員数	平均勤続年数	平均年収
	178名	◇10,012名	◇17.8年	◇795万円

【特色】 2輪車で世界大手。船外機や産業ロボットも展開
【本社】 438-8501 静岡県磐田市新貝2500
【設立】 1955.7 ［東京P］

【業績】	売上高	営業利益	経常利益	純利益
連22.12	2,248,456	224,864	239,293	174,439
連23.12	2,414,759	250,655	241,982	164,119

●インターンシップ●【概要】①秋季インターンシップ:開発、DX推進(データ分析)②冬季インターンシップ:開発、貿易管理、生産技術、品質保証、アフターサービス、生産戦略企画【募集】①8月中旬~9月上旬②10月中旬~11月中旬【実施】①10月30日~11月3日(4~5日間)②2月5日~2月9日(4~5日間)【地域】⑥静岡県磐田市周辺エリア【全学年対象】①②【選考】⑥面接 他【本選考との関係】⑥一部選考免除

㈱シマノ 〔輸送用機器〕

	修士・大卒採用数	従業員数	平均勤続年数	平均年収
	22名	◇1,620名	◇13.6年	◇872万円

【特色】 自転車用部品製造で世界首位、釣り具も強い
【本社】 590-8577 大阪府堺市堺区老松町3-77
【設立】 1940.1 ［東京P］

【業績】	売上高	営業利益	経常利益	純利益
連22.12	628,909	169,158	176,568	128,178
連23.12	474,362	83,653	103,369	61,142

●インターンシップ●【概要】①仕事探求Webセミナー②デザイナー:デザインコンセプト・スケッチワークショップ③高専本科生対象【募集】‥【実施】①9月中旬~下旬 11~1月(1日×複数回)②8月 3月下旬(4日間)12月(5日間)③9月上旬(5日間)【地域】⑥オンライン【選考】⑥あり

三菱重工業㈱ 〔機械〕

	修士・大卒採用数	従業員数	平均勤続年数	平均年収
	355名	21,634名	18.8年	919万円

【特色】 総合重機の最大手。三菱グループ中核企業の一つ
【本社】 100-8332 東京都千代田区丸の内3-2-3 丸の内二重橋ビル 【設立】1950.1 ［東京P］

【業績】	売上高	営業利益	税前利益	純利益
◇22.3	3,860,283	160,240	173,684	113,541
◇23.3	4,202,797	193,324	191,126	130,451

●インターンシップ● 24予【概要】①(理系)職場受入れ型②(文理不問)プロジェクト体感型ワークショップ【募集】①6月 10~11月②6~7月 10~11月【実施】①8~9月 12~2月(4~10日間)②8~9月(3日間)12~1月(2日間)【地域】⑥茨城 東京 神奈川 愛知 兵庫 広島 山口 長崎 オンライン【選考】⑥ES SPI 他【本選考との関係】⑥広報・採用選考活動に活用

川崎重工業㈱ 〔機械〕

	修士・大卒採用数	従業員数	平均勤続年数	平均年収
	305名	8,473名	14.8年	総873万円

【特色】 総合重機大手。鉄道車両、大型バイクに強み
【本社】 650-8680 兵庫県神戸市中央区東川崎町1-1-3 神戸クリスタルタワー 【設立】1896.10 ［東京P］

【業績】	売上高	営業利益	税前利益	純利益
◇23.3	1,725,609	82,355	70,349	53,029

●インターンシップ●【概要】①(事務系)業界理解・キャリア理解を深めるワーク②(技術系)会社理解を深めるワーク③(技術系)設計・製造などの実務体験【募集】①②7月~3月【実施】①8月~(2日間)②8月~(5日間)③8月下旬~9月(2週間)【地域】①②オンライン③兵庫(神戸・明石)岐阜市 香川・坂出【選考】①ES SPI②ES③ES SPI3 GD【本選考との関係】⑥1次選考を免除

㈱IHI 〔機械〕

	修士・大卒採用数	従業員数	平均勤続年数	平均年収
	―	◇7,358名	◇16.7年	◇793万円

【特色】 総合重機大手。航空エンジン、大型ボイラー強い
【本社】 135-8710 東京都江東区豊洲3-1-1 豊洲IHIビル 【設立】1889.1 ［東京P］

【業績】	売上高	営業利益	税前利益	純利益
◇22.3	1,172,904	81,497	87,637	66,065
◇23.3	1,352,940	81,985	64,865	44,545

●インターンシップ●【概要】①技術系(理系学部):各職場に配属し、業務を体験②技術系:業界理解をするオンラインセミナー③事務系:業界研究、会社紹介、先輩社員パネルディスカッション④事務系:ワークショップ型【募集】①6月上旬~中旬 10月上旬~中旬②③6~7月④10月中旬~11月中旬【実施】①8月下旬~9月上旬(1~2週間)②12月中旬(1週間)③9月中旬~下旬(1日)④8月下旬(1日)②2月(2日間)【地域】①東京 他②③オンライン④東京 オンライン【選考】①④ES 適性検査 面接②③なし

三井海洋開発㈱　機械

修士・大卒採用数	従業員数	平均勤続年数	平均年収
4名	175名	7.5年	879万円

【特色】三井E&S傘下。原油生産貯蔵設備を設計・建造
【本社】103-0027 東京都中央区日本橋丸善東急ビル【設立】1987.6　[東京P]

【業績】	売上高	営業利益	税前利益	純利益
◇22.12	363,593	9,997	7,277	4,960
◇23.12	507,031	27,364	30,446	13,691

●インターンシップ● 24予
【概要】①エンジニア志望学生・文系学生向け1Day仕事体験:海上プラントFPSO・海洋石油生産ビジネスを知る【募集】①6〜2月中旬【実施】①7月中旬〜2月末(1日)【地域】①オンライン【全学年対象】①【選考】①なし

25総 397ジ
25働 387ジ

㈱クボタ　機械

修士・大卒採用数	従業員数	平均勤続年数	平均年収
338名	6.773名	14.1年	㊚966万円

【特色】関西名門企業。農機国内首位、世界でも大手の一角
【本社】556-8601 大阪府大阪市浪速区敷津東1-2-47【設立】1930.12

【業績】	売上高	営業利益	税前利益	純利益
◇22.12	2,678,772	218,942	233,927	156,182
◇23.12	3,020,711	328,829	342,289	238,455

●インターンシップ●【概要】①技術系:グループワーク、社員交流会 他②事務系:グループワーク、社員交流会 他③デザイン系:デザインワーク、プレゼンテーション 他④法務:職場での業務体験 他【募集】①28月下旬〜9月③9月中旬-1月上旬④10月中旬〜11月中旬【実施】①12月(2日間)(工場見学1日)②11〜12月(2日間)(工場見学1日)③2月(5日間)④1月(5日間)【地域】①オンライン 大阪 東京②大阪 東京③④大阪【選考】①ES 面接【本選考との関係】④法務職種選考への応募条件

25総 398ジ
25働 388ジ

日立建機㈱　機械

修士・大卒採用数	従業員数	平均勤続年数	平均年収
65名	3.373名	16.5年	797万円

【特色】総合建機メーカーで国内2位、世界3位圏
【本社】110-0015 東京都台東区東上野2-16-1 上野イーストタワー【設立】1970.10　[東京P]

【業績】	売上高	営業利益	税前利益	純利益
◇22.3	1,024,961	106,590	110,869	75,826
◇23.3	1,279,468	133,310	112,661	70,175

●インターンシップ●
【概要】①技術系職種向け:会社概要説明、各職種概要説明、先輩社員交流会
【募集】‥
【実施】①1〜2月(1日)【地域】①茨城・土浦【選考】①なし

25総 398ジ
25働 388ジ

ヤンマーホールディングス㈱　機械

修士・大卒採用数	従業員数	平均勤続年数	平均年収
50名	2.590名	15.0年	㊚876万円

【特色】農機、建機大手。ディーゼルエンジンで世界首位級
【本社】530-8311 大阪府大阪市北区茶屋町1-32 YANMAR FLYING-Y BUILDING【設立】1936.1　[未上場]

【業績】	売上高	営業利益	経常利益	純利益
連22.3	871,453	36,217	48,991	36,778
連23.3	1,022,283	48,110	61,830	41,992

●インターンシップ●【概要】①③技術系職種の就業体験、実務型グループワーク 他②生産技術・電子制御:技術系職種の就業体験、実務型グループワーク 他④事務系職種の就業体験、実務型グループワーク 他【募集】①8〜10月(2〜5日間×4回)②〜③生産技術①2〜3日間)(⽔子制御)②2月(2日間)③8月(2日間×2回)④8月(2日間)【地域】①②④大阪近郊 オンライン③オンライン【全学年対象】①②③④【選考】㊚あり

25総 399ジ
25働 389ジ

コベルコ建機㈱　機械

修士・大卒採用数	従業員数	平均勤続年数	平均年収
22名	1.528名	12.3年	㊚822万円

【特色】神戸製鋼グループ。油圧ショベルとクレーンが主力
【本社】141-8626 東京都品川区北品川5-5-15 大崎ブライトコア【設立】1999.10　[未上場]

【業績】	売上高	営業利益	経常利益	純利益
連22.3	371,631	NA	12,217	NA
連23.3	381,781	NA	9,925	NA

●インターンシップ●【概要】①技術系:開発・生産・品証・サービス・ICTなど全部門へ配属、実習②事務系:営業・商品企画・広報・新事業・人事・経理から3部門へ配属、実習③技術系:GW、社員座談会④事務系:GW、社員座談会【募集】①②6〜7月③④6〜9月 1〜2月【実施】①8〜9月(2週間)②8〜9月(1週間)③④8-9月 12-2月(半日程度、各日2回程度)【地域】①広島市 兵庫・明石②東京③オンライン 広島市④オンライン 東京【全学年対象】③④【選考】①②ES 面議③④なし【本選考との関係】①③早期選考に案内 1次免除②④早期選考に案内

25総 399ジ
25働 389ジ

古河機械金属㈱　機械

修士・大卒採用数	従業員数	平均勤続年数	平均年収
35名	1.878名	18.3年	797万円

【特色】古河グループ源流。土木機械と搭載クレーンが柱
【本社】100-8370 東京都千代田区大手町2-6-4 常盤橋タワー【設立】1918.4　[東京P]

【業績】	売上高	営業利益	経常利益	純利益
連22.3	199,097	7,734	8,996	6,477
連23.3	214,190	9,031	9,348	6,211

●インターンシップ●
【概要】①理系学生:1日仕事体験②ドリル製品開発体験③クレーン製品開発体験
【募集】①6〜2月②③5〜7月【実施】①6月〜(各月)②③8〜9月(5日間)【地域】①オンライン②群馬・高崎③千葉・佐倉【全学年対象】①②③【選考】①なし②③あり【本選考との関係】㊚早期選考に案内

25総 400ジ
25働 390ジ

239

㈱タダノ　［機械］

修士・大卒採用数	従業員数	平均勤続年数	平均年収
36 名	◇1,585 名	◇16.0 年	◇619 万円

【特色】移動式の建設用クレーンで世界最大手級
【本社】761-0185 香川県高松市新田町甲34
【設立】1948.8　［東京P］

【業績】	売上高	営業利益	経常利益	純利益
連22.12変	192,932	7,191	6,540	2,210
連23.12	280,266	18,349	16,367	7,773

●インターンシップ● 24予【概要】①（理系大生・院生）開発：構造物設計の開発業務体験②（理系大生・院生・高専生）カスタマーサポート：製品知識の習得、業務内容理解③営業：営業職体験ワークショップ④事務：自己分析ワーク、業界研究、座談会【募集】①②③~6月【実施】①8月下旬（5日間）②8~9月③8~9月（1日）【地域】①香川②全国の支店③④東京 香川 福岡 大阪④オンライン【選考】①ES 面談②なし③面談④多数の場合抽選【本選考との関係】②早期選考に案内

井関農機㈱　［機械］

修士・大卒採用数	従業員数	平均勤続年数	平均年収
19 名	756 名	16.1 年	総605 万円

【特色】愛媛・松山発祥、農業機械専業で業界国内3位
【本社】116-8541 東京都荒川区西日暮里5-3-14
【設立】1926.8　［東京P］

【業績】	売上高	営業利益	経常利益	純利益
連22.12	166,629	3,534	3,762	4,119
連23.12	169,916	2,253	2,092	29

●インターンシップ●【概要】①開発設計職の仕事紹介・事業所見学・試乗 他（予定）②営業職の仕事紹介・事業所見学・試乗 他（予定）【募集】①8月上旬~中旬【実施】①9月上旬（2日間）9月下旬（2日間）②9月中旬（2日間）【地域】①愛媛②茨城【選考】②なし【本選考との関係】②関係あり

㈱やまびこ　［機械］

修士・大卒採用数	従業員数	平均勤続年数	平均年収
13 名	◇1,140 名	◇18.7 年	◇710 万円

【特色】小型屋外作業機械で国内首位、北米販売が収益源
【本社】198-8760 東京都青梅市末広町1-7-2
【設立】2008.12　［東京P］

【業績】	売上高	営業利益	経常利益	純利益
連22.12	156,159	8,688	9,217	6,299
連23.12	151,400	14,230	14,066	9,097

●インターンシップ●【概要】①小型屋外作業機械の運転・分解組立、工場見学 他②小型屋外作業機械を用いた工程設計や冶具の検討、生産施設の見学 他③一般産業機械の運転・分解組立、工場見学 他【募集】②随時【実施】①1月中旬（1日）②1月上旬（1日）③12月中旬（1日）【地域】①②東京・青梅③広島・山梨県【選考】②なし

ダイキン工業㈱　［機械］

修士・大卒採用数	従業員数	平均勤続年数	平均年収
360 名	◇8,877 名	◇16.4 年	総874 万円

【特色】エアコン世界首位級、M&Aも駆使し海外拡大
【本社】530-0001 大阪府大阪市北区梅田1-13-1 大阪梅田ツインタワーズ・サウス【設立】1934.2　［東京P］

【業績】	売上高	営業利益	経常利益	純利益
連22.3	3,109,106	316,350	327,496	217,709
連23.3	3,981,578	377,032	366,245	257,754

●インターンシップ●【概要】①選抜型文理融合②各職種仕事体感OJT型③国内高専生向け実習型④職種理解ワークショップ型（技術職・技術営業職・化学事業・事務系）【募集】①②6月③5月下旬~6月④11~1月【実施】①②8~9月③8~9月（3週間）④8~9月（5日間）④12~2月（1~2日間）【地域】①東京 大阪 ②大阪 滋賀 東京 大阪 茨城③東京 大阪 オンライン【全学年対象】④【選考】①②ES 面談③ES④ES 面談（コースにより異なる）【本選考との関係】①選抜ステップにより1次選考免除②1次選考免除

コマツ　［機械］

修士・大卒採用数	従業員数	平均勤続年数	平均年収
167 名	◇12,208 名	◇16.4 年	総855 万円

【特色】建設機械の総合メーカーで世界シェア2位
【本社】105-8316 東京都港区海岸1-2-20 汐留ビルディング【設立】1921.5　［東京P］

【業績】	売上高	営業利益	税前利益	純利益
◇22.3	2,802,323	317,015	324,568	224,927
◇23.3	3,543,475	490,685	476,434	326,398

●インターンシップ● 24予【概要】①理系：実務に近いテーマ（データ解析、シミュレーション、製品の実験等）について取り組む就業体験型（技術系対象）【募集】①6月上旬頃【実施】①8月下旬~9月上旬（2週間）【地域】①全国各事業所【選考】①書類 面接 筆記【本選考との関係】①選考に使用

㈱富士通ゼネラル　［機械］

修士・大卒採用数	従業員数	平均勤続年数	平均年収
89 名	1,729 名	17.6 年	総697 万円

【特色】富士通系。エアコン主力。新興国に強み
【本社】213-8502 神奈川県川崎市高津区末長3-3-17【設立】1936.1　［東京P］

【業績】	売上高	営業利益	経常利益	純利益
連22.3	284,128	8,444	11,402	3,722
連23.3	371,019	15,098	17,423	8,694

●インターンシップ● 24予【概要】①業界研究、企業研究、GW②（理系）開発体験（エアコンの組立分解、回路設計、プログラミング等）、施設紹介、社員懇談会③（理系）理系女性向け説明 女性社員座談会 GW④（理系）長期【募集】①34月~開催日の2日前②5月中旬~8月上旬 11月末④5月中旬~7月上旬【実施】①通年（1日×20回）②8~9月 12月（1日×8回）③8~9月 10~11月（1日×4回）④8月（1~2週間）【地域】①③オンライン②④川崎【全学年対象】①②③【選考】①③なし②ES 適性検査④ES 適性検査 面接【本選考との関係】②④早期選考に案内

ホシザキ㈱ 〔機械〕

	修士・大卒採用数	従業員数	平均勤続年数	平均年収
	17名	※◇1,236名	※◇18.0年	総716万円

【特色】業務用厨房機器大手。冷凍冷蔵庫、食洗機は国内首位
【本社】470-1194 愛知県豊明市栄町南館3-16
【設立】1947.2　[東京P]

【業績】	売上高	営業利益	経常利益	純利益
連22.12	321,338	27,915	37,763	24,345
連23.12	373,563	43,520	50,322	32,835

●インターンシップ● 24予【概要】①開発設計職実習型：機械設計、電子設計②開発設計・管理部門・経営戦略立案ワーク他：業務体験、座談会③生産技術・品質保証コース：業務体験・座談会④ホシザキセミナー企画管理系・技術系・情報系：会社紹介、社員との座談会【募集】①6~7月②7~8月 10~11月③6~8月 10~11月④随時【実施】①8~9月(5日間×2回)②8~9月12~2月(6日間)③8月(1日×2回)12月(1日×2回)④6月~(月3回)【地域】①③愛知・豊明②④オンライン【全学年対象】①②③④【選考】①ES Web面接②③多数の場合は抽選④なし

㈱キッツ 〔機械〕

	修士・大卒採用数	従業員数	平均勤続年数	平均年収
	29名	783名	14.1年	総661万円

【特色】国内首位の総合バルブメーカー。伸銅品でも上位
【本社】261-8577 東京都港区東新橋1-9-1
【設立】1951.1　[東京P]

【業績】	売上高	営業利益	経常利益	純利益
連22.12	159,914	11,051	12,045	8,549
連23.12	166,941	13,687	14,452	10,591

●インターンシップ●【概要】①理系向け技術職仕事体験：会社紹介 技術系職種紹介 GW②理系向け技術職仕事体験：問題解決業務体験 新製品開発業務体験 座談会③営業職仕事体験：会社紹介 営業系職種紹介 GW【募集】①7~8月 11~1月②③11~1月【実施】①8~9月(1日)12~2月(1日)②12~2月(2日間)③12~2月(1日)【地域】㊦オンライン【全学年対象】①②③【選考】㊦なし【本選考との関係】㊦早期選考に案内

アマノ㈱ 〔機械〕

	修士・大卒採用数	従業員数	平均勤続年数	平均年収
	32名	2,017名	19.0年	総717万円

【特色】就業時間管理システム国内首位。働き方改革で注目
【本社】222-8558 神奈川県横浜市港北区大豆戸町275【設立】1945.11　[東京P]

【業績】	売上高	営業利益	経常利益	純利益
連22.3	118,429	12,893	13,919	9,733
連23.3	132,810	15,787	16,960	11,288

●インターンシップ●【概要】①理系：ソフトウェア開発部門における就業体験、社員座談会②理系：生産技術部門における就業体験、工場見学③システムエンジニア職の業務内容紹介、作業体験④理系：集塵システム等のプラント設計体験、工場見学【募集】①6~7月中旬【実施】①8~9月(3日間)②7~8月(3日間)③8~9月(1日)④8~9月(2日間)【地域】①横浜②相模原③横浜 大阪④浜松 オンライン【選考】①ES②③なし④あり【本選考との関係】①②早期選考に案内

フクシマガリレイ㈱ 〔機械〕

	修士・大卒採用数	従業員数	平均勤続年数	平均年収
	40名	1,019名	11.3年	総663万円

【特色】業務用冷凍冷蔵庫大手。中国・東南ア開拓加速
【本社】555-0011 大阪府大阪市西淀川区竹島2-6-18【設立】1951.12　[東京P]

【業績】	売上高	営業利益	経常利益	純利益
連22.3	96,073	9,806	11,265	8,172
連23.3	104,996	11,485	12,292	8,654

●インターンシップ● 24予【概要】①営業系：ただのモノ売りではない！付加価値を提供する提案営業体験②技術職系(交通・宿泊補助あり)：製品開発体験③技術職系(交通・宿泊補助あり)：SE/PG体験【募集】①4月上旬~随時③②④~7月中旬【実施】①8月~随時(半日)③②8~9月(5日間)【地域】①東京 名古屋 大阪 福岡②滋賀 岡山③大阪【全学年対象】①②③【選考】①なし③②カジュアル面談【本選考との関係】㊦早期選考に案内

㈱東光高岳 〔機械〕

	修士・大卒採用数	従業員数	平均勤続年数	平均年収
	33名	◇1,854名	◇20.3年	総647万円

【特色】受変電設備と計器の2本柱。東京電力系
【本社】135-0061 東京都江東区豊洲5-6-36 豊洲プライムスクエア【設立】2012.10

【業績】	売上高	営業利益	経常利益	純利益
連22.3	91,936	4,625	4,172	3,279
連23.3	97,752	4,847	4,704	2,919

●インターンシップ● 24予【概要】①②会社紹介、再エネを利用した地域マイクログリッド構築ワーク、若手社員との座談会③会社紹介、日本のEV用充電インフラ普及拡大に向けた検討ワーク(仮)、若手社員との座談会【募集】①~8月中旬②~8月31日③11~2月【実施】①8月(計2回)②9月上旬(1回)③冬季(予定)【地域】㊦オンライン【本選考との関係】㊦早期選考に案内

中外炉工業㈱ 〔機械〕

	修士・大卒採用数	従業員数	平均勤続年数	平均年収
	7名	424名	17.2年	832万円

【特色】工業炉トップ。鉄鋼や産業用熱処理装置に強い
【本社】541-0046 大阪府大阪市中央区平野町3-6-1 あいおいニッセイ同和損保御堂筋ビル【設立】1945.4　[東京P]

【業績】	売上高	営業利益	経常利益	純利益
連22.3	26,317	1,263	1,493	1,360
連23.3	27,977	1,309	1,575	1,231

●インターンシップ●【概要】㊦水素バーナ燃焼体験、会社紹介、エンジニア業務体験(グループワーク/機電)他【募集】①5~8月中旬②9~12月中旬【実施】①7~9月(2日間)②12~1月(2日間)【地域】㊦堺【選考】㊦多数の場合は抽選【本選考との関係】㊦早期選考に案内

㈱ジェイテクト　［機械］

修士・大卒採用数	従業員数	平均勤続年数	平均年収
81名	◇11,412名	◇17.2年	◇654万円

406ジペ

【特色】操舵部品、軸受け、工作機械が3本柱。トヨタ系
【本社】448-8652 愛知県刈谷市朝日町1-1
【設立】1935.1　　　　［東京P］

【業績】	売上高	営業利益	税前利益	純利益
◇22.3	1,428,426	36,401	43,934	20,682
◇23.3	1,678,146	49,325	55,889	34,276

396ジペ

●インターンシップ●24予【概要】①企業説明型オープンカンパニー：ジェイテクトのほぼすべての機種を合同企業説明会形式で説明②自動車コース：業務紹介、社員交流会他③営業職コース：業務紹介、社員交流会他④生産技術コース：業務紹介、社員交流会他【募集】①8月下旬 9月上旬②③④10~12月随時【実施】①各1日②③④1~2日間【地域】①大阪 愛知②愛知③東京 大阪④愛知 奈良【選考】①なし②ES③ES Webテスト

日本精工㈱（にっぽんせいこう）　［機械］

修士・大卒採用数	従業員数	平均勤続年数	平均年収
66名	5,131名	17.7年	◇719万円

407ジペ

【特色】日本最古のベアリングメーカー。国内最大手
【本社】141-8560 東京都品川区大崎1-6-3 日精ビル【設立】1916.11

【業績】	売上高	営業利益	税前利益	純利益
◇22.3	865,166	29,430	29,516	16,587
◇23.3	938,098	32,936	31,926	18,412

397ジペ

●インターンシップ●【概要】①技術開発部門での実習（軸受内部の挙動可視化とシミュレーション技術）②工場生産部門での実習（ベアリング製造における加工技術開発）③製造業の仕事理解 他④事務系部門での実習（広報記事作成のための社員インタビューと記事発信）【募集】①26年3月~2月④11~12月【実施】①28-9月（10日間）3月-2月（1日）④2月（3日間）【地域】①神奈川・藤沢②神奈川・藤沢 群馬・高崎 滋賀・大津等全国9工場③オンライン④東京・大崎【全学年対象】①②③④【選考】①②④ES 面接②なし【本選考との関係】①②参考にする

ＮＴＮ㈱（エヌティエヌ）　［機械］

修士・大卒採用数	従業員数	平均勤続年数	平均年収
68名	5,647名	20.3年	⑩699万円

407ジペ

【特色】日本精工、ジェイテクトと並ぶ軸受け大手の一角
【本社】530-0005 大阪府大阪市北区中之島3-6-32 ダイビル本館【設立】1934.3　　　　［東京P］

【業績】	売上高	営業利益	経常利益	純利益
◇22.3	642,023	6,880	6,815	7,341
◇23.3	773,960	17,145	12,047	10,367

397ジペ

●インターンシップ●24予【概要】①技術系開発体験コース：軸受基礎技術講座、アイデア検討会他②技術系研究・開発体験コース：業務体験、工場見学（対面のみ）他③（事務系、文理不問）仕事研究（営業/企画/生産管理/財務・経理）：各業種の業務体験他【募集】①6~12月②6~10月③7~1月（マーケは11~1月）【実施】①6~12月②8~10月（2~5日間）③8-9月 11~2月（1日）【地域】①オンライン②オンライン 三重・桑名 静岡・磐田③オンライン 大阪市 東京・品川【選考】①③なし②ES 適性検査【本選考との関係】②本選考の参考とする

ＴＨＫ㈱（ティ エイチ ケー）　［機械］

修士・大卒採用数	従業員数	平均勤続年数	平均年収
59名	◇4,058名	◇18.3年	◇697万円

408ジペ

【特色】直動案内機器で世界有数。日米欧亜の4極体制
【本社】108-8506 東京都港区芝浦2-12-10
【設立】1971.4　　　　［東京P］

【業績】	売上高	営業利益	税前利益	純利益
◇22.12	393,687	34,460	35,596	21,198
◇23.12	351,939	23,707	25,289	18,398

398ジペ

●インターンシップ●【概要】①1Day仕事研究セミナー：会社紹介、職種別の先輩社員との座談会、実例をもとにしたワークショップ等を通して仕事への理解を深める【募集】①6~1月【実施】①7~1月（1日×3回/月）【地域】①オンライン【選考】①なし

㈱不二越（ふじこし）　［機械］

修士・大卒採用数	従業員数	平均勤続年数	平均年収
78名	◇3,230名	◇15.2年	◇665万円

408ジペ

【特色】軸受け、ロボット、工具等の総合機械メーカー
【本社】105-0021 東京都港区東新橋1-9-2 汐留住友ビル【設立】1928.12　　　　［東京P］

【業績】	売上高	営業利益	経常利益	純利益
連22.11	258,007	17,025	17,100	12,237
連23.11	265,464	11,873	11,028	6,469

398ジペ

●インターンシップ●24予【概要】①理系・会社全体紹介：会社概況、事業所見学、福利厚生施設案内、就業体験、社員との懇談②理系・希望事業部のみ：会社概況、事業所見学、福利厚生施設案内、就業体験、社員との懇談③理系・文系：会社概況、福利厚生施設案内【募集】①②4~6月 10~12月③④~1月【実施】①8月下旬（5日間）2月中旬（5日間）②9月中旬（2日間）1月上旬（2日間）③④~2月（半日間）【地域】①富山市③オンライン【選考】①②ES③なし【本選考との関係】③早期選考案内

㈱日本製鋼所（にほんせいこうしょ）　［機械］

修士・大卒採用数	従業員数	平均勤続年数	平均年収
37名	◇1,758名	◇12.5年	⑩786万円

409ジペ

【特色】原発用の大型鋳鍛鋼で世界有数。樹脂機械が成長
【本社】141-0032 東京都品川区大崎1-11-1
【設立】1950.12　　　　［東京P］

【業績】	売上高	営業利益	経常利益	純利益
連22.3	213,790	15,460	16,772	13,948
連23.3	238,721	13,846	14,958	11,974

399ジペ

●インターンシップ●【概要】①工場での技術系向け就業体験②各拠点での文理共通・技術系向けワークショップ③オンラインワークショップ【募集】①6~8月②8~2月③8~1月【実施】①7~9月（1~2週間）②8~9月 11~2月（2日間前後）③8~2月（1日）【地域】①広島市 横浜②広島市 横浜 愛知・大府 北海道・室蘭③オンライン【選考】②ES

オイレス工業(株) ［機械］

	修士・大卒採用数	従業員数	平均勤続年数	平均年収
	18名	1,080名	17.9年	777万円

【特色】無給油式ベアリング国内トップ。免震・制震装置も
【本社】252-0811 神奈川県藤沢市桐原町8
【設立】1952.3　［東京P］

【業績】	売上高	営業利益	経常利益	純利益
連23.3	59,853	5,861	6,514	4,325
連23.3	62,882	5,056	5,730	4,132

●インターンシップ● 24予【概要】①「一般産業向け軸受事業部の技術部」の業務体験②就職応援支援セミナー③「軸受・免制震業界」が分かる業界紹介【募集】①6～8月 12～2月上旬②6～11月上旬③随時【実施】①8月20日 8月26日 9月5日 2月(2回)②7月(1日)8月(11日間)9月(1日)10月(1日)11月(1日)※予定③6月～(1日・毎月4回程度)【地域】①③オンライン②東京・品川 オンライン【選考】㊟なし

住友重機械工業(株) ［機械］

	修士・大卒採用数	従業員数	平均勤続年数	平均年収
	127名	◇3,849名	◇13.7年	㊥958万円

【特色】住友系の総合重機メーカー。産業機械分野が主力
【本社】141-6025 東京都品川区大崎2-1-1
　ThinkPark Tower【設立】1934.11　［東京P］

【業績】	売上高	営業利益	経常利益	純利益
連22.12変	854,093	44,803	43,253	5,782
連23.3	1,081,533	74,367	70,250	32,742

●インターンシップ● 24予【概要】①〈理系〉設計,生産技術,品質保証などの職種体験インターンシップ②〈理系〉製造所コース(オープン・カンパニー)③〈理系〉部門別コース(オープン・カンパニー)④〈文理〉座談会コース(オープン・カンパニー)【募集】①～6月②5～8月③～10月④10～11月【実施】①8～9月(1週間)②6～9月(1日)③7～12月(2～4日間)④11～12月(1日)【地域】①対面(地域未定)②④オンライン③対面 オンライン【全学年対象】①②③④【選考】①ES 面接②なし③ES【本選考との関係】①早期選考に案内

SMC(株) ［機械］

	修士・大卒採用数	従業員数	平均勤続年数	平均年収
	95名	◇6,035名	20.5年	㊥1,038万円

【特色】FA空圧制御機器で世界1位。利益率高く財政堅実
【本社】101-0021 東京都千代田区外神田4-14-1
　秋葉原UDX【設立】1959.4　［東京P］

【業績】	売上高	営業利益	経常利益	純利益
連22.3	727,397	227,857	272,981	192,991
連23.3	824,772	258,200	305,980	224,609

●インターンシップ●【概要】①技術センターでの設計開発業務体験②工場での設備設計体験③技術センター見学会④工場見学会【募集】①②6月頃③④1～2月【実施】①②8～9月(5日間)③④2月(半日間)【地域】①③茨城②④埼玉【選考】㊟なし

(株)マキタ ［機械］

	修士・大卒採用数	従業員数	平均勤続年数	平均年収
	108名	2,652名	14.0年	㊥819万円

【特色】電動工具トップ。日本、欧州で高シェア
【本社】446-8502 愛知県安城市住吉町3-11-8
【設立】1938.12　［東京P］

【業績】	売上高	営業利益	税前利益	純利益
◇22.3	739,260	91,728	92,483	64,770
◇23.3	764,702	28,246	23,887	11,705

●インターンシップ●【概要】①技術職(機械・電気・研究・生産技術)②システム職(生産システム・情報システム)③財務④海外営業【募集】①6～11月②6～10月③8月 11月④12月【実施】①7～12月(1～2日間)②9～11月(1日)③9月 12月④1月【地域】①安城 岡崎 日進②③愛知・岡崎③オンライン 愛知・安城④愛知・安城【選考】㊟ES【本選考との関係】㊟早期選考に案内

(株)ダイフク ［機械］

	修士・大卒採用数	従業員数	平均勤続年数	平均年収
	74名	3,375名	15.0年	㊥771万円

【特色】搬送システム総合メーカーで世界首位級
【本社】555-0012 大阪府大阪市西淀川区御幣島
　3-2-11【設立】1937.5　［東京P］

【業績】	売上高	営業利益	経常利益	純利益
連22.3	512,268	50,252	51,253	35,877
連23.3	601,922	58,454	59,759	41,248

●インターンシップ●【概要】①エンジニアリング業務体験ワーク②ソフトウェア設計業務体験ワーク③事務系職種体験ワーク④設計・開発・エンジニアリング・フィールドエンジニア業務体験ワーク【募集】①②③6月下旬～12月中旬④6月下旬～7月上旬【実施】①②8月下旬～1月(2日間)③9～1月(2日間)④8月下旬～9月上旬(5日間)【地域】①②③オンライン④東京 大阪 滋賀【選考】①②ES③ES 録画面接④ES 適性検査 面接【本選考との関係】㊟早期選考に案内

村田機械(株) ［機械］

	修士・大卒採用数	従業員数	平均勤続年数	平均年収
	88名	3,827名	16.2年	㊥746万円

【特色】総合機械メーカー。中・印・タイなど積極開拓
【本社】612-8686 京都府京都市伏見区竹田向代町
　136【設立】1935.7　［未上場］

【業績】	売上高	営業利益	経常利益	純利益
連22.3	391,826	60,435	80,730	50,360
連23.3	466,133	63,847	81,833	49,271

●インターンシップ●【概要】①技術系:現場受入れ型長期インターンシップ②技術系:オープンカンパニー③営業・スタッフ系:オープンカンパニー【募集】①6月 9月②7～3月③1～11月【実施】①8～9月(1日)②8～1月(1日)③8～1月(1日)【地域】①京都 愛知・犬山 三重・伊勢 横浜②京都 愛知・犬山 オンライン③京都 愛知・犬山 東京・中央 オンライン【選考】①あり②③なし【本選考との関係】①関係あり

三菱電機ビルソリューションズ㈱ （機械）

修士・大卒採用数	従業員数	平均勤続年数	平均年収
151名	12,492名	12.5年	㊞766万円

【特色】エレベーターの保守・修理で国内最大手
【本社】100-8310 東京都千代田区丸の内2-7-3 東京ビル10階 【設立】1954.3

【業績】	売上高	営業利益	経常利益	純利益
'23.3	404,939	11,320	17,540	14,037

●インターンシップ● 【概要】①当社のビジネスモデルを通じて、企業研究に役立つフレームワークを学ぶ②当社の職種と仕事の流れを学び、ビルメンテナンス業界への理解を深める③稲沢ビルシステム製作所インターン：職場実習を通じて、昇降機やビルマネジメントシステムの開発設計等の職種について理解を深める 【募集】②随時【実施】①6月~（半日間）②9月~（半日間）③9月 1月下旬~2月（2週間）【地域】①②オンライン③愛知・稲沢【選考】③なし③書類 面接

ナブテスコ㈱ （機械）

修士・大卒採用数	従業員数	平均勤続年数	平均年収
44名	◇2,334名	◇16.5年	㊞777万円

【特色】減速機等の部品メーカー。高シェア品多数
【本社】102-0093 東京都千代田区平河町2-7-9 JA共済ビル 【設立】2003.9 ［東京P］

【業績】	売上高	営業利益	税前利益	純利益
'22.12	308,691	18,097	15,763	9,464
'23.12	333,631	17,376	25,629	14,554

●インターンシップ● 24予 【概要】①社内研修制度"品質大学"体験インターンシップ②社員交流会③DXインターンシップ 【募集】①6~7月中旬②10~12月上旬③1月中旬~2月上旬【実施】①8月下旬~9月上旬（半日×2回）②11月（半日×12回）12月（半日×12回）③2月（半日×1回）【地域】①東京・千代田 京都・下京②③オンライン【選考】㋐なし【本選考との関係】㋑早期選考に案内

グローリー㈱ （機械）

修士・大卒採用数	従業員数	平均勤続年数	平均年収
62名	◇3,306名	◇19.4年	㊞641万円

【特色】1918年創業、貨幣処理機の先陣で海外も積極展開
【本社】670-8567 兵庫県姫路市下手野1-3-1 【設立】1944.11 ［東京P］

【業績】	売上高	営業利益	経常利益	純利益
連22.3	226,562	10,297	10,507	6,509
連23.3	255,857	522	▲2,720	▲9,538

●インターンシップ● 24予 【概要】①BtoBメーカーの提案型営業がわかる2DAYS②フィールドエンジニアコース1DAY③設計職コース5DAYS④設計職コース1DAY 【募集】㋐6~7月【実施】①②8月中旬~下旬②12月中旬~下旬③9月上旬④8月【地域】①東京 兵庫②東京 オンライン③兵庫④オンライン【選考】①ES②なし③ES オンライン面談④未定

㈱椿本チエイン （機械）

修士・大卒採用数	従業員数	平均勤続年数	平均年収
49名	◇2,855名	◇16.5年	㊞697万円

【特色】産業用・自動車用チェーンの世界首位メーカー
【本社】530-0005 大阪府大阪市北区中之島3-3-3 中之島三井ビルディング【設立】1941.1 ［東京P］

【業績】	売上高	営業利益	経常利益	純利益
連22.3	215,879	17,842	20,045	14,543
連23.3	251,574	18,985	20,958	13,742

●インターンシップ● 24予 【概要】①(理系)事業部社員による座談会 事業紹介・職種紹介②④(理系)技術職業務体験：各事業部にてGWにより業務体験③(理系)技術職業務体験：各事業部にて研究・開発実務などを体験【募集】①②③6月~④9月~【実施】①6月中旬（1日×2回）②7月上旬（1日×3回）③8~9月（5日間×3回）④11~12月（1日×6回）【地域】①オンライン②③④京都（京田辺 長岡京）埼玉・飯能【全学年対象】①【選考】①②④なし③Web適性検査【本選考との関係】㋑早期選考に案内

フジテック㈱ （機械）

修士・大卒採用数	従業員数	平均勤続年数	平均年収
70名	◇3,192名	◇17.7年	㊞736万円

【特色】昇降機専業メーカー。東アジアの比重大
【本社】522-8588 滋賀県彦根市宮田町591-1 【設立】1948.2 ［東京P］

【業績】	売上高	営業利益	経常利益	純利益
連22.3	187,018	13,777	15,713	10,835
連23.3	207,589	11,619	13,332	8,433

●インターンシップ● 【概要】①営業職コース：エレベータの提案体験②メンテナンスエンジニアコース：エレベータのメンテナンス体験③開発職コース：エレベータの開発体験④生産系職種コース：メーカーのモノづくりの流れを体験【募集】㋐11~2月【実施】㋐12~2月（1日）【地域】㋐対面【選考】㋐なし

ＣＫＤ㈱ （機械）

修士・大卒採用数	従業員数	平均勤続年数	平均年収
48名	◇2,460名	◇17.0年	㊞764万円

【特色】空気圧機器、自動機械装置の総合メーカー
【本社】485-8551 愛知県小牧市応時2-250 【設立】1943.4 ［東京P］

【業績】	売上高	営業利益	経常利益	純利益
連22.3	142,199	17,879	18,043	12,567
連23.3	159,457	21,170	21,181	14,788

●インターンシップ● 24予 【概要】①技術職の就業体験：実務実習②技術職の体験：製品の技術を用いての仕事体験③営業・スタッフ職の体験：グループワークによる仕事体験【募集】①④~6月②③④~1月中旬【実施】①夏（2週間）②春秋（2日間）秋冬（2日間）③夏秋（1日）秋冬（1日）【地域】①愛知 三重②③愛知・小牧 オンライン【選考】①ES②③なし【本選考との関係】㋑早期選考に案内

㈱FUJI（フジ）［機械］

修士・大卒採用数	従業員数	平均勤続年数	平均年収
24名	◇1,736名	◇19.2年	総816万円

【特色】電子部品の自動装着装置首位級。高速機に強い
【本社】472-8686 愛知県知立市山町茶碓山19
【設立】1959.4　［東京P］

【業績】	売上高	営業利益	経常利益	純利益
連22.3	148,128	28,472	29,943	21,188
連23.3	153,326	27,108	29,016	20,454

●インターンシップ● 24予【概要】①(理系)機械系・電気系・ソフト系を中心に、専門別のプログラムを複数(20種類ほど)用意し、FUJIの製品や技術の開発・設計業務をリアルに体験【募集】①5～7月上旬【実施】①8月中旬～9月上旬(実働15日間)【地域】①愛知・知立【全学年対象】①【選考】①ES Web試験【本選考との関係】①早期選考に案内

25総415ページ / 25働405ページ

サトーホールディングス㈱［機械］

修士・大卒採用数	従業員数	平均勤続年数	平均年収
31名	5,637名	15.9年	総843万円

【特色】バーコードプリンタの世界大手。RFIDにも注力
【本社】108-0023 東京都港区芝浦3-1-1 田町ステーションタワーN【設立】1951.5　［東京P］

【業績】	売上高	営業利益	経常利益	純利益
連22.3	124,783	6,404	6,057	3,794
連23.3	142,824	8,841	9,068	4,184

●インターンシップ●【概要】①サトーを知ろう：会社説明、自己分析②サトーのソリューションを見よう：ショールームツアー、座談会③仕事を知ろう：職種説明、座談会④仕事を体験してみよう：仕事体験(ワーク)、座談会【募集】㋑8～12月【実施】①9～10月(1日)②8～11月(1日)③④10月 12月【地域】①③オンライン②④対面【選考】㋑なし【本選考との関係】①関係あり

25総416ページ / 25働406ページ

オーエスジー㈱［機械］

修士・大卒採用数	従業員数	平均勤続年数	平均年収
21名	997名	17.9年	総780万円

【特色】切削工具総合メーカー。海外戦略で業績安定基盤
【本社】442-8543 愛知県豊川市本野ケ原3-22
【設立】1938.3　［東京P］

【業績】	売上高	営業利益	経常利益	純利益
連22.11	142,525	21,898	23,648	16,534
連23.11	147,703	19,800	21,350	14,307

●インターンシップ● 24【概要】①技術職向け：会社紹介、ワークによる仕事理解、工場見学②技術職向け：会社説明会、社員交流会③情報系向け：会社紹介、情報系部署紹介、社員交流④営業職向け：会社紹介、ワークによる会社理解、工場見学【募集】①②4-9月 10～2月③4-9月④10～2月【実施】①6-9月(1日)11-2月④2-8月(1日)11-2月③6-8月(1日)④10-2月(1日)【地域】①オンライン 愛知・豊川②③④オンライン【選考】①④ES(アンケート程度)②③なし【本選考との関係】①②③早期選考に案内④関係あり

25総416ページ / 25働406ページ

㈱ミツトヨ［機械］

修士・大卒採用数	従業員数	平均勤続年数	平均年収
28名	◇2,971名	16.7年	◇706万円

【特色】精密測定機器総合メーカー。世界約30カ国に拠点
【本社】213-8533 神奈川県川崎市高津区坂戸1-20-1【設立】1938.2　［未上場］

【業績】	売上高	営業利益	経常利益	純利益
連21.12	117,029	11,000	11,246	8,027
連22.12	134,445	10,595	10,936	6,889

●インターンシップ● 24予【概要】①会社紹介、当社製品を使用した体験ワーク、先輩社員座談会。当社の特徴的な一気通貫型のビジネスモデル(開発、製造、販売、サービス)を体感②長期【募集】①‐【実施】①8～10月(1日×複数回)②8月～【地域】①川崎 オンライン②川崎 他【選考】①なし②ES【本選考との関係】②早期選考に案内

25総417ページ / 25働407ページ

JUKI㈱（ジューキ）［機械］

修士・大卒採用数	従業員数	平均勤続年数	平均年収
11名	◇570名	◇20.2年	総568万円

【特色】アパレル向け工業用ミシン世界1位。家庭用3位
【本社】206-8551 東京都多摩市鶴牧2-11-1
【設立】(創業)1938.12　［東京P］

【業績】	売上高	営業利益	経常利益	純利益
連22.12	117,454	2,858	1,163	▲78
連23.12	94,750	▲2,699	▲3,684	▲7,035

●インターンシップ●【概要】①(文理)縫製機器・産業装置を学ぶ②(理系)JUKIの開発職がわかる③JUKIの仕事、業界についてわかる④(理系)ハイブリット型、工場見学【募集】①②随時③6月上旬④1月上旬【実施】①7月(1日×10 回)12-2月(1日×8～10回)②1月(1日×3回)③2月上旬(1日×2回)③9月(10日間×2回)④1月【地域】①②③オンライン④東京・多摩 オンライン【全学年対象】①②③④【選考】①②なし③④あり

25総417ページ / 25働407ページ

新東工業㈱（しんとうこうぎょう）［機械］

修士・大卒採用数	従業員数	平均勤続年数	平均年収
19名	◇1,735名	◇17.1年	総655万円

【特色】鋳造機械製造で国内首位。表面処理事業も柱
【本社】450-6424 愛知県名古屋市中村区名駅3-28-12 大名古屋ビル【設立】1934.10　［東京P］

【業績】	売上高	営業利益	経常利益	純利益
連22.3	99,247	2,606	4,478	2,835
連23.3	106,381	2,242	3,916	6,187

●インターンシップ● 24予【概要】①人事の広報業務体験：当社の技術や働き方に触れたのち、学生への会社紹介の資料づくりを体験②(理系向け)要素技術から新たなアイデアを提案する開発業務体験：当社の要素技術を見て、触れて理解をし、新しい製品を企画③企業理解セミナー、先輩社員座談会【募集】①開催日3日前まで先着順【実施】①②7-9月 12-2月(1日)③6-9月 12-2月(2時間)【地域】①②愛知・豊川③オンライン【選考】㋑なし【本選考との関係】②早期選考に案内

25総418ページ / 25働408ページ

245

[25総] 418ページ [25働] 408ページ

㈱小森（こもり）コーポレーション　[機械]

修士・大卒採用数	従業員数	平均勤続年数	平均年収
16名	◇1,059名	◇18.8年	[総]718万円

【特色】印刷機専業で国内首位。海外売上比率は約7割
【本社】130-8666 東京都墨田区吾妻橋3-11-1
【設立】1946.12　[東京P]

【業績】	売上高	営業利益	経常利益	純利益
連22.3	87,623	2,267	3,408	6,158
連23.3	97,914	5,719	6,611	5,716

●インターンシップ● [24予]
【概要】①会社説明、工場見学会、技術職の仕事体験
【募集】①5~1月
【実施】①8~2月(1日)【地域】①茨城・つくば オンライン【選考】①なし

[25総] 419ページ [25働] 409ページ

ホソカワミクロン㈱　[機械]

修士・大卒採用数	従業員数	平均勤続年数	平均年収
14名	405名	19.5年	[総]698万円

【特色】1916年創業。粉体関連機械分野の世界的大手
【本社】573-1132 大阪府枚方市招提田近1-9
【設立】1949.8　[東京P]

【業績】	売上高	営業利益	経常利益	純利益
連22.9	66,916	5,513	5,773	4,007
連23.9	79,531	7,961	8,349	5,968

●インターンシップ● 【概要】①(理系)技術、実証テスト部門での就業体験 他②(文系)営業、実証テスト部門での就業体験 他③(高専)メンテナンス、生産、実証テスト、技術、測定・分析部門での就業体験 他④(高専)メンテナンス、実証テスト部門での就業体験 他【募集】①6~8月上旬 10~1月②10~1月③④5~7月【実施】①8月下旬~9月上旬 2月中旬(2日間)②2月中旬(1日)③8月下旬(5日間)④8月下旬~9月上旬(5日間)【地域】①大阪・枚方 千葉・柏②③大阪・枚方④千葉・柏【選考】①②オンライン面談③④なし【本選考との関係】①②早期選考に案内

[25総] 419ページ [25働] 409ページ

三木（みき）プーリ㈱　[機械]

修士・大卒採用数	従業員数	平均勤続年数	平均年収
7名	◇297名	◇19.0年	[総]602万円

【特色】産業機械向け伝動機器で世界屈指。海外展開活発
【本社】211-0064 神奈川県川崎市中原区今井南町10-41【設立】1939.10　[未上場]

【業績】	売上高	営業利益	経常利益	純利益
連22.3	18,747	1,157	1,834	1,678
連23.3	22,111	1,095	1,469	1,067

●インターンシップ● [24予]【概要】①③商談のロールプレイングを通して、顧客へ最適な製品提案。営業の仕事体験+先輩社員と少人数座談会②顧客の要望を叶える製品選定。技術の仕事体験+先輩社員と少人数座談会④製品開発・製品組立体験。技術の仕事体験+先輩社員と少人数座談会【募集】[全]6~2月【実施】[全]8~2月(1日)【地域】①②オンライン③④神奈川・座間【全学年対象】①②③④【選考】[全]なし【本選考との関係】[全]限定座談会、早期選考に案内

[25総] 420ページ [25働] 410ページ

サノヤスホールディングス㈱　[機械]

修士・大卒採用数	従業員数	平均勤続年数	平均年収
7名	◇455名	◇12.2年	[総]579万円

【特色】祖業の造船売却。機械事業展開、レジャー部門も
【本社】530-6109 大阪府大阪市北区中之島3-3-23
【設立】2011.10　[東京S]

【業績】	売上高	営業利益	経常利益	純利益
連23.3	20,145	95	395	425

※データはグループ6社のもの

●インターンシップ●
【概要】①文系対象②理系対象
【募集】[全]3月~
【実施】[全]8月 11月 12月 1月 2月(各1日)【地域】[全]オンライン【選考】[全]なし

[25総] 420ページ [25働] 410ページ

富士精工（ふじせいこう）㈱　[機械]

修士・大卒採用数	従業員数	平均勤続年数	平均年収
7名	◇428名	◇21.5年	◇562万円

【特色】超硬工具メーカー中堅。トヨタ系との取引大きい
【本社】473-8511 愛知県豊田市吉原町平子26
【設立】1958.3　[名古屋M]

【業績】	売上高	営業利益	経常利益	純利益
連23.2	19,747	59	671	188
連24.2	21,424	431	924	174

●インターンシップ●
【概要】①オリエンテーション(会社説明)、3Dプリンタ作業体験、CADによる部品設計体験②OBとの面談【募集】①6~8月②10~12月【実施】①8月(5日間)9月(2日間)②12~2月(1日)【地域】[全]愛知・豊田【選考】[全]なし

[25総] 421ページ [25働] 411ページ

ファナック㈱　[機械]

修士・大卒採用数	従業員数	平均勤続年数	平均年収
84名	◇4,515名	◇14.2年	[総]1,502万円

【特色】工作機械用NC(数値制御)装置で世界首位
【本社】401-0597 山梨県南都留郡忍野村忍草字古馬場3580【設立】1972.5　[東京P]

【業績】	売上高	営業利益	経常利益	純利益
連22.3	733,008	183,240	213,395	155,273
連23.3	851,956	191,359	231,327	170,587

●インターンシップ● [24予]【概要】①研究開発部門の紹介・業務体験・工場案内②事務系部門の紹介・業務体験・工場案内③保守サービス業務体験・生産技術業務体験・工場案内④オンライン会社説明会【募集】①②7月~③4月~④6月~【実施】①②7~2月(2日間)③8~9月(5日間)④6~12月(1時間)【地域】①②山梨・忍野③山梨・忍野 東京・日野④オンライン【選考】①②③ES④なし

ＤＭＧ森精機㈱ 　機械

修士・大卒採用数	従業員数	平均勤続年数	平均年収
54名	◇2,653名	◇16.9年	㊿835万円

【特色】工作機械世界首位級。TOBで欧州最大手DMGを連結
【本社】135-0052 東京都江東区潮見2-3-23
【設立】1948.10　　　　　　　　[東京P]

【業績】	売上高	営業利益	税前利益	純利益
◇22.12	474,771	41,213	36,528	25,406
◇23.12	539,450	54,150	47,927	33,944

●インターンシップ● 24予【概要】①夏期：部署配属型②冬期：部署配属型③通年：部署配属型④通年：工場見学会【募集】①5~8月②11~12月③④通年【実施】①8~11月（5~10日間）②1~3月（5日間）③通年（日数は都度相談）④通年（1日）【地域】③東京 三重 奈良【全学年対象】③④【選考】①②③ES 筆記 SPI 面接④多数の場合抽選【本選考との関係】①②③早期選考に案内

421ジパー
411ジパー

㈱アマダ 　機械

修士・大卒採用数	従業員数	平均勤続年数	平均年収
24名	※◇2,550名	※◇17.6年	㊿735万円

【特色】機械メーカー大手。板金加工機械では国内首位
【本社】259-1196 神奈川県伊勢原市石田200
【設立】1948.5　　　　　　　　[東京P]

【業績】	売上高	営業利益	税前利益	純利益
◇22.3	312,658	38,538	40,496	27,769
◇23.3	365,687	49,867	49,608	34,158

●インターンシップ●【概要】①業界研究、会社紹介、グループワークを通じた業務体験②展示場でのマシン見学、グループワークを通じた業務体験③各部署での加工体験やアイデア出しなどの業務体験【募集】①4月中旬~2月②5月中旬~1月③6~7月中旬【実施】①5月中旬~2月（1日）②6~2月（1日）③8月下旬 9月上旬（5日間）【地域】①オンライン②神奈川・伊勢原③神奈川・伊勢原 静岡・富士宮【選考】①②なし③ES【本選考との関係】③早期選考に案内

422ジパー
412ジパー

㈱牧野フライス製作所 　機械

修士・大卒採用数	従業員数	平均勤続年数	平均年収
27名	◇1,606名	◇15.7年	◇734万円

【特色】大手工作機械メーカー。先端志向の技術に強み
【本社】152-8578 東京都目黒区中根2-3-19
【設立】（創業）1937.5　　　　　　　[東京P]

【業績】	売上高	営業利益	経常利益	純利益
連22.3	186,591	11,300	14,274	12,042
連23.3	227,985	17,492	19,906	16,073

●インターンシップ●
【概要】①③理系1week：設計開発、加工技術、IT関係など理系職種の中から希望する部門に応募②文系1week：営業や企画の仕事を体験【募集】①②6月下旬~7月③8月下旬~9月【実施】①②8月下旬~9月（5日程度）③11月（5日程度）【地域】①③ 神奈川 山梨②神奈川【選考】⑥ES 面接

422ジパー
412ジパー

オークマ㈱ 　機械

修士・大卒採用数	従業員数	平均勤続年数	平均年収
58名	◇2,281名	◇17.6年	㊿※722万円

【特色】工作機械大手。マシニングセンタなどトップ級
【本社】480-0193 愛知県丹羽郡大口町下小口5-25-1【設立】1918.7　　　　　　[東京P]

【業績】	売上高	営業利益	経常利益	純利益
連22.3	172,809	14,462	15,577	11,579
連23.3	227,636	24,804	26,446	19,195

●インターンシップ● 24予
【概要】①オークマを知る5days②工作機械・業界を知る5days③工作機械・業界を知る0.5day④営業仕事体験2days【募集】⑥6~7月【実施】①8月（5日間）②7~9月（5日間）③8月④8月（2日間）【地域】①④愛知 大口町②③オンライン【選考】①あり②③なし④未定【本選考との関係】①関係あり

423ジパー
413ジパー

芝浦機械㈱ 　機械

修士・大卒採用数	従業員数	平均勤続年数	平均年収
20名	◇1,683名	◇19.4年	㊿642万円

【特色】成形機が主柱。工作機械やロボットなども展開
【本社】100-8503 東京都千代田区内幸町2-2-2 富国生命ビル【設立】1949.3　　　　[東京P]

【業績】	売上高	営業利益	経常利益	純利益
連22.3	107,777	4,236	4,544	3,725
連23.3	123,197	5,765	5,279	6,441

●インターンシップ● 24予【概要】①Web業界研究セミナー②Webオープンカンパニー：若手社員交流会＆会社説明会③女性活躍コース：女性社員交流会＆会社説明会④（理系）仕事体験：対面での設計および研究開発業務を体験【募集】⑥4~8月【実施】①6~9月（半日×複数回）②③7~9月（半日×複数回）④8~9月（2日間×複数回）【地域】①②③オンライン④神奈川【選考】⑥なし【本選考との関係】⑥早期選考に案内

423ジパー
413ジパー

㈱荏原製作所 　機械

修士・大卒採用数	従業員数	平均勤続年数	平均年収
85名	◇4,287名	◇16.0年	㊿884万円

【特色】ポンプの総合メーカー。半導体研磨装置も
【本社】144-8510 東京都大田区羽田旭町11-1
【設立】1920.5　　　　　　　　[東京P]

【業績】	売上高	営業利益	税前利益	純利益
◇22.12	680,870	70,572	69,481	50,488
◇23.12	759,328	86,205	84,733	60,283

●インターンシップ●
【概要】①メーカ業務体験
【募集】①6下旬~7月【実施】①8月下旬~9月上旬（5日間、3日間）【地域】①東京【選考】①ES 適性検査【本選考との関係】①関係あり

424ジパー
414ジパー

日立造船㈱（ひたちぞうせん）

[25総] 424ページ [25働] 414ページ

機械

修士・大卒採用数	従業員数	平均勤続年数	平均年収
89名	◇4,046名	◇16.2年	[総]693万円

【特色】造船を源流に環境・プラントが主力。略称Hitz
【本社】559-8559 大阪府大阪市住之江区南港北1-7-89【設立】1881.4 ［東京Ｐ］

【業績】	売上高	営業利益	経常利益	純利益
連22.3	441,797	15,541	11,783	7,899
連23.3	492,692	20,056	17,834	15,577

●インターンシップ●
【概要】①(高専)開発・設計・運営管理等の業務体験②(理系)ごみ焼却施設の設計・計画業務③鉄構造物全般の設計・計画業務【募集】‥【実施】①8~9月(2週間)②9月③8~9月(1日)【地域】①大阪市 熊本・有明 広島・向島町②③大阪市【選考】[全]ES【本選考との関係】②③関係あり

栗田工業㈱（くりたこうぎょう）

[25総] 425ページ [25働] 415ページ

機械

修士・大卒採用数	従業員数	平均勤続年数	平均年収
27名	1,624名	17.8年	[総]938万円

【特色】総合水処理最大手。超純水供給が安定収益源
【本社】164-0001 東京都中野区中野4-10-1 中野セントラルパークイースト【設立】1949.7 ［東京Ｐ］

【業績】	売上高	営業利益	税前利益	純利益
◇22.3	288,207	35,734	30,079	18,471
◇23.3	344,608	29,058	30,151	20,134

●インターンシップ●
【概要】①研究所見学、企業・業界説明、水処理体験、先輩社員座談会②企業・業界説明、技術営業の仕事体験、先輩社員座談会【募集】①6~7月中旬②10~11月中旬【実施】①8~9月(1日×4回)②11~12月上旬(1日×3回)【地域】①東京・昭島②名古屋 大阪市 福岡市【選考】①なし②ES SPI 面接

三浦工業㈱（みうらこうぎょう）

[25総] 425ページ [25働] 415ページ

機械

修士・大卒採用数	従業員数	平均勤続年数	平均年収
120名	3,103名	14.2年	[総]761万円

【特色】産業用小型貫流ボイラー国内首位。海外積極開拓
【本社】799-2696 愛媛県松山市堀江町7
【設立】1959.5 ［東京Ｐ］

【業績】	売上高	営業利益	税前利益	純利益
◇22.3	143,543	19,441	20,421	14,415
◇23.3	158,377	21,928	23,467	16,876

●インターンシップ●【概要】①会社理解、営業・フィールドエンジニア・技術職の仕事紹介、各事業所紹介②総合職向け(技術コース):先輩社員と実験、成果発表会 他③総合職向け(フィールドエンジニアコース):シーケンス体験、実機体験 他④総合職向け:会社理解、GW 他【募集】②③6~7月【実施】①9~2月(1日×複数回)②9月(5日間)③8~9月(5日間×複数回)④1~2月(各会場1回)【地域】①愛媛・松山(オンライン)②③愛媛・松山④東京 大阪 広島 愛媛 福岡【選考】①④なし②③ES【本選考との関係】①関係あり②③④早期選考に案内

メタウォーター㈱

[25総] 426ページ [25働] 416ページ

機械

修士・大卒採用数	従業員数	平均勤続年数	平均年収
37名	1,802名	17.2年	[総]822万円

【特色】日本ガイシと富士電機の水環境事業が統合
【本社】101-0041 東京都千代田区神田須田町1-25 JR神田万世橋ビル【設立】1973.10 ［東京Ｐ］

【業績】	売上高	営業利益	経常利益	純利益
連22.3	135,557	8,146	8,751	6,245
連23.3	150,716	8,688	9,068	6,252

●インターンシップ●【概要】①上下水道施設における電気設備の基本設計業務、水処理プラントの制御回路設計実習、水処理設備の容量計算作成、浄水場膜ろ過設備の設計実習、汚泥処理設備の設計実習②水ビジネスの企画設計体験等、計4コース【募集】①4~6月②随時【実施】①8月下旬~9月上旬②8~2月【地域】①東京・千代田②北海道 東京 名古屋 大阪 福岡【選考】①ES②なし【本選考との関係】[全]関係あり

㈱タクマ

[25総] 426ページ [25働] 416ページ

機械

修士・大卒採用数	従業員数	平均勤続年数	平均年収
25名	904名	14.9年	[総]897万円

【特色】ボイラー製造大手。ゴミ焼却炉や水処理装置も
【本社】660-0806 兵庫県尼崎市金楽寺町2-2-33
【設立】1938.6 ［東京Ｐ］

【業績】	売上高	営業利益	経常利益	純利益
連22.3	134,092	9,928	10,647	7,434
連23.3	142,651	13,813	14,684	9,621

●インターンシップ● [24予]
【概要】①受入れ部署(計画・設計部署等)での就業体験・業務補助②プラントエンジニアリング体感グループワーク【募集】①6~7月中旬②6~1月中旬【実施】①8月下旬(10日間)②8~1月(1日)【地域】①兵庫・尼崎②兵庫・尼崎 オンライン【選考】①ES②なし

オルガノ㈱

[25総] 427ページ [25働] 417ページ

機械

修士・大卒採用数	従業員数	平均勤続年数	平均年収
28名	1,245名	16.6年	[総]903万円

【特色】水処理装置大手。電子向け純水製造装置が主軸
【本社】136-8631 東京都江東区新砂1-2-8
【設立】1946.5 ［東京Ｐ］

【業績】	売上高	営業利益	経常利益	純利益
連22.3	112,069	10,850	11,545	9,210
連23.3	132,426	15,212	16,020	11,730

●インターンシップ● [24予]【概要】①水処理とオルガノがわかるインターンシップ(業界研究:オンライン、事業理解:オンライン、仕事体験:対面、職場見学:対面、社員座談会:オンライン)②水処理とオルガノがわかる仕事体験(全てオンライン。業界研究、事業理解、仕事体験、社員座談会)【募集】①4~6月中旬②4~1月中旬【実施】①5月中旬~9月(隔日、計1週間)②5月中旬~1月(隔日、1日~4日間)【地域】①オンライン 対面②オンライン【選考】①ES 適性検査②なし【本選考との関係】①早期選考に案内

㈱神鋼環境ソリューション 〔機械〕

修士・大卒採用数	従業員数	平均勤続年数	平均年収
12名	◇1,349名	◇15.6年	総895万円

【特色】環境装置メーカー。神戸製鋼傘下。水処理に強い
【本社】651-0072 兵庫県神戸市中央区脇浜町1-4-78 【設立】1954.6 　【未上場】

【業績】	売上高	営業利益	経常利益	純利益
連22.3	102,535	NA	6,657	NA
連23.3	107,933	NA	5,528	NA

●インターンシップ●【概要】①水処理プラントの設計業務、プラント見学②プラント（廃棄物処理案件・水処理案件）の土木建築設計業務、プラント見学③地域の課題をテーマに解決策を立案④当社の環境プラントの特徴や、プロジェクトを受注するまでの流れの中で生じる課題の解決を体験【募集】①②6~7月中旬③④9月 11~1月【実施】①②8~9月 12~1月（1日）④12~1月（1日）【地域】①②神戸③④神戸 オンライン【選考】④志望動機③④なし【本選考との関係】④早期選考に案内

427ページ 25総
417ページ 25働

サントリーホールディングス㈱ 〔食品・水産〕

修士・大卒採用数	従業員数	平均勤続年数	平均年収
225名	4,908名	18.7年	総1,140万円

【特色】事業子会社で酒類、飲料、食品、外食などを展開
【本社】530-8203 大阪府大阪市北区堂島浜2-1-40 【設立】2009.2 　【未上場】

【業績】	売上高	営業利益	税前利益	純利益
◇21.12	2,285,676	247,479	237,447	NA
◇22.12	2,658,781	276,468	261,818	NA

●インターンシップ●
【概要】①夏期：エンジニア②冬期：基盤研究
【募集】‥ 【実施】①8月下旬~9月上旬（1週間程度）②11月下旬~12月上旬（3日間程度）【地域】①東京 他②京都【全学年対象】①② 【選考】⑦ES 面接

430ページ 25総
420ページ 25働

アサヒビール㈱ 〔食品・水産〕

修士・大卒採用数	従業員数	平均勤続年数	平均年収
71名	◇3,013名	◇18.7年	総920万円

【特色】ビール類国内首位級。「スーパードライ」が大黒柱
【本社】130-8602 東京都墨田区吾妻橋1-23-1 【設立】2011.7 　【持株傘下】

【業績】	売上高	営業利益	税前利益	純利益
◇23.12	2,769,091	244,999	241,871	164,073

※業績はアサヒグループホールディングス㈱のもの

●インターンシップ●【概要】①（マーケ）仕事の醍醐味・やりがいを感じ、働くイメージの具体化を広げる・インターンシップ型②（営業）同・ワークショップ型③（生産研究）同・インターンシップ型④（エンジニア）同・オープンカンパニー型【募集】①③12~1月②④1~2月【実施】①12~1月（5日間）②1~2月（3日間×2ターム）③12~1月（5日間×2ターム）④1~2月（1日×3ターム）【地域】①②オンライン 東京③④オンライン 茨城【選考】①②④ES 適性検査③ES 適性検査 面接【本選考との関係】①③早期選考に案内

430ページ 25総
420ページ 25働

キリンホールディングス㈱ 〔食品・水産〕

修士・大卒採用数	従業員数	平均勤続年数	平均年収
114名	3,039名	13.2年	総750万円

【特色】ビール類シェア国内首位級。清涼飲料も展開
【本社】164-0001 東京都中野区中野4-10-2 中野セントラルパークサウス【設立】1907.2 　【東京P】

【業績】	売上高	営業利益	税前利益	純利益
◇22.12	1,989,468	116,019	191,387	111,007
◇23.12	2,134,393	150,204	197,049	112,697

●インターンシップ●【概要】①基礎研究コース②マーケティングコース③デジタルICT戦略コース④人事コース【募集】①②6~7月上旬③④9~10月中旬【実施】①9月上旬（3日間）②9月上中旬（各回5日間）③12月上旬（3日間）④12月上旬（5日間）【地域】①神奈川②③④東京・中野【選考】①③ES 適性検査 面接②④ES 適性検査 動画 面接【本選考との関係】②④早期選考に案内

431ページ 25総
421ページ 25働

宝ホールディングス㈱ 〔食品・水産〕

修士・大卒採用数	従業員数	平均勤続年数	平均年収
34名	※918名	※22.9年	総748万円

【特色】酒類製造大手。焼酎・みりんで国内首位
【本社】600-8688 京都府京都市下京区四条通烏丸東入長刀鉾町20【設立】1925.9 　【東京P】

【業績】	売上高	営業利益	経常利益	純利益
連22.3	300,918	43,354	43,230	20,769
連23.3	350,665	37,945	38,706	21,206

●インターンシップ●
【概要】①会社説明、パネルトークやグループワーク等②商品企画・開発業務の体験等
【募集】①開催日程の1カ月前②8月下旬~9月中旬 【実施】①9月（半日×2回）12月（半日×2回）1月（半日×2回）②10月中旬（半日）【地域】①オンライン②対面【全学年対象】①② 【選考】⑦なし

431ページ 25総
421ページ 25働

コカ・コーラ ボトラーズジャパン㈱ 〔食品・水産〕

修士・大卒採用数	従業員数	平均勤続年数	平均年収
76名	◇8,816名	◇17.3年	総618万円

【特色】国内コカ・ボトラー最大手。17年4月経営統合
【本社】107-6211 東京都港区赤坂9-7-1 ミッドタウン・タワー【設立】2001.6 　【持株傘下】

【業績】	売上高	営業利益	税前利益	純利益
◇23.12	868,581	3,441	3,224	1,871

※業績はコカ・コーラ ボトラーズジャパンHD㈱のもの

●インターンシップ●【概要】①オープンカンパニー②Finance職WS③Commercial営業職WS④SCM製造改善活動にチャレンジ【募集】①7月下旬~8月上旬②8月中旬~9月上旬 10月中旬~11月上旬③12月下旬~1月中旬④1月下旬~2月上旬【実施】①8月下旬~9月中旬（計10回）②9月下旬 11月下旬（1日×4回）③2月上旬④2月下旬（2拠点2日間）【地域】①②オンライン③神奈川・新子安 大阪・千里丘④オンライン 神奈川・海老名 京都・久世郡【選考】①②ES③④ES 人事面接【本選考との関係】②③④関係あり

432ページ 25総
422ページ 25働

㈱ヤクルト本社 （食品・水産）

	修士・大卒採用数	従業員数	平均勤続年数	平均年収
	※82名	◇2,765名	◇18.7年	総958万円

【特色】乳酸菌飲料を主力に医薬品等も。幅広く海外展開
【本社】105-8660 東京都港区海岸1-10-30
【設立】1955.4　　　　　　　　　　　　　［東京P］

【業績】	売上高	営業利益	経常利益	純利益
連22.3	415,116	53,202	68,549	44,917
連23.3	483,071	66,068	77,970	50,641

●インターンシップ● 24予【概要】①(理系)生産部門：工場見学 グループワーク 先輩社員座談会 他②営業・管理部門：グループワーク 先輩社員座談会 他【募集】①7~8月上旬 11~12月上旬②11~12月上旬【実施】①9~10月上旬(2日間)②12月下旬~2月上旬(2日間)②1月(1日)【地域】①1日目：オンライン、2日目：静岡または茨城②東京・港【選考】①ES 面談②ES Webテスト

㈱伊藤園 （食品・水産）

	修士・大卒採用数	従業員数	平均勤続年数	平均年収
	—	◇5,205名	◇17.2年	※600万円

【特色】飲料業界大手。緑茶が柱。子会社にタリーズ
【本社】151-8550 東京都渋谷区本町3-47-10
【設立】1966.8　　　　　　　　　　　　　［東京P］

【業績】	売上高	営業利益	経常利益	純利益
連22.4	400,769	18,794	19,971	12,928
連23.4	431,674	19,588	20,341	12,888

●インターンシップ●【概要】①業界について学ぶ、商品企画体験②業界、会社理解を深めるオープンカンパニー【募集】①6~7月上旬 7月中旬~10月 11~12月上旬②11~12月【実施】①9月上旬~中旬(半日×12回)12月上旬~中旬(半日×12回)2月上旬~中旬(半日×14回)②2月上旬(半日×4回)【地域】㋐オンライン【全学年対象】①②【選考】㋐ES【本選考との関係】㋐早期選考に案内

ダイドードリンコ㈱ （食品・水産）

	修士・大卒採用数	従業員数	平均勤続年数	平均年収
	6名	732名	20.0年	総655万円

【特色】ダイドーHDの中核。販路の8割超が自販機
【本社】530-0005 大阪府大阪市北区中之島2-2-7 中之島セントラルタワー【設立】2016.2【持株傘下】

【業績】	売上高	営業利益	経常利益	純利益
単22.1	112,484	1,656	NA	NA
単23.1	103,846	861	NA	NA

●インターンシップ●【概要】①キャリアデザインワークショップ 会社紹介②先輩社員パネルディスカッション③先輩社員座談会④ケーススタディによる営業職体験 営業戦略・戦術の企画立案【募集】㋐6~7月中旬【実施】①9月(1日)②10月(1日)③11月(1日)④2月(5日間)【地域】①②③オンライン④オンライン 大阪【選考】①②③ES 動画 適性検査④面接【本選考との関係】㋐関係あり

味の素ＡＧＦ㈱ （食品・水産）

	修士・大卒採用数	従業員数	平均勤続年数	平均年収
	19名	593名	16.8年	総797万円

【特色】味の素の完全子会社。コーヒー・粉末飲料専業
【本社】151-8551 東京都渋谷区初台1-46-3 シモモトビル【設立】1973.8　　　　　　　　　［未上場］

【業績】	売上高	営業利益	経常利益	純利益
単22.3	85,263	5,790	5,735	3,884
単23.3	83,556	2,328	2,383	1,627

●インターンシップ●
【概要】①会社概要 コーヒー基礎知識ワーク 現場社員との座談会
【募集】①10~11月上旬
【実施】①12月上旬(2日間)【地域】①オンライン【選考】①ES

キーコーヒー㈱ （食品・水産）

	修士・大卒採用数	従業員数	平均勤続年数	平均年収
	35名	683名	18.6年	539万円

【特色】コーヒーの国内大手。外食のイタリアントマトも
【本社】105-8705 東京都港区西新橋2-34-4
【設立】1952.10　　　　　　　　　　　　　［東京P］

【業績】	売上高	営業利益	経常利益	純利益
連22.3	55,680	405	1,022	742
連23.3	63,298	244	349	173

●インターンシップ●
【概要】①会社紹介、提案営業体験、業界研究
【募集】①7~8月
【実施】①9月(1日×3)【地域】①東京・江東【選考】①ES【本選考との関係】①関係あり

雪印メグミルク㈱ （食品・水産）

	修士・大卒採用数	従業員数	平均勤続年数	平均年収
	70名	3,118名	15.4年	総724万円

【特色】チーズなど乳製品の国内大手。海外展開を推進
【本社】160-8575 東京都新宿区四谷本塩町5-1
【設立】2009.10　　　　　　　　　　　　　［東京P］

【業績】	売上高	営業利益	経常利益	純利益
連22.3	558,403	18,059	19,987	12,068
連23.3	584,308	13,054	14,480	9,129

●インターンシップ●【概要】①製造部門での就業体験②営業部門での就業体験③(理系)工務・生産技術部門での就業体験【募集】①②7月下旬~11月下旬~12月【実施】①8月下旬(各2日間)②9月上旬(2日間)③2月中旬(4日間)【地域】①②オンライン③神奈川・海老名【全学年対象】①②③【選考】㋐あり

森永乳業(株) 食品・水産

修士・大卒採用数	従業員数	平均勤続年数	平均年収
90名	3,325名	16.5年	㊲773万円

【特色】乳業の国内大手。機能性食品や流動食も手がける
【本社】105-7122 東京都港区東新橋1-5-2
【設立】1949.4　　　　　　　　　　　　　　　[東京P]

【業績】	売上高	営業利益	経常利益	純利益
連22.3	503,354	29,792	31,127	33,782
連23.3	525,603	23,939	25,218	16,875

●インターンシップ●【概要】①マーケティング・営業職についてグループワークを通じて学ぶ②研究開発職について体験を通じて学ぶ③エンジニアリング職についてグループワークを通じて学ぶ【募集】①②6~7月上旬③10月下旬~11月【実施】①8月(3日間)②9月(2日間)③1月(3日間)【地域】①オンライン②③オンライン　対面【選考】⑤ES　Webテスト　面接

436ジ 25総
426ジ 25働

ＪＴ 食品・水産

修士・大卒採用数	従業員数	平均勤続年数	平均年収
ー	◇5,819名	◇15.4年	㊲904万円

【特色】たばこ市場で世界大手。海外比率は7割強
【本社】105-6927 東京都港区虎ノ門4-1-1 神谷町トラストタワー【設立】1985.4

【業績】	売上高	営業利益	税前利益	純利益
連22.12	2,657,832	653,575	593,450	442,716
連23.12	2,841,077	672,410	621,601	482,288

●インターンシップ●【概要】①早期インターンシップ:自分を知るワークショップ　JTの事業概要およびJTの考え方の紹介　嗜好品の価値を体感するワークショップ②Summer Internship:自分を知るワークショップ　JTの事業概要およびJTの考え方の紹介　嗜好品の価値を体感するワークショップ【募集】①3月下旬~5月上旬②5~6月【実施】①6月オンライン　8月対面(計3日間)②8月(3日間)【地域】①オンライン②東京【全学年対象】①②【選考】⑤ES　面接

436ジ 25総
426ジ 25働

味の素(株) 食品・水産

修士・大卒採用数	従業員数	平均勤続年数	平均年収
120名	◇3,335名	◇20.3年	◇1047万円

【特色】調味料国内最大手。半導体向け絶縁材料も
【本社】104-8315 東京都中央区京橋1-15-1
【設立】1925.12　　　　　　　　　　　　　　[東京P]

【業績】	売上高	営業利益	税前利益	純利益
◇22.3	1,149,370	124,572	122,472	75,725
◇23.3	1,359,115	148,928	140,033	94,065

●インターンシップ●【概要】①グローバル・ビジネス・ワークショップ(GBW)②テクノロジー・ベースド・イノベーション・ワークショップ(TIW)【募集】⑤11月【実施】①2月(3日間×3回)②1月(2日間×2回)【地域】①オンライン②川崎【選考】①書類　面接②書類

437ジ 25総
427ジ 25働

(株)明治 食品・水産

修士・大卒採用数	従業員数	平均勤続年数	平均年収
※32名	◇5,700名	◇19.0年	㊲770万円

【特色】菓子・乳製品で国内トップクラス。明治HDの中核
【本社】104-8306 東京都中央区京橋2-2-1 京橋エドグラン　【設立】1917.12　　　　　　[持株傘下]
※業績は明治ホールディングス(株)のもの

【業績】	売上高	営業利益	経常利益	純利益
連23.3	1,062,157	75,433	74,160	69,424

●インターンシップ●【概要】①生産技術:当社のものづくりについて深く学ぶワークショップ(会社紹介、GD、工場見学、社員座談会)②生産技術:当社のものづくりについて深く学ぶワークショップ(会社紹介、工場見学、社員座談会)③エンジニアリング:当社のものづくりについて深く学ぶワークショップ(会社紹介、GD、社員座談会)【募集】①7-8月②③10~11月【実施】①9月(3日間)②12月(1日)③1~1月(1日)【地域】①東京・京橋　埼玉・坂戸　茨城・守谷②大阪・高槻③東京・京橋【全学年対象】①②③【選考】⑤ES

437ジ 25総
427ジ 25働

ニチレイグループ 食品・水産

修士・大卒採用数	従業員数	平均勤続年数	平均年収
84名	2,246名	14.2年	㊲617万円

【特色】業務・家庭用冷食大手。低温物流と冷食が収益柱
【本社】104-8402 東京都中央区築地6-19-20
【設立】1942.12　　　　　　　　　　　　　　[東京P]
※業績・会社データは(株)ニチレイのもの

【業績】	売上高	営業利益	経常利益	純利益
連23.3	630,190	35,920	33,448	21,568

●インターンシップ●【概要】①キャリアイメージワーク:グループ社員のストーリーをもとにキャリアをイメージするセミナー②グループオープンセミナー秋:グループ各社の人事が、各社の説明や学生の質問に回答③グループオープンセミナー冬:各事業会社の社員が、若手、中堅、女性社員とテーマごとに学生の質問に回答【募集】①9月上旬②10月上旬③1月上旬【実施】①8月上旬(3日間)②11月下旬(3日間)③2月下旬(3日間)【地域】①オンライン【選考】⑤なし

438ジ 25総
428ジ 25働

不二製油(株) 食品・水産

修士・大卒採用数	従業員数	平均勤続年数	平均年収
34名	825名	17.6年	㊲849万円

【特色】製菓・製パン向け油脂大手。健康関連原料も注力
【本社】598-8540 大阪府泉佐野市住吉町1
【設立】2015.10　　　　　　　　　　　　　　[持株傘下]
※業績は不二製油グループ本社(株)のもの

【業績】	売上高	営業利益	経常利益	純利益
連23.3	557,410	10,940	9,690	6,126

●インターンシップ●【概要】①会社説明、仕事理解ワーク、若手社員との座談会(営業)②同(研究開発)③同(新技術開発・エンジニアリング)【募集】⑤7月下旬~8月中旬【実施】⑤8~12月(半日~1日×複数回)【地域】⑤オンライン【選考】⑤アンケート　適性検査【本選考との関係】⑤関係あり

438ジ 25総
428ジ 25働

日清オイリオグループ㈱　食品・水産

	修士・大卒採用数	従業員数	平均勤続年数	平均年収
	38名	891名	19.2年	総821万円

【特色】家庭用油で国内トップ。加工油脂で海外販売拡大
【本社】104-8285 東京都中央区新川1-23-1
【設立】1907.3　　　　　　　　　　　　　　　［東京Ｐ］

【業績】	売上高	営業利益	経常利益	純利益
連22.3	432,778	11,670	12,648	8,595
連23.3	556,565	16,186	16,242	11,157

●インターンシップ●【概要】①研究・開発コース②生産コース③営業コース【募集】①②6月中旬~7月上旬 10月中旬~下旬 12月中旬~1月中旬【実施】①9月 12月中旬~下旬②8月下旬 12月中旬~下旬(1日)③12月中旬~下旬 2月中旬~下旬(1日)【地域】①②横浜③東京・中央【全学年対象】①②③【選考】①③ES 適性検査②ES【本選考との関係】②関係あり

25総 439ページ
25働 429ページ

ハウス食品㈱（ハウス食品グループ）　食品・水産

	修士・大卒採用数	従業員数	平均勤続年数	平均年収
	53名	◇1,724名	◇19.0年	総765万円

【特色】カレー、シチューのルウで首位。健康食品も強い
【本社】577-8520 大阪府東大阪市御厨栄町1-5-7
【設立】1947.6　　　　　　　　　　　　　　［持株傘下］

【業績】	売上高	営業利益	経常利益	純利益
連23.3	275,060	16,631	18,253	13,703

※業績はハウス食品グループ本社㈱のもの

●インターンシップ●24予【概要】①品質職の仕事紹介、生産課題検討ワーク②生産技術職の仕事紹介、工場設計ワーク③マーケティング・プロモーション設計ワーク④生産技術職の仕事体験ワーク、工場見学【募集】①6月下旬~8月②7月中旬~8月③9月下旬~11月中旬【実施】①②9月(半日×複数回)③1日(3日間)④1月(2日間)【地域】①②オンライン③オンライン 東京本社④静岡工場【全学年対象】①②③④【選考】①②なし③④ES 適性検査 面接

25総 439ページ
25働 429ページ

㈱Ｊ－オイルミルズ　食品・水産

	修士・大卒採用数	従業員数	平均勤続年数	平均年収
	12名	◇1,080名	◇17.1年	総750万円

【特色】業務用油で国内シェア4割。アジア展開にも本腰
【本社】104-0044 東京都中央区明石町8-1
【設立】2002.4　　　　　　　　　　　　　　　［東京Ｐ］

【業績】	売上高	営業利益	経常利益	純利益
連22.3	201,551	▲21	596	1,953
連23.3	260,410	734	1,436	986

●インターンシップ●
【概要】㉕1DAY仕事体験
【募集】①7月上旬②1月上旬
【実施】①8~9月(1日×複数回)②1~2月(1日×複数回)【地域】㉕オンライン【選考】㉕ES

25総 440ページ
25働 430ページ

カ　ゴ　メ㈱　食品・水産

	修士・大卒採用数	従業員数	平均勤続年数	平均年収
	29名	◇1,704名	◇15.8年	総930万円

【特色】トマト加工品の国内最大手。野菜飲料が主力
【本社】460-0003 愛知県名古屋市中区錦3-14-15
【設立】1949.8　　　　　　　　　　　　　　　［東京Ｐ］

【業績】	売上高	営業利益	税前利益	純利益
◇22.12	205,618	12,757	12,557	9,116
◇23.12	224,730	17,472	16,489	10,432

●インターンシップ●【概要】①キャリアワークショップ:カゴメ総合職のキャリアについて考えるグループワーク②仕事体験ワークショップ:生産調達の仕事紹介 先輩社員との座談会 お仕事体験グループワーク③研究系(理系)ワークショップ:研究の仕事紹介 先輩社員との座談会 お仕事体験グループワーク【募集】①7月②③11月【実施】①8月(1日)②③1月中旬(1日)【地域】㉕オンライン【選考】①ES②③ES 適性検査

25総 440ページ
25働 430ページ

アサヒグループ食品㈱　食品・水産

	修士・大卒採用数	従業員数	平均勤続年数	平均年収
	26名	828名	17.6年	総774万円

【特色】アサヒグループHD傘下。国内食品事業の中核
【本社】130-8602 東京都墨田区吾妻橋1-23-1 アサヒグループ本社ビル【設立】2015.7　［未上場］

【業績】	売上高	営業利益	経常利益	純利益
単21.12	125,500	11,300	NA	NA
単22.12	127,422	9,889	NA	NA

●インターンシップ●【概要】①1day仕事体験:食品メーカーのビジネスモデルやモノづくりの基礎について、グループワークを通じて体感②エンジニア職志望者向け:実際の工場設備における課題解決ワークに取り組み、アサヒグループ食品エンジニア職の業務を体感【募集】①11月頃②8月末頃【実施】①12~2月(1日×5日程)②10~11月(複数回)【地域】㉕オンライン【選考】①ES エントリー動画 Webテスト②ES Webテスト【本選考との関係】㉕関係あり

25総 441ページ
25働 431ページ

味の素冷凍食品㈱　食品・水産

	修士・大卒採用数	従業員数	平均勤続年数	平均年収
	22名	695名	15.4年	766万円

【特色】味の素傘下の冷凍食品メーカー。海外展開を加速
【本社】104-0061 東京都中央区銀座7-14-13 日土地銀座ビル【設立】2000.10　　　　［未上場］

【業績】	売上高	営業利益	経常利益	純利益
単22.3	89,709	4,343	5,352	2,700
単23.3	90,221	3,388	4,705	6,586

●インターンシップ●
【概要】①〈生産技術・管理系〉食品業界・企業紹介、業務紹介、業務体感ワーク、社員座談会②〈研究・開発系〉食品業界・企業紹介、業務紹介、業務体感ワーク、質疑応答
【募集】㉕10月【実施】㉕11月下旬(1日)【地域】㉕東京【選考】㉕ES

25総 441ページ
25働 431ページ

テーブルマーク㈱　食品・水産

修士・大卒採用数	従業員数	平均勤続年数	平均年収
20名	1,039名	13.3年	㊱748万円

【特色】JT完全子会社の加工食品メーカー。麺・米飯が軸
【本社】104-0045 東京都中央区築地6-4-10
【設立】1956.9　　［未上場］

【業績】	売上高	営業利益	税前利益	純利益
◇22.12	122,900	NA	NA	NA

●インターンシップ●【概要】①オープンカンパニー:企業説明、各職種紹介、座談会②営業職・職業体験会:企業説明、営業(家庭用・業務用)の模擬ワークを体験③開発職・職業体験(理系向):付加価値商品の商品企画等の実践型④製造技術職・職業体験会:製造業務の説明、実際にライン設計を考える【募集】①8月上旬~中旬 10月②①11月中旬3月上旬③1月中旬~2月上旬【実施】①9月12日 13日(1日)11月14日 22日(1日)④②4月中旬~3月中旬(半日)②2月27日 3月5日【地域】①オンライン②東京 大阪③東京【全学年対象】①②③④【選考】②ES

ホクト㈱　食品・水産

修士・大卒採用数	従業員数	平均勤続年数	平均年収
8名	◇1,185名	◇13.3年	◇512万円

【特色】長野中心。全国でキノコ生産、北米、台湾等進出
【本社】381-8533 長野県長野市南堀138-1
【設立】1964.7　　［東京P］

【業績】	売上高	営業利益	経常利益	純利益
連22.3	70,932	2,014	3,658	2,530
連23.3	72,980	▲2,948	▲1,854	▲2,037

●インターンシップ●
【概要】①営業コース②研究コース
【募集】‥
【実施】②1月下旬~【地域】②長野【全学年対象】①②【選考】②未定

エスビー食品㈱　食品・水産

修士・大卒採用数	従業員数	平均勤続年数	平均年収
24名	1,178名	13.6年	㊱750万円

【特色】スパイスで国内首位。カレー、シチューも有力
【本社】103-0026 東京都中央区日本橋兜町18-6
【設立】1940.4　　［東京S］

【業績】	売上高	営業利益	経常利益	純利益
連22.3	118,046	8,617	8,709	6,225
連23.3	120,651	5,399	5,465	4,080

●インターンシップ●【概要】①会社案内 研究開発職仕事体験ワーク 先輩社員座談会②会社案内 営業職仕事体験ワーク 先輩社員座談会【募集】②10月【実施】②11月(1日)【地域】①東京・板橋②東京・板橋 オンライン【全学年対象】①②【選考】②書類 適性検査

キッコーマン㈱　食品・水産

修士・大卒採用数	従業員数	平均勤続年数	平均年収
31名	572名	13.4年	◇790万円

【特色】国内しょうゆシェア約3割で首位。海外が収益柱
【本社】105-8428 東京都港区西新橋2-1-1
【設立】1917.12　　［東京P］

【業績】	売上高	営業利益	税前利益	純利益
◇22.3	516,540	50,682	54,231	38,903
◇23.3	618,899	55,370	60,797	43,733

●インターンシップ●【概要】①キッコーマンについての理解、営業職のケーススタディ、工場見学②キッコーマンについての理解、エンジニアリング職のケーススタディ、工場見学【募集】①6~12月上旬②8月【実施】①8月 11月 2月(4~5日間)②9月下旬(5日間)【地域】①東京・港 千葉・野田②千葉・野田【選考】①ES②ES 面接【本選考との関係】②関係あり

キユーピー㈱　食品・水産

修士・大卒採用数	従業員数	平均勤続年数	平均年収
47名	◇2,408名	◇16.2年	㊱847万円

【特色】マヨネーズ、ドレッシングで国内首位
【本社】150-0002 東京都渋谷区渋谷1-4-13
【設立】1919.11　　［東京P］

【業績】	売上高	営業利益	経常利益	純利益
連22.11	430,304	25,433	27,249	16,033
連23.11	455,086	19,694	20,490	13,174

●インターンシップ●24予
【概要】①営業系仕事体験②研究開発系仕事体験③生産・品質保証系仕事体験【募集】①6~7月上旬②9月~未定③11月~未定【実施】①8下旬~9月上旬(1日程度)予定②12月上旬(2日間程度)予定③11月下旬(2日間程度)予定【地域】①東京・調布 兵庫・伊丹②東京・調布③茨城・五霞【選考】②ES 面接

日本食研ホールディングス㈱　食品・水産

修士・大卒採用数	従業員数	平均勤続年数	平均年収
125名	◇3,721名	◇16.4年	㊱618万円

【特色】調味料大手の日本食研などを傘下に擁す持株会社
【本社】799-1582 愛媛県今治市富田新港1-3
【設立】1973.2　　［未上場］

【業績】	売上高	営業利益	経常利益	純利益
連21.9	114,998	5,220	5,521	NA
連22.9	125,212	6,043	7,428	NA

●インターンシップ●【概要】①営業職:会社概要説明 試作・試食体験 仕事体験GW 先輩社員座談会②研究職(開発・品質保証):会社概要説明 試食体験 仕事体験GW 先輩社員座談会③生産職:会社概要説明 宮城工場見学 試食体験 仕事体験GW 先輩社員座談会④IT・システム開発職:会社概要説明 社内SEの仕事体験GW 先輩社員座談会【募集】②6~7月【実施】①②③8月下旬~9月中旬(1日)④8月下旬~9月中旬(2日間)【地域】①②対面 オンライン③オンライン④対面【選考】②ES

253

ケンコーマヨネーズ(株)　食品・水産

	修士・大卒採用数	従業員数	平均勤続年数	平均年収
25総	23名	◇1,523名	◇13.9年	総592万円

【特色】	マヨネーズ大手、業務用中心。サラダに強い	【業績】	売上高	営業利益	経常利益	純利益
【本社】	168-0072 東京都杉並区高井戸東3-8-13	連22.3	75,647	1,616	1,622	1,211
【設立】	1958.3　[東京P]	連23.3	82,363	105	169	485

25働
●インターンシップ●
【概要】①企業・職種理解を目的とした企業概要解説 業務理解を促進するグループワーク 社員からのフィードバック 社員との座談会
【募集】①12月上旬~中旬【実施】①1月(1日)【地域】①オンライン【選考】①ES

日清食品(株)　食品・水産

	修士・大卒採用数	従業員数	平均勤続年数	平均年収
25総	102名	2,358名	NA	790万円

【特色】	カップラーメン国内最大手、袋麺も首位級	【業績】	売上高	営業利益	税前利益	純利益
【本社】	160-8524 東京都新宿区新宿6-28-1	◇23.3	669,248	55,636	57,950	44,760
【設立】	1948.9　[持株傘下]	※業績は日清食品ホールディングスのもの				

25働
●インターンシップ●24予【概要】①マーケティング仕事体験:新商品企画などの業務体験②(理系)R&D仕事体験:新商品企画などの開発業務体験③(理系)生産仕事体験:工場製造ライン見学、社員座談会、試食ワーク④セールス仕事体験:模擬商談ワーク、セールス業務体験【募集】①6~7月②8~9月③④10~11月【実施】①9~10月(5日間)②11月(3日間)③1月(1日)④1月(3日間)【地域】①②東京 オンライン③滋賀②東京【選考】①ES SPI3 動画 デザイン思考テスト 面接②ES SPI3 面接③ES SPI3④ES SPI3 動画 面接

東洋水産(株)　食品・水産

	修士・大卒採用数	従業員数	平均勤続年数	平均年収
25総	21名	1,268名	21.3年	総785万円

【特色】	即席麺国内2位、米国・メキシコで高シェア	【業績】	売上高	営業利益	経常利益	純利益
【本社】	108-8501 東京都港区港南2-13-40	連22.3	361,495	29,737	31,834	22,414
【設立】	1948.4　[東京P]	連23.3	435,786	40,330	43,724	33,126

25働
●インターンシップ●
【概要】①製造業務体験・安全衛生・ISO・HACCP
【募集】‥
【実施】①8月下旬(1週間)【地域】①神戸【選考】①なし

日本ハム(株)　食品・水産

	修士・大卒採用数	従業員数	平均勤続年数	平均年収
25総	61名	1,557名	19.0年	総847万円

【特色】	食肉で国内首位。生産から加工、販売まで一貫	【業績】	売上高	営業利益	税前利益	純利益
【本社】	530-0001 大阪府大阪市北区梅田2-4-9 クリーゼタワー	◇22.3	1,174,389	44,133	51,366	30,855
【設立】	1949.5　[東京P]	◇23.3	1,259,792	17,859	22,162	16,637

25働
●インターンシップ●24予【概要】①先着順イベント(会社説明会・パネルディスカッション)②総合職2day:全学部全学科学生向け③研究職1day:理系6年制学部および理系大学院生向けイベント【募集】①7月②③8月下旬~9月【実施】①8~9月上旬(半日)②11月下旬~12月(2日間)③11月下旬~12月【地域】①オンライン②東京 大阪③オンライン 対面【選考】①なし②③未定

伊藤ハム米久ホールディングスグループ　食品・水産

	修士・大卒採用数	従業員数	平均勤続年数	平均年収
25総	67名	◇1,554名	◇17.3年	総780万円

【特色】	国内食肉大手。傘下に伊藤ハムと米久	【業績】	売上高	営業利益	経常利益	純利益
【本社】	153-8587 東京都目黒区三田1-6-21	連23.3	922,682	22,994	26,044	16,975
【設立】	1948.6　[東京P]	※業績は伊藤ハム米久HD(株)、他は伊藤ハム(株)のデータ				

25働
●インターンシップ●
【概要】①営業職向け②生産技術職向け
【募集】①6月②10~11月
【実施】①9月(1日×2回)②1月中旬~下旬(1日×3回)【地域】②オンライン【選考】②ES 面接

プリマハム(株)　食品・水産

	修士・大卒採用数	従業員数	平均勤続年数	平均年収
25総	40名	◇1,218名	◇17.2年	総779万円

【特色】	食肉大手、伊藤忠が筆頭株主。セブン向け総菜も	【業績】	売上高	営業利益	経常利益	純利益
【本社】	140-8529 東京都品川区東品川4-12-2 品川シーサイドウエストタワー	連22.3	419,591	12,966	14,883	9,718
【設立】	1948.7　[東京P]	連23.3	430,740	9,725	10,510	4,505

25働
●インターンシップ●【概要】①営業・管理系:食肉加工メーカーの営業について②技術系:独自の機械開発や生産性の高さについて③製造系:製造ラインやそのコントロールについて④品質管理・研究・開発系:当社の品質管理・研究・開発の仕事について【募集】①②6月下旬~7月 11月③④6月下旬~7月【実施】①②8月 1月(1日)③9月(1日)④8月(1日)【地域】①オンライン 対面②③対面④オンライン【選考】①ES【本選考との関係】②早期選考に案内

江崎グリコ㈱ 　食品・水産

修士・大卒採用数	従業員数	平均勤続年数	平均年収
21名	1,390名	16.7年	㊱843万円

【特色】菓子の国内大手。アイス、カレー、乳製品も展開
【本社】555-8502 大阪府大阪市西淀川区歌島4-6-5【設立】1929.2　[東京P]

【業績】	売上高	営業利益	経常利益	純利益
連22.12	303,921	12,845	13,646	8,099
連23.12	332,590	18,622	21,285	14,133

●インターンシップ●【概要】①生活者の課題解決のためのマーケティング企画立案②工場ラインの課題解決の立案③商談ロールプレイなどショッパーベースセリングの仕事体験④〈研究〉基礎応用、商品技術開発研究の仕事体験〈デジタル推進〉食×AIをテーマにしたハッカソン等の仕事体験【募集】①3月 11月②6月④11月【実施】①夏・冬(5日間)②夏・冬(3-5日間)③夏(3日間)④夏・冬(2-3日間)【地域】①②④大阪③東京【選考】①③④ES 適性検査 筆記 面接 GW②ES 適性検査 面接 GW【本選考との関係】②選考に案内

449ジ
439ジ

森永製菓㈱ 　食品・水産

修士・大卒採用数	従業員数	平均勤続年数	平均年収
48名	1,472名	18.9年	㊱769万円

【特色】菓子の国内大手。アイス、健康領域に注力
【本社】105-0023 東京都港区芝浦1-13-16 森永浦ビル【設立】1910.2　[東京P]

【業績】	売上高	営業利益	経常利益	純利益
連22.3	181,251	17,685	18,247	27,773
連23.3	194,373	15,235	15,757	10,059

●インターンシップ●
【概要】①研究開発系総合職②生産技術系総合職
【募集】①9～10月②9～11月
【実施】①12月(2日間)②1月(2日間)【地域】㋐神奈川【選考】①ES 面接

450ジ
440ジ

㈱ロッテ（㈱ロッテホールディングス） 　食品・水産

修士・大卒採用数	従業員数	平均勤続年数	平均年収
68名	1,288名	18.3年	㊱776万円

【特色】国内ロッテグループの中核。総合菓子トップ
【本社】160-0023 東京都新宿区西新宿3-20-1【設立】（創業）1948.6　[未上場]

【業績】	売上高	営業利益	経常利益	純利益
単22.3	187,561	19,426	20,813	17,141
単23.3	192,720	19,483	21,821	15,453

●インターンシップ●24予【概要】①④営業部門の職種理解および就業体験②研究部門の職種理解および就業体験③ICT部門の職種理解および就業体験【募集】①②6～7月上旬③8月中④11～12月上旬【実施】①9月上旬(1日)②9月上旬(2日間)③9月下旬(1日)④2月中旬(1日)【地域】①③④オンライン②対面【全学年対象】①②③④【選考】①②④ES GD 面接③ES

451ジ
441ジ

亀田製菓㈱ 　食品・水産

修士・大卒採用数	従業員数	平均勤続年数	平均年収
17名	◇1,412名	◇20.3年	◇546万円

【特色】あられ・せんべい軸に米菓国内首位。海外強化
【本社】950-0198 新潟県新潟市江南区亀田工業団地3-1-1【設立】1957.8　[東京P]

【業績】	売上高	営業利益	経常利益	純利益
連22.3	85,163	4,863	6,099	4,428
連23.3	94,992	3,564	5,215	1,892

●インターンシップ●
【概要】①営業コース②商品開発コース③設備開発コース④研究コース
【募集】‥
【実施】①②冬季予定③8月中旬(2日間)④9月上旬(2日間)【地域】㋐オンライン【選考】㋐書類

451ジ
441ジ

井村屋グループ㈱ 　食品・水産

修士・大卒採用数	従業員数	平均勤続年数	平均年収
23名	448名	13.7年	㊱547万円

【特色】「あずきバー」や中華まん主力。BtoB向け拡大中
【本社】514-8530 三重県津市高茶屋7-1-1【設立】1947.4　[東京P]

【業績】	売上高	営業利益	経常利益	純利益
連22.3	42,151	1,704	2,075	1,473
連23.3	44,685	1,992	2,284	1,611

●インターンシップ●
【概要】①仕事体験:食品会社の技術職を理解する
【募集】‥
【実施】①3日間【地域】①オンライン 三重【選考】①書類 面接

452ジ
442ジ

日清製粉グループ 　食品・水産

修士・大卒採用数	従業員数	平均勤続年数	平均年収
93名	346名	15.4年	857万円

【特色】国内製粉首位。パスタ、冷食等食品も大手級
【本社】101-8441 東京都千代田区神田錦町1-25【設立】1900.10　[東京P]

【業績】	売上高	営業利益	経常利益	純利益
連23.3	798,681	32,831	33,051	▲10,381

※採用数はグループ全体、他は㈱日清製粉グループ本社の数字

●インターンシップ●【概要】①日清製粉グループ生産技術研究所2weeksインターンシップ②日清製粉グループ5Daysインターンシップ(事務系)③NBCメッシュテック技術系対象5daysインターンシップ④日清製粉グループ5Daysインターンシップ(食化系)【募集】①6～7月②8-9月③7～12月④10～11月【実施】①8～9月(2週間)②10～11月(5日間)③7～12月(5日間)④12～2月(5日間)【地域】㋐対面【全学年対象】①②③④【選考】①ES 面接②ES 1分動画 面接③ES④ES 1分動画【本選考との関係】②選考時の参考にする

452ジ
442ジ

[25総] 453ページ　[25働] 443ページ

㈱ニップン

[食品・水産]

修士・大卒採用数	従業員数	平均勤続年数	平均年収
56名	1,156名	15.6年	[総]784万円

【特色】製粉業界最古参で国内2位。加工食品・総菜強化
【本社】102-0083 東京都千代田区麹町4-8
【設立】1896.12 [東京P]

【業績】	売上高	営業利益	経常利益	純利益
連22.3	321,317	11,282	14,270	9,327
連23.3	365,525	12,288	14,816	10,260

●インターンシップ●
【概要】①事務系・食品化学系：グループワークによる業務用営業・開発体験②設備エンジニアリング系：工場見学による設備系業務体験【募集】‥【実施】①11~2月(1日)②12~2月(1日)【地域】①首都圏 関西 九州②首都圏 関西【全学年対象】①②【選考】①なし②あり

[25総] 453ページ　[25働] 443ページ

昭和産業㈱（しょうわさんぎょう）

[食品・水産]

修士・大卒採用数	従業員数	平均勤続年数	平均年収
29名	◇1,276名	◇16.4年	[総]765万円

【特色】製粉、油脂が2本柱。食品、糖化品など多角展開
【本社】101-8521 東京都千代田区内神田2-2-1
【設立】1936.2 [東京P]

【業績】	売上高	営業利益	経常利益	純利益
連22.3	287,635	5,564	6,576	4,006
連23.3	335,053	4,184	6,525	7,776

●インターンシップ●【概要】①営業・企画・管理部門による社員座談会②研究・開発・生産技術部門による社員座談会③飼料事業部門(研究、開発、技術営業等)による社員座談会④設備技術部門(プラント・プロセス設計、電力・プロセス制御、建築・土木等)による社員座談会【募集】[全]12月下旬~1月中旬【実施】①②③2月上旬(1日)2月中旬(1日)④2月上旬(1日)【地域】[全]オンライン【選考】[全]ES

[25総] 454ページ　[25働] 444ページ

山崎製パン㈱（やまざきせいぱん）

[食品・水産]

修士・大卒採用数	従業員数	平均勤続年数	平均年収
381名	◇19,750名	◇15.2年	[総]691万円

【特色】パン最大手で菓子パン主力、子会社に不二家など
【本社】101-8585 東京都千代田区岩本町3-10-1
【設立】1948.6 [東京P]

【業績】	売上高	営業利益	経常利益	純利益
連22.12	1,077,009	22,032	26,127	12,368
連23.12	1,175,562	41,962	45,526	30,168

●インターンシップ●【概要】①生産技術職：製パン講義(実演による基礎理論と当社の技術力紹介)、仕事紹介、質疑応答②営業職：仕事紹介、フリートーク、質疑応答③エンジニアリング職：仕事紹介、先輩社員座談会④(コース1参加者のみ応募可)製パン実技体験会：ベイク体験、製パン講義、質疑応答【募集】①8月下旬~②9月下旬~③④未定【実施】[全]未定(1日)【地域】[全]オンライン【選考】①②③なし④ES

[25総] 454ページ　[25働] 444ページ

敷島製パン㈱（しきしませいぱん）

[食品・水産]

修士・大卒採用数	従業員数	平均勤続年数	平均年収
33名	3,806名	19.7年	[総]549万円

【特色】製パン業界の老舗。「Pasco」ブランドが浸透
【本社】461-8721 愛知県名古屋市東区白壁5-3
【設立】1919.12 [未上場]

【業績】	売上高	営業利益	経常利益	純利益
単21.8	154,327	1,612	2,516	1,092
単22.8	148,436	1,984	3,021	2,075

●インターンシップ●【概要】①生産職社員の業務体験(製造工程表の作成)、先輩社員との座談会②営業職社員の業務体験(棚割り表の作成)、先輩社員との座談会③工場見学と、VRを活用した設備職社員の疑似業務体験、先輩社員との座談会④自己分析×企業分析セミナー【募集】①7月②11月③6月④10~11月 1月【実施】①8月(1日)②12月(1日)③7月(1日)④11月 2月【地域】①②④オンライン③愛知(犬山 刈谷)埼玉・川越 東京・多摩 神戸【全学年対象】①②③④【選考】①③ES②④なし【本選考との関係】①③早期選考に案内

[25総] 455ページ　[25働] 445ページ

フジパングループ本社㈱（ほんしゃ）

[食品・水産]

修士・大卒採用数	従業員数	平均勤続年数	平均年収
205名	◇4,264名	◇12.7年	[総]573万円

【特色】製パン大手の持株会社。マクドナルド向けに強み
【本社】467-8651 愛知県名古屋市瑞穂区松園町1-50【設立】1951.2 [未上場]

【業績】	売上高	営業利益	経常利益	純利益
連22.6	268,923	4,714	5,133	1,806
連23.6	288,165	2,828	3,338	1,878

●インターンシップ●【概要】①生産職：製パンメーカーのパンづくり、中食業界(デリカ)について②営業職：製パンメーカーの営業③エンジニア職：製パンメーカーの機械メンテナンス④物流職：物流業界について【募集】[全]随時【実施】[全]8~1月(1日)【地域】①②④東京 名古屋 大阪 オンライン③オンライン【全学年対象】①②③④【選考】[全]ES【本選考との関係】[全]早期選考に案内

[25総] 455ページ　[25働] 445ページ

㈱YKベーキングカンパニー（ワイケイ）

[食品・水産]

修士・大卒採用数	従業員数	平均勤続年数	平均年収
22名	591名	20.7年	NA

【特色】神戸屋の包装パン事業が分離、山崎製パン傘下に
【本社】533-0014 大阪府大阪市東淀川区豊新2-16-14【設立】2023.2 [未上場]

【業績】ND

●インターンシップ●【概要】①工場設備を支えるエンジニア職体験コース：工場見学 エンジニア職体験、先輩社員座談会②総務・工場管理・人事・労務など事務系職種体験コース：採用コンテンツ制作、工場見学、先輩社員座談会【募集】[全]8月下旬~10月上旬【実施】①10月(1日×3日程)②10月(1日×1日程、3日間×2日程)【地域】[全]大阪 神奈川【選考】[全]ES【本選考との関係】[全]関係あり

マルハニチロ㈱　食品・水産

修士・大卒採用数	従業員数	平均勤続年数	平均年収
88名	1,976名	15.9年	㊽746万円

【特色】水産業界の最大手。冷凍食品でも首位級
【本社】135-8608 東京都江東区豊洲3-2-20 豊洲フロント 【設立】1943.3　［東京Ｐ］

【業績】
	売上高	営業利益	経常利益	純利益
連22.3	866,702	23,819	27,596	16,898
連23.3	1,020,456	29,575	33,500	18,596

●インターンシップ●【概要】①食品業界・会社概要・水産商社事業の紹介、社員講話、商品開発GW、座談会②食品業界・会社概要・食品事業の紹介、社員講話、商品開発GW、座談会③④食品業界・水産業・会社概要の紹介、商品開発GW、座談会【募集】①②③6月④10月中旬～11月中旬【実施】①②8月中旬～(3日間)③8月中旬～9月上旬④12月上旬～1月上旬(1日×7回)【地域】①②東京・江東③オンライン 東京・江東④オンライン【選考】①②③ES 適性検査 面接④ES 適性検査

㈱ニッスイ　食品・水産

修士・大卒採用数	従業員数	平均勤続年数	平均年収
32名	1,485名	16.3年	㊽799万円

【特色】水産業界2位。漁業・養殖、加工食品などを展開
【本社】105-8676 東京都港区西新橋1-3-1 西新橋スクエア 【設立】1943.3　［東京Ｐ］

【業績】
	売上高	営業利益	経常利益	純利益
連22.3	693,682	27,076	32,372	17,275
連23.3	768,181	24,488	27,776	21,233

●インターンシップ●【概要】①食品営業(家庭用食品・業務用食品)の仕事体験②水産営業(水産の営業・調達)の仕事体験③研究・開発(研究手法の考察)の仕事体験④食品工場(生産管理・品質管理)の仕事体験【募集】①6～7月上旬②6～7月③7～8月④7～9月上旬【実施】①8月下旬(1日)②9月中旬(1日)③10月中旬(1日)④10月下旬(1日)【地域】①オンライン【選考】①②④ES SPI 録画選考③ES SPI デザイン思考テスト【本選考との関係】⑤早期選考に案内

㈱極洋　食品・水産

修士・大卒採用数	従業員数	平均勤続年数	平均年収
38名	704名	16.4年	725万円

【特色】水産物の調達・加工・販売が主力。寿司ネタ強い
【本社】107-0052 東京都港区赤坂3-3-5
【設立】1937.9　［東京Ｐ］

【業績】
	売上高	営業利益	経常利益	純利益
連22.3	253,575	6,392	6,904	4,634
連23.3	272,167	8,105	8,182	5,782

●インターンシップ●
【概要】⑤食品・水産業界を学ぶ：グループワークによる提案営業体験
【募集】⑤6～7月 10～11月【実施】①8～9月(1日)12月(1日)②9月(1日)12月(1日)【地域】①全国(オンライン)②東京【選考】⑤ES【本選考との関係】⑤早期選考に案内

フィード・ワン㈱　食品・水産

修士・大卒採用数	従業員数	平均勤続年数	平均年収
27名	561名	16.6年	668万円

【特色】三井物産系の飼料メーカー。クロマグロの養殖も
【本社】221-0835 神奈川県横浜市神奈川区鶴屋町2-23-2 TSプラザビル【設立】2014.10　［東京Ｐ］

【業績】
	売上高	営業利益	経常利益	純利益
連22.3	243,202	4,293	5,067	3,659
連23.3	307,911	1,422	1,711	1,030

●インターンシップ●24予【概要】①営業体験コース：営業ロールプレイングワーク、先輩社員との座談会②ビジネスモデル理解コース：経営体感型ビジネスゲーム、社員との座談会③配合飼料 業界・企業セミナー：業界、配合飼料についての紹介、会社紹介【募集】⑤7～8月 11～12月【実施】①8～9月(半日×5日程)12～1月(半日×5日程)②8～9月(半日×4日程)12～1月(半日×4日程)【地域】①③オンライン②横浜 大阪【全学年対象】①②③【選考】①②未定③なし【本選考との関係】①②早期選考に案内

㈱サカタのタネ　農林

修士・大卒採用数	従業員数	平均勤続年数	平均年収
22名	712名	15.1年	㊽730万円

【特色】種苗首位級。世界各地の自社農場で開発、卸売
【本社】224-0041 神奈川県横浜市都筑区仲町台2-7-1 【設立】1942.12　［東京Ｐ］

【業績】
	売上高	営業利益	経常利益	純利益
連22.5	73,049	11,181	12,114	12,256
連23.5	77,263	10,918	12,304	9,489

●インターンシップ●【概要】①営業企画コース②研究開発Challengeコース③研究開発Basicコース④サプライチェーンコース【募集】①6月中旬～7月中旬 10～11月②③6月中旬～7月中旬 10～11月上中旬④6月中旬～8月中旬【実施】①③8～9月 11～12月(1日)②8～9月(2日間)④9月中旬(1日)【地域】①横浜 オンライン②静岡 千葉 オンライン③オンライン 千葉④オンライン【選考】⑤ES【本選考との関係】⑤関係あり

カネコ種苗㈱　農林

修士・大卒採用数	従業員数	平均勤続年数	平均年収
38名	628名	12.9年	590万円

【特色】野菜種子など国内種苗大手。農業や農業資材も販売
【本社】371-8503 群馬県前橋市古市町1-50-12
【設立】1947.6　［東京Ｓ］

【業績】
	売上高	営業利益	経常利益	純利益
連22.5	60,691	1,835	1,909	1,302
連23.5	62,179	1,785	1,913	1,426

●インターンシップ●【概要】①知ってワクワクする"食"を支えている農業(体験型)②"食"を支えている農業をもっと知る研究所見学③"食"を支える農業総合企業の営業を体験できる1日営業体験④オープンカンパニーと先輩交流会【募集】①②③6～9月④6～8月【実施】①12月(2日間)②11月(1日×3日間)③9月(1日)④7月(1日)8月(1日)【地域】①②群馬・伊勢崎③④オンライン【選考】①②③ES④なし

257

TOPPAN(トッパン)ホールディングス㈱ [印刷・紙パルプ]

[25総] 459ページ [25働] 449ページ

修士・大卒採用数	従業員数	平均勤続年数	平均年収
485名	10,899名	18.2年	[総]700万円

【特色】印刷業界2強。産業資材や電子部材を展開
【本社】112-8531 東京都文京区水道1-3-3
【設立】1908.6 [東京P]

【業績】	売上高	営業利益	経常利益	純利益
連22.3	1,547,533	73,505	76,318	123,182
連23.3	1,638,833	76,636	81,172	60,866

●インターンシップ● 【概要】①企画提案型ワークショップ②職場実習型インターンシップ③就業型インターンシップ 【募集】①6月 9月②7月 9月 10月③7月 10月 【実施】①7月~(2日間)②9月~(5日間)③9月 12月(2週間)【地域】①②東京③東京 大阪 福岡 【選考】①ES SPI3②③ES SPI3 GD 【本選考との関係】②③一部早期選考に案内

大日本印刷(だいにっぽんいんさつ)㈱ [印刷・紙パルプ]

[25総] 459ページ [25働] 449ページ

修士・大卒採用数	従業員数	平均勤続年数	平均年収
—	◇10,107名	◇20.1年	[総]797万円

【特色】印刷業界2強。産業資材や電子部材などにも展開
【本社】162-8001 東京都新宿区市谷加賀町1-1-1
【設立】1894.1 [東京P]

【業績】	売上高	営業利益	経常利益	純利益
連22.3	1,344,147	66,788	81,249	97,182
連23.3	1,373,209	61,233	83,661	85,692

●インターンシップ● 【概要】①ビジネス創造型②技術系向け受入③社員座談会④デザイン系向け受入 【募集】①②④6~7月中旬 【実施】①②④8月下旬~9月上旬(5日間)③6~11月(1日)【地域】①④東京②東京 茨城 千葉 福岡 広島 岡山 京都③オンライン 【全学年対象】①②③④ 【選考】①ES GD面接②④ES 面接③ES 【本選考との関係】①②④早期選考に案内 選考評価の一つとして利用

TOPPAN(トッパン)エッジ㈱ [印刷・紙パルプ]

[25総] 460ページ [25働] 450ページ

修士・大卒採用数	従業員数	平均勤続年数	平均年収
78名	2,625名	17.9年	[総]676万円

【特色】凸版印刷の主力子会社。DPS首位、BPOが拡大
【本社】105-8311 東京都港区東新橋1-7-3
【設立】1955.5 [未上場]

【業績】	売上高	営業利益	経常利益	純利益
単22.3	181,634	2,674	6,000	3,315
単23.3	176,883	1,956	5,398	3,391

●インターンシップ●
【概要】①全コース対象:SE仕事体感②事務系コース:ロールプレイング形成での営業職体験ワーク
【募集】[全]9~11月上旬 【実施】①11月中旬~12月上旬(1日)②11月中旬~12月上旬(2日間)【地域】①オンライン②東京・汐留 【選考】[全]なし

共同印刷(きょうどういんさつ)㈱ [印刷・紙パルプ]

[25総] 460ページ [25働] 450ページ

修士・大卒採用数	従業員数	平均勤続年数	平均年収
34名	◇1,893名	◇16.0年	[総]622万円

【特色】1897年創業、国内印刷3位。生活資材も展開
【本社】112-8501 東京都文京区小石川4-14-12
【設立】1918.12 [東京P]

【業績】	売上高	営業利益	経常利益	純利益
連22.3	88,416	756	1,298	683
連23.3	93,363	775	1,289	1,253

●インターンシップ●
【概要】①会社紹介 先輩社員座談会(予定)
【募集】①11月中旬~12月上旬(予定)
【実施】①1月(1日)(予定)【地域】①東京・文京 他 【選考】①ES 面接

王子(おうじ)ホールディングス㈱ [印刷・紙パルプ]

[25総] 461ページ [25働] 451ページ

修士・大卒採用数	従業員数	平均勤続年数	平均年収
73名	◇7,944名	◇19.6年	[総]861万円

【特色】製紙国内首位の持株会社。板紙1位、紙2位
【本社】104-0061 東京都中央区銀座4-7-5
【設立】1949.8 [東京P]

【業績】	売上高	営業利益	経常利益	純利益
連23.3	1,706,641	84,818	95,008	56,483

※傘下9社を含む主要10社のもの

●インターンシップ●
【概要】①事務職対象:提案型ワークショップ②研究職対象:研究所での就業体験③エンジニア職対象:工場での就業体験 【募集】[全]10~12月 【実施】[全]1~2月(2日間×複数回)【地域】①東京(予定)②東京 滋賀(予定)③全国各地の工場 【選考】[全]ES 【本選考との関係】[全]関係あり

日本製紙(にっぽんせいし)㈱ [印刷・紙パルプ]

[25総] 462ページ [25働] 452ページ

修士・大卒採用数	従業員数	平均勤続年数	平均年収
58名	◇5,060名	◇21.5年	[総]850万円

【特色】製紙で王子HDと国内2強。紙1位、板紙3位
【本社】101-0062 東京都千代田区神田駿河台4-6 御茶ノ水ソラシティ 【設立】1949.8 [東京P]

【業績】	売上高	営業利益	経常利益	純利益
連22.3	1,045,086	12,090	14,490	1,990
連23.3	1,152,645	▲26,855	▲24,530	▲50,406

●インターンシップ● 【概要】①②③理系限定:工場体験・会社概要説明、仕事内容説明、業務体験、工場見学会、社員座談会④理系限定:研究所体験・会社概要説明、仕事内容説明、研究所見学会、社員座談会 【募集】[全]7月下旬~8月上旬 【実施】①9月下旬(5日間)②8月下旬(5日間)③9月上旬(5日間)④8月下旬 9月下旬(半日×2回)【地域】①石巻工場②富士工場③岩国工場④王子研究所 【選考】[全]なし 【本選考との関係】①②③選考における個別配慮(日程や時間帯等)

レンゴー㈱ [印刷・紙パルプ]

修士・大卒採用数	従業員数	平均勤続年数	平均年収
54名	◇4,432名	◇16.6年	◇728万円

【特色】製紙3位、板紙専業最大手で樹脂包装も併営
【本社】530-0005 大阪府大阪市北区中之島2-2-7 中之島セントラルタワー【設立】1920.5 ［東京Ｐ］

【業績】	売上高	営業利益	経常利益	純利益
連22.3	746,926	33,279	36,641	28,188
連23.3	846,080	25,957	28,682	20,425

●インターンシップ●【概要】①新規パッケージを考える提案営業体験②パッケージの素材研究体験③生産設備の改善提案体験④IT部門の業務改善提案体験【募集】①6~12月②④6~10月③6~9月【実施】①6~1月(1日)②8~11月(1日)③7~10月(1日)④7月 8月 10月 11月(1日)【地域】㊎オンライン【全学年対象】①②③④【選考】㊎あり【本選考との関係】㊎早期選考に案内

25総 462ジペー 25働 452ジペー

大王製紙㈱ [印刷・紙パルプ]

修士・大卒採用数	従業員数	平均勤続年数	平均年収
21名	※1,037名	※15.5年	[総]736万円

【特色】製紙4位、家庭紙首位級。四国に大規模工場を擁する
【本社】102-0071 東京都千代田区富士見2-10-2 飯田橋グラン・ブルーム【設立】1943.5 ［東京Ｐ］

【業績】	売上高	営業利益	経常利益	純利益
連22.3	612,314	37,569	37,696	23,721
連23.3	646,213	▲21,441	▲24,050	▲34,705

●インターンシップ●【概要】①(理系)機械・電気電子系:世界最大級の製紙工場でエンジニア体験！ 5daysインターンシップ②(理系)化学系:2days商品開発インターンシップ、1day商品開発仕事体験(オンライン)③事務・営業系:2days営業体験インターンシップ【募集】①6~7月②6~8月③6~12月【実施】①9月(5日間)②8~9月(1~2日間)③8~1月(2日間)【地域】①愛媛・四国中央②愛媛・四国中央 オンライン③東京・千代田 大阪・本町【選考】㊎ES

25総 463ジペー 25働 453ジペー

㈱資生堂 [化粧品・トイレタリー]

修士・大卒採用数	従業員数	平均勤続年数	平均年収
※47名	6,237名	13.6年	663万円

【特色】化粧品国内首位。高収益のスキンケアに集中
【本社】104-0061 東京都中央区銀座7-5-5
【設立】1927.6 ［東京Ｐ］

【業績】	売上高	営業利益	税前利益	純利益
◇22.12	1,067,355	46,572	50,428	34,202
◇23.12	973,038	28,133	31,037	21,749

●インターンシップ●【概要】①ケーススタディに取り組み、ファイナンス業務を学ぶ②資生堂マーケティングのケーススタディに取り組み、マーケティング業務を学ぶ③資生堂セールスのケーススタディに取り組み、セールス業務を学ぶ④資生堂のサプライチェーンに関する業務・組織理解のためのワークショップ、先輩社員座談会【募集】‥【実施】①8月(4日間)②9月(3日間)③10月(2日間)④11月【地域】㊎東京【選考】①ES 適性検査②③ES 適性検査 個人回答でのケースワーク④ES 適性検査 Web面接【本選考との関係】㊎上位者は本選考に案内

25総 463ジペー 25働 453ジペー

㈱コーセー [化粧品・トイレタリー]

修士・大卒採用数	従業員数	平均勤続年数	平均年収
31名	※1,351名	※16.4年	[総]775万円

【特色】化粧品大手。百貨店など高級化粧品に強い
【本社】103-8251 東京都中央区日本橋3-6-2
【設立】(創業)1946.3 ［東京Ｐ］

【業績】	売上高	営業利益	経常利益	純利益
連22.12	289,136	22,120	28,394	18,771
連23.12	300,406	15,985	20,252	11,663

●インターンシップ●
【概要】①検討中
【募集】‥
【実施】‥【地域】‥【選考】‥

25総 464ジペー 25働 454ジペー

㈱ファンケル [化粧品・トイレタリー]

修士・大卒採用数	従業員数	平均勤続年数	平均年収
45名	896名	12.8年	619万円

【特色】無添加化粧品が主力のメーカー。サプリも強い
【本社】231-8528 神奈川県横浜市中区山下町89-1
【設立】1981.8 ［東京Ｐ］

【業績】	売上高	営業利益	経常利益	純利益
連22.3	103,992	9,771	10,401	7,421
連23.3	103,595	7,843	8,557	4,970

●インターンシップ●【概要】①GWや顧客へのインタビュー、社員フィードバック、社員交流会をベースに、新規事業編、マーケティング編、デジタル編の3コース②商品体験・GWを通じた顧客への商品提案、企業研究、キャリアワーク③研究職社員による業務紹介と実験、会社説明、総合研究所見学④生産技術職社員による業務紹介、会社説明、千葉工場見学【募集】①10~11月②7月③④10月【実施】①12~1月(3日間)②9月(1日)③④11月(1日)【地域】①②横浜③横浜 オンライン④千葉 オンライン【選考】①ES 動画 適性検査②動画 適性検査③④なし

25総 464ジペー 25働 454ジペー

㈱ポーラ [化粧品・トイレタリー]

修士・大卒採用数	従業員数	平均勤続年数	平均年収
※16名	950名	14.0年	[総]654万円

【特色】化粧品訪問販売業界トップ、エステ併設店も
【本社】141-8523 東京都品川区西五反田2-2-3
【設立】1946.7 ［持株傘下］

【業績】	売上高	営業利益	経常利益	純利益
単21.12	105,168	13,440	13,630	9,332
単22.12	88,683	11,030	11,177	7,031

●インターンシップ●
【概要】①総合コース夏②総合コース冬③販売コース【募集】①6~8月上旬②10~12月上旬(予定)③12~1月(予定)【実施】①9~11月②1月~(予定)③2月上旬~(予定)【地域】㊎オンライン 東京・五反田【全学年対象】①②③【選考】㊎ES 動画【本選考との関係】㊎関係あり

25総 465ジペー 25働 455ジペー

㈱ミルボン

	化粧品・トイレタリー	修士・大卒採用数	従業員数	平均勤続年数	平均年収
		52名	796名	12.6年	総822万円

【特色】美容室向け業務用ヘア化粧品首位。海外も注力
【本社】104-0031 東京都中央区京橋2-2-1 京橋エドグラン 【設立】1960.7 [京橋P]

【業績】	売上高	営業利益	経常利益	純利益
連22.12	45,238	7,551	7,829	5,577
連23.12	47,762	5,525	5,586	4,001

●インターンシップ● 【概要】①(長期)採用直結型:ハイパフォーマー育成、徹底的のフィードバック、自己成長支援、当社・美容業界の理解 他②本選考直結型:研究職限定現場体験型、社員座談会、研究所見学③営業体験ワーク、店舗対応課題解決提案型活動他④オープンカンパニー、会社説明会【募集】①⑥~7月②⑨~10月③④⑤月~【実施】①8~11月②11月③~5月(1日)④5~7月【地域】①東京 大阪 オンライン②大阪③④オンライン【選考】③④なし【本選考との関係】①早期選考に案内②本選考スキップ

花王㈱

	化粧品・トイレタリー	修士・大卒採用数	従業員数	平均勤続年数	平均年収
		91名	6,155名	18.0年	総837万円

【特色】日用品首位。傘下に06年買収のカネボウ化粧品
【本社】103-8210 東京都中央区日本橋茅場町1-14-10 【設立】1940.5 [京橋P]

【業績】	売上高	営業利益	税前利益	純利益
連22.12	1,551,059	110,071	115,848	86,038
連23.12	1,532,579	60,035	63,842	43,870

●インターンシップ● 【概要】①技術系研究職:研究所における研究開発業務(実験・解析等)の実務体験②システム系:オフィスでの交流・グループワーク③事務系職種オープンカンパニー【募集】①5月下旬~6月中旬②10月中旬~12月上旬③12~1月【実施】①8月末~9月中(土日除く10日間)②1月中旬~2月中旬(3日間)③1月中旬~2月上旬【地域】①東京 神奈川・小田原 茨城・鹿島 栃木 愛知・豊橋 和歌山②東京③オンライン【選考】①ES 面接②ES③なし

ユニ・チャーム㈱

	化粧品・トイレタリー	修士・大卒採用数	従業員数	平均勤続年数	平均年収
		57名	1,433名	14.6年	845万円

【特色】生理用品・紙おむつで国内首位級。新興国も開拓
【本社】108-8575 東京都港区三田3-5-19 東京三田ガーデンタワー 【設立】1961.2 [東京P]

【業績】	売上高	営業利益	税前利益	純利益
連22.12	898,022	115,223	115,708	67,608
連23.12	941,790	130,709	132,308	86,053

●インターンシップ● 【概要】①営業職②マーケティング職③パーソナルケア商品開発職④ペットフード商品開発職【募集】①②8~11月 2月③8月下旬 2月中旬④2月上旬【実施】①②夏季 秋季 冬季③夏季 冬季④冬季【地域】①②東京・港 オンライン③香川・観音寺 オンライン④兵庫・伊丹 オンライン【選考】①②ES 面接

ライオン㈱

	化粧品・トイレタリー	修士・大卒採用数	従業員数	平均勤続年数	平均年収
		59名	◇3,190名	◇17.0年	総803万円

【特色】洗剤や口腔ケア分野に強い。国内日用品3位
【本社】111-8644 東京都台東区蔵前1-3-28 【設立】1918.9 [東京P]

【業績】	売上高	営業利益	税前利益	純利益
◇22.12	389,869	28,843	31,292	21,939
◇23.12	402,767	20,505	22,375	14,624

●インターンシップ● 【概要】①研究職:仕事体験ワーク②営業・スタッフ職:仕事体験ワーク③生産技術・サプライチェーンマネジメント職:生産技術研究コース仕事体験ワーク④生産技術・サプライチェーンマネジメント職:サプライチェーン戦略コース仕事体験ワーク【募集】①②8月③10月 12月④12月【実施】①9月中旬~下旬 10月上旬②9月上旬③10月下旬 2月中旬④1月下旬【地域】①東京・平井②③④オンライン【選考】①②ES 適性検査 録画面接③なし④ES

小林製薬㈱

	化粧品・トイレタリー	修士・大卒採用数	従業員数	平均勤続年数	平均年収
		57名	1,573名	12.7年	総863万円

【特色】芳香・消臭剤など日用品大手。医薬品も展開する
【本社】541-0045 大阪府大阪市中央区道修町4-4-10 【設立】1919.8 [京橋P]

【業績】	売上高	営業利益	経常利益	純利益
連22.12	166,258	26,669	28,281	20,022
連23.12	173,455	25,780	27,330	20,338

●インターンシップ● 【概要】①技術系②営業系【募集】⑥6月上旬【実施】⑥11~2月(日程・職種により異なる)【地域】⑥オンライン【選考】⑥ES SPI 面接【本選考との関係】⑥特別イベント(先輩社員座談会)に案内

アース製薬㈱

	化粧品・トイレタリー	修士・大卒採用数	従業員数	平均勤続年数	平均年収
		52名	◇1,352名	◇14.2年	総830万円

【特色】殺虫剤首位。日用品も展開。傘下にはバスクリン
【本社】101-0048 東京都千代田区神田司町2-12-1 【設立】1925.8 [東京P]

【業績】	売上高	営業利益	経常利益	純利益
連22.12	152,339	7,434	8,133	5,303
連23.12	158,344	6,370	6,791	4,102

●インターンシップ● 【概要】①研究所・工場の裏側へ招待、研究職特別インターンシップ②営業職わくわくインターンシップ③モノづくりの現場へ招待、生産職特別インターンシップ【募集】⑥11~12月【実施】⑥1~2月(複数回)【地域】①③兵庫・赤穂②東京 大阪【選考】⑥PR動画投稿

田辺三菱製薬㈱ [医薬品]

修士・大卒採用数	従業員数	平均勤続年数	平均年収
31名	3,209名	21.3年	[総]854万円

[25総] 468ページ [25働] 458ページ

【特色】国内製薬準大手。三菱ケミカルHDの傘下
【本社】541-8505 大阪府大阪市中央区道修町3-2-10【設立】1933.12 ［未上場］

【業績】	売上高	営業利益	税前利益	純利益
◊23.3	4,634,532	182,718	167,964	96,066

※業績は㈱三菱ケミカルグループのもの

●インターンシップ●【概要】①創薬研究職コース：会社説明、研究所紹介、ポスターセッション、社員交流 他②開発職コース：会社説明、グループワーク、社員交流 他③技術研究職コース：会社説明、研究所紹介、ポスターセッション、社員交流 他【募集】①②10上旬~中旬③11月下旬~12月上旬【実施】①②11月（1日）③12月（1日）【地域】[全]オンライン【全学年対象】①②③【選考】[全]書類 SPI

アステラス製薬㈱ [医薬品]

修士・大卒採用数	従業員数	平均勤続年数	平均年収
48名	4,867名	16.2年	[総]1,061万円

[25総] 469ページ [25働] 459ページ

【特色】国内製薬2位。前立腺がん、泌尿器に強み
【本社】103-8411 東京都中央区日本橋本町2-5-1
【設立】1939.3 ［東京Ｐ］

【業績】	売上高	営業利益	税前利益	純利益
◊22.3	1,296,163	155,686	156,886	124,086
◊23.3	1,518,619	133,029	132,361	98,714

●インターンシップ● [24予]【概要】①（理系）PV職就業体験、会社職種紹介②（理系）開発職就業体験、会社職種紹介③（理系）製薬技術研究職就業体験、会社職種紹介【募集】[全]5月下旬~（予定）【実施】①11~12月（1日）②11~12月（2日間）③11~12月（コースごとの実施）【地域】①②東京・中央③静岡・焼津 茨城・つくば【選考】[全]ES 適性検査 他

中外製薬㈱ [医薬品]

修士・大卒採用数	従業員数	平均勤続年数	平均年収
118名	5,103名	16.8年	[総]1,214万円

[25総] 470ページ [25働] 460ページ

【特色】医療用医薬品準大手。がん国内首位。ロシュ傘下
【本社】103-8324 東京都中央区日本橋室町2-1-1
【設立】1943.3 ［東京Ｐ］

【業績】	売上高	営業利益	税前利益	純利益
◊22.12	1,259,946	533,309	531,166	374,429
◊23.12	1,111,367	439,174	443,821	325,472

●インターンシップ●【概要】①②（職種により薬系・理系のみ）仕事の説明、GW、疑似仕事体験 他※職種により内容が異なる③（一部薬系・理系のみ）データサイエンティスト向けの疑似仕事体験 他【募集】①9~10月②6~7月上旬③6~7月上旬 9~10月【実施】①12~3月（5~6日間）②7~9月（1~2日間）③8~9月 1~2月（1カ月）【地域】①東京 大阪 オンライン②オンライン③東京 神奈川 オンライン【全学年対象】②【選考】①②ES 適性検査 職種により研究概要 GD③ES 適性検査 研究概要【本選考との関係】①③早期選考に案内

エーザイ㈱ [医薬品]

修士・大卒採用数	従業員数	平均勤続年数	平均年収
64名	3,043名	18.2年	[総]1,050万円

[25総] 470ページ [25働] 460ページ

【特色】国内製薬大手。オーナー色。中枢神経系に強い
【本社】112-8088 東京都文京区小石川4-6-10
【設立】1941.12 ［東京Ｐ］

【業績】	売上高	営業利益	税前利益	純利益
◊22.3	756,226	53,750	54,458	47,954
◊23.3	744,402	40,040	45,012	55,432

●インターンシップ●
【概要】①研究開発部門での製剤研究②臨床開発部門でのプランニング・モニタリング就業体験③生産部門での就業体験④営業部門でのMR職就業体験【募集】‥【実施】①12月（2日間）②12月（3日間）③12月（1日）④8~12月（1~2日間）【地域】①②③オンライン（予定）④オンライン【選考】[全]あり

住友ファーマ㈱ [医薬品]

修士・大卒採用数	従業員数	平均勤続年数	平均年収
21名	3,026名	18.3年	904万円

[25総] 471ページ [25働] 461ページ

【特色】製薬準大手。精神神経に強み、再生医療で先行
【本社】541-0045 大阪府大阪市中央区道修町2-6-8【設立】1897.5 ［東京Ｐ］

【業績】	売上高	営業利益	税前利益	純利益
◊22.3	560,035	60,234	82,961	56,413
◊23.3	555,544	▲76,979	▲47,920	▲74,512

●インターンシップ●【概要】①②MR職：職種理解グループワーク、MR職の就業体験（フィードバック有）、社員座談会 他（文理不問）③開発職：企業・職種理解、グループワーク、フィードバック（理系）④ファーマコビジランス職：企業・職種理解、グループワーク、フィードバック（理系）【募集】①6月下旬~7月中旬②③④9月下旬~10月中旬【実施】①9月上旬~中旬（2日間）②③12月上旬~中旬（1日）④12月上旬（1日）【地域】①②オンライン③オンライン 東京・中央④東京・中央 大阪市【選考】[全]ES 適性検査

小野薬品工業㈱ [医薬品]

修士・大卒採用数	従業員数	平均勤続年数	平均年収
48名	3,381名	16.8年	963万円

[25総] 471ページ [25働] 461ページ

【特色】製薬中堅。「オプジーボ」でがん免疫薬をリード
【本社】541-8564 大阪府大阪市中央区久太郎町1-8-2【設立】1947.7 ［東京Ｐ］

【業績】	売上高	営業利益	税前利益	純利益
◊22.3	361,361	103,195	105,025	80,519
◊23.3	447,187	141,963	143,532	112,723

●インターンシップ● [24予]
【概要】①研究職、開発職、MR職による職種混合での会社研究②PV職の業務紹介
【募集】①5~6月中旬②8~9月上旬【実施】①8月下旬（3日間）②9月中旬（1日）【地域】[全]オンライン【選考】①ES 適性検査 グループワーク②なし

塩野義製薬㈱ 医薬品

修士・大卒採用数	従業員数	平均勤続年数	平均年収
44名	2,458名	16.5年	㊱911万円

【特色】製薬準大手。感染症、疼痛・中枢神経領域に強み
【本社】541-0045 大阪府大阪市中央区道修町3-1-8 【設立】1919.6 　[東京P]

【業績】	売上高	営業利益	税前利益	純利益
◇22.3	335,138	110,312	120,854	114,185
◇23.3	426,684	149,000	220,332	184,965

●インターンシップ● 【概要】①就業型インターンシップ②研究職 オープンカンパニー③開発職 オープンカンパニー④営業職 オープンカンパニー【募集】①6~7月②11~12月③10~11月④1~2月【実施】①8月（2週間）②1月（1日）③12月（1日）④2月（半日）【地域】①②大阪③④オンライン【全学年対象】①②③④【選考】①②③ES 適性検査 面接④なし

協和キリン㈱ 医薬品

修士・大卒採用数	従業員数	平均勤続年数	平均年収
50名	◇3,859名	◇16.7年	◇885万円

【特色】キリンHD傘下。腎、がん、免疫、中枢神経に特化
【本社】100-0004 東京都千代田区大手町1-9-2 大手町フィナンシャルGキューブ 【設立】1949.7 　[東京P]

【業績】	売上高	営業利益	税前利益	純利益
◇22.12	398,371	65,341	67,572	53,573
◇23.12	442,233	92,563	97,246	81,188

●インターンシップ● 【概要】①MR職:会社紹介、MR職紹介、社員との座談会、GW、成果発表②開発職（臨床開発）:会社紹介、臨床開発紹介、社員との座談会、GW、成果発表③開発職（データサイエンス）:会社紹介、開発臨床業理職紹介または開発バイオマーカー紹介、社員との座談会、GW、成果発表④研究職:会社紹介、研究所紹介、研究員との座談、仕事体感ワーク、成果発表【募集】①10月【実施】①11月（2日間）②③④12月（2日間）【地域】①②オンライン③④対面【選考】①②ES Webテスト GD③④ES Webテスト 面接

大正製薬㈱ 医薬品

修士・大卒採用数	従業員数	平均勤続年数	平均年収
9名	2,811名	18.1年	NA

【特色】大衆薬国内首位。医療用医薬品も。オーナー経営
【本社】170-8633 東京都豊島区高田3-24-1 【設立】1928.5 　[持株傘下]

【業績】	売上高	営業利益	経常利益	純利益
連23.3	301,381	23,018	30,444	18,977

※業績は大正製薬ホールディングス㈱のもの

●インターンシップ● 【概要】①ビジネス総合職コース:グループワーク、社員座談会 他②生産技術職コース（理系）:グループワーク、社員座談会 他【募集】‥【実施】㋐8~9月（2日間）【地域】㋐オンライン【全学年対象】①【選考】㋐ES 適性検査 面接

ロート製薬㈱ 医薬品

修士・大卒採用数	従業員数	平均勤続年数	平均年収
32名	1,095名	16.0年	㊱942万円

【特色】一般用目薬で世界首位。基礎化粧品、医療用も
【本社】544-8666 大阪府大阪市生野区巽西1-8-1 【設立】1949.9 　[東京P]

【業績】	売上高	営業利益	経常利益	純利益
連22.3	199,646	29,349	29,084	21,018
連23.3	238,664	33,959	35,568	26,377

●インターンシップ● 【概要】①製剤技術職の業務体験と工場見学②マーケティング部門における就業体験【募集】①11月上旬~中旬【実施】①12月中旬（2日間）②12月（3~5日間）【地域】①三重・伊賀②大阪市 東京・港【選考】①ES 面接【本選考との関係】①早期選考に案内②1次面接を免除

東和薬品㈱ 医薬品

修士・大卒採用数	従業員数	平均勤続年数	平均年収
21名	◇2,591名	◇10.4年	◇648万円

【特色】後発医薬品大手。直販主体だが卸ルートを開拓中
【本社】571-8580 大阪府門真市新橋町2-11 【設立】1957.4 　[東京P]

【業績】	売上高	営業利益	経常利益	純利益
連22.3	165,615	19,205	22,739	15,914
連23.3	208,859	5,514	5,141	2,201

●インターンシップ● 24予【概要】①MRとの同行による職業体験、フィードバック②（理系）業界・企業研究セミナー、先輩社員からの「研究技術職」業務紹介、先輩社員との座談会③業界・企業研究セミナー、先輩社員からの「MR職」業務紹介、先輩社員とのロールプレイング【募集】①6~7月 10~11月②③8月頃 1月頃【実施】①8~9月（1日）12~2月（1日）②③8月頃（1日）1月頃（1日）【地域】①各地域の営業所②③オンライン【選考】①ES②③なし

日本新薬㈱ 医薬品

修士・大卒採用数	従業員数	平均勤続年数	平均年収
63名	◇1,857名	◇17.5年	㊱828万円

【特色】医療用医薬品中堅。泌尿器、血液内科に強み
【本社】601-8550 京都府京都市南区吉祥院西ノ庄門口町14 【設立】1919.10 　[東京P]

【業績】	売上高	営業利益	税前利益	純利益
◇22.3	137,484	32,948	33,301	24,986
◇23.3	144,175	30,049	30,489	22,812

●インターンシップ● 【概要】①全職種対象 製薬業界の仕事を3stepで学ぶ~ Step Up型仕事体験~<1st>業界研究、会社・職種理解を深める<2nd>職種別業務体験<3rd>職種別業務体験・社風体感【募集】①4月下旬【実施】①<1st>8月（1~2日間）※2ndからの参加は不可【地域】①オンライン【選考】①書類 適性検査

㈱ ツ ム ラ 　 医薬品

	修士・大卒採用数	従業員数	平均勤続年数	㊻平均年収
	51名	2,631名	18.1年	㊻803万円

【特色】医療用漢方薬でシェア8割超。中国事業を育成

【業績】	売上高	営業利益	経常利益	純利益
連22.3	129,546	22,376	25,904	18,836
連23.3	140,043	20,916	23,453	16,482

【本社】107-8521 東京都港区赤坂2-17-11
【設立】1936.4　　[東京P]

●インターンシップ●【概要】①育薬研究職の業務理解②MR（営業）職の就業体験を通じて業務理解③生産技術職の業務理解（品質管理職/品質・製剤研究職・エンジニアリング職）④生薬調達・研究職の業務理解【募集】㋖5月中旬～6月中旬 10月中旬～11月中旬【実施】㋖6月下旬～7月 12月中旬～1月（2日間）【地域】㋖オンライン【選考】㋖ES 動画【本選考との関係】㋖関係あり

25総 476ページ / 25働 466ページ

Meiji Seika ファルマ㈱ 　 医薬品

	修士・大卒採用数	従業員数	平均勤続年数	平均年収
	48名	1,931名	17.9年	855万円

【特色】明治HDの医薬品子会社。感染症領域に強み

【業績】	売上高	営業利益	経常利益	純利益
連22.3	131,469	782	1,073	24,795
連23.3	126,289	7,153	9,499	14,787

【本社】104-8002 東京都中央区京橋2-4-16
【設立】1916.10　　[持株傘下]

●インターンシップ●【概要】①②MR職：座学・先輩社員との座談会、MR職体験ロールプレイ③研究職・生産技術職（理系学部）：座学、先輩社員との座談会、業務体験【募集】㋖②7～11月上旬③10～11月上旬【実施】㋖8月 9月 12月下旬（各months2日程）㋖東京:8月 10月（各1日程）大阪:9月 11月下旬（各2日程）③12月中旬【地域】①③オンライン㋖東京 大阪【全学年対象】①②③【選考】㋖書類

25総 476ページ / 25働 466ページ

扶 桑 薬 品 工 業㈱ 　 医薬品

	修士・大卒採用数	従業員数	平均勤続年数	◇平均年収
	25名	1,314名	19.6年	◇553万円

【特色】中堅医薬品メーカー。人工腎臓透析液・補液が柱

【業績】	売上高	営業利益	経常利益	純利益
連22.3	49,632	1,924	1,996	1,483
連23.3	51,015	2,206	2,215	1,605

【本社】536-8523 大阪府大阪市城東区森之宮2-3-11 【設立】1937.3　　[東京P]

●インターンシップ●24予【概要】①MRの理解が深まる先輩社員同行1day体験②仕事を知る1day仕事体験~ MR編~③若手MRと座談会【募集】①8月②9月下旬~10中旬③5～6月【実施】①8月下旬~9月上旬（1日）②11月（1日）③7～9月【地域】①札幌 仙台 東京 神奈川 埼玉 名古屋 大阪 岡山 広島 福岡②③オンライン【選考】㋖なし

25総 478ページ / 25働 468ページ

鳥 居 薬 品㈱ 　 医薬品

	修士・大卒採用数	従業員数	平均勤続年数	平均年収
	12名	563名	14.4年	822万円

【特色】JT傘下の製薬中堅。抗アレルギー薬開発等に強み

【業績】	売上高	営業利益	経常利益	純利益
単22.12	48,896	5,540	5,537	3,944
単23.12	54,648	5,035	5,307	4,119

【本社】103-8439 東京都中央区日本橋本町3-4-1 トリイ日本橋ビル【設立】1921.11　　[東京P]

●インターンシップ●
【概要】①MRの仕事体験
【募集】①10～12月【実施】①10月（1日）11月（1日）12月（1日）【地域】①オンライン【選考】①SPI【本選考との関係】①Web会社説明会参加

25総 479ページ / 25働 469ページ

佐 藤 製 薬㈱ 　 医薬品

	修士・大卒採用数	従業員数	平均勤続年数	平均年収
	22名	◇773名	◇17.4年	NA

【特色】大衆薬主体の中堅製薬会社。「ユンケル」で著名

【業績】	売上高	営業利益	経常利益	純利益
連21.7	43,151	695	755	547
連22.7	44,492	956	1,068	743

【本社】107-0051 東京都港区元赤坂1-5-27
【設立】1939.8　　[未上場]

●インターンシップ●24予
【概要】①MR（OTC/医療用）の現場を体感：職種説明 グループワーク 若手社員との座談会 他②製薬会社の品質管理職・製造職を知る：職種説明 グループワーク 工場見学 若手社員との座談会 他【募集】㋖8月～【実施】㋖9～2月（1日×複数回）【地域】㋖オンライン【全学年対象】①②【選考】㋖ES

25総 479ページ / 25働 469ページ

日 本 ケ ミ フ ァ㈱ 　 医薬品

	修士・大卒採用数	従業員数	平均勤続年数	㊻平均年収
	0名	445名	13.3年	㊻699万円

【特色】後発品業界中堅。新薬メーカー出発で先発品も

【業績】	売上高	営業利益	経常利益	純利益
連22.3	32,950	825	1,022	700
連23.3	31,559	▲241	58	339

【本社】101-0032 東京都千代田区岩本町2-2-3
【設立】1950.6　　[東京S]

●インターンシップ●
【概要】㋖研究部門での就業体験
【募集】‥【実施】㋖8月（1日）2月（1日）【地域】㋖埼玉【全学年対象】①【選考】①なし②ES【本選考との関係】㋖関係あり

25総 480ページ / 25働 470ページ

三菱ケミカル㈱　化学

	修士・大卒採用数	従業員数	平均勤続年数	平均年収
25総 480ページ	65名	◇17,416名	◇20.6年	総926万円

【特色】三菱ケミカルグループ中核の総合化学大手

【業績】	売上高	営業利益	税前利益	純利益
◇23.3	4,634,532	182,718	167,964	96,066

【本社】100-8251 東京都千代田区丸の内1-1-1 パレスビル　【設立】（発足）2017.4　［持株傘下］
※業績は三菱ケミカルグループのもの

25働 470ページ
●インターンシップ●【概要】①（機系）社員からの講演、業務の一端を体感するグループワーク、社員との交流会②（知的財産）社員からの講演、業務の一端を体感するグループワーク、社員との交流会、職場見学【募集】①6～7月上旬②9月下旬～10月上旬　【実施】①8月下旬（1日）9月上旬（1日）②11月上旬（1日）【地域】①オンライン②東京・千代田　【選考】⑥ES　面接

住友化学㈱　化学

	修士・大卒採用数	従業員数	平均勤続年数	平均年収
25総 481ページ	127名	◇6,637名	◇15.5年	総1,071万円

【特色】国内2位の大手総合化学。農薬は国内最大手

【業績】	売上高	営業利益	税前利益	純利益
◇22.3	2,765,321	215,003	251,136	162,130
◇23.3	2,895,283	▲30,984	231	6,987

【本社】103-6020 東京都中央区日本橋2-7-1 東京日本橋タワー　【設立】1925.6　［東京P］

25働 471ページ
●インターンシップ●【24予】【概要】①医農薬コース②プラントエンジニアコース③MI（マテリアルズ・インフォマティクス）・PI（プロセス・インフォマティクス）コース④工場見学会（半日）【募集】①②～7月3～11月4①～12月　【実施】①8月下旬～9月（1日）②8月下旬～9月（5日間）③12月中旬（5日間）④11～1月（半日）【地域】①兵庫②千葉 愛媛 大分③東京④千葉 大阪 大分　【全学年対象】①②③④　【選考】①④多数の場合抽選②③ES Webテスト　【本選考との関係】②③学生情報を本選考に活用

富士フイルム㈱　化学

	修士・大卒採用数	従業員数	平均勤続年数	平均年収
25総 481ページ	160名	4,607名	17.9年	総928万円

【特色】写真フィルムから多角化、医療や半導体材料展開

【業績】	売上高	営業利益	税前利益	純利益
◇23.3	2,859,041	273,079	282,224	219,422

【本社】107-0052 東京都港区赤坂9-7-3 東京ミッドタウン　【設立】1934.1　［持株傘下］
※業績は富士フイルムホールディングス㈱のもの

25働 471ページ
●インターンシップ●【概要】①技術系：情報分野グループワーク②技術系：職務体験ワーク③事務系：個人活動を通じた理念体感ワーク④事務系：企業への理解を深めるグループワーク【募集】‥【実施】①8～3月（延べ約1カ月半）②8～3月（3日間）③④8～3月（延べ約1カ月）【地域】⑥東京 神奈川 オンライン　【全学年対象】①②③④　【選考】⑥あり

信越化学工業㈱　化学

	修士・大卒採用数	従業員数	平均勤続年数	平均年収
25総 482ページ	81名	◇3,481名	◇20.3年	総876万円

【特色】塩ビ樹脂や半導体ウエハの世界的メーカー

【業績】	売上高	営業利益	経常利益	純利益
連22.3	2,074,428	676,322	694,434	500,117
連23.3	2,808,824	998,202	1,020,211	708,238

【本社】100-0005 東京都千代田区丸の内1-4-1 丸の内永楽ビルディング　【設立】1926.9　［東京P］

25働 472ページ
●インターンシップ●【概要】①5daysインターンシップ：研究所、製造部、プラントエンジニアリング部門での就業体験②1day仕事体験：技術系社員とのグループワーク 他　【募集】①10～11月②6～7月　【実施】①12～2月（5日間）②8～9月（1日）【地域】①新潟・上越 福井・越前 群馬・安中 茨城・神栖 福島・西白河郡②オンライン　【全学年対象】①②　【選考】⑥あり

旭化成グループ　化学

	修士・大卒採用数	従業員数	平均勤続年数	平均年収
25総 482ページ	178名	8,261名	17.3年	総887万円

【特色】大手総合化学メーカー。住宅、医療、電子部品も

【業績】	売上高	営業利益	経常利益	純利益
◇22.3	2,461,317	202,904	214,707	161,880

【本社】100-0006 東京都千代田区有楽町1-1-2 日比谷三井タワー　【設立】1931.5　［東京P］
※ベースはグループ5社のデータ

25働 472ページ
●インターンシップ●【24予】【概要】①②技術系職種での就業体験③事務職種での業務体験（グループワーク）④MR職種での業務体験【募集】①5月中旬～6月上旬②4月下旬～6月中旬③9～11月④6月下旬～9月　【実施】①9月上旬（2週間）②8月中旬（5日間）③10～12月（半日）④8月中旬～11月（半日）【地域】①東京・千代田 川崎 静岡（伊豆の国 富士）岡山・水島 宮崎・延岡②茨城・猿島 川崎 静岡・富士 三重・鈴鹿 滋賀・守山 岡山・水島 宮崎・延岡③④オンライン　【選考】①③④ES 適性検査②ES　【本選考との関係】①③早期選考に案内④1次面接免除

東レ㈱　化学

	修士・大卒採用数	従業員数	平均勤続年数	平均年収
25総 483ページ	190名	4,942名	17.4年	総969万円

【特色】化学繊維で国内最大手。炭素繊維は世界首位

【業績】	売上高	営業利益	税前利益	純利益
◇22.3	2,228,523	100,565	120,315	84,235
◇23.3	2,489,130	109,001	111,870	72,823

【本社】103-8666 東京都中央区日本橋室町2-1-1 日本橋三井タワー　【設立】1926.1

25働 473ページ
●インターンシップ●【概要】①技術系（化学系）：座談会②技術系（機械・電気系、化学工学系、情報システム系）：業務紹介③事務系（営業系、財務・経理系）：業務体感ワーク、座談会④技術系（化学系、機械・電気系、情報システム系）：業務紹介【募集】①③10～11月中旬②10～12月中旬④2月上旬～中旬　【実施】①12月（1日）②11～12月（1日）③1～2月（1日）④2月（1日）【地域】①②④オンライン③オンライン 東京 大阪　【選考】①③ES 適性検査 面接②④なし

三井化学㈱ （化学）

修士・大卒採用数	従業員数	平均勤続年数	平均年収
119名	◇5,042名	◇16.8年	㊽1,076万円

【特色】三井系の大手総合化学。機能性材料を強化中
【本社】104-0028 東京都中央区八重洲2-2-1 八重洲セントラルタワー【設立】1955.7 ［東京Ｐ］

【業績】	売上高	営業利益	税前利益	純利益
◇22.3	1,612,688	147,310	141,274	109,990
◇23.3	1,879,547	128,998	117,278	82,936

●インターンシップ●【概要】①事務系総合職：戦略立案、自己内省、キャリア研修②研究職：研究所見学、社員座談会、事業立案GW③AI-MI系：研究所見学、社員座談会、業務体験（課題検討）④設備エンジ：工場見学、社員座談会、業務体験（設計検討）【募集】①10~11月上旬②③④6~7月上旬【実施】①1~2月（4日間）②③9月（2日間）④8~9月（2日間）【地域】①東京②③千葉④千葉 大阪 岩国 福岡【選考】①ES 適性検査 面接②③④ES 適性検査

積水化学工業㈱ （化学）

修士・大卒採用数	従業員数	平均勤続年数	平均年収
125名	◇3,659名	◇17.1年	◇913万円

【特色】化学大手。住宅、環境関連、高機能樹脂等多角化
【本社】530-8565 大阪府大阪市北区西天満2-4-4 堂島関電ビル【設立】1947.3

【業績】	売上高	営業利益	経常利益	純利益
◇22.3	1,157,945	88,879	97,601	37,067
◇23.3	1,242,521	91,666	104,241	69,263

●インターンシップ●【概要】①(住宅)事務系：就業体験(営業)、間取り作成ワーク 他②(住宅)技術系(建築系、機械系、電気系)：現場社員との対話、ワーク 他③(環境・ライフライン)理系(機械系、電気系)：工場見学、研究所見学 他④(高機能プラスチックス)理系(機械、電気、情報系)：工場見学 他【募集】①25~12月③④6~7月 10月【実施】①5~12月(2日間選択)②5~12月(1日)③8月(4日間)12月(日数未定)④9月 12月(日数未定)【地域】①②オンライン③滋賀 京都④滋賀【選考】①②なし③④ES 面接

東ソー㈱ （化学）

修士・大卒採用数	従業員数	平均勤続年数	平均年収
95名	◇4,720名	◇14.4年	㊽926万円

【特色】総合化学の一角。塩ビ・苛性ソーダでは大手
【本社】104-8467 東京都中央区八重洲2-2-1 八重洲セントラルタワー【設立】1935.2 ［東京Ｐ］

【業績】	売上高	営業利益	経常利益	純利益
◇22.3	918,580	144,045	160,467	107,938
◇23.3	1,064,376	74,606	89,983	50,335

●インターンシップ●24予
【概要】①会社紹介 事業計画立案(全学部対象)②事務系職種体験ワーク(事務系)③技術系職種体験ワーク(理系)【募集】①6~8月 10~12月②③10~12月【実施】①8~9月 12~1月(1日×複数回)②③12~1月(1日×複数回)【地域】㊀オンライン【選考】㊀ES 適性検査【本選考との関係】㊀関係あり

帝人㈱ （化学）

修士・大卒採用数	従業員数	平均勤続年数	平均年収
36名	※3,354名	※18.7年	㊽945万円

【特色】合成繊維大手、炭素繊維世界2位級。医薬関連も
【本社】100-8585 東京都千代田区霞が関3-2-1 霞が関コモンゲート西館【設立】1918.6 ［東京Ｐ］

【業績】	売上高	営業利益	経常利益	純利益
◇22.3	926,054	44,208	49,692	23,158
◇23.3	1,018,751	12,863	9,100	▲17,695

●インターンシップ●【概要】①技術系職種体験コース：セミナー参加後、希望職種別に各職種業務内容の体験ワークを実施②事務系職種体験コース：セミナー参加後、希望職種別に各職種業務内容の体験ワークを実施【募集】㊀5~6月【実施】㊀6~9月(セミナー1~2時間、体験ワーク1~2日間)【地域】㊀東京 オンライン 他【選考】㊀ES Webテスト

三菱ガス化学㈱ （化学）

修士・大卒採用数	従業員数	平均勤続年数	平均年収
61名	◇2,448名	◇17.6年	㊽990万円

【特色】芳香族化学品等を生産。海外で生産合弁事業
【本社】100-8324 東京都千代田区丸の内2-5-2 三菱ビル【設立】1951.4 ［東京Ｐ］

【業績】	売上高	営業利益	経常利益	純利益
◇22.3	705,656	55,360	74,532	48,295
◇23.3	781,211	49,030	69,764	49,085

●インターンシップ●【概要】①機電系：工場での業務体感②化工系：工場での業務体感③技術系：ビジネスゲーム、会社紹介、社員座談会④事務系：ビジネスゲーム、会社紹介、社員座談会【募集】①②6月下旬~7月 10月③7月 11月④11月【実施】①8~11月(1日×複数回)②8~12月(1日×複数回)③8~12月(2日間×複数回)④12~2月(2日間×複数回)【地域】①茨城・鹿島 三重・四日市 新潟②新潟 岡山・水島③④東京・千代田 大阪【選考】①②適性検査③抽選④なし【本選考との関係】㊀早期選考に案内

㈱クラレ （化学）

修士・大卒採用数	従業員数	平均勤続年数	平均年収
※63名	4,251名	18.3年	㊽※1,070万円

【特色】化学大手。各種フィルムや高機能樹脂が主力
【本社】100-0004 東京都千代田区大手町2-6-4 常盤橋タワー【設立】1926.6

【業績】	売上高	営業利益	経常利益	純利益
◇22.12	756,376	87,139	84,060	54,307
◇23.12	780,938	79,027	69,057	49,029

●インターンシップ●24予【概要】①事務系：素材業界の営業体験、新用途開拓、成果発表他②事務系：素材の用途提案、成果発表他③技術系(化学工学、機械工学、電気電子系)：素材を生み出すプロセス体験他④技術系(化学、化学工学)：研究センターにおける研究開発業務の体験、研究成果発表他【募集】①6~8月②9~11月③8~12月④7~8月【実施】①9月(5日間)②11~12月(1日)③9~12月(1日)④9月(2週間)【地域】①東京・千代田②③オンライン④岡山【選考】①④ES 適性検査 面接②③ES 適性検査【本選考との関係】①④特別選考を案内

㈱カネカ　化学

	修士・大卒採用数	従業員数	平均勤続年数	平均年収
	50名	◇3,447名	◇17.6年	総773万円

【特色】機能性樹脂、塩ビ、血液浄化器など製品が多彩
【本社】530-8288 大阪府大阪市北区中之島2-3-18 中之島フェスティバルタワー【設立】1949.9 ［東京P］

【業績】	売上高	営業利益	経常利益	純利益
連22.3	691,530	43,562	40,816	26,487
連23.3	755,821	35,087	32,411	23,008

●インターンシップ●【概要】①事務:営業体感型グループワーク②技術系:研究・製造課題に一定期間、社員とともに取り組む現場受入型の就業体験③技術系:研究職や製造技術職などのモデル課題を通じた業務体験④高専:2工場を跨いだ現場体験型【募集】㉑6~11月㉒随時㉓8~12月④5~7月【実施】①8月 10月 12月(2日間)②6~2月(2週間・複数回)③10~2月(2日間)④7~9月(実働10日間)【地域】①東京 大阪 オンライン②④兵庫・高砂 他③オンライン【選考】①ES 適性検査②面談③未定 多数の場合ES

㈱ダイセル　化学

	修士・大卒採用数	従業員数	平均勤続年数	平均年収
	29名	◇2,914名	◇16.2年	総796万円

【特色】合成樹脂やセルロースなどを展開する中堅化学
【本社】530-0011 大阪府大阪市北区大深町3-1 グランフロント大阪タワーB【設立】1919.9 ［東京P］

【業績】	売上高	営業利益	経常利益	純利益
連22.3	467,937	50,697	57,291	31,254
連23.3	538,026	47,508	52,035	40,682

●インターンシップ●【概要】①事務(営業系)・技術(研究開発系)合同:会社・業務紹介、社員との交流、就業体験(グループワーク)②技術系(化学、化学工学、機電情・土建系):会社・業務紹介、社員との交流、就業体験(グループワーク)【募集】㉑6月【実施】㉑8~9月 11~12月(1日)【地域】㉑オンライン【全学年対象】①②【選考】㉑多数の場合抽選

UBE㈱　化学

	修士・大卒採用数	従業員数	平均勤続年数	平均年収
	18名	◇2,216名	◇16.2年	総890万円

【特色】化学と産業機械を展開。旧社名は宇部興産
【本社】105-8449 東京都港区芝浦1-2-1 シーバンスN館【設立】1942.3 ［東京P］

【業績】	売上高	営業利益	経常利益	純利益
連22.3	655,265	44,038	41,549	24,500
連23.3	494,738	16,290	▲8,689	▲7,006

●インターンシップ●
【概要】①化学工学系の業務体験②機械工学系の業務体験
【募集】㉑11月
【実施】㉑12月 1月(2日間)【地域】㉑山口・宇部【選考】㉑なし【本選考との関係】㉑早期選考に案内

JSR㈱　化学

	修士・大卒採用数	従業員数	平均勤続年数	平均年収
	36名	◇2,155名	◇14.1年	◇829万円

【特色】フォトレジストなど半導体材料が柱
【本社】105-8640 東京都港区東新橋1-9-2 汐留住友ビル【設立】1957.12 ［東京P］

【業績】	売上高	営業利益	税前利益	純利益
◇22.3	340,997	43,760	45,521	37,303
◇23.3	408,880	29,370	29,846	15,784

●インターンシップ● 24予【概要】①技術系:オンラインでの企業経営グループワーク②事務系:オンラインでの企業経営グループワーク③社員座談会④会社説明会【募集】①②6~7月 10~11月予定③1~3月予定④以降随時【実施】①7月下旬~9月 12~1月予定(1~2日間×複数回)②9月 12~1月予定(1日)③1~3月(1日)④6~2月(1日)【地域】㉑オンライン【選考】①②ES③④なし

デンカ㈱　化学

	修士・大卒採用数	従業員数	平均勤続年数	平均年収
	72名	4,198名	16.4年	総917万円

【特色】合成ゴム、機能性樹脂、スチレンなどを生産
【本社】103-8338 東京都中央区日本橋室町2-1-1 日本橋三井タワー【設立】1915.5 ［東京P］

【業績】	売上高	営業利益	経常利益	純利益
連22.3	384,849	40,123	36,474	26,012
連23.3	407,559	32,324	28,025	12,768

●インターンシップ●
【概要】①業界比較ワーク
【募集】①11~12月中旬
【実施】①12~1月(1日)【地域】①オンライン【選考】①なし【本選考との関係】①早期選考に案内

㈱ADEKA　化学

	修士・大卒採用数	従業員数	平均勤続年数	平均年収
	44名	◇1,796名	◇16.5年	総722万円

【特色】各種機能化学品と食品用油脂類を製造販売
【本社】116-8554 東京都荒川区東尾久7-2-35
【設立】1917.1 ［東京P］

【業績】	売上高	営業利益	経常利益	純利益
連22.3	363,034	34,927	35,770	23,744
連23.3	403,343	32,369	32,579	16,778

●インターンシップ●【概要】①③研究開発職のイメージを掴む(技術系)②④生産技術職のイメージを掴む(技術系)【募集】①②4~7月③④8~9月【実施】①②8月(5日間)③④11~12月(1日)【地域】①東京・荒川 埼玉・浦和②千葉・袖ケ浦 三重・員弁郡 静岡・富士③④未定【全学年対象】①②③④【選考】①ES 適性検査 動画 Web面接②④ES 動画③ES 適性検査 動画

東洋紡(株) 化学

	修士・大卒採用数	従業員数	平均勤続年数	平均年収
	77名	4,015名	14.7年	(総)730万円

【特色】綿紡績で発祥。現在は非繊維分野が事業の柱
【本社】530-0001 大阪府大阪市北区梅田1-13-1 大阪梅田ツインタワーズ・サウス【設立】1914.6 ［東京P］

【業績】	売上高	営業利益	経常利益	純利益
連22.3	375,720	28,430	23,092	12,865
連23.3	399,911	10,063	6,590	▲655

●インターンシップ●
【概要】①営業職・スタッフ職②プラントエンジニア職③研究・技術開発職【募集】…【実施】①②9月頃③1月頃【地域】①大阪 他(状況によりオンライン)②福井 山口 他(状況によりオンライン)③大阪 滋賀 他(状況によりオンライン)【選考】②ES 面接

日本ゼオン(株) 化学

	修士・大卒採用数	従業員数	平均勤続年数	平均年収
	38名	◇2,380名	◇13.1年	(総)872万円

【特色】古河系で合成ゴム大手。高機能樹脂・材料も
【本社】100-8246 東京都千代田区丸の内1-6-2 新丸の内センタービル【設立】1950.4 ［東京P］

【業績】	売上高	営業利益	経常利益	純利益
連22.3	361,730	44,432	49,468	33,413
連23.3	388,614	27,179	31,393	10,569

●インターンシップ●【概要】①仕事体験:コミュニケーションゲームを通じた企業・業界理解②オンライン仕事体験:パネルディスカッションを通じた企業・業界理解③仕事体験:事業所見学・先輩社員座談会【募集】①②7月中旬~8月中旬③9月下旬~10月【実施】①②8~9月(1日)③10月下旬~12月【地域】①東京 大阪②オンライン③東京 川崎 富山・高岡 岡山・倉敷 山口・周南【選考】①②多数の場合抽選③ES(夏の仕事体験参加者優先)

(株)トクヤマ 化学

	修士・大卒採用数	従業員数	平均勤続年数	平均年収
	47名	◇2,458名	◇17.0年	(総)823万円

【特色】化学準大手。半導体用シリコンは世界有数
【本社】101-8618 東京都千代田区外神田1-7-5 フロントプレイス秋葉原【設立】1918.2 ［東京P］

【業績】	売上高	営業利益	経常利益	純利益
連22.3	293,830	24,539	25,855	28,000
連23.3	351,790	14,336	14,783	9,364

●インターンシップ● 24予【概要】①化学メーカー事務系の1Dayセミナー:業界・会社説明、GD、社員質問会②化学メーカー事務系の仕事体験セミナー:業界・会社説明、グループワーク(ロールプレイングゲーム)パネルディスカッション③化学メーカー仕事体験(化学・化工・機械・電子・情報):専攻別に化学メーカーでの働き方を学ぶ【募集】①6~7月②10~1月上旬③6~7月上旬 10月【実施】①8~9月(半日)②11~1月(半日)③8月(半日)11~12月(半日)【地域】⑥オンライン【全学年対象】①② 【選考】①③ES②動画

住友ベークライト(株) 化学

	修士・大卒採用数	従業員数	平均勤続年数	平均年収
	※35名	◇2,242名	◇22.8年	(総)901万円

【特色】住化系の樹脂加工大手。半導体封止材で世界首位
【本社】140-0002 東京都品川区東品川2-5-8
【設立】1932.1 ［東京P］

【業績】	売上高	営業利益	税前利益	純利益
◇22.3	263,114	24,887	25,880	18,299
◇23.3	284,939	24,823	26,736	20,289

●インターンシップ●【概要】①技術系・事務系:業界・会社説明会②技術系:静岡工場での仕事体験(工場見学、グループワーク他)③技術系:宇都宮工場での仕事体験(工場見学、グループワーク他)【募集】①5~6月②③8月【実施】①各月1回②8月25日 9月5日(1日)③8月30日 9月8日(1日)【地域】①オンライン②静岡工場③宇都宮工場【全学年対象】①②③ 【選考】①なし②③抽選【本選考との関係】②③早期選考に案内

リンテック(株) 化学

	修士・大卒採用数	従業員数	平均勤続年数	平均年収
	28名	◇2,620名	◇19.3年	(総)799万円

【特色】粘着接着素材で最大級。半導体・光学関連が強い
【本社】173-0001 東京都板橋区本町23-23
【設立】1934.10 ［東京P］

【業績】	売上高	営業利益	経常利益	純利益
連22.3	256,836	21,584	22,698	16,641
連23.3	284,603	13,796	15,602	11,512

●インターンシップ●【概要】①業界研究 質問会(人事担当者との面談)②粘着素材概要説明 事業所見学 先輩社員座談会③テクノロジーセンター仕事体験、職場見学【募集】①7月下旬~8月上旬②10月中旬~1月③11月中旬~12月中旬【実施】①8月下旬~9月上旬(1週×3回)②12月下旬~2月(1週×6回)③11月下旬~12月中旬(1日×2回)【地域】①②オンライン③埼玉【選考】⑥なし

アイカ工業(株) 化学

	修士・大卒採用数	従業員数	平均勤続年数	平均年収
	26名	◇1,226名	◇16.5年	(総)765万円

【特色】住宅建材のメラミン化粧板、樹脂、接着剤を製販
【本社】450-6326 愛知県名古屋市中村区名駅1-1-1 JPタワー名古屋【設立】1936.10 ［東京P］

【業績】	売上高	営業利益	経常利益	純利益
連22.3	214,514	20,348	21,840	13,117
連23.3	242,055	20,557	22,088	10,059

●インターンシップ●【概要】①総合職:仕事体験ワーク、グループワーク②技術系総合職:開発体感実習ワーク③総合職:ショールーム見学会④技術系総合職:会社紹介、先輩社員座談会【募集】①②8~9月③④10-2月【実施】①②10月(2日間)③11月 12月 2月(3日間)④11月 1月(2日間)【地域】①②対面③オンライン③対面④オンライン【選考】①あり②ES③④なし【本選考との関係】②早期選考に案内

㈱エフピコ 〔化学〕

	修士・大卒採用数	従業員数	平均勤続年数	平均年収
	38名	979名	14.4年	総820万円

【特色】食品トレー、弁当・総菜容器の最大手

【本社】721-8607 広島県福山市曙町1-13-15	【業績】	売上高	営業利益	経常利益	純利益
【設立】1962.7 [東京P]	連22.3	195,700	15,884	16,703	11,205
	連23.3	211,285	16,703	17,328	11,529

●インターンシップ● 24予【概要】①(文理不問)企画営業と製品機能を体感。グループワークによる課題解決・発表・フィードバック。社員との座談会②(理系)技術系社員との交流を通じて、仕事内容や研究開発の進め方を学ぶ【募集】①9～12月②7～9月【実施】①10月下旬～12月(1日×複数回)②7～9月(1日×複数回)【地域】①東京・新宿 大阪市 広島(広島 福山)オンライン②オンライン【全学年対象】①②【選考】⑦なし

日本化薬㈱ 〔化学〕

	修士・大卒採用数	従業員数	平均勤続年数	平均年収
	46名	◇2,081名	◇15.1年	総780万円

【特色】中堅の化学・医薬メーカー。半導体封止材が主力

【本社】100-0005 東京都千代田区丸の内2-1-1 明	【業績】	売上高	営業利益	経常利益	純利益
治安田生命ビル 【設立】1916.6 [東京P]	連22.3	184,805	21,050	23,154	17,181
	連23.3	198,380	21,505	23,025	14,984

●インターンシップ●
【概要】①セイフティシステムズ事業開発研究職の1day職業体験
【募集】①11月下旬
【実施】①12月(1日×5回程度)【地域】①兵庫・姫路【選考】①なし【本選考との関係】①関係あり

東京応化工業㈱ 〔化学〕

	修士・大卒採用数	従業員数	平均勤続年数	平均年収
	34名	◇1,346名	◇18.4年	◇883万円

【特色】半導体用フォトレジストの世界大手で首位級

【本社】211-0012 神奈川県川崎市中原区中丸子	【業績】	売上高	営業利益	経常利益	純利益
150 【設立】1940.10 [東京P]	連22.12	175,434	30,181	30,966	19,693
	連23.12	162,270	22,706	24,260	12,712

●インターンシップ● 24予
【概要】①技術系職種を対象としたR&D拠点の事業所見学会、若手社員との座談会
【募集】‥
【実施】①12月下旬(1日)【地域】①神奈川・寒川町【選考】①ES【本選考との関係】①早期選考に案内

三洋化成工業㈱ 〔化学〕

	修士・大卒採用数	従業員数	平均勤続年数	平均年収
	8名	◇1,678名	◇17.4年	◇774万円

【特色】界面制御技術に強み。高吸水性樹脂のパイオニア

【本社】605-0995 京都府京都市東山区一橋野本町	【業績】	売上高	営業利益	経常利益	純利益
11-1 【設立】1949.11 [東京P]	連22.3	162,526	11,868	12,771	6,699
	連23.3	174,973	8,405	9,918	5,684

●インターンシップ●【概要】①研究開発職:職場見学・先輩社員座談会②プロセス・設備エンジニア職:仕事体験【募集】①6～7月中旬【実施】①9月中旬(1日)②9月上旬(5日間)【地域】①②京都【全学年対象】①②【選考】①ES 適性検査②ES 適性検査 面接【本選考との関係】⑦関係あり

㈱イノアックコーポレーション 〔化学〕

	修士・大卒採用数	従業員数	平均勤続年数	平均年収
	34名	◇1,822名	◇16.9年	総708万円

【特色】ポリウレタンフォーム草分け。グローバル展開

【本社】450-0003 愛知県名古屋市中村区名駅南	【業績】	売上高	営業利益	経常利益	純利益
2-13-4 【設立】1954.8 [未上場]	単21.12	176,398	1,367	10,106	7,820
	単22.12	163,259	466	10,971	5,740

●インターンシップ● 24予【概要】①(理系)技術系部門での就業体験:自動車部品の生産技術、高機能を付与した素材開発 他②(理系)高機能を付与した新素材の開発体験:ウレタンを用いた製品企画、物性値想定、配合検討③(理系)化学素材を用いた製品開発体験:自動車部品生産の工程設計体験、自己分析④事務系職種:市場分析~製品企画を体験、自己分析【募集】①6～7月②③④4～7月【実施】①8～9月(5日間)②③9月(1日)④8月(1日)【地域】①愛知 岐阜②③愛知④愛知 東京【選考】①ES 面接②③④ES【本選考の関係】⑦早期選考に案内

タキロンシーアイ㈱ 〔化学〕

	修士・大卒採用数	従業員数	平均勤続年数	平均年収
	23名	◇1,095名	◇19.3年	総782万円

【特色】総合プラスチック加工大手。伊藤忠商事系

【本社】530-0001 大阪府大阪市北区梅田3-1-3 ノー	【業績】	売上高	営業利益	経常利益	純利益
スゲートビルディング 【設立】1935.12 [東京P]	連22.3	141,936	8,651	9,084	6,660
	連23.3	145,725	5,791	5,923	2,460

●インターンシップ● 24予【概要】①文理融合・仕事体験プログラム②事務系職種・仕事体験プログラム③(理系)技術系職種・仕事体験プログラム④(理系)研究開発・仕事体験プログラム【募集】①②7月末~8月中旬③8月中旬~下旬④7月下旬~8月中旬 10月中旬~11月中旬【実施】①②8月下旬(1日)③9月上旬(1日)④9月上旬(2日間)12月上旬(2日間)【地域】①オンライン②東京③大阪④滋賀【選考】⑦なし【本選考との関係】⑦早期選考に案内

クミアイ化学工業㈱ 〔化学〕

修士・大卒採用数	従業員数	平均勤続年数	平均年収
18名	◇758名	◇14.7年	総724万円

【特色】全農系で農薬専業首位。化成品は収益強化が課題
【本社】110-8782 東京都台東区池之端1-4-26 [東京P]
【設立】1949.6

【業績】	売上高	営業利益	経常利益	純利益
連22.10	145,302	12,673	23,570	16,329
連23.11	161,002	18,099	24,115	18,024

●インターンシップ●
【概要】①国内営業コース：会社紹介、先輩社員座談会②農薬研究コース：会社紹介、研究室紹介、先輩社員座談会
【募集】㉘12月【実施】①1~2月(1日)【地域】㉘オンライン【選考】㉘なし

25総 496ジ－
25働 486ジ－

藤森工業㈱ 〔化学〕

修士・大卒採用数	従業員数	平均勤続年数	平均年収
9名	◇1,159名	◇14.8年	◇589万円

【特色】フィルム包装材大手。電子機器・日用品向け等
【本社】112-0002 東京都文京区小石川1-1-1 文京ガーデンゲートタワー【設立】1936.11 [東京P]

【業績】	売上高	営業利益	経常利益	純利益
連22.3	127,819	10,341	11,102	7,693
連23.3	129,364	5,882	6,828	4,854

●インターンシップ●
【概要】①技術系職種または事務系職種の仕事体験
【募集】①6~1月【実施】①8~9月 1~2月(1日)【地域】①東京・文京 横浜 オンライン【選考】①ES【本選考との関係】①関係あり

25総 496ジ－
25働 486ジ－

堺化学工業㈱ 〔化学〕

修士・大卒採用数	従業員数	平均勤続年数	平均年収
12名	◇845名	◇15.6年	総740万円

【特色】酸化チタン大手。電子材料や医薬品へ多角化
【本社】590-8502 大阪府堺市堺区戎島町5-2 [東京P]
【設立】1932.2

【業績】	売上高	営業利益	経常利益	純利益
連22.3	80,135	7,494	8,840	6,747
連23.3	83,861	4,407	4,854	2,344

●インターンシップ●
【概要】①実務を想定したグループワーク、先輩社員からのフィードバック・座談会(開発業務体験：理系対象)【募集】①6~8月【実施】①8~9月(1日)【地域】①オンライン 大阪【選考】①ES 他【本選考との関係】①早期選考に案内

25総 497ジ－
25働 487ジ－

藤倉化成㈱ 〔化学〕

修士・大卒採用数	従業員数	平均勤続年数	平均年収
3名	◇442名	◇16.5年	総684万円

【特色】フジクラ系。アクリル樹脂派生製品が事業の柱
【本社】105-0011 東京都港区芝公園2-6-15 黒龍芝公園ビル【設立】1938.9 [東京S]

【業績】	売上高	営業利益	経常利益	純利益
連22.3	48,214	1,229	1,449	741
連23.3	50,843	350	533	9

●インターンシップ● 24予【概要】①研究所内での実験の様子を撮影した動画や画像を用いた仕事紹介、先輩社員を交えた座談会②研究所での実験作業を含めた所内見学(一部実体験含む)や製品開発に関する技術的な座学、先輩社員を交えた座談会【募集】①12~2月②12~2月(1日)【地域】①オンライン②埼玉・久喜【選考】㉘未定【本選考との関係】㉘早期選考に案内

25総 498ジ－
25働 488ジ－

ニチバン㈱ 〔化学〕

修士・大卒採用数	従業員数	平均勤続年数	平均年収
18名	◇790名	◇16.9年	総669万円

【特色】「セロテープ」が著名。絆創膏など医療用も
【本社】112-8663 東京都文京区関口1-3-3 [東京P]
【設立】1934.12

【業績】	売上高	営業利益	経常利益	純利益
連22.3	43,134	2,450	2,561	1,809
連23.3	45,560	1,609	1,748	2,371

●インターンシップ●【概要】①製品開発職：グループワークによる職業体験②研究・開発・技術職：グループワークによる職業体験③営業職：グループワークによる職業体験④ビジネスゲーム【募集】①②6月中旬~7月③6月中旬~8月上旬④未定【実施】①8月(1日×2回)②③9月(2日間×1回)④12月(1日×2回)【地域】①対面②③④オンライン【選考】①②③ES SPI④ES SPI 面談【本選考との関係】㉘関係あり

25総 498ジ－
25働 488ジ－

大陽日酸㈱(日本酸素HDグループ) 〔化学〕

修士・大卒採用数	従業員数	平均勤続年数	平均年収
50名	1,414名	17.9年	総847万円

【特色】産業ガス国内首位。海外事業をM&Aで拡大中
【本社】142-0062 東京都品川区小山1-3-26 [持株傘下]
【設立】2020.2

【業績】	売上高	営業利益	税前利益	純利益
◇23.3	1,186,683	119,524	105,503	73,080

※業績は日本酸素ホールディングス㈱のもの

●インターンシップ● 24予【概要】①技術系：プラントエンジニアリングインターン(空気分離装置関連)②事務系：産業ガス会社の経営ゲーム③技術系：つくば事業所インターン(研究開発 関連)【募集】①6~12月【実施】①8~2月【地域】①神奈川②東京・品川(オンラインの可能性あり)③茨城【選考】㉘アンケート【本選考との関係】㉘早期選考案内

25総 499ジ－
25働 489ジ－

㈱日本触媒 【化学】

修士・大卒採用数	従業員数	平均勤続年数	平均年収
43名	2,443名	16.4年	◇782万円

【特色】アクリル酸や高吸水性樹脂で世界上位メーカー
【本社】541-0043 大阪府大阪市中央区高麗橋4-1-1 興銀ビル【設立】1941.8　　［東京P］

【業績】	売上高	営業利益	税前利益	純利益
◇22.3	369,293	29,062	33,675	23,779
◇23.3	419,568	23,528	26,175	19,392

●インターンシップ● 【概要】①事務系：営業体感ワーク、キャリアイメージワーク、座談会②機系：会社紹介、製造所紹介、座談会③研究開発系：会社紹介、研究所紹介、座談会④生産技術系：会社紹介、部署紹介、座談会【募集】①9～1月中旬②10～12月中旬③④9～1月【実施】①5日間②1日③④【地域】②東京・千代田 大阪市（オンラインの可能性あり）③兵庫・姫路（オンラインの可能性あり）④オンライン【選考】①自己PR動画②③④なし

日産化学㈱ 【化学】

修士・大卒採用数	従業員数	平均勤続年数	平均年収
52名	◇1,959名	◇15.7年	総982万円

【特色】高収益の中堅化学。液晶向け材料や農薬が主要製品
【本社】103-6119 東京都中央区日本橋2-5-1 日本橋高島屋三井ビルディング【設立】1921.4　　［東京P］

【業績】	売上高	営業利益	経常利益	純利益
連22.3	207,972	50,959	53,690	38,776
連23.3	228,065	52,283	55,793	41,087

●インターンシップ● 【概要】①未来創造×SDGs：未来の社会課題解決ストーリーを描くグループワークセッション（研究開発職、生産技術職・事務系総合職）②1day工場見学会：未来創造を支える生産現場のリアル見学・社員座談会（生産技術職）【募集】①7月②11～12月上旬【実施】①9月下旬～10月（3日間）②12月中旬～1月（1日）【地域】①オンライン 東京・中央②千葉・袖ケ浦 富山市 山口・小野田【選考】②ES【本選考との関係】②一部早期選考に案内

日油㈱ 【化学】

修士・大卒採用数	従業員数	平均勤続年数	平均年収
49名	◇1,762名	◇18.9年	総964万円

【特色】油脂化学のパイオニア。医薬用製材や化薬も製造
【本社】150-6012 東京都渋谷区恵比寿4-20-3 恵比寿ガーデンプレイスタワー【設立】1949.7　　［東京P］

【業績】	売上高	営業利益	経常利益	純利益
連22.3	192,642	35,595	37,624	26,690
連23.3	217,709	40,624	43,183	33,973

●インターンシップ●
【概要】①仕事研究（会社紹介、先輩社員座談会 他）
【募集】①8月下旬～9月上旬 11～12月上旬
【実施】①9月 12月（1日）【地域】①オンライン【選考】①未定

㈱クレハ 【化学】

修士・大卒採用数	従業員数	平均勤続年数	平均年収
29名	1,107名	20.9年	総879万円

【特色】工業薬品・肥料が発祥。ファイン分野を深耕
【本社】103-8552 東京都中央区日本橋浜町3-3-2
【設立】1944.6　　［東京P］

【業績】	売上高	営業利益	税前利益	純利益
◇22.3	168,341	20,142	20,398	14,164
◇23.3	191,277	22,350	22,992	16,868

●インターンシップ● 【概要】①研究開発での業務体験②プロセス開発・設計での業務体験③化学業界研究、自己分析、若手・中堅技術系社員との座談会④技術・製造または研究部門での技術管理業務体験【募集】①②④6～7月③6～2月【実施】①9月（5日間）②8月（3日間）③8～2月（半日×8回）④8月（本科生：5日間 専攻科生：10日間）【地域】①茨城・小美玉②福島・いわき③オンライン④福島・いわき 茨城・小美玉【選考】②なし

高砂香料工業㈱ 【化学】

修士・大卒採用数	従業員数	平均勤続年数	平均年収
27名	◇1,037名	◇16.3年	総806万円

【特色】香料で国内最大手。世界でも大手の一角占める
【本社】144-8721 東京都大田区蒲田5-37-1
【設立】1951.2　　［東京P］

【業績】	売上高	営業利益	経常利益	純利益
連22.3	162,440	8,812	10,165	8,909
連23.3	186,792	5,947	7,958	7,393

●インターンシップ●
【概要】①業界説明、市場品の香りの評価、社員座談会
【募集】①12月
【実施】①12～2月（1日×10回）【地域】①オンライン【全学年対象】①【選考】①なし

日本曹達㈱ 【化学】

修士・大卒採用数	従業員数	平均勤続年数	平均年収
17名	◇1,361名	◇19.8年	総924万円

【特色】農業化学品、医薬品、機能性化学品が主要製品
【本社】100-7010 東京都千代田区丸の内2-7-2 JPタワー【設立】1920.2　　［東京P］

【業績】	売上高	営業利益	経常利益	純利益
連22.3	152,536	11,930	16,512	12,683
連23.3	172,811	16,893	26,456	16,692

●インターンシップ● 【概要】①BtoBメーカーの営業体験を通じ、社会人のものの考え方、理系出身者のアドバンテージを体感②企業研究現場における先輩社会人の考え方や研究の進め方を体感（研究分野ごとに実施）【募集】①⑩10～11月上旬【実施】①11～12月（2時間程度）②11～12月（2～3時間程度）【地域】⑩オンライン【全学年対象】①②【選考】⑩多数の場合抽選

東亞合成(株) 化学

修士・大卒採用数	従業員数	平均勤続年数	平均年収
37名	◇1,563名	◇20.2年	総825万円

【特色】アクリル酸エステルの先駆。車載電池向け材料も

【本社】105-8419 東京都港区西新橋1-14-1 [東京P]

【設立】1942.3

【業績】	売上高	営業利益	経常利益	純利益
連22.12	160,825	14,382	16,446	12,494
連23.12	159,371	12,499	14,503	12,179

●インターンシップ● 24予【概要】①事務系：化学メーカーの事務系の仕事体験②研究：研究開発体験③エンジニアリング：化学プラント設計ワーク【募集】①7月中旬~8月中旬 12月中旬~1月中旬②6~7月 10~12月中旬③5~7月上旬 10~12月中旬【実施】①9月上旬~中旬(1日)12~1月(1日)②8月下旬~9月中旬(1日)12~1月(1日)③8月上旬~中旬(1日)12~1月(1日)【地域】①②オンライン③名古屋【選考】⑨ES

503総ジ

493働ジ

日本パーカライジング(株) 化学

修士・大卒採用数	従業員数	平均勤続年数	平均年収
18名	◇941名	◇16.3年	◇727万円

【特色】金属表面処理で国内トップ。加工も手がける

【本社】103-0027 東京都中央区日本橋1-15-1 パーカービル [東京P]

【設立】1928.7

【業績】	売上高	営業利益	経常利益	純利益
連22.3	117,752	13,370	17,003	9,046
連23.3	119,177	12,668	16,625	9,973

●インターンシップ●

【概要】①理系のみ：会社紹介、仕事理解・企業理解を深めるグループワーク、社員座談会【募集】①11~12月上旬【実施】①12月中旬(2日間)1月中旬(2日間)【地域】①オンライン 東京・中央【選考】①ES Webテスト(SPI3)【本選考との関係】①早期選考に案内

503総ジ

493働ジ

日本農薬(株) 化学

修士・大卒採用数	従業員数	平均勤続年数	平均年収
18名	366名	15.5年	総746万円

【特色】農薬専業国内大手。海外はインド、ブラジル深耕

【本社】104-8386 東京都中央区京橋1-19-8 京橋OMビル【設立】1928.11 [東京P]

【業績】	売上高	営業利益	経常利益	純利益
連22.3	81,910	6,642	5,768	4,502
連23.3	102,090	8,739	7,779	4,488

●インターンシップ●

【概要】①農業、農薬の未来を考える1dayセミナー②農薬メーカー研究員1day仕事体験【募集】‥【実施】①9~2月(1日)②10~12月(1日)【地域】⑨オンライン【全学年対象】①②【選考】⑨なし

504総ジ

494働ジ

荒川化学工業(株) 化学

修士・大卒採用数	従業員数	平均勤続年数	平均年収
10名	◇827名	◇17.5年	総778万円

【特色】製紙用薬品や印刷インキ用樹脂で大手の一角

【本社】541-0046 大阪府大阪市中央区平野町1-3-7【設立】1931.1 [東京P]

【業績】	売上高	営業利益	経常利益	純利益
連22.3	80,515	3,304	3,566	1,502
連23.3	79,431	▲2,907	▲2,687	▲4,941

●インターンシップ● 24予【概要】①(理系大学院)研究開発の魅力を知る：研究開発職の役割、仕事内容を学ぶグループワーク②(理系大学院)研究開発職を体験：現場社員による当社の素材を扱った実験を含む実地研修③化学メーカー営業職を体験：顧客先への製品提案体験グループワーク④人事部 採用業務を体験：企画立案グループワーク、面接官体験【募集】①④4~6月中旬②7月中旬~9月上旬③6~7月上旬【実施】①④7~9月(1日)②10~12月(2日間)③8~9月(1日)【地域】①④オンライン②大阪【選考】①③④適性検査②ES 適性検査

504総ジ

494働ジ

日本ペイントグループ 化学

修士・大卒採用数	従業員数	平均勤続年数	平均年収
※0名	2,838名	NA	総841万円

【特色】世界4位、国内首位級の総合塗料メーカー

【本社】531-8511 大阪府大阪市北区大淀北2-1-2【設立】1898.3 [東京P]

【業績】	売上高	営業利益	税前利益	純利益
◇23.12	1,442,574	168,745	161,500	118,476

※業績・会社データは日本ペイントHD(株)のもの

●インターンシップ●

【概要】①文系インターンシップ②理系インターンシップ【募集】①1月②11月(予定)【実施】①2月(1日)②12月 1月(2日間の予定)【地域】①未定(東京 大阪 オンラインの予定)②東京・大阪(予定)【選考】①なし②ES 適性検査【本選考との関係】②関係あり

505総ジ

495働ジ

DIC(株) 化学

修士・大卒採用数	従業員数	平均勤続年数	平均年収
64名	◇3,355名	◇18.1年	総875万円

【特色】インキで世界首位。樹脂、機能素材などに展開

【本社】103-8233 東京都中央区日本橋3-7-20 ディーアイシービル【設立】1937.3 [東京P]

【業績】	売上高	営業利益	経常利益	純利益
連22.12	1,054,201	39,682	39,946	17,610
連23.12	1,038,736	17,943	9,216	▲39,857

●インターンシップ●【概要】①技術系・生産系：技術部門・生産部門での就業体験②生産系：生産技術とプラントエンジの魅力を知るグループワークショップ、社員座談会③理系全体：テーマ別での社員座談会、会社紹介④事務系：化学メーカーにおけるグローバルビジネス体験【募集】①6~7月②6~9月③9~10月④10~1月【実施】①8~9月(2~4週間)②8~9月(1日)③10~11月(1日)④12~1月(1日)【地域】①千葉(佐倉 市原)大阪・高石 他②③④オンライン【選考】①書類または面接②③④なし【本選考との関係】①選考を一部免除

505総ジ

495働ジ

［メーカー（素材・身の回り品）］

artience（株） 化学

	修士・大卒採用数	従業員数	平均勤続年数	平均年収
	32名	2,248名	21.3年	⑳777万円

25総 506ジパ

【特色】インキ国内首位。樹脂、フィルムなどにも展開
【本社】104-8377 東京都中央区京橋2-2-1 京橋エドグラン 【設立】1907.1 ［東京P］

【業績】	売上高	営業利益	経常利益	純利益
連22.12	315,927	6,865	7,906	9,308
連23.12	322,122	13,372	12,880	9,737

25働 496ジパ

●インターンシップ●
【概要】②会社紹介、製品開発についてのGW、先輩社員座談会
【募集】①6～8月②10～12月
【実施】①9月（2日間）②12月（1日）【地域】①埼玉 兵庫②東京 大阪 【選考】②なし

大日精化工業（株） 化学

	修士・大卒採用数	従業員数	平均勤続年数	平均年収
	24名	◇1,451名	◇17.8年	⑳736万円

25総 507ジパ

【特色】顔料の国産化目指し創業した色彩の総合メーカー
【本社】103-8383 東京都中央区日本橋馬喰町1-7-6 【設立】1931.10 ［東京P］

【業績】	売上高	営業利益	経常利益	純利益
連22.3	121,933	7,446	8,315	6,166
連23.3	122,005	2,635	3,373	2,007

25働 497ジパ

●インターンシップ● 【概要】①化学業界の営業がわかる②身近な素材であるウレタンを知る③フッ素樹脂用着色剤メーカーのモノづくりを体験④インクジェット印刷用インクの研究開発業務体験 【募集】③11～12月 【実施】①12月下旬～2月上旬②1月③④1～2月 【地域】①東京 大阪②千葉③④東京 【選考】②面接 【本選考との関係】②関係あり

クラボウ（倉敷紡績㈱） 衣料・繊維

	修士・大卒採用数	従業員数	平均勤続年数	平均年収
	15名	723名	18.6年	⑳701万円

25総 508ジパ

【特色】綿紡大手。繊維と化成品を軸にバイオなど多角化
【本社】541-8581 大阪府大阪市中央区久太郎町2-4-31 【設立】1888.3 ［東京P］

【業績】	売上高	営業利益	経常利益	純利益
連22.3	132,215	7,528	8,783	5,602
連23.3	153,522	8,676	10,024	5,516

25働 498ジパ

●インターンシップ● 24予【概要】①素材・化学業界セミナー 会社紹介②（理系）5days仕事体験③先輩社員による業務紹介（スライド・動画)先輩社員との座談会④ES対策セミナー 会社紹介 【募集】①5～6月②6～7月③8月上旬④10月上旬 【実施】①8月下旬（半日）②8月上旬（5日間）③9月上旬（半日）④11月（半日）【地域】①③④オンライン②大阪【全学年対象】① 【選考】①③なし②ES 【本選考との関係】②早期選考に案内

グンゼ（株） 衣料・繊維

	修士・大卒採用数	従業員数	平均勤続年数	平均年収
	33名	※1,123名	※20.2年	⑳731万円

25総 508ジパ

【特色】肌着老舗、紳士肌着首位。機能性材料など多角化
【本社】530-0001 大阪府大阪市北区梅田2-5-25 ハービスOSAKA 【設立】1896.8 ［東京P］

【業績】	売上高	営業利益	経常利益	純利益
連22.3	124,314	4,880	5,399	2,939
連23.3	136,030	5,812	6,021	4,501

25働 498ジパ

●インターンシップ● 【概要】①営業職:模擬商談体験 社員座談会②経理・労務職:ケーススタディ 社員座談会③開発職:就業体験 GW 社員座談会④生産技術職:就業体験 社員座談会 【募集】①9～12月②11月③12月中旬～1月中旬④12月中旬～1月 【実施】①10～1月（1日×6回)②2月中旬（1日）③2月上旬（2日間）④2月下旬（2日間）【地域】①②④オンライン②大阪 汐留 大阪・梅田③愛知 江南④京都・宮津 【選考】①②ES 動画③ES 適性検査 面接④ES 面接 【本選考との関係】①②早期選考に案内（優秀者のみ）③早期選考に案内④一部選考免除

セーレン（株） 衣料・繊維

	修士・大卒採用数	従業員数	平均勤続年数	平均年収
	42名	◇1,561名	◇18.8年	⑳635万円

25総 509ジパ

【特色】自動車用シート材大手、エアバッグも。化粧品を育成
【本社】918-8560 福井県福井市毛矢1-10-1 【設立】1923.5 ［東京P］

【業績】	売上高	営業利益	経常利益	純利益
連22.3	109,771	10,901	11,927	8,553
連23.3	132,364	12,831	15,345	11,023

25働 499ジパ

●インターンシップ● 【概要】①技術開発系（素材・機械電気・情報の2コース)②技術開発系仕事体験（素材・機械電気・情報の3コース)③仕事体験（文理不問）【募集】③6～7月 10～11月 【実施】①8～9月（1週間)②8～9月（2日間）③12～1月（2日間）③8～9月 12～1月（半日）【地域】③福井 【選考】③多数の場合抽選

岡本（株） 衣料・繊維

	修士・大卒採用数	従業員数	平均勤続年数	平均年収
	11名	※500名	※14.5年	⑳527万円

25総 509ジパ

【特色】靴下など各種レッグウェアの専業メーカー
【本社】550-0005 大阪府大阪市西区西本町1-11-9 【設立】1948.10 ［未上場］

【業績】	売上高	営業利益	経常利益	純利益
連22.3	37,800	NA	500	NA
連23.3	43,100	NA	1,400	NA

25働 499ジパ

●インターンシップ● 【概要】①商品と売り場の構成企画・提案ワーク 他2名販促を企画する価値づくりワーク 他3当社で歩む10年間の成長ストーリー体験ワーク（コース1・2参加者限定)④会社の未来と自身の未来を考える、全社戦略ストーリー策定ワーク（コース1・2参加者限定)【募集】①5～9月②11～12月 【実施】①7～10月（2日間)②12月（2日間）③9～11月（半日）④12～1月（半日）【地域】①オンライン 大阪市 千葉・船橋②オンライン 大阪市③④オンライン 【選考】①②抽選③④なし 【本選考との関係】②早期選考に案内 個人面接1回免除

272

㈱オンワード樫山　衣料・繊維

	修士・大卒採用数	従業員数	平均勤続年数	平均年収
	－	※**400**名	※**17.4**年	㊦**708**万円

【特色】アパレル大手。「23区」「五大陸」などを展開
【本社】103-8239 東京都中央区日本橋3-10-5 オンワードパークビルディング【設立】1947.9　[持株傘下]

【業績】	売上高	営業利益	経常利益	純利益
単22.2	90,128	▲3,713	▲3,276	4,155
単23.2	99,636	2,534	1,178	928

●インターンシップ●【概要】①講義・視聴・グループワーク等を通じてファッションビジネスの仕組みや職種を学ぶ②ファッション業界の仕事内容を学ぶ③ファッションマーケティングを学ぶ1DAY仕事体験④アパレル財務を学ぶ1DAY仕事体験【募集】③6月26~8月④6~7月中旬【実施】③9月上旬~中旬(5日間)②10月 1~2月(1日)③8月上旬(1日)④8月下旬(1日)【地域】①③④対面②オンライン【全学年対象】①②③④【選考】①ES②③④なし

クロスプラス㈱　衣料・繊維

	修士・大卒採用数	従業員数	平均勤続年数	平均年収
	25名	**553**名	**15.7**年	㊦**593**万円

【特色】婦人服主体の製造卸大手。名古屋が地盤
【本社】451-8560 愛知県名古屋市西区花の木3-9-13【設立】1953.4　[東京S]

【業績】	売上高	営業利益	経常利益	純利益
連23.1	57,056	183	413	455
連24.1	60,190	1,797	1,974	2,064

●インターンシップ●【概要】①グループワークによる企画型商品提案にて商談の体験。より実践に近い商談内容を体験することで営業を経験、繊維商社の業務について理解【募集】7月~【実施】8月(2日間)10月(2日間)【地域】①東京・中央 名古屋【全学年対象】①【選考】①なし【本選考との関係】①早期選考に案内

AGC㈱　ガラス・土石

	修士・大卒採用数	従業員数	平均勤続年数	平均年収
	145名	**4,644**名	**16.1**年	㊦**1,107**万円

【特色】三菱系。硝子世界首位級、化学、電子の3本柱
【本社】100-8405 東京都千代田区丸の内1-5-1 新丸の内ビルディング【設立】1950.6　[東京P]

【業績】	売上高	営業利益	税前利益	純利益
◇22.12	2,035,874	57,206	58,512	▲3,152
◇23.12	2,019,254	128,277	122,775	65,798

●インターンシップ●24予【概要】①技術系向け②事務系向け【募集】①6月上旬~中旬 10月上旬~中旬②10月上旬~中旬【実施】①8~9月 11~12月(各回2~10日間×複数回)②11~12月(各回2~3日間×複数回)【地域】⑥オンライン(可能なら東京・丸の内 横浜 千葉・市原 愛知・武豊 福島・郡山 他)【選考】⑥あり

日本板硝子㈱　ガラス・土石

	修士・大卒採用数	従業員数	平均勤続年数	平均年収
	11名	※◇**2,017**名	※◇**22.9**年	◇**742**万円

【特色】住友系ガラス専業メーカー。板ガラスで世界首位級
【本社】108-6321 東京都港区三田3-5-27 住友不動産三田ツインビル西館【設立】1918.11　[東京P]

【業績】	売上高	営業利益	税前利益	純利益
◇22.3	600,568	23,626	11,859	4,134
◇23.3	763,521	▲10,342	▲21,933	▲33,761

●インターンシップ●【概要】①業界研究・会社紹介、ガラス技術を知るワークショップ【募集】①7~8月中旬【実施】①8月 9月(1日)【地域】①オンライン【選考】①なし

日本電気硝子㈱　ガラス・土石

	修士・大卒採用数	従業員数	平均勤続年数	平均年収
	32名	◇**1,687**名	◇**23.2**年	㊦**901**万円

【特色】液晶パネル用ガラス大手。自動車用にも注力
【本社】520-8639 滋賀県大津市晴嵐2-7-1【設立】1944.10　[東京P]

【業績】	売上高	営業利益	経常利益	純利益
連22.12	324,634	26,184	34,058	28,167
連23.12	279,974	▲10,420	▲9,480	▲26,188

●インターンシップ●【概要】①(理系)ガラスの魅力発見&提案ワーク②(理系)特殊ガラスの製造設備に触れるワーク③特殊ガラスの営業系・管理系体験ワーク④特殊ガラスセミナー(ガラスの歴史・業界を知るセミナー)【募集】①②7~12月③10~1月④~12月【実施】①7~1月(1日、毎月1~2回)②8~1月(1日、毎月1回)③12~1月(1日、毎月2回)④5~12月(毎月1回)【地域】⑥オンライン【選考】⑥なし【本選考との関係】①②③早期選考に案内

セントラル硝子㈱　ガラス・土石

	修士・大卒採用数	従業員数	平均勤続年数	平均年収
	38名	◇**1,570**名	◇**15.1**年	㊦**779**万円

【特色】板ガラス国内3位。麻酔剤で世界首位級薬を保有
【本社】101-0054 東京都千代田区神田錦町3-7-1 興和一橋ビル【設立】1936.10　[東京P]

【業績】	売上高	営業利益	経常利益	純利益
連22.3	206,184	7,262	11,936	▲39,844
連23.3	169,309	16,757	19,637	42,494

●インターンシップ●【概要】①技術系Web(工場)②技術系Web(研究所)【募集】‥【実施】①8~9月(1日×2回)②8月(5日間×1回)8月(2日間×2回)8月(1日×3回)【地域】①川崎 山口・宇部②埼玉・川越 山口・宇部 三重・松阪【選考】①なし②あり【本選考との関係】⑥関係あり

日東紡 （ガラス・土石）

修士・大卒採用数	従業員数	平均勤続年数	平均年収
28名	◇787名	◇18.5年	総672万円

【特色】ガラス繊維メーカー大手。子会社で診断薬も

【本社】102-8489 東京都千代田区麹町2-4-1 麹町大通りビル【設立】1923.4 ［東京P］	【業績】	売上高	営業利益	経常利益	純利益
	連22.3	84,051	7,268	8,065	6,519
	連23.3	87,529	4,880	6,067	2,772

●インターンシップ●
【概要】①理系学生のみを対象とした工場見学・座談会
【募集】①各回実施1カ月前
【実施】①8~2月(6回)【地域】①福島・郡山【選考】①なし【本選考との関係】①早期選考に案内

太平洋セメント(株) （ガラス・土石）

修士・大卒採用数	従業員数	平均勤続年数	平均年収
53名	◇1,841名	◇17.8年	総880万円

【特色】セメント国内販売シェア首位。海外展開多彩

【本社】112-8503 東京都文京区小石川1-1-1 文京ガーデン ゲートタワー【設立】1881.5 ［東京P］	【業績】	売上高	営業利益	経常利益	純利益
	連22.3	708,201	46,701	50,193	28,971
	連23.3	809,542	4,456	1,015	▲33,206

●インターンシップ● 24予【概要】①(機電・化学/化学工学・資源系)仕事体験:設備技術職・生産技術職・資源技術職希望者向け②(機電・化学/化学工学・資源系)工場見学会 鉱山見学会③(化学・土木建築系)女子学生向け中央研究所見学会 仕事体験(研究開発・技術職業務希望者向け)④(事務系)工場見学会【募集】‥【実施】①8-2月(1日)②11~1月 3月(1日)③1月 3月(1日)④10月 12月 2月(1日)【地域】①オンライン②埼玉 三重 大分 他③千葉 オンライン④オンライン 埼玉【選考】①③④なし②抽選【本選考との関係】②③早期選考に案内④関係あり

住友大阪セメント(株) （ガラス・土石）

修士・大卒採用数	従業員数	平均勤続年数	平均年収
51名	◇1,243名	◇18.7年	総807万円

【特色】セメント販売で国内3位。光電子や新材料で多角化

【本社】105-8641 東京都港区東新橋1-9-2 汐留住友ビル【設立】1907.11 ［東京P］	【業績】	売上高	営業利益	経常利益	純利益
	連22.3	184,209	6,878	9,834	9,674
	連23.3	204,705	▲8,555	▲7,849	▲5,719

●インターンシップ● 24予【概要】①理系向け:大規模なセメントプラントでエンジニアリング体験②理系向け:日本最大級の鉱山見学会③理系向け:研究所で最先端の研究開発を体験④文系向け:業界・職種紹介、GW、座談会【募集】㊀随時【実施】㊀8月以降随時(1日)【地域】①兵庫 栃木②山口③千葉④オンライン【選考】㊀なし【本選考との関係】㊀早期選考に案内

日本特殊陶業(株) （ガラス・土石）

修士・大卒採用数	従業員数	平均勤続年数	平均年収
56名	3,477名	17.8年	総768万円

【特色】自動車用プラグ、排気系センサーで世界首位

【本社】461-0005 愛知県名古屋市東区東桜1-1-1 アーバンネット名古屋ネクスタ【設立】1936.10 ［東京P］	【業績】	売上高	営業利益	税前利益	純利益
	◇22.3	491,753	75,512	83,642	60,200
	◇23.3	562,559	89,219	93,384	66,293

●インターンシップ●
【概要】①新規事業立案:社会課題を解決するために、当社の強みを活かして新規事業を立案
【募集】①6~8月
【実施】①7~9月(1日)【地域】①オンライン【全学年対象】①【選考】①ES Webテスト

日本ガイシ(株) （ガラス・土石）

修士・大卒採用数	従業員数	平均勤続年数	平均年収
122名	3,532名	16.3年	総899万円

【特色】ガイシ世界首位。排ガス浄化装置が収益柱

【本社】467-8530 愛知県名古屋市瑞穂区須田町2-56【設立】1919.5 ［東京P］	【業績】	売上高	営業利益	経常利益	純利益
	連22.3	510,439	83,527	86,248	70,851
	連23.3	559,240	66,761	65,887	55,048

●インターンシップ● 24予【概要】①技術系・営業管理系:BtoBメーカーである日本ガイシの社会への影響力と事業の広がりを体験②技術系:設計職を体感③技術系・営業管理系:事業紹介や企業理念を体感④技術系:製品ショールーム見学【募集】①6月~未定②8月中旬~11月③9月下旬~12月④12月上旬【実施】①6~10月(1日)②8~11月(1日)③10~12月(1日)④12月(1日)【地域】①②③オンライン④名古屋【全学年対象】①②③④【選考】①なし②③作文④未定【本選考との関係】②早期選考に案内

東海カーボン(株) （ガラス・土石）

修士・大卒採用数	従業員数	平均勤続年数	平均年収
11名	763名	15.7年	◇737万円

【特色】炭素製品大手。電炉用電極や半導体用素材も

【本社】107-8636 東京都港区北青山1-2-3 青山ビル【設立】1918.4 ［東京P］	【業績】	売上高	営業利益	経常利益	純利益
	連22.12	340,371	40,588	42,521	22,418
	連23.12	363,946	38,728	41,607	25,468

●インターンシップ●
【概要】①(理系限定)1Day仕事体験②1Day仕事体験
【募集】①7~8月②10~12月
【実施】①8~9月(1日)②12~1月(1日)【地域】①東京②オンライン【選考】㊀なし

ニチアス㈱　ガラス・土石

修士・大卒採用数	従業員数	平均勤続年数	平均年収
46名	◇1,730名	◇15.1年	総808万円

【特色】シール材を軸に建材や半導体、自動車部品に展開
【本社】104-8555 東京都中央区八丁堀1-6-1
【設立】1896.4　　　　　　　　　　　　　　　[東京P]

【業績】	売上高	営業利益	経常利益	純利益
連22.3	216,236	26,264	30,572	22,034
連23.3	238,116	29,954	33,082	21,398

●インターンシップ●【概要】①理文共通:製品選定体験 社員との懇談 グループワーク②研究所見学、技術紹介、社員との懇談③工場見学、生産技術仕事紹介、社員との懇談【募集】①6~1月②7月③9月【実施】①8~1月(1日)②9月(2日間)③11~12月(5日間)【地域】①オンライン 東京 大阪②静岡③神奈川 奈良【全学年対象】①②③【選考】㊎なし【本選考との関係】③早期選考に案内

日本コークス工業㈱　ガラス・土石

修士・大卒採用数	従業員数	平均勤続年数	平均年収
6名	◇509名	◇17.0年	総755万円

【特色】製鉄用コークス製造大手。旧社名は三井鉱山
【本社】135-6007 東京都江東区豊洲3-3-3 豊洲センタービル【設立】1911.12

【業績】	売上高	営業利益	経常利益	純利益
連22.3	124,711	12,253	11,454	7,380
連23.3	174,062	▲397	▲752	▲1,075

●インターンシップ●24予【概要】①(文理不問)業界研究、企画営業体験ワーク、社員座談会②(理系)化工機事業:業界研究、工場見学、社員座談会③(理系)コークス事業:業界研究、工場見学、社員座談会【募集】㊎6~2月【実施】㊎7~2月(1日)【地域】①オンライン②オンラインまたは栃木市③オンラインまたは北九州市【選考】㊎なし【本選考との関係】㊎早期選考に案内

黒崎播磨㈱　ガラス・土石

修士・大卒採用数	従業員数	平均勤続年数	平均年収
16名	839名	14.2年	総756万円

【特色】日本製鉄系。高炉向けなど総合耐火物で大手
【本社】806-8586 福岡県北九州市八幡西区東浜町1-1【設立】1918.10　　　　　　　　　[東京P]

【業績】	売上高	営業利益	経常利益	純利益
連22.3	133,778	7,566	8,679	5,490
連23.3	165,202	11,173	12,083	8,282

●インターンシップ●
【概要】①2Dayインターン(理系)
【募集】①6月下旬~1月【実施】①8月24~25日 10月26~27日 12月11~12日 2月8~9日(2日間)【地域】①1日目オンライン 2日目本社【選考】①なし

㈱ノリタケカンパニーリミテド　ガラス・土石

修士・大卒採用数	従業員数	平均勤続年数	平均年収
27名	◇1,901名	◇21.2年	総771万円

【特色】工業用研削砥石などが柱。24年7月ノリタケに社名変更
【本社】451-8501 愛知県名古屋市西区則武新町3-1-36【設立】1917.7　　　　　　[東京P]

【業績】	売上高	営業利益	経常利益	純利益
連22.3	127,641	9,353	12,509	9,068
連23.3	139,494	8,969	12,405	10,024

●インターンシップ●【概要】①(理系対象)研削加工の体験実習②(全学部、一部理系)工場見学・社員座談会③BtoBメーカーの営業を理解するワーク④キャリアデザインワーク【募集】①6月中旬~下旬②6月下旬~7月上旬 10月下旬~11月上旬③7月上旬 11月下旬④8~9月(5日間)②③④8~9月 12~2月(1日)【地域】①愛知・津島②愛知・三好 オンライン③④オンライン【選考】①ES Webテスト②ES(対面のみ)③④なし【本選考との関係】①ESの内容等を本選考に利用②関係あり

吉野石膏㈱　ガラス・土石

修士・大卒採用数	従業員数	平均勤続年数	平均年収
17名	739名	16.0年	総835万円

【特色】焼石膏と石膏耐火建材の老舗。石膏ボード首位
【本社】100-0005 東京都千代田区丸の内3-3-1
【設立】1937.3　　　　　　　　　　　　　　[未上場]

【業績】	売上高	営業利益	経常利益	純利益
単21.12	113,860	7,168	15,267	NA
単22.12	130,527	12,353	19,082	NA

●インターンシップ●
【概要】①ショールーム見学、工場見学(理系)②ショールーム見学、グループワーク(文系)
【募集】①6~2月中旬【実施】㊎8~2月(1日)【地域】①東京・港 千葉・袖ケ浦 愛知・豊橋 北九州②東京・港 千葉・袖ケ浦 神戸 愛知・豊橋 北九州【選考】㊎なし

㈱LIXIL　金属製品

修士・大卒採用数	従業員数	平均勤続年数	平均年収
172名	16,081名	21.0年	◇694万円

【特色】住宅設備機器の国内最大手。20年事業会社体制に
【本社】141-0033 東京都品川区西品川1-1-1 大崎ガーデンタワー【設立】1949.9　　　　[東京P]

【業績】	売上高	営業利益	税前利益	純利益
◇22.3	1,428,578	69,471	67,262	48,603
◇23.3	1,495,987	24,903	19,759	15,991

●インターンシップ●【概要】①ハウジング部門の商品開発・生産技術職体験、先輩社員座談会②水まわり部門(トイレ、水栓、タイル、浴室)の商品開発・生産技術体験、先輩社員座談会、工場見学③企業研究、会社紹介、ショールーム見学【募集】①②6月中旬~7月③9月下旬~11月中旬【実施】①②8月下旬~9月上旬(5日間)③10月下旬~12月初旬(1日)【地域】①オンライン 千葉②オンライン 愛知 三重③東京 大阪 福岡【選考】①②ES SPI ※コースによる③未定【本選考との関係】①②関係あり

［メーカー（素材・身の回り品）］

東洋製罐グループホールディングス㈱　金属製品

	修士・大卒採用数	従業員数	平均勤続年数	平均年収
	77名	※◇7,779名	※◇17.1年	総658万円

【特色】缶、PETボトルなど包装容器関連のシェア絶大
【本社】141-8627 東京都品川区東五反田2-18-1 大崎
フォレストビルディング　【設立】1941.7　　［東京P］

【業績】	売上高	営業利益	経常利益	純利益
連22.3	821,565	34,114	45,712	44,422
連23.3	906,025	7,396	13,770	10,363

●インターンシップ●【概要】①理系限定研究開発②全学部共通ビジネスモデルワークショップ③未来創出ワークショップ【募集】①6月②③随時【実施】①8月（5日間）②5～3月（1日）③8～2月（1日）【地域】①神奈川 静岡 山口②オンライン③本社 大阪【全学年対象】②③【選考】①ES WebSPI②なし③コース2での評価【本選考との関係】②関係あり

ＹＫＫ㈱　金属製品

	修士・大卒採用数	従業員数	平均勤続年数	平均年収
	71名	◇4,264名	◇18.0年	総838万円

【特色】ファスナー世界シェア首位。子会社でアルミ建材
【本社】101-8642 東京都千代田区神田和泉町1
YKK80ビル　【設立】1934.1　　［未上場］

【業績】	売上高	営業利益	経常利益	純利益
連22.3	797,019	60,161	63,964	44,097
連23.3	893,226	55,962	60,689	37,929

●インターンシップ●【概要】①事務系②管理系③技術系体験型：開発系・研究開発系・間接系④技術系体験型：海外製造技術（工場マネジメント）【募集】‥【実施】①1～2月（2日間）②2月（5日間）③9月 2月（9日間）④9月 2月（4日間）【地域】①オンライン②③④富山【全学年対象】①③④【選考】②ES

ＹＫＫ ＡＰ㈱　金属製品

	修士・大卒採用数	従業員数	平均勤続年数	平均年収
	146名	◇12,371名	◇20.6年	総840万円

【特色】窓・サッシ等アルミ建材メーカー。YKKの子会社
【本社】101-0024 東京都千代田区神田和泉町1
　　　　【設立】1957.7　　　　　　　　［未上場］

【業績】	売上高	営業利益	経常利益	純利益
連22.3	446,360	17,353	18,690	11,164
連23.3	508,619	17,841	21,395	15,257

●インターンシップ●【概要】①就業体験型：技術部門（生産、開発等）での就業体験 他②就業体験型：営業・管理部門（IT、経理等）での就業体験 他③就業体験型：技術部門（開発等）での就業体験 他④就業体験型：営業・管理部門（施工等）での就業体験 他【募集】①26-7月【実施】①28-9月（5日間）③④1月（5日間）【地域】①富山 東京（オンライン含）③富山 オンライン④東京 オンライン【選考】②適性検査 アンケート 面接【本選考との関係】②参加者限定の選考に案内

㈱ＳＵＭＣＯ　金属製品

	修士・大卒採用数	従業員数	平均勤続年数	平均年収
	26名	※1,051名	※15.5年	総887万円

【特色】半導体シリコンウエハ大手で世界トップ級
【本社】105-8634 東京都港区芝浦1-2-1 シーバン
スN館　【設立】1999.7　　　　　　　　［東京P］

【業績】	売上高	営業利益	経常利益	純利益
連22.12	441,083	109,863	111,339	70,205
連23.12	425,941	73,080	72,627	63,884

●インターンシップ●【概要】①技術系：オリエンテーション、工場見学、試験体験プロセス紹介、開発業務試験体験、報告会 他②技術系：会社説明、工場見学、業務説明（材料・化学系）他③技術系：会社説明、業務説明（材料・化学・設備系・システム系）④事務系：会社説明、GW 他【募集】①7月②7-10月③7-11月④11-1月【実施】①8月（5日間）②8-11月（半日）③8-12月（各月2回程度）④12-2月（各月2回程度）【地域】①②佐賀③オンライン④東京【選考】②ES 適性検査【本選考との関係】②関係あり

三協立山㈱　金属製品

	修士・大卒採用数	従業員数	平均勤続年数	平均年収
	68名	◇4,915名	◇22.5年	総569万円

【特色】サッシ国内3位級。アルミ建材も大手。富山地盤
【本社】933-8610 富山県高岡市早川70
【設立】1960.6　　　　　　　　　　　　［東京P］

【業績】	売上高	営業利益	経常利益	純利益
連22.5	340,553	3,782	4,198	395
連23.5	370,385	2,669	3,419	1,630

●インターンシップ●【概要】①会社紹介、エクステリアの課題に対してグループワークを通した仕事体験②マテリアル事業の実際の職場で業務を体験③設計・施工管理、マテリアル、営業、商品開発、情報システムの各希望コースごとの業務説明、社員座談会【募集】‥【実施】①8月（2回）9月（5回）②9月（1週間）②2月（5回）【地域】①③オンライン②富山・高岡 他【全学年対象】①②【選考】②なし

文化シヤッター㈱　金属製品

	修士・大卒採用数	従業員数	平均勤続年数	平均年収
	43名	◇2,047名	◇16.3年	総693万円

【特色】シャッター2位。防災減災、IoTなど製品開発に熱心
【本社】113-8535 東京都文京区西片1-17-3
【設立】1955.4　　　　　　　　　　　　［東京P］

【業績】	売上高	営業利益	経常利益	純利益
連22.3	182,313	9,105	9,081	6,706
連23.3	199,179	9,685	9,992	7,899

●インターンシップ●24予　【概要】①③④営業同行、会社・製品紹介、製品試験場見学②（理系）工場・試験場見学、製品説明、取付、試作試験立ち合い、CADによる作図、強度計算【募集】①②⑥6～7月中【実施】①③④8月（1週間）②8月（2週間）【地域】①東京・文京②栃木・小山③大阪市④札幌【選考】②なし

276

アルインコ㈱ | 金属製品

修士・大卒採用数	従業員数	平均勤続年数	平均年収
15名	◇**777名**	◇**14.5年**	総**730万円**

【特色】建設用仮設材の販売・リース大手。住宅機器も
【本社】541-0043 大阪府大阪市中央区高麗橋4-4-9 淀屋橋ダイビル【設立】1970.7　　[東京P]

【業績】	売上高	営業利益	経常利益	純利益
連22.3	55,255	1,119	1,126	451
連23.3	60,717	2,420	3,568	1,546

●インターンシップ●【概要】①就活準備から企業戦略分析まで幅広く学べる1day仕事体験②メーカーでの設計開発職を体験できる1day仕事体験（製品開発業務体験、会社及び弊社開発部門紹介）【募集】①6~1月上旬②6~9月上旬【実施】①8~1月（1日×12回）②8月9月2月（1日×各月2回）【地域】①オンライン②大阪・中央【全学年対象】①②【選考】㊎なし【本選考との関係】㊎早期選考に案内

25総 523ジャ　25働 513ジャ

日本製鉄㈱ | 鉄鋼

修士・大卒採用数	従業員数	平均勤続年数	平均年収
149名	**28,331名**	**17.2年**	総**1,185万円**

【特色】国内首位、世界4位の名門鉄鋼（高炉）メーカー
【本社】100-8071 東京都千代田区丸の内2-6-1 丸の内パークビルディング【設立】2012.10

【業績】	売上高	営業利益	税前利益	純利益
◇22.3	6,808,890	840,901	816,583	637,321
◇23.3	7,975,586	883,646	866,849	694,016

●インターンシップ●24予【概要】①②技術系：1人1テーマ・職場配属可（工場設備の見学・立ち合い実験、データ解析・提案プレゼン 他）③事務系：会社紹介、業界研究他④事務系：職場配属型【募集】①4~7月中旬②10~11月上旬③4~8月上旬④7月以降【実施】①7~9月（2週間×3回）②12~1月③8~9月（2日間×複数回）④8月以降【地域】①北海道 岩手 新潟 千葉 茨城 愛知 和歌山 大阪 兵庫 山口 福岡 大分②北海道 千葉 愛知 和歌山 兵庫 福岡③オンライン④東京本社【全学年対象】①②③④【選考】㊎ES【本選考との関係】①②④学生情報を活用

25総 524ジャ　25働 514ジャ

JFEスチール㈱ | 鉄鋼

修士・大卒採用数	従業員数	平均勤続年数	平均年収
174名	**4,219名**	**16.8年**	総**987万円**

【特色】国内2位の鉄鋼メーカー。JFEHDの中核事業会社
【本社】100-0011 東京都千代田区内幸町2-2-3 日比谷国際ビル【設立】2003.4　　[持株傘下]

【業績】	売上高	営業利益	税前利益	純利益
連22.3	3,173,447	NA	NA	NA
連23.3	3,173,475	NA	NA	NA

●インターンシップ●【概要】①製造技術開発部門・設備技術開発部門・研究開発部門での就業体験、改善テーマ学習②営業職の業務体験型ワーク、社員交流会【募集】①6~7月 10~11月 12~1月②6~12月【実施】①8月下旬~9月（5日間・12日間）1月下旬（5日間）②8月下旬~9月上旬（1日）1~2月（1日）【地域】①千葉 川崎 愛知・半田 岡山・倉敷 広島・福山②東京・千代田 大阪市 オンライン【全学年対象】①②【選考】㊎ES

25総 524ジャ　25働 514ジャ

㈱神戸製鋼所 | 鉄鋼

修士・大卒採用数	従業員数	平均勤続年数	平均年収
115名	※**3,860名**	※**16.0年**	総**970万円**

【特色】鉄鋼・アルミなど素材を軸に建機や発電を展開
【本社】651-8585 兵庫県神戸市中央区脇浜海岸通2-2-4【設立】1911.6　　[東京P]

【業績】	売上高	営業利益	経常利益	純利益
連22.3	2,082,582	87,622	93,233	60,083
連23.3	2,472,508	86,365	106,837	72,566

●インターンシップ●24予【概要】①（理系）研究・設計・生産技術など各部門での就業体験②（文理不問）自己分析ワーク③（理系）生産技術職の働き方体感ワーク④（文系）業界理解ワーク【募集】①6月~12月②6月~3③~2月④12月~【実施】①8月下旬~9月中旬（2週間）②7月（1週間）③7月下旬~2月（1日）③10~2月（1日）④1~2月（1日）【地域】①栃木・真岡 三重・いなべ 山口・下関 神奈川・藤沢 大阪・茨木 兵庫（神戸 加古川 高砂）②③④オンライン【全学年対象】②③④【選考】㊎ES 面接②③④なし【本選考との関係】①早期選考に案内

25総 525ジャ　25働 515ジャ

合同製鐵㈱ | 鉄鋼

修士・大卒採用数	従業員数	平均勤続年数	平均年収
8名	**181名**	**16.6年**	◇**620万円**

【特色】日本製鉄系の電炉大手。建設用鋼材に強み
【本社】530-0004 大阪府大阪市北区堂島浜2-2-8【設立】1937.12　　[東京P]

【業績】	売上高	営業利益	経常利益	純利益
連22.3	204,201	▲2,697	▲1,252	▲1,112
連23.3	235,387	13,907	15,867	12,508

●インターンシップ●
【概要】①技術系：工場見学、若手社員との座談会、グループワーク（課題発見・発表）
【募集】‥【実施】①8~9月 1~2月（1日）【地域】①大阪市 兵庫・姫路 千葉・船橋（オンラインも検討中）
【選考】①なし【本選考との関係】①関係あり

25総 525ジャ　25働 515ジャ

㈱プロテリアル | 鉄鋼

修士・大卒採用数	従業員数	平均勤続年数	平均年収
51名	◇**5,754名**	◇**19.2年**	総**918万円**

【特色】特殊鋼やネオジム磁石で高シェア。旧日立金属
【本社】135-0061 東京都江東区豊洲5-6-36 豊洲プライムスクエア【設立】1956.4　　[未上場]

【業績】	売上高	営業利益	税前利益	純利益
◇22.3	942,701	26,695	32,740	12,030
◇23.3	1,118,910	38,816	43,338	23,285

●インターンシップ●【概要】①技術系：事業所での就業体験②技術系：事業所見学、ワークショップ、先輩社員との交流会③技術系：事業所見学、グループワーク、先輩社員との交流会【募集】①4月下旬~6月②7~8月③12~1月【実施】①8~9月（2週間）②8~9月 12月（2日間）③1~2月（1日）【地域】①茨城 埼玉 島根 福岡②オンライン 茨城 埼玉 大阪 島根③埼玉 島根【全学年対象】②③【選考】①ES Web面談②③ES【本選考との関係】①早期選考に案内

25総 526ジャ　25働 516ジャ

大同特殊鋼(株) 鉄鋼

	修士・大卒採用数	従業員数	平均勤続年数	平均年収
	35名	3,227名	16.3年	総892万円

【特色】世界最大級の特殊鋼専業メーカー。自動車向け中心
【本社】461-8581 愛知県名古屋市東区東桜1-1-10 アーバンネット名古屋ビル【設立】1950.2　[東京P]

【業績】	売上高	営業利益	経常利益	純利益
連22.3	529,667	36,982	39,200	26,894
連23.3	578,564	46,986	48,122	36,438

●インターンシップ●
【概要】①文系：素材業界の魅力を体感する就業体験②理系：特殊鋼の研究開発・設備設計・改善の就業実務体験【募集】㋐6～7月上旬【実施】①8月下旬 9月上旬(3日間)②8月21日～9月1日(10日間)【地域】㋐名古屋【全学年対象】①②【選考】㋐書類 Web面接

山陽特殊製鋼(株) 鉄鋼

	修士・大卒採用数	従業員数	平均勤続年数	平均年収
	24名	574名	19.7年	総880万円

【特色】特殊鋼専業で軸受け鋼に強み。日本製鉄子会社
【本社】672-8677 兵庫県姫路市飾磨区中島3007
【設立】1935.1

【業績】	売上高	営業利益	経常利益	純利益
連22.3	363,278	21,416	21,664	15,267
連23.3	393,843	28,492	28,856	20,743

●インターンシップ● 24予【概要】①インターンシップ概要説明会、業界・企業紹介②文理：工場見学、カーボンニュートラルカードゲーム、製造工程改善ワーク、業界・会社紹介、先輩社員座談会③文系：営業体験、カーボンニュートラルカードゲーム、業界・会社紹介、先輩社員座談会【募集】㋐4～9月中旬 12～2月中旬【実施】①8～9月 1～2月(1日×10回程度)②③8～9月 1～2月(1日×12回程度)【地域】①オンライン②姫路③兵庫・姫路 大阪・中央【選考】㋐なし

愛知製鋼(株) 鉄鋼

	修士・大卒採用数	従業員数	平均勤続年数	平均年収
	20名	◇2,707名	◇18.0年	総792万円

【特色】自動車向け特殊鋼大手でトヨタ系。磁石など育成
【本社】476-8666 愛知県東海市荒尾町ワノ割1番地【設立】1940.3　[東京P]

【業績】	売上高	営業利益	税前利益	純利益
◇22.3	260,117	2,139	2,895	1,089
◇23.3	285,141	3,260	4,099	1,610

●インターンシップ●【概要】①文系職種体験(会社説明・工場見学・職種体験ワーク)②理系：研究開発、生産技術、設備技術、IT等の職種体験(会社説明・職種体験ワーク・工場見学・職場見学)③理系：研究開発、生産技術、設備技術等部署での実習形式④文理：オープンカンパニー(業界研究、会社説明)【募集】①②㋐6～7月④㋐9月【実施】①8月(1日×複数回)②8～9月(2日間×複数回)③8～9月(2週間)④10月【地域】①④オンライン②③愛知【選考】②ES 適性(性格)③ES 適性(性格)面接④なし【本選考との関係】③関係あり

三菱製鋼(株) 鉄鋼

	修士・大卒採用数	従業員数	平均勤続年数	平均年収
	14名	◇663名	◇20.5年	総747万円

【特色】三菱グループの特殊鋼・鋳鍛造品メーカー
【本社】104-8550 東京都中央区晴海4-16-13 Daiwa月島ビル【設立】1949.12　[東京P]

【業績】	売上高	営業利益	経常利益	純利益
連22.3	146,292	6,270	5,780	4,068
連23.3	170,537	5,547	3,743	2,190

●インターンシップ● 24予
【概要】①製造現場および研究開発部門での職場体験②業界および仕事紹介
【募集】㋐6月以降随時
【実施】①8月以降随時(1日～1カ月)【地域】①東京 千葉 北海道 福島②オンライン【選考】㋐なし

(株)淀川製鋼所 鉄鋼

	修士・大卒採用数	従業員数	平均勤続年数	平均年収
	20名	◇1,191名	◇19.0年	総730万円

【特色】圧延専業で表面処理鋼板が主力。家庭用物置も
【本社】541-0054 大阪府大阪市中央区南本町4-1-1【設立】1935.1　[東京P]

【業績】	売上高	営業利益	経常利益	純利益
連22.3	201,655	14,349	17,916	9,789
連23.3	220,314	12,665	17,686	10,593

●インターンシップ●
【概要】①会社紹介、職業体験、先輩社員座談会②会社紹介、工場見学、職業体験、先輩社員座談会
【募集】②6～8月【実施】①8月 9月(半日×10回)②8月 9月(1日×3回)【地域】①オンライン②千葉 大阪 広島【選考】㋐なし【本選考との関係】②関係あり

(株)栗本鐵工所 鉄鋼

	修士・大卒採用数	従業員数	平均勤続年数	平均年収
	17名	◇1,327名	◇20.9年	総801万円

【特色】鋳鉄管で2位。産業機械やエンジニアリングも主力
【本社】550-8580 大阪府大阪市西区北堀江1-12-19【設立】1909.2　[東京P]

【業績】	売上高	営業利益	経常利益	純利益
連22.3	105,954	4,172	4,179	2,917
連23.3	124,827	6,840	6,868	4,727

●インターンシップ●
【概要】①技術系：若手技術社員主催(全7コース)②文系：短期間
【募集】①4～6月②12～1月【実施】①8～9月(3～5日間)12～1月(1日)②12～1月(1日)【地域】①大阪 滋賀②大阪 オンライン【選考】①ES 面接②なし【本選考との関係】①関係あり

住友電気工業㈱ （非鉄）

修士・大卒採用数	従業員数	平均勤続年数	平均年収
222名	7,144名	16.9年	総779万円

【特色】電力ケーブルや自動車用ワイヤーハーネスで大手
【本社】541-0041 大阪府大阪市中央区北浜4-5-33 住友ビル 【設立】1911.8 ［東京Ｐ］

【業績】	売上高	営業利益	経常利益	純利益
連22.3	3,367,863	122,195	138,160	96,306
連23.3	4,005,561	177,443	173,348	112,654

●インターンシップ● 【概要】①職場体験型②事務系5days:投資計画立案ワーク 営業体感ワーク 工場見学 社員との交流 他③部門・職種別の働き方を体験④技術系2days:新規事業提案GWを通じ、住友電工の事業スタンスを体感 【募集】①5～6月②5～7月③随時④5月～随時 【実施】①8～9月(1～4週間)②8～11月(5日間)③7～2月(1日)④7～12月(2日間) 【地域】①大阪 兵庫 神奈川 三重 栃木 山梨 滋賀 愛知 他②大阪 東京③④大阪 東京 オンライン 【選考】①③④ES SPI②ES SPI 面談 【本選考との関係】①②関係あり

古河電気工業㈱ （非鉄）

修士・大卒採用数	従業員数	平均勤続年数	平均年収
106名	◇4,062名	◇19.8年	総783万円

【特色】古河グループ中核。光ファイバーで世界有数
【本社】100-8322 東京都千代田区大手町2-6-4 常盤橋タワー 【設立】1896.6

【業績】	売上高	営業利益	経常利益	純利益
連22.3	930,496	11,428	19,666	10,093
連23.3	1,066,326	15,441	19,639	17,911

●インターンシップ● 24予 【概要】①〈理系〉オンライン オープンイノベーション体験1dayワークショップ〈文系〉事業企画または海外営業体験1dayワークショップ②〈文理〉対面1dayワークショップ(グループワーク含)③〈理系〉研究開発や設備開発部門等での就業体験 【募集】①②6～8月③随時 【実施】①②7～10月(1日)③随時 【地域】①オンライン②③各事業所 【全学年対象】③ 【選考】①適性検査 アンケート②アンケート③なし 【本選考との関係】①②早期選考に案内③関係あり

㈱フジクラ （非鉄）

修士・大卒採用数	従業員数	平均勤続年数	平均年収
34名	◇2,105名	◇16.0年	◇769万円

【特色】旧電線御三家の一角で独立系。事業再構築中
【本社】135-8512 東京都江東区木場1-5-1 【設立】1910.3 ［東京Ｐ］

【業績】	売上高	営業利益	経常利益	純利益
連22.3	670,350	38,288	34,089	39,101
連23.3	806,453	70,163	67,897	40,891

●インターンシップ● 24予 【概要】①仕事体験(夏・冬)②(理系)実務体験型③仕事体験・工場見学 【募集】①④～1月(随時)②④～7月上旬③10～11月 【実施】①7～1月(1日、随時)②8月下旬～9月上旬(1～2週間程度)③12月下旬～1月上旬(2日間) 【地域】①オンライン②千葉・佐倉③オンライン 千葉・佐倉 【選考】①なし②ES 面接③ES 【本選考との関係】②③書類選考免除

ＳＷＣＣ㈱ （非鉄）

修士・大卒採用数	従業員数	平均勤続年数	平均年収
15名	1,436名	19.4年	総690万円

【特色】総合電線・ケーブルメーカー。車載を強化中
【本社】210-0024 神奈川県川崎市川崎区日進町1-14 JMFビル川崎01 【設立】1936.5 ［東京Ｐ］

【業績】	売上高	営業利益	経常利益	純利益
連22.3	199,194	10,039	9,882	9,353
連23.3	209,111	10,474	10,393	9,410

●インターンシップ● 【概要】①開発や製造などの技術系職場実習 【募集】①7～8月 【実施】①8月(5日間)9月(5日間) 【地域】①三重 【選考】①履歴書 ES

ＪＸ金属㈱ （非鉄）

修士・大卒採用数	従業員数	平均勤続年数	平均年収
88名	◇3,214名	◇17.2年	総1,026万円

【特色】非鉄金属の国内大手。銅精錬技術に強み
【本社】105-8417 東京都港区虎ノ門2-10-4 オークラプレステージタワー 【設立】2002.9 ［持株傘下］

【業績】	売上高	営業利益	税前利益	純利益
◇22.3	1,293,000	158,200	NA	93,100
◇23.3	1,637,800	68,700	NA	36,500

●インターンシップ● 【概要】①技術系向け課題解決ワークショップ②技術系向け③職種理解ワークショップ 【募集】①②6月末～7月上旬③11～12月 【実施】①8～9月(1日×6回)③8月下旬～9月中旬(5日間×9コース)③1～2月(1日×17回) 【地域】①③東京・港②茨城 神奈川 大分 【選考】①なし②書類 面接

三菱マテリアル㈱ （非鉄）

修士・大卒採用数	従業員数	平均勤続年数	平均年収
81名	◇6,166名	◇17.7年	総844万円

【特色】非鉄総合首位級。セメントや電子材料なども展開
【本社】100-8117 東京都千代田区丸の内3-2-3 丸の内二重橋ビル 【設立】1950.4

【業績】	売上高	営業利益	経常利益	純利益
連22.3	1,811,759	52,708	76,080	45,015
連23.3	1,625,933	50,076	25,306	20,330

●インターンシップ● 24予 【概要】①会社紹介、社員座談会、ワークショップ等の要素を含めたセミナー②就業体験可能な5days程度のインターンシップ 【募集】①4月下旬～5月中旬(予定)②未定 【実施】①5月以降随時(数時間～1日)②7～10月(検討中) 【地域】①東京 オンライン②未定 【全学年対象】①② 【選考】①なし②未定 【本選考との関係】②早期選考に案内の可能性あり

住友金属鉱山㈱ 〈非鉄〉

	修士・大卒採用数	従業員数	平均勤続年数	平均年収
	※81名	◇2,728名	18.0年	総1,082万円

【特色】非鉄大手。鉱山開発、製錬、材料と3事業を通貫

【本社】105-8716 東京都港区新橋5-11-3 新橋住友ビル 【設立】1950.3 ［東京P］

【業績】	売上高	営業利益	税前利益	純利益
◇22.3	1,259,091	270,982	357,434	281,037
◇23.3	1,422,989	172,581	229,910	160,585

●インターンシップ● 24予【概要】①技術系：業務体験、工場・鉱山見学、社員懇親会（予定）②事務系：オリジナル業務体験ゲーム、工場見学、社員座談会（予定）【募集】⑥6～9月中旬（延長の可能性あり）【実施】①8～2月（1～5日間）②8～12月（1～2日間）【地域】①鹿児島 愛媛 兵庫 東京 千葉 オンライン②東京 大阪 愛媛 オンライン【選考】⑥ES 他

DOWAホールディングス㈱ 〈非鉄〉

	修士・大卒採用数	従業員数	平均勤続年数	平均年収
	50名	1,217名	15.3年	総966万円

【特色】非鉄大手。貴金属回収、リサイクルに強み

【本社】101-0021 東京都千代田区外神田4-14-1 秋葉原UDXビル 【設立】1937.3

【業績】	売上高	営業利益	経常利益	純利益
連22.3	831,794	63,824	76,073	51,012
連23.3	780,060	44,610	55,501	25,041

●インターンシップ●【概要】①技術系：操業・研究開発部門での就業体験、拠点見学、現地社員との座談会②技術系：生産技術部門での就業体験、拠点見学、現地社員との座談会③事務系：会社紹介、社員業務紹介、社員との座談会、事業理解ワーク【募集】①②5月下旬～7月 9月下旬～11月③6月下旬～7月 8月下旬～11月【実施】①②8～9月 12～1月（半日～1日）【地域】①②全国各地の拠点※東京・千代田（一部オンライン）【選考】①ES SPI3【本選考との関係】⑥早期選考に案内

田中貴金属グループ 〈非鉄〉

	修士・大卒採用数	従業員数	平均勤続年数	平均年収
	29名	◇2,288名	◇15.0年	総927万円

【特色】貴金属取扱量で国内首位。海外展開にも積極的

【本社】103-0025 東京都中央区日本橋茅場町2-6-6 【設立】1918.7 ［未上場］

【業績】	売上高			純利益
連23.3	680,036			35,436

※会社データはTANAKAホールディングス㈱のもの

●インターンシップ● 24予【概要】①就業体験型5Daysインターンシップ：会社紹介、就業体験、発表、懇談会②貴金属業界とその周辺業界を比較するGW③ジュエリー・資産用貴金属商品販売の体験型GW【募集】①4～6月②③随時【実施】①7月下旬～9月上旬（5日間）②5月下旬～2月（1日）③7～2月（1日）【地域】①神奈川県内等、国内の工場②③東京・中央（オンライン）【選考】①ES（多数の場合は追加選考の可能性あり）②③なし【本選考との関係】①選考に案内する可能性あり

三井金属 〈非鉄〉

	修士・大卒採用数	従業員数	平均勤続年数	平均年収
	36名	◇2,647名	◇14.2年	※1,036万円

【特色】三井系の非鉄大手。極薄銅箔など機能材料に注力

【本社】141-8584 東京都品川区大崎1-11-1 ゲートシティ大崎ウエストタワー20階 【設立】1950.5 ［東京P］

【業績】	売上高	営業利益	経常利益	純利益
連22.3	633,346	60,737	65,990	52,088
連23.3	651,965	12,528	19,886	8,511

●インターンシップ●【概要】①機械・電気・土建系（オープンカンパニー）：プラントエンジニア職の働き方②資源系（オープンカンパニー）：国内外鉱山での働き方③文系（オープンカンパニー）：経理、人事総務、営業職の働き方④材料系学生（オープンカンパニー）：研究職、開発職の働き方【募集】①6月初旬～8月 9月中旬～8月②6月中旬～9月中旬③11月中旬～1月初旬④6月中旬～8月初旬【実施】①8月 9月 11月 12月（1日）②8～11月（1日）③1月（1日）④8～9月（1日）【地域】②オンライン【選考】多数の場合書類

日鉄鉱業㈱ 〈非鉄〉

	修士・大卒採用数	従業員数	平均勤続年数	平均年収
	17名	◇703名	◇17.3年	※920万円

【特色】日本製鉄系。石灰石やチリ・銅事業を推進

【本社】100-8377 東京都千代田区丸の内2-3-2 郵船ビル6階 【設立】1939.5 ［東京P］

【業績】	売上高	営業利益	経常利益	純利益
連22.3	149,082	15,715	16,605	9,279
連23.3	164,020	13,632	13,204	9,780

●インターンシップ●【概要】①鉱山見学②鉱山操業ワークショップ（対面・オンラインどちらか）③ビジネスモデルワーク【募集】…【実施】①8～9月（10日間）②1～2月（半日）③8～9月（半日）【地域】①各鉱山（詳細は未定）②③東京・千代田【全学年対象】①②③【選考】なし

東邦亜鉛㈱ 〈非鉄〉

	修士・大卒採用数	従業員数	平均勤続年数	平均年収
	4名	◇533名	◇19.3年	◇579万円

【特色】亜鉛・鉛の製錬大手。豪州に自前鉱山の強み

【本社】100-8207 東京都千代田区丸の内1-8-2 【設立】1937.2

【業績】	売上高	営業利益	経常利益	純利益
連22.3	124,279	10,509	9,353	7,922
連23.3	145,764	4,049	3,137	794

●インターンシップ●【概要】①理系・技術系：製錬所の安全課題解決に向けたアプローチ体験②理系・品質保証室：不具合の原因を解析・対策する品質管理体験③文系・総務部：法務知識修得のための契約書チェック体験④文系・財務部：財務諸表を用いた企業分析体験【募集】①3月中旬～8月②10月中旬～1月【実施】①9月（1日）②2月（1日）③8月（1日）④1月（1日）2月（1日）【地域】①②③オンライン④オンライン 東京・本社【選考】なし【本選考との関係】④早期選考の案内

㈱フルヤ金属 [非鉄]

修士・大卒採用数	従業員数	平均勤続年数	平均年収
15名	◇386名	◇8.1年	◇657万円

【特色】工業用貴金属製造。レアメタル精製、改鋳に強み
【本社】170-0005 東京都豊島区南大塚2-37-5
【設立】1968.8 [東京P]

【業績】	売上高	営業利益	経常利益	純利益
連22.6	45,321	13,055	13,297	9,142
連23.6	48,115	11,485	12,383	9,406

●インターンシップ●【概要】①技術職:貴金属加工体験②技術職:薄膜材料製造体験③技術職:熱電対の設計・提案、製造・測温試験体験④営業職:営業のマーケティング体験【募集】[全]6月中旬~8月【実施】[全]8月 12月または1月(1日×複数回)【地域】①②③茨城・筑西 対面④東京・豊島 対面【全学年対象】①②③④【選考】[全]なし【本選考との関係】[全]早期選考に案内

[25][総] 536ジペー
[25][働] 526ジペー

㈱UACJ [非鉄]

修士・大卒採用数	従業員数	平均勤続年数	平均年収
33名	◇2,977名	◇16.3年	[総]790万円

【特色】アルミ圧延で国内首位。世界でも大手
【本社】100-0004 東京都千代田区大手町1-7-2 東京サンケイビル【設立】1964.12 [東京P]

【業績】	売上高	営業利益	経常利益	純利益
連22.3	782,911	59,520	52,286	32,054
連23.3	962,885	17,207	8,732	4,703

●インターンシップ●
【概要】①研究部門での就業体験②本社・工場における就業体験
【募集】[全]10月~【実施】①12~1月(5日間)②12~2月(1日)【地域】①名古屋②東京 名古屋※オンラインの可能性あり【選考】①書類 面談②未定

[25][総] 536ジペー
[25][働] 526ジペー

日本軽金属㈱ [非鉄]

修士・大卒採用数	従業員数	平均勤続年数	平均年収
30名	◇2,393名	◇15.7年	[総]729万円

【特色】板・化成品・パネルなどアルミ総合メーカー
【本社】105-0004 東京都港区新橋1-1-13 アーバンネット内幸町ビル【設立】1939.3 [持株傘下]

【業績】	売上高	営業利益	経常利益	純利益
連23.3	516,954	7,539	8,859	7,203

※業績は日本軽金属ホールディングス㈱のもの

●インターンシップ● [24予]【概要】①②理系:工場実習コース③理系:オンライン商品設計体験コース(機械系限定)④理系:オンライン商品企画体験コース(専攻不問)【募集】[全]6~7月中旬【実施】①8~9月(2週間)②8~9月(1~5日間)③8月(2日間)1~2月(2日間)④9月(2日間)1~2月(2日間)【地域】①②千葉・船橋 静岡 愛知・稲沢 長野③④オンライン【選考】[全]ES 面接【本選考との関係】[全]1次面接を免除

[25][総] 537ジペー
[25][働] 527ジペー

㈱アシックス [その他メーカー]

修士・大卒採用数	従業員数	平均勤続年数	平均年収
35名	※8,886名	13.9年	[総]864万円

【特色】ランニングを核とするスポーツシューズ大手
【本社】650-8555 兵庫県神戸市中央区港島中町7-1-1【設立】1949.9 [東京P]

【業績】	売上高	営業利益	経常利益	純利益
連22.12	484,601	34,002	30,913	19,887
連23.12	570,463	54,215	50,670	35,272

●インターンシップ●
【概要】①各部門紹介、グループワークによる新事業立案②研究職の職場体験、グループワーク、個人ワーク③開発職の職場体験、グループワーク【募集】[全]6~7月【実施】[全]9~12月(3日間~2カ月間)【地域】①オンライン②③神戸【選考】[全]ES 適性検査 面接

[25][総] 537ジペー
[25][働] 527ジペー

デサントジャパン㈱ [その他メーカー]

修士・大卒採用数	従業員数	平均勤続年数	平均年収
16名	◇479名	◇14.8年	[総]770万円

【特色】衣料中心のスポーツ用品大手。ブランド多数
【本社】171-8580 東京都豊島区目白1-4-8
【設立】2016.9 [持株傘下]

【業績】	売上高	営業利益	経常利益	純利益
連23.3	120,614	7,793	11,664	10,550

※業績は㈱デサントのもの

●インターンシップ●
【概要】①事業内容説明 グループワーク 社員懇談会
【募集】①7月中旬~8月上旬
【実施】①9~10月(1日×複数回)【地域】①東京・目白 大阪・茨木【選考】①ES・面接

[25][総] 538ジペー
[25][働] 528ジペー

ヨネックス㈱ [その他メーカー]

修士・大卒採用数	従業員数	平均勤続年数	平均年収
32名	622名	14.3年	[総]667万円

【特色】バドミントン用品の世界大手。オーナー系企業
【本社】113-8543 東京都文京区湯島3-23-13
【設立】1958.6 [東京S]

【業績】	売上高	営業利益	経常利益	純利益
連22.3	74,485	6,738	7,246	5,780
連23.3	107,019	10,063	9,961	7,331

●インターンシップ●
【概要】①会社理解を深めるグループワーク 先輩社員との座談会
【募集】‥
【実施】①未定【地域】①オンライン【全学年対象】①【選考】①未定

[25][総] 538ジペー
[25][働] 528ジペー

㈱タカラトミー　その他メーカー

修士・大卒採用数	従業員数	平均勤続年数	平均年収
30名	566名	11.5年	◇792万円

【特色】玩具大手。06年3月トミーがタカラを吸収合併
【本社】124-8511 東京都葛飾区立石7-9-10
【設立】1953.1　　　　　　　　　　　　　　　　　[東京P]

【業績】	売上高	営業利益	経常利益	純利益
連23.3	187,297	13,119	12,043	8,314

※採用数はタカラトミーグループのもの

●インターンシップ●【概要】①〈タカラトミー〉「アソビ」を学ぶ1day仕事セミナー：おもちゃのマーケティング戦略コース、おもちゃの企画開発コース、おもちゃの設計技術・生産職②〈タカラトミー〉技術職を学ぶ1dayセミナー③〈タカラトミーマーケティング〉「玩具営業を学ぶ」営業1dayセミナー【募集】①7月下旬〜8月中旬②③12月下旬〜1月中旬【実施】①9月上旬(1日)②2月中旬(1日)③2月中旬(1日×3回)【地域】②オンライン【選考】②多数の場合抽選

㈱バンダイ　その他メーカー

修士・大卒採用数	従業員数	平均勤続年数	平均年収
66名	1,559名	11.2年	NA

【特色】バンダイナムコHD傘下。強力キャラクター多数
【本社】111-8081 東京都台東区駒形1-4-8
【設立】1950.7　　　　　　　　　　　　　　　　　[持株傘下]

【業績】	売上高	営業利益	経常利益	純利益
連23.3	149,155	13,446	13,446	9,947

※採用・従業員に関するデータはグループ2社の合算

●インターンシップ●24予【概要】①プロダクト創造論：エンタメ市場でのヒット商品のつくり方について講義とワークを通じて学ぶ②マーケティング戦略論：バンダイ流キャラクタービジネスの拡げ方について講義とワークを通じて学ぶ③マーケット開拓論：新市場開拓におけるマーケティング戦略について講義とワークを通じて学ぶ【募集】①②6月中旬〜7月③11〜12月上旬【実施】①8月上旬(1日)②8月下旬(1日)③12月上旬(1日)【地域】②オンライン【全学年対象】①②③【選考】②ES

ピジョン㈱　その他メーカー

修士・大卒採用数	従業員数	平均勤続年数	平均年収
12名	※345名	※15.2年	総775万円

【特色】育児用品で国内トップ。スキンケア製品も
【本社】103-8480 東京都中央区日本橋久松町4-4
【設立】1957.8　　　　　　　　　　　　　　　　　[東京P]

【業績】	売上高	営業利益	経常利益	純利益
連22.12	94,921	12,195	13,465	8,581
連23.12	94,461	10,726	11,522	7,423

●インターンシップ●【概要】①会社紹介、開発部門説明会、先輩社員座談会、グループワーク②会社紹介、先輩社員座談会、グループワーク③会社紹介、先輩社員座談会、新規製品・サービスの立案と発表【募集】①8月②9月③10〜11月上旬【実施】①9月1日②10月下旬(2日間)③11月下旬(事前説明1日)12月(発表1日)【地域】①東京②③オンライン【選考】②録画【本選考との関係】②早期選考に案内

ヤマハ㈱　その他メーカー

修士・大卒採用数	従業員数	平均勤続年数	平均年収
63名	2,385名	19.4年	◇872万円

【特色】楽器の世界的盟主。ピアノや電子楽器を展開
【本社】430-8650 静岡県浜松市中央区中沢町10-1
【設立】1897.10　　　　　　　　　　　　　　　　　[東京P]

【業績】	売上高	営業利益	税前利益	純利益
◇22.3	408,197	49,320	53,010	37,255
◇23.3	451,410	46,484	50,552	38,183

●インターンシップ●【概要】①業務体験型②デザイナー③ピアノ調律技術【募集】①②11月【実施】②2月(1〜2週間)②2月(1週間)③3月(1〜2週間)【地域】①②浜松③静岡・磐田【選考】②ES 面接【本選考との関係】②関係あり

ローランド㈱　その他メーカー

修士・大卒採用数	従業員数	平均勤続年数	平均年収
10名	764名	18.1年	総850万円

【特色】電子楽器の大手。ソフト、音源技術に強み
【本社】431-1304 静岡県浜松市浜名区細江町中川2036-1【設立】1972.4　　　　　　　　　　　[東京P]

【業績】	売上高	営業利益	経常利益	純利益
連22.12	95,840	10,751	10,250	8,938
連23.12	102,445	11,871	11,154	8,151

●インターンシップ●【概要】①製品企画、ローランドミュージアム紹介、就活講座 他【募集】①6月上旬〜中旬【実施】①8月中旬〜9月中旬(3日間程度×複数回)【地域】①オンライン【選考】①ES Webテスト 面接【本選考との関係】①早期選考に案内

㈱河合楽器製作所　その他メーカー

修士・大卒採用数	従業員数	平均勤続年数	平均年収
31名	◇1,172名	◇20.8年	総781万円

【特色】ピアノ世界首級級。音楽教室や素材加工も展開
【本社】430-8665 静岡県浜松市中央区寺島町200
【設立】1951.5　　　　　　　　　　　　　　　　　[東京P]

【業績】	売上高	営業利益	経常利益	純利益
連22.3	85,703	6,696	7,304	5,046
連23.3	87,771	5,045	5,639	3,672

●インターンシップ●【概要】①職種別仕事体験【募集】①11〜12月中旬【実施】①1月(1日)【地域】①浜松 オンライン【選考】①ES【本選考との関係】①関係あり

パラマウントベッド㈱　その他メーカー

修士・大卒採用数	従業員数	平均勤続年数	平均年収
36名	◇990名	◇17.7年	総800万円

【特色】医療・介護ベッド大手。在宅介護のレンタル卸も
【本社】136-8670 東京都江東区東砂2-14-5
【設立】1950.5　[持株傘下]

【業績】	売上高	営業利益	経常利益	純利益
単23.3	99,009	13,432	14,139	9,215

※業績はパラマウントベッドホールディングス㈱のもの

●インターンシップ● 24予【概要】①全学生向け：業界研究、会社理解 他②事務総合職向け：仕事体験＆社員交流（マーケティング・セールス）他③技術系総合職向け：仕事体験＆社員交流（開発・生産技術）他【募集】①6～2月②③7～1月【実施】①6～2月（1～2日間 他）②③8～10月 1～2月（1～2日間 他）【地域】①オンライン②③東京・江東 オンライン【選考】①多数の場合抽選②③コース1参加が条件

フランスベッド㈱　その他メーカー

修士・大卒採用数	従業員数	平均勤続年数	平均年収
48名	1,471名	15.7年	総647万円

【特色】高級ベッド製造・販売。在宅介護用のレンタルも
【本社】163-1105 東京都新宿区西新宿6-22-1 新宿スクエアタワー5階【設立】1946.6　[持株傘下]

【業績】	売上高	営業利益	経常利益	純利益
単22.3	49,673	3,770	3,906	2,622
単23.3	52,295	4,268	4,364	2,984

●インターンシップ●【概要】①仕事体験：社内研修体験や実際の商品に触れながらの接客演習 他【募集】①6月下旬～1月【実施】①7～1月（1日、各月各地域1～3回程度）【地域】①東京（新宿 昭島）名古屋 大阪 福岡【選考】①なし【本選考との関係】①優先選考に案内

大建工業㈱　その他メーカー

修士・大卒採用数	従業員数	平均勤続年数	平均年収
35名	◇1,754名	◇17.7年	総743万円

【特色】住宅資材の総合大手。エコ素材合板代替材に強み
【本社】530-8210 大阪府大阪市北区中之島2-3-4 中之島フェスティバルタワーW【設立】1945.9　[未上場]

【業績】	売上高	営業利益	経常利益	純利益
単22.3	223,377	17,361	18,725	7,872
単23.3	228,826	9,856	13,008	10,325

●インターンシップ●【概要】①営業系：提案営業を体験 他②研究開発系：R&Dセンターで研究と性能比較を体験③製品開発・企画系：製品開発・企画を学び、GWで製品開発を模擬体験④ものづくり系：製品を見学しながら、開発経緯や役割用途が学ぶ【募集】①②③⑥～7月 10～11月④6～8月 10～11月【実施】①8月（2日間×3回）2～12月（1日×4回）②8月 12月（3日間）③8月 11月（1日×2回）④9月 12月（1日×1回）【地域】①東京・新宿 大阪 オンライン②岡山 オンライン③オンライン④東京・秋葉原【選考】②なし【本選考との関係】②関係あり

㈱ウッドワン　その他メーカー

修士・大卒採用数	従業員数	平均勤続年数	平均年収
18名	724名	16.1年	総575万円

【特色】建材メーカー大手。ニュージーランドで造林経営
【本社】738-8502 広島県廿日市市木材港南1-1
【設立】1950.8　[東京S]

【業績】	売上高	営業利益	経常利益	純利益
連22.3	66,582	2,351	2,147	1,308
連23.3	65,829	766	668	365

●インターンシップ●【概要】①営業部門・技術部門での就業体験 グループワーク、座談会の実施②会社情報を30分で伝える企業研究セミナー【募集】①6月中旬～12月初旬②10～11月【実施】①8月下旬～1月中旬（1日）②10～12月【地域】①オンライン 対面②オンライン【選考】なし【本選考との関係】②早期選考に案内

㈱パロマ　その他メーカー

修士・大卒採用数	従業員数	平均勤続年数	平均年収
9名	882名	15.5年	総706万円

【特色】コンロや給湯器などのガス器具大手。北米に強い
【本社】467-8585 愛知県名古屋市瑞穂区桃園町6-23【設立】1964.5

【業績】	売上高	営業利益	経常利益	純利益
連21.12	674,928	80,020	101,763	NA
連22.12	907,414	113,461	131,899	NA

●インターンシップ●【概要】①（理系）技術職・モノづくり体験コース：ガス機器の設計・試験・製造などの一連の流れを体験②営業職・営業体験コース：業界分析の方法、グループワーク・製品を触る体験【募集】②5月中旬～随時【実施】①8～9月（3日間・2週間）11～12月（1日）②8～9月（2日間）11～12月（1日）【地域】①名古屋②東京 大阪 名古屋【全学年対象】①②【選考】②ES【本選考との関係】②早期選考に案内

TOTO㈱　その他メーカー

修士・大卒採用数	従業員数	平均勤続年数	平均年収
116名	6,158名	17.0年	総908万円

【特色】トイレなど衛生陶器で最大手。海外積極的。半導体関連も
【本社】802-8601 福岡県北九州市小倉北区中島2-1-1【設立】1917.5　[東京P]

【業績】	売上高	営業利益	経常利益	純利益
連22.3	645,273	52,180	56,870	40,131
連23.3	701,187	49,121	54,760	38,943

●インターンシップ●【概要】①(1)業務紹介 職場見学 事業・部門体験ワーク他②モノづくり追体験ワーク他②DX系：業務紹介 工場見学 体験ワーク 他③企画職向け部門体験ワーク他④業務紹介 職場見学 事業・部門体験ワーク 他【募集】①7～8月②8月③開催月1カ月前④11～12月【実施】①(1)9月（3日間×2コース）②9月（1日）②9月（1日）③不定期（1日）④1～2月（5日間×12コース）【地域】①(1)関東 九州 オンライン②オンライン②関西③九州④関東 九州【選考】①②③なし④あり【本選考との関係】④関係あり

283

リンナイ㈱ ［その他メーカー］

	修士・大卒採用数	従業員数	平均勤続年数	平均年収
	105名	◇3,587名	◇18.3年	◇792万円

25総 ジベ

【特色】ガスの厨房・給湯機器で国内首位。海外にも展開

【業績】	売上高	営業利益	経常利益	純利益
連22.3	366,185	35,864	39,060	23,748
連23.3	425,229	41,418	44,565	26,096

【本社】454-0802 愛知県名古屋市中川区福住町2-26 【設立】1950.9 ［東京P］

25働 ジベ

●インターンシップ● 【概要】①技術系:会社紹介、職場見学、現場実習、社員座談会②技術系:会社紹介、職場見学、部門別仕事体験ワーク（開発・生産技術・情報）社員座談会③事務系:会社紹介、職場見学、部門別仕事体験ワーク（国内営業・海外事業・管理）社員座談会④事務系:業界・会社・職種紹介、学生交流会【募集】①4月下旬～7月中旬②3月中旬～6月③4月下旬～11月④4月下旬～12月中旬【実施】①8～9月（2日間）②3～12月（1日）④9～12月（半日）【地域】①②愛知③愛知 愛知 大阪④オンライン【選考】①③ES④なし

㈱ノーリツ ［その他メーカー］

	修士・大卒採用数	従業員数	平均勤続年数	平均年収
	45名	2,136名	18.0年	◇632万円

25総 ジベ

【特色】ガス風呂釜・給湯器の大手。中国、北米にも展開

【業績】	売上高	営業利益	経常利益	純利益
連22.12	210,966	6,889	7,900	4,800
連23.12	201,891	3,840	1,245	868

【本社】650-0033 兵庫県神戸市中央区江戸町93 栄光ビル 【設立】1951.3 ［東京P］

25働 ジベ

●インターンシップ● 24予 【概要】①開発拠点見学②キャリアデザインワークショップ③営業体験ワーク（グループワーク）【募集】①6月中旬～8月②6月中旬～7月③9～10月【実施】①6月 7月 8月（1日）②6月 7月（1日）③9月 10月（1日）【地域】①兵庫・明石②③神戸【選考】㋑なし

タカラスタンダード㈱ ［その他メーカー］

	修士・大卒採用数	従業員数	平均勤続年数	平均年収
	133名	4,040名	13.6年	総686万円

25総 ジベ

【特色】システムキッチン大手。ホーロー技術に強み

【業績】	売上高	営業利益	経常利益	純利益
連22.3	211,587	14,428	14,856	10,905
連23.3	227,423	10,940	11,490	8,417

【本社】536-8536 大阪府大阪市城東区鴫野東1-2-1 【設立】1912.5 ［東京P］

25働 ジベ

●インターンシップ● 【概要】①営業・ショールームアドバイザーの仕事体験GW②生産技術・生産現場でのプロジェクト参加体験③製品開発・キッチンの企画業務体験④社内SE・新しい働き方の推進に向けたシステム提案体験【募集】①6-8月 11～2月②6-8月③7～9月④7～11月【実施】①6～9月 12-2（1日）②8～9月（5日間）③8～9月（1日）④9～11月（1日）【地域】①東京 大阪 仙台 名古屋 広島 福岡②③茨城 千葉 愛知 大阪 福岡③④オンライン【全学年対象】①【選考】①（東京・大阪のみ）ES②ES③④なし【本選考との関係】①②関係あり

クリナップ㈱ ［その他メーカー］

	修士・大卒採用数	従業員数	平均勤続年数	平均年収
	103名	◇2,926名	◇16.0年	総625万円

25総 ジベ

【特色】システムキッチン大手。浴槽、洗面化粧台も

【業績】	売上高	営業利益	経常利益	純利益
連22.3	113,305	3,795	4,261	3,155
連23.3	124,012	3,014	3,562	2,523

【本社】116-8587 東京都荒川区西日暮里6-22-22 【設立】1954.10 ［東京P］

25働 ジベ

●インターンシップ● 24予【概要】①住宅設備業界研究、BtoBメーカー体感GW、営業提案ワーク、座談会②住宅設備業界研究、ショールーム見学、企画提案体感GW、座談会③住宅設備業界研究、接客ショールームアドバイザー体感GW、企画提案ワーク、座談会④住宅設備業界研究、開発企画アイデア立案GW、社内ież学、座談会【募集】①2月7 12月③7月④11月【実施】①8月 1月（1日）②9月 12-2月（1日）③8月（1日）④12月（1日）【地域】①③オンライン②東京 名古屋 大阪④東京【選考】④なし【本選考との関係】①②③関係あり④1回目選考に案内

コクヨ㈱ ［その他メーカー］

	修士・大卒採用数	従業員数	平均勤続年数	平均年収
	117名	2,062名	18.3年	総780万円

25総 ジベ

【特色】文具・事務用品の最大手。海外展開を強化

【業績】	売上高	営業利益	経常利益	純利益
連23.12	328,753	23,830	25,989	19,069

※会社データを除き、コクヨ㈱、㈱カウネットの合算

【本社】537-8686 大阪府大阪市東成区大今里南6-1-1 【設立】1920.7 ［東京P］

25働 ジベ

●インターンシップ● 【概要】①事務系:〈夏季〉顧客に提案〈冬季〉ワークスタイルコンサル営業を体験②技術系:〈夏季〉経営課題に取り組む〈冬季〉ものづくりのプロの目線で知る③建築系（施工）:施工管理体験④デジタル系:情報エンジニアに必要な思考プロセスを体感【募集】①6～7月 10月②6月 10～11月③6～7月 10～11月④12～1月【実施】①8月（1日）12月（3日間）②8～9月（1週間）12月（1日）③8月（5日間）12月（1日）④1月（2日間）【地域】①東京 オンライン②東京 大阪 三重③④東京【全学年対象】①②③④【選考】①②③ES SPI 面接④ES SPI

㈱パイロットコーポレーション ［その他メーカー］

	修士・大卒採用数	従業員数	平均勤続年数	平均年収
	36名	◇1,013名	◇19.9年	◇671万円

25総 ジベ

【特色】筆記具の老舗で国内トップ。海外比率が高い

【業績】	売上高	営業利益	経常利益	純利益
連22.12	112,850	21,244	22,633	15,773
連23.12	118,590	19,003	20,840	13,661

【本社】104-8304 東京都中央区京橋2-6-21 【設立】2002.1 ［東京P］

25働 ジベ

●インターンシップ● 【概要】①パイロットコーポレーション 技術系1day仕事体験②パイロットコーポレーションの1day職業体験（主に文系）【募集】‥【実施】㋑未定【地域】㋑オンライン【選考】㋑なし

㈱オカムラ

その他メーカー

	修士・大卒採用数	従業員数	平均勤続年数	平均年収
	111名	◇3,844名	◇17.4年	718万円

【特色】オフィス家具首位級。小売店舗用什器も展開

【本社】220-0004 神奈川県横浜市西区北幸1-4-1 天理ビル【設立】1946.7　　　　　　　［東京P］

【業績】	売上高	営業利益	経常利益	純利益
連22.3	261,175	15,972	17,491	14,992
連23.3	277,015	17,372	18,924	15,906

●インターンシップ●【概要】①デザイン職：オフィス・店舗・プロダクトデザイン②技術職：生産設計・生産技術（オフィス・商環境）、生産管理、情報システム、物流システム③デザイン職、技術職、物流システム、施工管理（オフィス・商環境）④営業職【募集】①②6~7月 11~1月上旬 中旬 11~12月上旬④6月~随時【実施】①②6月 1~2月③5月 7~9月 12月④1~8月③~1日×2回（1日×複数回予定）【地域】①③④東京 オンライン②神奈川 大阪 静岡 茨城 オンライン【選考】②ES【本選考との関係】②優先選考に一部案内

548ページ

538ページ

㈱イトーキ

その他メーカー

	修士・大卒採用数	従業員数	平均勤続年数	平均年収
	45名	1,799名	16.8年	総656万円

【特色】オフィス家具大手。製販一貫体制に強み

【本社】103-6113 東京都中央区日本橋2-5-1 日本橋高島屋三井ビルディング【設立】1950.4 ［東京P］

【業績】	売上高	営業利益	経常利益	純利益
連22.12	123,324	4,582	4,177	5,294
連23.12	132,985	8,523	8,555	5,905

●インターンシップ●【概要】①空間デザイン②機械設計・生産技術③回路・ソフト設計④営業【募集】①6月中旬~7月上旬②6月中旬~8月③6月中旬~7月④未定【実施】①8~9月（5日間×4回）②8~9月（1日×3回）③8月（1日×1回）④秋（1日×複数回）冬（5日間×複数回）【地域】①東京②大阪もしくは東京③滋賀④未定【選考】①ES SPI 面接②③④ES

549ページ

539ページ

鹿島 (かじま)

建設

	修士・大卒採用数	従業員数	平均勤続年数	平均年収
	312名	8,129名	18.1年	総1,244万円

【特色】超大手。超高層ビルに実績。不動産事業を積極化

【本社】107-8388 東京都港区元赤坂1-3-1

【設立】1930.2　　　　　　　　　　　［東京P］

【業績】	売上高	営業利益	経常利益	純利益
連22.3	2,079,695	123,382	152,103	103,867
連23.3	2,391,579	123,526	156,731	111,789

●インターンシップ●24予【概要】①事務系：現場事務体感ワーク、Web現場見学会、社員座談会 他②事務系：職場受入型の就業体験③技術系（土木系、建築技術系、建築設備（施工）系、エンジニアリング系、機械・電気系、環境系、数理系、開発系）：現場見学会 他【募集】①③4月~②6月~【実施】①4~2月（2日間）②8~9月（5日間）③6~2月（種別ごとに異なる）【地域】①オンライン②全国各地③全国各地 オンライン【選考】なし 適性検査 エントリー動画③未定【本選考との関係】早期選考に案内

552ページ

542ページ

㈱大林組 (おおばやしぐみ)

建設

	修士・大卒採用数	従業員数	平均勤続年数	平均年収
	320名	9,134名	17.0年	総1,031万円

【特色】超大手の一角。関西発祥。大型建築や土木に実績

【本社】108-8502 東京都港区港南2-15-2 品川インターシティB棟【設立】1936.12 ［東京P］

【業績】	売上高	営業利益	経常利益	純利益
連22.3	1,922,884	41,051	49,844	39,127
連23.3	1,983,488	93,800	100,802	77,671

●インターンシップ●24予【概要】①文系コース：就業体験、現場見学（Web、実地）座談会 他②理系コース（土木職、建築職、設備職、機電職）：就業体験、現場見学（Web、実地）座談会 他【募集】①6月下旬~12月②5月下旬~12月【実施】①7~2月②6~2月【地域】①オンライン 東京 大阪②オンライン 全国【全学年対象】①②【選考】②未定

552ページ

542ページ

清水建設㈱ (しみず)

建設

	修士・大卒採用数	従業員数	平均勤続年数	平均年収
	約380名	10,845名	16.7年	総972万円

【特色】超大手の一角。起源は宮大工。建築に比重置く

【本社】104-8370 東京都中央区京橋2-16-1

【設立】1937.8　　　　　　　　　　　［東京P］

【業績】	売上高	営業利益	経常利益	純利益
連22.3	1,482,961	45,145	50,419	47,761
連23.3	1,933,814	54,647	56,546	49,057

●インターンシップ●

【概要】①就業体験（建築、土木、設計、事務等18職種）

【募集】①6~1月

【実施】①8月末~2月【地域】①全国【全学年対象】①【選考】①ES 適性検査

553ページ

543ページ

大成建設㈱ (たいせい)

建設

	修士・大卒採用数	従業員数	平均勤続年数	平均年収
	383名	8,613名	18.1年	総1,083万円

【特色】超大手の一角。高層ビルや大型土木技術に実績

【本社】163-0606 東京都新宿区西新宿1-25-1 新宿センタービル【設立】1917.12 ［東京P］

【業績】	売上高	営業利益	経常利益	純利益
連22.3	1,543,240	96,077	103,247	71,436
連23.3	1,642,712	54,740	63,125	47,124

●インターンシップ●【概要】①建築系職種（建築創造エンジニア、環境設備エンジニア、エンジニアリング）：建築作業所での就業体験②土木系職種（土木、機械・電気）：土木作業所での就業体験③事務系職種：業界研究、社員座談会、職場見学、就業体験、GW【募集】①②5月中旬~6月③6~7月上旬④6月中旬~7月中旬【実施】①8~9月（2日間）②8~9月（5日間）③8~9月（1日）④8~9月（3日間）【地域】①②③全国各地の作業所④東京【選考】②なし

553ページ

543ページ

285

㈱竹中工務店 [建設]

修士・大卒採用数	従業員数	平均勤続年数	平均年収
※223名	※7,751名	※18.6年	㊤1,083万円

【特色】スーパーゼネコン5社の一角。非上場を貫く
【本社】541-0053 大阪府大阪市中央区本町4-1-13
【設立】1899.2　[未上場]

【業績】	売上高	営業利益	経常利益	純利益
連21.12	1,260,430	46,367	57,799	39,346
連22.12	1,375,410	28,333	39,392	30,266

●インターンシップ●
【概要】①就業体験:建築設計、構造設計、建築技術、設備 他②グループワークを通して建設業・作業所の仕事を理解する(技術系・事務系とも)【募集】㊀7月~【実施】㊀8~9月(5~10日間)②7~2月(1日)【地域】㊀札幌 仙台 東京 名古屋 大阪 広島 福岡【全学年対象】①②【選考】㊀多数の場合抽選

㈱長谷工コーポレーション [建設]

修士・大卒採用数	従業員数	平均勤続年数	平均年収
178名	2,399名	16.8年	㊤983万円

【特色】マンション専業、用地・設計・施工まで一括受注
【本社】105-8507 東京都港区芝2-32-1
【設立】1946.8　[東京P]

【業績】	売上高	営業利益	経常利益	純利益
連22.3	909,708	82,702	81,871	54,490
連23.3	1,027,277	90,162	88,265	59,326

●インターンシップ●【概要】①技術系・施工管理コース:施工管理業務の紹介、現場巡回業務体験、現業社員との座談会 他②技術系・設計コース:現業体験、プレゼン資料作成、課題取組、フィードバック、現業社員座談会 他③事務系:業界全体の紹介、事業の流れ紹介、グループワーク、現業社員座談会 他【募集】㊀6月下旬~2月【実施】㊀7~2月【地域】㊀首都圏 東海圏 近畿圏【全学年対象】①②③【選考】なし

前田建設工業㈱ [建設]

修士・大卒採用数	従業員数	平均勤続年数	平均年収
116名	3,276名	18.5年	㊤951万円

【特色】準大手ゼネコン。土木から大型建築まで展開
【本社】102-8151 東京都千代田区富士見2-10-2
【設立】1946.11　[持株傘下]　※業績はインフロニア・ホールディングス㈱のもの

●インターンシップ●
【概要】①建設プロジェクトの進め方を体験できるグループワーク②技術開発理解プログラム
【募集】‥
【実施】①7月下旬~11月②12月中旬 1月中旬【地域】㊀オンライン【全学年対象】①②【選考】㊀なし

戸田建設㈱ [建設]

修士・大卒採用数	従業員数	平均勤続年数	平均年収
145名	4,215名	18.0年	㊤891万円

【特色】準大手ゼネコン。学校、病院といった建築の名門
【本社】104-0032 東京都中央区八丁堀2-8-5
【設立】1936.7　[東京P]

【業績】	売上高	営業利益	経常利益	純利益
連22.3	501,509	24,385	28,111	18,560
連23.3	547,155	14,135	19,039	10,995

●インターンシップ●【概要】①現場体験型②現場見学会③オンライン1dayセミナー(職種別)④オンライン1dayワークショップ(学部専攻不問)【募集】①4~6月②③7~9月 11~2月④7~8月【実施】①8~9月(5~10日)②8~2月(1日)③7~2月(1日)④7~9月(1日)【地域】①②全国③④オンライン【選考】㊀なし【本選考との関係】㊀早期選考に案内

㈱フジタ [建設]

修士・大卒採用数	従業員数	平均勤続年数	平均年収
92名	3,166名	15.2年	㊤911万円

【特色】ゼネコン準大手。中国やメキシコで不動の強さ
【本社】151-8570 東京都渋谷区千駄ヶ谷4-25-2
【設立】2002.10　[未上場]

【業績】	売上高	営業利益	経常利益	純利益
単22.3	419,487	13,235	13,577	▲385
単23.3	521,500	15,040	14,800	8,700

●インターンシップ●【概要】①建設現場・各事業所での就業体験(建築施工系、建築積算系、建築設備系、建築設計系、土木系、機械電気系、研究開発系、経営管理・営業系)②建設業界について理解を深める③まちづくり事業について理解を深める④建築工事現場Web見学会【募集】①6~7月②6~2月③7~2月④10~2月【実施】①8~9月(5日間程度)②6~2月(1日)③8~2月(1日)④11~3月(1日)【地域】①東北 東京 名古屋 大阪 広島 九州 他②③④オンライン【全学年対象】②③④【選考】①ES②③④なし【本選考との関係】①②早期選考に案内④関係あり

三井住友建設㈱ [建設]

修士・大卒採用数	従業員数	平均勤続年数	平均年収
83名	2,977名	20.8年	㊤926万円

【特色】準大手の一角。橋梁・マンションなどが強い
【本社】104-0051 東京都中央区佃2-1-6
【設立】1941.10　[東京P]

【業績】	売上高	営業利益	経常利益	純利益
連22.3	403,275	▲7,459	▲8,340	▲7,022
連23.3	458,622	▲18,759	▲18,483	▲25,702

●インターンシップ●
【概要】①③土木系施工管理体験コース②④建築系施工管理体験コース【募集】㊀6月中旬~7月【実施】①③8月中旬~9月中旬(5日間×複数回)②2月上旬~中旬(1日×複数回)④12月下旬~2月(1日×複数回)【地域】①③各支店の土木作業所②④各支店の建築作業所【選考】㊀なし

㈱熊谷組 （くまがいぐみ） 建設

修士・大卒採用数	従業員数	平均勤続年数	平均年収
97名	2,635名	19.0年	⑱878万円

【特色】準大手ゼネコン。大型土木などを得意とする名門
【本社】162-8557 東京都新宿区津久戸町2-1
【設立】1938.1　[東京P]

【業績】	売上高	営業利益	経常利益	純利益
連22.3	425,216	22,743	23,732	15,850
連23.3	403,502	11,483	12,236	7,973

●インターンシップ●
【概要】①土木・建築施工管理業務②建築設計業務③機械電気業務(土木)④設備電気業務(建築)
【募集】㊀6~7月中旬【実施】㊀7~11月(1~14日間)【地域】①③④④東京 関西【全学年対象】①②
③④【選考】㊀多数の場合選考【本選考との関係】㊀早期選考に案内

安藤ハザマ （あんどう） 建設

修士・大卒採用数	従業員数	平均勤続年数	平均年収
87名	3,283名	17.6年	⑱969万円

【特色】ダム、トンネルなど土木に強い準大手ゼネコン
【本社】105-7360 東京都港区東新橋1-9-1
【設立】2013.4　[東京P]

【業績】	売上高	営業利益	経常利益	純利益
連22.3	340,293	26,600	25,838	17,671
連23.3	372,146	19,853	19,608	15,187

●インターンシップ● 24予【概要】①土木・建築の各現場における施工管理体験②全職種(土木・建築・設備・機電・事務):会社紹介・先輩社員座談会③機電職:現場・技研等の業務体験④設備職:設計・積算・施工等の業務体験【募集】①④5~6月(予定)②6月以降随時③5~6月【実施】①8~9月(1~2週間)②7~9月 12~1月(1日)③8月下旬(2週間)④8~9月(2週間)【地域】①東京・世田谷 大阪・枚方 他②オンライン③④東京・港【選考】㊀なし【本選考との関係】①③④早期選考に案内

西松建設㈱ （にしまつけんせつ） 建設

修士・大卒採用数	従業員数	平均勤続年数	平均年収
98名	◇2,804名	◇18.3年	⑱907万円

【特色】準大手ゼネコン。ダム・トンネル、物流に強い
【本社】105-6407 東京都港区虎ノ門1-17-1 虎ノ門
ヒルズ ビジネスタワー 【設立】1937.9　[東京P]

【業績】	売上高	営業利益	経常利益	純利益
連22.3	323,754	23,540	23,497	15,103
連23.3	339,757	12,615	13,176	9,648

●インターンシップ● 24予【概要】①Web実施型会社紹介セミナー②1dayインターンシップ③対面実施型(短期)会社紹介セミナー④5Daysインターンシップ【募集】①②③随時④7~8月【実施】①5~2月②7~2月(1日)③8~2月④7~9月(5日間)【地域】①オンライン②③④全国主要都市【選考】①②③なし④あり【本選考との関係】④早期選考に案内

東急建設㈱ （とうきゅうけんせつ） 建設

修士・大卒採用数	従業員数	平均勤続年数	平均年収
80名	2,628名	19.6年	⑱793万円

【特色】東急系準大手ゼネコン、建築と鉄道関連工事が柱
【本社】150-8340 東京都渋谷区渋谷1-16-14 渋谷
地下鉄ビル 【設立】2003.4　[東京P]

【業績】	売上高	営業利益	経常利益	純利益
連22.3	258,083	▲6,078	▲5,132	▲7,459
連23.3	288,867	5,107	5,020	5,245

●インターンシップ●【概要】①現場見学会(土木・建築・機電)②仕事理解GW・現場見学(広域エリア)③仕事理解GW、座談会(土木設計 設備 建築エンジニアリング ICT 機電)④施工管理仕事体感セミナー(五大管理の体験ワーク、自己分析サポートワーク、仕事に合った人物像を見極め仕事とのマッチングを判断するワーク)【募集】①7~4月29③3月27③2月④47~4月中旬【実施】①④8~4月(1日×複数回/月)②9~4月(1日×1回/月)③8~3月(1日×複数回/月)【地域】①関東甲信越エリア②北海道 東海 近畿 九州③東京④オンライン【選考】㊀なし

㈱奥村組 （おくむらぐみ） 建設

修士・大卒採用数	従業員数	平均勤続年数	平均年収
139名	2,204名	16.2年	⑱975万円

【特色】関西地盤の中堅ゼネコン。免震技術などに定評
【本社】545-8555 大阪府大阪市阿倍野区松崎町
2-2-2 【設立】1938.3　[東京P]

【業績】	売上高	営業利益	経常利益	純利益
連22.3	242,458	12,647	14,012	12,541
連23.3	249,442	11,847	12,908	11,261

●インターンシップ●
【概要】①建設工事現場における施工管理業務体験②総合建設会社における設計業務体験
【募集】①6~2月中旬②7月中旬~8月【実施】①7~9月(1~10日間)10~3月(1日)②8月下旬~9月(1~10日間)
【地域】①東京 大阪 名古屋 九州②大阪【選考】㊀なし【本選考との関係】㊀関係あり

㈱鴻池組 （こうのいけぐみ） 建設

修士・大卒採用数	従業員数	平均勤続年数	平均年収
74名	1,907名	18.4年	⑱909万円

【特色】大阪地盤の老舗中堅ゼネコン。積水ハウス子会社
【本社】541-0057 大阪府大阪市中央区北久宝寺町3-6-
1 本町南ガーデンシティ 【設立】1918.6　[未上場]

【業績】	売上高	営業利益	経常利益	純利益
単21.12変	205,201	11,817	12,081	8,518
単22.12	241,529	8,989	9,852	6,616

●インターンシップ●
【概要】①技術系:施工管理、設計、技術開発、環境分野、機材・各業務体験②事務系:店内管理系業務体験【募集】㊀随時【実施】㊀~5日程度【地域】㊀大阪 東京 愛知 福岡 宮城 広島 島根 他【全学年対象】①②【選考】㊀なし【本選考との関係】㊀早期選考に案内

[建設・不動産]

鉄建建設(株) 建設

修士・大卒採用数	従業員数	平均勤続年数	平均年収
35名	1,811名	15.7年	総834万円

【特色】JR東日本系の中堅ゼネコン。鉄道工事に強み
【本社】101-8366 東京都千代田区神田三崎町2-5-3 【設立】1944.2　　[東京P]

【業績】	売上高	営業利益	経常利益	純利益
連22.3	151,551	5,247	6,224	4,706
連23.3	160,743	1,233	965	2,360

●インターンシップ●
【概要】①土木系施工管理コース:土木工事現場における施工管理業務体験②建築系施工管理コース:建築工事現場における施工管理業務体験【募集】①6~2月中旬【実施】①8~2月(1~10日間程度)【地域】①全国各地【選考】⊛なし【本選考との関係】⊛関係あり

佐藤工業(株) 建設

修士・大卒採用数	従業員数	平均勤続年数	平均年収
52名	1,034名	16.6年	総807万円

【特色】1862年創業のゼネコン。歴史的大規模工事に実績
【本社】103-8639 東京都中央区日本橋本町4-12-19 【設立】1931.7　　[未上場]

【業績】	売上高	営業利益	経常利益	純利益
連22.6	121,643	▲479	1,764	1,296
連23.6	157,390	1,119	2,240	1,424

●インターンシップ● 24予【概要】①②土木・建築の施工管理業務等試験体験③業界研究セミナー:ゼネコンの選び方の説明と当社の施工事物件を取り上げて当社のこだわりを説明④仕事を知るセミナー(施工管理・建築設計・設備・都市開発・事務職)職種ごとに具体的な仕事内容を体験するケースワーク【募集】①随時②6~2月③4~12月④2月【実施】①夏季・冬期休暇中で随時(5日間)②6~2月(1日)③4月下旬~12月(半日)④4~2月(半日)【地域】①②国内全国③④オンライン【全学年対象】①②③④【選考】⊛なし

(株)福田組 建設

修士・大卒採用数	従業員数	平均勤続年数	平均年収
25名	◇883名	◇18.0年	総752万円

【特色】新潟最大のゼネコン。土木から大型商業施設へ
【本社】951-8668 新潟県新潟市中央区一番堀通町3-10 【設立】1927.12　　[東京P]

【業績】	売上高	営業利益	経常利益	純利益
連22.12	154,358	5,208	5,451	3,650
連23.12	162,243	5,205	5,478	3,386

●インターンシップ●【概要】①会社説明、業務内容の説明、測量実務体験、先輩社員との座談会、建設現場での就業体験、振り返り②④会社説明、業務内容の説明、測量実務体験、先輩社員との座談会③現場見学会【募集】①8~9月②6~8月③1~2月④10~2月【実施】①②8~9月(3~5日間)②3月(1日)④10~2月(1日)【地域】①東京 宮城 愛知 大阪 福岡 新潟②東京 新潟 オンライン③東京 福島 新潟④オンライン【選考】⊛なし【本選考との関係】⊛早期選考に案内

矢作建設工業(株) 建設

修士・大卒採用数	従業員数	平均勤続年数	平均年収
64名	◇889名	◇18.8年	総804万円

【特色】愛知県地盤の中堅ゼネコン。名鉄が筆頭株主
【本社】461-0004 愛知県名古屋市東区葵3-19-7 葵センタービル【設立】1949.5　　[東京P]

【業績】	売上高	営業利益	経常利益	純利益
連22.3	93,090	6,169	6,174	4,842
連23.3	111,110	7,212	7,259	4,508

●インターンシップ●
【概要】①建設工事現場での施工管理業務体験②施工管理・設計など職種別のグループワーク
【募集】⊛6~2月
【実施】①8~9月 11~2月(1日)【地域】⊛愛知【選考】⊛なし

(株)ピーエス三菱 建設

修士・大卒採用数	従業員数	平均勤続年数	平均年収
41名	1,110名	19.6年	総950万円

【特色】UBE三菱セメント系。PC橋梁草分けでトップ級
【本社】105-7365 東京都港区東新橋1-9-1 東京汐留ビルディング【設立】1952.3　　[東京P]

【業績】	売上高	営業利益	経常利益	純利益
連22.3	109,639	6,618	6,647	4,539
連23.3	109,327	5,715	5,629	3,790

●インターンシップ●
【概要】①施工管理・設計業務体験(土木・建築)
【募集】①7~2月
【実施】①8~2月(1~5日間)【地域】①東京 大阪 他【全学年対象】①【選考】①なし

(株)銭高組 建設

修士・大卒採用数	従業員数	平均勤続年数	平均年収
26名	906名	17.0年	総815万円

【特色】1705年創業の中堅ゼネコン。関西本拠に全国展開
【本社】102-8678 東京都千代田区一番町31 【設立】1931.4　　[東京S]

【業績】	売上高	営業利益	経常利益	純利益
連22.3	101,903	2,247	3,425	1,812
連23.3	107,635	1,526	2,873	2,245

●インターンシップ● 24予【概要】①建設工事現場(土木・建築)における施工管理業務体験②グループワークによる屋内型施工管理業務体験③若手社員座談会【募集】⊛6月~随時【実施】①6~2月(1日)8~9月(5日間)②③6~2月(1日)【地域】①全国各地の工事現場②東京・千代田 大阪市③オンライン【全学年対象】①②③【選考】⊛なし【本選考との関係】⊛早期選考に案内

松井建設(株)　[建設]

修士・大卒採用数	従業員数	平均勤続年数	平均年収
26名	739名	18.6年	[総]795万円

【特色】社寺建築の豊富な実績に定評、民間建築が中心
【本社】104-8281 東京都中央区新川1-17-22 松井ビル【設立】1939.1 [東京S]

【業績】	売上高	営業利益	経常利益	純利益
連22.3	82,468	2,415	2,779	1,792
連23.3	88,664	2,268	2,702	1,702

●インターンシップ● [24予]【概要】①1日仕事体験：当社施工中の現場で施工している様子の実況中継、所長・所員との座談会②当社施工中の現場で行う就労体験(5日間)③オープンカンパニー(業界研究、企業研究)【募集】①4月中旬~2月上旬②6月中旬~7月③4~2月中旬【実施】①6~2月中旬(1日)②8~9月(5日間)③4月下旬~2月【地域】①オンライン 東京 大阪 名古屋 金沢 仙台 福岡②東京 大阪 名古屋 金沢 仙台 福岡③オンライン【全学年対象】①②③【選考】①③なし②ES【本選考との関係】①②早期選考に案内

[25総] 563ジペー [25働] 553ジペー

五洋建設(株)　[建設]

修士・大卒採用数	従業員数	平均勤続年数	平均年収
145名	3,222名	17.1年	[総]932万円

【特色】海洋土木の最大手。海外大型工事でも実績豊富
【本社】112-8576 東京都文京区後楽2-2-8
【設立】1950.4 [東京P]

【業績】	売上高	営業利益	経常利益	純利益
連22.3	458,231	15,939	15,659	10,753
連23.3	502,206	4,119	1,415	684

●インターンシップ●【概要】①(理系)職種別就業体験：現場での施工管理体験・内勤部署での業務体験 他②現場見学会・社員座談会(1day現場見学会)③(建築系学生)現場施工管理体験(短期仕事体験)【募集】①6~7月上旬②③期間中随時【実施】①8~9月(原則5日間×2回 一部10日間×1回)②9~2月(1日)③10~2月(各回1~2日間)【地域】①③東京 他②東京 オンライン 他【選考】①③多数の場合抽選②なし【本選考との関係】[全]早期選考に案内

[25総] 563ジペー [25働] 553ジペー

東亜建設工業(株)　[建設]

修士・大卒採用数	従業員数	平均勤続年数	平均年収
51名	1,595名	19.4年	[総]954万円

【特色】旧浅野系の海洋土木大手。倉庫等の民間建築も
【本社】163-1031 東京都新宿区西新宿3-7-1 新宿パークタワー【設立】1920.1 [東京P]

【業績】	売上高	営業利益	経常利益	純利益
連22.3	219,814	9,874	10,138	7,385
連23.3	213,569	6,555	6,614	4,835

●インターンシップ●
【概要】①施工管理を体験するグループワーク、現場見学②現場施工管理体験または技術研究開発補助【募集】[全]5月~【実施】①5~2月(1日)②8~9月(5日間前後)【地域】①東京 大阪 オンライン②全国各地【全学年対象】①【選考】①なし②未定

[25総] 564ジペー [25働] 554ジペー

東洋建設(株)　[建設]

修士・大卒採用数	従業員数	平均勤続年数	平均年収
82名	1,288名	18.2年	[総]829万円

【特色】海洋土木大手。任天堂創業家資産運用会社が出資
【本社】101-0051 東京都千代田区神田神保町1-105 神保町三井ビルディング【設立】1929.7 [東京P]

【業績】	売上高	営業利益	経常利益	純利益
連22.3	152,524	9,616	9,139	5,863
連23.3	168,351	8,995	8,551	5,656

●インターンシップ● [24予]【概要】①全職種：クルーズ船に乗船し船上から工事現場・構造物の見学+職員との座談会②建築：施工中の工事現場の見学+職員との座談会③土木・建築：建設工事現場における施工管理業務の就業体験④土木・建築：設計・研究業務の就業体験【募集】①②④随時③5~7月中旬【実施】①②5~3月(1日)③8~9月(3~5日間)④随時【地域】①東京・品川②関東近郊③④全国【全学年対象】①②③④【選考】①②④なし③アンケート【本選考との関係】③早期選考に案内

[25総] 564ジペー [25働] 554ジペー

(株)横河ブリッジホールディングス　[建設]

修士・大卒採用数	従業員数	平均勤続年数	平均年収
42名	1,342名	15.7年	[総]927万円

【特色】鋼製橋梁の最大手。システム建築事業が拡大中
【本社】108-0023 東京都港区芝浦4-4-44
【設立】(創業)1907.2 [東京P]

【業績】	売上高	営業利益	経常利益	純利益
連22.3	136,931	14,752	14,995	11,043
連23.3	164,968	15,218	15,452	11,243

●インターンシップ● [24予]【概要】①技術系(橋梁事業)：就業体験(橋梁の設計・製作・架設計画他)他②技術系(建築事業)：就業体験(システム建築の構造設計・生産設計・生産管理)他③技術系：仕事研究(設計・製作・架設計画・施工管理・システム開発)他④事務系：GWによる橋梁営業部署就業体験他【募集】①②4~8月③④4~12月【実施】①②8~9月(5日間)③8~12月(1日)④8~12月(1~2日間)【地域】①東京 千葉 大阪②千葉③④東京 千葉 大阪 オンライン【全学年対象】③【選考】①ES②③④なし【本選考との関係】①②早期選考に案内

[25総] 565ジペー [25働] 555ジペー

飛島建設(株)　[建設]

修士・大卒採用数	従業員数	平均勤続年数	平均年収
30名	1,147名	19.2年	832万円

【特色】土木主体の老舗。トンネルで実績、耐震補強も
【本社】108-0075 東京都港区港南1-8-15 Wビル
【設立】1947.3 [東京P]

【業績】	売上高	営業利益	経常利益	純利益
連22.3	117,665	4,575	4,212	3,219
連23.3	125,941	4,146	3,677	3,038

●インターンシップ● [24予]【概要】①現場体験型：建設現場における施工管理業務体験②セミナー型：施工管理に関するグループワーク③④仕事体験：建設現場見学や若手職員とのディスカッション【募集】①②4~6月③4~9月初旬④6~12月初旬【実施】①8~9月(5~10日間)②8月下旬~9月初旬(5日間)③8~9月(1日)④6~12月(1日)【地域】①全国約20カ所②東京・港③全国約10カ所④オンライン【選考】①②ES③④なし【本選考との関係】①②会社説明会に案内

[25総] 565ジペー [25働] 555ジペー

[25][総] 566ジペー [25][働] 556ジペー

ライト工業[株]（こうぎょう）　建設

修士・大卒採用数	従業員数	平均勤続年数	平均年収
30名	◇972名	◇17.3年	884万円

【特色】法面工事や地盤改良など特殊土木工事に強い
【本社】102-8236 東京都千代田区九段北4-2-35
【設立】1948.9　[東京P]

【業績】	売上高	営業利益	経常利益	純利益
連22.3	109,504	13,236	13,976	8,930
連23.3	114,974	12,785	13,310	9,489

●インターンシップ●
【概要】①現場見学、施工管理業務体験、社員との座談会（土木・建築）
【募集】①通年
【実施】①8～2月（1～10日間）【地域】①東京 大阪 他 【選考】①なし

[25][総] 566ジペー [25][働] 556ジペー

[株]NIPPO（ニッポ）　建設

修士・大卒採用数	従業員数	平均勤続年数	平均年収
60名	1,607名	17.6年	[総]1,002万円

【特色】ENEOS・HD系で道路舗装の最大手。民間建築も
【本社】104-8380 東京都中央区京橋1-19-11
【設立】1934.2　[未上場]

【業績】	売上高	営業利益	経常利益	純利益
連22.3	436,655	38,865	40,771	26,451
連23.3	437,521	33,202	33,973	21,359

●インターンシップ●【概要】①現場実務体験、舗装材料試験、舗装材料製造体験、品質管理 他②就業体験（施工工法の紹介、最新の舗装技術体験）現場見学会③Web1day仕事体験【募集】①5～7月②③6～2月【実施】①8月下旬（5～20日間）②③6～2月（1日×複数回）【地域】①各学校からの要望による②関東近郊の舗装工事現場③全国【選考】[全]なし

[25][総] 567ジペー [25][働] 557ジペー

前田道路[株]（まえだどうろ）　建設

修士・大卒採用数	従業員数	平均勤続年数	平均年収
61名	2,483名	16.7年	[総]977万円

【特色】道路舗装の大手。インフロニアHD傘下
【本社】141-8665 東京都品川区大崎1-11-3
【設立】1930.7　[持株傘下]

【業績】	売上高	営業利益	経常利益	純利益
単22.3	235,599	11,682	12,160	9,599
単23.3	228,829	9,439	10,788	9,720

●インターンシップ●【概要】①（理系のみ）研修センターで舗装の基礎知識や施工管理・品質管理について実習、現場見学②仕事体験として企画営業を実施③キャリアについてライフラインチャートやマインドマップから考える【募集】①4月下旬～12月②4月下旬～2月③4～12月【実施】①8月下旬 9月中旬（5日間）②8～2月（1日）③4～12月（1日）【地域】①茨城・土浦②③オンライン【選考】[全]なし【本選考との関係】①早期選考に案内

[25][総] 567ジペー [25][働] 557ジペー

日本道路[株]（にっぽんどうろ）　建設

修士・大卒採用数	従業員数	平均勤続年数	平均年収
37名	◇1,660名	◇14.8年	[総]848万円

【特色】道路舗装大手、清水建設系。建築土木など多角化
【本社】105-0023 東京都港区芝浦1-2-3 シーバンスS館【設立】1929.3　[東京P]

【業績】	売上高	営業利益	経常利益	純利益
連22.3	156,379	8,202	8,582	5,667
連23.3	155,353	5,695	5,920	5,704

●インターンシップ●【概要】①現場仕事体験：舗装についての講義 近隣の施工現場での測量・写真管理・現場試験等の仕事体験 若手社員との座談会②Web仕事体験：施工現場映像の配信 現場で使用する計算方法の実習 若手社員との座談会③長期：技術研究所での仕事体験④当社の決算書を見て財務分析を学ぶ【募集】①②③6月④12月【実施】①8月～（1日）②6月～（1日）③8～9月（5～10日程度）④1月～（1日）【地域】①関東 他②④オンライン③東京【全学年対象】④【選考】[全]なし【本選考との関係】[全]早期選考に案内

[25][総] 568ジペー [25][働] 558ジペー

東亜道路工業[株]（とうあどうろこうぎょう）　建設

修士・大卒採用数	従業員数	平均勤続年数	平均年収
38名	1,085名	20.0年	[総]783万円

【特色】独立系道路舗装大手。アスファルト乳剤で最大手
【本社】106-0032 東京都港区六本木7-3-7
【設立】1930.11　[東京P]

【業績】	売上高	営業利益	経常利益	純利益
連22.3	112,118	5,516	5,590	3,714
連23.3	118,721	4,736	4,957	3,160

●インターンシップ●
【概要】①②施工現場にて座学・測量・写真撮影・品質管理などの仕事体験、会社説明、社員懇談会③グループワーク・フィールドワークを通じた工事営業仕事体験【募集】①7月②③1月【実施】①9月（3日間）②2月（2日間）③2月（1日）【地域】①③東京②東京 滋賀 福島【選考】[全]なし

[25][総] 568ジペー [25][働] 558ジペー

大成ロテック[株]（たいせい）　建設

修士・大卒採用数	従業員数	平均勤続年数	平均年収
40名	1,239名	16.8年	[総]833万円

【特色】大成建設の完全子会社で、道路舗装大手の一角
【本社】160-6112 東京都新宿区西新宿8-17-1 住友不動産新宿グランドタワー【設立】1961.6　[未上場]

【業績】	売上高	営業利益	経常利益	純利益
単22.3	117,324	2,962	3,120	1,999
単23.3	112,360	677	818	467

●インターンシップ●【概要】①施工現場および合材工場での就業体験②1day仕事体験③技術研究所での就業体験④機械技術センターでの就業体験【募集】[全]8月下旬～2月【実施】①8月～（1日、月1回程度）②6月～（1日、月1回程度）③④8月～（最短5日間、最長4カ月間程度）【地域】①全国各地②オンライン③④埼玉・鴻巣【全学年対象】①②③④【選考】[全]なし【本選考との関係】[全]関係あり

大林道路（株） 建設

修士・大卒採用数	従業員数	平均勤続年数	平均年収
39名	◇1,292名	◇17.8年	総824万円

【特色】大林組の完全子会社。道路、土木工事が事業柱
【本社】101-8228 東京都千代田区神田猿楽町2-1-8 住友不動産猿楽町ビル【設立】1933.8　[未上場]

【業績】	売上高	営業利益	経常利益	純利益
単22.3	106,708	4,825	4,917	3,337
単23.3	98,471	2,233	2,324	2,147

●インターンシップ●
【概要】②道路・土木工事における施工管理就業体験
【募集】②随時【実施】①随時(1日)②随時(5～10日間)【地域】①②全国各地(受入れ現場による)③オンライン【全学年対象】①②③【選考】②なし

世紀東急工業（株） 建設

修士・大卒採用数	従業員数	平均勤続年数	平均年収
31名	◇969名	◇14.0年	総853万円

【特色】道路舗装大手の一角。東急系。景観など技術多彩
【本社】105-8509 東京都港区芝公園2-9-3
【設立】1950.1　[東京P]

【業績】	売上高	営業利益	経常利益	純利益
単22.3	85,132	4,418	4,358	3,304
単23.3	92,414	2,669	2,647	1,127

●インターンシップ● 24予【概要】①②現場・試験所・混合工場にて就業体験 測量・丁張・配合設計 他③〈対面〉現場にて測量〈オンライン〉数量計算・安全管理④事務営業職〈就業体験 請求・精算処理 営業情報収集のやり方〉【募集】①24-7月③4月以降【実施】①8月(10日間または5日間)②8-9月(5日間または3日間)③④8-2月(1日)【地域】①東京・札幌 仙台 富山 名古屋 大阪 広島 福岡③④東京 オンライン【全学年対象】①②③④【選考】②アンケート【本選考との関係】①早期選考に案内②5日間コースは早期選考に案内

日揮ホールディングス（株） 建設

修士・大卒採用数	従業員数	平均勤続年数	平均年収
※150名	3,107名	15.0年	※1,006万円

【特色】国内首位、世界でも屈指の総合エンジニアリング
【本社】220-6001 神奈川県横浜市西区みなとみらい2-3-1【設立】1928.10　[東京P]

【業績】	売上高	営業利益	経常利益	純利益
連22.3	428,401	20,688	30,028	▲35,551
連23.3	606,890	36,699	50,560	30,665

●インターンシップ●【概要】①GW、会社・業界研究、実務研修、座談会②GW、会社・業界研究、座談会③会社・業界研究、座談会④ビジネス体感シミュレーションゲーム:GW、会社・業界研究【募集】①5月中旬-6月 10-11月②5月下旬-7月③5月下旬-3月④8-3月【実施】①8-9月(1週間×3期)1月(1週間×1期)②8-9月(2日間×複数回)③8-3月(1日×複数回)④9-3月(1日×複数回)【地域】①横浜②横浜 大阪 オンライン③横浜 オンライン④全国 オンライン【選考】①ES Webテスト 面接②③④なし

ＪＦＥエンジニアリング（株） 建設

修士・大卒採用数	従業員数	平均勤続年数	平均年収
83名	3,846名	15.4年	総1,083万円

【特色】JFEグループ系列の総合エンジニアリング会社
【本社】100-0011 東京都千代田区内幸町2-2-3 日比谷国際ビル【設立】2003.4　[未上場]

【業績】	売上高	営業利益	税前利益	純利益
◇22.3	508,215	NA	26,005	NA
◇23.3	512,500	NA	13,481	NA

●インターンシップ● 24予【概要】①(理系)就業体験:本社・現場での就業体験(職種・商品別)②(理系)EPC体感ワーク:業界・仕事理解のグループワーク、社員座談会③(文系)EPC体感ワーク:業界・仕事理解のグループワーク、社員座談会④(文理合同)1day:業界・仕事理解のグループワーク【募集】①24-6月③4-7月 10-12月④随時【実施】①8月 9月(1週間または2週間)②8月 9月(3日間)③9月(3日間)2月(1日間)④7-11月(半日)【地域】①②③横浜①オンライン【全学年対象】①②③④【選考】①②③面接④なし

千代田化工建設（株） 建設

修士・大卒採用数	従業員数	平均勤続年数	平均年収
47名	1,551名	12.5年	総921万円

【特色】総合エンジ国内2位。LNGプラントに強み
【本社】220-8765 神奈川県横浜市西区みなとみらい4-6-2 みなとみらいグランドCタワー【設立】1948.1 [東京S]

【業績】	売上高	営業利益	経常利益	純利益
単22.3	311,115	10,545	11,431	▲12,629
単23.3	430,163	18,116	20,322	15,187

●インターンシップ● 24予
【概要】②会社説明、事業紹介、各部署(各種設計、工事建設、品質管理、コスト・スケジュール管理、IT/DX、医薬プロジェクト等)に配属して就業体験
【募集】‥【実施】①9月上旬(5日間)②9月中旬(2日間)【地域】①横浜②オンライン【選考】②ES

日鉄エンジニアリング（株） 建設

修士・大卒採用数	従業員数	平均勤続年数	平均年収
56名	1,648名	17.1年	※1,107万円

【特色】日本製鉄のエンジニアリング部門。海外開発強化
【本社】141-8604 東京都品川区大崎1-5-1 大崎センタービル【設立】2006.7　[未上場]

【業績】	売上高	営業利益	税前利益	純利益
◇22.3	279,260	NA	6,302	NA
◇23.3	352,231	NA	11,674	NA

●インターンシップ●
【概要】①技術系対象(機械、電気、化学、建築、土木):業務の理解を深めるワーク②事務系対象:業務の理解を深めるワーク【募集】‥【実施】①8-9月②2月【地域】①東京 福岡②東京【選考】②適性検査 面接【本選考との関係】②関係あり

東洋エンジニアリング（株） 建設

修士・大卒採用数	従業員数	平均勤続年数	平均年収
55名	974名	16.6年	総958万円

【特色】発祥は三井化学の工務部門。肥料プラント強み
【本社】275-0024 千葉県習志野市茜浜2-8-1
【設立】1961.5 ［東京Ｐ］

【業績】	売上高	営業利益	経常利益	純利益
連22.3	202,986	2,963	3,126	1,620
連23.3	192,908	4,764	3,888	1,647

●インターンシップ●
【概要】①短期：EPCシミュレーションゲーム、社員との懇談会
【募集】①5月下旬~9月 10~12月（複数回）【地域】①対面（千葉本社 各地方会場）オンライン 【全学年対象】① 【選考】①Web試験【本選考との関係】①早期選考に案内

レイズネクスト（株） 建設

修士・大卒採用数	従業員数	平均勤続年数	平均年収
35名	1,616名	15.8年	総796万円

【特色】製油所などのプラントメンテ大手。定修が利益柱
【本社】231-0062 神奈川県横浜市中区桜木町1-1-8 日石横浜ビル【設立】1938.7

【業績】	売上高	営業利益	経常利益	純利益
連22.3	129,832	10,982	11,270	7,748
連23.3	140,061	10,938	11,135	7,741

●インターンシップ● 24予【概要】①業界・会社説明 プラント見学 エンジニアリング実習 他②業界・会社説明 プラント見学 GW（採用選考体験・自己分析）他③業界・会社説明 職場見学 GW（設計業務体験）他④(1)業界・会社説明 職場見学他(2)GW（採用選考体験・自己分析）他【募集】①7~8月②8月③7~8月 11~2月④1)9~10月(2)10~11月 【実施】①8~9月（5日間）②9月（3日間）③8~9月（1日）12~2月（1日）④1)10月（1日）(2)11~12月（1日）【地域】①②④横浜②オンライン 【選考】①②ES③なし④未定 【本選考との関係】①早期選考に案内

太平電業（株） 建設

修士・大卒採用数	従業員数	平均勤続年数	平均年収
60名	◇1,337名	◇15.9年	総816万円

【特色】プラント工事会社。海外は東南アジアに展開
【本社】101-8416 東京都千代田区神田神保町2-4
【設立】1947.3 ［東京Ｐ］

【業績】	売上高	営業利益	経常利益	純利益
連22.3	126,908	10,457	13,125	8,406
連23.3	125,774	14,345	15,092	10,619

●インターンシップ● 【概要】①1day全学部対象：プラント建設業界がわかる業界研究コース②5days理系学部対象：技術系総合職学習体験コース【募集】①6~2月②7月中旬~8月上旬 【実施】①6~2月（1日×月2回程度）②8月22~26日（5日間）【地域】①オンライン②東京・神保町 千葉・木更津 埼玉・久喜 【全学年対象】①② 【選考】なし 【本選考との関係】②早期選考に案内

新菱冷熱工業（株） 建設

修士・大卒採用数	従業員数	平均勤続年数	平均年収
64名	2,245名	18.8年	総939万円

【特色】空調・衛生等の総合設備工事で最大手。三菱重工系
【本社】160-8510 東京都新宿区四谷1-6-1 コモレ四谷・四谷タワー【設立】1956.2 ［未上場］

【業績】	売上高	営業利益	経常利益	純利益
連21.9	233,297	15,448	17,251	5,626
連22.9	259,072	16,670	24,817	13,135

●インターンシップ● 24予
【概要】①技術系：BIM操作体験、施工現場やイノベーションハブ等の見学、先輩社員座談会 他②事務系：営業体験ワーク、グループワーク、先輩社員座談会 他【募集】②随時【実施】②6月~（1日）8月~（5日間）【地域】②オンライン 全国 【選考】②なし 【本選考との関係】②早期選考の案内

東芝プラントシステム（株） 建設

修士・大卒採用数	従業員数	平均勤続年数	平均年収
40名	3,258名	21.9年	NA

【特色】東芝完全子会社。発電設備の据え付け工事が主力
【本社】212-8585 神奈川県川崎市幸区堀川町72-34【設立】1938.10 ［未上場］

【業績】	売上高	営業利益	経常利益	純利益
単22.3	180,660	16,016	17,385	10,163
単23.3	232,975	15,808	14,749	4,883

●インターンシップ●
【概要】①プラントエンジニアリング業界研究5日間コース②プラントエンジニアリング業界研究1日間コース【募集】②4月下旬~8月中旬【実施】①8月21~25日 8月28日~9月1日（5日間）②7月28日 8月18日 9月6日 9月8日（1日）【地域】②オンライン 【選考】②なし 【本選考との関係】②関係あり

三機工業（株） 建設

修士・大卒採用数	従業員数	平均勤続年数	平均年収
33名	◇2,073名	◇17.9年	総943万円

【特色】三井系の総合設備工事大手。プラント設備も
【本社】104-8506 東京都中央区明石町8-1 聖路加タワー【設立】1949.8 ［東京Ｐ］

【業績】	売上高	営業利益	経常利益	純利益
連22.3	193,189	9,112	9,817	6,489
連23.3	190,865	5,409	6,247	4,750

●インターンシップ● 24予【概要】①5DAYS・建築部門：会社説明、設計研修、安全研修・施設見学、グループワーク、現場研修②環境システム・機械システム事業部での就業体験③ファシリティシステム事業部での就業体験④現場での施工管理体験【募集】①4~6月②③未定④6~2月上旬 【実施】①8月中旬（5日間）9月上旬（5日間）②③6~9月（2日間）④7~2月（1日）【地域】①東京 神奈川・大和②③神奈川・大和③東京・港 オンライン④東京 大阪市 名古屋 福岡市 札幌 広島市 仙台 富山市 【選考】①ES②③④なし 【本選考との関係】②早期選考に案内

三建設備工業㈱ 〔建設〕

修士・大卒採用数	従業員数	平均勤続年数	平均年収
39名	※1,250名	※17.2年	総813万円

【特色】独立系。空調・衛生・電気の3本柱。ZEB化注力
【本社】104-0033 東京都中央区新川1-17-21 茅場町ファーストビル2階 【設立】1947.5 ［未上場］

【業績】	売上高	営業利益	経常利益	純利益
単22.3	75,096	2,992	1,991	1,104
単23.3	82,718	2,091	2,091	1,875

●インターンシップ●
【概要】①環境建築を学ぶ仕事体験②設備設計を一から学ぶ特別プログラム
【募集】⑥6月～【実施】①8月下旬～9月上旬(1～5日間)②9月中旬(1～5日間)【地域】⑥全国支店【選考】⑥なし【本選考との関係】⑥早期選考に案内

25総 575ジ
25働 565ジ

㈱朝日工業社 〔建設〕

修士・大卒採用数	従業員数	平均勤続年数	平均年収
19名	946名	19.7年	総867万円

【特色】空調・衛生工事の専業大手。半導体関連に強み
【本社】105-8543 東京都港区浜松町1-25-7 【設立】1940.8 ［東京P］

【業績】	売上高	営業利益	経常利益	純利益
連22.3	68,820	2,287	2,596	1,860
連23.3	80,171	2,649	3,127	2,480

●インターンシップ● 24予【概要】①空調・衛生設備の設計・施工管理について学ぶインターンシップ②空調・衛生設備の設計について学ぶ仕事体験【募集】①6～7月中旬②6～2月中旬【実施】①8月下旬(5日間または10日間)②8～2月(1日)【地域】①東京・港 大阪 名古屋 札幌②東京・港 大阪 名古屋 札幌 仙台 広島 福岡 オンライン 【選考】⑥なし【本選考との関係】⑥早期選考に案内

25総 576ジ
25働 566ジ

高砂熱学工業㈱ 〔建設〕

修士・大卒採用数	従業員数	平均勤続年数	平均年収
116名	2,166名	15.5年	総929万円

【特色】空調工事の最大手。大規模物件の施工で高シェア
【本社】160-0022 東京都新宿区新宿6-27-30 新宿イーストサイドスクエア 【設立】1923.11 ［東京P］

【業績】	売上高	営業利益	経常利益	純利益
連22.3	302,746	14,383	15,639	11,535
連23.3	338,831	15,326	16,685	12,227

●インターンシップ●【概要】①施工管理体験 BIM(施工図作成)実習 VR技術体験 高砂熱学イノベーションセンター・T-base見学②施工管理体験 作図演習CAD・BIM実習③建設業界への理解を深めるためのグループワーク④現場見学【募集】①6～8月②3～7月④7～9月【実施】①7～9月(2日間・5日間)②③8～2月(半日程度)④8～9月(半日程度)【地域】①③東京②東京 大阪 名古屋 札幌 福岡④全国【全学年対象】①②③④【選考】⑥なし【本選考との関係】⑥早期選考に案内

25総 576ジ
25働 566ジ

㈱大気社 〔建設〕

修士・大卒採用数	従業員数	平均勤続年数	平均年収
85名	1,611名	16.0年	966万円

【特色】空調関連工事と自動車塗装システムの両輪経営
【本社】160-6129 東京都新宿区西新宿8-17-1 住友不動産新宿グランドタワー 【設立】1949.7 ［東京P］

【業績】	売上高	営業利益	経常利益	純利益
連22.3	209,261	9,428	10,818	7,248
連23.3	214,793	11,556	13,001	7,917

●インターンシップ● 24予【概要】①(理系)グループワークによる施工管理疑似体験コース(Web型)②③(理系)グループワークによる施工管理疑似体験コース(集合型)【募集】①随時③7月頃【実施】①8～2月(半日)②8～2月(1日)③8～9月(3日間)【地域】①オンライン②東京・新宿 大阪市 福岡市③東京・新宿 【全学年対象】①②③【選考】⑥なし【本選考との関係】⑥早期選考に案内

25総 577ジ
25働 567ジ

ダイダン㈱ 〔建設〕

修士・大卒採用数	従業員数	平均勤続年数	平均年収
73名	1,645名	17.1年	総898万円

【特色】明治期からの総合設備老舗。関西地盤に首都圏も
【本社】550-8520 大阪府大阪市西区江戸堀1-9-25 【設立】1933.10 ［東京P］

【業績】	売上高	営業利益	経常利益	純利益
連22.3	162,929	7,584	8,095	5,778
連23.3	185,961	8,428	9,288	6,626

●インターンシップ● 24予
【概要】①施工管理職体験コース：施工管理職について理解するワーク
【募集】①随時【実施】①6月～(1日)【地域】①東京 大阪 名古屋 福岡 オンライン 他【選考】①なし【本選考との関係】①早期選考に案内

25総 577ジ
25働 567ジ

新日本空調㈱ 〔建設〕

修士・大卒採用数	従業員数	平均勤続年数	平均年収
58名	1,132名	16.5年	総993万円

【特色】三井系の空調設備工事会社。原子力空調も
【本社】103-0007 東京都中央区日本橋浜町2-31-1 浜町センタービル 【設立】1969.10 ［東京P］

【業績】	売上高	営業利益	経常利益	純利益
連22.3	106,718	6,881	7,366	5,403
連23.3	112,234	7,124	7,914	5,597

●インターンシップ●【概要】⑥設備全般(空調・衛生・電気・消防 他)について実際の現場を体験し、動画・写真を用いたワークや設計業務体験、技術系職員によるフィードバック【募集】①5～7月中旬②6～9月③10～1月【実施】①8月19～30日(5～10日間)②8～9月(半日～1日)③12～1月(半日～1日)【地域】①オンライン 東京・複数箇所②③オンライン 【選考】①ES②③なし【本選考との関係】①②関係あり③早期選考に案内

25総 578ジ
25働 568ジ

東洋熱工業(株) 【建設】

	修士・大卒採用数	従業員数	平均勤続年数	平均年収
	49名	815名	18.5年	働915万円

【特色】空調衛生設備の設計・施工大手。技術力に定評
【本社】104-8324 東京都中央区京橋2-5-12 東熱ビル　【設立】1937.8　　【未上場】

【業績】	売上高	営業利益	経常利益	純利益
単22.3	66,680	5,180	5,445	3,667
単23.3	68,978	5,032	5,472	3,567

●インターンシップ●
【概要】①技術系コース：簡易負荷計算、空調システム設計・機器選定・プレゼンテーション・施工管理概要【募集】①6~2月【実施】①夏 秋 冬(1日)【地域】①東京 他全国【選考】①なし【本選考との関係】①早期選考に案内

エクシオグループ(株) 【建設】

	修士・大卒採用数	従業員数	平均勤続年数	平均年収
	45名	3,851名	17.9年	働772万円

【特色】電気通信工事大手。都市インフラ工事など開拓
【本社】150-0002 東京都渋谷区渋谷3-29-20　【設立】1954.5　　【東京P】

【業績】	売上高	営業利益	経常利益	純利益
単22.3	594,840	42,380	45,217	27,766
単23.3	627,607	32,552	33,771	22,233

●インターンシップ● 24予【概要】①②④通信キャリア・都市インフラの施工現場の見学・作業体験 他③ITコンサル・営業・ビジネスマネジメント向け【募集】①②5~7月③5~7月 11月~11月④【実施】①8月下旬(5~10日間)②8月下旬(3日間×2コース)③8月 12月 2月(1~2日間)④12月 2月(1日)【地域】①③オンライン②首都圏④対面 オンライン(検討中)【全学年対象】①②③④【選考】①③④なし②書類【本選考との関係】④早期選考に案内

(株)ミライト・ワン 【建設】

	修士・大卒採用数	従業員数	平均勤続年数	平均年収
	55名	3,673名	16.2年	働708万円

【特色】電気通信工事大手。建設など非通信にも注力中
【本社】135-0061 東京都江東区豊洲5-6-36　【設立】2010.10　　【東京P】

【業績】	売上高	営業利益	経常利益	純利益
単22.3	470,385	32,804	34,152	25,163
単23.3	483,987	21,803	22,384	14,781

●インターンシップ● 24予【概要】①通信建設業界研究、会社紹介②通信建設業界研究、エンジニア体験(光ファイバー通信網の設計他)③営業職体験 他④〈総合〉通信インフラ、モバイル等のエンジニア体験(光ファイバ融着の模擬体験他)〈土木〉土木エンジニア体験(現場見学、土木設計の模擬体験他)【募集】①②③随時④6月上旬~【実施】①②5月中旬~(1日)③6~7月 9-2月(1日)④8~9月(5日間)【地域】①②オンライン③④東京・豊洲 大阪市【全学年対象】①②③④【選考】①②③なし④多数の場合【本選考との関係】④早期選考に案内

日本コムシス(株) 【建設】

	修士・大卒採用数	従業員数	平均勤続年数	平均年収
	79名	2,636名	16.4年	働740万円

【特色】通信工事大手。NTT、携帯キャリアに強い
【本社】141-8647 東京都品川区東五反田2-17-1　【設立】1951.12　　【持株傘下】

【業績】	売上高	営業利益	経常利益	純利益
単22.3	224,672	13,914	16,993	12,018
単23.3	185,482	5,106	5,701	3,758

●インターンシップ● 24予【概要】①通信設備構築現場の見学、施工管理体験、グループワーク②電気通信工事・NTT電力の現場見学、施工管理体験、グループワーク③無電柱化工事・上下水道工事・とう道の現場見学、施工管理体験 グループワーク④ITエンジニアのチームに同行し、プロジェクトの打ち合わせや設計業務を体験、グループワーク【募集】⑥~7月上旬【実施】⑥8~9月(5日間)【地域】⑥東京【選考】⑥なし【本選考との関係】⑥早期選考に案内

住友電設(株) 【建設】

	修士・大卒採用数	従業員数	平均勤続年数	平均年収
	36名	◇1,707名	◇17.4年	働868万円

【特色】住友電工系。一般電気や空調など設備工事を展開
【本社】550-8550 大阪府大阪市西区阿波座2-1-4　【設立】1950.4　　【東京P】

【業績】	売上高	営業利益	経常利益	純利益
単22.3	167,594	13,005	13,900	9,140
単23.3	175,120	13,461	14,394	9,384

●インターンシップ●
【概要】⑥各種設備工事の現場(施工管理)体験
【募集】①6月~②10月~③12月~【実施】①8月中旬~9月上旬(2日間、一部1日)②12月上旬(1日)②2月【地域】⑥北海道 仙台 東京 大阪 名古屋 福岡 オンライン【選考】⑥ES

日本電設工業(株) 【建設】

	修士・大卒採用数	従業員数	平均勤続年数	平均年収
	※100名	2,509名	14.6年	働802万円

【特色】JR東日本向け中心に鉄道電気工事首位。総合化志向
【本社】110-8706 東京都台東区池之端1-2-23　【設立】1942.12　　【東京P】

【業績】	売上高	営業利益	経常利益	純利益
単22.3	173,569	7,454	8,703	5,222
単23.3	172,100	9,658	10,903	7,171

●インターンシップ● 【概要】①(電気系・機械系)現場見学、設計・積算実習、仕事体感ワーク等を通じて施工管理や業界の理解を深める②鉄道電気設備について学ぶ研修施設見学会、社員座談会③鉄道電気設備について学ぶ仕事体感グループワーク④鉄道電気設備について学ぶ施工管理について学ぶ仕事体感グループワーク、社員座談会【募集】①6~7月②7~3月③7~2月④10~2月【実施】①8月下旬(5日間)②7月下旬~3月中旬(1日)③7月下旬~2月上旬(1日)④10月下旬~2月上旬(1日)【地域】①東京・台東 千葉・柏②千葉・柏③オンライン④東京・新宿【全学年対象】①②③④【選考】⑥なし

東光電気工事㈱ 〔建設〕

修士・大卒採用数	従業員数	平均勤続年数	平均年収
40名	※1,210名	※16.8年	㊙845万円

【特色】電気工事大手。独立系。太陽光など再エネも強化
【本社】101-8350 東京都千代田区西神田1-4-5
【設立】1947.5　　【未上場】

【業績】	売上高	営業利益	経常利益	純利益
連22.3	103,289	2,218	2,601	1,544
連23.3	100,578	3,156	3,345	1,794

●インターンシップ● 24予【概要】①業界研究説明、価値観理解ワーク②業界研究説明、第一種もしくは第二種電気工事士技能試験体験③業界研究説明、工事現場見学④業界研究説明、現場実習など施工管理職体験【募集】①②4月上旬⑥-9月上旬③①2月中旬④6-7月【実施】①8月中旬-2月上旬(1日)②8-9月中旬(1日)③11月中旬-2月(1日)④9月中旬(5日間)【地域】①オンライン②千葉・市川③葉 横浜 さいたま 札幌 仙台 名古屋 大阪市 福岡市 那覇④千葉・市川 東京【全学年対象】①②③④【選考】⑭なし

㈱HEXEL Works 〔建設〕

修士・大卒採用数	従業員数	平均勤続年数	平均年収
22名	◇865名	◇15.4年	㊙804万円

【特色】独立系の内線電設工事専門会社。業界上位
【本社】105-0012 東京都港区芝大門1-1-30 芝NBFタワー　【設立】1950.1

【業績】	売上高	営業利益	経常利益	純利益
単21.9	39,014	2,805	2,984	1,949
単22.9	44,303	2,147	2,931	2,104

●インターンシップ● 24予【概要】①体験型:レゴブロックを使用して施工管理の仕事内容を疑似体験②実践型:建設途中の現場での業務を通じて、施工管理への仕事理解を深める(品質・安全・書類管理、CAD体験他)③見学型:建設途中の現場を見学し、工事の工程や施工管理業務の流れを学ぶ④対話型:座談会を通して、実際に働く社員にシゴトのリアルを聞く【募集】⑥随時【実施】①5-2月(1日)②通年(1～5日間※現場状況により変動)③④通年(1日)【地域】⑥自宅に近い支店など【選考】⑭なし【本選考との関係】⑭早期選考に案内

㈱きんでん 〔建設〕

修士・大卒採用数	従業員数	平均勤続年数	平均年収
193名	◇8,328名	◇20.3年	◇850万円

【特色】関西電力系で電設工事首位級。関電依存度は2割
【本社】531-8550 大阪府大阪市北区本庄東2-3-41　【東京P】
【設立】1944.8

【業績】	売上高	営業利益	経常利益	純利益
連22.3	566,794	37,087	39,977	26,366
連23.3	609,132	37,430	40,243	28,722

●インターンシップ●【概要】①1day仕事体験 基礎編(事務系)②1day仕事体験 基礎編(技術系)③1day仕事体験 応用編(事務系)④1day仕事体験 応用編(技術系)【募集】①②6月～③④9月～【実施】①②6-8月(1日)③④10-12月(1日)【地域】①②オンライン③④東京・千代田 大阪市【全学年対象】①②③④【選考】⑭なし【本選考との関係】①③参考にする②④早期選考に案内

㈱関電工 〔建設〕

修士・大卒採用数	従業員数	平均勤続年数	平均年収
112名	◇7,682名	◇19.4年	㊙807万円

【特色】東京電力系列の電気工事大手。再生エネ事業も
【本社】108-8533 東京都港区芝浦4-8-33　【東京P】
【設立】1944.9

【業績】	売上高	営業利益	経常利益	純利益
連22.3	495,567	30,643	31,754	20,315
連23.3	541,579	32,748	34,059	21,167

●インターンシップ● 24予【概要】①(理系)現場体験②(土木系)現場体験③技術職場中継・座談会④(文系)事務職座談会【募集】①②4月中旬～7月中旬③④随時【実施】①8-9月(5日間)②8-9月(10日間)③6-2月(1日)④9-2月(1日)【地域】①②東京・港③④東京・港 オンライン【選考】⑭なし【本選考との関係】①②早期選考へ案内

㈱九電工 〔建設〕

修士・大卒採用数	従業員数	平均勤続年数	平均年収
100名	※4,546名	※17.1年	㊙768万円

【特色】九州電力系の電気工事会社。太陽光発電に注力
【本社】815-0081 福岡県福岡市南区那の川1-23-35　【東京P】【設立】1944.12

【業績】	売上高	営業利益	経常利益	純利益
連22.3	376,563	33,137	36,828	26,216
連23.3	395,783	32,083	35,462	26,349

●インターンシップ●【概要】①技術系現場・施工管理仕事体験:企業紹介、施工済物件の見学、グループワーク、座談会などを通して、設備工事の施工管理業務を体験(電気コース)②同(空調管コース)【募集】‥【実施】⑥8月下旬-2月中旬(1日×複数回)【地域】⑥オンライン 東京 福岡 佐賀【全学年対象】⑥【選考】⑭

㈱トーエネック 〔建設〕

修士・大卒採用数	従業員数	平均勤続年数	平均年収
91名	4,786名	19.3年	㊙710万円

【特色】中部電力子会社で電気工事大手。東海地区で最大
【本社】460-8408 愛知県名古屋市中区栄1-20-31　【東京P】
【設立】1944.10

【業績】	売上高	営業利益	経常利益	純利益
連22.3	219,617	14,072	13,394	8,283
連23.3	232,053	10,287	8,983	▲5,158

●インターンシップ● 24予【概要】①業界研究ワーク、先輩社員座談会②③グループワーク、仕事概要、就業体験(施工管理)、先輩社員座談会【募集】①4月-開催日の2日前②6月-開催日の3週間前③10月-開催日の3週間前【実施】①6-7月 10-11月(1日×7回)②8-9月(1日×5回)③11-2月(1日×6回)(半日×6回)【地域】①オンライン②名古屋 東京・豊島 大阪市③名古屋 東京・豊島 大阪市 オンライン【選考】⑭なし【本選考との関係】②③早期選考に案内

㈱ユアテック 〔建設〕

	修士・大卒採用数	従業員数	平均勤続年数	平均年収
	65名	3,750名	19.1年	㊱715万円

【特色】東北電力系の電気工事会社。首都圏工事に展開へ
【本社】983-8622 宮城県仙台市宮城野区榴岡4-1-1 【設立】1944.10 [東京P]

【業績】	売上高	営業利益	経常利益	純利益
連22.3	225,317	9,492	10,040	6,700
連23.3	227,366	9,538	10,501	6,561

●インターンシップ●
【概要】①事務職コース②技術職(電気・電子・通信コース)③技術職(機械・建築・土木コース)④事務職・技術職 Webコース【募集】㊈6月 11月【実施】㊇8月 2月【地域】①②③仙台 東京 新潟市④オンライン【全学年対象】①②③④【選考】④ES④なし

㈱中電工 〔建設〕

	修士・大卒採用数	従業員数	平均勤続年数	平均年収
	78名	3,458名	18.5年	748万円

【特色】中国電力系の電気工事会社。親会社依存度は低い
【本社】730-0855 広島県広島市中区小網町6-12 【設立】1944.10

【業績】	売上高	営業利益	経常利益	純利益
連22.3	190,690	9,762	11,959	6,682
連23.3	189,032	8,361	▲1,905	4,935

●インターンシップ● 24予【概要】①技術系(屋内電気・空調管工事)就業体験②事務系就業体験③技術系(屋内電気・情報通信・空調管工事)座談会④技術系(配電線・送変電地中線工事)座談会【募集】①6~8月上旬 11~2月上旬②11~12月上旬③④11~2月上旬【実施】①8月下旬~9月上旬(1日)12月 2月(1日)②12月(1日)④12月 2月(1日)【地域】①広島 岡山 東京 ②広島③④オンライン【選考】㊈なし

大和リース㈱ 〔建設〕

	修士・大卒採用数	従業員数	平均勤続年数	平均年収
	61名	2,328名	17.3年	㊱829万円

【特色】仮設建物賃貸首位。大和ハウス工業の完全子会社
【本社】540-0011 大阪府大阪市中央区農人橋2-1-36 ピップビル【設立】1959.6 [未上場]

【業績】	売上高	営業利益	経常利益	純利益
連22.3	243,373	26,268	26,492	17,517
連23.3	241,311	28,962	28,912	19,778

●インターンシップ●【概要】①施工管理職、生産管理職②③技術職【募集】①6~8月【実施】①8月下旬~9月中旬(5日間)②③8~9月中旬(1日)【地域】①仙台 さいたま 千葉市 東京・飯田橋 横浜 名古屋 滋賀・甲賀 大阪市 広島市 福岡市 鹿児島市②札幌 仙台 さいたま 千葉市 東京・飯田橋 横浜 石川・金沢 名古屋 大阪市 神戸 京都市 広島市 高松 福岡市 熊本市 鹿児島市③オンライン【選考】㊈なし

大和ハウス工業㈱ 〔住宅・マンション〕

	修士・大卒採用数	従業員数	平均勤続年数	平均年収
	709名	16,093名	15.4年	㊱928万円

【特色】住宅メーカーで売上高首位。経営の多角化を標榜
【本社】530-8241 大阪府大阪市北区梅田3-3-5 [東京P]
【設立】1947.3

【業績】	売上高	営業利益	経常利益	純利益
連22.3	4,439,536	383,256	376,246	225,272
連23.3	4,908,199	465,370	456,012	308,399

●インターンシップ● 24予【概要】①企業理解を深めるためのGWや先輩社員座談会(予定)②(理系)施工現場見学会。住宅系・建築系2か所の施工現場見学(予定)③電気・機械・環境・建築系)設備職に特化したコース。GWや社員との交流会(予定)④事業部別・職種別9コース。GWグループワークや先輩社員との交流他(予定)【募集】①②③6~9月中旬④9~1月【実施】①②③8~9月(1日)④11~12月【地域】①オンライン②③東京 大阪④大阪 オンライン【全学年対象】①②③④【選考】②ES【本選考との関係】④早期選考へ案内を想定

積水ハウス㈱ 〔住宅・マンション〕

	修士・大卒採用数	従業員数	平均勤続年数	平均年収
	533名	14,932名	16.8年	㊱989万円

【特色】戸建て住宅の大手。賃貸管理、都市再開発も
【本社】531-0076 大阪府大阪市北区大淀中1-1-88 [東京P]
【設立】1960.8

【業績】	売上高	営業利益	経常利益	純利益
連23.1	2,928,835	261,489	257,272	184,520
連24.1	3,107,242	270,956	268,248	202,325

●インターンシップ● 24予【概要】①営業職:GW、先輩社員座談会、施設見学 他②総合企画職:GW、先輩社員座談会、施設見学、事業所訪問 他③設計・施工管理:GW、先輩社員座談会、施設見学、事業所訪問 他④オープンカンパニー:企業仕事理解促進、積水ハウスグループ合同イベント 他【募集】①②③5~7月④5~1月【実施】①②③7~10月(5日間)④5~2月【地域】①②③全国主要都市④オンライン【全学年対象】①②③④【選考】①②③ES グループワーク④未定【本選考との関係】①②③早期選考に案内

住友林業㈱ 〔住宅・マンション〕

	修士・大卒採用数	従業員数	平均勤続年数	平均年収
	191名	5,283名	16.7年	㊱887万円

【特色】木材建材卸、注文住宅、海外住宅が3本柱
【本社】100-8270 東京都千代田区大手町1-3-2 経団連会館【設立】1948.2 [東京P]

【業績】	売上高	営業利益	経常利益	純利益
連22.12	1,669,707	158,253	194,994	108,672
連23.12	1,733,169	146,755	159,418	102,479

●インターンシップ●【概要】①建築技術職:クイックパース体験ワーク 即日設計ワーク 施工管理体験ワーク②営業職:業界理解ワーク、ヒアリング体験、契約獲得ワーク③業務企画職:脱炭素に関する理解を深めるワーク、当社の新たな価値創造ワーク【募集】①5~7月 10~1月②5~8月 9~11月 12~1月③5~8月 10~1月【実施】①7~10月(5日間)2月(5日間)②8~9月(2日間)9~12月(5日間)12月(2日間)2月(2日間)③9~2月(5日間)2月(2日間)【地域】㊈東京 大阪【全学年対象】①②③【選考】㊈ES 面接

大東建託グループ

住宅・マンション

修士・大卒採用数	従業員数	平均勤続年数	平均年収
221名	8,159名	11.4年	総849万円

【特色】賃貸アパート建設、一括借り上げの国内最大手
【本社】108-8211 東京都港区港南2-16-1 品川イーストワンタワー【設立】1974.6　【東京P】

【業績】	売上高	営業利益	経常利益	純利益
連23.3	1,657,626	100,000	103,898	70,361

※採用関連以外は大東建託㈱の情報

●インターンシップ●
【概要】①技術職オンライン仕事体験②1day(営業・管理・ルームアドバイザー)オンライン仕事体験③技術職仕事体験(対面)④営業職仕事体験(対面)【募集】①②6~12月③④8~12月【実施】①②6~12月③④9~2月【地域】①②オンライン③④全国【全学年対象】①②③④【選考】なし

旭化成ホームズ㈱

住宅・マンション

修士・大卒採用数	従業員数	平均勤続年数	平均年収
115名	※7,630名	※16.3年	総951万円

【特色】旭化成の住宅部門担う。ロングライフ住宅を訴求
【本社】101-8101 東京都千代田区神田神保町1-105　神保町三井ビルディング【設立】1972.11　【未上場】

【業績】	売上高	営業利益	経常利益	純利益
連22.3	786,500	70,600	NA	NA
連23.3	859,200	74,600	NA	NA

●インターンシップ●
【概要】①事務系(営業職)仕事体験②技術系仕事研究(建築・土木・機械・電気系学生対象)
【募集】⑦7~12月
【実施】⑧8~1月【地域】東京・大阪 オンライン【選考】①ES②ES 面接

㈱一条工務店

住宅・マンション

修士・大卒採用数	従業員数	平均勤続年数	平均年収
445名	5,761名	NA	751万円

【特色】木造注文住宅大手。戸建免震住宅で独壇場
【本社】135-0042 東京都江東区木場5-10-10
【設立】1978.9　【未上場】

【業績】	売上高	営業利益	経常利益	純利益
単22.3	442,866	22,021	33,218	22,513
単23.3	487,071	17,933	34,641	23,716

●インターンシップ●【概要】①③営業職体験②④技術職体験【募集】①②6~8月 10~1月③④8~9月【実施】①②7月下旬~9月(2日間)11~2月(2日間)③④8~9月(半日)【地域】①オンライン 東京 大阪②東京 大阪 福岡③オンライン④札幌 東京 名古屋 大阪 福岡【選考】①②ES 適性検査③④なし

ミサワホーム㈱

住宅・マンション

修士・大卒採用数	従業員数	平均勤続年数	平均年収
79名	2,668名	18.7年	総819万円

【特色】プレハブ注文住宅大手。技術とデザイン性に定評
【本社】163-0833 東京都新宿区西新宿2-4-1 新宿NSビル【設立】2003.8　【未上場】

【業績】	売上高	営業利益	経常利益	純利益
連22.3	398,165	11,635	12,029	5,080
連23.3	421,464	16,579	16,522	11,446

●インターンシップ●【概要】①総合:住宅営業体験ワーク、住宅営業スキルを学ぶワーク②技術:顧客の要望を形にする設計職体験ワーク③技術:構造や素材を学ぶワーク(施工管理職希望者向け)【募集】①②6~7月 ③~10月【実施】①②8月下旬~9月 11~12月中旬(2日間)③④9月中旬~(1日)【地域】①東京・新宿 名古屋 オンライン②③東京・新宿【選考】①ES Webテスト【本選考との関係】②関係あり

パナソニック ホームズ㈱

住宅・マンション

修士・大卒採用数	従業員数	平均勤続年数	平均年収
64名	3,485名	21.3年	総767万円

【特色】パナソニック系の知名度を活用。エコ住宅に強み
【本社】560-8543 大阪府豊中市新千里西町1-1-4
【設立】1963.7　【未上場】

【業績】	売上高	営業利益	税前利益	純利益
連22.3	372,335	NA	NA	NA

●インターンシップ●【概要】①設計・施工管理コース(建築系)②施工管理職コース(建築系)③住宅営業職体験コース(全学部学科)④住宅設計職体験コース(建築系)【募集】①②6~7月中旬③④9~11月中旬【実施】①9月(4日間)②9月(1日)③④12月【地域】①東京 大阪②茨城 滋賀③④オンライン【選考】①②ES④なし【本選考との関係】②関係あり

三井ホーム㈱

住宅・マンション

修士・大卒採用数	従業員数	平均勤続年数	平均年収
98名	2,118名	14.6年	総716万円

【特色】三井不動産系。デザイン重視の注文住宅が得意
【本社】136-0082 東京都江東区新木場1-18-6 新木場センタービル【設立】1974.10　【未上場】

【業績】	売上高	営業利益	経常利益	純利益
連22.3	238,161	NA	NA	NA
連23.3	376,116	NA	NA	NA

●インターンシップ●24日【概要】①業界・会社理解の座学、住宅体感ワーク、GDで実際に住まいを提案する実践型ワーク、チーム毎のフィードバック、社員・内定者座談会②業界・会社理解の座学、複数人による住まいづくり体感ゲーム(パズル形式)【募集】①5~1月上旬②4月下旬~5月中旬【実施】①7~2月(2日間)②5月下旬~6月【地域】①東京 大阪 名古屋 仙台 広島 博多②東京 名古屋【選考】①ES 面接②なし【本選考との関係】②インターンシップ特典あり

トヨタホーム(株)

住宅・マンション

修士・大卒採用数	従業員数	平均勤続年数	平均年収
13名	508名	NA	(総)775万円

【特色】トヨタ自動車の住宅部門が母体。戸建住宅等販売

【業績】	売上高	営業利益	経常利益	純利益
連22.3	160,874	NA	NA	NA
連23.3	170,829	NA	NA	NA

【本社】461-0001 愛知県名古屋市東区泉1-23-22
【設立】2003.4 　[未上場]

●インターンシップ●
【概要】①理系:商品企画コース②全学部:営業企画コース③全学部:創造デザインコース
【募集】㋐初旬6~7月中旬、他随時 【実施】㋐8~9月 10~11月 1~2月(各1日程)【地域】①②愛知・春日井 オンライン③名古屋 【選考】㋐ES 【本選考との関係】㋐関係あり

三井不動産レジデンシャル(株)

住宅・マンション

修士・大卒採用数	従業員数	平均勤続年数	平均年収
32名	1,994名	NA	(総)1,172万円

【特色】三井不動産系の住宅分譲事業会社。業界トップ級

【業績】	売上高	営業利益	経常利益	純利益
連22.3	355,326	41,328	42,114	30,605
連23.3	345,077	58,116	59,667	42,617

【本社】103-0022 東京都中央区日本橋室町3-2-1
【設立】2005.12 　[未上場]

●インターンシップ●
【概要】①アイディアを形にする街づくりに挑戦
【募集】①6~7月 9~10月
【実施】①9月中旬~下旬 11月末~12月(4日間×4日程)【地域】①東京 【選考】①ES SPI 動画 Web面接

穴吹興産(株)

住宅・マンション

修士・大卒採用数	従業員数	平均勤続年数	平均年収
46名	391名	9.3年	(総)592万円

【特色】四国首位のマンション開発会社。多角展開

【業績】	売上高	営業利益	経常利益	純利益
連22.6	111,339	6,970	7,068	4,187
連23.6	113,835	6,962	6,478	4,051

【本社】760-0028 香川県高松市鍛冶屋町7-12 穴吹五番町ビル【設立】1964.5 　[東京S]

●インターンシップ●
【概要】①マンション営業体験コース②商品企画コース
【募集】㋐4月 上旬~
【実施】㋐6~2月(1日)【地域】㋐オンライン 【選考】㋐なし 【本選考との関係】㋐関係あり

(株)大京

住宅・マンション

修士・大卒採用数	従業員数	平均勤続年数	平均年収
15名	1,015名	21.5年	(総)808万円

【特色】「THE LIONS」ブランドのマンション分譲会社

【業績】	売上高	営業利益	経常利益	純利益
連22.3	42,205	1,140	15,787	15,381
連23.3	52,250	308	5,034	3,996

【本社】151-8506 東京都渋谷区千駄ヶ谷4-24-13
【設立】1964.12 　[未上場]

●インターンシップ● 【概要】①(25卒)STEP1 (2days)→STEP2 (1day):業界・会社研究 GWを中心としたマンション事業の主要業務体験 他②(25卒)STEP1 (1day)→STEP2 (1day)業界・会社研究 GWを中心としたマンション事業の主要業務体験 他③(24卒)STEP1→STEP2(両方1day)【募集】①7月~②10月~3月⑤【実施】①8~9月(2日間×5回)9~10月(1日×4回)②12~1月(1日×6回)③12-1月(1日×4回)③10~1月 11~2月(1日×31回)【地域】①②対面③オンライン→対面 【選考】②Web試験 【本選考との関係】①関係あり

(株)東急コミュニティー

住宅・マンション

修士・大卒採用数	従業員数	平均勤続年数	平均年収
115名	4,483名	10.6年	NA

【特色】マンション、ビル管理大手。東急不動産グループ

【業績】	売上高	営業利益	経常利益	純利益
連22.3	151,368	8,807	8,977	▲1,463

【本社】158-8509 東京都世田谷区用賀4-10-1
【設立】1970.4 　[未上場]

●インターンシップ● 【概要】①長期:営業職・設備職・建築職の各職種別。就労体験、見学、仕事体験 グループワーク 他②半日程度で各職種別。会社説明、自己分析ワーク、仕事体験 グループワーク 他【募集】①6~7月②随時 【実施】①8月(5日間)②9~2月(1日)【地域】①オンライン及び研修センター(中目黒)他首都圏管理物件②オンラインまたは研修センター(中目黒)【選考】①面接②なし

日本総合住生活(株)

住宅・マンション

修士・大卒採用数	従業員数	平均勤続年数	平均年収
35名	1,362名	11.9年	NA

【特色】都市再生機構の関連会社。同社の供給住宅を管理

【業績】	売上高	営業利益	経常利益	純利益
単22.3	146,636	3,682	3,858	1,985
単23.3	147,603	4,035	4,256	2,778

【本社】101-0054 東京都千代田区神田錦町1-9
【設立】1961.6 　[未上場]

●インターンシップ● 【概要】①10日間インターンシップ:団地・技術開発研究所・管理物件見学 大型工事オンライン見学 技術職作業体験②1day仕事体験:業界・会社紹介 ワークショップ体験【募集】①6~7月②6~2月 【実施】①8月下旬~9月上旬(10日間)②6~2月(1日×複数日程)【地域】①首都圏 オンライン②東京 大阪 名古屋 福岡 オンライン【選考】②なし

日本ハウズイング(株) 〔住宅・マンション〕

修士・大卒採用数	従業員数	平均勤続年数	平均年収
48名	2,131名	9.8年	(総)651万円

【特色】マンション管理大手。大規模修繕工事なども展開
【本社】160-8410 東京都新宿区新宿1-31-12
【設立】1966.9　　　［東京S］

【業績】	売上高	営業利益	経常利益	純利益
連22.3	124,686	7,077	7,175	4,771
連23.3	140,424	6,799	6,924	4,761

●インターンシップ● 24予
【概要】①5Daysインターンシップ②1Day仕事体験
【募集】①4~8月②6月~【実施】①8月5~9日 8月22~28日(5日間)②6~2月(1日)【地域】①東京・新宿②オンライン 東京・新宿 大阪市【全学年対象】①②【選考】⑦なし

スターツグループ 〔住宅・マンション〕

修士・大卒採用数	従業員数	平均勤続年数	平均年収
265名	※9,078名	10.0年	722万円

【特色】不動産管理や建設、仲介を軸に多方面に展開
【本社】103-0027 東京都中央区日本橋3-4-10 スターツ八重洲中央ビル【設立】1972.9 東京P

【業績】	売上高	営業利益	経常利益	純利益
連22.3	233,871	28,901	30,002	20,218

※業績・会社データはスターツコーポレーション(株)のもの

●インターンシップ● 24予【概要】①総合職:自己分析、業界研究、パネルディスカッション②総合職:就業体験(現場同行)③(建設技術)総合職:建設現場体験④(建設技術)総合職:建設業界研究、自己分析、現場見学【募集】①③④4月25日【実施】①5月~(半日×10回)②8~9月(2日間×6回)③8月(3日間×3回)9月(2日間×1回)④6~8月(半日×5回)【地域】①オンライン 東京・中央②東京 大阪 名古屋 他③東京 神奈川 千葉④オンライン【選考】①④なし②GD③(意匠設計)ポートフォリオ審査【本選考との関係】③④期間選考に案内

三井不動産(株) 〔不動産〕

修士・大卒採用数	従業員数	平均勤続年数	平均年収
62名	1,973名	10.6年	1,269万円

【特色】総合不動産首位。大規模再開発に多数実績
【本社】103-0022 東京都中央区日本橋室町2-1-1
【設立】1941.7　　　［東京P］

【業績】	売上高	営業利益	経常利益	純利益
連22.3	2,100,870	244,978	224,940	176,986
連23.3	2,269,103	305,405	265,358	196,998

●インターンシップ●【概要】①街歩き・街づくりの企画構想体験、新規事業立案、海外を舞台とした開発、「持続可能な社会実現」を自分事化して考える、リアル×テクノロジーで不動産ビジネスの可能性をさぐる【募集】①5月中旬~6月【実施】①8月(2日間×1回、3日間×5回)9月(2.5日間×1回)【地域】①東京(中央 千代田)オンライン【選考】①ES 動画

三菱地所(株) 〔不動産〕

修士・大卒採用数	従業員数	平均勤続年数	平均年収
NA	1,013名	13.8年	1,246万円

【特色】総合不動産首位級。東京・丸の内が地盤
【本社】100-8133 東京都千代田区大手町1-1-1 大手町パークビル【設立】1937.5 ［東京P］

【業績】	売上高	営業利益	経常利益	純利益
連22.3	1,349,489	278,977	253,710	155,171
連23.3	1,377,827	296,702	271,819	165,343

●インターンシップ●【概要】①ワークショップ形式で、総合デベロッパーについて理解【募集】①6月中旬~7月中旬②9~12月予定③9~1月予定【実施】①9月下旬(3日間)②2月予定(3日間)③1~2月予定(1日×6回)【地域】①②東京③札幌 仙台 名古屋 大阪 福岡【全学年対象】①②③【選考】⑦ES 自己紹介動画 適性検査 面接

住友不動産(株) 〔不動産〕

修士・大卒採用数	従業員数	平均勤続年数	平均年収
※22名	4,452名	8.8年	(総)1,379万円

【特色】総合不動産首位級。東京都心のビル事業が主力
【本社】163-0820 東京都新宿区西新宿2-4-1 新宿NSビル【設立】1949.12 ［東京P］

【業績】	売上高	営業利益	経常利益	純利益
連22.3	939,430	233,882	225,115	150,452
連23.3	939,904	241,274	236,651	161,925

●インターンシップ●
【概要】①会社説明、グループワークによる事業計画立案(現場社員からのフィードバックあり)、物件見学会、社員懇親会 他【募集】①7~8月上旬 9月中旬~10月【実施】①9月(3日間×4ターム)11月下旬~12月(3日間×4ターム)【地域】①東京【全学年対象】①【選考】①ES 適性検査 面接

東急不動産(株) 〔不動産〕

修士・大卒採用数	従業員数	平均勤続年数	平均年収
34名	1,245名	NA	NA

【特色】総合不動産大手。渋谷の再開発中心に多角展開
【本社】150-0043 東京都渋谷区道玄坂1-21-1 渋谷ソラスタ【設立】1953.12 ［持株傘下］

【業績】	売上高	営業利益	経常利益	純利益
連23.3	1,005,836	110,410	99,558	48,227

※業績は東急不動産ホールディングス(株)のもの

●インターンシップ●
【概要】①100年に一度と言われる渋谷の"街づくり"を体感する②現場配属型
【募集】①6月②11月下旬~12月中旬
【実施】①夏頃(3日間)②冬(4日間)【地域】①オンライン②東京【全学年対象】①②【選考】⑦ES 面接

[建設・不動産]

（独法）都市再生機構（UR都市機構）　不動産

	修士・大卒採用数	従業員数	平均勤続年数	平均年収
	101名	3,124名	16.7年	総822万円

25総
597ページ

【特色】国土交通省所管の独法。UR賃貸住宅管理が主軸
【本社】231-8315 神奈川県横浜市中区本町6-50-1
　横浜アイランドタワー　【設立】2004.7　［未上場］

【業績】	経常収益	経常利益	純利益
連22.3	858,662	118,670	23,947
連22.3	817,248	141,203	8,251

25働
587ページ

●インターンシップ●
【概要】①都市再生をテーマにしたまちづくり提案②団地再生（賃貸住宅）をテーマにしたまちづくり提案【募集】②6~12月中旬【実施】②7~2月（1日×30回程度）【地域】③オンライン　対面（状況に応じ首都圏　名古屋　関西　九州）【全学年対象】①②【選考】③なし

野村不動産（株）　不動産

	修士・大卒採用数	従業員数	平均勤続年数	平均年収
	70名	1,919名	10.8年	総1,180万円

25総
597ページ

【特色】総合不動産大手。分譲マンションに強み
【本社】163-0566 東京都新宿区西新宿1-26-2
【設立】1957.4　［持株傘下］

【業績】	売上高	営業利益	経常利益	純利益
連23.3	654,735	99,598	94,121	64,520
※業績は野村不動産ホールディングス（株）のもの				

25働
587ページ

●インターンシップ●
【概要】①各事業部に配属し実際の業務を現場で体験②ワークを通じて再開発事業を体験
【募集】‥
【実施】①9月頃 11月頃（5日間）②2月（2日間）【地域】③東京・西新宿【全学年対象】①②【選考】③あり

ヒューリック（株）　不動産

	修士・大卒採用数	従業員数	平均勤続年数	平均年収
	9名	202名	6.5年	総1,904万円

25総
598ページ

【特色】芙蓉グループの不動産会社。銀座など都心に強み
【本社】103-0011 東京都中央区日本橋大伝馬町
7-3【設立】1957.3　［東京P］

【業績】	売上高	営業利益	経常利益	純利益
連22.12	523,424	126,147	123,222	79,150
連23.12	446,383	146,178	137,437	94,625

25働
588ページ

●インターンシップ●
【概要】①不動産デベロッパーの仕事やヒューリックらしさについて学ぶ。各グループに社員1人インストラクターとしてつきサポート【募集】①6~11月【実施】①8~9月 11~12月（3日間×4ターム）【地域】①東京・中央【全学年対象】①【選考】①ES 面接 他

イオンモール（株）　不動産

	修士・大卒採用数	従業員数	平均勤続年数	平均年収
	89名	1,888名	7.5年	総655万円

25総
598ページ

【特色】イオンのショッピングセンターを開発・運営
【本社】261-8539 千葉県千葉市美浜区中瀬1-5-1
【設立】1911.11　［東京P］

【業績】	売上高	営業利益	経常利益	純利益
連23.2	398,244	43,979	36,409	12,994
連24.2	423,168	46,411	37,086	20,399

25働
588ページ

●インターンシップ●【概要】①イオンモールが目指す「地域共創業とは？」②ディベロッパー業務体感「テナントサポートを知る」ハートフル・サステナブル企画を立案【募集】②6月~（随時）【実施】①7~1月（半日×複数回）②7~2月（半日×複数回）③7~2月（2日間×複数回）【地域】①オンライン②千葉 埼玉 京都 大阪 他③東京 大阪【選考】①②ES③ES 適性検査【本選考との関係】③早期選考への案内

東京建物（株）　不動産

	修士・大卒採用数	従業員数	平均勤続年数	平均年収
	31名	760名	11.6年	総1,356万円

25総
599ページ

【特色】東京・八重洲が拠点の総合デベロッパー
【本社】103-8285 東京都中央区八重洲1-4-16
【設立】1896.10　［東京P］

【業績】	売上高	営業利益	経常利益	純利益
連22.12	349,940	64,478	63,531	43,062
連23.12	375,946	70,508	69,471	45,084

25働
589ページ

●インターンシップ●
【概要】①②グループワークによる企画立案③各部署への現場配属による就業体験
【募集】①②6~8月上旬③10月下旬~11月【実施】①9~10月（2日間×複数回）②10月（1日×複数回）③1~3月（4日間×複数回）【地域】③東京・八重洲【全学年対象】①②③【選考】③未定

森ビル（株）　不動産

	修士・大卒採用数	従業員数	平均勤続年数	平均年収
	34名	1,603名	16.3年	総1,078万円

25総
599ページ

【特色】都市再開発が得意な総合不動産大手。海外展開も
【本社】106-6155 東京都港区六本木6-10-1 六本
木ヒルズ森タワー　【設立】1959.6　［未上場］

【業績】	売上高	営業利益	経常利益	純利益
連22.3	245,306	52,759	53,755	42,241
連23.3	285,582	62,827	59,951	43,777

25働
589ページ

●インターンシップ●【概要】①建築系院卒学生向けコース：建築系院卒学生の活躍フィールドの理解を目的とする（グループワーク他）②全専攻学生向けコース：森ビルの全般的な部署の業務理解を目的とする（グループワーク、部署配属他）【募集】③6月【実施】①8月下旬（5日間）②9月上旬（5日間）【地域】③東京・港（六本木 他）【選考】③あり

300

森トラスト(株)　不動産

修士・大卒採用数	従業員数	平均勤続年数	平均年収
※23名	436名	13.0年	※1,215万円

【特色】デベロッパー大手。都心の大規模開発力で出色
【本社】105-6903 東京都港区虎ノ門4-1-1 神谷町
トラストタワー【設立】1970.6　　　　　　　　[未上場]

【業績】	売上高	営業利益	経常利益	純利益
連22.3	258,832	62,827	69,347	40,334
連23.3	266,629	65,555	69,340	53,012

●インターンシップ●
【概要】①都内における開発シミュレーション等のGW②都市やリゾート地における開発シミュレーション等のGW【募集】①6~7月上旬②10月中旬~12月上旬【実施】①8月 9月(1日×複数回)②12月 1月(3日間×複数回)【地域】②東京 オンライン【選考】①ES 動画②ES 動画 面接

日鉄興和不動産(株)　不動産

修士・大卒採用数	従業員数	平均勤続年数	平均年収
14名	565名	NA	※1,249万円

【特色】日本製鉄・みずほ系の総合不動産デベロッパー
【本社】107-0052 東京都港区赤坂1-8-1 赤坂イン
ターシティAIR【設立】1997.3　　　　　　[未上場]

【業績】	売上高	営業利益	経常利益	純利益
連22.3	226,020	35,200	30,239	19,760
連23.3	228,050	41,450	38,042	25,989

●インターンシップ●【概要】①業界体験:1日でデベロッパーの仕事が体感できる「業界体感型」ワーク、社員座談会②街づくり見学③都市開発の就業体験と都市&地方の大規模地域開発、新規事業創造を体感【募集】①6~7月上旬②なし(コース1の選考と兼用)③9~10月【実施】①6月下旬~7月(1日×10回)②8~9月(1日×3回)③1月下旬~2月中旬(5日間)【地域】①オンライン②③東京・赤坂【全学年対象】①②③【選考】①書類②面接③書類 GW 面接

ＮＴＴ都市開発(株)　不動産

修士・大卒採用数	従業員数	平均勤続年数	平均年収
44名	504名	14.3年	※991万円

【特色】NTTのビル賃貸・マンション分譲子会社
【本社】101-0021 東京都千代田区外神田4-14-1
秋葉原UDX【設立】1986.1　　　　　　　　[未上場]

【業績】	売上高	営業利益	税前利益	純利益
◇22.3	141,535	31,224	26,317	18,512
◇23.3	176,121	35,563	27,798	19,008

●インターンシップ● 24予
【概要】①現場受入型、実際のプロジェクトを題材にしたワークで、リアルな不動産デベロッパーの街づくり、業務を体験【募集】①6~7月上旬 10~11月【実施】①8~9月(3日間)1~2月(4日間)【地域】①東京・千代田 大阪 名古屋 札幌 福岡【全学年対象】①【選考】①ES 面接

(株)サンケイビル　不動産

修士・大卒採用数	従業員数	平均勤続年数	平均年収
8名	※221名	※10.9年	1,096万円

【特色】フジサンケイGの不動産会社。ホテル等の開発も
【本社】100-0004 東京都千代田区大手町1-7-2 東
京サンケイビル【設立】1951.6　　　　　　[未上場]

【業績】	売上高	営業利益	経常利益	純利益
連22.3	106,041	10,692	10,917	6,293
連23.3	109,104	14,013	13,146	9,107

●インターンシップ●
【概要】①フィールドワークあり事業体験コース②事業体験ワークショップ
【募集】①6月下旬~8月中旬②時期未定
【実施】①9月中旬(3日間)②時期未定(半日)【地域】①東京②オンライン【選考】②ES 動画

大成有楽不動産(株)　不動産

修士・大卒採用数	従業員数	平均勤続年数	平均年収
27名	1,291名	14.6年	※719万円

【特色】大成建設の完全子会社。不動産と施設管理が柱
【本社】104-8330 東京都中央区京橋3-13-1 有楽
ビル【設立】2012.4　　　　　　　　　　　[未上場]

【業績】	売上高	営業利益	経常利益	純利益
単22.3	90,311	9,014	8,921	5,943
単23.3	94,409	9,157	9,059	6,142

●インターンシップ●
【概要】①施設管理事業、ビル管理:超高層ビル裏側潜入②不動産事業、デベロッパーコース:開発業務体感【募集】‥【実施】①8月中旬~12月中旬(2日間×4回)②12月(1日×複数回)【地域】①(Day1)オンライン(Day2)東京・御茶ノ水②オンライン【選考】②あり

(株)アトレ　不動産

修士・大卒採用数	従業員数	平均勤続年数	平均年収
11名	355名	13.0年	NA

【特色】JR東日本の連結子会社。駅ビル開発・運営行う
【本社】150-0013 東京都渋谷区恵比寿4-1-18 恵
比寿ネオナート6F【設立】1990.4　　　　　[未上場]

【業績】	売上高	営業利益	経常利益	純利益
単22.3	38,858	1,873	3,377	1,873
単23.3	41,866	2,332	2,530	1,377

●インターンシップ●
【概要】①SC業界説明、企業説明、先輩社員質問会、仕事体験ワーク 他
【募集】‥
【実施】①1月 2月【地域】①オンライン【全学年対象】①【選考】‥

東京都住宅供給公社（JKK東京） 不動産

修士・大卒採用数	従業員数	平均勤続年数	平均年収
20名	※688名	※13.3年	総745万円

【特色】東京都出資の地方住宅供給公社。通称JKK東京
【本社】150-8322 東京都渋谷区神宮前5-53-67 コスモス青山 【設立】1966.4 ［未上場］

【業績】	売上高	営業利益	経常利益	純利益
単22.3	120,688	9,649	9,320	8,460
単23.3	126,637	10,817	10,469	7,280

●インターンシップ● 【概要】①住宅リニューアルワークショップ 現場見学②団地建替事業ワークショップ 建築設備見学③団地建替事業ワークショップ 建替現場見学④建築設備の設計体験ワーク 現場見学【募集】①②8月③④11月【実施】①②9月(1日)③④12月(1日)【地域】①東京・世田谷②東京・中野③東京・杉並④東京(表参道 大田)【選考】金なし

日本空港ビルデング（株） 不動産

修士・大卒採用数	従業員数	平均勤続年数	平均年収
22名	◇272名	◇12.5年	710万円

【特色】羽田空港ビルの家主。空港店舗の運営も行う
【本社】144-0041 東京都大田区羽田空港3-3-2 第1旅客ターミナルビル 【設立】1953.7 ［東京P］

【業績】	売上高	営業利益	経常利益	純利益
連22.3	57,057	▲41,255	▲43,861	▲25,217
連23.3	113,050	▲10,579	▲12,064	▲3,901

●インターンシップ● 【概要】①全体体験(実地・Web)：会社概要説明、グループワーク、先輩社員との座談会②職業体験【募集】‥【実施】①8月下旬～9月上旬(3回)秋期・冬期②冬期【地域】金東京・羽田空港 オンライン【選考】‥

東急リバブル（株） 不動産

修士・大卒採用数	従業員数	平均勤続年数	平均年収
218名	3,726名	10.7年	総710万円

【特色】不動産仲介大手、国内2位。東急不動産グループ
【本社】150-0043 東京都渋谷区道玄坂1-9-5 渋谷スクエアA 【設立】1972.3 ［未上場］

【業績】	売上高	営業利益	経常利益	純利益
単22.3	146,246	20,281	19,293	13,542
単23.3	163,521	27,113	27,305	19,120

●インターンシップ● 【概要】①2daysインターンシップ(東京は一部1dayの日あり)②1dayインターンシップ③不動産購入編※現場体験【募集】①②3月頃～④7月頃【実施】①7月～(2日間)②③7月～(1日)④8月～(1～5日間)【地域】①東京・渋谷 大阪市②名古屋③札幌 仙台 福岡等④各店舗【全学年対象】①②③④【選考】①動画②③なし④ES

三井不動産リアルティ（株） 不動産

修士・大卒採用数	従業員数	平均勤続年数	平均年収
240名	※4,516名	※11.2年	NA

【特色】不動産流通首位。駐車場管理、カーシェアリングも
【本社】100-6019 東京都千代田区霞が関3-2-5 霞が関ビルディング 【設立】1969.7 ［未上場］

【業績】	売上高	営業利益	経常利益	純利益
単22.3	155,550	22,754	23,158	15,581
単23.3	161,328	24,945	26,152	18,526

●インターンシップ● 【概要】①②グループワークでの不動産購入希望者への営業体験③インタラクティブ動画による業界理解、不動産売却体験ワーク【募集】①6～7月中旬②9～10月中旬③10～2月【実施】①8～10月(1日)②9～12月(1日)③10～2月【地域】①②東京 大阪 名古屋③オンライン【全学年対象】①②③【選考】①②ES SPI性格検査③なし

北海道電力（株）（北海道電力ネットワーク（株）） 電力・ガス

修士・大卒採用数	従業員数	平均勤続年数	平均年収
94名	5,000名	21.0年	◇750万円

【特色】北海道が地盤。原発と石炭火力発電が主力
【本社】060-8677 北海道札幌市中央区大通東1-2
【設立】1951.5

【業績】	売上高	営業利益	経常利益	純利益
連22.3	663,414	24,970	13,830	6,864
連23.3	888,874	▲22,530	▲29,251	▲22,193

●インターンシップ● 24予【概要】①業界研究コース(事務・技術)：会社概要、業務説明、グループワーク②部門別コース(事務)：業務概要、グループワーク、座談会③部門別コース(技術)：業務概要、施設見学、座談会④各種プレミアムコース：社員座談会 他【募集】①6～8月 10～11月 12～1月②8月 1月④10～12月【実施】①7～8月 11～1月(1日)②③8～9月 1～2月(1日～2日間)④10～1月(1日)【地域】①②③オンライン 札幌④オンライン 札幌 東京 他【選考】①④なし②内容未定③ES

東北電力（株）（東北電力ネットワーク（株）） 電力・ガス

修士・大卒採用数	従業員数	平均勤続年数	平均年収
93名	11,688名	20.0年	総797万円

【特色】販売電力量で業界5位。東北経済界の中心
【本社】980-8550 宮城県仙台市青葉区本町1-7-1
【設立】1951.5 ［東京P］

【業績】	売上高	営業利益	経常利益	純利益
連22.3	2,104,448	▲28,737	▲49,205	▲108,362
連23.3	3,007,204	▲180,054	▲199,277	▲127,562

●インターンシップ● 【概要】①建築部門の就業体験 土木部門の就業体験②ネットワーク部門(給電、変電、送電、配電、通信)の就業体験③発電部門(火力、原子力、水力)の就業体験④事業部門の就業体験、ソーシャルコミュニケーションの就業体験【募集】①②3月1～25日④7月1～23日【実施】①8月(各2日間)③8月(5日間)④9月(1日)【地域】①④仙台②福島・南相馬③宮城(仙台 女川町)【全学年対象】①②③④【選考】金ES 面接

東京電力ホールディングス(株) [電力・ガス]

修士・大卒採用数	従業員数	平均勤続年数	平均年収
444名	27,585名	24.5年	[総]773万円

【特色】電力最大手。持株会社下で発電・送電を分離
【本社】100-8560 東京都千代田区内幸町1-1-3
【設立】1951.5 [東京P]

【業績】	売上高	営業利益	経常利益	純利益
連22.3	5,309,924	46,230	44,969	5,640
連23.3	7,798,696	▲228,969	▲285,393	▲123,631

[25総] 607ジペー [25働] 597ジペー

●インターンシップ● [24予]【概要】①電力流通部門:設備見学・グループワーク②技術開発部門③営業部門:就業体験・グループワーク④原子力部門・再エネ発電部門:設備見学・グループワーク【募集】[全]5~6月 11月【実施】[全]7月下旬~9月上旬(3~10日間)1月中旬~2月上旬(5日間)【地域】①③東京②川崎④原子力発電所(新潟 福島 青森)千葉 群馬【選考】[全]ES【本選考との関係】[全]関係あり

J-POWER(電源開発(株)) [電力・ガス]

修士・大卒採用数	従業員数	平均勤続年数	平均年収
93名	1,816名	19.0年	[総]805万円

【特色】2004年民営化し上場。全国の電力10社へ卸売り
【本社】104-8165 東京都中央区銀座6-15-1
【設立】1952.9 [東京P]

【業績】	売上高	営業利益	経常利益	純利益
連22.3	1,084,621	86,979	72,846	69,687
連23.3	1,841,922	183,867	170,792	113,689

[25総] 607ジペー [25働] 597ジペー

●インターンシップ●【概要】①事務系・技術系:グループワークによる業界理解②事務系・技術系:グループワークによる業務理解【募集】①7月上旬②10月下旬~12月上旬【実施】①8~9月上旬(2日間、5日間、半日)②11月下旬~1月中旬(1日)【地域】①オンライン 東京 広島他②オンライン 東京 大阪【全学年対象】①②【選考】[全]ES

北陸電力(株) [電力・ガス]

修士・大卒採用数	従業員数	平均勤続年数	平均年収
76名	※5,428名	※20.0年	[総]726万円

【特色】北陸3県に供給。石炭火力、水力発電の比率が高い
【本社】930-8686 富山県富山市牛島町15-1
【設立】1951.5 [東京P]

【業績】	売上高	営業利益	経常利益	純利益
連22.3	613,756	▲16,390	▲17,616	▲6,805
連23.3	817,601	▲73,791	▲93,737	▲88,446

[25総] 608ジペー [25働] 598ジペー

●インターンシップ● [24予]【概要】①仕事体験コース:会社概要説明、部門ごとの業務実習、座談会②ミニセミナー:会社概要の説明、先輩社員との座談会③施設・職場見学会、先輩社員との座談会④仕事体験コース:会社概要の説明、部門ごとの業務実習、座談会【募集】①5~7月中旬②9月中旬~10月中旬③10~11月上旬④11月中旬~12月中旬【実施】①7~9月(2~5日間)②10~12月(1日)③11月(1日)④12~2月(1~2日間)【地域】①④富山 石川 オンライン②東京 名古屋 大阪 東北 北海道③富山 石川 福井【選考】①ES Webテスト②③④ES

中部電力(株) [電力・ガス]

修士・大卒採用数	従業員数	平均勤続年数	平均年収
236名	14,908名	21.3年	[総]851万円

【特色】電力大手。自動車産業が安定供給先。中部財界の雄
【本社】461-8680 愛知県名古屋市東区東新町1
【設立】1951.5 [東京P]

【業績】	売上高	営業利益	経常利益	純利益
連22.3	2,705,162	▲53,830	▲59,319	▲43,022
連23.3	3,986,681	107,089	65,148	38,231

[25総] 608ジペー [25働] 598ジペー

●インターンシップ● [24予]
【概要】①事務系(夏期)②技術系(前期)③事務系(冬期)④技術系(後期)【募集】①4~6月中旬②4~6月初旬③9~10月中旬④7~8月【実施】①7~9月(2日間)②8~9月(5日間)③11~12月(2日間)④10月(2日間)【地域】①③④オンライン②愛知県近隣 オンライン【全学年対象】①②③④【選考】[全]ES SPI3

関西電力(株)(関西電力送配電(株)) [電力・ガス]

修士・大卒採用数	従業員数	平均勤続年数	平均年収
274名	10,290名	20.7年	◇856万円

【特色】電力大手。原発依存度高い。情報通信等も展開
【本社】530-8270 大阪府大阪市北区中之島3-6-16
【設立】1951.5 [東京P]

【業績】	売上高	営業利益	経常利益	純利益
連22.3	2,851,894	99,325	135,955	85,835
連23.3	3,951,884	▲52,056	▲6,666	17,679

[25総] 609ジペー [25働] 599ジペー

●インターンシップ● [24予]
【概要】①事務系・技術コンサルティング②(理系)技術系
【募集】[全]6~12月
【実施】[全]8~2月【地域】[全]オンライン 大阪【全学年対象】①②【選考】[全]Webテスト ES

中国電力(株) [電力・ガス]

修士・大卒採用数	従業員数	平均勤続年数	平均年収
68名	3,674名	20.7年	[総]809万円

【特色】販売電力量で6位。石炭火力発電の比率が高い
【本社】730-8701 広島県広島市中区小町4-33
【設立】1951.5 [東京P]

【業績】	売上高	営業利益	経常利益	純利益
連22.3	1,136,646	▲60,744	▲61,879	▲39,705
連23.3	1,694,602	▲68,892	▲106,780	▲155,378

[25総] 609ジペー [25働] 599ジペー

●インターンシップ● [24予]
【概要】①本社・事業所等での就業体験②冬季:未定
【募集】①6~8月上旬②10月下旬~11月中旬
【実施】①8~9月(5日間以上)②12月下旬【地域】①広島 岡山 山口 島根 鳥取②未定【選考】[全]未定

［エネルギー］

中国電力ネットワーク（株）　電力・ガス

610ジ

修士・大卒採用数	従業員数	平均勤続年数	平均年収
36名	3,664名	23.7年	⑯790万円

【特色】中国電力グループの一般送配電事業者
【本社】730-8702 広島県広島市中区小町4-33
【設立】2019.4　　　　　　　　　　　　【未上場】

【業績】	売上高	営業利益	経常利益	純利益
単22.3	435,252	21,619	17,192	11,222
単23.3	559,494	5,458	1,832	1,332

●インターンシップ●【概要】①〈対面〉本社・事業所等での就業体験、グループワーク〈オンライン〉事業紹介、グループワーク②対面：本社での就業体験 オンライン：事業紹介、グループワーク【募集】①6〜7月②11〜12月【実施】①〈対面〉8〜9月（3〜5日間）〈オンライン〉9月（1日）②12月下旬（1日）【地域】①島根 岡山 広島 山口 オンライン②本社 オンライン【全学年対象】①②【選考】①ES②なし【本選考との関係】①学生情報を使用（対面5日間参加者のみ）

四国電力（株）（四国電力送配電（株））　電力・ガス

610ジ

修士・大卒採用数	従業員数	平均勤続年数	平均年収
77名	2,199名	19.5年	◇760万円

【特色】瀬戸内側に発電所集中。石炭と原子力比率が高い
【本社】760-8573 香川県高松市丸の内2-5
【設立】1951.5　　　　　　　　　　　　【東京P】

【業績】	売上高	営業利益	経常利益	純利益
連22.3	641,948	▲13,517	▲12,114	▲6,262
連23.3	833,203	12,285	22,515	22,871

●インターンシップ●【概要】①事務総合職：企画・営業・事業開発の就業・企画立案体験（GW他）②事務エリア職：営業の就業体験（GW他）③技術部門別の就業体験〈発電・電力ネットワーク・土木建築他〉④（高専）技術部門別の就業体験〈電気・機械・化学・土木建築・情報通信〉【募集】①③6〜7月 10〜11月②6〜7月 10〜12月④5〜6月 12〜1月【実施】①7〜9月 12〜1月（1日〜）②7〜9月 12〜1月（1日）③④7〜9月 12〜2月（1日〜）【地域】①香川 東京 大阪 オンライン②香川 オンライン③四国内 オンライン④国内【全学年対象】①②③【選考】②ES 適性検査

沖縄電力（株）　電力・ガス

611ジ

修士・大卒採用数	従業員数	平均勤続年数	平均年収
19名	1,614名	21.1年	⑯774万円

【特色】原発を保有せず火力中心。家庭向けの比率が高い
【本社】901-2602 沖縄県浦添市牧港5-2-1
【設立】1972.5　　　　　　　　　　　　【東京P】

【業績】	売上高	営業利益	経常利益	純利益
連22.3	176,232	2,810	2,717	1,959
連23.3	223,517	▲48,406	▲48,799	▲45,457

●インターンシップ●【概要】①発電コース②送配電コース③事務系コース【募集】①②6月下旬〜7月中旬 12月下旬〜1月上旬③6月下旬〜7月中旬【実施】①②8月下旬〜9月上旬（4日間）2月中旬（1日）③8月下旬〜9月上旬（4日間）【地域】㋖沖縄【全学年対象】①②③【選考】㋖Web上での応募設問

京葉瓦斯（株）　電力・ガス

612ジ

修士・大卒採用数	従業員数	平均勤続年数	平均年収
21名	※759名	※20.3年	⑯633万円

【特色】千葉県西部が地盤。東京ガスなどから原料調達
【本社】272-8580 千葉県市川市市川南2-8-8
【設立】1927.1　　　　　　　　　　　　【東京S】

【業績】	売上高	営業利益	経常利益	純利益
連22.12	118,757	39	726	219
連23.12	122,853	1,704	2,431	1,460

●インターンシップ●　24予
【概要】①企画立案業務体験、先輩社員との座談会、業界説明他
【募集】①6〜1月
【実施】①8〜9月 11〜1月（1日）（予定）【地域】①千葉・市川 オンライン【全学年対象】①【選考】①ES

東京ガス（株）　電力・ガス

612ジ

修士・大卒採用数	従業員数	平均勤続年数	平均年収
98名	7,301名	20.0年	718万円

【特色】都市ガス最大手。関東一円が主な営業地盤
【本社】105-8527 東京都港区海岸1-5-20
【設立】1885.10　　　　　　　　　　　　【東京P】

【業績】	売上高	営業利益	経常利益	純利益
連22.3	2,145,197	117,777	126,732	88,745
連23.3	3,289,634	421,477	408,846	280,916

●インターンシップ●【概要】①2daysミライキカク ワークショップ：グループワークによる事業・サービスの企画立案や座談会等を通した会社・仕事・社風の理解②職場受入型インターンシップ：データ分析、デジタルマーケティング 他【募集】‥【実施】①8〜9月（2日間）1〜2月（2日間）②12〜2月予定（5日間）【地域】①オンライン②東京【全学年対象】①②【選考】㋖ES 面接

アストモスエネルギー（株）　電力・ガス

613ジ

修士・大卒採用数	従業員数	平均勤続年数	平均年収
8名	324名	14.7年	⑯1,049万円

【特色】出光興産と三菱商事がLPG事業を統合。業界最大手
【本社】100-0005 東京都千代田区丸の内1-7-12
サピアタワー 24F 【設立】2006.4　　　　【未上場】

【業績】	売上高	営業利益	経常利益	純利益
連21.12	466,144	NA	NA	NA
連22.12	673,600	NA	NA	NA

●インターンシップ●【概要】①〈DAY1〉ワークショップ型のサプライチェーンゲームを通じて、当社のビジネスモデルや強みと課題を知る〈DAY2〉ロープレワークを通し、当社の実際の業務の一端を体感。理系限定回では低脱炭素社会化を踏まえた新規事業立案ワーク【募集】①11〜1月【実施】①11〜2月（2日間）【地域】①東京・千代田 オンライン【選考】①ES 動画 適性検査

ＥＮＥＯＳグローブ㈱ 〔電力・ガス〕

修士・大卒採用数	従業員数	平均勤続年数	平均年収
10名	227名	17.8年	NA

【特色】LPガス元売り大手。仙台などに輸入基地
【本社】100-6115 東京都千代田区永田町2-11-1 山王パークタワー 【設立】1960.6 【未上場】

【業績】	売上高	営業利益	経常利益	純利益
￥22.3	302,140	19,433	19,747	12,320
￥23.3	400,730	15,313	15,895	10,400

●インターンシップ●
【概要】①動画で業務内容やLPガスの商流を説明、質疑を通じて理解を深める。社員との質疑で、仕事の魅力や社風を感じる【募集】①6~2月【実施】①8月 11月 12月 2月 3月(半日間、各月数回)【地域】①東京 オンライン 【全学年対象】① 【選考】①なし

25総 613ジ
25働 603ジ

静 岡 ガ ス㈱ 〔電力・ガス〕

修士・大卒採用数	従業員数	平均勤続年数	平均年収
26名	844名	21.8年	㊻676万円

【特色】静岡県中東部地盤。都市ガス販売量で国内4位
【本社】422-8688 静岡県静岡市駿河区八幡1-5-38 【設立】1910.4 【東証P】

【業績】	売上高	営業利益	経常利益	純利益
連22.12	207,325	8,629	9,491	5,975
連23.12	214,004	18,340	20,064	14,107

●インターンシップ● 【概要】①分野別の業務体験 業界・企業研究 社員座談会②分野別の業務体験 業界・企業研究③④業界・企業研究 グループワークによる新事業企画立案 社員座談会【募集】①6~7月②8月③10~11月④12~1月【実施】①8月下旬~9月上旬(3日間×3回)②9月(1日×1回)③11月下旬~12月上旬(1日×4回)④2月(1日×3回)【地域】①②静岡③静岡 東京 オンライン④オンライン 【全学年対象】①②③④【選考】②ES

25総 614ジ
25働 604ジ

大 阪 ガ ス㈱ 〔電力・ガス〕

修士・大卒採用数	従業員数	平均勤続年数	平均年収
71名	※1,163名	※17.9年	685万円

【特色】京阪神地盤の都市ガス2位。電力、LPGも展開
【本社】541-0046 大阪府大阪市中央区平野町4-1-2 【設立】1897.4 【東証P】

【業績】	売上高	営業利益	経常利益	純利益
連22.3	1,586,879	94,905	110,464	128,256
連23.3	2,175,113	60,001	75,649	57,110

●インターンシップ● 【概要】①現場実習を通じて、具体的な業務内容や社風等を知る②オンラインでのグループワークや座談会等を通じて、当社の取り組みや社風等を知る【募集】①6月 11月中旬~12月初旬②6~2月【実施】①8~9月(5日間)2月(5日間)②7~3月(1日)【地域】①関西圏②オンライン【選考】①ES グループ選考 面接②ES

25総 615ジ
25働 605ジ

西 部 ガ ス㈱ 〔電力・ガス〕

修士・大卒採用数	従業員数	平均勤続年数	平均年収
18名	※1,086名	※16.8年	㊻581万円

【特色】都市ガス大手。福岡、熊本、長崎に供給
【本社】812-8707 福岡県福岡市博多区千代1-17-1 【設立】1930.12 【持株傘下】

【業績】	売上高	営業利益	経常利益	純利益
連23.3	266,319	10,811	11,759	13,215

※業績は西部ガスホールディングス㈱のもの

●インターンシップ●
【概要】①プロジェクトストーリー体感型②営業体感プログラム③技術体感プログラム
【募集】①6月中旬~7月②12月上旬~中旬③11月下旬~12月中旬【実施】①8月(2日間×4回)②12月~(1日×3回)③12月~(1日×4回)【地域】①オンライン②③オンライン 福岡市【選考】㊻なし

25総 615ジ
25働 605ジ

ＥＮＥＯＳ㈱ 〔石油〕

修士・大卒採用数	従業員数	平均勤続年数	平均年収
※104名	8,981名	18.9年	NA

【特色】石油元売り最大手。子会社整理し事業再編推進中
【本社】100-8162 東京都千代田区大手町1-1-2 【設立】1888.5 【持株傘下】

【業績】	売上高	営業利益	経常利益	純利益
￥22.3	7,741,106	381,480	470,881	362,105
￥23.3	10,578,065	▲82,489	▲28,451	15,868

●インターンシップ● 24予【概要】①新規事業創出ワーク②事業部の業務体験③経営体感型のシミュレーションワーク④デザイン思考ワーク【募集】①10月②6月③7月【実施】①11月(1~2週間)②8~9月(1カ月間)③8~9月(2日間)④7月(2日間)【地域】①②対面 オンライン③オンライン④対面 【選考】①④ES Webテスト 動画②ES Webテスト 動画 面接③ES Webテスト 【本選考との関係】③事業部への内定直結

25総 616ジ
25働 606ジ

出 光 興 産㈱ 〔石油〕

修士・大卒採用数	従業員数	平均勤続年数	平均年収
62名	◇4,866名	◇18.7年	㊻949万円

【特色】19年に昭和シェル石油と統合。石油元売り2位
【本社】100-8321 東京都千代田区大手町1-2-1 【設立】1940.3 【東証P】

【業績】	売上高	営業利益	経常利益	純利益
連22.3	6,686,761	434,453	459,275	279,498
連23.3	9,456,281	282,442	321,525	253,646

●インターンシップ● 【概要】⑥<事務系>職種理解ワーク 製油所・油槽所見学 社員座談会 <技術系>職種理解ワーク 製油所・研究所見学 社員座談会【募集】⑥6月上旬~中旬②9月中旬~下旬【実施】①8月末~9月上旬(3日間)②11~12月(3日間)【地域】⑥東京・千代田 首都圏の事業所・研究所【全学年対象】①②【選考】⑥ES【本選考との関係】⑥参考にする

25総 616ジ
25働 606ジ

コスモエネルギーホールディングス㈱（コスモ石油㈱）　[石油]

[25総] 617ページ　[25働] 607ページ

修士・大卒採用数	従業員数	平均勤続年数	平均年収
31名	1,547名	18.9年	[総]1,049万円

【特色】石油元売り業界3位。上流の石油開発に強み
【本社】105-8528 東京都港区芝浦1-1-1 浜松町ビル【設立】2015.10 ［東京Ｐ］

【業績】	売上高	営業利益	経常利益	純利益
連22.3	2,440,452	235,303	233,097	138,890
連23.3	2,791,872	163,780	164,505	67,935

●インターンシップ● [24予]【概要】①企業概要説明 他②（理系）技術系社員の業務紹介。石油精製プロセスの管理、製油所プラント管理、新エネルギーなどの研究業務体験③提案型コンサルティング営業業務体験④（理系）石油開発の現場での業務説明および業務体験【募集】①6月~②③8月④7月【実施】①7~9月（1日）②9~11月（3日間）③10~12月（2日間）④8~10月（1日）【地域】①オンライン②③オンライン 東京 千葉 堺 四日市 埼玉④オンライン 東京【選考】①なし②③④ES SPI 他【本選考との関係】②③④早期選考に案内

富士石油㈱　[石油]

[25総] 617ページ　[25働] 607ページ

修士・大卒採用数	従業員数	平均勤続年数	平均年収
5名	◇485名	◇20.1年	◇738万円

【特色】千葉・袖ケ浦製油所が収益柱。JERAが筆頭株主
【本社】140-0002 東京都品川区東品川2-5-8 天王洲パークサイドビル【設立】2003.1 ［東京Ｐ］

【業績】	売上高	営業利益	経常利益	純利益
連22.3	485,302	15,539	16,076	15,203
連23.3	850,863	5,028	4,704	3,575

●インターンシップ●【概要】①脱硫装置の触媒の寿命管理方法に関する説明と模擬体験、会社・部署紹介、製油所見学、社員座談会等（理系）②設備保全に関するケーススタディ、製油所設備内部の説明、会社・部署紹介、製油所見学、社員座談会等（機械・電気系学生）【募集】[全]7~9月【実施】①10月13日（1日）②10月20日（1日）【地域】[全]千葉・袖ケ浦【選考】[全]なし

㈱ＩＮＰＥＸ　[石油]

[25総] 618ページ　[25働] 608ページ

修士・大卒採用数	従業員数	平均勤続年数	平均年収
39名	1,349名	※13.7年	◇969万円

【特色】国内外で石油・天然ガスを開発。再エネも
【本社】107-6332 東京都港区赤坂5-3-1 赤坂Bizタワー【設立】2006.4 ［東京Ｐ］

【業績】	売上高	営業利益	税前利益	純利益
◇23.12	2,164,516	1,114,189	1,253,384	321,708

●インターンシップ● [24予]【概要】①GWでエネルギー開発ビジネスについて学習②（理系）脱炭素化の取組み 石油・天然ガスの探鉱・開発・生産・HSEにおける業務理解③（理系）コース2に加え、再エネ・新エネ分野の概要を学ぶ④（理系）技術研究所または現場見学、部署での実習他【募集】①6月下旬~②③4~8月④4~6月上旬【実施】①7月~（1日、随時）②8~9月（1日）③8~9月（2日間）④7~9月（2週間）【地域】①②③オンライン④東京・赤坂 新潟 海外【全学年対象】①【選考】①なし②ES③ES 適性検査④ES 適性検査 面接【本選考との関係】③④参考にする

石油資源開発㈱　[石油]

[25総] 618ページ　[25働] 608ページ

修士・大卒採用数	従業員数	平均勤続年数	平均年収
30名	◇954名	◇15.7年	[総]856万円

【特色】国内外で原油・天然ガスの探鉱・開発を展開
【本社】100-0005 東京都千代田区丸の内1-7-12 サピアタワー【設立】1955.12 ［東京Ｐ］

【業績】	売上高	営業利益	経常利益	純利益
連22.3	249,140	19,809	43,674	▲30,988
連23.3	336,492	62,085	83,130	67,394

●インターンシップ●【概要】①事・技合同：業界・仕事理解を深めるGW②技術系：技術研究所インターンシップ③地球科学系：4days仕事体験④事・技合同：再生可能エネルギー事業に係る新事業企画立案GW【募集】①8月②8~9月③10~11月④12~1月【実施】①9月上旬~中旬（1日×2回）②8~10月（5日間）③11月下旬~12月（4日間）④1月（1日×2回）【地域】①④オンライン②千葉市③東京（千代田 文京）埼玉 千葉【全学年対象】①②③④【選考】①なし②③④ES【本選考との関係】②早期選考に案内

㈱大丸松坂屋百貨店　[デパート]

[25総] 620ページ　[25働] 610ページ

修士・大卒採用数	従業員数	平均勤続年数	平均年収
40名	※3,882名	※20.0年	[総]620万円

【特色】J.フロント リテイリング傘下の大手百貨店
【本社】135-0042 東京都江東区木場2-18-11
【設立】2010.3 ［持株傘下］

【業績】	売上高	営業利益	経常利益	純利益
単22.2	505,987	▲1,824	NA	▲2,995
単23.2	602,490	8,076	NA	6,114

●インターンシップ●
【概要】①1dayワークショップ②2days職種体験プログラム
【募集】①7~8月②9~10月【実施】①9~10月（1日）②11~1月（2日間）【地域】①オンライン②東京 大阪【全学年対象】①②【選考】[全]ES【本選考との関係】②早期選考に案内

㈱そごう・西武　[デパート]

[25総] 620ページ　[25働] 610ページ

修士・大卒採用数	従業員数	平均勤続年数	平均年収
48名	1,983名	23.7年	[総]620万円

【特色】西武、そごうの両ブランドを基軸に百貨店を展開
【本社】171-0022 東京都豊島区南池袋1-18-21 西武池袋本店 書籍館【設立】（創業）1830年 ［未上場］

【業績】	売上高	営業利益	経常利益	純利益
単22.2	446,973	▲3,527	▲5,530	▲8,826
単23.2	496,342	2,463	111	▲13,059

●インターンシップ●【概要】①そごう・西武というフィールドで様々な社会問題を解決し、百貨店としての価値を創出する活動を考える②「これからのお客さまに」「どのような新しい消費を提供するか」について考える③コーポレートメッセージのポスターを考える④訪日客向けの新しい価値提供について考える【募集】①6~7月②7~8月③10~11月④12~1月【実施】①8月（1日）②9月（3日間）③12月（3日間）④2月（1日）【地域】①④オンライン②③東京・池袋【全学年対象】①②③④【選考】[全]Webテスト

㈱髙島屋 (たかしまや) [デパート]

修士・大卒採用数	従業員数	平均勤続年数	平均年収
35名	4,012名	25.1年	総707万円

【特色】百貨店大手。SC、金融などバランスの良さが特徴
【本社】542-8510 大阪府大阪市中央区難波5-1-5
【設立】1919.8　[東京P]

【業績】	売上高	営業利益	経常利益	純利益
連23.2	443,443	32,519	34,520	27,838
連24.2	466,134	45,937	49,199	31,620

●インターンシップ● 【概要】①販売担当職の業務を体感できるグループワーク、人事部との座談会②百貨店ならではのさまざまな職務(バイヤー、企画宣伝、EC事業等)を体感できるグループワーク、社内講師による講演会、若手社員との座談会【募集】①6月下旬~8月中旬②10~11月【実施】①8~9月(半日)②12~1月(半日~1日)【地域】①東京・中央 大阪市 オンライン②東京・中央 大阪市【全学年対象】①②【選考】㊐ES

25総621
25働611

㈱三越伊勢丹 (みつこしいせたん) [デパート]

修士・大卒採用数	従業員数	平均勤続年数	平均年収
35名	※5,922名	※18.6年	総698万円

【特色】百貨店首位。伊勢丹新宿、三越日本橋が主力
【本社】160-0023 東京都新宿区西新宿3-2-5 三越伊勢丹西新宿ビル【設立】2011.4　[持株傘下]

【業績】	売上高	営業利益	経常利益	純利益
連22.3	208,451	2,863	7,602	10,158
連23.3	244,176	21,926	24,416	26,491

●インターンシップ● 【概要】①仕事理解を深める企画立案GW②2DAYS価値創造型ワークショップ③3DAYS新規事業創造型ワークショップ④(コース2・3参加者限定)5DAYSインターン【募集】①6~1月②6~10月③7~9月④12~1月【実施】①7~2月(1日×16回)②7月 8月 10月 2月(2日間×4回)③9月 11月(3日間×2回)④5日間×1回【地域】①東京 オンライン②③④東京【全学年対象】①②③④【選考】①なし②③④ES 面接【本選考との関係】④早期選考に案内

25総621
25働611

㈱丸井グループ [デパート]

修士・大卒採用数	従業員数	平均勤続年数	平均年収
33名	4,435名	22.6年	総639万円

【特色】ファッションビル運営。自社カードが収益柱
【本社】164-8701 東京都中野区中野4-3-2
【設立】1937.3　[東京P]

【業績】	売上高	営業利益	経常利益	純利益
連22.3	209,323	36,784	35,547	17,791
連23.3	217,854	38,771	36,364	21,473

●インターンシップ●
【概要】㊐独自の三位一体のビジネスモデルを体感
【募集】‥【実施】①8~9月(2日間×12クール)②秋(検討中)【地域】㊐オンライン 対面【全学年対象】①②【選考】㊐ES等【本選考との関係】㊐関係あり

25総622
25働612

㈱阪急阪神百貨店 (はんきゅうはんしんひゃっかてん) [デパート]

修士・大卒採用数	従業員数	平均勤続年数	平均年収
40名	3,192名	22.0年	総646万円

【特色】H2Oリテイリング傘下の大手百貨店。関西地盤
【本社】530-8350 大阪府大阪市北区角田町8-7
【設立】2007.10　[持株傘下]

【業績】	売上高	営業利益	経常利益	純利益
連22.3	128,849	1,074	650	93
連23.3	154,500	10,386	9,306	7,930

●インターンシップ●【概要】①オープンカンパニー(1DAY)②オープンカンパニー(2DAYS)③他計画中【募集】①6~1月【実施】①6~1月【地域】①オンライン②大阪③オンライン 大阪 東京 福岡【全学年対象】①②③【選考】㊐未定

25総622
25働612

㈱近鉄百貨店 (きんてつひゃっかてん) [デパート]

修士・大卒採用数	従業員数	平均勤続年数	平均年収
16名	1,523名	22.6年	総469万円

【特色】近鉄グループの流通部門中核。南大阪、奈良地盤
【本社】545-8545 大阪府大阪市阿倍野区阿倍野筋1-1-43【設立】1934.9　[東京S]

【業績】	売上高	営業利益	経常利益	純利益
連23.2	107,848	1,566	1,945	1,893
連24.2	113,506	3,902	3,864	2,777

●インターンシップ●
【概要】①グループワークによる企画立案、先輩社員との懇親会
【募集】‥
【実施】①8月 9月 10月 11月 2月【地域】①大阪【選考】①ES

25総623
25働613

㈱松屋 (まつや) [デパート]

修士・大卒採用数	従業員数	平均勤続年数	平均年収
13名	550名	21.8年	総557万円

【特色】老舗の独立系百貨店。銀座と浅草の2店体制
【本社】104-8130 東京都中央区銀座3-6-1
【設立】1919.3　[東京P]

【業績】	売上高	営業利益	経常利益	純利益
連23.2	34,400	347	261	4,383
連24.2	41,251	2,974	2,938	2,631

●インターンシップ● 24予【概要】①リモート座談会:先輩社員との座談会、質問会②キャリア研究セミナー③1Day仕事体験:業界、会社についての説明、人事部社員との交流会【募集】①6~11月②10~12月③6~1月【実施】①7~12月(1日)②12~1月(1日)③8~2月(1日)【地域】①②オンライン③東京・中央【全学年対象】①②③【選考】㊐なし

25総624
25働614

307

[小売]

㈱ ローソン 〔コンビニ〕

	修士・大卒採用数	従業員数	平均勤続年数	平均年収
	102名	4,490名	15.2年	総653万円

624ページ	【特色】三菱商事傘下。コンビニ以外に成城石井など運営

	【業績】	営業収入	営業利益	税前利益	純利益
	◇23.2	1,000,385	54,459	47,134	29,708
	◇24.2	1,087,964	83,426	77,292	52,148

【本社】141-8643 東京都品川区大崎1-11-2 ゲートシティ大崎イーストタワー 【設立】1975.4 【東京P】

614ページ ●インターンシップ●
【概要】①「コンサルティング」×「没入感」！動画解説やドラマ映像、グループワークを用いてスーパーバイザーのコンサルティング体験プログラムコース。分析力・企画力・課題解決力・コミュニケーション力を磨く【募集】‥ 【実施】①7~12月【地域】①オンライン【選考】①なし

㈱ セブンーイレブン・ジャパン 〔コンビニ〕

	修士・大卒採用数	従業員数	平均勤続年数	平均年収
	100名	8,493名	12.8年	655万円

625ページ	【特色】セブン＆アイHDの収益柱。コンビニ業界で首位

	【業績】	営業収入	営業利益	経常利益	純利益
	単22.2	863,025	223,091	273,672	189,652
	単23.2	872,719	232,873	282,630	203,009

【本社】102-8455 東京都千代田区二番町8-8 【設立】1973.11 【持株傘下】

615ページ ●インターンシップ●
【概要】①サマーインターンシップ（OFC体感ワーク）②グローバルインターンシップ③商品部インターンシップ【募集】‥ 【実施】①8月(1日)9月(1日)②11月(1日×2回)③12月(1日×2回)【地域】㋐オンライン【全学年対象】①②③【選考】㋐なし

㈱ ファミリーマート 〔コンビニ〕

	修士・大卒採用数	従業員数	平均勤続年数	平均年収
	122名	6,126名	13.5年	総641万円

625ページ	【特色】伊藤忠グループ。ドン・キホーテとも提携

	【業績】	営業収入	営業利益	税前利益	純利益
	◇22.2	451,461	NA	137,534	90,259
	◇23.2	461,495	NA	49,158	34,361

【本社】108-0023 東京都港区芝浦3-1-21 田町ステーションタワーS 【設立】1981.9 【未上場】

615ページ ●インターンシップ●
【概要】①小売業界研究 企業紹介 問題解決型未来構想ワーク
【募集】①5月中旬~1月中旬【実施】①6月下旬~1月(1日)【地域】①東京 大阪 オンライン【全学年対象】① 【選考】①なし 【本選考との関係】①関係あり

ユ ニ ー ㈱ 〔スーパー〕

	修士・大卒採用数	従業員数	平均勤続年数	平均年収
	88名	3,786名	20.6年	598万円

626ページ	【特色】総合スーパーで東海地盤。PPIHの子会社

	【業績】	売上高	営業利益	経常利益	純利益
	連23.6	1,936,783	105,259	110,994	66,167

※業績は㈱パン・パシフィック・インターナショナルHDのもの

【本社】492-8680 愛知県稲沢市天池五反田町1 【設立】2012.2 【持株傘下】

616ページ ●インターンシップ● 【概要】①〈マーチャンダイザー体験ワーク・座談会〉情報を分析・展開するアイテムの仕入数、販売価格を決めるGW〈店長体験ワーク・ストアウォッチング〉実際の店舗で、マーチャンダイザーと共に利益強化プロジェクトを立ち上げる。ストアコンセプトを再構築して具体的な販売強化策を体験【募集】①4~2月上旬 【実施】①6~2月中旬(複数回)6~2月中旬(1日×複数回)【地域】①名古屋 静岡 石川 神奈川 オンライン【全学年対象】① 【選考】①なし 【本選考との関係】①関係あり

㈱ フジ 〔スーパー〕

	修士・大卒採用数	従業員数	平均勤続年数	平均年収
	40名	1,890名	19.0年	454万円

627ページ	【特色】中四国地方と関西のスーパー。イオン子会社

	【業績】	売上高	営業利益	経常利益	純利益
	連23.2	784,967	11,320	13,359	9,033
	連23.2	801,021	15,110	17,374	7,436

【本社】732-0814 愛媛県広島市南区段原南1-3-52 【設立】1967.9 【東京P】

617ページ ●インターンシップ● 【概要】①小売業の仕事体験：「売る」ことの奥深さを体験②経営視点・マーケティング体験：「バーチャルフジを開店せよ」③鮮魚部門の仕事体験：商品を「作る」面白さを体験【募集】㋐6月【実施】①8~9月 11~12月 1~2月(1日)【地域】①松山 広島 オンライン②オンライン③松山【選考】㋐なし 【本選考との関係】㋐関係あり

㈱ イトーヨーカ堂 〔スーパー〕

	修士・大卒採用数	従業員数	平均勤続年数	平均年収
	56名	5,408名	23.1年	総568万円

627ページ	【特色】セブン＆アイHDの祖業。総合スーパーなどを運営

	【業績】	売上高	営業利益	経常利益	純利益
	単22.2	1,038,664	1,620	2,371	▲11,201
	単23.6	654,251	408	1,087	▲15,203

【本社】102-8450 東京都千代田区二番町8-8 【設立】(創業)1920年 【持株傘下】

617ページ ●インターンシップ●
【概要】①商売の面白さ、商売の奥深さを体感し、成長できるカリキュラム
【募集】①8月下旬~2月上旬
【実施】①8月下旬~2月上旬(1日)【地域】①オンライン【全学年対象】① 【選考】①未定

308

オーケー㈱　スーパー

	修士・大卒採用数	従業員数	平均勤続年数	平均年収
	190名	7,181名	5.7年	総317万円

【特色】首都圏地盤。ディスカウントスーパー展開
【本社】220-0012 神奈川県横浜市西区みなとみらい6-3-6 オーケーみなとみらいビル　【設立】1967.9　【未上場】

【業績】	売上高	営業利益	経常利益	純利益
単22.3	523,683	NA	31,198	NA
単23.3	552,440	NA	30,289	NA

●インターンシップ●
【概要】①②GDで食品業界やオーケーについて理解を深める③GDで売り場（エンド）づくりを体験し、お客様に選ばれる売り場とはどういうものか及びオーケーについて理解を深める
【募集】⑦6月中旬~12月中旬　【実施】⑦8~12月中旬(1日)　【地域】①横浜②③オンライン　【選考】⑦なし

628ページ
25総
25働
618ページ

㈱イズミ　スーパー

	修士・大卒採用数	従業員数	平均勤続年数	平均年収
	120名	2,852名	16.3年	総592万円

【特色】中国・四国・九州等で展開する総合スーパー大手
【本社】732-8555 広島県広島市東区二葉の里3-3-1　【設立】1961.11　【東京P】

【業績】	売上高	営業利益	経常利益	純利益
単22.2	676,799	34,717	34,696	23,204
単23.2	460,140	33,644	34,396	23,188

●インターンシップ●
【概要】①小売業にかかわる様々な職種を体験:売場担当者・バイヤー商品仕入れ担当者・支配人(店舗責任者)他②仕事体験:業界理解・企業理解 売場マネジメントの基本的な考え方を体験(売場責任者業務体験)　【募集】①7月~②5月以降随時　【実施】①8月(広島、5日間)9月(福岡、5日間)②6~9月 12~2月(1日)　【地域】①広島 福岡・久留米②オンライン　【全学年対象】①②　【選考】⑦未定　【本選考との関係】⑦関係あり

628ページ
25総
25働
618ページ

㈱平和堂　スーパー

	修士・大卒採用数	従業員数	平均勤続年数	平均年収
	115名	3,324名	17.1年	総558万円

【特色】滋賀県地盤。東海・北陸にも展開の総合スーパー
【本社】522-8511 滋賀県彦根市西今町1　【設立】1957.6

【業績】	売上高	営業利益	経常利益	純利益
連23.2	415,675	11,279	13,069	7,516
連24.2	425,424	13,257	14,482	6,784

●インターンシップ●24予【概要】①オリエンテーション、店舗業務体験、課題発表、先輩社員交流会②③オリエンテーション、業務体験、グループワーク、課題発表、フィードバック　【募集】①6~7月中旬②6~12月上旬③12~2月上旬　【実施】①8月下旬(5日間)②8月中旬~12月(2日間)③12月中旬~2月中旬(1日)　【地域】①滋賀 京都 大阪②③オンライン　【全学年対象】①②③　【選考】①未定②③なし

629ページ
25総
25働
619ページ

㈱Olympicグループ　スーパー

	修士・大卒採用数	従業員数	平均勤続年数	平均年収
	23名	3,125名	15.6年	総532万円

【特色】首都圏地盤に食品スーパーやHC、専門店など展開
【本社】185-0012 東京都国分寺市本町4-12-1　【設立】1973.2　【東京S】

【業績】	売上高	営業利益	経常利益	純利益
連23.2	91,983	315	156	108
連24.2	90,937	190	51	▲477

●インターンシップ●
【概要】①新商品提案コース②新売場作りコース③会社紹介④ブランディングコース
【募集】⑦6~2月　【実施】①②随時(3日間~)③④随時(2日間)　【地域】①②東京③④オンライン　【全学年対象】①②③④　【選考】⑦なし　【本選考との関係】⑦関係あり

629ページ
25総
25働
619ページ

㈱ユニバース　スーパー

	修士・大卒採用数	従業員数	平均勤続年数	平均年収
	20名	1,076名	15.0年	総487万円

【特色】北東北地盤の食品スーパー。青森県八戸市に本社
【本社】039-1185 青森県八戸市大字長苗代字前田83-1　【設立】1967.10　【未上場】

【業績】	売上高	営業利益	経常利益	純利益
単22.2	131,304	5,382	5,511	3,805
単23.2	130,917	4,946	5,173	3,597

●インターンシップ●
【概要】①業界研究、会社説明会、店舗見学、データ分析体験、ケーススタディ 他
【募集】⑦6月中旬~2月上旬
【実施】①7~2月(1日×複数回)　【地域】①青森・八戸 オンライン　【選考】①なし

630ページ
25総
25働
620ページ

㈱ヨークベニマル　スーパー

	修士・大卒採用数	従業員数	平均勤続年数	平均年収
	76名	2,984名	16.3年	総510万円

【特色】セブン&アイの食品スーパー。総菜の強化図る
【本社】963-8802 福島県郡山市谷島町5-42　【設立】1947.6　【未上場】

【業績】	売上高	営業利益	経常利益	純利益
単22.2	469,415	14,704	15,953	9,055
単23.2	458,991	18,013	18,421	45,278

●インターンシップ●【概要】①ヨークベニマルで起こる事業のケーススタディに取り組む②商品開発のコンセプト設計③実店舗で商品企画から販売までを行う④弁当・パンづくり体験【募集】①⑤5~1月④7~11月　【実施】①②6~1月(1日)③8~1月(2日間)④8月 10月 12月(1日)【地域】①オンライン②③宮城 福島 茨城 栃木④福島　【全学年対象】①②③④　【選考】⑦なし

630ページ
25総
25働
620ページ

[小売]

㈱カスミ 〔スーパー〕

修士・大卒採用数	従業員数	平均勤続年数	平均年収
77名	2,899名	13.0年	◎536万円

【特色】茨城県地盤の食品スーパー。イオン傘下
【本社】305-8510 茨城県つくば市西大橋599-1 〔持株傘下〕
【設立】1961.6

【業績】	営業収益	営業利益	経常利益	純利益
	706,657	6,907	6,929	1,008

※業績はユナイテッド・スーパーマーケットHD㈱のもの

●インターンシップ● 【概要】①店舗の仕事体験(売場計画、シフト作成)本社の仕事体験(IT、広報、食育、商品開発)自己分析、業界研究 他②企業の最新を知る店舗見学③商品の製造体験(ベーカリー、デリカ、鮮魚)④カスミのIT活用を知る、カスミの商品調達を知る【募集】①4~11月②③6~2月④7~9月【実施】①4~11月(半日)②8月 1~2月(半日)③8月 2,3月④8~9月(5日間)【地域】①オンライン②本社・つくば 千葉・市川 埼玉・越谷③④茨城・つくば【選考】②なし【本選考との関係】①早期選考に案内②③④早期選考に案内 1次面接を免除

㈱ヤオコー 〔スーパー〕

修士・大卒採用数	従業員数	平均勤続年数	平均年収
165名	※3,975名	※11.7年	◎703万円

【特色】埼玉県地盤の食品スーパー。高利益率
【本社】350-1124 埼玉県川越市新宿町1-10-1
【設立】1974.3 〔東京P〕

【業績】	売上高	営業利益	経常利益	純利益
連22.3	536,025	24,081	23,290	15,382
連24.3	564,486	26,235	25,597	15,849

●インターンシップ● 【概要】①現場での仕事をイメージ:特殊キットを使ったグループワーク(食生活提案)②現場での販売チャレンジ:1店舗あたり2~4名を配属、計画から加工・販売等すべての工程に携わる【募集】‥【実施】①6~2月(1日)②8~9月 1~2月(5日間)【地域】①埼玉・川越②埼玉・川越(初日・最終日)店舗配属期間は各店舗【全学年対象】①②【選考】①なし②グループ面接

㈱ベルク 〔スーパー〕

修士・大卒採用数	従業員数	平均勤続年数	平均年収
121名	2,393名	9.2年	◎568万円

【特色】埼玉地盤の食品スーパー。効率経営に強み
【本社】350-2282 埼玉県鶴ヶ島市脚折1646
【設立】1959.5 〔東京P〕

【業績】	売上高	営業利益	経常利益	純利益
連23.2	310,825	14,018	14,297	9,614
連24.2	351,856	14,495	14,972	10,677

●インターンシップ● 24予【概要】①販売業務:店舗の役割と仕事紹介、作業体験、GWによる販売計画立案、発表 他②教育・製造:寿司、おはぎ製造体験 他③本社マーケティング:マーケティングの仕事紹介、GWによる販促企画立案、プレゼンテーション 他④本社商品開発:商品開発の仕事紹介、GWによる商品企画立案、プレゼンテーション 他【募集】①6~2月【実施】①6~2月(1日)【地域】①埼玉(川越 さいたま)千葉 他②埼玉・寄居③④埼玉・鶴ヶ島【全学年対象】①②③④【選考】②なし

㈱ライフコーポレーション 〔スーパー〕

修士・大卒採用数	従業員数	平均勤続年数	平均年収
290名	6,211名	15.1年	◎608万円

【特色】首都圏と近畿圏で集中展開する食品スーパー大手
【本社】110-0016 東京都台東区台東1-2-16
【設立】1956.10 〔東京P〕

【業績】	売上高	営業利益	経常利益	純利益
連23.2	765,425	19,148	20,015	13,327
連24.2	809,709	24,118	24,948	16,938

●インターンシップ● 【概要】①業界研究セミナー・仕事体験グループワークなどを通じて食品流通の最前線を体感し、商売の面白さと食品スーパー日本一の売上高を誇るライフの戦略を学ぶ【募集】①4月中旬~2月【実施】①6月中旬~2月(1日)【地域】①東京 大阪 オンライン【選考】①なし

サミット㈱ 〔スーパー〕

修士・大卒採用数	従業員数	平均勤続年数	平均年収
90名	2,395名	13.3年	◎592万円

【特色】住友商事系の食品スーパー。首都圏に展開
【本社】168-8686 東京都杉並区永福3-57-14
【設立】1963.7 〔未上場〕

【業績】	売上高	営業利益	経常利益	純利益
単22.3	310,853	9,143	9,477	6,059
単23.3	309,415	5,059	5,076	3,921

●インターンシップ● 【概要】①小売・流通業の業界研究 試食販売実習体験 本部先輩社員との座談会 販促物作成 チームビルディング 就活準備講座 他【募集】①6~8月 11~12月中旬【実施】①8~1月(半日・1日・5日間)【地域】①東京・杉並【全学年対象】①【選考】①なし

㈱いなげや 〔スーパー〕

修士・大卒採用数	従業員数	平均勤続年数	平均年収
15名	1,795名	18.8年	◎560万円

【特色】首都圏食品スーパー大手。ドラッグストアも展開
【本社】190-8517 東京都立川市栄町6-1-1
【設立】1948.5 〔東京P〕

【業績】	売上高	営業利益	経常利益	純利益
連22.3	251,417	3,525	3,880	2,399
連23.3	248,546	1,899	2,184	▲1,156

●インターンシップ● 24予【概要】①会社紹介、店舗視察と本社職場見学会、社員登壇、広告チラシ作成②会社紹介、店舗視察、広告チラシ作成③店舗視察・企業理解、精肉部門または鮮魚部門の新入社員研修を一部体験、事業開発の販促業務を体験【募集】①②6~12月③6~9月④6~7月【実施】①6~12月(2日間)②6~12月(1日)③6~9月(2日間)④7~8月(5日間)【地域】①④東京(小金井 立川)②③東京・小金井【選考】①②③なし④未定

㈱東急ストア　スーパー

	修士・大卒採用数	従業員数	平均勤続年数	平均年収
	27名	**1,931**名	**19.0**年	㊱**548**万円

【特色】東急グループ流通事業の中核。東急沿線が主地盤
【本社】153-8577 東京都目黒区上目黒1-21-12
【設立】1956.10　　　　　　　　　　　　　【未上場】

【業績】	売上高	営業利益	経常利益	純利益
㊥22.2	184,945	3,840	3,566	2,013
㊥23.2	193,159	3,333	2,963	1,356

●インターンシップ●
【概要】①店舗業務体験②仕事体感ワーク
【募集】①5~6月②6~1月【実施】①8月中旬(5日間)②6~1月(1日)【地域】①東京 神奈川・青葉 他②東京・目黒【全学年対象】①②【選考】⓪なし【本選考との関係】⓪早期選考に案内

㈱スーパーアルプス　スーパー

	修士・大卒採用数	従業員数	平均勤続年数	平均年収
	15名	**695**名	**16.3**年	㊱**561**万円

【特色】八王子中心に三多摩地区で食品スーパーを展開
【本社】192-0011 東京都八王子市滝山町2-351
【設立】1962.4　　　　　　　　　　　　　【未上場】

【業績】	売上高	営業利益	経常利益	純利益
㊥22.3	58,891	956	1,096	609
㊥23.3	58,465	357	463	▲57

●インターンシップ●
【概要】①店舗における商品の製造、販売(就業)体験
【募集】①7~8月上旬
【実施】①8月下旬(2日間)【地域】①東京・八王子【全学年対象】①【選考】①なし

アクシアル　リテイリンググループ　スーパー

	修士・大卒採用数	従業員数	平均勤続年数	平均年収
	35名	**1,568**名	**12.6**年	㊱**522**万円

【特色】新潟と群馬を地盤に食品スーパーを運営
【本社】954-0193 新潟県長岡市中興野18-2
【設立】1967.8　　　　　　　　　　　　　［東京P］

【業績】	売上高	営業利益	経常利益	純利益
連23.3	254,966	10,443	10,940	6,356
※会社データはアクシアル リテイリング㈱のもの				

●インターンシップ● 24予
【概要】①商品開発業務体験②店舗運営業務体験③部門運営業務体験④店舗見学会・座談会
【募集】⓪6月~【実施】①②③8月中旬~1月(1日)④7月中旬~1月(1日)【地域】①②③オンライン 対面④対面【全学年対象】①②③④【選考】⓪なし【本選考との関係】①②③早期選考に案内

㈱ハートフレンド　スーパー

	修士・大卒採用数	従業員数	平均勤続年数	平均年収
	—	**642**名	**9.5**年	㊱**426**万円

【特色】京都中心に食品スーパー「フレスコ」など展開
【本社】600-8311 京都府京都市下京区若宮通五条下ル毘沙門町33-1【設立】1992.7　　　　【未上場】

【業績】	売上高	営業利益	経常利益	純利益
㊥22.2	54,800	NA	NA	NA
㊥23.2	54,000	NA	NA	NA

●インターンシップ●
【概要】①実務実習グループワーク
【募集】①2~5月
【実施】①8月(2週間)【地域】①京都【選考】①なし【本選考との関係】①関係あり

㈱神戸物産　スーパー

	修士・大卒採用数	従業員数	平均勤続年数	平均年収
	31名	**571**名	**7.6**年	㊱**487**万円

【特色】食材販売の「業務スーパー」をFC展開
【本社】675-0063 兵庫県加古川市加古川町平野125-1【設立】1991.4　　　　　　　　　［東京P］

【業績】	売上高	営業利益	経常利益	純利益
連22.10	406,813	27,820	32,125	20,832
連23.10	461,546	30,717	29,970	20,560

●インターンシップ●
【概要】①業界研究、会社紹介、グループワーク 他
【募集】①9~10月
【実施】①11月【地域】①兵庫【選考】①なし【本選考との関係】①関係あり

㈱ハローズ　スーパー

	修士・大卒採用数	従業員数	平均勤続年数	平均年収
	110名	**1,256**名	**10.6**年	㊱**486**万円

【特色】広島・岡山地盤の食品スーパー。全店24時間営業
【本社】701-0393 岡山県都窪郡早島町早島3270-1
【設立】1958.10　　　　　　　　　　　　　［東京P］

【業績】	売上高	営業利益	経常利益	純利益
㊥23.2	174,106	9,052	9,141	6,201
㊥24.2	195,444	10,870	10,896	8,589

●インターンシップ●
【概要】①商品開発体験②商品パッケージ開発体験③店舗マネジメント体験④マーケティング(販売戦略)体験【募集】⓪6月~【実施】①1日②③④6月~(1日)【地域】⓪オンライン【全学年対象】①②③④【選考】⓪なし

㈱すかいらーくホールディングス　外食・中食

25総 638ジペー　25働 628ジペー

修士・大卒採用数	従業員数	平均勤続年数	平均年収
130名	※4,272名	※17.7年	㊀530万円

【特色】ファミレスの国内最大手。「ガスト」が主力
【本社】180-8580 東京都武蔵野市西久保1-25-8
【設立】2011.2　[東京P]

【業績】	売上高	営業利益	税前利益	純利益
◇22.12	303,705	▲5,575	▲8,225	▲6,371
◇23.12	354,831	11,688	8,691	4,781

●インターンシップ●【概要】①マネージャー業務の体感ワーク、本部業務の体感ワーク：新業態開発ワーク、新メニュー開発ワーク、マーケティング戦略ワーク、アルバイト採用戦略ワーク、新規事業立案ワーク 他【募集】①4~12月【実施】①5~2月(1日×回数未定)【地域】①東京 大阪 オンライン【全学年対象】①【選考】①なし

㈱グルメ杵屋（きねや）　外食・中食

25総 638ジペー　25働 628ジペー

修士・大卒採用数	従業員数	平均勤続年数	平均年収
15名	609名	14.9年	㊀421万円

【特色】うどん「杵屋」が柱。そば「そじ坊」も展開
【本社】559-8561 大阪府大阪市住之江区北加賀屋3-4-7【設立】1967.3　[東京P]

【業績】	売上高	営業利益	経常利益	純利益
連22.3	23,271	▲2,243	▲2,289	513
連23.3	29,894	▲386	▲477	▲1,150

●インターンシップ●
【概要】①店舗マネジメント、外食産業の見えていない仕事②業界研究セミナー
【募集】①6~7月上旬②10月~【実施】①8月(5日間)②11~2月(1日×複数回)【地域】①大阪市②大阪市 東京・港(オンライン、対面)【選考】㊀なし【本選考との関係】②関係あり

日本（にほん）マクドナルド㈱　外食・中食

25総 639ジペー　25働 629ジペー

修士・大卒採用数	従業員数	平均勤続年数	平均年収
151名	2,545名	12.6年	㊀627万円

【特色】外食大手。米マクドナルドの日本法人
【本社】163-1339 東京都新宿区西新宿6-5-1 新宿アイランドタワー【設立】1971.5　[持株傘下]

【業績】	売上高	営業利益	経常利益	純利益
単21.12	317,696	35,156	34,285	24,281
単22.12	352,300	33,807	32,813	19,937

●インターンシップ●
【概要】①オンラインインターンシップ②対面インターンシップ
【募集】‥【実施】①8~2月中旬②9月(3日間×3回)【地域】①オンライン②対面【全学年対象】①【選考】①なし②あり【本選考との関係】㊀関係あり

日本（にほん）ケンタッキー・フライド・チキン㈱　外食・中食

25総 639ジペー　25働 629ジペー

修士・大卒採用数	従業員数	平均勤続年数	平均年収
50名	804名	13.5年	㊀597万円

【特色】フランチャイズ軸にKFCを運営。日本KFCHD傘下
【本社】220-8586 神奈川県横浜市西区みなとみらい4-4-5 横浜アイマークプレイス【設立】1970.7　[持株傘下]

【業績】	売上高	営業利益	経常利益	純利益
連23.3	99,926	3,622	4,344	2,489

※会社データは日本KFCホールディングス㈱のもの

●インターンシップ●
【概要】①店舗運営体験②経営企画仕事体験③店舗体験・店舗運営体験・調理体験【募集】①6~12月②8~9月③6~8月【実施】①6~12月(25回)②8~10月(4回)③8月下旬(3日間)9月上旬(3日間)【地域】①②横浜 オンライン③横浜 大坂【全学年対象】①②③【選考】㊀なし【本選考との関係】㊀早期選考に案内

㈱モスフードサービス　外食・中食

25総 640ジペー　25働 630ジペー

修士・大卒採用数	従業員数	平均勤続年数	平均年収
20名	511名	16.1年	㊀637万円

【特色】「モスバーガー」を全国で展開。業界第2位
【本社】141-6004 東京都品川区大崎2-1-1 ThinkPark Tower【設立】1972.7　[東京P]

【業績】	売上高	営業利益	経常利益	純利益
連22.3	78,447	3,473	3,634	3,419
連23.3	85,059	41	356	▲317

●インターンシップ●【概要】①講義(飲食業界研究とモスバーガー事業の特徴)グループワーク(データ分析 企画立案)②講義(外食業界研究とモスバーガー事業の特徴)個人ワーク(データ分析)③講義(マーケティング理論とモスの戦略)グループワーク(データ分析、企画立案)④講義(マーケティング理論とモスの戦略)個人ワーク(データ分析)【募集】①②6~8月③11~12月④12~2月【実施】①7~9月(3時間×3回)②8~9月(90分×4回)③11~12月(3時間×3回)④12~2月(90分×6回)【地域】㊀オンライン【全学年対象】①②③④【選考】㊀なし

㈱ドトールコーヒー　外食・中食

25総 641ジペー　25働 631ジペー

修士・大卒採用数	従業員数	平均勤続年数	平均年収
38名	918名	10.3年	531万円

【特色】カフェチェーン大手。フランチャイズを軸に展開
【本社】150-8412 東京都渋谷区神南1-10-1
【設立】1962.4　[持株傘下]

【業績】	売上高	営業利益	経常利益	純利益
単22.2	59,817	▲890	▲758	814
単23.2	68,562	615	762	1,297

●インターンシップ●【概要】①業界研究②経営課題解決③コーヒー体験④パートナー限定コース
【募集】㊀随時【実施】①6月中旬~2月(1日)②7~2月(1日)③8~2月(1日)④6~12月(1日)【地域】①東京・渋谷 オンライン②東京・渋谷 大阪 オンライン③東京・渋谷④東京・渋谷 大阪【選考】㊀なし【本選考との関係】㊀早期選考に案内

テンアライド㈱ 〔外食・中食〕

修士・大卒採用数	従業員数	平均勤続年数	平均年収
12名	257名	15.0年	総514万円

【特色】居酒屋チェーン。首都圏軸に「天狗」等展開
【本社】152-0004 東京都目黒区鷹番2-16-18 Kビル4階 【設立】1969.12　[東京S]

【業績】	売上高	営業利益	経常利益	純利益
連22.3	4,823	▲3,132	▲290	▲339
連23.3	9,489	▲1,328	▲864	▲1,147

●インターンシップ●
【概要】①業界研究、会社紹介、飲食店経営を学ぶワーク②企業研究、事業理解
【募集】①6~9月上旬②8月中旬~9月中旬(1日)【地域】⑥オンライン【全学年対象】①②【選考】①なし②あり【本選考との関係】⑥早期選考に案内

元気寿司㈱ 〔外食・中食〕

修士・大卒採用数	従業員数	平均勤続年数	平均年収
6名	519名	11.9年	総548万円

【特色】「魚べい」が主力の回転ずし大手。海外店舗多数
【本社】320-0811 栃木県宇都宮市大通り2-1-5 明治安田生命宇都宮大通りビル4階 【設立】1979.7　[東京S]

【業績】	売上高	営業利益	経常利益	純利益
連22.3	44,607	265	245	1,301
連23.3	54,614	1,736	1,759	1,013

●インターンシップ●
【概要】①飲食業界の各キャリア・役職における「あるある」解決ワークショップ②未定
【募集】①11~2月②10~2月【実施】①11~2月(各月3回程度)②11~2月(各月4回程度)【地域】⑥オンライン【選考】⑥なし【本選考との関係】⑥関係あり

㈱プレナス 〔外食・中食〕

修士・大卒採用数	従業員数	平均勤続年数	平均年収
37名	1,255名	14.6年	総628万円

【特色】持ち帰り弁当「ほっともっと」展開。業界最大手
【本社】104-0061 東京都中央区銀座6-10-1 GINZA SIX 【設立】1976.11　[未上場]

【業績】	売上高	営業利益	経常利益	純利益
連22.2	143,036	4,053	7,578	2,227
連23.2	150,356	5,829	7,651	3,499

●インターンシップ●
【概要】①1day仕事体験:店舗マネジメント就業体験・特注弁当の企画立案②1day仕事体験:店舗マネジメント就業体験・シフト作成【募集】‥【実施】⑥8~2月(3時間)【地域】⑥オンライン【全学年対象】①②【選考】⑥なし【本選考との関係】⑥関係あり

㈱ロック・フィールド 〔外食・中食〕

修士・大卒採用数	従業員数	平均勤続年数	平均年収
144名	1,524名	14.7年	総491万円

【特色】サラダなど高級総菜「RF1」が主力ブランド
【本社】658-0024 兵庫県神戸市東灘区魚崎浜町15-2 【設立】1972.6　[東京P]

【業績】	売上高	営業利益	経常利益	純利益
連22.4	47,119	2,155	2,185	1,380
連23.4	49,970	1,500	1,564	1,078

●インターンシップ● 24予
【概要】①業界研究
【募集】①6~12月【実施】①7~12月(1日)【地域】①東京 浜松 名古屋 神戸 広島 福岡 オンライン【全学年対象】①【選考】①なし

㈱エディオン 〔家電量販・薬局・HC〕

修士・大卒採用数	従業員数	平均勤続年数	平均年収
160名	8,087名	17.6年	総504万円

【特色】家電量販大手。関西、西日本中心に直営400店超
【本社】530-0005 大阪府大阪市北区中之島2-3-33 大阪三井物産ビル 【設立】2002.3　[東京P]

【業績】	売上高	営業利益	経常利益	純利益
連22.3	713,768	18,796	21,589	13,109
連23.3	720,584	19,186	19,248	11,393

●インターンシップ●
【概要】①シゴト体感セミナー:グループワーク、セミナー、座談会、見学 他(地域・日程による)
【募集】‥【実施】①8月中旬~下旬(1日)11~1月(1日)【地域】①横浜 名古屋 大阪市 広島市 福岡市 オンライン【選考】①なし

㈱マツキヨココカラ&カンパニー 〔家電量販・薬局・HC〕

修士・大卒採用数	従業員数	平均勤続年数	平均年収
428名	10,418名	12.1年	総563万円

【特色】ドラッグストア大手。首都圏の繁華街立地に強み
【本社】113-0034 東京都文京区湯島1-8-2 MK御茶ノ水ビル 【設立】2007.10　[東京P]　※採用、従業員数、勤続年数はグループのもの

【業績】	売上高	営業利益	経常利益	純利益
連23.3	951,247	62,276	66,721	40,545

24予●インターンシップ●【概要】①総合職:架空の店舗が舞台のケーススタディで、問題発見と課題解決の視点を学ぶ②総合職:ドラッグストアの店舗開発の視点から、出店戦略やマーケティングを体験③薬剤師職:業界分析、決算数値分析、OTC体験、店舗見学④薬剤師職:学べる・成長できる調剤環境とは、ドラッグストアの調剤薬剤師体験、服薬指導のコツ伝授【募集】①5~11月②6~11月③6~12月④5~8月【実施】①6~11月(1日)②7~11月(1日)③6~12月(1日)④5~8月(1日)【地域】①②④オンライン③東京 千葉 愛知 大阪【選考】⑥なし

313

[25総] 645ページ [25働] 635ページ

㈱スギ薬局（やっきょく） [家電量販・薬局・HC]

修士・大卒採用数	従業員数	平均勤続年数	平均年収
576名	8,093名	9.5年	[総]559万円

【特色】東海地盤に調剤併設のドラッグストアを展開
【本社】474-0011 愛知県大府市横根町新江62-1
【設立】2008.9 [持株傘下]

【業績】	売上高	営業利益	経常利益	純利益
連24.2	744,477	36,622	38,039	21,979

※業績はスギホールディングス㈱のもの

●インターンシップ● 【概要】①総合職：店舗マネジメント（管理栄養士含む）セミナー、BA体験セミナー、業界研究セミナー、店舗見学セミナー 他②薬剤師職：業界研究セミナー、キャリア体験セミナー、専門性セミナー、在宅セミナー、店舗見学セミナー 他【募集】[全]5~2月【実施】[全]5~2月（1日）（コースにより開始は異なる）【地域】[全]東京 名古屋 大阪 オンライン【選考】[全]なし

[25総] 645ページ [25働] 635ページ

㈱ツルハ [家電量販・薬局・HC]

修士・大卒採用数	従業員数	平均勤続年数	平均年収
250名	5,021名	9.5年	[総]638万円

【特色】北海道地盤のドラッグ大手。売上高業界2位
【本社】065-0024 北海道札幌市東区北二十四条東20-1-21【設立】1975.5 [持株傘下]

【業績】	売上高	営業利益	経常利益	純利益
単22.5	441,280	40,568	20,587	13,795
単23.5	466,409	22,303	22,899	14,997

●インターンシップ● 【概要】①ドラッグストア業界説明、マネジメント業務説明、先輩社員との座談会②ドラッグストア業界説明、接客販売業務説明、先輩社員との座談会③ドラッグストア業界説明、管理栄養士業務説明、先輩社員との座談会④ドラッグストア業界説明、自己分析、先輩社員との座談会【募集】[全]随時【実施】①9~11月（1日×17回）②6~10月（1日×23回）③6~10月（1日×10回）④7~11月（1日×17回）【地域】[全]オンライン 全国【選考】[全]なし

[25総] 646ページ [25働] 636ページ

㈱クリエイトエス・ディー [家電量販・薬局・HC]

修士・大卒採用数	従業員数	平均勤続年数	平均年収
350名	4,558名	7.0年	NA

【特色】神奈川地盤のドラッグ大手。千葉や静岡にも展開
【本社】225-0014 神奈川県横浜市青葉区荏田西2-3-2【設立】1983.5 [持株傘下]

【業績】	売上高	営業利益	経常利益	純利益
連23.5	380,963	18,912	19,428	12,925

※業績は㈱クリエイトSDホールディングスのもの

●インターンシップ● [24予]
【概要】①ドラッグストアで働く仕事、研修、ヤリガイを体験（グループワーク、講義形式）半日、複数テーマに参加が可能【募集】①3月下旬~7月中旬【実施】①6~9月上旬【地域】①東京 横浜 オンライン【全学年対象】①【選考】①なし【本選考との関係】①早期選考に案内

[25総] 646ページ [25働] 636ページ

㈱カワチ薬品（やくひん） [家電量販・薬局・HC]

修士・大卒採用数	従業員数	平均勤続年数	平均年収
115名	2,542名	12.7年	[総]607万円

【特色】北関東の中堅ドラッグ。食品比率高く調剤も注力
【本社】323-0061 栃木県小山市卒島1293
【設立】1980.7 [東京P]

【業績】	売上高	営業利益	経常利益	純利益
連22.3	279,462	7,709	8,698	4,830
連23.3	281,871	6,611	7,672	4,177

●インターンシップ● 【概要】①〈薬学生〉調剤業務体験（投薬、疑義照会、処方解析）OTC業務体験、接客ロールプレイング〈薬学生以外〉実際の店舗での店舗運営・マネジメント体験、グループワークによる売場立案、管理栄養士・栄養士の業務体験【募集】①6~2月中旬【実施】①6月~（1日、5~30日間）【地域】①出店エリア各店【全学年対象】①【選考】①なし

[25総] 647ページ [25働] 637ページ

総合（そうごう）メディカル㈱ [家電量販・薬局・HC]

修士・大卒採用数	従業員数	平均勤続年数	平均年収
300名	2,622名	8.8年	[総]606万円

【特色】九州発祥の医業コンサル。調剤薬局でも上位
【本社】100-0004 東京都千代田区大手町1-7-2 東京サンケイビル28階【設立】1978.6 [未上場]

【業績】	売上高	営業利益	経常利益	純利益
連23.3	165,900	NA	NA	NA

※採用数はグループ連結、他は総合メディカル㈱の情報

●インターンシップ● [24予]【概要】①総合職：医療業界研究・会社紹介（セミナー方式）②総合職：医療モールにおける開業体験、医療業界における営業体験③薬剤師職：薬剤師業務体験、研修体験、医薬連携体験、社員座談会④薬剤師職：専門薬剤師紹介（制度、取り組み）、専門薬剤師業務体験【募集】①6~8月②8~10月③7~9月④5~1月【実施】①6~8月（1日）②8~10月（1日）③11月（5日間）④6~1月（1日）【地域】①オンライン②東京 大阪 福岡 オンライン③④札幌 仙台 東京 名古屋 大阪 広島 愛媛 福岡 オンライン【全学年対象】①②④【選考】[全]なし

[25総] 647ページ [25働] 637ページ

㈱キリン堂（どう） [家電量販・薬局・HC]

修士・大卒採用数	従業員数	平均勤続年数	平均年収
45名	1,813名	12.0年	NA

【特色】関西地盤のドラッグストア。PBや調剤を強化中
【本社】532-0003 大阪府大阪市淀川区宮原4-5-36 セントラル新大阪ビル【設立】1958.3 [未上場]

【業績】	売上高	営業利益	経常利益	純利益
連23.2	135,853	4,536	4,612	2,184

※業績は㈱キリン堂ホールディングスのもの

●インターンシップ●
【概要】①自己分析＆売場の法則②企画作成
【募集】①9~2月②6~2月上旬【実施】①9月~（1日）②7月~（2日間 毎月）【地域】[全]大阪市【全学年対象】①②【選考】[全]なし【本選考との関係】②関係あり

㈱サッポロドラッグストアー

	家電量販・薬局・HC	修士・大卒採用数	従業員数	平均勤続年数	平均年収
		44名	1,084名	9.1年	総503万円

【特色】北海道が地盤のドラッグストア。道内2位
【本社】060-0908 北海道札幌市東区北八条東4-1-20【設立】1983.4 [持株傘下]

	売上高	営業利益	経常利益	純利益
【業績】連23.5	87,481	299	327	87

※業績はサツドラホールディングス㈱のもの

●インターンシップ● 24予【概要】①業界研究 GWによるプレゼンテーション 店舗見学 座談会②業界研究 GWによる新規事業立案 店舗見学 座談会③業界研究 GWによる店舗マネジメント体験 店舗見学 座談会④業界研究 GWによる新規事業立案 店舗見学 座談会 他【募集】①6~8月中旬②6~8月中旬 11~1月②②中旬③11~2月中旬【実施】①7月中旬~8月(3日×4回)②8月(3日間×3回)1月(3日間×1回)③11月中旬~2月(1日×12回)④2月中旬(1日×2回)【地域】①札幌 東京 オンライン②③④札幌 オンライン【全学年対象】①②③④【選考】⑥なし

㈱カインズ

	家電量販・薬局・HC	修士・大卒採用数	従業員数	平均勤続年数	平均年収
		241名	3,304名	12.0年	NA

【特色】ベイシアグループ中核。ホームセンター業界首位
【本社】367-0030 埼玉県本庄市早稲田の杜1-2-1【設立】1989.3 [未上場]

	売上高	営業利益	経常利益	純利益
【業績】単22.2	482,678	NA	NA	NA
単23.2	515,801	NA	NA	NA

●インターンシップ●【概要】①企業セミナー②就活セミナー③企業説明とグループワーク【募集】⑥6~12月【実施】①1日【地域】⑥本社(埼玉)東京 大阪 名古屋 オンライン 他【全学年対象】①②③【選考】①②なし③応募フォーム入力 学力試験【本選考との関係】⑥関係あり

ＤＣＭ㈱

	家電量販・薬局・HC	修士・大卒採用数	従業員数	平均勤続年数	平均年収
		100名	3,603名	19.1年	総498万円

【特色】全国展開するホームセンター(HC)大手
【本社】140-0013 東京都品川区南大井6-22-7 大森ベルポートE館【設立】2020.4 [持株傘下]

	売上高	営業利益	経常利益	純利益
【業績】連24.2	488,613	28,685	27,412	21,446

※業績はDCMホールディングス㈱のもの

●インターンシップ● 24予【概要】①オープンカンパニー:業界や仕事内容を学ぶ②1日仕事体験(企業研究コース):企業理解を深める プレゼン③1日仕事体験(マーケティングコース):顧客視点の商品開発を学ぶ④DCMで未来を創造する:新規事業立案【募集】①②③~2月④6~12月【実施】①②③~2月(1日)④7~9月 12月(5日間、うちオンライン3日間)【地域】①②③オンライン④東京 愛知 大阪 北海道 愛媛【選考】⑥なし

コーナン商事㈱

	家電量販・薬局・HC	修士・大卒採用数	従業員数	平均勤続年数	平均年収
		130名	3,182名	14.3年	総545万円

【特色】ホームセンター業界3位。関西拠点に全国進出
【本社】532-0004 大阪府大阪市淀川区西宮原2-2-17【設立】1978.9 [東京P]

	売上高	営業利益	経常利益	純利益
【業績】連23.2	439,024	22,019	20,732	13,225
連24.2	472,654	24,097	22,598	14,054

●インターンシップ● 24予【概要】①会社説明会、模擬グループディスカッション、売場作り体験ワーク、社員座談会②会社説明会、模擬グループディスカッション、店舗見学、各種業務体験ワーク(売場作り、店長、販売促進部、開発部)、社員座談会③会社説明会、社員座談会【募集】①③6~2月②6~9月【実施】①6~3月(1日)②7~9月(2日間)③6~3月(2時間)【地域】①③オンライン②大阪市 東京・品川【全学年対象】③【選考との関係】①②1次面接を免除 早期選考に案内

アークランズ㈱

	家電量販・薬局・HC	修士・大卒採用数	従業員数	平均勤続年数	平均年収
		200名	3,096名	12.0年	総577万円

【特色】業界5位の新潟地盤のHC。20年に同業買収
【本社】955-8501 新潟県三条市上須頃445【設立】1970.7 [東京P]

	売上高	営業利益	経常利益	純利益
【業績】連23.2	327,200	18,911	19,176	9,663
連24.2	324,921	16,113	16,594	9,125

●インターンシップ●【概要】①PB商品の改善活動×小売の基本②専門知識を学び「提案型接客」を体感 先輩社員座談会③地域に合わせた商品導入業務を体感【募集】①②6~9月中旬③11~1月【実施】①③7~9月(1日)③12~2月(1日)【地域】①③オンライン②対面【全学年対象】①②③【選考】⑥なし

㈱ハンズ

	家電量販・薬局・HC	修士・大卒採用数	従業員数	平均勤続年数	平均年収
		25名	954名	23.0年	NA

【特色】住生活の総合小売業。東急Gからカインズ傘下に
【本社】160-0022 東京都新宿区新宿6-27-30 新宿イーストサイドスクエア3階【設立】1976.8 [未上場]

	売上高	営業利益	経常利益	純利益
【業績】単23.2変	51,400	NA	NA	NA

●インターンシップ●【概要】①1day仕事体験(企画売場・イベント企画)②企業研究＆社員座談会③1day仕事体験(モノ・ヒト・コト体験型)【募集】①7~8月②10~11月③1月【実施】①8~9月中旬(1日)②11~12月③2月中旬【地域】①②オンライン③東京・新宿【全学年対象】①②③【選考】①②なし③未定

㈱ドン・キホーテ

その他小売業

修士・大卒採用数	従業員数	平均勤続年数	平均年収
109名	6,004名	9.6年	495万円

【特色】総合ディスカウント大手。深夜営業の先駆け
【本社】153-0042 東京都目黒区青葉台2-19-10
【設立】1980.9 　　　　　　　　　　　　　[持株傘下]

【業績】	売上高	営業利益	経常利益	純利益
連23.6	1,936,783	105,259	110,994	66,167

※業績は㈱パン・パシフィック・インターナショナルHDのもの

●インターンシップ●【概要】①販売戦略や商品企画など、ワークショップを通じて学び、小売業界への理解を深める②グループでアルバイトをしている人が対象。日頃では体験できない業務を体験③ダイバーシティ経営や女性の働き方・キャリアアップを学ぶ④グループ全体の事業領域や、海外事業における今後の展望を学ぶ【募集】①6~2月②7~10月③1~2月④7~12月【実施】①6~2月(1日)②7~10月(1日)③1~1月(1日)④7~2月(1日)【地域】①オンライン 東京②③④オンライン【選考】⑤なし【本選考との関係】④関係あり

㈱ミスターマックス・ホールディングス

その他小売業

修士・大卒採用数	従業員数	平均勤続年数	平均年収
5名	728名	16.8年	◎553万円

【特色】九州地盤のディスカウントストア。PB商品に強み
【本社】812-0064 福岡県福岡市東区松田1-5-7
【設立】1950.12 　　　　　　　　　　　　　[東京P]

【業績】	売上高	営業利益	経常利益	純利益
連23.2	126,903	4,632	4,523	3,427
連24.2	129,569	3,021	2,908	2,444

●インターンシップ●
【概要】①1DAYインターン(Web)売場作成ワークとフィードバック②業界研究セミナー(Web)小売業の違い 企業選びのポイント 計算されつくした小売業の秘密を解説
【募集】⑥7月以降【実施】⑥8~9月(1日)【地域】⑥オンライン【選考】⑥なし

ファーストリテイリンググループ

その他小売業

修士・大卒採用数	従業員数	平均勤続年数	平均年収
―	※15,721名	※7.6年	959万円

【特色】「ユニクロ」「ジーユー」等。アパレル国内首位
【本社】754-0894 山口県山口市佐山10717-1
【設立】1963.5 　　　　　　　　　　　　　[東京P]

【業績】	売上高	営業利益	税引利益	純利益
◇23.8	2,766,557	381,090	437,918	296,229

※会社データは㈱ファーストリテイリングのもの

●インターンシップ●
【概要】①グローバル②本部勤務型③課題解決型
【募集】‥【実施】①随時【地域】①東京 世界各都市②③東京【全学年対象】①②③【選考】⑥ES 面接【本選考との関係】②関係あり

㈱しまむら

その他小売業

修士・大卒採用数	従業員数	平均勤続年数	平均年収
100名	2,714名	16.0年	◎677万円

【特色】低価格の実用・ファッション衣料専門店チェーン
【本社】330-9520 埼玉県さいたま市大宮区北袋町
1-602-1【設立】1953.5 　　　　　　　　　　[東京P]

【業績】	売上高	営業利益	経常利益	純利益
連23.2	617,519	53,302	54,383	38,021
連24.2	636,499	55,308	56,716	40,084

●インターンシップ●
【概要】①商談見学(Web・対面)②グループワークを通じた疑似体験
【募集】⑥6~1月【実施】⑥6~1月(1日×20回)【地域】①オンライン さいたま市②さいたま市 大阪市【全学年対象】①②【選考】⑥なし

㈱ハニーズ

その他小売業

修士・大卒採用数	従業員数	平均勤続年数	平均年収
10名	1,183名	7.5年	◎614万円

【特色】福島発、低価格の婦人カジュアル衣料チェーン
【本社】971-8141 福島県いわき市鹿島町走熊字七
本松27-1【設立】2016.7 　　　　　　　　　[持株傘下]

【業績】	売上高	営業利益	経常利益	純利益
連23.5	54,888	7,670	8,021	5,336

※業績は㈱ハニーズホールディングスのもの

●インターンシップ●【概要】①アパレル業界がわかるWebプログラム:業界研究 GD②店舗での業務体験 先輩社員との座談会【募集】①8月上旬②10月下旬~11月【実施】①8月下旬~9月②12~2月【地域】①オンライン②東京・北千住 埼玉・大宮 横浜 大阪市 名古屋 福岡市【選考】⑥なし【本選考との関係】⑥一部対象者に早期選考案内

㈱エービーシー・マート

その他小売業

修士・大卒採用数	従業員数	平均勤続年数	平均年収
130名	3,814名	8.5年	402万円

【特色】靴小売りで国内独り勝ち、韓国など海外にも進出
【本社】150-0043 東京都渋谷区道玄坂1-12-1 渋谷区道玄坂
1-12-1マークシティウエスト19F【設立】1985.6 [東京P]

【業績】	売上高	営業利益	経常利益	純利益
連23.2	290,077	42,301	43,360	30,256
連24.2	344,197	55,671	57,834	40,009

●インターンシップ●24予【概要】①業界研究②グループワークを中心とした 店舗スタッフ・店長体感ワーク②グループワークを中心とした 店舗スタッフ・店長体感ワーク【募集】①6月中旬~随時②8月以降随時【実施】①6月~(毎月1~4回程度)②8月~(毎月1~4回程度)【地域】①東京 大阪 オンライン【全学年対象】①②【選考】⑥なし【本選考との関係】⑥早期選考に案内

㈱レリアン　［その他小売業］

	修士・大卒採用数	従業員数	平均勤続年数	平均年収
	NA	1,019名	15.7年	NA

【特色】婦人既製服の販売大手。伊藤忠商事の完全子会社
【本社】153-0042 東京都目黒区青葉台6-28 住友不動産青葉台タワー【設立】1968.4 ［未上場］

【業績】	売上高	営業利益	経常利益	純利益
単22.3	23,060	▲168	1,271	1,913
単23.3	26,272	774	852	842

●インターンシップ●
【概要】①コーディネート提案体験
【募集】‥
【実施】①未定【地域】①東京【全学年対象】①【選考】①なし

㈱西松屋チェーン　［その他小売業］

	修士・大卒採用数	従業員数	平均勤続年数	平均年収
	60名	※697名	※14.3年	⑱662万円

【特色】ベビー・子ども用品専門店「西松屋」を全国展開
【本社】671-0218 兵庫県姫路市飾東町庄266-1
【設立】1956.10　［東京Ｐ］

【業績】	売上高	営業利益	経常利益	純利益
単23.2	169,524	10,933	11,588	7,640
単24.2	177,188	11,926	12,588	8,202

●インターンシップ●　24予
【概要】①オープンカンパニー：チェーンストア業界の説明、西松屋の経営シミュレーションGW、GWフィードバック【募集】①6~9月【実施】①6~9月(4時間)【地域】①東京　大阪　オンライン【全学年対象】①【選考】①なし【本選考との関係】①早期選考に案内

青山商事㈱　［その他小売業］

	修士・大卒採用数	従業員数	平均勤続年数	平均年収
	241名	2,746名	13.4年	⑱458万円

【特色】紳士服チェーン最大手。主力は「洋服の青山」
【本社】721-8556 広島県福山市王子町1-3-5
【設立】1964.5　［東京Ｐ］

【業績】	売上高	営業利益	経常利益	純利益
連22.3	165,961	2,181	5,150	1,350
連23.3	183,506	7,110	8,734	4,278

●インターンシップ●　【概要】①仕事体験。お客様の真のニーズを引き出し、自分の強みや個性を活かして、ニーズを叶える提案をする②仕事体験、お客様の人生の節目に携わる様々なニーズやライフスタイルに沿った提案販売を体感③仕事体験、スーツの商品知識ついて、お客様のニーズを叶え、付加価値を生み出すお店作りをチームで考え実践する【募集】‥【実施】①27-2月(1日)37-9月(2日間)【地域】①札幌　仙台　盛岡　山形　新潟　東京　静岡　浜松　名古屋　金沢　富山　長野　神戸　岡山　広島　松山　高松　他②オンライン③東京　神戸【選考】⑦なし

㈱コナカ　［その他小売業］

	修士・大卒採用数	従業員数	平均勤続年数	平均年収
	9名	1,098名	17.0年	⑱436万円

【特色】郊外型紳士服チェーン3位。神奈川県が地盤
【本社】244-0801 神奈川県横浜市戸塚区品濃町517-2【設立】1973.11　［東京Ｓ］

【業績】	売上高	営業利益	経常利益	純利益
連22.9	63,174	▲3,255	▲2,193	▲3,231
連23.9	65,797	▲912	▲684	▲161

●インターンシップ●
【概要】①業界研究、会社紹介、スーツ着こなし講座、就活準備講座、先輩社員座談会　他②業界研究、会社紹介、実店舗での就業体験　他【募集】①随時【実施】①6月下旬~1月中旬(1日)【地域】①オンライン②横浜【全学年対象】①②【選考】⑦なし【本選考との関係】⑦関係あり

はるやま商事㈱　［その他小売業］

	修士・大卒採用数	従業員数	平均勤続年数	平均年収
	38名	NA	NA	NA

【特色】中国地方が地盤。紳士服チェーン業界4位
【本社】700-0822 岡山県岡山市北区表町1-2-3
【設立】2017.1　［持株傘下］

【業績】	売上高	営業利益	経常利益	純利益
連23.3	36,892	739	1,117	247

※業績は㈱はるやまホールディングスのもの

●インターンシップ●
【概要】①商品開発体験
【募集】①6~10月　12~1月【実施】①6~10月(1日×回数未定)12~1月(1日×8回)【地域】①オンライン【全学年対象】①【選考】①なし

㈱ヤナセ　［その他小売業］

	修士・大卒採用数	従業員数	平均勤続年数	平均年収
	177名	4,231名	18.5年	⑱780万円

【特色】輸入車ディーラー最大手。全国にサービス販売網
【本社】105-8575 東京都港区芝浦1-6-38
【設立】1920.1　［未上場］

【業績】	売上高	営業利益	経常利益	純利益
連22.3	441,085	20,628	20,962	14,180
連23.3	461,801	22,278	23,773	16,689

●インターンシップ●　【概要】①営業マンの必要なステップやヤナセの営業について学ぶ②グループワーク(顧客ニーズの確認の仕方)ロールプレイによる営業模擬体験③企業、仕事理解促進(予定)【募集】①8月上旬②9月中旬③8月下旬【実施】①8~1月(1日)②10~2月(1日)③9~2月(1日)【地域】①③オンライン②北海道　宮城　愛知　埼玉　東京　大阪　広島　福岡【選考】①②なし

㈱ＡＴグループ（愛知トヨタ） その他小売業

	修士・大卒採用数	従業員数	平均勤続年数	平均年収
	98名	3,959名	18.0年	㊆614万円

【特色】トヨタ系ディーラー。傘下に愛知トヨタなど
【本社】466-0057 愛知県名古屋市昭和区高辻町6-8【設立】1942.11　　[未上場]

【業績】	売上高	営業利益	経常利益	純利益
連22.3	370,758	9,099	12,047	7,410
連23.3	379,952	NA	NA	NA

●インターンシップ●
【概要】①営業職体験型②1dayインターンシップ
【募集】‥
【実施】①8月下旬(5日間)②7~1月(1日)【地域】㊎愛知【選考】①ES②なし

㈱エフ・ディ・シィ・プロダクツ その他小売業

	修士・大卒採用数	従業員数	平均勤続年数	平均年収
	4名	143名	11.0年	㊆486万円

【特色】4℃ HD中核。ジュエリーブランド「4℃」など展開
【本社】141-8544 東京都品川区上大崎2-19-10【設立】1986.4　　[持株傘下]

【業績】	売上高	営業利益	経常利益	純利益
単22.3	18,242	1,131	1,415	897
単23.3	18,587	1,356	1,404	648

●インターンシップ●
【概要】①モノづくりを体感する商品企画ワーク
【募集】①6~2月
【実施】①各月(2~3回)【地域】①目黒【選考】①なし

㈱ヴァンドームヤマダ その他小売業

	修士・大卒採用数	従業員数	平均勤続年数	平均年収
	54名	704名	11.7年	NA

【特色】婦人アクセサリーの大手。販売チャネル多様化
【本社】107-0062 東京都港区南青山6-12-1 TTS南青山ビル2階【設立】1973.4　　[未上場]

【業績】	売上高	営業利益	経常利益	純利益
単21.8	9,426	173	167	57
単22.8	9,564	208	254	79

●インターンシップ●【概要】①オープンカンパニー(販売職)②グループワークによる販売職の就業体験【募集】‥【実施】①8月下旬(1日×3回)1月下旬(1日×2回)②8月下旬(1日×1回)1月下旬(1日×1回)2月上旬(2日間×1回)【地域】㊎東京 オンライン【選考】㊎なし【本選考との関係】㊎<8月参加者>1月早期選考案内<1月参加者>ES免除

㈱アルペン その他小売業

	修士・大卒採用数	従業員数	平均勤続年数	平均年収
	156名	2,707名	16.7年	㊆591万円

【特色】スポーツ小売り大手。ゴルフ、アウトドアも展開
【本社】460-8637 愛知県名古屋市中区丸の内2-9-40 アルペン丸の内タワー【設立】1972.7　[東京P]

【業績】	売上高	営業利益	経常利益	純利益
連22.6	232,332	7,153	8,988	5,310
連23.6	244,540	5,062	6,930	5,469

●インターンシップ●【概要】①スポーツ業界・会社説明②グループワーク(スポーツショップの未来、OMO戦略・出店戦略・サステナビリティ等の施策を提案、発表、フィードバック)③先輩社員との座談会④店舗見学【募集】①②③6~2月上旬④6~12月【実施】①②③7~2月中旬(1日)④7~8月 12月(1日)【地域】①②③オンライン 東京 大阪④東京 大阪【選考】㊎なし【本選考との関係】㊎早期選考に案内

つるや㈱ その他小売業

	修士・大卒採用数	従業員数	平均勤続年数	平均年収
	35名	563名	7.5年	500万円

【特色】ゴルフ用品の専門店。ゴルフトーナメント主催も
【本社】541-0053 大阪府大阪市中央区本町3-3-5【設立】1966.2　　[未上場]

【業績】	売上高	営業利益	経常利益	純利益
単21.7	23,018	1,065	1,087	419
単22.7	21,772	1,094	1,134	708

●インターンシップ●
【概要】①店舗・練習場業務
【募集】‥
【実施】①8月(1週間程度)【地域】①大阪・豊中 神戸【選考】①なし

㈱ゲオホールディングス その他小売業

	修士・大卒採用数	従業員数	平均勤続年数	平均年収
	※97名	4,623名	9.5年	㊆482万円

【特色】DVD、ゲームソフト等のレンタルとリユースが軸
【本社】460-0014 愛知県名古屋市中区富士見町8-8 OMCビル【設立】1989.1　　[東京P]

【業績】	売上高	営業利益	経常利益	純利益
連22.3	334,788	8,173	9,662	5,985
連23.3	377,300	10,620	11,926	5,681

●インターンシップ●【概要】①業務体験コース:架空の店舗の店長になり、売上を最大化させるグループワークを実施することで、店舗での顧客体験のデザインを体感②業界・企業理解コース:問題解決に向けた企画立案・プレゼンを通して、当社や業界の強みや裁量の大きさを実感【募集】㊎6~1月【実施】㊎7~1月(1日)【地域】㊎東京 名古屋 大阪 オンライン【選考】㊎なし【本選考との関係】㊎関係あり

㈱三洋堂ホールディングス　　その他小売業

修士・大卒採用数	従業員数	平均勤続年数	平均年収
※8名	179名	17.1年	㊿430万円

【特色】東海地区中心の郊外型書店。複合店化を推進中
【本社】467-0856 愛知県名古屋市瑞穂区新開町18-22【設立】1978.12　[東京S]

【業績】	売上高	営業利益	経常利益	純利益
連22.3	18,853	5	39	▲275
連23.3	17,798	▲259	▲217	▲496

●インターンシップ●
【概要】①会社紹介　職場体験
【募集】①6~7月【実施】①8~9月【地域】①オンライン(東海圏)関西圏の店舗【選考】①筆記　面接【本選考との関係】①関係あり

ニトリグループ　　その他小売業

修士・大卒採用数	従業員数	平均勤続年数	平均年収
775名	※5,680名	※9.1年	㊿688万円

【特色】国内首位の家具・インテリア製造小売りチェーン
【本社】001-0907 北海道札幌市北区新琴似7条1-2-39【設立】1972.3

【業績】	売上高	営業利益	経常利益	純利益
連23.3変	948,094	140,076	144,085	95,129

※会社データは㈱ニトリホールディングスのもの

●インターンシップ●　24予【概要】①配転教育の疑似体験、4つの部署で就業体験②ニトリの未来を創る企画を立案し、会社のトップにプレゼン③実際の店舗運営part で就業体験④システム開発を企画し、IT部門の業務を体感【募集】①4-12月②③4-6月④5-12月【実施】①4-12月(1日)②8-12月(対面3日間・オンライン2日間)③9月(5日間)④5-12月(1~2日間)【地域】①④オンライン②対面　オンライン③対面【全学年対象】①【選考】①なし②ES Webテスト　企画part③Webテスト　録画面接④ES Webテスト【本選考との関係】②③④早期選考に案内

㈱良品計画　　その他小売業

修士・大卒採用数	従業員数	平均勤続年数	平均年収
216名	2,527名	8.5年	㊿593万円

【特色】「無印良品」を世界展開。店舗数は1000店以上
【本社】112-0004 東京都文京区後楽2-5-1 住友不動産飯田橋ファーストビル【設立】1989.6　[東京P]

【業績】	売上高	営業利益	経常利益	純利益
連22.8	496,171	32,773	37,214	24,558
連23.8	581,412	33,137	36,156	22,052

●インターンシップ●【概要】①事業戦略立案を通して無印良品の店長のミッションを体感するワークショップ②事業戦略立案を通して商品開発を体感するワークショップ③会社紹介、社員への質疑応答セッション④自己分析を深めて自身のキャリアを考えるワークショップ【募集】①②6月末~③5月末~④4月末~【実施】①②8~9月③6~9月④5~7月【地域】①②④東京　大阪　オンライン③オンライン【全学年対象】①②③④【選考】①②ES Webテスト③④なし【本選考との関係】①②一部の選考を免除

アスクル㈱　　その他小売業

修士・大卒採用数	従業員数	平均勤続年数	平均年収
27名	897名	9.1年	㊿769万円

【特色】業務用通販最大手。個人向けEC「LOHACO」育成中
【本社】135-0061 東京都江東区豊洲3-2-3 豊洲キュービックガーデン【設立】1963.11　[東京P]

【業績】	売上高	営業利益	経常利益	純利益
連22.5	428,517	14,309	14,270	9,206
連23.5	446,713	14,620	14,448	9,787

●インターンシップ●　【概要】①総合職コース:アスクルで注文する各業種ごとに注文者目線に立ち、ビックデータを活用しながら売場改善案を考える②エンジニア職コース:実務型インターン(全4コース:フロントエンドコース、バックエンドコース、インフラコース、データサイエンティストコース)【実施】①8月下旬(1日×2回)②9月上旬(2週間)【地域】㊀オンライン【選考】①ES　動画選考②ES　面接

㈱ベルーナ　　その他小売業

修士・大卒採用数	従業員数	平均勤続年数	平均年収
44名	885名	11.9年	539万円

【特色】カタログ通販大手。婦人服のほか専門通販が強み
【本社】362-8688 埼玉県上尾市宮本町4-2【設立】1977.6　　[東京P]

【業績】	売上高	営業利益	経常利益	純利益
連22.3	220,128	13,827	14,537	10,204
連23.3	212,376	11,217	12,455	7,417

●インターンシップ●　【概要】①会社紹介、企画・マーケティング体感ワーク、社員座談会②データベースマーケティング体感ワーク、先輩社員フィードバック※コース1参加者のみ対象③社員セッション※コース1参加者のみ対象【募集】①6~1月②8~10月③10~12月【実施】①8~1月(1日)②10月(2日間)③11月　12月(1日)【地域】①③オンライン②対面【選考】㊀なし【本選考との関係】㊀関係あり

ジュピターショップチャンネル㈱　　その他小売業

修士・大卒採用数	従業員数	平均勤続年数	平均年収
3名	994名	NA	NA

【特色】TVショッピング国内首位。業界のパイオニアの存在
【本社】135-0016 東京都江東区東陽7-2-18【設立】1996.11　　　[未上場]

【業績】	売上高	営業利益	経常利益	純利益
単22.3	157,383	17,812	18,214	13,680
単23.3	155,538	19,054	19,436	13,561

●インターンシップ●　24予
【概要】①総合職:グループワークを通じての業界やTV通販のビジネス研究、現場社員との交流会を通じて企業理解を深める座談会
【募集】①6月下旬~9月上旬【実施】①8~2月(半日)【地域】①東京・江東　オンライン【選考】①ES

㈱あさひ

その他小売業

	修士・大卒採用数	従業員数	平均勤続年数	平均年収
	111名	1,754名	8.0年	㊱479万円

25総 663ページ

【特色】国内最大の自転車専門店網。PB比率高い
【本社】534-0011 大阪府大阪市都島区高倉町
3-11-4 【設立】1975.5 　　　　[東京P]

【業績】	売上高	営業利益	経常利益	純利益
連23.2	74,712	5,127	5,316	3,366
連24.2	78,076	4,912	5,192	3,113

25働 653ページ

●インターンシップ● 【概要】①就活講座：採用市場・就活マナー・自己分析・ES作成等を学ぶ②就業体験：新規事業の企画・立案を体験、商品開発業務を体験③就業体験：顧客に貢献する接客・販売業務を体験、新規事業の企画・立案を体験他④業界研究セミナー：業界や企業のことを深く知る【募集】①③6~1月②⑥~9月④12~2月【実施】①6~1月(半日)③6~9月(2日間)③7~1月(半日)④1~2月(半日)【地域】①②④オンライン③オンライン 埼玉・浦和 大阪市【全学年対象】①②③④【選考】⑥なし【本選考との関係】④早期選考に案内

㈱はせがわ

その他小売業

	修士・大卒採用数	従業員数	平均勤続年数	平均年収
	17名	576名	16.6年	㊱566万円

25総 664ページ

【特色】仏壇仏具首位。墓石や屋内墓苑販売も手がける
【本社】112-0004 東京都文京区後楽1-5-3 後楽国
際ビル7階【設立】1966.12

【業績】	売上高	営業利益	経常利益	純利益
連23.3	21,608	1,769	1,773	1,154

25働 654ページ

●インターンシップ● 【概要】①仕事体験~接遇体感コース~②仕事体験~企画開発コース~
【募集】⑥6~2月
【実施】⑥1日・2日間【地域】⑥東京 福岡 愛知【選考】⑥なし

㈱バンダイナムコエンターテインメント

ゲーム

	修士・大卒採用数	従業員数	平均勤続年数	平均年収
	42名	695名	8.1年	NA

25総 667ページ

【特色】バンナムHDの中核子会社で旧ナムコが母体
【本社】108-0014 東京都港区芝5-37-8 バンダイ
ナムコ未来研究所【設立】1955.6 　[持株傘下]

【業績】	売上高	営業利益	経常利益	純利益
単22.3	256,215	35,648	38,177	21,710
単23.3	289,657	44,236	48,951	35,256

25働 657ページ

●インターンシップ● 【概要】①ゲームを軸としたIP活用方法をテーマとしてグループワーク
【募集】①5月中旬~6月中旬
【実施】①7月末~8月上旬(2日間×5回)【地域】①東京・港【選考】①ES 適性検査

メイテックグループ

人材・教育

	修士・大卒採用数	従業員数	平均勤続年数	平均年収
	500名	8,331名	13.1年	㊱616万円

25総 667ページ

【特色】技術者派遣業で大手。機械系の開発・設計が中心
【本社】110-0005 東京都台東区上野1-1-10 オリックス上野1丁目ビル【設立】1974.7 [東京P]

【業績】	売上高	営業利益	経常利益	純利益
連23.3	119,069	16,462	16,540	12,252

※会社データ・業績は㈱メイテックグループHDのもの

25働 657ページ

●インターンシップ● 【概要】①(理系限定)<プロエンジニア仕事体験型>設計開発エンジニアのキャリア・仕事のイメージを深める<キャリアステップ体感型>自身のキャリアや価値観を知る【募集】①9~2月【実施】①9~2月(1日)【地域】①東京 名古屋 大阪 福岡 オンライン【選考】①なし

㈱アルプス技研

人材・教育

	修士・大卒採用数	従業員数	平均勤続年数	平均年収
	350名	4,328名	9.2年	㊱508万円

25総 668ページ

【特色】常用雇用型の技術者派遣大手。農業や介護へ参入
【本社】220-6218 神奈川県横浜市西区みなとみらい2-3-5 【設立】1971.1 　　　　[東京P]

【業績】	売上高	営業利益	経常利益	純利益
連22.12	43,647	4,649	4,560	3,416
連23.12	46,216	4,982	5,053	3,696

25働 658ページ

●インターンシップ● 【概要】①開発設計インターンシップ(5days)②課題解決型インターンシップ(3days)③エンジニア職：開発設計お仕事体験(1day)【募集】⑥6月~【実施】①7月~(5日間)②7月~(3日間)③8月~(1日)【地域】①宮城 東京 神奈川 愛知 大阪 福岡②オンライン③栃木【選考】⑥なし

(学校法人)明治大学

人材・教育

	修士・大卒採用数	従業員数	平均勤続年数	平均年収
	13名	577名	18.8年	NA

25総 669ページ

【特色】旧制大で東京六大学の一角。各界に「校友」組織
【本社】101-8301 東京都千代田区神田駿河台1-1
【設立】1881.1 　　　　　　　　[未上場]

【業績】	事業活動収入	基本金組入前収支差額	収支差額
22.3	53,758	3,505	▲1,447
23.3	55,615	3,368	▲3,063

25働 659ページ

●インターンシップ● 【概要】①会社説明 仕事体感型グループワーク 職員交流会
【募集】①9月上旬
【実施】①9月上旬(半日または1日)【地域】①東京【選考】①未定

（学校法人）中央大学 ［人材・教育］

	修士・大卒採用数	従業員数	平均勤続年数	平均年収
	8名	442名	18.1年	NA

【特色】日本の法曹界担う名門私大。法学部は都心移転
【本社】192-0393 東京都八王子市東中野742-1
【設立】1885　［未上場］

【業績】	事業活動収入	基本金組入前収支差額	収支差額
22.3	47,482	4,862	1,424
23.3	48,436	911	▲19,170

●インターンシップ●
【概要】①1Dayワークショップ:学生対応シミュレーション編②1Dayワークショップ:経営課題解決編【募集】①8月初旬~中旬②11月初旬~中旬【実施】①9月15日・16日(各半日)②12月14日・18日(各半日)【地域】①東京(八王子 茗荷谷)②東京・八王子【全学年対象】①②【選考】⑦ES

（学校法人）立教学院 ［人材・教育］

	修士・大卒採用数	従業員数	平均勤続年数	平均年収
	※7名	※319名	※18.9年	NA

【特色】小学校から大学・大学院まで一貫。国際化推進
【本社】171-8501 東京都豊島区西池袋3-34-1
【設立】1874.2　［未上場］

【業績】	事業活動収入	基本金組入前収支差額	収支差額
22.3	34,684	4,450	2,981
23.3	34,630	2,786	1,503

●インターンシップ●
【概要】①学校職員の仕事を体験しよう 2Daysセミナー②学校職員の仕事を体験しよう 1Dayセミナー【募集】①7月 1月②7月【実施】①9月(2日間)2月(2日間)②9月(1日)【地域】①(1日目)オンライン(2日目)東京・池袋②オンライン【全学年対象】①②【選考】⑦多数の場合抽選

（学校法人）立命館 ［人材・教育］

	修士・大卒採用数	従業員数	平均勤続年数	平均年収
	5名	712名	16.4年	NA

【特色】建学の精神「自由と清新」を貫く京都の有名私学
【本社】604-8520 京都府京都市中京区西ノ京朱雀町1【設立】1900.5　［未上場］

【業績】	事業活動収入	基本金組入前収支差額	収支差額
22.3	83,058	2,013	▲6,879
23.3	85,693	1,110	▲11,255

●インターンシップ●
【概要】①グループワークによる企画立案
【募集】‥
【実施】①9月上旬(1日)【地域】①オンライン【選考】①なし

（学校法人）北里研究所（北里大学） ［人材・教育］

	修士・大卒採用数	従業員数	平均勤続年数	平均年収
	29名	655名	16.4年	NA

【特色】北里大を運営。新千円札の顔・北里柴三郎が学祖
【本社】108-8641 東京都港区白金5-9-1
【設立】1962.1　［未上場］

【業績】	事業活動収入	基本金組入前収支差額	収支差額
22.3	111,254	6,371	6,371
23.3	109,420	1,052	462

●インターンシップ●
【概要】①人事部部長挨拶 人事部からの法人紹介 先輩職員の仕事紹介 先輩職員との懇談会 グループワーク フィードバック 質疑応答【募集】①11月下旬~2月上旬【実施】①12月中旬~2月上旬(1日)【地域】①東京・港【全学年対象】①【選考】①なし

（学校法人）東洋大学 ［人材・教育］

	修士・大卒採用数	従業員数	平均勤続年数	平均年収
	12名	※418名	※17.0年	NA

【特色】東洋大学を基幹に付属中・高など傘下7校
【本社】112-8606 東京都文京区白山5-28-20
【設立】1887.9　［未上場］

【業績】	事業活動収入	基本金組入前収支差額	収支差額
22.3	46,206	4,143	▲3,191
23.3	46,015	4,217	▲1,852

●インターンシップ● 24予
【概要】①③大学業界研究④大学業界研究・グループワーク
【募集】‥【実施】①8月上旬②9月上旬(半日×4回)③10月中旬④11月上旬【地域】①③オンライン②④東京【選考】①なし②④ES

（学校法人）龍谷大学 ［人材・教育］

	修士・大卒採用数	従業員数	平均勤続年数	平均年収
	6名	263名	NA	NA

【特色】仏教系の文理総合大。東京、大阪にもオフィス
【本社】612-8577 京都府京都市伏見区深草塩本町67【設立】1639　［未上場］

【業績】	事業活動収入	基本金組入前収支差額	収支差額
22.3	30,407	3,354	2,155
23.3	30,712	2,568	2,471

●インターンシップ●
【概要】①大学コンソーシアム京都インターンシップ:業界理解、就業体験②1DAY仕事体験:大学概要、仕事事務紹介、グループワーク【募集】②1月中旬~下旬【実施】①8月下旬~9月上旬(10日間)②2月初旬(2日間)【地域】①京都 滋賀②京都 オンライン【選考】①書類②抽選

㈱ベネッセコーポレーション 〔人材・教育〕

修士・大卒採用数	従業員数	平均勤続年数	平均年収
99名	2,827名	13.8年	NA

【特色】「進研ゼミ」を運営、通信教育の最大手

【業績】	売上高	営業利益	経常利益	純利益
連22.3	189,421	NA	10,724	7,473
連23.3	182,945	NA	10,203	13,148

【本社】700-8686 岡山県岡山市北区南方3-7-17
【設立】1955.1　[持株傘下]

●インターンシップ● 24予【概要】①企画が本職の「事業会社」の企画メソッドを学ぶ②新デジタル商品企画・経営戦略・マーケティングを学ぶ大学生向けビジネススクール④個人開発・言語不問のハッカソン【募集】㋐4～7月上旬【実施】㋑8～9月(1～3日間)【地域】㋑オンライン【選考】㋑ES Webテスト【本選考との関係】㋑本選考優遇を検討

㈱公文教育研究会 〔人材・教育〕

修士・大卒採用数	従業員数	平均勤続年数	平均年収
22名	1,536名	18.5年	NA

【特色】「公文式」で知られるKUMONグループの持株会社

【業績】	売上高	営業利益	経常利益	純利益
連22.3	76,343	9,659	11,875	8,349
連23.3	82,059	12,085	13,634	10,227

【本社】532-0011 大阪府大阪市淀川区西中島5-6-6【設立】1958.7　[未上場]

●インターンシップ● 24予【概要】①コンサル業務を現場で学ぶ②コンサル業務と公文式学習法について学ぶ③自己分析、KUMONの概要説明、質疑応答④教室コンサル業務体験、公文式学習法を学ぶ、リクルート業務体験【募集】①②③④7月④9～3月【実施】①9月11月(5日程×2ターム)②8～9月(1日×複数回)③④7～月(複数回)④10～3月(1日×複数回)【地域】①東京 大阪②東京 大阪 オンライン③④オンライン【全学年対象】①②③④【選考】①ES SPI GD②ES SPI(対面のみ)④④なし【本選考との関係】①優遇措置あり②対面のみ優遇措置あり

㈱ナ ガ セ 〔人材・教育〕

修士・大卒採用数	従業員数	平均勤続年数	平均年収
50名	486名	11.2年	総795万円

【特色】「東進ハイスクール」等運営。水泳のイトマンも

【業績】	売上高	営業利益	経常利益	純利益
連22.3	49,406	5,590	5,153	3,440
連23.3	52,354	5,369	5,071	4,000

【本社】180-8715 東京都武蔵野市吉祥寺南町1-29-2【設立】1976.5　[東京S]

●インターンシップ●【概要】①②人材育成の仕事がわかる：事業企画型(事前課題、レクチャー、ディスカッション、新規企画提案、フィードバック、座談会)③ナガセキャリア研究会：部門・部署別仕事理解、座談会【募集】①②5～1月③10～2月【実施】①7～8月(2日間)②③7～2月(1日)【地域】㋑オンライン【全学年対象】①②③【選考】①ES③なし

㈱東京個別指導学院 〔人材・教育〕

修士・大卒採用数	従業員数	平均勤続年数	平均年収
37名	541名	8.8年	総508万円

【特色】ベネッセホールディングス傘下の個別指導塾大手

【業績】	売上高	営業利益	経常利益	純利益
連23.2	21,790	1,824	1,834	1,249
連24.2	21,661	1,608	1,615	959

【本社】163-0525 東京都新宿区西新宿1-26-2 新宿野村ビル【設立】1985.8　[東京S]

●インターンシップ●【概要】①働くを考える コミュニケーションの基礎を学ぶ②自己分析型③進路面談【募集】‥【実施】①6月 7月 8月 9月 10月 12月 1月(1日)②③8月 9月 10月 12月 1月(1日)【地域】㋑オンライン【選考】㋑なし

㈱ス テ ッ プ 〔人材・教育〕

修士・大卒採用数	従業員数	平均勤続年数	平均年収
38名	914名	11.0年	総628万円

【特色】中学生主体の集団指導塾。神奈川県内に特化

【業績】	売上高	営業利益	経常利益	純利益
連22.9	13,663	3,656	3,728	2,563
連23.9	14,442	3,192	3,225	2,405

【本社】251-0052 神奈川県藤沢市藤沢602【設立】1979.9　[東京P]

●インターンシップ●【概要】①業界研究：学習塾の仕事の面白さを知ろう②教師職：授業をつくろう③職種別WEB形式・先輩と話そう：教師職・チューター職・スクールキャスト職・ステップキッズ職【募集】㋑4～1月【実施】㋑6～2月中旬(1日)【地域】①③オンライン②神奈川【全学年対象】①②③【選考】㋑なし【本選考との関係】早期選考案内

㈱秀英予備校 〔人材・教育〕

修士・大卒採用数	従業員数	平均勤続年数	平均年収
54名	629名	11.8年	総463万円

【特色】静岡地盤。中学生向けの集団指導塾が主力

【業績】	売上高	営業利益	経常利益	純利益
連22.3	10,906	439	435	41
連23.3	10,724	403	406	169

【本社】420-0853 静岡県静岡市葵区鷹匠2-7-1【設立】1984.11　[東京S]

●インターンシップ● 24予【概要】①トーク研修体験：授業前のトークで生徒のモチベーションを高めるコツを伝授②小学生授業体験：授業準備・生徒出迎えなど、実際の業務に関わる。社員の授業を見学する【募集】㋑6月【実施】㋑6月下旬以降(1日)【地域】㋑札幌 仙台 山梨・甲府 静岡市 名古屋 三重・四日市 福岡市【全学年対象】①②【選考】㋑なし【本選考との関係】㋑早期選考に案内

㈱クリップコーポレーション　人材・教育

修士・大卒採用数	従業員数	平均勤続年数	平均年収
5名	98名	8.4年	㊍375万円

【特色】個別指導塾と子供向けサッカー教室の2本柱
【本社】464-0075 愛知県名古屋市千種区内山3-18-10【設立】1981.5　[東京S]

【業績】	売上高	営業利益	経常利益	純利益
連22.3	3,205	305	319	217
連23.3	2,932	175	183	106

●インターンシップ● 24予
【概要】①学習塾体験ツアー、理科実験教室、授業体験、若手社員との座談会
【募集】①7~8月中旬 12~1月中旬【実施】①7月 8月 1月 2月(1日)【地域】①東京・小平 名古屋 大阪・東大阪 福岡市【選考】①なし【本選考との関係】①早期選考に案内

25総 678ジペー　25働 668ジペー

㈱ニュー・オータニ　ホテル

修士・大卒採用数	従業員数	平均勤続年数	平均年収
38名	1,301名	19.4年	NA

【特色】日系御三家ホテルの一角。内外著名人の利用多い
【本社】102-8578 東京都千代田区紀尾井町4-1
【設立】1963.6　[未上場]

【業績】	売上高	営業利益	経常利益	純利益
連22.3	32,475	▲11,012	▲3,704	▲4,133
連23.3	52,843	258	3,452	2,924

●インターンシップ●
【概要】①営業②商品企画③理工系商品企画(オンライン)④年末年始インターンシップ(イベント)
【募集】①②③8月④10月【実施】①②③8月 9月(1日)④12月【地域】①②④東京・千代田③東京・千代田(オンライン)【選考】㊎ES【本選考との関係】④関係あり

25総 679ジペー　25働 669ジペー

㈱帝国ホテル（ていこく）　ホテル

修士・大卒採用数	従業員数	平均勤続年数	平均年収
38名	1,607名	16.5年	㊍635万円

【特色】高級シティホテルの老舗。賃貸ビルの収益が安定
【本社】100-8558 東京都千代田区内幸町1-1-1
【設立】1887.12　[東京S]

【業績】	売上高	営業利益	経常利益	純利益
連22.3	28,617	▲11,121	▲7,827	▲7,886
連23.3	43,772	348	1,652	1,951

●インターンシップ●
【概要】①会社紹介、グループワークによる就業体験、実務担当者からのフィードバック、実務担当者のパネルディスカッション
【募集】①10月【実施】①11~12月(1日×6回)【地域】①東京・千代田【選考】①書類

25総 679ジペー　25働 669ジペー

藤田観光㈱（ふじたかんこう）　ホテル

修士・大卒採用数	従業員数	平均勤続年数	平均年収
90名	※1,148名	※19.8年	㊍509万円

【特色】ホテル椿山荘東京やワシントンホテルを運営
【本社】112-8664 東京都文京区関口2-10-8
【設立】1955.11　[東京P]

【業績】	売上高	営業利益	経常利益	純利益
連22.12	43,749	▲4,048	▲4,461	▲5,789
連23.12	64,547	6,636	7,081	8,114

●インターンシップ●
【概要】①経団連観光インターンシップ:会社紹介、業界研究、施設見学、実習②就業体験
【募集】①4月上旬②8~9月上旬
【実施】①9月(5日間)②9月(1日)【地域】㊎東京【選考】㊎なし

25総 680ジペー　25働 670ジペー

㈱西武・プリンスホテルズワールドワイド（せいぶ）　ホテル

修士・大卒採用数	従業員数	平均勤続年数	平均年収
128名	5,648名	16.4年	NA

【特色】西武HD傘下。ホテル・レジャー事業の中核
【本社】171-0022 東京都豊島区南池袋1-16-15 ダイヤゲート池袋【設立】2021.12　[未上場]

【業績】NA

●インターンシップ●【概要】①会社概要説明、社員講話、施設見学、グループワーク、プレゼンテーション②会社概要説明、施設見学、社員座談会、グループワーク、プレゼンテーション③会社概要説明、グループワーク、社員質問会【募集】①6~7月上旬②11~1月上旬③1~2月上旬【実施】①8月下旬~9月上旬(5日間)②12~1月上旬(半日×4回)③2月上旬(半日×2回)【地域】①東京・品川 長野・軽井沢②東京・品川 京都市 長野・軽井沢 札幌③オンライン【選考】①ES GW 面接②③なし【本選考との関係】①早期選考に案内

25総 681ジペー　25働 671ジペー

㈱阪急交通社（はんきゅうこうつうしゃ）　レジャー

修士・大卒採用数	従業員数	平均勤続年数	平均年収
70名	2,382名	17.3年	NA

【特色】旅行会社大手。メディア販売主体。阪急阪神HD傘下
【本社】530-0001 大阪府大阪市北区梅田2-5-25 ハービスOSAKA【設立】2007.10　[未上場]

【業績】	取扱高	営業利益	経常利益	純利益
単22.3	67,682	NA	NA	NA
単23.3	219,657	NA	NA	NA

●インターンシップ●
【概要】①ツアー企画体験:会社業界説明、ツアー企画体験、先輩社員による解説、質問会
【募集】①随時
【実施】①8~12月(1日)【地域】①オンライン【全学年対象】①【選考】①なし

25総 681ジペー　25働 671ジペー

[サービス]

㈱日本旅行 （レジャー）

	修士・大卒採用数	従業員数	平均勤続年数	平均年収
	140名	1,823名	19.4年	NA

【特色】旅行業界の老舗。JR西日本系。国内鉄道旅行に強い
【本社】103-8266 東京都中央区日本橋1-19-1 日本橋ダイヤビルディング12階【設立】1949.1　［未上場］

【業績】	売上高	営業利益	経常利益	純利益
連21.12	97,314	2,435	2,280	1,096
連22.12	164,893	6,080	6,573	6,957

●インターンシップ●
【概要】①顧客の求める価値を実現する「顧客と地域のソリューション企業グループ」を目指し、旅行はもちろん、日々様々な企画・提案を行っている。その現場における企画や提案を体験する【募集】‥【実施】①1月~(1日)【地域】①東京 大阪 名古屋 福岡【選考】①なし

㈱エイチ・アイ・エス （レジャー）

	修士・大卒採用数	従業員数	平均勤続年数	平均年収
	321名	3,817名	12.5年	410万円

【特色】海外旅行が中心の旅行会社。ホテル運営も
【本社】105-6905 東京都港区虎ノ門4-1-1 神谷町トラストタワー【設立】1980.12　［東京P］

【業績】	売上高	営業利益	経常利益	純利益
連22.10	142,794	▲47,934	▲49,001	▲9,547
連23.10	251,866	1,397	1,446	▲2,618

●インターンシップ●　【概要】①訪日の幅広い業務をつめこんだ5日間(訪日)②企画から販売までの一連の流れを体感する5日間(レジャー＋海外企画)③海外とつながる仕事を徹底的に体験する5日間(Online Experience本部＋海外支店)④企業の根幹にある想いを探る【募集】①②③~7月中旬④8月末 9月末【実施】①②③8月(5日間)④9月 10月 11月 12月 1月(1日)【地域】①②③東京④オンライン【選考】①②③あり④なし

㈱ジェイアール東海ツアーズ （レジャー）

	修士・大卒採用数	従業員数	平均勤続年数	平均年収
	─	580名	NA	NA

【特色】JR東海系の旅行代理店。京都旅行企画などに強み
【本社】104-0031 東京都中央区京橋1-5-8 三栄ビル2~4階【設立】1989.12　［未上場］

【業績】	売上高	営業利益	経常利益	純利益
単22.3	37,116	▲1,914	▲937	▲948
単23.3	71,283	2,369	2,652	3,741

●インターンシップ●
【概要】①会社紹介、業務内容紹介、グループワーク・座談会
【募集】‥
【実施】①8~2月(予定)【地域】①東京 名古屋 京都【選考】①ES

日本中央競馬会 （レジャー）

	修士・大卒採用数	従業員数	平均勤続年数	平均年収
	54名	1,665名	19.4年	NA

【特色】政府全額出資の特殊法人。中央競馬を主催
【本社】105-0003 東京都港区西新橋1-1-1
【設立】1954.9　［未上場］

【業績】	売上高	営業利益	経常利益	純利益
単21.12	3,091,112	NA	NA	NA
単22.12	3,253,907	NA	NA	NA

●インターンシップ●　24予
【概要】①事務職仕事体験②技術職仕事体験
【募集】‥【実施】①6月 7月 9月 年明けも随時(1日)②未定【地域】①北海道 千葉 愛知 京都 福岡他本会事業所がある場所②未定【全学年対象】①②【選考】⑦書類

㈱オリエンタルランド （レジャー）

	修士・大卒採用数	従業員数	平均勤続年数	平均年収
	※50名	3,126名	16.1年	※678万円

【特色】東京ディズニーリゾート運営。宿泊・商業施設も
【本社】279-8511 千葉県浦安市舞浜1-1
【設立】1960.7　［東京P］

【業績】	売上高	営業利益	経常利益	純利益
連22.3	275,728	7,733	11,278	8,067
連23.3	483,123	111,199	111,789	80,734

●インターンシップ●
【概要】①専門職(技術)②総合職
【募集】①6~7月上旬 12月②6~7月 1月【実施】①8~9月(5日間)2月(5日間)②8月(1日)2月(2日間)【地域】⑦千葉・浦安【全学年対象】①②【選考】①ES 面接②ES

㈱ラウンドワン （レジャー）

	修士・大卒採用数	従業員数	平均勤続年数	平均年収
	70名	1,284名	12.8年	594万円

【特色】ボウリング、カラオケなど複合レジャー施設大手
【本社】542-0076 大阪府大阪市中央区難波5-1-60 なんばスカイオ23F【設立】1980.12　［東京P］

【業績】	売上高	営業利益	経常利益	純利益
連22.3	96,421	▲1,726	5,360	3,937
連23.3	142,051	16,921	16,690	9,737

●インターンシップ●
【概要】①ストアパフォーマー編②エンタメクリエイター編③ラウンドワンまるわかり編④店舗ツアー【募集】①②③6~12月④10~12月【実施】①②③6~12月④12月【地域】①②③オンライン④対面【全学年対象】①②③④【選考】⑦なし【本選考との関係】⑦早期選考に案内

㈱バンダイナムコアミューズメント　レジャー

修士・大卒採用数	従業員数	平均勤続年数	平均年収
24名	**757**名	**9.9**年	**NA**

【特色】バンダイナムコHD傘下。アミューズ施設等運営
【本社】108-0023 東京都港区芝浦3-1-35
【設立】2006.3　　　　　　　　　　　　[持株傘下]

【業績】	売上高	営業利益	経常利益	純利益
単22.3	65,297	2,052	2,138	▲904
単23.3	79,579	2,934	3,134	1,834

●インターンシップ●
【概要】①会社紹介、ファンマーケティング講座、グループワーク、社員とのパネルディスカッション
【募集】①10~11月中旬【実施】①11月下旬~12月上旬(1日)【地域】①オンライン【全学年対象】①【選考】①エントリーフォーム 性格適性検査【本選考との関係】①早期選考に案内

25総 685ジ

25働 675ジ

㈱東京ドーム　レジャー

修士・大卒採用数	従業員数	平均勤続年数	平均年収
15名	**516**名	**18.6**年	総**834**万円

【特色】東京ドームを運営。三井不動産グループ
【本社】112-8575 東京都文京区後楽1-3-61
【設立】1936.12　　　　　　　　　　　[非上場]

【業績】NA

●インターンシップ● 24予【概要】①エンターテインメント×新規事業ビジネスコンテスト:エンターテインメント・ビジネスのアイデアをゼロから創り上げる体験をし、最終審査では東京ドームシティでプレゼンテーション②エンターテインメント×マーケティング:東京ドームシティの体験価値を向上させる施策を立案、発表、フィードバック【募集】②4~6月【実施】①8~12月(複数日程)②8月 9月 12月(1日)【地域】②東京【全学年対象】①②【選考】①ES 面接②ES【本選考との関係】②限定選考に案内

25総 686ジ

25働 676ジ

東宝㈱　レジャー

修士・大卒採用数	従業員数	平均勤続年数	平均年収
15名	**357**名	**14.3**年	総**897**万円

【特色】映画国内首位で演劇も展開。不動産が安定収益源
【本社】100-8415 東京都千代田区有楽町1-2-2 東宝日比谷ビル【設立】1932.8　　　　　[東京 P]

【業績】	売上高	営業利益	経常利益	純利益
連23.2	244,295	44,880	47,815	33,430
連24.2	283,347	59,251	63,024	45,283

●インターンシップ●
【概要】①映画コース②演劇コース③アニメコース④不動産コース
【募集】⑦7月中旬~8月上旬
【実施】⑨9月(5日間)【地域】⑦東京【全学年対象】①②③④【選考】⑦ES 面接

25総 686ジ

25働 676ジ

東映㈱　レジャー

修士・大卒採用数	従業員数	平均勤続年数	平均年収
14名	**368**名	**16.5**年	総**892**万円

【特色】テレビ映画首位級でアニメ、戦隊ものに強い
【本社】104-8108 東京都中央区銀座3-2-17 東映会館【設立】1949.10　　　　　　　　[東京 P]

【業績】	売上高	営業利益	経常利益	純利益
連22.3	117,539	17,810	23,303	8,977
連23.3	174,358	36,339	40,172	15,025

●インターンシップ● 24予
【概要】①映画企画・宣伝・営業等の仕事体験
【募集】①6月中【実施】①9月上旬(5日間)【地域】①東京・銀座 オンライン【選考】①ES 動画 GD【本選考との関係】①本選考時に情報を活用

25総 687ジ

25働 677ジ

松竹㈱　レジャー

修士・大卒採用数	従業員数	平均勤続年数	平均年収
11名	**599**名	**16.6**年	総**798**万円

【特色】歌舞伎、映画の老舗。不動産賃貸も安定収益源
【本社】104-8422 東京都中央区築地4-1-1 東劇ビル【設立】1920.11　　　　　　　　[東京 P]

【業績】	売上高	営業利益	経常利益	純利益
連23.2	78,212	▲776	1,359	5,484
連24.2	85,428	3,584	2,866	3,016

●インターンシップ●
【概要】①オンライン配信型②ワークショップ型
【募集】①8~9月②9月【実施】①9月頃②10~2月(3日間)【地域】①オンライン②東京【全学年対象】①②
【選考】①なし②ES 動画

25総 687ジ

25働 677ジ

セントラルスポーツ㈱　レジャー

修士・大卒採用数	従業員数	平均勤続年数	平均年収
25名	**1,079**名	**16.2**年	総個**661**万円

【特色】総合スポーツクラブの草分け。水泳等スクールも
【本社】104-8255 東京都中央区新川1-21-2 茅場町タワー【設立】1970.5　　　　　　　[東京 P]

【業績】	売上高	営業利益	経常利益	純利益
連22.3	40,338	1,517	2,595	1,540
連23.3	43,602	1,850	1,346	793

●インターンシップ●
【概要】①スポーツクラブ指導業務体験、店舗見学、社員講話
【募集】①11~2月
【実施】①未定(1日×複数回)【地域】①東京 埼玉【選考】①なし

25総 688ジ

25働 678ジ

[25総] 688ページ [25働] 678ページ

㈱ルネサンス

[レジャー]

修士・大卒採用数	従業員数	平均勤続年数	平均年収
38名	1,438名	11.5年	[総]514万円

【特色】総合スポーツクラブの業界大手。各種スクールも
【本社】130-0026 東京都墨田区両国2-10-14 両国シティコア3階【設立】1982.8 [東京P]

【業績】	売上高	営業利益	経常利益	純利益
連22.3	37,120	912	632	513
連23.3	40,760	680	311	▲1,141

●インターンシップ●
【概要】①接客ロールプレイ等による就業体験 他②グループワーク等による施策立案 他
【募集】①8月下旬~9月上旬②12月下旬~2月上旬
【実施】①9月中旬(1日×2回)②2月上旬~中旬(1日×2回)【地域】[全]オンライン【選考】[全]なし

[25総] 689ページ [25働] 679ページ

日本郵船㈱

[海運・空運]

修士・大卒採用数	従業員数	平均勤続年数	平均年収
68名	1,640名	16.6年	[総]1,382万円

【特色】海運売上で国内首位。陸・空運含め総合物流強化
【本社】100-0005 東京都千代田区丸の内2-3-2
【設立】1885.9 [東京P]

【業績】	売上高	営業利益	経常利益	純利益
連22.3	2,280,775	268,939	1,003,154	1,009,105
連23.3	2,616,066	296,350	1,109,790	1,012,523

●インターンシップ●【概要】①日本郵船キャリアスクール:陸上事務編②(理系)同:陸上技術編③同:海上入門編④同:海上基礎編【募集】①②6~12月③6~11月④8~12月【実施】①7~1月(1日×12回)②7~1月(1日×6回)③7~12月(1日×11回)④9~1月(1日×11回)【地域】①③④オンライン②東京 大阪【全学年対象】①②③④【選考】[全]多数の場合抽選

[25総] 689ページ [25働] 679ページ

㈱商船三井

[海運・空運]

修士・大卒採用数	従業員数	平均勤続年数	平均年収
77名	※829名	※14.2年	[総]1,594万円

【特色】海運大手。LNG船、自動車船等不定期船に強い
【本社】105-8688 東京都港区虎ノ門2-1-1
【設立】1884.5 [東京P]

【業績】	売上高	営業利益	経常利益	純利益
連22.3	1,269,310	55,005	721,779	708,819
連23.3	1,611,984	108,709	811,589	796,060

●インターンシップ●
【概要】①技術系②事務系③自社養成
【募集】①6月中旬~7月中旬②③6~7月上旬 9~10月上旬【実施】①8月~(複数日)②8月~ 10月~(複数日)③9月~ 11月~(複数日)【地域】①東京・虎ノ門②③東京・虎ノ門 オンライン【選考】[全]あり

[25総] 690ページ [25働] 680ページ

川崎汽船㈱

[海運・空運]

修士・大卒採用数	従業員数	平均勤続年数	平均年収
67名	804名	14.6年	[総]1,342万円

【特色】海運国内3位。電力炭船、自動車船に強み
【本社】100-8540 東京都千代田区内幸町2-1-1 飯野ビルディング【設立】1919.4 [東京P]

【業績】	売上高	営業利益	経常利益	純利益
連22.3	756,983	17,663	657,504	642,424
連23.3	942,606	78,857	690,839	694,904

●インターンシップ● [24予]
【概要】①海運ビジネスゲーム パネルディスカッション 座談会
【募集】①8~12月中旬
【実施】①9~1月(2日間)【地域】①オンライン【選考】①動画

[25総] 690ページ [25働] 680ページ

NSユナイテッド海運㈱

[海運・空運]

修士・大卒採用数	従業員数	平均勤続年数	平均年収
7名	232名	13.8年	1,073万円

【特色】海運準大手で日本郵船系。鉄鋼原料輸送が得意
【本社】100-8108 東京都千代田区大手町1-5-1
【設立】2010.10 [東京P]

【業績】	売上高	営業利益	経常利益	純利益
連22.3	195,941	26,711	26,606	23,582
連23.3	250,825	32,487	33,444	27,603

●インターンシップ●
【概要】①営業部門オペレーション業務体験
【募集】①7月中旬~10月中旬
【実施】①半日【地域】①オンライン【全学年対象】①【選考】①なし

[25総] 691ページ [25働] 681ページ

飯野海運㈱

[海運・空運]

修士・大卒採用数	従業員数	平均勤続年数	平均年収
11名	183名	13.0年	[総]1,229万円

【特色】海運準大手。エネルギー輸送が柱。不動産賃貸も
【本社】100-0011 東京都千代田区内幸町2-1-1 飯野ビルディング【設立】1918.12 [東京P]

【業績】	売上高	営業利益	経常利益	純利益
連22.3	104,100	7,524	9,431	12,526
連23.3	141,324	19,835	20,677	22,681

●インターンシップ●
【概要】①会社紹介②社員・内定者座談会
【募集】①9~12月②11~1月
【実施】①10~12月(1日)②11~1月(1日)【地域】①オンライン②東京 オンライン【選考】[全]なし

全日本空輸(株) 海運・空運

修士・大卒採用数	従業員数	平均勤続年数	平均年収
◇145名	◇14,566名	◇14.2年	NA

【特色】業界首位。自社路線豊富で貨物も売上規模大
【本社】105-7133 東京都港区東新橋1-5-2 汐留シティセンター 【設立】1952.12　　　[持株傘下※]

【業績】	売上高	営業利益	経常利益	純利益
連23.3	1,707,484	120,030	111,810	89,477

※業績はANAホールディングス(株)のもの

●インターンシップ●
【概要】①会社紹介 業務紹介 グループディスカッション 社員座談会 施設見学 他
【募集】①11～12月
【実施】①5日間【地域】①東京 オンライン【全学年対象】①【選考】①ES 面談

日本航空(株) 海運・空運

修士・大卒採用数	従業員数	平均勤続年数	平均年収
151名	◇12,744名	◇16.9年	総550万円

【特色】業界2位。10年の破綻やコロナの逆境乗り越える
【本社】140-8637 東京都品川区東品川2-4-11 野村不動産天王洲ビル 【設立】1953.10　　[東京P]

【業績】	売上高	営業利益	税前利益	純利益
◇22.3	682,713	▲234,767	▲246,617	▲177,551
◇23.3	1,375,589	65,059	52,429	34,423

●インターンシップ●【概要】①運航乗務職志望者向け②③業務企画職志望者向け④客室乗務職志望者向け【募集】①7月下旬-8月上旬 9月上旬-中旬 10月中旬-11月中旬②8月 1月③11月 1月④11～2月【実施】①9月上旬-中旬 10月中旬-11月初旬 12月中旬-1月中旬②9月中旬(2日間)2月中旬(3日間)③12月中旬(2日間)2月中旬(3日間)④11～1月(オンライン1日)2月(対面1日)【地域】①オンライン②③対面④オンライン 対面【全学年対象】①②③④【選考】②ES 他【本選考との関係】②③早期選考に案内

スカイマーク(株) 海運・空運

修士・大卒採用数	従業員数	平均勤続年数	平均年収
約30名	◇2,393名	◇8.2年	◇531万円

【特色】国内3位。15年の破綻を経て22年に再上場
【本社】144-0041 東京都大田区羽田空港3-5-10
【設立】1996.11　　　　　　　　　　　[東京G]

【業績】	売上高	営業利益	経常利益	純利益
単22.3	47,147	▲16,694	▲15,079	▲6,729
単23.3	84,661	3,453	3,713	5,726

●インターンシップ●
【概要】①総合職技術企画コース及び整備職を対象とした先輩社員座談会と職場体験
【募集】①8月下旬
【実施】①9月 12月【地域】①東京【選考】①あり【本選考との関係】①関係あり

朝日航洋(株) 海運・空運

修士・大卒採用数	従業員数	平均勤続年数	平均年収
25名	1,296名	15.2年	総657万円

【特色】トヨタの連結子会社。空輸や空からの調査に定評
【本社】136-0082 東京都江東区新木場4-7-41
【設立】1955.7　　　　　　　　　　　[未上場]

【業績】NA

●インターンシップ● 24予【概要】①オープンカンパニー:会社紹介、福利厚生や働き方の紹介 他②1day仕事体験:事業紹介、福利厚生や働き方についての紹介 他③航空事業(航空整備職):ヘリコプターを用いた整備職の仕事内容を座学・体験④空間情報事業(空間情報・国土保全・システム開発)【募集】①7～9月②8～9月③④6～7月【実施】①21日×4回③8月下旬(5日間)④7～9月(5日間)【地域】①②オンライン③東京・新木場④埼玉・川越【全学年対象】①②【選考】①②なし③④ES【本選考との関係】①②関係あり③④早期選考に案内

日本通運(株) 運輸・倉庫

修士・大卒採用数	従業員数	平均勤続年数	平均年収
250名	32,948名	17.0年	総728万円

【特色】陸海空の総合物流で世界最大級。日米亜に強み
【本社】101-8647 東京都千代田区神田和泉町2 NXグループビル 【設立】1937.10　　[持株傘下※]

【業績】	売上高	営業利益	経常利益	純利益
連23.12	2,239,017	60,098	61,208	37,050

※業績はNIPPON EXPRESSホールディングス(株)のもの

●インターンシップ● 24予【概要】①ベーシックコース:事例をもとに事業内容や働くイメージを掴む②ベーシックコース:GW・就業体験を通して実践的に事業内容を学ぶ③重機建設・重量輸送コース:GWや座談会を通じて重機建設・重量品輸送の事業内容を学ぶ 他【募集】①②開催月の1-2か月前③開催月の約1か月前【実施】①5～12月(1日)②8～9月(3-5日間)③6～11月(1日)12月(2日間)8月(3日間)【地域】①③オンライン②東京近郊【全学年対象】①②③【選考】①③未定②あり【本選考との関係】②早期選考に案内予定

福山通運(株) 運輸・倉庫

修士・大卒採用数	従業員数	平均勤続年数	平均年収
300名	1,503名	11.3年	総560万円

【特色】路線トラック大手。小口の企業間配送が得意
【本社】721-8555 広島県福山市東深津町4-20-1
【設立】1948.9　　　　　　　　　　　[東京P]

【業績】	売上高	営業利益	経常利益	純利益
連22.3	291,266	22,091	23,196	16,763
連23.3	293,358	21,375	22,985	20,791

●インターンシップ●
【概要】①ボードゲームを用いたシミュレーションを通して物流の仕事の流れを体験
【募集】①7～8月上旬【実施】①9月～(1日)【地域】①東京 名古屋 大阪市 広島・福山【選考】①なし【本選考との関係】①関係あり

西濃運輸（株）　運輸・倉庫

修士・大卒採用数	従業員数	平均勤続年数	平均年収
60名	1,091名	12.9年	総684万円

694 ジぺー

【特色】路線トラック最大手。愛称は「カンガルー便」
【本社】503-8501 岐阜県大垣市田口町1
【設立】1946.11　　　　　　　　　　　　[持株傘下]

【業績】	売上高	営業利益	経常利益	純利益
連22.3	264,055	11,142	11,632	6,945
連23.3	267,366	10,553	11,336	6,504

684 ジぺー

●インターンシップ●【概要】①オンライン職場見学：会社紹介、職場見学ライブ配信、グループワーク、質疑応答②営業体験：当社サービス内容を理解し、グループワークに取り組む【募集】①7～1月②10～1月【実施】①8～12月（1日×33回）②11～1月（1日×6回）【地域】①オンライン②東京 岐阜 大阪【全学年対象】①②【選考】⑤ES 面接 Webテスト【本選考との関係】②早期選考に案内

トナミ運輸（株）　運輸・倉庫

修士・大卒採用数	従業員数	平均勤続年数	平均年収
50名	1,075名	17.3年	総625万円

695 ジぺー

【特色】富山地盤の路線トラック大手。3PLを強化中
【本社】933-8566 富山県高岡市昭和町3-2-12
【設立】1943.6　　　　　　　　　　　　[持株傘下]

【業績】	売上高	営業利益	経常利益	純利益
連23.3	141,920	7,381	8,189	5,391

※業績はトナミホールディングス（株）のもの

685 ジぺー

●インターンシップ●【概要】①1日完結型、事業所での見学及び説明【募集】‥【実施】①10月以降【地域】①関東 関西【全学年対象】①【選考】①なし

ロジスティード（株）　運輸・倉庫

修士・大卒採用数	従業員数	平均勤続年数	平均年収
40名	1,199名	20.1年	総842万円

695 ジぺー

【特色】3PL（企業物流の一括請負）首位。海外展開加速
【本社】104-8350 東京都中央区京橋2-9-2 ロジスティードビル【設立】1959.8　　　　[未上場]

【業績】	売上高	営業利益	税前利益	純利益
◇22.3	743,612	30,738	24,631	13,513
◇23.3	814,310	44,136	39,968	25,516

685 ジぺー

●インターンシップ●【概要】①物流・3PL業界説明、会社紹介、グループワークの1day仕事体験②（コース1参加者のみ）事業紹介・施設見学、グループワーク、座談会の1day仕事体験③事業・業務紹介、グループワーク、現場社員との座談会の1day仕事体験（3PL編/DX編）【募集】①6月下旬～12月上旬（随時）②11～1月上旬③1～2月中旬【実施】①8～12月（3時間×9回）②12月中旬 1月中旬（3時間×2回）③1月下旬～2月（3時間×6回）【地域】①③オンライン②東京・中央【全学年対象】①②③【選考】①③ES②なし【本選考との関係】③書類選考免除

センコー（株）　運輸・倉庫

修士・大卒採用数	従業員数	平均勤続年数	平均年収
—	1,953名	13.7年	総509万円

696 ジぺー

【特色】3PL（物流一括受託）大手。M&Aで多角化
【本社】531-6115 大阪府大阪市北区大淀中1-1-30
【設立】2016.4　　　　　　　　　　　　[持株傘下]

【業績】	売上高	営業利益	経常利益	純利益
連23.3	696,288	25,535	26,151	15,341

※業績はセンコーグループホールディングス（株）のもの

686 ジぺー

●インターンシップ●【概要】①大学協定型インターンシップ、物流に関するグループワーク（先輩インタビュー、物流の未来を考える）物流の未来についての講話、新入社員座談会、営業所での実務②1Day仕事体験ワーク・業界研究コース・業務体験コース【募集】①未定【実施】①8月下旬（5日間）②6月下旬～2月内（1日）【地域】①東京・江東 大阪市 仙台 名古屋 福岡市②オンライン 対面【全学年対象】①②【選考】⑤なし【本選考との関係】①早期選考に案内 1次面接を免除

山九（株）　運輸・倉庫

修士・大卒採用数	従業員数	平均勤続年数	平均年収
118名	4,622名	14.2年	総779万円

696 ジぺー

【特色】物流事業と機工事業の二本柱。海外展開強化中
【本社】104-0054 東京都中央区勝どき6-5-23
【設立】1918.10　　　　　　　　　　　　[東京P]

【業績】	売上高	営業利益	経常利益	純利益
連22.3	553,831	34,465	35,432	22,636
連23.3	579,226	38,169	39,631	24,959

686 ジぺー

●インターンシップ●【概要】①プラントエンジニアリング事業：プラント業界ガイダンス②プラントエンジニアリング事業：プラント業界ガイダンス、鉄鋼、化学プラントの見学、職種別エンジニアとの座談会③プラントエンジニアリング事業：プラント業界ガイダンス、プラントエンジニアの業務体験【募集】‥【実施】①8月②8月 9月（2日間）③8月 9月（5日間）【地域】①オンライン②③千葉 茨城 愛知 三重 大阪 兵庫 岡山 広島 山口 福岡 大分【選考】①なし②③ES【本選考との関係】②関係あり

鴻池運輸（株）　運輸・倉庫

修士・大卒採用数	従業員数	平均勤続年数	平均年収
52名	1,077名	16.0年	総840万円

697 ジぺー

【特色】鉄鋼、食品、空港等の業務請負、物流事業が中心
【本社】541-0044 大阪府大阪市中央区伏見町4-3-9 HK淀屋橋ガーデンアベニュー【設立】1945.5　　[東京P]

【業績】	売上高	営業利益	経常利益	純利益
連22.3	301,373	10,288	11,845	7,988
連23.3	311,840	13,243	14,281	8,301

687 ジぺー

●インターンシップ●24予【概要】①企業研究WEBセミナー：企業説明、総合職の仕事説明、パネルディスカッション、質疑応答②グループワーク：実際の事例を基にした総合職の業務体験ワーク、社員からのフィードバック【募集】①6～1月②8～12月【実施】①6～1月（1日）②8～12月（1日）【地域】①オンライン②東京・銀座 大阪市 オンライン【全学年対象】①②【選考】⑤なし

日本梱包運輸倉庫(株) 〔運輸・倉庫〕

修士・大卒採用数	従業員数	平均勤続年数	平均年収
15名	1,375名	15.9年	㊙648万円

【特色】完成車輸送で首位の物流企業。ホンダが主要顧客
【本社】104-0044 東京都中央区明石町6-17
【設立】2015.10　　　　　　　　　　　　　[持株傘下]

【業績】	売上高	営業利益	経常利益	純利益
連23.3	212,071	19,580	22,108	15,913

※業績はニッコンホールディングス(株)のもの

●インターンシップ● 24予
【概要】①会社説明 倉庫見学 グループワーク 社員との座談会②会社説明 社員との座談会【募集】㊦6~11月上旬【実施】㊦7~2月(1日)【地域】①埼玉・三芳 千葉 神奈川・厚木 神戸 愛知 三重・鈴鹿②オンライン 東京・中央 大阪【全学年対象】①②【選考】なし【本選考との関係】㊦早期選考に案内

(株)日新 〔運輸・倉庫〕

修士・大卒採用数	従業員数	平均勤続年数	平均年収
49名	1,428名	14.1年	㊙717万円

【特色】国際物流大手。世界5極経営。旅行業も併設
【本社】102-8350 東京都千代田区麹町1-6-4
【設立】1938.12　　　　　　　　　　　　　[東京P]

【業績】	売上高	営業利益	経常利益	純利益
連22.3	192,699	9,098	9,859	6,365
連23.3	194,165	12,643	13,634	10,528

●インターンシップ● 24予
【概要】①模擬業務体験②業務体験【募集】①随時②5月~(予定)【実施】①6~2月(1日)②8月中旬~下旬(5日間)【地域】①オンライン 東京・千代田 大阪市②東京・千代田 横浜 大阪市【全学年対象】①②【選考】①なし②未定【本選考との関係】㊦早期選考に案内

(株)キユーソー流通システム 〔運輸・倉庫〕

修士・大卒採用数	従業員数	平均勤続年数	平均年収
15名	695名	15.5年	㊙646万円

【特色】キユーピーの物流部門が独立。食品物流首位
【本社】182-0021 東京都調布市調布ケ丘3-50-1
【設立】1966.2　　　　　　　　　　　　　[東京S]

【業績】	売上高	営業利益	経常利益	純利益
連22.11	179,649	3,695	3,259	1,458
連23.11	184,617	4,030	3,470	▲1,334

●インターンシップ● 24予
【概要】①外勤営業(物流提案)・営業業務(司令塔)の実務体験グループワーク、食品物流業界・会社紹介【募集】①6月上旬~【実施】①7~2月(1日)【地域】①東京 オンライン【選考】①なし【本選考との関係】①早期選考に案内

鈴与(株) 〔運輸・倉庫〕

修士・大卒採用数	従業員数	平均勤続年数	平均年収
35名	974名	14.9年	NA

【特色】総合物流老舗。国内外で140余社のグループ形成
【本社】424-8703 静岡県静岡市清水区入船町11-1
【設立】1936.3　　　　　　　　　　　　　[未上場]

【業績】	売上高	営業利益	経常利益	純利益
単21.8	144,229	NA	NA	NA
単22.8	147,770	NA	NA	NA

●インターンシップ● 24予【概要】①企業を見るべきポイント、業界説明、企業説明、物流の醍醐味ワークショップ 他②企業研究・提案・現場設計等のワーク③IT×物流最前線セミナー、IT×物流ワークショップ 他④IT×物流の超実践的ワーク、現場見学 他【募集】①6~12月②9~2月③6・8月④7~9月【実施】①37h~(1日×複数回)②6h~(1日×複数回)③4~8h(2~3日間×複数回)【地域】①オンライン②③④静岡市【選考】①なし②コース1への参加 GW 適性検査③あり④コース3への参加 GW 適性検査【本選考との関係】②④早期選考に案内

丸全昭和運輸(株) 〔運輸・倉庫〕

修士・大卒採用数	従業員数	平均勤続年数	平均年収
45名	736名	14.7年	㊙695万円

【特色】京浜発祥の物流企業。企業物流一括請負も得意
【本社】231-8419 神奈川県横浜市中区南仲通2-15
【設立】1931.8　　　　　　　　　　　　　[東京P]

【業績】	売上高	営業利益	経常利益	純利益
連22.3	136,850	11,820	12,567	8,579
連23.3	140,861	12,692	13,781	8,931

●インターンシップ●
【概要】①オンラインインターン
【募集】①6~1月【実施】①7月中旬 8月下旬 9月中旬 10月中旬 11月中旬 1月下旬 2月中旬(1日)【地域】①オンライン【全学年対象】①【選考】‥

(株)近鉄エクスプレス 〔運輸・倉庫〕

修士・大卒採用数	従業員数	平均勤続年数	平均年収
88名	1,253名	13.4年	615万円

【特色】近鉄グループ。国際航空貨物混載大手の一角
【本社】108-6024 東京都港区港南2-15-1 品川インターシティA棟【設立】1970.1　　　　　[未上場]

【業績】	売上高	営業利益	経常利益	純利益
連22.3	980,441	62,475	64,733	43,417
連23.3	1,080,949	44,185	57,078	42,211

●インターンシップ● 24予【概要】①国際物流業界理解ワーク②先輩社員座談会③フォワーディング体験ワーク④トップセミナー(管理職社員によるスペシャルトークセッション)【募集】①6~8月【実施】①8月下旬~9月上旬(11日間程度)②10月下旬(6日間程度)③11月中旬~12月上旬(12日間程度)④12月中旬(1日)【地域】①②オンライン③④対面 オンライン【全学年対象】①②④【選考】①②④なし③ES

329

[サービス]

<table>
<tr><td rowspan="2">25総
700ページ</td><td rowspan="2">郵船ロジスティクス㈱</td><td rowspan="2">運輸・倉庫</td><td>修士・大卒採用数</td><td>従業員数</td><td>平均勤続年数</td><td>平均年収</td></tr>
<tr><td>55名</td><td>1,543名</td><td>13.1年</td><td>総1,123万円</td></tr>
</table>

【特色】日本郵船子会社。航空貨物混載から総合物流化　【業績】NA
【本社】140-0002 東京都品川区東品川4-12-4 品川　※22年度営業収益約8460億円
シーサイドパークタワー 【設立】1955.2　[未上場]

25働690ページ
●インターンシップ● 24予
【概要】①業界会社説明、仕事体験、グループワーク、社員座談会
【募集】①7~8月上旬 【実施】①7~9月(1日)1月(1日) 【地域】①オンライン 【全学年対象】① 【選考】①
ES 【本選考との関係】①早期選考に案内

<table>
<tr><td rowspan="2">25総
701ページ</td><td rowspan="2">㈱阪急阪神エクスプレス</td><td rowspan="2">運輸・倉庫</td><td>修士・大卒採用数</td><td>従業員数</td><td>平均勤続年数</td><td>平均年収</td></tr>
<tr><td>33名</td><td>835名</td><td>18.9年</td><td>総736万円</td></tr>
</table>

【特色】阪急阪神HD傘下。国際輸送が主力。世界5極体制
【本社】530-0001 大阪府大阪市北区梅田2-5-25
ハービスOSAKA内 【設立】2009.10　[未上場]

【業績】	営業収益	営業利益	経常利益	純利益
連22.3	143,296	8,000	NA	NA
連23.3	163,269	8,381	NA	NA

25働691ページ
●インターンシップ●
【概要】①STEP制インターンシップ②1DAY仕事体験
【募集】①4月下旬~7月上旬②未定 【実施】①8~11月(最大3日間)②12月(1日) 【地域】①東京 大阪 名古屋 オンライン②東京 大阪 オンライン 【全学年対象】①② 【選考】①あり

<table>
<tr><td rowspan="2">25総
701ページ</td><td rowspan="2">関西エアポート㈱</td><td rowspan="2">運輸・倉庫</td><td>修士・大卒採用数</td><td>従業員数</td><td>平均勤続年数</td><td>平均年収</td></tr>
<tr><td>12名</td><td>648名</td><td>NA</td><td>NA</td></tr>
</table>

【特色】関西3空港を一体運営。オリックスなどが出資
【本社】549-0001 大阪府泉佐野市泉州空港北1
【設立】2015.12　[未上場]

【業績】	営業収益	営業利益	経常利益	純利益
連22.3	66,368	▲33,242	▲42,632	▲30,235
連23.3	99,875	▲14,777	▲25,635	▲18,996

25働691ページ
●インターンシップ●
【概要】①空港の運営・管理にかかる技術系業務(土木・建築・設備・IT・環境系)を対象としたプログラム。空港内の施設見学および業務体験、オフィスツアー、技術系社員との座談会、個人ワーク
【募集】①8月 【実施】①9月(5日間) 【地域】①大阪 【選考】①あり

<table>
<tr><td rowspan="2">25総
702ページ</td><td rowspan="2">㈱上組</td><td rowspan="2">運輸・倉庫</td><td>修士・大卒採用数</td><td>従業員数</td><td>平均勤続年数</td><td>平均年収</td></tr>
<tr><td>70名</td><td>※980名</td><td>※16.5年</td><td>総760万円</td></tr>
</table>

【特色】港湾総合運送会社で業界首位級。神戸港が拠点
【本社】651-0083 兵庫県神戸市中央区浜辺通4-1-
11 【設立】1947.2　[東京P]

【業績】	売上高	営業利益	経常利益	純利益
連22.3	261,681	28,524	30,875	20,861
連23.3	274,139	31,580	35,064	24,620

25働692ページ
●インターンシップ●
【概要】①業界説明、体験型グループワーク(営業・通関)社員座談会
【募集】①6~8月 11~12月
【実施】①8~9月 1~2月(1日×複数回) 【地域】①オンライン 神戸 【選考】①なし

<table>
<tr><td rowspan="2">25総
702ページ</td><td rowspan="2">名港海運㈱</td><td rowspan="2">運輸・倉庫</td><td>修士・大卒採用数</td><td>従業員数</td><td>平均勤続年数</td><td>平均年収</td></tr>
<tr><td>26名</td><td>799名</td><td>16.8年</td><td>総849万円</td></tr>
</table>

【特色】名古屋港が地盤の港湾運送大手。海外にも倉庫群
【本社】455-8650 愛知県名古屋市港区入船2-4-6
【設立】1949.1　[名古屋M]

【業績】	売上高	営業利益	経常利益	純利益
連22.3	81,273	6,458	7,095	4,624
連23.3	84,101	6,247	6,959	4,641

25働692ページ
●インターンシップ● 24予
【概要】①物流プランニングワークショップ、フォアマン体感ワークショップ
【募集】①6~7月 12~1月
【実施】①8月(6日間)1~2月(6日間) 【地域】①オンライン 【選考】①ES

<table>
<tr><td rowspan="2">25総
703ページ</td><td rowspan="2">三井倉庫ホールディングス㈱</td><td rowspan="2">運輸・倉庫</td><td>修士・大卒採用数</td><td>従業員数</td><td>平均勤続年数</td><td>平均年収</td></tr>
<tr><td>61名</td><td>887名</td><td>12.8年</td><td>総784万円</td></tr>
</table>

【特色】倉庫大手。ビル賃貸が利益柱。アジア物流を強化
【本社】105-0003 東京都港区西新橋3-20-1
【設立】1909.10　[東京P]

【業績】	売上高	営業利益	経常利益	純利益
連22.3	301,022	25,939	25,553	14,503
連23.3	300,836	25,961	26,533	15,617

25働693ページ
●インターンシップ●
【概要】①会社紹介、物流業界研究、現場見学②会社紹介、物流業界研究、社員座談会
【募集】①8月②12月
【実施】①9月(1日)②1月(1日) 【地域】①東京 神戸②東京 大阪 【選考】①なし

三菱倉庫㈱ 〔運輸・倉庫〕

修士・大卒採用数	従業員数	平均勤続年数	平均年収
37名	957名	16.0年	876万円

【特色】倉庫大手。収益性高いビル等賃貸と物流の2本柱
【本社】103-8630 東京都中央区日本橋1-19-1
【設立】1887.4 ［東京P］

【業績】	売上高	営業利益	経常利益	純利益
連22.3	257,230	18,144	23,151	17,892
連23.3	300,594	23,027	30,046	27,226

●インターンシップ● 24予
【概要】①仕事体験
【募集】①7月頃 11月頃
【実施】①8~9月 12~1月(1日)【地域】①オンライン【選考】①未定

日本トランスシティ㈱ 〔運輸・倉庫〕

修士・大卒採用数	従業員数	平均勤続年数	平均年収
23名	633名	16.5年	755万円

【特色】中部地域最大の総合物流企業で、倉庫業界大手
【本社】510-8651 三重県四日市市霞2-1-1 四日市
港ポートビル【設立】1942.12

【業績】	売上高	営業利益	経常利益	純利益
連22.3	116,750	6,669	8,368	5,597
連23.3	134,063	7,250	8,996	6,157

●インターンシップ●【概要】①オープンカンパニー②インターンシップ(5日間)③オープンカンパニー(3日間)④オープンカンパニー(1日間)【募集】①4月中~5~7月中旬③5~10月中旬【実施】①5月下旬~(1日×複数回)②8~9月(2日間)⑩月(1日)11~12月(2日間)③10~12月(3日間)④8~2月(1日×複数回)【地域】①④オンライン②オンライン 対面(三重・大阪・東京/選択制)③オンライン 三重・四日市【選考】①④なし②③ES【本選考との関係】①③④早期選考に案内②早期選考に案内 GD免除

安田倉庫㈱ 〔運輸・倉庫〕

修士・大卒採用数	従業員数	平均勤続年数	平均年収
15名	466名	12.8年	718万円

【特色】旧財閥系の倉庫業大手。首都圏を軸に展開
【本社】108-8435 東京都港区芝浦3-1-1 田町ス
テーションタワーN【設立】1919.12 ［東京P］

【業績】	売上高	営業利益	経常利益	純利益
連22.3	53,040	2,910	4,037	2,873
連23.3	59,756	2,534	3,776	2,245

●インターンシップ●【概要】①物流業界を知る：会社紹介や物流業界の講義を通じて、物流の魅力等を紹介②現場を感じる：座談会や倉庫見学を通じて当社の社風や物流・倉庫管理の理解を深める③倉庫見学【募集】②随時【実施】①8月~(1日)②9月~(1日)③2月(1日)【地域】①オンライン 東京②オンライン③対面【選考】③なし【本選考との関係】③早期選考に案内

両備ホールディングス㈱ 〔運輸・倉庫〕

修士・大卒採用数	従業員数	平均勤続年数	平均年収
18名	◇2,000名	◇11.9年	NA

【特色】岡山・両備G中核。交通・運輸に生活関連事業も
【本社】700-8518 岡山県岡山市北区下石井2-10-12 杜の街
グレースオフィススクエア5F【設立】1910.7 ［未上場］

【業績】	売上高	営業利益	経常利益	純利益
連22.3	155,979	4,289	9,255	5,714
連23.3	175,957	6,965	10,552	5,875

●インターンシップ●【概要】①会社理念研究、自己分析、グループワーク②バス・トラック・タクシー運転体験、業界研究、座談会③職種別の業界研究、会社紹介、座談会④職場訪問、社員座談会【募集】‥【実施】①5月~(1日)②3月~(1日)③6月~(1日)④8月~(1日)【地域】①オンライン 岡山 大阪②③オンライン 岡山④オンライン 岡山 広島 東京【全学年対象】①②③④【選考】③なし

北海道旅客鉄道㈱ 〔鉄道〕

修士・大卒採用数	従業員数	平均勤続年数	平均年収
130名	◇6,084名	◇13.8年	NA

【特色】JR北海道。北海道新幹線を軸に観光客を取り込む
【本社】060-8644 北海道札幌市中央区北11条西
15-1-1【設立】1987.4

【業績】	売上高	営業利益	経常利益	純利益
単22.3	55,277	▲76,309	▲10,589	▲476
単23.3	72,925	▲63,971	▲24,382	▲18,069

●インターンシップ●【概要】①技術系：鉄道車両、電力・信号通信、土木・線路の職場見学・座談会②ワークショップ：鉄道利用促進、列車ダイヤ作成、線路施工管理、電気設備設計に関するグループワーク【募集】①7~8月②10~11月上旬 1~2月上旬【実施】①9~11月(1~2日間)②11~12月(1日)【地域】①札幌(一部、函館他)②札幌 東京【選考】③ES

西武鉄道㈱ 〔鉄道〕

修士・大卒採用数	従業員数	平均勤続年数	平均年収
18名	※◇3,650名	※◇20.8年	NA

【特色】民鉄大手の一角。西武HD傘下でグループ中核
【本社】359-8520 埼玉県所沢市くすのき台1-11-1
【設立】1912.5 ［持株傘下］

【業績】	売上高		経常利益	純利益
単22.3	117,623		1,673	35,010
単23.3	127,081		5,633	7,597

●インターンシップ●【概要】①会社概要説明、施設見学、部門ごとの就業体験、グループワーク、プレゼンテーション(企画系)②会社概要説明、施設見学、部門ごとの就業体験、グループワーク、プレゼンテーション(西武鉄道新技術構想コース)③会社概要説明、施設見学、部門ごとの就業体験、グループワーク、プレゼンテーション(西武鉄道経営戦略立案型)【募集】③6~7月上旬【実施】①28月21~25日(5日間)③8月28日~9月1日(5日間)【地域】③東京 埼玉【全学年対象】①②③【選考】③ES 面接【本選考との関係】③採用活動の参考

[25総] 708ジペー [25働] 698ジペー

京成電鉄(株)

[鉄道]

修士・大卒採用数	従業員数	平均勤続年数	平均年収
5名	1,831名	17.7年	◇721万円

【特色】民鉄大手の一角。千葉、東京東部、茨城が地盤
【本社】272-8510 千葉県市川市八幡3-3-1
【設立】1909.6 [東京P]

【業績】	売上高	営業利益	経常利益	純利益
連22.3	214,157	▲5,201	▲3,191	▲4,438
連23.3	252,338	10,228	26,764	26,929

●インターンシップ●
【概要】①機械・電気コース:グループワーク、先輩社員との座談会 他(オンライン)②土木・建築コース:グループワーク、先輩社員との座談会 他(オンライン)
【募集】[全]未定 【実施】[全]2月(2日間)【地域】[全]千葉 【選考】[全]未定

[25総] 709ジペー [25働] 699ジペー

東日本旅客鉄道(株)

[鉄道]

修士・大卒採用数	従業員数	平均勤続年数	平均年収
310名	◇46,051名	◇17.1年	◇677万円

【特色】日本最大の鉄道会社。東日本1都16県が地盤
【本社】151-8578 東京都渋谷区代々木2-2-2
【設立】1987.4 [東京P]

【業績】	売上高	営業利益	経常利益	純利益
連22.3	1,978,967	▲153,938	▲179,501	▲94,948
連23.3	2,405,538	140,628	110,910	99,232

●インターンシップ● 【概要】①汎用能力活用型②オープンカンパニー③1日仕事体験④専門活用型 【募集】①6~7月②9~10月③11~1月④12~1月 【実施】①9月上旬~中旬(1週間×2回)②10月中旬~12月上旬(1日×5回)③1月下旬(1日×3回)④2月中旬~下旬(2週間)【地域】[全]東日本エリア(1都16県)【全学年対象】①②③④ 【選考】①④書類 面接②③なし

[25総] 709ジペー [25働] 699ジペー

東海旅客鉄道(株)

[鉄道]

修士・大卒採用数	従業員数	平均勤続年数	平均年収
430名	◇18,727名	◇16.0年	◇710万円

【特色】東海道新幹線が収益柱。リニア開業目指す
【本社】108-8204 東京都港区港南2-1-85 JR東海品川ビルA棟【設立】1987.4 [東京P]

【業績】	売上高	営業利益	経常利益	純利益
連22.3	935,139	1,708	▲67,299	▲51,928
連23.3	1,400,285	374,503	307,485	219,417

●インターンシップ●
【概要】①採用系統別(事務・運輸・車両機械・施設・電気システム)施設見学、座談会、グループワーク他 【募集】①3月下旬~【実施】①8月~【地域】①事業エリア内(東京 名古屋 大阪等)【全学年対象】① 【選考】‥

[25総] 710ジペー [25働] 700ジペー

東急(株)

[鉄道]

修士・大卒採用数	従業員数	平均勤続年数	平均年収
43名	1,482名	15.1年	[総]1,000万円

【特色】東急グループ中核、民鉄最大手。東京渋谷が拠点
【本社】150-8511 東京都渋谷区南平台町5-6
【設立】1922.9 [東京P]

【業績】	売上高	営業利益	経常利益	純利益
連22.3	879,112	31,544	34,998	8,782
連23.3	931,293	44,603	47,369	25,995

●インターンシップ● [24予]
【概要】①理系向け:事業部受け入れ型②文理不問セミナー
【募集】①5~6月中旬②5~7月上旬 【実施】①8月下旬(5日間)②8~9月(1日×10回)【地域】①東急線沿線当社関連施設(関東)②オンライン 【全学年対象】①② 【選考】①ES 面接②ES 録画面接

[25総] 710ジペー [25働] 700ジペー

東武鉄道(株)

[鉄道]

修士・大卒採用数	従業員数	平均勤続年数	平均年収
13名	◇3,346名	◇26.6年	◇652万円

【特色】北関東が地盤。関東民鉄では路線距離が最長
【本社】131-8522 東京都墨田区押上2-18-12
【設立】1897.11 [東京P]

【業績】	売上高	営業利益	経常利益	純利益
連22.3	506,023	24,732	27,406	13,453
連23.3	614,751	56,688	54,815	29,179

●インターンシップ● [24予]
【概要】①鉄道・開発施設のフィールドワーク、新規事業立案とグループワーク
【募集】①6月中旬~11月 【実施】①8月中旬~下旬 11月下旬~12月中旬(3日間または1日)【地域】①東京 埼玉 千葉 栃木 【選考】①ES Webテストなど

[25総] 711ジペー [25働] 701ジペー

(株)西武ホールディングス

[鉄道]

修士・大卒採用数	従業員数	平均勤続年数	平均年収
4名	378名	15.8年	[総]811万円

【特色】埼玉地盤の西武鉄道と「プリンスホテル」が中核
【本社】171-0022 東京都豊島区南池袋1-16-15 ダイヤゲート池袋【設立】2006.2 [東京P]

【業績】	売上高	営業利益	経常利益	純利益
連22.3	396,856	▲13,216	▲17,440	10,623
連23.3	428,487	22,155	20,133	56,753

●インターンシップ● 【概要】①ビジネス立案型:会社説明、施設見学、GW、プレゼン(新規事業創出)②新規事業分野立案:会社説明、新規事業事例説明・実地見学、GW、プレゼン(新規事業企画)他③DX戦略:会社説明、フィールドワーク(現地視察・インタビュー等)、GW、プレゼン(DX戦略企画)他④法務:会社説明、企業法務業務体験(契約書審査・商標審査等)、GW、プレゼン(法務社内施策)他【募集】[全]6~7月【実施】①8月(5日間)②③④9月(5日間)【地域】①東京 埼玉 長野②東京③④東京 埼玉 【全学年対象】①②③④ 【選考】①ES 面接 GW②③④ES 面接

小田急電鉄㈱ 〔鉄道〕

修士・大卒採用数	従業員数	平均勤続年数	平均年収
24名	◇3,677名	◇20.3年	◇717万円

【特色】東京新宿が拠点の民鉄大手。箱根エリアにも地盤
【本社】163-0708 東京都新宿区西新宿2-7-1 小田急第一生命ビル【設立】1948.6 ［東京P］

【業績】	売上高	営業利益	経常利益	純利益
連22.3	358,753	6,152	4,699	12,116
連23.3	395,159	26,601	25,119	40,736

●インターンシップ● 24予【概要】①②総合職事務系：新規事業紹介、社員懇談会、グループワーク③④総合職技術系：事業・仕事紹介、社員懇談会、実際のプロジェクトを使用したグループワーク【募集】①6～7月中旬②10月③6月④10～11月【実施】①9月 10月（半日程度×4回）②11～12月（1週間）③8月 9月（1週間×3回）④12月（半日程度×3回）【地域】①東京 神奈川 オンライン②③④東京 神奈川【選考】①④ES②③ 面接

京王電鉄㈱ 〔鉄道〕

修士・大卒採用数	従業員数	平均勤続年数	平均年収
36名	◇2,410名	◇17.9年	◇710万円

【特色】東京中部が地盤の鉄道・バス網大手。堅実経営
【本社】206-8502 東京都多摩市関戸1-9-1【設立】1948.6 ［東京P］

【業績】	売上高	営業利益	経常利益	純利益
連22.3	299,872	740	5,366	5,585
連23.3	347,133	21,479	21,772	13,114

●インターンシップ●
【概要】①事務系コース②技術系コース
【募集】㋐6月上旬 11月【実施】㋐9月 2月（3日間）【地域】㋐東京 神奈川【全学年対象】①②【選考】㋐ES Webテスト GD 面接

東京地下鉄㈱ 〔鉄道〕

修士・大卒採用数	従業員数	平均勤続年数	平均年収
※23名	◇9,720名	◇17.3年	◇728万円

【特色】東京メトロ。国が53.4%、東京都が46.6%を出資
【本社】110-0015 東京都台東区東上野3-19-6【設立】2004.4 ［未上場］

【業績】	売上高	営業利益	経常利益	純利益
連22.3	306,904	▲12,117	▲20,497	▲13,397
連23.3	345,370	27,777	19,694	27,771

●インターンシップ● 24予【概要】①事務系・デジタル系・技術系：GWによる新事業企画立案、社員との座談会、現場見学 他②技術系：個人ワークやGWによる企画業務、現場視察、社員との座談会 他③エキスパート職・技術職種：職種概要説明、GW、社員との座談会、現場見学、業務体験 他【募集】①7～8月②④9-10月③6～7月【実施】①8～9月（1日）②11～12月（5～7日間）③8月（1日）④11～12月（1日）【地域】㋐東京【全学年対象】①②③④【選考】①ESまたはエントリー動画 Webテスト②エントリー動画 Webテスト 書類 面接③④ES 適性検査 録画

日本貨物鉄道㈱ 〔鉄道〕

修士・大卒採用数	従業員数	平均勤続年数	平均年収
20名	◇5,456名	◇17.4年	NA

【特色】JR貨物。全国ネットワークの貨物鉄道輸送を展開
【本社】151-0051 東京都渋谷区千駄ヶ谷5-33-8【設立】1987.4 ［未上場］

【業績】	売上高	営業利益	経常利益	純利益
連22.3	186,651	1,484	275	▲1,428
連23.3	187,685	▲3,664	▲4,364	▲4,098

●インターンシップ● 24予【概要】①（理系）会社紹介、物流体感ボードゲーム、仕事体験（ダイヤ作成・理系職種）、社員座談会②会社紹介、物流体感ボードゲーム、仕事体験（ダイヤ作成・駅業務）、社員座談会③会社紹介、現場見学、社員座談会【募集】①②6～7月③9月予定【実施】①8～9月（1日）②8～9月（2日間）③10～12月（1日）【地域】①東京②東京 大阪 札幌 仙台 東京 名古屋 大阪 福岡③【全学年対象】①②③【選考】①②ES SPI③未定

京浜急行電鉄㈱ 〔鉄道〕

修士・大卒採用数	従業員数	平均勤続年数	平均年収
14名	◇2,891名	◇17.3年	◇672万円

【特色】民鉄大手の一角。京浜・三浦半島が地盤
【本社】220-8625 神奈川県横浜市西区高島1-2-8【設立】1948.6

【業績】	売上高	営業利益	経常利益	純利益
連22.3	265,237	3,510	5,065	12,529
連23.3	293,005	10,819	12,233	15,817

●インターンシップ● 24予【概要】①（学部不問）三浦半島活性化に関する事業提案、事務系総合職社員との座談会②（学部不問）沿線における不動産開発事業提案、事務系総合職社員との座談会③（土木・建築・電気電子情報・機械工学系）将来の鉄道運行・土木構造物保守・駅舎に関するグループワーク、沿線施設・駅舎の見学、技術系総合職社員との座談会【募集】①②6月 11月③6～7月【実施】①②8月（3日間）2月（3日間）③9月（2日間）【地域】①②東京 神奈川（オンライン併用）③東京 神奈川【全学年対象】①②③【選考】①②ES Webテスト GD③ES

富士急行㈱ 〔鉄道〕

修士・大卒採用数	従業員数	平均勤続年数	平均年収
17名	245名	15.5年	㊍655万円

【特色】富士山麓周辺で遊園地などのリゾート施設を運営
【本社】403-0017 山梨県富士吉田市新西原5-2-1【設立】1926.9 ［東京P］

【業績】	売上高	営業利益	経常利益	純利益
連22.3	35,083	761	489	376
連23.3	42,924	4,243	4,007	2,318

●インターンシップ●
【概要】①新規プロジェクト立案体験コース②先輩社員講義コース
【募集】‥
【実施】㋐未定【地域】㋐山梨・富士吉田 東京・渋谷 オンライン【選考】①ES 面接②なし

[サービス]

名古屋鉄道(株) 〔鉄道〕

修士・大卒採用数	従業員数	平均勤続年数	平均年収
37名	◇4,253名	※◇26.0年	総787万円

【特色】中部地盤の私鉄大手。流通や物流など子会社多数
【本社】450-8501 愛知県名古屋市中村区名駅1-2-4 【設立】1921.6 [東京P]

【業績】	売上高	営業利益	経常利益	純利益
連22.3	490,919	2,932	13,135	9,370
連23.3	551,504	22,731	26,362	18,850

●インターンシップ● 【概要】①総合職(事務系):企画体験グループワーク 座談会 他②総合職(技術系):企画体験グループワーク 座談会 他③会社概要 業務内容 働き方の紹介 座談会 他④職種別業務内容 座談会 他【募集】①4~7月中旬 10~11月中旬②③4~9月④12~2月【実施】①8月下旬~9月上旬 他(2日間)③10月中旬(2日間)③9月下旬(1日)④1~2月(1日×複数回)【地域】①東京 名古屋 大阪②名古屋③④オンライン【全学年対象】①②③④【選考】①ES Web面接②③ES④なし

近鉄グループホールディングス(株) 〔鉄道〕

修士・大卒採用数	従業員数	平均勤続年数	平均年収
35名	※269名	※16.1年	712万円

【特色】近畿日本鉄道を中心にグループ形成。多角展開
【本社】543-8585 大阪府大阪市天王寺区上本町6-1-55 【設立】1944.6

【業績】	売上高	営業利益	経常利益	純利益
連22.3	691,512	3,864	30,658	42,755
連23.3	1,561,002	67,144	74,612	88,779

●インターンシップ● 【概要】①総合職事務系:グループの事業紹介,仕事体感GW,社員との座談会 他②総合職情報系:仕事内容・DXの取り組み紹介,仕事体感GW,社員との座談会 他③総合職建築系:仕事内容紹介,駅などの見学,仕事体感GW,社員との座談会 他④総合職事務系:仕事体感GW,社員との座談会 他【募集】①6~7月上旬②③6~7月中旬④11~12月中旬【実施】①8月下旬(4日間)②12月上旬(1日)③8月中旬(2日間)③9月上旬(2日間)④1月中旬(1日)【地域】④大阪市【選考】①ES 面接②③④ES

西日本旅客鉄道(株) 〔鉄道〕

修士・大卒採用数	従業員数	平均勤続年数	平均年収
NA	◇21,215名	◇15.4年	◇597万円

【特色】JR西日本。山陽・北陸の両新幹線を保有する
【本社】530-8341 大阪府大阪市北区芝田2-4-24 【設立】1987.4 [東京P]

【業績】	売上高	営業利益	経常利益	純利益
連22.3	1,031,103	▲119,091	▲121,047	▲113,198
連23.3	1,395,531	83,970	73,619	88,528

●インターンシップ● 【概要】①会社・業務説明、事業担当者によるワークショップ・フィードバック、先輩社員座談会、職場見学 他②会社・業務説明、先輩社員座談会、職場見学 他【募集】①5~7月中旬~1月初旬②6月中旬~1月初旬【実施】①8月中旬~9月(5日間)②8~2月(1日)【地域】④オンライン 大阪 他【全学年対象】②【選考】①ES 面談 他②なし【本選考との関係】①ESや面接等と合わせて総合的に判断

阪急阪神ホールディングス(株) 〔鉄道〕

修士・大卒採用数	従業員数	平均勤続年数	平均年収
46名	1,295名	19.9年	総930万円

【特色】阪急電鉄と阪神電鉄を中核とする持株会社
【本社】530-0012 大阪府大阪市北区芝田1-16-1 【設立】1907.10 [東京P]

【業績】	売上高	営業利益	経常利益	純利益
連22.3	746,217	39,212	38,450	21,418
連23.3	968,300	89,350	88,432	46,952

●インターンシップ● 【概要】①③当社の事業を体感し、総合的な働き方を知る②電気電子・機械・情報系専攻対象:当社の鉄道技術や、DXプロジェクト等をテーマに、総合的な働き方を知る④電気電子・機械・情報・土木・建築系専攻対象:当社の鉄道技術や、DXプロジェクト等をテーマに、総合的な働き方を知る【募集】①②5~6月③9~10月【実施】①8~9月 11月(4日間・1日)②8月(5日間)③12~2月(4日間)④11月(1日)12月(5日間)【地域】①京阪神地区 首都圏②③④京阪神地区【全学年対象】①②③④【選考】②ES 面接 GD

京阪ホールディングス(株) 〔鉄道〕

修士・大卒採用数	従業員数	平均勤続年数	平均年収
15名	306名	14.9年	◇745万円

【特色】京阪電気鉄道などを傘下に擁する持株会社
【本社】540-6591 大阪府大阪市中央区大手前1-7-31 【設立】1949.12 [東京P]

【業績】	売上高	営業利益	経常利益	純利益
連22.3	258,118	13,408	16,485	9,589
連23.3	260,070	20,491	20,458	17,621

●インターンシップ● 【概要】②施設見学、会社紹介、座談会、グループワーク【募集】①8月②11月【実施】①9月(2日間)②12月(5日間)1月(5日間)【地域】④大阪 京都【全学年対象】①②【選考】①ES②ES Webテスト 面接【本選考との関係】②関係あり

南海電気鉄道(株) 〔鉄道〕

修士・大卒採用数	従業員数	平均勤続年数	平均年収
31名	◇2,635名	◇22.5年	◇597万円

【特色】大阪南部・和歌山が地盤の私鉄大手。流通等も
【本社】556-8503 大阪府大阪市浪速区敷津東2-1-41 【設立】1925.3 [東京P]

【業績】	売上高	営業利益	経常利益	純利益
連22.3	201,793	12,190	9,931	4,021
連23.3	221,280	21,023	18,965	14,623

●インターンシップ● 【概要】①マネジメントコース(4コース)②エキスパートコース(2コース)【募集】①②3月~【実施】①夏・秋・冬(1日×複数回)②冬(3日間×1回)【地域】④大阪【選考】①ES②ES 面接

大阪市高速電気軌道(株) 〔鉄道〕

修士・大卒採用数	従業員数	平均勤続年数	平均年収
25名	※◇5,107名	※◇27.6年	総762万円

【特色】大阪市交通局の民営化で誕生。地下鉄運営が主体
【本社】550-0025 大阪府大阪市西区九条南1-12-62【設立】2017.6　［未上場］

【業績】	売上高	営業利益	経常利益	純利益
連22.3	140,100	390	460	490
連23.3	161,400	19,100	19,700	15,100

●インターンシップ●【概要】①(理系・女性)会社紹介、若手社員の業務紹介・座談会 他②会社紹介、若手社員の業務紹介・座談会、GW、採用担当への質問会 他③(理系)会社紹介、若手社員の業務紹介・座談会、各部門の職場見学、GW、採用担当への質問会④(女性)会社紹介、若手社員座談会、駅施設(職場)見学、採用担当への質問会【募集】①11月②③④1月【実施】①12月(1日)②④2月(1日)③2月(2日間)【地域】①オンライン②③④大阪市【選考】①②③ES SPI3④ES【本選考との関係】②③早期選考に案内

京阪電気鉄道(株) 〔鉄道〕

修士・大卒採用数	従業員数	平均勤続年数	平均年収
4名	◇1,787名	◇28.2年	NA

【特色】京阪HDで中核。関西民鉄大手の一角。遊園地事業も
【本社】540-0008 大阪府大阪市中央区大手前1-7-31 OMMビル【設立】2015.4　［持株傘下］

【業績】NA

●インターンシップ●
【概要】㋑施設見学 会社紹介 座談会 仕事体験GW
【募集】①7月下旬~8月②11~1月
【実施】①9月(1日)①~2月(2日間以上想定)【地域】①大阪 京都【選考】㋑ES

四国旅客鉄道(株) 〔鉄道〕

修士・大卒採用数	従業員数	平均勤続年数	平均年収
80名	◇1,936名	◇13.5年	NA

【特色】JR四国。四国の基幹輸送機関。事業多角化展開
【本社】760-8580 香川県高松市浜ノ町3-33
【設立】1987.4　［未上場］

【業績】	営業収益	営業利益	経常利益	純利益
単22.3	18,324	▲20,235	▲3,361	▲4,735
単23.3	24,005	▲18,435	▲1,594	▲638

●インターンシップ●24予【概要】①③鉄道車両・線路設備・土木構造物・建築物・電気設備・設備機械に関するメンテナンス実習・現場見学(各系統ごと)②事業開発・地域連携業務に関するグループワーク実習(各業務ごと)④観光列車企画・事業開発・地域連携業務に関するグループワーク実習(各業務ごと)【募集】①③6月中旬~8月上旬②④11月中旬~1月下旬【実施】①③8~9月(複数日)③④12~1月(複数日)【地域】①③香川(高松 多度津)②④香川・高松【全学年対象】①②③④【選考】②ES

西日本鉄道(株) 〔鉄道〕

修士・大卒採用数	従業員数	平均勤続年数	平均年収
95名	2,481名	19.8年	630万円

【特色】九州北部地盤の私鉄大手。ホテルや国際物流も
【本社】812-0011 福岡県福岡市博多区博多駅前3-5-7 博多センタービル【設立】1908.12　［東京P］

【業績】	売上高	営業利益	経常利益	純利益
連22.3	427,159	10,451	13,953	9,873
連23.3	494,643	26,150	27,901	18,368

●インターンシップ●【概要】①地域マーケット部門(事務系):グループワーク 他②地域マーケット部門(技術系):現場見学 グループワーク 他③国際物流部門:業務体験プログラム 座談会 他【募集】①②8月下旬 11月 12月(1日)②8月下旬 1月(1~3日間)③8月下旬~9月 冬期(1日)【地域】①③オンライン②オンライン 福岡【選考】㋑あり

九州旅客鉄道(株) 〔鉄道〕

修士・大卒採用数	従業員数	平均勤続年数	平均年収
―	◇7,311名	◇13.9年	◇482万円

【特色】鉄道旅客事業を軸に、流通や不動産などへ多角化
【本社】812-8566 福岡県福岡市博多区博多駅前3-25-21【設立】1987.4　［東京P］

【業績】	売上高	営業利益	経常利益	純利益
連22.3	329,527	3,944	9,237	13,250
連23.3	383,242	34,323	35,700	31,166

●インターンシップ●
【概要】①駅・乗務員・鉄道営業コース②車両・運輸コース③保線・土木・建築・機械コース④電気・情報システムコース※他 事業開発 ITコースあ【実施】①②8~9月(3日間×3回)③④8~9月(4日間×3回)【地域】㋑福岡 オンライン【全学年対象】①②③④【選考】㋑ES

東日本高速道路(株) 〔その他サービス〕

修士・大卒採用数	従業員数	平均勤続年数	平均年収
113名	2,516名	16.4年	総769万円

【特色】日本道路公団民営化で誕生。高速道を管理・運営
【本社】100-8979 東京都千代田区霞が関3-3-2 新霞が関ビル【設立】2005.10　［未上場］

【業績】	売上高	営業利益	経常利益	純利益
連22.3	1,030,388	▲4,717	▲1,223	▲1,480
連23.3	1,108,624	▲5,112	▲1,738	7,384

●インターンシップ●
【概要】①高速道路の管理運営事業 建設事業等の就業体験や現場見学 GD 他
【募集】①6~10月【実施】①8~12月(1~2日間)【地域】①オンライン 東京近郊 大宮 仙台 札幌 新潟【全学年対象】①【選考】①ES

[サービス]

首都高速道路㈱　その他サービス

修士・大卒採用数	従業員数	平均勤続年数	平均年収
38名	1,122名	18.1年	832万円

【特色】「首都高」の運営会社。道路公団民営化で誕生
【本社】100-8930 東京都千代田区霞が関1-4-1 日土地ビル【設立】2005.10　[未上場]

【業績】	売上高	営業利益	経常利益	純利益
連22.3	357,567	▲3,089	▲2,899	▲4,491
連23.3	385,265	5,649	6,010	4,523

●インターンシップ●【概要】①事務コース:会社紹介 グループワーク 社員座談会 現場見学 他②土木コース:現場見学 グループワーク 社員座談会 他③建築・機械・電気コース:現場見学 グループワーク 社員座談会 他【募集】①7月下旬~8月上旬 11月下旬~12月上旬②6月 11月下旬~12月上旬③7月下旬~8月上旬 11月中旬~下旬【実施】①9月(1日×複数回)12月(1日×複数回)②8~9月(2週間)12~2月(1日×複数回)③8~9月(1日×複数回)12月(1日×複数回)【地域】②東京・千代田 他【選考】未定

中日本高速道路㈱　その他サービス

修士・大卒採用数	従業員数	平均勤続年数	平均年収
約110名	2,256名	17.3年	770万円

【特色】東名高速、中央道などを運営。NEXCO中日本
【本社】460-0003 愛知県名古屋市中区錦2-18-19 三井住友銀行名古屋ビル【設立】2005.10　[未上場]

【業績】	売上高	営業利益	経常利益	純利益
連22.3	1,099,614	1,600	3,834	1,775
連23.3	1,154,952	3,726	5,315	3,148

●インターンシップ●【概要】①夏季(5days):就業体験 事業現場実習 課題解決型グループワーク②夏季(3days):就業体験 事業現場実習 課題解決型グループワーク③冬季仕事体験:課題解決型グループワーク【募集】①②6~7月上旬③12月中旬~1月中旬【実施】①8~9月(5日間×2回)②8~9月(3日間×4回)③1~2月(1日×複数回)【地域】①東京・八王子 金沢②東京・港 名古屋③未定【全学年対象】①②③【選考】②あり

西日本高速道路㈱　その他サービス

修士・大卒採用数	従業員数	平均勤続年数	平均年収
87名	2,659名	15.3年	㊙763万円

【特色】高速道路の運営・建設やSA運営。NEXCO西日本
【本社】530-0003 大阪府大阪市北区堂島1-6-20 堂島アバンザ19階【設立】2005.10　[未上場]

【業績】	売上高	営業利益	経常利益	純利益
連22.3	1,329,669	5,244	7,999	6,632
連23.3	977,080	▲455	1,600	404

●インターンシップ●【概要】①事務系:仕事体験②事務系:グループワーク、職場見学、座談会 他③事務系仕事体験:グループワーク、座談会 他④技術系仕事体験:建設現場紹介、グループワーク、座談会 他【募集】①7月②③8月③9~12月【実施】①8~9月(5日間×4地域)②9月(3日間×1回)③10~2月(1日×3回)④9~12月(1日×7回)【地域】①大阪 広島 香川 福岡②大阪 オンライン③④オンライン【全学年対象】①②③④【選考】①②③ES 適性検査④ES

日本郵政㈱　その他サービス

修士・大卒採用数	従業員数	平均勤続年数	平均年収
—	※1,485名	※18.2年	◇840万円

【特色】ゆうちょ銀、かんぽ生命、日本郵便の持株会社
【本社】100-8791 東京都千代田区大手町2-3-1 大手町プレイス ウエストタワー【設立】2006.1　[東京P]

【業績】	経常収益	業務純益	経常利益	純利益
連22.3	11,264,774	ND	991,464	501,085
連23.3	11,138,580	ND	657,499	431,066

●インターンシップ●24予【概要】①座学による事業理解、グループワーク、座談会および企画業務の体験②座学による事業理解、グループワークおよび座談会③座学による事業理解、パネルディスカッション【募集】①4~9月中旬②9~10月③4~10月上旬【実施】①7月下旬~1月(1day)②11月下旬~1月(2時間)③6月中旬~10月(1時間半)【地域】①東京・千代田②③オンライン【選考】①ES Webテスト②ES③なし

全国農業協同組合連合会 (JA全農)　その他サービス

修士・大卒採用数	従業員数	平均勤続年数	平均年収
289名	7,674名	18.8年	NA

【特色】JAグループ中核組織の一つ。「経済事業」を担う
【本社】100-6832 東京都千代田区大手町1-3-1 JAビル【設立】1972.3　[未上場]

【業績】	取扱高	事業利益	経常利益	当期剰余金
単22.3	4,472,424	▲1,411	8,168	9,930
単23.3	4,960,600	5,789	18,612	15,685

●インターンシップ●【概要】①ビジネスマップ作成ワーク②購買・販売事業体感ワーク【募集】‥【実施】①7月中旬~1月(1日)②9~2月中旬(1日)【地域】②全国各地 オンライン【全学年対象】①②【選考】②なし

(独法) 国際協力機構 (JICA)　その他サービス

修士・大卒採用数	従業員数	平均勤続年数	平均年収
57名	1,968名	NA	㊙※832万円

【特色】外務省所管の独法。幅広い国際協力やODAを担う
【本社】102-8012 東京都千代田区二番町5-25 二番町センタービル【設立】2003.10　[未上場]

【業績】	事業規模	営業利益	経常利益	純利益
22.3	1,536,000	NA	NA	NA
23.3	2,745,000	NA	NA	NA

●インターンシップ●【概要】①JICA職員の仕事を体感②国際協力の現場を体験【募集】‥【実施】①8月下旬~9月中旬(1日)②8~3月(2週間~3カ月程度)【地域】①東京 オンライン②各拠点【全学年対象】①②【選考】①ES②ES 面接【本選考との関係】②関係あり

（独法）鉄道建設・運輸施設整備支援機構	その他サービス	修士・大卒採用数 26名	従業員数 ◇1,362名	平均勤続年数 ◇10.8年	平均年収 ㊙724万円

【特色】国交省所管の独法。整備新幹線の建設を担う	【業績】	決算額		
【本社】231-8315 神奈川県横浜市中区本町6-50-1	22.3	980,238		
横浜アイランドタワー 【設立】2003.10 　【未上場】	23.3	1,038,379		

●インターンシップ● 【概要】①土木系専攻者：鉄道建設の調査、鉄道構造物の設計、鉄道建設の施工監理②建築系専攻者：鉄道施設（駅）の計画、施工監理③電気系専攻者：鉄道施設の設計、施工監理④土木・機械専攻者：鉄道建設の現場 【募集】㉔6月以降随時 【実施】①8月下旬～2月中旬（1日・回数は検討中）②③④8～1月（1日）【地域】①東京・港 大阪 オンライン②東京・港 オンライン③横浜 オンライン④札幌 敦賀 【全学年対象】①②③④ 【選考】㉔なし

724総ジペ

25働714ジペ

日本生活協同組合連合会	その他サービス	修士・大卒採用数 22名	従業員数 980名	平均勤続年数 15.1年	平均年収 NA

【特色】地域生協の全国連合会。日本最大の消費者組織	【業績】	供給高	供給剰余金	経常剰余金	当期剰余金
【本社】150-8913 東京都渋谷区渋谷3-29-8 コーププラザ 【設立】1951.3 　【未上場】	22.3	432,946	51,245	8,049	6,454
	23.3	435,663	49,835	5,086	6,405

●インターンシップ● 【概要】①日本生協連の仕事やキャリア形成・協同組合としての価値観を考える就業体験②日本生協連の「営業」の仕事を知る就業体験 【募集】㉔随時 【実施】①7～2月中旬（1日・回数は検討中）②9月～（1日・回数は検討中）【地域】①東京・渋谷（オンライン）②東京・渋谷 【全学年対象】①② 【選考】㉔なし

724総ジペ

25働714ジペ

（国研）産業技術総合研究所	その他サービス	修士・大卒採用数 31名	従業員数 2,914名	平均勤続年数 16.5年	平均年収 900万円

【特色】先端技術の開発進める特定国立研究開発法人	【業績】	予算	
【本社】100-8921 東京都千代田区霞が関1-3-1	22.3	111,403	
【設立】2001.4 　【未上場】	23.3	181,275	

●インターンシップ● 24予【概要】①総合職業務体験ワーク（新規制度企画）②総合職業務体験ワーク（技術マーケティング・ブランド戦略）③総合職業務体験ワーク（広報・産学官契約）【募集】①6～7月上旬 9-10月上旬②6～7月上旬 9-10月中旬③7～8月上旬 10～11月上旬 12～1月中旬 【実施】①9月（4日間）12月（4日間）②8月（2日間）×各テーマ毎に1回）12月（2日間）×各テーマ毎に1回）③9月（1日×各テーマ毎に2回）11月（1日×各テーマ毎に2回）1月（1日×各テーマ毎に2回）【地域】㉔オンライン 【全学年対象】①②③ 【選考】㉔ES 面接③ES

725総ジペ

25働715ジペ

（一社）日本自動車連盟（JAF）	その他サービス	修士・大卒採用数 62名	従業員数 3,370名	平均勤続年数 21.0年	平均年収 NA

【特色】一般社団法人。略称JAF。ロードサービス展開	【業績】	売上高	営業利益	経常利益	純利益
【本社】105-0012 東京都港区芝大門1-1-30 日本自動車会館 【設立】1963.4 　【未上場】	㉒22.3	71,659	NA	NA	NA
	㉒23.3	72,336	NA	NA	NA

●インターンシップ● 24予【概要】①自己理解、会社紹介②会社理解ワーク、会社紹介、企画部門の体験、先輩職員との座談会③自己理解、会社理解ワーク、会社紹介、企画部門の体験、営業部門の体験、先輩職員との座談会、キャリア理解ワーク④価値観・キャリア理解ワーク、会社紹介 【実施】①34月6月24~7月4~9~10月【実施】①6月 7日（1日）2月8月（2日間）3月6~11月（5日間）4月11月（1日）【地域】㉔オンライン 【選考】①③なし②④あり 【本選考との関係】①夏2days仕事体験に優先案内②秋冬仕事体験に優先案内③④早期選考に案内

725総ジペ

25働715ジペ

（一財）日本品質保証機構	その他サービス	修士・大卒採用数 23名	従業員数 638名	平均勤続年数 15.9年	平均年収 ㊙793万円

【特色】品質・安全審査などの第三者機関。略称JQA	【業績】	売上高	営業利益	経常利益	純利益
【本社】101-8555 東京都千代田区神田須田町1-25 JR神田万世橋ビル 【設立】1957.10 　【未上場】	㉒22.3	16,838	NA	NA	NA
	㉒23.3	17,787	NA	NA	NA

●インターンシップ● 【概要】①営業部署での就業体験②技術部署での就業体験 【募集】㉔6～2月中旬 【実施】①8～9月（2日間）1～2月（2日間）【地域】①東京・千代田 大阪市 オンライン②東京・八王子 愛知・北名古屋 大阪（箕面 東大阪）【全学年対象】①② 【選考】㉔ES 【本選考との関係】㉔早期選考に案内

726総ジペ

25働716ジペ

日本年金機構	その他サービス	修士・大卒採用数 NA	従業員数 NA	平均勤続年数 NA	平均年収 ㊙658万円

【特色】厚労省所管の特殊法人。公的年金の運営を担う	【業績】 NA		
【本社】168-8505 東京都杉並区高井戸西3-5-24			
【設立】2010.1 　【未上場】			

●インターンシップ● 【概要】①公的年金と日本年金機構についての講義、先輩職員との座談会、グループワーク 【募集】①6月1日～8月4日 10月30日～12月11日 【実施】①8月24日～9月22日（16日間）1月5日～2月9日（22日間）【地域】①〈夏季〉オンライン 東京（港 江東）大阪市 名古屋 札幌 福岡市〈冬季〉オンライン 東京（江東 杉並）大阪市 名古屋 札幌 福岡市 石川・金沢 群馬・高崎 広島市 香川・高松 【全学年対象】① 【選考】①書類 【本選考との関係】①早期選考に案内

727総ジペ

25働717ジペ

337

日本商工会議所　その他サービス

	修士・大卒採用数	従業員数	平均勤続年数	平均年収
	6名	106名	16.6年	NA

【特色】全国の商工会議所を束ねる。経済三団体の1つ　【業績】NA
【本社】100-0005 東京都千代田区丸の内3-2-2 丸の内二重橋ビル　【設立】1922.6　　　［未上場］

●インターンシップ● 24予
【概要】①1day仕事体験：会社紹介、政策提言事務体験グループワーク、先輩社員座談会他②オープンカンパニー：会社紹介、業界研究　【募集】②6〜1月中旬　【実施】①8〜2月(1日)②7〜2月(1日)　【地域】②オンライン　【全学年対象】①②　【選考】③なし

東京商工会議所　その他サービス

	修士・大卒採用数	従業員数	平均勤続年数	平均年収
	6名	313名	15.3年	NA

【特色】初代会頭は渋沢栄一。全国商工会議所の草分け　【業績】NA
【本社】100-0005 東京都千代田区丸の内3-2-2 丸の内二重橋ビル　【設立】1878.3　　　［未上場］

●インターンシップ●　【概要】①組織・事業・仕事内容の紹介、職員座談会②事業・仕事内容紹介、業務スキルに関するレクチャー、グループワークによる経営支援・地域振興活動の業務(企画立案・提案)疑似体験③職員座談会　【募集】①6〜9月上旬②7〜9月上旬③1月上旬〜　【実施】①7月 8月 9月(半日)②8〜9月(2日)③2月(半日)　【地域】②東京・千代田　【選考】①③未定

(一財)関東電気保安協会　その他サービス

	修士・大卒採用数	従業員数	平均勤続年数	平均年収
	42名	2,703名	19.6年	総768万円

【特色】東電供給区域で電気設備の安全点検などを行う　【業績】NA
【本社】108-0023 東京都港区芝浦4-13-23 MS芝浦ビル　【設立】1966.2　　　［未上場］

●インターンシップ●　【概要】①技術職：技術研修所での高圧電気設備見学・保護継電器、発電機などの操作体験、事業本部での年次点検見学、高圧電気設備の操作体験、先輩職員座談会②事務職：業界研究、会社研究、先輩職員座談会　【募集】①6〜12月②6〜8月　【実施】②1日　【地域】①千葉市 東京・港 藤沢市 高崎市②東京・港　【選考】③なし　【本選考との関係】①関係あり

(独法)中小企業基盤整備機構　その他サービス

	修士・大卒採用数	従業員数	平均勤続年数	平均年収
	33名	780名	14.9年	総829万円

【特色】経産省所管の独法。中小企業政策の中核実施機関　【業績】NA
【本社】105-8453 東京都港区虎ノ門3-5-1 虎ノ門37森ビル　【設立】2004.7　　　［未上場］

●インターンシップ●
【概要】③Web上での就業疑似体験
【募集】①8月上旬 8月下旬②12月下旬 1月下旬
【実施】①8月下旬(2週間)9月上旬(2週間)　【地域】③オンライン　【選考】③なし

(国研)宇宙航空研究開発機構(JAXA)　その他サービス

	修士・大卒採用数	従業員数	平均勤続年数	平均年収
	38名	1,586名	NA	総867万円

【特色】国の宇宙航空開発政策を担う。「はやぶさ」で脚光　【業績】NA
【本社】182-8522 東京都調布市深大寺東町7-44-1
【設立】2003.10　　　［未上場］

●インターンシップ● 24予
【概要】①各現場における就業体験
【募集】①7月中旬〜9月 11月 2月
【実施】①5〜10日間　【地域】①各事業所またはオンライン　【選考】①志望動機等記載の履歴書

(独法)国際交流基金　その他サービス

	修士・大卒採用数	従業員数	平均勤続年数	平均年収
	11名	276名	14.2年	総783万円

【特色】国際文化交流に関する日本で唯一の公的専門機関　【業績】NA
【本社】160-0004 東京都新宿区四谷1-6-4 四谷クルーセ　【設立】1972.10　　　［未上場］

●インターンシップ●　【概要】①オープンカンパニー・導入編：組織概要説明・事業紹介・キャリアパス紹介 他②オープンカンパニー・海外編：海外事務所での仕事紹介・海外事務所で働く職員の登場 他③オープンカンパニー：若手職員による就職活動の経験や業務の紹介 他④オープンカンパニー：人事課採用担当者が参加者の質問に回答　【募集】①8月頃②10月頃③12月頃④1月頃　【実施】①9月(1日)②12月(1日)③1月(1日)④2月(1日)　【地域】③オンライン　【全学年対象】①②③　【選考】③なし

（独法）エネルギー・金属鉱物資源機構 ［その他サービス］

	修士・大卒採用数	従業員数	平均勤続年数	平均年収
	20名	472名	NA	NA

【特色】経済産業省所管の独法。資源開発・獲得支援など担う
【本社】105-0001 東京都港区虎ノ門2-10-1 虎ノ門ツインビルディング【設立】2004.2 ［未上場］
【業績】NA

●インターンシップ● 24予【概要】①事務系：機構紹介 座談会 金属資源の調査プロジェクト組成GW（冬季インターンは地熱開発におけるプロジェクト組成GW）②技術系：機構紹介 座談会 経済性評価GW 現場見学③技術系：機構紹介 座談会 現地調査・データ分析 ④技術系：機構紹介 座談会 事業評価GW【募集】①6~8月 11~12月②6~7月中旬③6~7月上旬④6~7月【実施】①8~9月 1~2月（1日×6回）②3~9月（5日間）④9月（5日間）【地域】①オンライン②千葉市他（予定）③鹿児島・枕崎（予定）④千葉市（予定）【選考】②ES

（独法）日本貿易振興機構（JETRO）［その他サービス］

	修士・大卒採用数	従業員数	平均勤続年数	平均年収
	47名	1,887名	16.4年	総819万円

【特色】経済産業省所管の独立行政法人。貿易、海外展開支援
【本社】107-6006 東京都港区赤坂1-12-32 アーク森ビル【設立】2003.10 ［未上場］
【業績】NA

●インターンシップ●【概要】①関西圏のスタートアップの海外展開支援業務、京阪神スタートアップエコシステムの国際連携支援業務②データ分析およびデータ整形業務、海外バイヤーとの商談同行および調査業務③コンテンツ（映像・音楽・アニメ）の海外展開支援事業等④JAPAN MALL事業【募集】②8月中旬~下旬【実施】①9月（3週間程度）②9~12月③9~10月④9月【地域】①大阪本部②③④本部【選考】②面接

セコム（株）［その他サービス］

	修士・大卒採用数	従業員数	平均勤続年数	平均年収
	300名	15,923名	17.1年	総668万円

【特色】警備業のトップ企業。保険、医療等へ多角化
【本社】150-0001 東京都渋谷区神宮前1-5-1
【設立】1962.7 ［東京P］

【業績】	売上高	営業利益	経常利益	純利益
連22.3	1,049,859	143,499	153,186	94,273
連23.3	1,101,307	136,700	156,124	96,085

●インターンシップ●【概要】①営業体験：営業員就業体験（GW）、座談会②企画型仕事研究：会社紹介、企画業務体験（GW）、座談会③セキュリティ職・バックオフィス職・営業の就業体験、座談会④国際事業職就業体験：イノベーティブな施策の立案（GW）、座談会【募集】①6~2月②36月④6 10~1月【実施】①6~2月（1日×複数回）②9月（2日間）③8月（5日間）④8~9月1日（1日）【地域】①東京 大阪 オンライン②③東京④東京 オンライン【全学年対象】①②③④【選考】①なし②③ES④夏期ES【本選考との関係】③早期選考に案内

ALSOK（綜合警備保障（株）） ［その他サービス］

	修士・大卒採用数	従業員数	平均勤続年数	平均年収
	約650名	◇12,041名	◇17.8年	総581万円

【特色】警備サービス2位。金融機関との取引に強み
【本社】107-8511 東京都港区元赤坂1-6-6
【設立】1965.7 ［東京P］

【業績】	売上高	営業利益	経常利益	純利益
連22.3	489,092	42,865	44,796	28,964
連23.3	492,226	36,993	39,230	23,950

●インターンシップ●【概要】①就活や社会人として必ず役立つ自己分析体験②AI、ロボットなど最先端セキュリティシステム構築体験③セキュリティシステム設計を体験④営業の仕事について学ぶグループワーク体験【募集】①4~5月②3~6月【実施】①4~5月（1日×複数回）②3~6月（1日×複数回）【地域】①オンライン②東京 愛知 大阪 仙台 福岡 兵庫 岡山②③オンライン④オンライン 東京 愛知 大阪【全学年対象】①②③④【選考】②なし

セントラル警備保障（株）［その他サービス］

	修士・大卒採用数	従業員数	平均勤続年数	平均年収
	168名	3,715名	15.2年	総474万円

【特色】警備業界で3位級の規模。JR東日本と関係が深い
【本社】163-0831 東京都新宿区西新宿2-4-1 新宿NSビル【設立】1972.4 ［東京P］

【業績】	売上高	営業利益	経常利益	純利益
連23.2	64,824	3,976	4,444	2,586
連24.2	68,010	4,316	4,533	5,381

●インターンシップ●
【概要】①業界セミナー：セキュリティを知ろう、守る技術を知ろう②守るためのスキルを知ろう（体験）ドローン操縦体験 警備車両見学 他
【募集】②6月~【実施】②8~1月（1日）【地域】②東京・町田【全学年対象】①②【選考】②なし

（株）カナモト ［その他サービス］

	修士・大卒採用数	従業員数	平均勤続年数	平均年収
	21名	2,031名	12.2年	総535万円

【特色】札幌本拠に全国展開する建機レンタル大手
【本社】060-0041 北海道札幌市中央区大通東3-1-19【設立】1964.10 ［東京P］

【業績】	売上高	営業利益	経常利益	純利益
連22.10	188,028	13,229	13,780	8,345
連23.10	197,481	11,958	12,488	6,721

●インターンシップ●
【概要】①営業職体験（フィードバックあり）、職場見学、社員座談会、就活サポート
【募集】①6~1月【実施】①6~2月（1日）【地域】①オンライン 東京 札幌【全学年対象】①【選考】①なし
【本選考との関係】①早期選考の案内

339

西尾レントオール(株)

その他サービス

修士・大卒採用数	従業員数	平均勤続年数	平均年収
49名	2,546名	11.3年	総518万円

25総
734ページ
25働

【特色】総合レンタル業の草分け。建機ではシェア上位
【本社】542-0083 大阪府大阪市中央区東心斎橋
1-11-17【設立】1959.10　[持株傘下]

【業績】	売上高	営業利益	経常利益	純利益
連22.9	170,634	14,301	14,301	9,339

※業績はニシオホールディングス(株)のもの

●インターンシップ●
【概要】①営業系:営業同行、現場見学、建機整備体験、受注対応体験 他②技術系:建機整備・点検体験、ICT分野・新システム関連業務体験 他【募集】‥【実施】②8月中旬~(1週間または2週間)【地域】㋐東北 首都圏 中部圏 関西圏 中四国(予定)【選考】②なし【本選考との関係】②関係あり

ジェコス(株)

その他サービス

修士・大卒採用数	従業員数	平均勤続年数	平均年収
14名	752名	17.0年	718万円

25総
735ページ
25働

【特色】JFE子会社。仮設鋼材リース最大手。工事も実績
【本社】112-0004 東京都文京区後楽2-5-1 住友不動
産飯田橋ファーストビル【設立】1968.6　[東京P]

【業績】	売上高	営業利益	経常利益	純利益
連22.3	113,997	4,705	5,238	3,326
連23.3	120,521	4,503	4,903	3,428

●インターンシップ●【概要】①夏秋インターンシップ:会社説明、設計体験、現場見学、先輩社員座談会、採用講座 他②秋冬1DAY仕事体験:会社説明、設計体験、現場見学、先輩社員座談会 他【募集】‥
【実施】①7月下旬~9月上旬(2日間・5日間・10日間)②12~2月(1日)【地域】①東京 仙台 名古屋 大阪 博多②東京 仙台 名古屋 大阪 広島 博多【選考】㋐多数の場合ES【本選考との関係】①早期選考案内

サコス(株)

その他サービス

修士・大卒採用数	従業員数	平均勤続年数	平均年収
35名	418名	14.7年	総514万円

25総
735ページ
25働

【特色】建機レンタル中堅。西尾レントオール傘下
【本社】141-0022 東京都品川区東五反田4-5-3
【設立】1967.9　[未上場]

【業績】	売上高	営業利益	経常利益	純利益
連21.9	17,857	1,535	1,398	933
連22.9	16,452	929	843	564

●インターンシップ●
【概要】①業界説明、会社説明 他②社員対談、工場実習(軽作業)・職場見学③業界研究会
【募集】‥【実施】①7~9月②10~12月③1~2月【地域】①オンライン②東京・江東 千葉・浦安③オンラインまたは対面【全学年対象】①②【選考】②なし【本選考との関係】②関係あり

三菱電機エンジニアリング(株)

その他サービス

修士・大卒採用数	従業員数	平均勤続年数	平均年収
145名	5,459名	16.2年	総753万円

25総
736ページ
25働

【特色】三菱電機子会社。同社製品の開発・設計が主業務
【本社】102-0073 東京都千代田区九段北1-13-5
ヒューリック九段ビル【設立】1962.2　[未上場]

【業績】	売上高	営業利益	経常利益	純利益
単22.3	107,682	6,950	7,068	4,809
単23.3	113,461	8,716	8,830	6,000

●インターンシップ●
【概要】①職場体験:職場での回路・機械・ソフトウェア設計体験②1Day仕事体験:工場見学・技術者座談会・ワーク【募集】㋐6月中旬~9月 11~2月【実施】①8~9月 12~2月(2~5日間)②8~9月 12~2月(1日)【地域】㋐全国・オンライン【全学年対象】①②【選考】①ES②なし

日本空調サービス(株)

その他サービス

修士・大卒採用数	従業員数	平均勤続年数	平均年収
29名	1,433名	14.1年	総595万円

25総
736ページ
25働

【特色】空調設備などのメンテが主力で、医療系に強い
【本社】465-0042 愛知県名古屋市名東区照が丘
239-2【設立】1964.4　[東京P]

【業績】	売上高	営業利益	経常利益	純利益
連22.3	49,886	2,617	2,801	2,821
連23.3	52,886	2,847	3,051	1,940

●インターンシップ●
【概要】①ビルメンテナンス業界の理解 空調基礎の理解 福利厚生ワークショップ 他
【募集】①随時
【実施】①1~2月(1日)【地域】①名古屋【選考】①なし

(株)マイスターエンジニアリング

その他サービス

修士・大卒採用数	従業員数	平均勤続年数	平均年収
79名	1,202名	8.7年	NA

25総
737ページ
25働

【特色】技術者派遣とビル、ホテルなどの施設メンテが柱
【本社】100-0005 東京都千代田区丸の内1-7-12
サピアタワー【設立】1974.6　[未上場]

【業績】	売上高	営業利益	経常利益	純利益
連22.3	20,965	NA	NA	NA
連23.3	28,904	NA	NA	NA

●インターンシップ● 24予
【概要】①(理系)対話力を身につけるGW②(理系)エンジニア職種体験型ワーク③(理系)実習主体の職場体験型(機械設計・フィールドエンジニア・組込みソフト・マシンビジョンコース)④(理系)実習主体の職場体験型 機械設計・フィールドエンジニア・組込みソフトを掛け合わせたコース【募集】①24~7月③6~8月 10~2月④6~8月【実施】①5~7月(半日)②5~9月(半日)③8~9月(2日間)10~2月(1日)④8~9月(5日間)【地域】①②オンライン③④東京 大阪【選考】②なし【本選考との関係】④早期選考案内 1次面接免除

㈱ダスキン

その他サービス	修士・大卒採用数	従業員数	平均勤続年数	平均年収
	35名	1,989名	15.3年	㊙728万円

【特色】清掃用具レンタル大手。ミスタードーナツも展開
【本社】564-0051 大阪府吹田市豊津町1-33
【設立】1963.2　　　　[東京P]

【業績】	売上高	営業利益	経常利益	純利益
連22.3	163,210	9,899	12,215	8,132
連23.3	170,494	8,637	11,375	7,196

●インターンシップ●
【概要】①企業、仕事紹介 先輩社員座談会、施設見学会他
【募集】①5月下旬~8月上旬
【実施】①9月中旬~12月【地域】①オンライン【選考】①なし【本選考との関係】①関係あり

㈱白洋舎

その他サービス	修士・大卒採用数	従業員数	平均勤続年数	平均年収
	28名	1,377名	14.8年	㊙564万円

【特色】個人向けクリーニングの最大手。ホテル向けも
【本社】146-0092 東京都大田区下丸子2-11-8
【設立】1920.5　　　　[東京S]

【業績】	売上高	営業利益	経常利益	純利益
連22.12	39,180	665	1,357	1,688
連23.12	43,272	1,815	2,149	1,945

●インターンシップ●
【概要】①オープン・カンパニー:会社概要説明 先輩社員座談会 社内見学 他
【募集】①8~10月
【実施】①未定【地域】①東京・大田 オンライン【選考】①なし【本選考との関係】①関係あり

㈱トーカイ

その他サービス	修士・大卒採用数	従業員数	平均勤続年数	平均年収
	45名	1,588名	10.8年	㊙550万円

【特色】病院や介護関連の器具・用品レンタルが主力
【本社】500-8828 岐阜県岐阜市若宮町9-16
【設立】1955.7　　　　[東京P]

【業績】	売上高	営業利益	経常利益	純利益
連22.3	123,484	8,252	8,878	5,806
連23.3	130,184	7,855	8,080	6,106

●インターンシップ●24予【概要】①営業職について学ぶ(営業同行2日間を含む)②営業職を中心に学ぶ(営業同行1日間を含む)③(営業職・事務職)主力3事業について学ぶ模擬仕事体験④生産技術職仕事体験【募集】①4~7月②4~8月③4~9月 10~1月④9月【実施】①8~9月(5日間)②9月(3日間)③8~9月 12~1月(1日)④8~9月(1日・3日間)【地域】①東京 岐阜 大阪②オンライン 他③東京 岐阜 大阪 オンライン④岐阜・羽島【選考】①②ES(予定)③④なし【本選考との関係】①②早期選考に案内 一部選考免除③④早期選考に案内

シミックグループ

その他サービス	修士・大卒採用数	従業員数	平均勤続年数	平均年収
	229名	5,251名	6.6年	㊙593万円

【特色】医薬品開発業務受託で国内先駆、業界首位級
【本社】105-0023 東京都港区芝浦1-1-1
【設立】1985.3　　　　[未上場]　※会社データはシミックHD㈱のもの

【業績】	売上高	営業利益	経常利益	純利益
連23.9	104,701	10,267	10,022	7,152

●インターンシップ●【概要】①グループワークを通じた業界理解・職種体験②グループワークによる新事業企画・職種説明③(留学生限定)グループワークを通じた業界理解・職種体験【募集】①6~8月②6~2月③3~7月【実施】①8月下旬~9月上旬(5日間)②6~3月(1日)③7月下旬~8月上旬(1日間)【地域】①東京 山梨②③オンライン【全学年対象】③【選考】①②ES③なし【本選考との関係】①早期選考に案内

㈱コベルコ科研

その他サービス	修士・大卒採用数	従業員数	平均勤続年数	平均年収
	11名	1,125名	13.0年	㊙773万円

【特色】神戸製鋼所の完全子会社。試験研究業務を担う
【本社】651-0073 兵庫県神戸市中央区脇浜海岸通1-5-1 IHDセンタービル【設立】1979.6 [未上場]

【業績】	売上高	営業利益	経常利益	純利益
単22.3	19,290	NA	NA	NA
単23.3	21,370	NA	NA	NA

●インターンシップ●
【概要】①仕事体験ワークショップ
【募集】①6月~
【実施】①9月~(1日)【地域】①オンライン 神戸【選考】①なし

シダックス㈱

その他サービス	修士・大卒採用数	従業員数	平均勤続年数	平均年収
	NA	519名	14.9年	㊙428万円

【特色】食堂など運営受託大手。自治体の公共施設運営も
【本社】150-0041 東京都渋谷区神南1-12-10 シダックス・カルチャービレッジ【設立】2001.4 [未上場]

【業績】	売上高	営業利益	経常利益	純利益
連22.3	115,525	2,442	2,292	4,089
連23.3	121,220	4,301	4,188	3,817

●インターンシップ●【概要】①先輩社員講和:先輩社員の働き方について講話、質疑応答②面接対策・自己分析ワーク:ゲーム形式で自己分析を実施③企業理解・謎解きワーク:ゲーム形式で企業理解を深めていく【募集】①11月 12月②9~10月③8月【実施】①12月 1月(半日)②10月 11月(半日)③9月(半日)【地域】⑨オンライン【選考】⑨なし

341

コンパスグループ・ジャパン㈱ — その他サービス

25総 740ページ

修士・大卒採用数	従業員数	平均勤続年数	平均年収
85名	2,205名	9.5年	NA

【特色】世界最大手の給食事業者の日本法人。広域展開
【本社】104-0045 東京都中央区築地5-5-12 浜離宮建設プラザ 4,5階【設立】1947.9　［未上場］

【業績】	売上高	営業利益	経常利益	純利益
連21.9	47,613	▲975	▲671	▲2,554
連22.9	58,243	▲178	6	6,033

25働 730ページ

●インターンシップ●
【概要】①業界研究、会社紹介、業務紹介、先輩社員交流
【募集】①6~8月中旬 11~2月
【実施】①7月下旬~9月中旬(計9回)12月下旬~2月中旬(計8回)【地域】①オンライン【選考】①なし

㈱テイクアンドギヴ・ニーズ — その他サービス

25総 741ページ

修士・大卒採用数	従業員数	平均勤続年数	平均年収
127名	1.358名	6.6年	◇456万円

【特色】ハウスウエディングの草分け。ホテル運営も
【本社】140-0002 東京都品川区東品川2-3-12 シーフォートスクエアCビル

【業績】	売上高	営業利益	経常利益	純利益
連22.3	39,482	2,089	1,548	1,877
連23.3	45,532	3,681	3,181	4,108

25働 731ページ

●インターンシップ● 24予【概要】①会社紹介、業界研究、会場見学、先輩社員座談会②新規事業提案体験③ウェディングプランナーの仕事紹介・体験④先輩社員座談会【募集】②6月~実施】①6~1月(2日間)②③④6~1月(1日)【地域】①東京 大阪②③④オンライン【全学年対象】①②③④【選考】①ES面接②③④なし【本選考との関係】①早期選考に案内

ワタベウェディング㈱ — その他サービス

25総 741ページ

修士・大卒採用数	従業員数	平均勤続年数	平均年収
33名	417名	7.3年	NA

【特色】海外挙式の先駆者。ホテル雅叙園東京など運営
【本社】602-8602 京都府京都市上京区烏丸通丸太町上る春日町427-3【設立】1971.4　［未上場］

【業績】	売上高	営業利益	経常利益	純利益
連22.3変	24,090	NA	NA	NA
連23.3	27,641	NA	NA	NA

25働 731ページ

●インターンシップ● 24予【概要】①リゾートウェディングプランナーコース:エリア・会場提案 リゾ婚PR②ドレスコーディネーターコース:衣装提案、商品企画③フォトアドバイザーコース:撮影提案、商品企画【募集】②5~6月中旬【実施】②6月中旬(1日)【地域】②オンライン【全学年対象】①②③【選考】②なし【本選考との関係】②早期選考に案内

㈱共立メンテナンス — その他サービス

25総 742ページ

修士・大卒採用数	従業員数	平均勤続年数	平均年収
110名	2.202名	6.7年	総523万円

【特色】寮運営とビジネス・リゾートホテル事業の3本柱
【本社】101-8621 東京都千代田区外神田2-18-8【設立】1979.9　［東京P］

【業績】	売上高	営業利益	経常利益	純利益
連22.3	173,701	1,431	1,814	539
連23.3	175,630	7,326	7,115	4,241

25働 732ページ

●インターンシップ●【概要】①ホテル新棟開発:有名リゾート地の新規ホテルコンセプトを考える②学生寮営業:大学に最適な住まいを提案する③ドーミーイン・共立リゾート:ホテル見学、社員座談会、チェックイン体験等④ドーミーイン・共立リゾート:会社理解、仕事理解、グループワーク等【募集】②6~7月③④随時【実施】①②8~9月(5日間)③④通年【地域】①②東京・千代田③東京 大阪 他④オンライン【全学年対象】③④【選考】①②ES SPI③④なし

㈱ベネフィット・ワン — その他サービス

25総 742ページ

修士・大卒採用数	従業員数	平均勤続年数	平均年収
40名	974名	5.3年	総615万円

【特色】パソナG傘下。企業や官公庁の福利厚生を代行
【本社】163-1037 東京都新宿区西新宿3-7-1 新宿パークタワー【設立】1996.3　［未上場］

【業績】	売上高	営業利益	経常利益	純利益
連22.3	38,362	12,770	12,826	8,949
連23.3	42,376	10,484	10,565	7,655

25働 732ページ

●インターンシップ●
【概要】①営業力体感Advanced:BtoBの新規営業についてより実践的に体感、座学(セミナー、ロールプレイング)【募集】①6月下旬~2月【実施】①6月~(1日)【地域】①東京 大阪【全学年対象】①【選考】①なし【本選考との関係】①関係あり

JPホールディングスグループ — その他サービス

25総 743ページ

修士・大卒採用数	従業員数	平均勤続年数	平均年収
177名	※95名	※4.8年	総※509万円

【特色】保育園・学童などを運営する子育て支援最大手
【本社】461-0004 愛知県名古屋市東区葵3-15-31 千種ニュータワービル【設立】1993.3　［東京P］

【業績】	売上高	営業利益	経常利益	純利益
連23.3	35,507	3,667	3,745	2,698

※業績・会社データは㈱JPホールディングスのもの

25働 733ページ

●インターンシップ●
【概要】①本部・保育士:グループワークによる社内イベントの企画立案(その後希望者のみイベント時参加)②保育士:業界研究・会社紹介【募集】①9月 10月②10~12月【実施】①10月(2日間)②10~12月【地域】①東京・品川②オンライン【選考】②なし【本選考との関係】①早期選考に案内

㈱リクルート その他サービス

修士・大卒採用数	従業員数	平均勤続年数	平均年収
NA	18,861名	NA	NA

【特色】リクルートHD傘下。販促・人材事業などを扱う
【本社】100-6640 東京都千代田区丸の内1-9-2 グラントウキョウサウスタワー 【設立】1963.8 【持株傘下】

【業績】	売上高	営業利益	税前利益	純利益
◇23.3	3,429,519	344,303	367,767	269,799

※業績は㈱リクルートホールディングスのもの

●インターンシップ●【概要】①ITプロダクトを通じた社会課題解決について提案する事業立案型②(エンジニア向け)リクルートの現場で開発・解析に挑戦③(データスペシャリスト向け)リクルートの現場で開発・解析に挑戦【募集】①3~4月上旬②3~4月③3~5月上旬【実施】①7月下旬(1週間程度×2ターム)②8月以降(1カ月間×3ターム)③7月以降(×5ターム)【地域】②東京 オンライン【全学年対象】①②③【選考】②ES Webテスト 面接【本選考との関係】②一部の学生は選考を一部免除

743ジ
733働

ぴあ㈱ その他サービス

修士・大卒採用数	従業員数	平均勤続年数	平均年収
11名	313名	13.2年	◇725万円

【特色】チケット販売の最大手。イベント主催も手がける
【本社】150-0011 東京都渋谷区東1-2-20 渋谷ファーストタワー 【設立】1974.12 【東京P】

【業績】	売上高	営業利益	経常利益	純利益
連22.3	25,829	▲833	▲845	▲1,122
連23.3	32,763	820	600	1,415

●インターンシップ●24予
【概要】①会社説明・企画立案体験
【募集】①6~9月【実施】①7~11月(3日間×5回)【地域】①東京・渋谷 オンライン【全学年対象】①【選考】①レポート 面接

744ジ
734働

㈱乃村工藝社 その他サービス

修士・大卒採用数	従業員数	平均勤続年数	平均年収
57名	1,272名	12.9年	㊗780万円

【特色】ディスプレー企画・施工首位。開発案件を強化中
【本社】135-8622 東京都港区台場2-3-4
【設立】1942.12 【東京P】

【業績】	売上高	営業利益	経常利益	純利益
連23.2	110,928	3,113	3,246	2,229
連24.2	134,138	5,213	5,373	3,862

●インターンシップ●【概要】①オープンカンパニー(会社説明・紹介型ワーク)②2days(グループワーク形式の企画提案・先輩社員交流)③職種別(各職種理解・先輩社員交流)④冬季(各職種理解・先輩社員交流・技能選考体験)【募集】①6月上旬②7月上旬③9月上旬④12月中旬【実施】①7月(約3時間)②9~10月(2日間)③10~11月(約3時間)④12~2月(約3時間)【地域】①④オンライン②③東京 大阪【全学年対象】①②③④【選考】①②ES③④ES ポートフォリオ

744ジ
734働

㈱日本創発グループ その他サービス

修士・大卒採用数	従業員数	平均勤続年数	平均年収
44名	2,889名	13.3年	◇607万円

【特色】印刷会社等の持株会社。販促、制作など総合展開
【本社】110-0005 東京都台東区上野3-24-6 上野フロンティアタワー 【設立】2015.1 【東京S】

【業績】	売上高	営業利益	経常利益	純利益
連22.12	64,416	3,248	3,644	2,003
連23.12	74,846	3,463	3,993	2,508

●インターンシップ●
【概要】①会社紹介、商品企画体験
【募集】①11~12月
【実施】①11~12月(1日)【地域】①東京【選考】①なし【本選考との関係】①早期選考に案内

745ジ
735働

㈱パスコ その他サービス

修士・大卒採用数	従業員数	平均勤続年数	平均年収
64名	2,333名	11.8年	㊗708万円

【特色】航空測量最大手。セコム子会社。官公需比率が高い
【本社】153-0064 東京都目黒区下目黒1-7-1 パスコ目黒さくらビル 【設立】1949.7 【東京S】

【業績】	売上高	営業利益	経常利益	純利益
連22.3	56,228	3,874	3,935	2,340
連23.3	62,016	6,432	6,525	4,099

●インターンシップ●24予
【概要】①技術・営業部門における就業体験②ワークを通じた事業や仕事の理解・体験、若手社員座談会、会社紹介【募集】①5月下旬~6月②6月・随時【実施】①7月下旬~9月(5~10日間)②7月下旬~2月上旬(1日×10~15回程度)【地域】①東京 他全国各地②東京 オンライン【選考】②なし

745ジ
735働

㈱エフアンドエム その他サービス

修士・大卒採用数	従業員数	平均勤続年数	平均年収
46名	435名	8.6年	㊗868万円

【特色】生保外交員など個人事業主の記帳代行が中核事業
【本社】564-0063 大阪府吹田市江坂町1-23-38
【設立】1990.7 【東京S】

【業績】	売上高	営業利益	経常利益	純利益
連22.3	10,875	2,243	2,256	1,548
連23.3	12,699	2,602	2,621	1,881

●インターンシップ●
【概要】①コンサルティング業界の説明、自社の事業説明②グループワークによるコンサルティング体験、人事担当者との座談会【募集】‥【実施】①6~1月(1日)②7月下旬~1月(1日)【地域】②オンライン【選考】②なし【本選考との関係】②早期選考に案内

746ジ
736働

編集後記

◇今回から、「インターンシップ参加者に対する本選考での優遇措置の詳細」を調査項目に加えました。長年、インターンシップで得た情報を本選考に利用することはタブーとされており、優遇措置がある場合でも、多くの企業はこっそりとやっていたというのが実態でした。そのため、今回の調査にあたっては「本当に回答を得られるだろうか」という不安がありました。しかし、調査結果を見ると「早期選考に案内」や「1次面接を免除」など詳細を公開する企業が多数ありました。いわゆる「三省合意」により、条件付きではありつつもインターンシップの選考利用が公に認められた影響もあるでしょう。企業目線でも、売り手市場の中で、なるべく多くの就活生に自社のことを知ってほしい、

関心を持ってほしいという思いがあり、積極的な情報開示につながっているのかもしれません。就活生の皆さんがこの状況を活かして、積極的に情報を集め、最終的には納得のいく内定を得られるよう願っています。

◇この本は広告媒体ではありません。したがって企業からの掲載料は一切いただいておりません。読者の「知りたい」というニーズをもとに、中立、独立、客観的な立場から制作しています。

◇最後になりましたが、この本の趣旨にご賛同いただき、煩雑なアンケート調査および取材にご協力いただいた各社のご担当者各位に厚くお礼申し上げます。この本が刊行できるのも、皆様のご理解、ご協力があるからです。　　　　　　（青地）

就職四季報（企業研究・インターンシップ版）2026年版

2024年6月11日発行

編　者　東洋経済新報社
発 行 者　田北浩章
発行所　〒103-8345　東京都中央区日本橋本石町1-2-1　東洋経済新報社
電話　東洋経済コールセンター03（6386）1040
振替　00130-5-6518　　印刷・製本　大日本印刷